珠江文化综论

黄伟宗 ◎ 著

中山大学出版社
· 广州 ·

版权所有　翻印必究

图书在版编目（CIP）数据

珠江文化综论/黄伟宗著. —广州：中山大学出版社，2022.11
ISBN 978-7-306-07477-5

Ⅰ.①珠…　Ⅱ.①黄…　Ⅲ.①珠江流域—文化史—文集　Ⅳ.①K296.5-53

中国版本图书馆 CIP 数据核字（2022）第 175152 号

ZHU JIANG WENHUA ZONGLUN

出 版 人：	王天琪
书名题字：	许鸿基
策划编辑：	李　文　李海东
责任编辑：	李海东
封面设计：	曾　斌
责任校对：	赵　婷
责任技编：	靳晓虹
出版发行：	中山大学出版社
电　　话：	编辑部 020-84110283，84113349，84111997，84110779，84110776
	发行部 020-84111998，84111981，84111160
地　　址：	广州市新港西路 135 号
邮　　编：	510275　　传　真：020-84036565
网　　址：	http://www.zsup.com.cn　E-mail：zdcbs@mail.sysu.edu.cn
印 刷 者：	恒美印务（广州）有限公司
规　　格：	787mm×1092mm　1/16　49.5 印张　900 千字
版次印次：	2022 年 11 月第 1 版　2022 年 11 月第 1 次印刷
定　　价：	288.00 元

如发现本书因印装质量影响阅读，请与出版社发行部联系调换

作 者 简 介

　　黄伟宗，男，汉族，1935年11月出生于广西贺州，祖籍广东肇庆。1951年初参加中国人民解放军，在广西公安总队司令部工作。1955—1959年就读于中山大学中文系。历任《羊城晚报》副刊《花地》编辑及"文艺评论"版责任编辑、《韶关文艺》主编、广东省作家协会评论委员会委员兼《作品》杂志编辑。1979年到中山大学中文系任教，历任教员、副教授、教授至今。1992年起受聘为广东省人民政府参事（含特聘），持续5届，至2019年达26年之久。是广东省珠江文化研究会创会会长，现为广东省海上丝绸之路研究开发项目组组长、广东省建设21世纪海上丝绸之路专家智库成员、广东海上丝绸之路研究院学术委员、中国作家协会会员，享受国务院特殊津贴。曾参加首届茅盾文学奖评选工作，历任广东省鲁迅文学奖多届评委、广东省文学职称评审委员会多届评委、广州市社会科学项目评审委员会多届评委，曾任中国新文学学会理事、广东省作家协会理事、广东省文艺批评家协会副主席、广州市文艺批评家协会名誉主席、广东省广府人世界联谊总会副会长兼广府学会会长，先后或多次荣获广东省优秀社会科学奖、鲁迅文艺奖、中山大学优秀教学奖及科研成果奖、参事积极贡献奖和优秀成果奖及优秀议政奖。

1958年开始发表作品，迄今60余载文学文化生涯，发表近千万字著作。其中个人专著有：《创作方法史》《创作方法论》《欧阳山创作论》《文化与文学》《当代中国文艺思潮论》《文艺辩证学》《珠江文化论》《海上丝绸之路与海洋文化纵横论》《惠能禅学散论》，以及散文集《浮生文旅》等20余部，《黄伟宗文存》4册500万字、《黄伟宗珠江文化散文报告集成》（3部150万字）。此外，还先后总主编"珠江文化丛书"（已出版百余部，近千万字）、《中国珠江文化史》（上、下卷，共300万字）、"中国禅都文化丛书"（6部）、"中国南海文化研究丛书"（6部，300万字）、"海上丝绸之路研究书系"（5篇30部，800万字）、"珠江—南海文化书系"（3书链22部，600万字）。

黄伟宗长期从事文艺理论批评和教学研究工作，自1992年任广东省政府参事后，主要从事政府决策咨询和文化研究开发工作。多年来，他先后提交了省政府参事建议百余篇，受到各级政府重视并付诸实施，为建设文化大省、泛珠江三角洲区域合作和珠江三角洲经济圈提供了理论支撑。他一直倡导珠江文化，创建广东省珠江文化研究会，建设多学科交叉的珠江文化工程，持续不断地有新的学术发现和新成果。例如：1995年，在南雄发现并提出珠玑巷及其寻根后裔文化；1996年，在封开发现广信文化、广府文化和粤语发祥地，为岭南文化找到源流，为广府文化研究领域的开拓，以及广府人世界联谊会的成立与发展奠定了学术基础；2005年在粤西考察发现南江文化、鉴江文化、雷州文化，2007年在东莞、台山提出莞香文化、客侨文化、侨圩文化，均被称为"填补学术空白"的新发现和新概念。他因主持编著"珠江文化丛书"和《中国珠江文化史》，填补了中国江河文化史空白，确立了与黄河文化、长江文化并列的珠江文化体系，得到广东省委主要领导致信表扬。2000年6月，率领考察团在徐闻发现中国最早的海上丝绸之路始发港，将中国海上丝绸之路史推前了1300多年，接着在湛江举办了全国性的学术研讨会予以确认；2002年，在南华禅寺1500周年庆典上提出举办"六祖禅宗文化"国际论坛并参与主持，开拓了惠能禅学学术研究领域并提出禅学海上丝绸之路概念；2007年，在粤北梅关珠玑巷以及广西贺州潇贺古道等地，发现并提出海上与陆上丝绸之路对接通道；2003 年，在阳江为"南海Ⅰ号"宋代沉船定位为"海上敦煌"，受到联合国教科文组织和世界著名海洋学家的赞许；2013 年，先后在梅州发现印度洋海上丝绸之路和客家人出海始发港，在台山广海湾发现广府人出海第一港。2013 年，他应约提交的关于海上丝绸之路调研报告，受到广东省委领导的高度重视。省委领导于 2014 年春出访东盟三国（越南、马来西亚、新加坡）时，将他任总主编的"海上丝绸之路研究书系"之"开拓篇"作为礼品用书。此后还接连出版了该书系的"星座篇""概要篇""史料篇""港口篇"等专著 30 部，为我省和国家"一带一路"倡议和建设提供了系列学术成果。此外，他还总主编"中国南海文化研究丛书"6 部，开拓了南中国海及海洋文化研究领域，荣获国家出版基金优秀奖。2018 年，他总主编"珠江—南海文化书系"（3 书链 22 部），属广东省原创精品出版项目，梳理并确立了珠江文明、珠江文派、珠江学派之学术体系，为建设中国学派、学术中国作出贡献。

2020 年，黄伟宗年届八五高龄。他应广东省政府参事室约定，完成了为国务院参事室编的《全国参事履职轶事实录》之唯一广东专稿《二十六载履职广东省政府参事轶事选录》；同时还完成了应中国作家协会指定、由广东省作家协会制作的《著名作家访谈录像——黄伟宗专辑》，提交北京中国现代文学馆和广东文学馆展藏；并且，在先后出版《珠江文事》《文艺辩证学》《惠能禅学散论》等 3 部专著之后，又陆续完成《广东文坛六十秋——口述历史文稿》《超脱寻味〈红楼梦〉》《珠江文化综论》等 3 部专著书稿。2022 年 3 月，黄伟宗荣获第三届广东文艺终身成就奖，这是对他 60 余载文学文化生涯的肯定和鼓励。

电话：020 - 84034515，13660039039

电子邮箱：adshwz@ mail. sysu. edu. cn

目 录

总 体 论

珠江文化纵横论
　　——《中国珠江文化史》概论 ························· 1
多学科交叉的立体文化工程
　　——"珠江文化丛书"总序 ····························· 64
珠江文化与海洋文化
　　——"中国南海文化研究丛书"引论 ················ 72
在"一带一路"建设中的"四化"体会
　　——"海上丝绸之路研究书系"总结报告 ········ 89
建造珠江文明、珠江文派、珠江学派的新高地
　　——"珠江—南海文化书系"总序 ·················· 102

先 哲 论

珠江文化始祖——舜帝 ·· 116
古代珠江文化哲圣——惠能 ································· 120
古代珠江文化诗圣——张九龄 ······························ 137
近代珠江文化先驱——容闳 ································· 144
近代珠江文化诗圣——黄遵宪 ······························ 149
近代珠江文化文圣——梁启超 ······························ 157

江河地域文化论

以五大战略将广州建成世界"五都"
　　——关于将广州市建设为世界"一带一路"之港都、网都、智都、商都、
　　文都的刍议 170
珠江三角洲文化宝库——佛山
　　——佛山市及其禅城、南海、顺德文化资源考察报告 179
南江文化的发现及其重要意义
　　——南江文化调研报告 185
南江—鉴江文化是茂名地域的母文化 192
西江流域是重要的广府文化带
　　——访"西江历史文化之旅"大型报道活动总顾问黄伟宗 200
西江文化之梧贺篇 206
东江文化之东莞篇 213
东江文化之惠州篇 218
北江文化之韶关篇 227
北江文化之清远篇 239

民系民族文化论

广府文化发祥地——封开 246
前后珠玑巷的发现及其文化意义
　　——"珠玑巷文化"调研报告 250
论广府文化的概念、特质及其在中华和世界文化中的地位和贡献
　　——在首届世界广府人恳亲大会"广府文化论坛"的主旨发言 260
广府文化的五座里程碑及其标志的五个历史时期
　　——在广东广府学会成立大会暨"广府寻根，珠玑祖地"学术研讨会的
　　主题报告 269
以新高度研究开发冼夫人与百越俚族文化 279

以"天时、地利、人和"理念开拓冼越文化研究开发领域
　　——提交"两广三会关于冼越文化"座谈会的书面发言 …………… 286

华人华侨与侨乡文化论

保护开发侨圩楼遗存，开拓研究广侨文化
　　——台山侨乡文化考察报告 ……………………………………… 288
客侨文化之乡——东莞凤岗 …………………………………………… 294
关于华人华侨文化的新发现、新观念、新形象与开拓的新思路
　　——江门市"一带一路"文化调研报告 ………………………… 300

"一带一路"与海洋文化论

徐闻——西汉海上丝绸之路始发港 …………………………………… 308
"海上敦煌"在阳江"南海Ⅰ号" ……………………………………… 313
潮汕也是海上丝绸之路的重要港口 …………………………………… 317
持续发掘海上丝绸之路文化，全方位发挥海洋文化软实力
　　——关于研究开发广东海上丝绸之路文化的调研报告 ………… 321
路漫漫其修远兮，吾将上下而求索
　　——《海上丝绸之路与海洋文化纵横论》后记 ………………… 332
从三个理论看"一带一路" …………………………………………… 336
为"今生"谱写"前世"，借"前世"发展"今生"
　　——在南国书香节"海上丝绸之路研究书系"新书首发式暨赠书仪式上的
　　　主讲辞 …………………………………………………………… 342

古驿道与海陆丝绸之路对接论

挖掘岭南古道文化，与绿道交相辉映，纳入"一带一路"建设
　　——关于广东古道文化的调研报告 ……………………………… 347
南雄梅关珠玑巷是一条海陆丝绸之路对接通道 ……………………… 353

潇贺古道是最早的海陆丝绸之路对接通道
　　——在广西贺州"潇贺古道"论证座谈会上的发言 …………… 357
擦亮松口是"印度洋之路第一港"品牌，将梅州建设成21世纪海上丝绸之路高地
　　——关于梅州市海陆丝绸之路文化的调研报告 ……………… 363

地方特种文化论

特产文化与区域文化
　　——在郁南首届区域文化与特产开发研讨会上的发言 ……… 371
论以端砚为代表的中华砚文化精神
　　——在肇庆市第二届中华砚文化研讨会上的发言 …………… 376
莞香的文化意义与开发前景
　　——在东莞市莞香节暨莞香文化论坛上的发言 ……………… 383
论中国石文化的传统及其开发
　　——在"中国石都"云浮市石文化论坛上的发言 …………… 391

六祖文化与惠能禅学论

与惠能禅学的不解之缘
　　——《惠能禅学散论》自序 …………………………………… 399
六祖惠能的"五说""五创""五地"
　　——"中国禅都文化丛书"引论 ……………………………… 412
将外来的中国化，使中国的国际化
　　——在"宗教中国化与广东实践"座谈会上的发言 ………… 430

科技文化论

科技是第一生产力，也是第一文化软实力
　　——广东科技文化调研报告 …………………………………… 441
"科学艺术沙龙"的四场对话 ………………………………………… 448

首创"《山海经》太空科技城"
　　——打造"南江文化小镇"的首项策划方案……………………… 458

珠江文明论

树立"珠江文明的八代灯塔"，照亮南海千年海上丝绸之路
　　——南海西樵文化调研报告并"珠江文明灯塔"论坛主题报告……… 461
弘扬科学的养生生态文明传统，跨学科建设现代养生生态文明
　　——在南海西樵举行的"养生文明与生态文明"论坛主题报告……… 479
汲取"理学名山"和宋明理学心学的学术文明智慧
　　——"理学心学与珠江学派"论坛学术报告…………………… 489

珠江文派论

珠江文派者，写作气派相通之广东作家群是也
　　——跋《珠江文典》并从粤派批评论珠江文派…………………… 506
百年珠江文流的三段历史波澜
　　——《珠江文流》概论…………………………………………… 511
百年珠江文评的九次热潮
　　——《珠江文评》概论…………………………………………… 542
粤派评论·珠江文派·文化批评
　　——《粤派批评丛书·名家文丛·黄伟宗集》代前言………… 573

珠江学派（千年南学）论

以珠江学派坚挺中国学派，以千年南学辉煌学术中国
　　——珠江学派（千年南学）论纲并"珠江历代学说学派——千年南学书链"代序………………………………………………… 578

焕发珠派南学新辉煌，建造珠江文明新高地
　　——"珠派南学与珠江文明"论坛主题报告并总结"珠江—南海文化
　　书系"……………………………………………………………………… 594

文化形象论（文化散文）

珠江文珠 ………………………………………………………………………… 611
情恋瑞云 ………………………………………………………………………… 615
澳门之"门" …………………………………………………………………… 619
香港之"风" …………………………………………………………………… 622
深圳之"鹏" …………………………………………………………………… 626
珠海之"珠" …………………………………………………………………… 629
清远飞霞 ………………………………………………………………………… 633
仁化丹霞 ………………………………………………………………………… 636

基本理念及策略与深化走向论

人类文明之道
　　——从珠江文化与泛珠江三角洲谈江河文化的传承与创新 …………… 640
增强珠江水系文化力，提高江海水运"动脉"功能
　　——在中国航海日珠江水运（中山）发展大讲堂的主旨报告 ………… 646
以自身特性和共通性文化为纽带，促进区域及对外经济合作，促使文化
　　与经济相互转化
　　——从建设文化大省和泛珠江三角洲经济合作提出的战略性建议 …… 651
以文化实体化的战略和举措，提升广东文化整体形象和实力
　　——广州亚运会对"十二五"文化发展战略的启示 …………………… 657
二十六载履职广东省政府参事轶事选录 ……………………………………… 662
从江海一体的珠江文化到中国特色的山水文化
　　——在广东省珠江文化研究会第五届会员大会暨换届大会上的讲话 … 666
中国特色山水文化的概念、底色、源流和发展 ……………………………… 675

毛泽东诗词中的山水文化与超脱境界 …………………………………………… 702

在第三届广东省文艺终身成就奖颁奖会上的答谢辞 ………………………… 728
黄伟宗：珠江文化学术体系的构建者……………………………… 郭　珊 730

附录：黄伟宗撰编专著及总主编"珠江文化丛书"书目 ………………… 734

双文化情写天涯　一心耕耘度浮生
　　——原《浮生文旅》跋，再用为《珠江文化综论》代后记 ………… 740

总 体 论

珠江文化纵横论
—— 《中国珠江文化史》概论

一、珠江水系抚育的珠江文化

何谓珠江文化？即：珠江水系及其毗邻江河流域和沿南海北岸地带所抚育的文化。珠江水系若何？迄今屹立于云南曲靖马雄山珠源洞的《珠江源碑记》云：

> 黄帝画野，始分都邑；大禹治水，初奠山川。珠流南国，得天独厚。沃水千里，源出马雄。古隶牂牁，今属曲靖。地当黔蜀之冲，山接乌蒙之险。三冬无冰雪，四季尽葱茏。滴水分三江，一脉隔双盘。主峰巍峨，老高峙立。溪流涌泉，若暗若明。汇涓蛰流，出洞成河。水流汩汩，终年不绝。是乃珠江正源，海拔二千一百余米。穿牛鼻，过花山，南盘九曲，清流激湍。红水千嶂，夹岸崇深。飞泻黔浔，直下西江。会北盘于蔗香，合融柳于石龙，迎邕郁于桂平，接漓桂于梧州，乃越三榕，出羚羊，更会北东二江，锦织三角河网，八方分流，竞入南洋。四十五万三千七百平方公里流域，二千二百一十四公里流长，年均水量三千四百亿立方米，蕴藏水能三千三百万千瓦。聚九州之英华，集五岭之灵秀。气候温和，风光奇美，河水充盈，物产丰饶，士工昌盛，旅贸繁荣，江水恒流，世民泽被。仰前朝之伟绩，秦渠宋堤；羡当代之风流，大化新丰。今政通人和，华夏中兴，乃重勘珠江，复探珠源，拓三江之水利，展四化之宏图。乙丑孟秋立碑永志。

这座 1985 年 8 月由中华人民共和国水利部珠江水利委员会和云南省曲靖地区行政公署所立，并由水利部和滇、黔、桂、粤四省区负责人在此举行隆重仪式而立起的石碑，可谓以永久定格的铭文方式，将珠江水系的构成、所含支流及其先后交汇顺序、流域面积及流长、流量，以及得天独厚的温和气候、奇美风光等自然文化条件和特质，科学而权威地明确了。如果要作补充的话，那就是在其所称的"更会北东二江，锦织三角河网"句前，可点明北江和东江之发端于湖南、江西，增加注明源自福建的韩江等毗邻的江河流域，以及其"八方分流，竞入南洋"的南海北岸等地，那就更能完整地描绘出珠江水系地域图，也即是珠江文化地域图了。

由此可见，珠江文化带也即是珠江文化覆盖地域，包括广东、广西、贵州、云南、湖南、江西、福建、海南，以及香港、澳门，相当于泛珠江三角洲经济合作区域（即"9+2"，其中四川属辐射地域）。所以，珠江文化是泛珠江三角洲区域合作的文化基础和纽带。珠江作为南中国母亲河，珠江的文化自然包含着南粤（岭南）文化、八桂文化、黔贵文化、滇云文化、湖湘文化、赣文化、闽文化、琼州文化，以及香江文化、澳门文化等亚文化或子文化。珠江文化带是中国南方纵横江河与南海贯通构成的多元一体文化带。

珠江是中国第三大河流，是"茫茫九派流中国"的主干大河流之一。珠江文化与黄河文化、长江文化、辽河文化、雅鲁藏布江文化等大江河水系文化，共同构成多元一体的中华民族文化体；每条水系文化都是不可分割的有机组成部分，同时又是各有其自身历史、形态、特质和独特贡献的组成部分。

珠江文化的历史、形态、特质是什么呢？广东省珠江文化研究会的同仁们，从20世纪90年代初开始至今，凡20年的探索，又于近两年全力编著这部《中国珠江文化史》，都是为回答这些问题而作出的努力。

二、波澜壮阔的历史文化长河

从人类的聚居生活开始，即有人类的文化。因为人在聚居中必有共同性的物质和精神需求，必须相互依靠与交流，由此即诞生人类的经济与文化。人类必须在有水源的地带聚居，水深刻影响人的生命、生产、生活，并深刻影响人的观念、思维方式和行为方式。"一方水土养一方人"，每个水源地带抚育一方人的经济与文化，并因其自然环境和人文环境的不同及其历史发展的差异，也就形成每个水源地带与其他水域有别的经济与文化的特质。正因为如此，珠江文化与黄河文化、长江文化等大江大河文化一样，都是有其自身的产生、发展的历史与特质的。

屹立于世界东方的中华民族，历史文化源远流长。几乎覆盖整个中国南方的珠江水系族群的文明历史和文化史,也似一条浩荡漫流、波澜壮阔的历史长河。它与黄河文化和长江文化的发展进程大致是同步的。所以,这部《中国珠江文化史》虽也按一般中国通史的朝代分期进行编写,但在总体上,则是着力于珠江文化自身的发展历程与特色去进行论述的。

总体而言,珠江文化的发展历程,从古至今,大致有六个高潮期,即:汉代、唐代、宋代、明代、近现代、新时期;在以上每个高潮期之前后(除汉代之前是从萌动到雏形期外),则都是缓冲期或曲折期,具体是南北朝、五代、元代、清代、中华民国和中华人民共和国成立初期(前27年)等时期。当然,这些时期只是相对而言的缓冲曲折,并非全都停滞或消退,而是在酝酿新的高潮,其中还是有突出文化建树的。由此可见,珠江文化数千年历史的发展势态是波浪形的,在时序上是一浪接一浪地发展,总体上则是一条波澜壮阔、曲折起伏的历史文化长河。

(一) 珠江文化创始期——先秦时代的"雏形文化"

从旧石器、新石器时代到秦代,可以说是珠江文化从萌动到雏形的发展时期。具体而言,旧石器和新石器时代,是萌动形态;"三皇五帝"时期,是启蒙形态;夏商周时期,是启动形态;秦汉南越文化时期,是雏形形态,即初步形成粗胚形态。

1. 旧石器和新石器时代

从迄今人类学与考古学的最新研究成果可见,珠江水系的人类族群出现的时间,是与黄河、长江水系的人类族群大致相近的,甚至有可能历史更长、文化更早。因为近年国外出现了最新的人类起源于非洲的学说,称这些起源人从非洲逐步蔓延至世界各地,进入中国是从南方开始。这一说法已有人类基因的科学论证,当然学术界认识尚有歧异。此外,尚有南亚起源说。两种起源说都说明珠江流域是人类进入中国的主要桥梁地带或辐射中心。近30年来,在现代中国人起源研究中,从古人类学、体质人类学到分子生物学的研究结果,都证明现代中国人来源于百越族的先民,而且证实百越族的起源中心就在两广一带,尤其是在广东;起源的完成时间在距今3万~4万年前。这个结论得到从元谋人、马坝人、柳江人等人类化石和百色旧石器有力支持。尽管学术界仍有分歧,但越来越多的考古发现和研究成果均证实,在旧、新石器时代已有珠江人从能人到智人的发展足迹,已开始有原始文化观念的孕育和体现,可谓珠江文化的萌动形态。①

2. "三皇五帝"时期

历来史家均称:"三皇五帝"开创中华民族历史。"三皇"是伏羲、神农(炎帝)、轩辕黄帝,"五帝"是少昊、颛顼、高辛、唐尧、虞舜。唐尧以前的"皇"和"帝",与珠江水系族群的关系有待查证。最后一位"帝"虞舜(即舜帝)与珠江水系族群的关系,则是极其密切并有史料证实的。《尚书》云:"中国"一词始于舜;"舜以天德嗣尧……南抚交趾"。司马迁《史记》称:帝舜"南抚交趾……四海之内咸戴帝舜之功"。又称:舜"践帝位三十九年,南巡狩,崩于苍梧之野,葬于江南九疑,是为零陵"。这些史料记载的地名交趾、苍梧、九嶷绝大部分属珠江水域。这些记载足以证实:舜帝是珠江文化始祖。由此,珠江文化也就可与学术界所公认的"黄河文化始祖是黄帝、长江文化始祖是炎帝"的定论相匹配,同属炎黄时代创始的民族文化。舜帝即位后定法治,倡孝道,制典乐,称典乐"教胄子,直而温,宽而栗,刚而无虐,简而无傲。诗言志,歌永言,声依永,律和声。八音克谐,无相夺伦,神人以和"②,所以司马迁称道"天下明德皆自虞帝始"。自古在两广有许多关于舜帝的民间传说和纪念地,在粤北韶关还有舜帝在韶石奏韶乐的记载,这说明舜对珠江文化的创始作用,也说明"三皇五帝"时期是珠江文化的启蒙时期。

3. 夏商周时期

舜"抚"交趾的时候,在交趾地域栖息的人群是什么族群尚有待查考。但可以肯定的是,在舜以后的夏商周时期,黄河流域和中原地带处于史家所称的"青铜时代"。此时,在珠江流域的交趾地带,过去由于考古未发现青铜器,因而被认为尚未能与中原地带的青铜时代同步。近年在珠江流域地带,不仅陆续发现先秦时期的青铜器,而且从铸造到造型都有自身特色(如云南海门口、天子庙、李家山、羊甫头等遗址,贵州普安铜鼓山、赫章可乐的炼铜遗址,广西那坡感驮岩、贺州沙田龙

---

① 参见张镇洪著《岭南文化珠江来》,中国评论学术出版社2006年版,第9~12页。
② 《尚书·舜典》。

中村岩洞、武鸣马头圩等所发现的青铜器），采用的石质铸范就与中原陶范明显不同。这说明从社会进化上说，珠江人有着自身的步伐，而且并不是很落后。

在这个中原的夏商周时期，珠江流域地带的族群主要是先越族和后来的百越族，即东周时期出现的百越族群。《汉书·地理志》称："自交趾至会稽七八千里，百粤杂处，各有种姓。"越人有东部越人和西部越人之分。吴越一带称东部越人，以西称西部越人，包括：福建的闽越，广东的南越，广西的骆越、西瓯、仓吾，贵州的夜郎，云南的滇越、百濮等。这些现象说明珠江流域地带在这一时期是以百越族为主，各地文化虽有差异，但基本上还是相类或相通的。《淮南子》称："九疑之南，陆事寡而水事众，于是民人被发纹身，以象鳞虫；短绻不绔，以便涉游；短袂攘卷，以便刺舟"；"胡人便于马，越人便于舟"。《越绝书》云："水行而山处，以船为车，以楫为马，往若飘风，去则难从。"这些史料说明百越、百濮人识水，衣食住行均适应水环境之需，是自发性的水文化。

另外，从在云南海门口遗址考古发现的青铜器看来，其年代距今 3100 年左右，相当于中原的商周时期，其造型和品类虽然简单，但都是加锡的青铜器，可见其铸铜跨越了红铜时代，是在本区新石器文化基础上发展起来的滇式早期形式，与中原的青铜文化不同。其他遗址的青铜器发现也有类似情况。这也可见百越、百濮族在商周时期也进入了青铜时代，并在这种文化中，从一开始就有自身的发展历程与特色，从而也表明并证实珠江文化进入了启动时期。

4. 秦汉南越文化时期

公元前 221 年，秦始皇先后平定了齐、楚、燕、韩、赵、魏等六国，于公元前 218 年派屠睢率 50 万大军向岭南进军，兵败，屠睢被越人所杀，又易任嚣、赵佗率领，于公元前 214 年平定岭南。同时，派将军常頞征调巴蜀士卒，修五尺道抵滇东北，经略云贵高原且兰、牂牁、夜郎等西南夷，遂将整个珠江流域纳入中国版图。秦始皇死后，农民起义，天下大乱。赵佗自立南越国，扶持夜郎国、滇国自立。南越国立国前后共达 93 年，连同秦始皇平定后的七年时间，共达百年，版图基本覆盖珠江流域。由此，珠江流域族群从"百越之际……多无君"（《吕氏春秋》语）的不发达奴隶制或部落时代，进入封建时代，珠江文化也进入了雏形时期，也即是初步形成了粗胚型的南越文化形态。

南越国的百年历史，可谓汉越两族从对立到逐步和平"杂处"的历史，也是中原文化与百越文化从对撞到逐步并存与结合的历史。这段历史，从文化学上说，既是两种文化的对立统一过程，又是一种新型文化的逐步积淀与形成过程。这种新型文化，就是以"汉越杂处"为特征的南越文化，这也就是珠江文化开创时期的雏形形态。其特色主要是：从无到有的开启性、统制性。由于秦始皇统一六国而在全国开始封建统治，封建文化的特质是以皇权为核心而规范统一。这对于本是多族散居而"无君"的珠江流域来说，无疑是改天换地似的大变革，而当权者对其实施的统治与进行的建设，自然也本着封建文化观念及施政之所需去实施和进行，从而所采取的一系列做法，都是岭南前所未有而利于统制和统一的，故谓之开启性和统制性。

例如，在岭南设南海郡、桂林郡、象郡，并于每郡设若干县，这即是开启性的统制文化；秦始皇派50万大军进岭南后，就地消化，使之成为首批移民，后又允准派1.5万名无夫女南下以军为夫，并鼓励南下中原人与越人通婚，按中原姓氏成家，这就开启了移民文化和姓氏文化；同时又以"边地贫瘠，使内地商贾经营其地，或可为兵略之助"为由，鼓励商人移民岭南，开启了务商文化；又"谪治狱吏不直者"到"南越地"，即将犯法的官吏贬到岭南修城修路，是为后来历代贬官文化之始；秦始皇南下用兵和赵佗称皇，均在五岭南北之间筑路设关，路叫"新道"，有四条（江西过大庾岭至南雄、湖南郴州越岭至连县、湖南道州入广西贺县、湖南入广西全州），关有五关（严关、横浦关、湟浦关、阳山关、湟溪关），还在四川至云南之间修"五尺道"，尤其是在广西桂林修建连接湘江与漓江的灵渠，可谓开启了岭南以至中国的古道文化、古关文化、运河文化之先河。任嚣平定岭南并任南海郡尉后，于公元前214年建番禺城，此为广州建城之始，亦为岭南古城文化之始。此外，从南越王墓和南越国宫署出土的文物来看，有明显来自海外的翡翠、象牙、银盒、玳瑁等珍宝，还有疑为当年的船台遗址，这些均提供了南越国有与海外交往的证据，郭沫若在《中国史稿》中称广州是"海上丝绸之路发祥地"并非空穴来风，说明这也是中国海洋商业文化之始。

这些开启性和统制性的文化特色，是具有明显的封建强制和官方性质的，但在社会民俗方面而言，自北而来的汉文化可能尚未占主导地位。因为秦始皇50万大军南下，在偌大百越族地带毕竟是区区少数；赵佗提出"和辑百越"政策，本身即具有共处的意思，亦有不得已而为之的因素，否则站不住脚跟；在自立南越国后，断绝了与中原的来往，也使其失去了汉文化的依靠和后盾，更使其孤立，无力推行汉化，只能和越随俗。赵佗接见汉使陆贾时，穿越服并傲慢无礼；在被说服归汉后，云"居蛮夷中久，殊失礼义"（见《史记》）；在《报文帝书》①中，自称"蛮夷大长"，可见百越文化的余威。所以，南越国时期的南越文化，尚是汉文化尚未完全主导的"汉越杂处"文化，是尚未构成一个明确文化板块和完整形态的文化，所以只能说是珠江文化的雏形。

（二）第一高潮期——汉代的"广信文化"

明末清初著名学者屈大均在《广东新语·文语》中云："广东居天下之南……天下文明至斯而极，极故其发之也迟，始然于汉，炽于唐于宋，至有明乃照于四方焉。""始然"即开创之意。屈氏说包括粤文化在内的珠江文化从汉代开创是不确切的，在前节论述中已清楚指出早在先秦时期已有珠江文化萌动，并于秦代形成了南越文化的雏形。也即是说，本书已将珠江文化史的开篇时间推前了千年以上。这千年的发展尤其是在秦代南越文化时期的积淀和发展，使得在汉代（包含西汉至东汉）的珠江文化进入了第一个高潮期，也即是初步繁荣期。这个高潮期的文化形态及名称，可谓之广信文化。

1. 广信文化形态

南越国的百年历史跨越秦末至西汉。汉元鼎六年（前111），汉武帝灭南越国，从"初开粤地，宜广布恩信"的诏示中，取出"广信"二字，作为当时创建的监察岭南九郡的交趾部刺史衙署所在地的县名。九郡是从秦代所设岭南三郡划分的，即：南海、苍梧、郁林、合浦、交趾、九真、日南、儋耳、珠崖。交趾部刺史职能虽然主要是监察，但也有皇帝持节的部分权力。西汉后期（一说东汉）交趾演变为州一级政权，名为交州，仍是管辖岭南九郡，州治所在地仍是广信（今封开、梧州）。至三国时，吴国国主嫌其管辖范围过大，于永安七年（264）分出南海、苍梧、郁林、高凉四郡与广州，州治番禺；交州则只辖交趾、九真、日南、合浦、珠崖等郡，州治龙编（今越南河内附近）。至此一分为二的分割，可说是岭南九郡以交州所辖地域统称的结束，也即是以广信为州治时代的结束。从公元前111年首建

---

① 仇江选注：《岭南历代文选》，广东人民出版社1993年版，第3页。

交趾部至公元264年交州分出广州为止，以广信为州治的时间持续近4个世纪，可谓之"广信时代"。这期间跨越了从西汉、东汉到三国末期的三个朝代。这期间的中国大部分地域，尤其是黄河流域和长江流域，长时间处于战事频仍、改朝换代的动乱之中，唯珠江流域远离战事，保持着一方安宁，疆界广阔，政治稳定，经济繁荣，文化兴旺，北方移民纷纷南下避乱定居，使南北文化进一步交流融合，从而逐步形成了一方有地域特色的文化板块，构成具有一定特质的文化形态，因其一直以广信府为中心，故谓其名为广信文化。①

广信文化是以汉化为主导的汉越结合并由此除旧布新的新型文化，是既与全国文化相通而又有自身特质的一种地域文化。此前的南越文化，是"汉越杂处"，尚处于汉未主导、越未结合的形态中。在汉武帝平定岭南之后，以强大的军事力量和分治的政治策略，分化和瓦解了越人的集团势力，强化了汉王朝的政权统治；加之汉武帝施行的"罢黜百家，独尊儒术"的政策，使汉文化在全国处于统治地位，新统一的岭南地域也自然以汉化为主导。政治是文化的主导，但不能取代文化或决定文化的全部。百越族本土文化盘根错节，生命力顽强，积淀期越长，生命力就越持久。汉文化毕竟是南下文化，虽有政治力量推波助澜，但也无力且不可能完全取代或消除本土文化。不管统治者是有意识的还是无意识的，汉化的进程都只能沿着在主导中与本土文化多元融合的途径，其结果也必然是既以汉文化为主导，又与本土文化相融合。它促进了汉文化之创新，其成果往往既与原来的汉文化有别，又与原来的本土文化有异，形成具有独特性又有整体性的新型文化，与中原文化同步，又有其独创特色。这个文化特色，体现于广信时代产生的杰出文化名人，以及重要的文化现象中。

2. 陈钦三代及士燮一门四士所代表的经学文化

被尊为"粤人文之大宗"的陈钦，广信人，曾向王莽传授《左氏春秋》，自著《陈氏春秋》。西汉哀帝年间，他与古文经大师一道提出立新发现的古籍《左传》为官学，理由是左丘明与孔子同道，曾亲见孔子，而沿用的《公羊》《穀梁》是七十子后学，是"信口说而背传记"之作，有"失圣意"。双方争论激烈，因今文经派势大，遂败。王莽执政后，陈钦之子陈元再次发起论争，获胜。陈元之子陈坚卿

---

① 参见黄伟宗著《珠江文化论》，汕头大学出版社2003年版，第168～173页。

也是有造诣的经学家。故有"陈家三代经学"之称。这场持续两代的论争,说明广信文化在全国的主要官学中开始有话语权,并且有革新的气派。东汉交趾太守士燮,在任40多年,在三国动乱年代保住岭南避过战祸。他自身也是著名经学家,著有《春秋经注》;其弟士壹、士䵋、士武,分别曾任合浦太守、九真太守、南海太守,又都是经学家。故有"一门四太守""一门四士"之称。他们又都在任内招贤纳士,传经讲学,使中原动乱南下之士有避难之所,并施展才华,使岭南成为全国战乱中的一方学术圣地,受到举国学子的称羡。这显示了广信文化的地域特点和优势。

3. 杨孚《异物志》所代表的诗歌与学术文化

东汉杨孚,番禺漱珠岗下渡头村(今广州海珠区下渡村)人,著有《异物志》。这是第一部记述岭南动植物矿物等的学术著作,为多家史书列入,故被称为粤人入志之始。全书以四言诗体(其实是用"赞"的文体)行文,故又被屈大均称为粤诗之始。该书内容主要是赞美评述"南裔异物",即岭南各种珍奇之物的形态与功用,被称为"有多识之美,博物之能"。如《鹧鸪》:"鸟象雌鸡,自名鹧鸪。其志怀南,不思北徂。"这不仅是粤诗之开创,而且意味着岭南风物及文化也登上了全国文坛,既与汉诗乐府同步,又有自身的独特风采。杨孚为官时向皇上提出贤良对策,主张以孝治天下,朝廷采纳之而定出父母病故均要守丧三年的制度,可谓开孝治文化之先。他为官清廉,辞官回广州后,河南洛阳百姓特送他两株松柏。他将松柏种下后,即引来广州从未有过的一场大雪覆盖树上,人们称他因清廉将河南的大雪也引来了,故将他的住地取名河南(今广州市海珠区),称他为"南雪先生"。从杨孚的业绩和影响可见广信文化开创阶段的特有英姿。

4. 牟子《理惑论》所代表的佛学文化

东汉牟子,广信人,原是儒家学者,又通道家学说,在广信研究自海外传入不久的佛教,又成了精通佛教的学者。他以"佛"字翻译佛教"般若"之音义,首创佛教之名,又是"三教合流"的首创者。他以设问的方式,写出《理惑论》37篇,是中国首部佛学专著。牟子及其论著证实了佛教最早由海上传入岭南(另一路为从陆上传入长安),同时也显示了广信文化的开创地位和融合多元文化而创新的特点。有趣而耐人寻味的是:以上文化名人(陈钦三代、士燮四兄弟、杨孚、牟子）都是有中原移民背景的岭南人，他们的杰出创造，可以说是汉文化在岭南土壤与多元文化融合而产生新型文化的体现，是以汉化为主导而多元文化融合的文化形态和成果。

5.《汉书·地理志》所揭示的海上丝绸之路文化

2000年6月，笔者从《汉书·地理志》的记载及民间文化史料发现，并经多次实地考察证实，雷州半岛的徐闻和北部湾的合浦是西汉海上丝绸之路始发港。当年汉武帝派黄门译长赴日南（今越南中部），就是从交趾首府广信启程，并由徐闻、合浦出海的，与汉武帝派张骞通西域（即从西安启程陆上丝绸之路）的时间差不多。[①] 可见从广信开始的丝绸之路文化与中原是同步的，同时也标志着广信文化是中国最早具有海洋文化因素的地域文化。再者，据我们珠江文化研究者的发现，粤语发源于广信，故又称广府语，其语言结构既有古汉语成分，也有古越族语成分，是以汉化为主导与多元文化融合的典型体现。[②] 历来被称为广东三大民系之一的广府民系，其文化主要是粤语区文化，其实也即是广信时代形成的文化，故后来称其为广府文化。

（三）第一缓冲期——南北朝中的"南域文化"

东汉末年的三国（魏、蜀、吴）时代，尤其是进入魏晋南北朝时期（在撤销广信府治之后），中原一直处于动乱之中，社会动荡，经济萧条，文化也处于低潮期。有幸的是此时的珠江流域虽难免战祸影响，但相对而言较为稳定，从而在动乱中出现南方区域性的文化小繁荣，故可称其为"南域文化"。在这期间出现了一些区域性的代表人物及其代表的文化现象。

1. 葛洪及其代表的道教与学术文化

葛洪（281—341），江苏人，号抱朴子，祖传丹诀，拜道家鲍靓为师并娶其女为妻。曾率军平乱，升为将军，赐关内侯爵位。后又授他多个官职官衔，他均不

---

① 参见黄伟宗著《珠江文化论》，汕头大学出版社2003年版，第114～123页。
② 参见罗康宁著《粤语与珠江文化》，中国评论学术出版社2006年版，第25～30页。

受,只求做广西勾漏县令,原因只是想得到勾漏的丹砂炼丹。获准后带子侄经广州,被广州刺史所留而未赴任,从此留罗浮山炼丹并著述,直至仙逝。他走遍两广和越南各地,游山玩水,采砂采药,熟知珠江水域环境,也深受岭南山水熏染,写了许多诗,完成了理论著作《抱朴子》内篇和外篇共116篇,被称为中国道家的首部理论学术著作,既在思想理论上为道家和道学理论的成形作出贡献,又在科学技术史上作出贡献。书中关于"丹砂烧之成水银,积变又还成丹砂"的记载,是世界化学史上最早的化学化合和分解反应的记载。著名英国科技史学者李约瑟博士在《中国科学技术史》中说:世界"整个医药化学源于中国","公元4世纪早期,道家中产生了最伟大的博物家和炼丹术士抱朴子"。葛洪与妻子鲍姑还在罗浮山发现了沙虱,指出这是传染病媒介,这个发现比美国医生帕姆于1878年的发现要早1500多年。葛洪在思想和科技上有杰出创造,并形成自身完整的理论学术系统,是与他所在的岭南环境分不开的。他从开始就发现地域条件的重要性,所以他为找适当地方而辞高官去当"芝麻"县官,最后无官一身轻地上山修道。葛洪的成就有赖于珠江水域环境的哺育,同时又典型地体现了珠江文化在六朝时代的特色。

2. 侯安都及其代表的文武双全文化

如果说,葛洪是珠江水域首位文武双全、文理皆通的杰出文化大师,那么,侯安都(520—563)则是广东在南朝时代首位文武双全的杰出人物。《乳源县志》称他是乳源桂头(古曲江)人,"世为郡里大族,安都涉猎书传,善五言诗,写得一手好隶书,又能鼓琴,兼善骑射,为邑里豪雄。历官始兴主簿、兰陵太守、南徐州刺史、南豫州刺史、司空"。他一直是起兵岭南的首领陈霸先手下得力干将,屡建奇功,后又协助陈霸先夺取皇位。陈霸先建国号陈,为陈武帝。其子文帝即位时,封侯安都为司空。侯安都晚年权重自傲,文帝以"密怀异图"罪将其处死。著名史学大师陈寅恪在《魏晋南北朝史讲演录》中称:侯安都"颇有俚族的嫌疑",俚族即土著蛮族,当是先秦百越族的后裔或变迁。① 这个人物的文武造诣,以及他所代表的陈霸先岭南军队建立陈朝的史实,颇有南方部族在汉化及融合中走向成熟并重登政治舞台的意味。这一文化现象的兴起也是珠江文化成形的一个标志。

---

① 参见梁健、何露著《韶关印象:历史与文化》,广东人民出版社2008年版。

3. 刘删及其代表的诗歌文化

六朝时纵跨梁、陈两朝的刘删,是南海县人,梁朝时曾任州郡咨议,陈朝时在京师任临海王长史,能诗善文,被称为"岭左奇才"。他的著作已佚,仅《艺文类聚》中存其诗九首。从中可见他的诗自成一格,与梁、陈诗绮靡格调大相径庭,没有沾上堆砌典故和描写色情的恶习,摆脱六朝"赋得"诗的俗套。如《独鹤凌云去》:"孤鸣思沧海,矫翮避虞机。怨别凄琴曲,凌风散舞衣。五里虽回顾,千年会欲归。寄语雷门鼓,无复一双飞!"刘删是继杨孚之后第二位著名岭南诗人。[①] 如果说,杨孚是以中原文化眼光看岭南而写"异物"诗的话,那么,刘删的诗则全是立足广东写"思沧海""别凄琴"的诗了。他既登时代诗坛,又抵制时尚的靡靡之音,说明他的成熟和自立,也由此体现并标志着在诗文创作上珠江文化的开创特色和风气。

4. 菩提达摩及其输入的禅宗文化

唐代杜牧的名诗《江南春》云:"千里莺啼绿映红,水村山郭酒旗风。南朝四百八十寺,多少楼台烟雨中。"从中可见南朝佛教的兴旺发达。如果说,佛寺的建立是印度佛教在中国立住脚根并成形的话,那么,佛教的发展在岭南也是同步的,并且具有超前的贡献。南朝梁武帝普通年间(520—527),印度佛教禅宗菩提达摩从海上丝绸之路来华,在广州西来初地登岸,并于广州建华林寺,在中国首传禅宗佛理,是为中国禅宗初祖(此后历代承传:二祖慧可,三祖僧灿,四祖道信,五祖弘忍,六祖惠能)。由此,岭南可谓中国禅宗始发地,与广信时期牟子在岭南首传佛教,是有赖沿海地理环境而得天下先的情况相似,在佛教的传播与成形上也是领潮流之先的。在佛寺的建造上,岭南也不落后。位于粤北曲江的南华禅寺,是南朝梁武帝天监元年(502)由印度智药三藏创建的;广州黄埔的南海神庙也是隋代文物。这些名刹古寺都与海上丝绸之路有关,都是海洋文化的体现。由此也可见佛教和佛学在岭南的立足与成形,与珠江水域的环境优势是分不开的,同时也体现了海洋文化在珠江文化成形中的重要作用。

---

① 参见陈永正选注《岭南历代诗选》,广东人民出版社1993年版,第5~6页。

5. 冼夫人及其代表的百越遗存文化

冼夫人，原名冼英，是纵跨梁、陈、隋三代的文化名人。她是粤西俚族（即百越族后期变异）人，是高凉冼氏家族后裔。她自幼读书学汉文化，善读《春秋》，人和善，讲信义，曾劝她的兄长勿仗俚族首领之势欺人。兄听其劝，民怨平息，影响甚大。罗州刺史冯融是汉族名门后裔，执政开明，汉俚和睦，深受俚人称颂，尊其为"冯都老"（即俚族首领）。其子冯宝，自幼好学，20岁即考取功名，授高凉太守，慕冼英是有抱负的名门才女，便求结良缘。因此，冼英在汉俚人群中威望更高。梁朝年间，侯景之乱殃及岭南，肇事者欲串冯宝参与，设计扣人质而逼其就范。冼英识穿诡计，避过大灾。不久，陈霸先在岭南起兵反梁，冼英曾设计派兵协助。陈朝建立后，岭南各郡骚乱频繁，冼英以俚族首领身份，劝阻或号令各州县长官不要参与。此时冯宝英年早逝，冼英派年仅9岁的儿子冯仆，率领俚族各峒酋长朝见陈霸先。冯仆获任阳春太守，冼英辅政，政通人和。陈宣帝太建元年（569），广州刺史欧阳纥发动叛乱，企图挟持冯仆为人质，逼冼英伙同反叛，被冼英识穿，派兵击败欧阳纥，救出冯仆。事后，陈宣帝封冯仆为信都侯，加平越中郎将，转任石龙太守；封冼英为中郎将、石龙太夫人。隋灭陈后，全国一统，冼英也在这大潮流中全力反对分裂，力主全国统一。七十高龄时仍亲自上阵，率孙子冯盎兵马，平定俚人王仲宣、陈佛智叛乱。事后，隋文帝封冯盎为高州刺史，册封冯英为谯国夫人，设置幕府，配备官吏，授予印章，授权调拨各部及六州兵马，并下诏书表彰其功绩。隋文帝仁寿元年（601），冼英又以八十高龄奉诏严惩贪官赵纳（广州刺史），平息了民乱。次年冼英去世时，被追封为"诚敬夫人"。[①] 由此，冼夫人名传于世，代代景仰。她的一生，是为汉俚和睦、祖国统一而奋斗的一生。自她死后，历代粤西群众都为她立庙祭拜，尊她为"圣母"，敬她为神，形成一种崇高的冼夫人文化，可谓岭南土著——百越族遗存文化。[②] 其内涵就是：兄弟民族的传统和谐精神，民族团结统一的道德典范；同时，也在民族文化的层面上体现了珠江文化的独特光辉。

---

① 参见《隋书》卷八十《谯国夫人传》。
② 参见曾昭璇《冼夫人——越人汉化的楷模》，曾昭璇著：《岭南研学记》，中国广播电视出版社2003年版，第45页。

（四）第二高潮期——唐代的"盛世文化"

唐代是中国历史上的盛世，也是珠江文化发展史上的"盛世文化"时期。因为这个时期的岭南，社会经济的发展重心已从西往东移，即从粤西的广信移至番禺（今广州），珠江三角洲开始开发，并向海外发展，交通路线增多，广州有船队远航波斯湾甚或非洲东海岸，对外贸易和造船业发达；粤北普遍辟耕，西江沿岸改进农业耕作，陶瓷品、纺织品、藤器、竹器、木器、文具等手工业制品和商品均繁多丰富，商业经济繁荣。① 这样的经济兴旺，自然也促进了文化兴旺。正可谓屈大均在《广东新语·文语》中所称"炽于唐"的兴旺景象。其主要标志是涌现出一系列灯塔似的文化大师和影响深远的文化现象。

1. 张九龄及其代表的儒家、诗风和商通文化现象

张九龄（673或678—740），字子寿，韶州（今韶关）曲江人。唐中宗时进士，唐玄宗时任左拾遗，逐步升至中书令、尚书右丞相。不久，受奸臣李林甫陷害，贬为荆州刺史，晚年回乡至终。著有《曲江集》。他一生的行为和政绩都完整地体现了儒家的思想和风范。早在"安史之乱"前，他已发现安禄山手握重兵，心怀异志，即向唐玄宗呈上《请诛安禄山疏》，指出对安"稍纵不诛，终生大乱"。可惜唐玄宗未能接受，日后果真发生祸乱。这件事既显示了他作为政治家的敏锐洞察，又体现了他的忠君思想和品德；他在父亲去世时，辞官回乡尽守孝道，表现了儒家风范；他在回乡期间，上书皇上提出要修凿大庾岭通道，既为乡亲父老造福，又为贯通南北交通立下不朽功勋，更显出其儒家的高风亮节。

张九龄是岭南首位"贤相"，又是岭南第一诗人、珠江文化的古代诗圣。他的诗作在唐代甚有影响，在中国诗史上也有一席地位，被称为在初唐诗坛尚存"梁陈宫掖之风"之际，"首创清淡之派"的诗人，启开了后辈孟浩然、王维、储光羲、常建、韦应物等清雅诗风之先河。他的名诗《望月怀远》："海上生明月，天涯共此时。情人怨遥夜，竟夕起相思。灭烛怜光满，披衣觉露滋。不堪盈手赠，还寝梦佳期。"既是这种诗风的体现，又是珠江文化风格的典型体现，尤其是"海上生明

---

① 参见蒋祖缘、方志钦主编《简明广东史》第五章，广东人民出版社1993年版。

月,天涯共此时"句,可谓一语凝现了珠江文化海洋性、宽宏性、共时性的特质与风格。他在《开凿大庾岭路序》中,明确提出:以"海外诸国,日以通商,齿革羽毛之殷,鱼盐蜃蛤之利,上足以备府库之用,下足以赡江淮之求"为由而修这条路,更鲜明地表现了他的海洋文化和商通文化观念,证实了以张九龄为代表的珠江人在唐代已经有这种文化观念意识,而这条路千年来所起的重大作用也证实了这种思想观念的正确。正因为如此,这条路才被称为中原文化与岭南文化以至海外文化交会枢纽,是长江文化与珠江文化的连接桥梁,是唐代海上与陆上丝绸之路的对接通道。这些历史重大作用和文化内涵,更是珠江文化在唐代兴旺的突出体现和深刻有力的佐证。①

2. 惠能及其代表的佛教、禅学和平民文化现象

佛教禅宗六祖惠能(638—713),广东新州(今新兴)人。著有《六祖坛经》一书,这是唯一一部中国人著的佛经。他是继初祖达摩、二祖慧可、三祖僧灿、四祖道信、五祖弘忍之后的佛教禅宗六祖,是以创出著名的"菩提本无树,明镜亦非台。本来无一物,何处惹尘埃"的偈语,而承受佛教衣钵的禅宗领袖。毛泽东称赞他为佛教中国化、平民化作出了杰出贡献,是中国禅宗的"真正创始人"。在20世纪中期西方媒体评选世界千年思想家活动中,中国仅孔子、老子、惠能入选,而且他们被誉为"东方三圣人"。原因是:孔子首创了儒学,老子首创了道学,惠能则首创了禅学。所以,惠能既是佛教禅宗领袖,又是作为一种思想哲学——禅学的首创哲圣。惠能禅学思想的核心是"顿悟",即一切全在于人的心灵感悟和领悟。他认为"人人心中有佛","知、智……世人本自有之",若断除妄念,即可"识心见性,自成佛道"。虽然其言是佛,但其义不仅是佛,而且泛指人的本性,即他所说的"人性本净""净无形相",即通常指的人的纯洁善良本性,修佛即是排除"妄念覆盖"而恢复"常清净"的人性,这就是"诸佛境界,至佛地位"。可见其禅理与哲理、佛性与人性是相通的,其顿悟、识心、见性也都是哲学上的感悟说、心灵说、境界说。所以禅学也是一种思想哲学。惠能的禅学不仅是禅宗教派的教旨,而且是有其思想体系的,因此对后世影响很大。著名大学者梁启超曾言:"唐宋后皆六祖派"。梁启超在《论中国学术思想变迁之大势》一文中指出:中国传统文化

---

① 参见罗韬选注《张九龄诗文选》,广东人民出版社1994年版。

"实以南北中分天下，北派之魁厥为孔子，南派之魁厥为老子，孔子之见排于南，犹如老子之见排于北也"。从中可见梁启超是早已发现中国传统文化是有地域差异的。如果说梁启超所指的"北派"是黄河文化，所称的"南派"实则是指长江文化的话，那么，梁启超所说的"魁"（思想领袖，即哲圣），意即孔子是黄河文化哲圣，老子是长江文化哲圣。历来南方的概念是指长江以南，包括长江和珠江流域。现在从其中分出珠江流域文化，也即可以按梁启超的思路和对六祖的高度评价，称惠能为珠江文化哲圣。

惠能还主张修佛要"农禅并重""农禅合一"，修禅"在家亦得，不由在寺"，要"于一切时中行住坐卧，常行直心"，"但行直心，于一切法上，无有执着"。这些说法，说明他不拘形式、反对起表做作，而是重真心、重实践、重效果的思想。这就是他将外来的佛教中国化、平民化的思想根由。正因为如此，南方禅宗在唐武宗灭佛的会昌之难时得以幸存，日益发展，并向北方和海外传播。而这根由也正是珠江文化平民性、重实性特色的充分体现，也正是珠江文化得以广受认同、影响日大的根本原因。所以，惠能及其所代表的禅宗、禅学和平民文化现象及其影响，是珠江文化在唐代炽烈兴旺的重要标志。①

3. 莫宣卿及科举、书院文化现象

科举是中国封建时代的考试取仕制度，始于隋，兴于唐。珠江人第一位进士是广西藤县人李尧臣，唐太宗贞观七年（633）考中；张九龄是唐景龙元年（707）及第。岭南第一位状元是莫宣卿，唐大中五年（851）制科夺魁。他是封州（今封开县）人，7岁能吟诗，12岁中秀才，17岁中状元。唐宣宗李忱很器重这位南方首魁，特赐宴并赐诗："南方远地产奇才，突破天荒出草莱。神鲤跳翻三尺浪，皇都惊震一声雷。"此诗既是对莫宣卿的表彰，也体现了科举文化和书院文化在南方的兴旺。可惜莫宣卿英年早逝，致业绩不多，但其影响很大。自莫宣卿后，岭南在唐代还出了两位状元，一是唐乾宁二年（895）高中的广西临桂人赵观文，二是唐天祐三年（906）夺魁的广西桂州（今桂林）人裴说，可见珠江流域科举文化在唐代的兴旺。②

---

① 黄伟宗著：《珠江文化系论》，中国评论学术出版社2005年版，第124～143页。
② 参见仇江等编《岭南状元传及诗文选注》，中山大学出版社2004年版。

书院文化是科举文化的基础。书院文化基础厚实，才有科举文化的兴旺发达。珠江流域的书院文化源远流长，东汉士燮在交州兴办经学，应是书院文化之始。而正式以官学之称兴办书院者，则是东晋咸和九年（334），征西将军庾亮在广西临贺郡（今贺州市）"修复学校"（见《宋书·礼一》）。直至隋代开始科举，官学才走上正轨，于唐代大兴。唐高宗年间，因离京较远，朝廷特在珠江流域设"南选"制度，置南选使，简补广、交、黔等州官吏。唐玄宗年间，还规定凡参加科举考试的人，必须通过中央或地方官学的培养，促使各地大办官学，从而促进南方书院文化的繁荣。

4. 韩愈、柳宗元代表的贬谪文化和"北文南化"现象

珠江流域处于中国南方边陲，崇山峻岭，土地贫瘠，气候恶劣，经济落后，生活艰苦。历代王朝往往将贬谪的官员发配南来，由此形成一种贬谪文化现象。这些被贬人员多是有成就、有影响的文化人，他们带着中原文化南来，在南方传播北方文化，为南方文化发展作出贡献；同时，他们又在南方吸取本地文化，丰富了自身文化素养，又在返回中原后传播南方文化，有效地促进了南北文化交流，也促进并标志着珠江文化的兴旺。这些人物被贬南来，能以有限职权和威望为地方做点实事，或是以自身的才华和影响，为地方留下佳话或诗文。无论前者或后者，其作为都极大而有效地促进了本地及珠江文化的发展，丰富其内容，可谓珠江文化的一道独特、亮丽的风景线。这道风景线在唐宋元时期尤其亮丽。

唐代贬官南来最多，如韩愈、柳宗元、刘禹锡、王义方、牛腾、宋之问、李邕、李绅、李渤、李德裕。其中影响最大的是韩愈。韩愈少年时曾随长兄韩会（被贬韶州刺史）到过岭南，他后来也两次被贬到岭南，一次是任阳山县令，一次是任潮州刺史。韩愈称："阳山，天下之穷处也"。在困境中他仍推广儒家文化，把中原先进的农作物品种、农耕技术和工具带进阳山，促使百姓逐步改以农耕为生，并且坚持写作。在潮州时，他为民除鳄害，写出著名的《祭鳄鱼文》，还发展农桑种植、释放奴婢、兴学育人，并且编出首部《昌黎文录》六卷为教本，影响深远。尤其值得注意的是：韩愈著名的以《原道》为首的"五原"论著，是他在阳山时开始构思写作、回归中原后才完成的，显然其中有珠江文化的营养；他在岭南写的诗，从题材到格调也显然因有岭南的经历而显得新颖和更有沧桑感，典型地体现了贬谪文化的南北互渗、交流融合的功能与特色，也由此从一个侧面显示了珠江文化在唐代

兴旺的因由和特色所在。

比较而言，在唐代南贬的文人中，柳宗元是最有代表性的。他先是被贬为永州司马，后任柳州刺史，在湖南、广西共生活了14年，直至病死于柳州任上。真可谓天妒英才，英年早逝！他在风华正茂之年，含冤带病，长期居于湘桂，为百姓做了许多好事，韩愈赞他"柳侯为州，不鄙夷其民"。他深受人们爱戴，人们把他作为自己人，尊他为"柳柳州"。而他的感情也是如此。所以他的名作大都是写自永州和柳州，如《封建论》《非国语》《天对》《六逆论》；尤其是他的诗文有很多是写永州、柳州，如散文《永州八记》，寓言《戒》（含《临江之麋》《黔之驴》《永某氏之鼠》），诗《江雪》《渔翁》等。从柳宗元的民本思想和作为，尤其是他的诗文所表现出的思想感情来看，与其说他是山西河东人，还不如说他是珠江人更合适些，因为其民本思想、洒脱气度、清淡风格，正是珠江文化特质的体现。所以，柳宗元及其创作，既是唐代南方贬谪文化的杰作，又是珠江文化在唐代兴旺的灿烂星座。

5. 南诏的多元文化交融现象

地处珠江源头与澜沧江流域的南诏国，建于唐开元二十六年（738），灭于唐天复二年（902），是云南第一个集合各土著民族的统一国家。其疆土北至今云南维西县北，东北达到大渡河畔，东至今云南、贵州两省之间，西抵缅甸境内的钦敦江，南部当已伸入缅甸的东部，以及老挝和泰国境内。南诏国的建立，改变了过去分散封闭的状况，使"西南丝绸之路"得以畅通，一方面积极引入汉文化，另一方面积极引入境外的佛教文化。南诏王阁逻凤将传播儒家文化视为"德化"，亦即是"革之以衣冠，化之以礼义"，即使是在南诏与唐朝关系恶化时依然如故。在一次南诏与唐的交战中，南诏军攻破嶲州时，俘虏唐西泸县令郑回。阁逻凤对郑回的学问和人品十分敬重，委以重用，赐予"蛮利"称号，让其教王室子弟读书，授予责罚学生之权；后来又升他为清平官（相当于丞相）。南诏王异牟寻还派遣贵族子弟轮流到成都就学，前后相沿50年。唐王朝对南诏"赐孔子之《诗》《书》，颁周公之礼乐，数年之后，蔼有化风，变腥膻蛮貊之邦，为馨香礼乐之域"。同时，南诏统治者有意识地以推行佛教作为教化土著民族、促进境内安定的一项措施。劝丰佑时期，佛教成了南诏的国教，南诏国因此也被称为"妙香佛国"，儒家的诗书礼乐文化、佛教文化与当地南蛮文化相结合，使南诏文化取得长足进步，形成西南地区第一个文化盛世。著名的《南诏德化碑》，被列为唐代十四部音乐之一的《南诏奉圣乐》，糅合佛教故事与南诏历史的长卷《中兴国史画卷》，享誉中外的剑川石钟山石窟，以及大理崇圣寺"千寻塔"和昆明常乐、慧光两寺的寺塔等，都是南诏的文化杰作。源于南诏民间的普洱茶、剑川木雕和大理扎染等工艺文化，也是在这一时期形成的。这些文化珍品，既承袭了中原文化的传统，又受天竺（印度）传入的佛教文化的浸染，同时还融合了吐蕃文化、骠国（缅甸）文化及东南亚诸国文化的因素，呈现出多元化的特征，是唐代珠江文化盛世的一个表现。

（五）第二缓冲期——五代的南汉文化

唐朝灭亡后，各地藩镇纷纷自立，形成了"五代十国"的混战局面。这在全国来说，是经济、文化的衰退期，也即是第二低潮期。"五代"是指后梁、后唐、后晋、后汉、后周，"十国"是指前蜀、后蜀、吴、南唐、吴越、闽、楚、南汉、北汉、南平（又称荆南）。其中南汉国是盘踞岭南的独立王国，从917年刘龑在广州立国号称帝算起，南汉国有50多年历史。南汉开国初期，注重睦邻友好，力避战事，社会稳定，兴寺院，办教育，巩固文官制度，举行科举考试，注重海外贸易，发展制瓷工艺；后期则腐败残酷，遂遭灭亡。由于南汉前期较重文化，办实事，在战事频仍中保持一方安宁，从而也在一定程度上出现文化兴旺景象，显示出岭南地域文化特有的风采。例如，王定保的《唐摭言》是岭南首部笔记体著作。《四库全书总目提要》云："是书述有唐一代贡举之制特详，多史志所未及。其一切杂事，亦足以觇名场之风气，验士习之淳浇。法戒兼陈，可为永鉴。"龚州（今广西平南）人梁嵩，以一首《荔枝诗》获中状元，其诗曰："露湿胭脂拂眼明，红袍千裹画难成。佳人胜尽盘中味，天意偏教岭外生。橘柚远渐登贡籍，盐梅应合共和羹。金门若有栽培地，须占人间第一名。"此外，尚有陈拙、黄损、孟宾于等诗文名家。有趣的是这三位都是广东连州人，"三星高照"，颇有群体性名家崛起的意味。此外，佛教的云门宗，乃文偃（864—949）在南汉时首创，现广东乳源云门寺是其道场，影响深远。南汉国在混乱的半个世纪中造就的这些文化景象，可谓在低潮中难得的"南汉文化"景象，也在一定程度上体现出珠江文化的自立特点。

（六）第三高潮期——宋代的"炽热文化"

经过唐末五代十国的动乱，赵匡胤建立统一的宋王朝，开始了近300年的相对稳定时期，经济、文化都呈发达的新景象，珠江文化也进入了第三高潮期，即更成熟的发达时期。

在这个时期，由于南方受战争影响较小，社会相对稳定，富饶的冲积平原——珠江三角洲开始大规模开发，各地注重兴修水利，改进水稻生产技术，农产品丰富，农商品增加，制瓷业和端砚等手工业兴起，盐场、矿场增多，城镇、商业、水陆交通和对外贸易发达，造成了经济繁荣景象。①

在这样的背景下，这个时期的学术思想也很发达，涌现了影响全国和千秋万代的学术泰斗及其创立的学术体系，并且出现学派、流派相互竞争的热烈局面，形成了学术思想热等文化现象，正如屈大均在《广东新语·文语》中所说"炽于唐于宋"的情景。著名国学大师陈寅恪称："华夏民族之文化，历数千年之演变，造极于赵宋之世。"② 可见宋代文化之辉煌，故称这高潮期的文化形态及名称为"炽热文化"。

1. 周敦颐、朱熹理学与陆九渊心学并生对撞的文化现象

周敦颐（1017—1073），字茂叔，世称濂溪先生，湖南道州人，北宋大儒。朱熹（1130—1200），字元晦，别号紫阳，江西婺源人，生于福建尤溪，南宋理学大家。这两位理学泰斗，都属珠江水系流域人士，两人的先后承传业绩，构成了珠江文化在宋代南文北化以至震动全国、影响万代的理学文化现象。周敦颐以《爱莲说》一文名垂千古，其学术影响最大的是他所著的《太极图》，因其首创了以太极为本体的宇宙观，被朱熹称为理学开山之作。他意欲将儒家、道家、佛家思想整合为一个新的思想哲学，即理学，"性与天道"是其中心内容。当代著名学者任继愈说：在中国思想史上，周敦颐第一个"有意识地吸取佛教和道教中的关于宇宙万物起源的学说，而以儒家（中庸）唯心主义神秘主义作为思想体系的骨干。……自从

---

① 参见蒋祖缘、方志钦主编《简明广东史》第六章，广东人民出版社1993年版。
② 陈寅恪著：《金明馆丛稿二编》，上海古籍出版社1980年版，第245页。

周敦颐以后，我国以儒家相标榜的理学才建成了一套比较完整的宇宙观"。此后，程颢、程颐和朱熹发展了周敦颐的思想，确立了理学（故又称"程朱理学"）。淳祐元年（1241）正月，宋理宗下诏书称赞周敦颐等理学大家"真见实践，深探圣域，千载绝学"，尤其称道"朱熹精思明辨，表里混融，使《大学》《论》《孟》《中庸》之书，本末洞彻，孔子之道，益以大明于世"。由此使理学成为继儒学后之的统治思想和社会规范，朱熹成了承传孔子的儒学权威和理学之魁，对封建制度的发展和巩固起到重要作用。周敦颐和朱熹对开创和发展理学的贡献是重大的。尽管理学具有维护封建制度的负面作用，但它毕竟是一种学术文化现象。它的产生与发展体现了社会发展的理性与成熟；尤其是理学在南方形成后，逐步向北方推进，在官方倡导下更推向全国，甚至成为浪潮，形成了一种前所未有的"南文北化"（即南方文化向北方传播交融）现象。所以，理学是继惠能及其代表的禅宗禅学之后，对北方影响更大的南方文化，是珠江文化在宋代兴旺的重大标志之一。理学所具有的以儒为主体，合儒、道、佛为一体的特点，与牟子、葛洪、惠能分别以佛、道、释为主体而融汇三家思想的特点，是异曲同工的，都在不同程度和不同内涵上，体现了珠江文化包容性的传承与发展。

陆九渊（1139—1193），字子静，江西抚州金溪人，因结茅讲学于象山，故称象山先生。官至奉议郎知荆门军。与其兄九韶、九龄之学说并称"三陆子之学"。陆九渊是心学的倡导者，长期与朱熹理学对立、辩论。他提出"心即理"说，认为天理、人理、物理只在吾之心中，"宇宙便是吾心，吾心即是宇宙"；"千万世之前，有圣人出焉，同此心同此理也"。他认为治学的方法是"立大""知本""发明本心"，只要悟得本心，不必多读书，又说"学苟知本，六经皆我注脚"。这些理论与六祖惠能顿悟说一脉相承，又是开明代陈献章、湛若水、王阳明心学之先河，可谓珠江文化心学发展史上的中轴人物；陆九渊心学与朱熹理学的对撞，也体现了珠江文化的多元性和竞争性，其对全国的广泛影响，也体现了珠江文化在唐宋时代的"南文北化"景象。

2. 余靖及其所代表的群体文化及"南文北化"现象

余靖（1000—1064），字安道，广东曲江人，宋仁宗年间进士，曾任秘书丞，官至工部尚书。他是集政治家、外交家、海洋学家、诗人于一身的大家。任谏官时，以敢直言著称，与欧阳修、王素、蔡襄合称"四谏"；庆历四年（1044），契丹国发兵犯境，他请缨出使契丹，说服契丹主罢兵，取得外交胜利；后任广南西路经略史，平定南方叛乱。他曾亲赴沿海（东至上海的海门，南至广东的虎门）考察潮汐变化现象，著《海潮图序》，是我国首篇海洋学论著。晚年返乡赋闲，游山玩水，吟诗作文。著《武溪集》二十卷，创"骨格清苍"诗风，被誉为"南粤宋诗之首"，可谓在南北官界、学界、文界均有重大影响的人物。

值得注意的是，在宋代，也即是与余靖同代的岭南，还出现了好些著名文化人。如：王大宝，字元龟，潮州古八贤之首，宋代岭南唯一榜眼，前期做地方官为百姓人作了许多免税、修路等好事，晚年任京官，敢直言，为岳飞平冤，力主北伐抗金；通儒学，著《周易证义》十卷，在《宋史》中与范成大、刘珙等直臣并列入传；在南方威望更高，被尊为与张九龄、余靖齐名的岭南先贤。此外，南宋名臣崔与之，为官清正廉明，为民办事，善用人才，晚年辞官归乡，在广州办菊坡书院，淡泊名利，曾八次辞任参知政事，十三次辞任右丞相，世人称颂。明代学者郭斐在《粤大记》中，称王大宝、冯元、余靖、崔与之、李昴英、郭阊为"宋代岭南六先生"，并作出评价曰："冯章靖（冯元）之儒雅，余襄公（余靖）之勋业，王礼书（王大宝）之谠奏，崔清献（崔与之）之德望，李忠简（李昴英）之直节，郭正言（郭阊）之廉介，俨然与中朝豪杰抗衡，岂但标岭海之芳躅乎！"这段评价甚有见地，对"六先生"的个别分析确切到位，总体分析则道出了六人共有的岭南风格，特别是指出六人不仅是岭南文化精英，而且可与"中朝豪杰抗衡"的说法，可圈可点，从中可见千年前已有"南文北化"的见解，证实宋时岭南已呈现出群星灿烂的群体文化现象，体现了珠江文化在宋代的兴旺。

3. 以苏轼为代表的贬谪文化和"北文南化"现象

苏轼是宋代贬谪文化的杰出代表。他从宋绍圣元年（1094）被贬南来，至元符三年（1100）获赦北归，在岭南长达16年之久。开始被贬英州（今英德），未到任即改贬惠州，守三年，又贬海南儋州，可说大半生在岭南度过，正如他自己说的，"问汝平生功业，黄州、惠州、儋州"。他并不因受贬而怨天尤人，无所作为，而是乐观生活，潇洒人生，为百姓多做实事，到处写诗作文，与珠江人情投意合，为岭南留下了丰富的精神和物质财富。他曾自言："九死南荒吾不恨，兹游奇绝冠平生"，可见他是为自己在艰苦中的业绩自豪的。他还先后吟出"日啖荔枝三百颗，不辞长作岭南人""海南万里真吾乡""我本儋耳人""余生欲老海南村"等诗句，更充分体现他对岭南的深厚感情。苏轼在岭南写了大量的诗文,其中尤其多的是吟咏岭南风物的诗篇。再就是他的题字或题词。他是唐宋八大家之一,是北宋文坛泰斗,是宋词豪放派之魁,又是北宋书法四大家的一家。他在岭南驻地多,游历广,每到一地他都留下诗文或题字,也就是留下了一笔巨大的财富;而他所到过和题咏的地方,因他的足迹和文迹提高了文化品位,也就更丰富了岭南和珠江文化。同时,他自己也在岭南汲取了更多的创作源泉,丰富了自身的思想文化素养,攀登上艺术高峰。所以,苏轼是宋代岭南贬谪文化的杰出代表,是珠江文化在宋代的杰出创造者和兴旺辉煌的灯塔。

除苏轼外,宋代被贬南方的文人,尚有他的弟弟苏辙,以及秦观、杨万里、寇准、李纲、李光、赵鼎、胡铨等人。

此外,北宋的包拯和米芾年轻时曾在岭南为官,包拯曾任端州(今肇庆)知州三年,米芾曾任含光(今英德)尉两年。他们不是被贬文人,但作为南来的中原文人,都为珠江文化在宋代的兴旺作出了不可磨灭的贡献。如果说,上述的韩愈、柳宗元、苏轼等被贬文人在岭南的作为,既是一种贬谪文化现象,又是一种北人南化现象的话,那么,包拯、米芾等文化人也可属"北文南化"现象之列。所谓"北文南化",有两层含义:一是北方(中原)文人为南方传来北方文化,一是北方文人在南方生活受到南方文化的熏陶感化。无论被贬文人或过渡文人,都起过这样的作用或受到这样的感化,所以说这是一种文化现象。这种现象说明宋代的南北文化交流已高度发展,这也是珠江文化在宋代"炽热"的重要原因和重要标志。

4. 海上丝绸之路文化现象

以汉武帝派张骞通西域为标志的中国对外交通线路,通称为丝绸之路。在汉代,从长安出发之通道谓陆上丝绸之路,从徐闻、合浦出发的海上通道则为海上丝绸之路,此外,尚有云南、贵州边境的西南丝绸之路,以及陆上与海上丝绸之路的对接通道等。丝绸之路文化在珠江流域地区特有优势,因为这里海岸线长、海港多、水陆交通古道特多,历史悠久,资源丰富。

由于汉代管辖岭南九郡的交趾部首府设在广信(今封开、梧州),因而广信也就成为当时岭南的政治、经济、军事、文化中心。所以,汉武帝派他的黄门译长,从广信到雷州半岛的徐闻,乘船从合浦到日南(今越南中部)出海,揭开了海上丝绸之路史页,也揭开了珠江文化的海上丝绸之路史页。这也是珠江文化"始然"的标志之一。

东汉后南北朝分治,到隋才得南北统一,国际间的海外交通和海外贸易才得到恢复。唐代的经济繁荣,更需要和促进海外交通和贸易的发展。珠江流域有开展海外交通和贸易的历史传统和地理优势,加之又逢其时,由此出现海上丝绸之路文化前所未有的兴旺现象。首先,唐开元二年(714),在广州设置中国历史上第一个管理对外贸易的机构广州市舶使院,主事官员为广州市舶使或广州结好使,从名称及职能即可见唐朝政府的积极发展外贸政策和对外友好态度。其次,唐贞元宰相贾耽(730—805)著《海内华夷图》等著作中,记述唐代与四邻国家交通者有七条路线,有两条是海路,其中尤其重要的是南海路。他还在《皇华四达记》中记述"广州通海夷道"的航程,所到国家达30多个,从广州始发的经常航线即有4条,航程1.4万公里。此外,徐闻、合浦、钦州、阳江、海南岛等港口也很繁荣。在广州至今仍存的隋唐时代所建的"蕃塔"(即光塔和怀圣寺)、南海神庙(又称扶胥庙、波罗庙),都是海上丝绸之路的产物;前不久在阳江海域打捞出水的宋代沉船,藏有瓷器、铁器等文物达5万~8万件之多,堪称"海上敦煌"。如此等等,莫不显出宋代海上丝绸之路文化及其所体现的珠江文化的炽热兴旺。①

5. 大理国文化

937—1254年,在唐代时期的南诏国版图内,再兴起一个地方政权——大理国。其性质与南诏国基本一致,都是由多民族构成,除汉族外,尚有乌蛮、白蛮、施蛮、顺蛮、磨些蛮、和蛮、白衣蛮、金齿蛮、银齿蛮、绣脚蛮、绣面蛮、寻传蛮、裸形蛮、朴子蛮、望蛮、茫蛮、穿鼻蛮、长鬃蛮、栋峰蛮等。区别的是南诏由乌蛮、白蛮所建,大理由白族建立。二者都是民族文化共同体,唐宋汉文化是其统治基础,是各民族或部族之间联盟体的重要精神力量。其文化是由儒、释、道、土著等文化融合为一体的复合性文化,具有多元、包容和向外开放的特质。大理的文化形态和文化成就,既承传南诏国文化,又有新的发展,建筑艺术极其发达,民居、宫殿、寺庙、城镇的建筑都甚有特色且成就辉煌,石钟山石窟等所代表的雕塑艺术,与《南诏画传》齐名的《张胜温画卷》所代表的绘画艺术,从云南传入中原的著名乐舞《菩萨蛮》《柘枝舞》,以及至今仍受称颂的民间文学《望夫云》等,

---

① 参见黄启臣主编《广东海上丝绸之路史》,广东经济出版社2003年版。

都是大理国文化的不朽精品。可见，大理国文化在珠江源头拉开了一道亮丽的风景，为珠江文化在宋代的"炽热"高潮，增添了特高的热度和绚丽的浪花。①

6. 珠玑巷及其代表的移民潮流和移民文化

两宋时期，因北方的少数民族日益强大，先后建立辽、金、元政权，多次南下攻宋，金灭北宋后，元又攻南宋，致使社会动荡，大量居民南迁岭南。南迁人口分别从海路或陆路进入岭南，海路多经沿海城市（如潮州、惠州、南恩州、雷州），陆路则主要是江西与广东交界的大庾岭路。

早在秦汉时期，梅岭已是南北通道之一，但山路崎岖难行，过往人流不多。自唐代张九龄修通梅岭（亦称大庾岭）古道之后，南北交通才真正通畅。与其相连的珠玑巷正是梅岭过后的第一站，由此而成为南北交往的集散地，逐步形成了"摩肩道上马交驰"的繁华集市，但主要还是南迁移民的暂居地。据史料称，从唐代至宋代，百万以上的大批移民即有三次，小批或零星移民络绎不绝，难计其数。这些南迁移民，在珠玑巷居住一段时间（一代或几代）后，即继续向南迁移，多数是到沿海地区，直至明清时代近六百年，将珠江三角洲开发成一块土地肥沃、物产丰盛的富饶地区，创造了移民开垦的奇迹。一方面，明清时代的南方，商业资本发达，海外贸易增多，交往频繁；另一方面，东南亚各国尚待开发和西方国家的资本主义开始发达，提供了许多开垦的空间，又需要大量的劳动力。这些机遇，对于处于沿海地带的广东，尤其是珠江三角洲，无疑具有巨大的吸引力，对于具有开拓传统的珠玑巷南迁移民来说，更是如此。所以，明清时代珠江三角洲一带，有大批移民迁往海外打工或经商，在东南亚开创橡胶园或到美洲修铁路，将珠玑巷南迁移民的开拓精神传到海外，继续发扬，并且开创了在海外生根开花的华侨华人文化，同时也在其故乡创造了侨乡文化。如果说，南雄珠玑巷是中原人南迁岭南的中转地和南北移民文化的代表，那么，江门市蓬江区的良溪村，则是珠玑巷人南迁开发珠江三角洲后，再迁往海外开拓的中转地和华侨与侨乡文化的代表，因为这里是南宋珠玑巷人南迁领头人物——罗贵在岭南的立足地，及其后代移民海外的始发地（该村现尚有罗贵墓、罗氏大宗祠和罗氏族谱等文化遗存为证）。鉴于此地是南雄珠玑巷移民南

---

① 参见杨寿川主编《云南特色文化》，社会科学文献出版社2006年版。

下的主脉延续地,故称其为"后珠玑巷"。① 显然,前、后珠玑巷共同构成为珠玑巷文化,代表着珠江文化中特有的移民文化,包括中原南迁的移民文化和迁移海外的移民文化。这两层移民文化都在明清时代达到高潮,影响国内外。所以,这也是珠江文化光芒普"照四方"的一个标志和里程碑。

(七)第三缓冲期——元代的"抗争文化"与"商通文化"

当成吉思汗在北方成立了大元帝国并长驱南下,经过崖门大战消灭了宋王朝,随即在欧亚大陆确立蒙古族统治帝国的时候,由于与汉民族之间本有较大的文化差异,相互的对撞是极其剧烈的。岭南是南宋朝廷最后覆灭之地,相互对撞的时间更长、更激烈,从而造成了文化低潮期较长的现象,也造成了在这期间出现的抗争文化较强的特点。

最有代表性的抗争文化代表人物是文天祥(1236—1283),江西吉安人,字宋瑞,号文山,宝祐四年(1256)中状元,先后在赣州、扬州组织义军抗元兵,任右丞相兼枢密使,于海丰兵败被俘,宁死不屈,在狱中写下气壮山河的《正气歌》,在南海写下千古绝唱《过零丁洋》:"辛苦遭逢起一经,干戈零落四周星;山河破碎风飘絮,身世浮沉雨打萍。惶恐滩头说惶恐,零丁洋里叹零丁;人生自古谁无死,留取丹心照汗青",可谓爱国主义的抗争文学典范。

在元朝统治时期,海上交通和海外贸易相当发达。其原因首先在于南宋中后期,已有较发达的造船业和海外贸易,又在抗元斗争中,从海路节节抵抗,迫使宋元双方都大力发展造船业和海上交通。元定天下后,继承了南宋的贸易体系,继续发展海外贸易。广东最大的香料富商蒲氏家族中的蒲开宗一支于嘉定年间(1208—1224)自广州迁泉州,大力发展以贩卖香料为主的海外贸易。蒲开宗去世后,其子蒲寿庚继承发展,又因支持元军有功,被元朝廷封为主管海外通商的市舶使,后又升至福建行省中书左丞、泉州行省平章政事,镇抚濒海诸郡,亦官亦商,财雄势大,名震海外,史称"南海蛮夷诸国莫不畏服",对元代发展造船业和海外贸易起到重要作用。元代已能制造300吨上下、四桅杆的远洋海船,居印度洋一带船舶首位,从非洲东海岸、日本、朝鲜、南洋各地都有商队来往,沿海港口有直沽港、密

---

① 参见黄伟宗、周惠红主编《良溪——"后珠玑巷"》,中国评论学术出版社2008年版。

州板桥镇港、刘家港、庆元（明州）港、温州港、泉州（刺桐）港、广州港等，有庆元、泉州、广州等三个市舶司。西方各国贡使、传教士、商人、旅行家纷纷前来。以写有《马可波罗行记》而出名的意大利旅行家马可·波罗（1254—1324）就是其中一位。中国在当时拥有世界最强的造船业和航海技术，有许多商品生产基地和出海港口，官方和民间海外贸易繁荣，华商的足迹遍四海。所以，可以说元代是一个商通发达的年代。

由于元代始终实行蒙古族的统治，占人口多数的汉族始终处于被统治境地中，民族矛盾激烈；作为文化精英的知识阶层，即"仕"，在社会等级排列中，被置于娼妓之下的第九位，故称"老九"，可见当时文化人地位之低下。

（八）第四高潮期——明代的"耀明文化"

珠江文化在唐宋时期呈现出蓬蓬勃勃的兴旺景象，到明代则是乘着这兴旺态势，进入了更成熟更深广的发展时期。

这个时期的珠江流域，社会稳定，经济繁荣，南粤农作物一年三熟，粮食增产，农业商品性生产和手工业生产高度发展，城市商业和商舶贸易发达，对外贸易和文化交流增多，初显了商品经济和海洋文明现象①；在文化上也出现勃勃生机，层出不穷地涌现出各种文化学说、学派、流派和文化潮流，波及全国和世界，正如屈大均所说那样："有明乃照四方焉"，所以称之为"耀明文化"。

1. 陈献章及其心学与"江门学派"

陈献章（1428—1500），广东江门白沙村人，故人称白沙先生。19岁中举，20岁入进士副榜，再考落第。曾以诗名噪京师。后屡荐官不任，回乡教学终生。著《陈献章集》。近代学者称他"上承宋儒理学的影响，下开明儒心学的先河，在中国哲学思想史的发展上，具有承先启后的地位和作用"。陈献章认为世界万物的"本体"是"道"，"天得之为天，地得之为地，人得之为人"。若求"道"，"求之吾心可也"。可见其"道"是其想象的超越宇宙的某种冥冥灵念，而他主张从自己的"心"去求这种灵念，其实也即是自身的灵念，所以，才会得之，"则天地我

---

① 参见蒋祖缘、方志钦主编《简明广东史》第七章，广东人民出版社1993年版。

立，万化我出，而宇宙在我矣"。他还主张"学贵乎自得"，要静中求"自得"，要"以自然为宗"而又要"万化自然"，并强调"自得"就是要使自己的心灵"不累于外，不累于耳目，不累于一切，鸢飞鱼跃在我"。可见他的"道"已不同于程朱理学的道，而是心学之道。这才是陈献章哲学思想的核心。而这心学之道，显然有着承传惠能禅学和陆九渊心学的迹印，又是对程朱理学将心学传统教条化偏向的回归。陈献章学说自成一家之言，影响甚大，从学者众，形成潮流，学界公认其自成学派，称"江门之学"；因陈献章是江门白沙人，故又称为"江门学派"或"白沙学派"，他的学生湛若水为代表的"甘泉之学"以及王阳明的心学与其一脉相承。

2. 湛若水的心学及其"甘泉学派"

湛若水（1466—1560），字民泽，广东增城县甘泉都人，故又称甘泉先生。年轻时考取进士，曾任礼部、吏部、兵部尚书，晚年退休在家乡办书院至终老，享年94岁。湛若水与王守仁（号阳明，浙江余姚人）是明代中叶齐名的大学者，两人在政坛上合作，在学坛上互敬互磋，共同倡导心学，各有不同立论、不同从学之群，但也相互应和，故实际上是一个大学派，是继陈献章江门学派之后，南方又一影响全国的学术流派。明末大学者黄宗羲说："有明之学，至白沙始入精微，……至阳明而后大。"可见其具有重大的发展地位和作用。虽然同是倡导心学，但说法各异。首先，陈献章的心学修养，主张"静中养出端倪"；湛若水则主张动静、心事合一，认为"古之论学，未有以静为言者。以静为言者，皆禅也"，并认为："何谓心学？万事万物莫非心也"，"心也，性也，天也，一体而无二者也"。湛若水与王阳明也有异。据《宋明理学史》称："若水与守仁同讲学，后各立宗旨，守仁以致良知为宗，若水以随处体验天理为宗，守仁言若水之学为求之于外，若水亦谓守仁格物之说可信者四，又曰'阳明与吾言心不同。阳明所谓心，指方寸而言。吾之所谓心者，体万物而不遗者也，故以吾之说为外。'"虽然各家之说有异，但均不影响这些大学者的尊师、敬友之道。他们的学者风范，与他们所创造的学说一样，是万古常青的。所以，王阳明、湛若水对心学在学术上的发展，及其学派所掀起潮流般的影响，是珠江文化在明代发达的重要里程碑。

3. 王夫之及其知行说所代表的唯物论思想

王夫之（1619—1692），字而农，号姜斋，湖南衡阳人，因晚年筑室石船山下，隐居 40 多年，被后人称为船山先生。一生著作近百种，主要有《周易外传》《尚书引义》《读通鉴论》《张子正蒙注》《噩梦》《宋论》《黄书》等，内容涉及政治、法律、军事、文学、教育、历史、天文、历算、佛道。他是中国传统唯物主义思想家，认为："尽天地之间，无不是气，即无不是理也。"他所说的"气"是指物质实体，"理"则是客观规律，有力地批判了程朱理学的"理在气先""理生气"的观点。他用"道"和"气"来说明物质与精神之间的关系，以"天下唯器而已矣"的看法，说明精神性的"道"是物质性的"器"产生的。他还发展了中国古代辩证法思想，认为"阴阳各成其象，则相为对；刚柔、寒温、生杀，必相反而相为仇"，同时也"互以相成，无终相敌之理"，提出"合二以一者，既分一为二之所固有"的观点，认为物质世界包含着矛盾的事物，否定从老子到宋元理学家的绝对静止观点。他还提出"理势统一""理在势中""理势之必然"等说法，以进化论观察历史和时代变迁，强调审时度时，同时又以"理寓于欲""圣人不欲绝""理欲皆自然"等说法，肯定人欲合理，指出"离欲而别无理"。尤其是他针对宋元理学的"以知为行""知先行后"的思想，提出"知行始终不相离"，并充分肯定"行"（实践）的重要作用，体现了理论与实践结合的思想，在当时和以后（以至今后）都有重大影响和实际意义。王夫之及其知行说可谓明清时代珠江文化在哲学思想发展上，继陈献章、湛若水之后的第三个高峰，是更有深广意义的文化潮流。

4. 利玛窦及其代表的"东西学互渐"潮流

利玛窦（1552—1610），意大利人，天主教传教士。明万历十一年（1583）从澳门进入广东肇庆传教，长达 6 年，之后北上，先后在韶州、南昌、南京、北京传教，直至逝世，是第一位成功进入中国大陆传教，而且时间最长、贡献最大的西方传教士。他在中国数十年中，不仅传教，而且大量地传入西方近代文明，同时也向西方传去了许多中国传统文化，并且带动一批批西方传教士也这样做，从而掀起了"西学东渐"和"东（中）学西渐"两个双向一体的文化潮流，波及全世界，从明代至清代，延续几个世纪。著名文化大师季羡林教授在《澳门文化的三棱镜》一文中指出："在中国五千多年的历史上，文化交流有过几次高潮。最后一次，也是最重要的一次，是西方文化的传入。这一次传入的起点，从时间上来说，是明末清初；从地域上来说，就是澳门"。这"最后一次"的开创人就是利玛窦。这位传教士进入广东肇庆后，穿上中国儒服、用中国粤方言传播外国宗教，建起了中国内地第一座天主教堂，创建了中国第一所西文图书馆和近代博物馆，绘制了世界上第一幅中文世界地图，研制了中国第一座机械自鸣钟，成为"西学东渐"的先锋；同时，他又在广东将中国传统文化经典"四书"译为拉丁文，在意大利出版发行，这是中国典籍在西方的最早译本，还编纂了世界上第一部中西文辞典《葡华辞典》，既沟通了中西方语言，又开创了汉语拉丁拼音音标，成为"东学西渐"的开山人。自此之后，西方传教士向中国传入了大量西方近代科学著作，包括数学、天文学、历学、物理学、地图学、西医学、西药学、水利学、建筑学，又向西方传去了中国的儒家哲理、古典经籍、语言文字、工艺美术、文学艺术、风俗特产等的著作或介绍，在知识阶层中掀起了中国热，兴起了汉学。如此壮观的东西方文化交流现象，从广东开始，北上进入内地，又以广东为始发港，向海外传播，使这股潮流流遍中国、流遍世界。这一现象，正是屈大均所说的珠江文化在"有明照四方焉"的有力注脚和生动写照。①

（九）第四缓冲期——清代的"粤学文化"

明末吴三桂引满族进入山海关，在北京建立了大清王朝。经过相当一段时间抗争，明代最后一个政权南明在云南灭亡，从而珠江流域也全部进入满族统治时代。由于民族间的差异，文化上的对撞冲突是极其剧烈的。由于岭南的抗争时间特长，所以文化低潮期也特长，其抗争文化也因此在方式上时有变异，从白热化的激烈冲突逐步转化为以隐蔽性、曲折性、保守性的方式抗争。其中最有代表性的是以屈大均为代表的粤学文化的兴起。

屈大均（1630—1698），字翁山，广东番禺思贤乡人。16岁补南海县学生员。18岁时参加抗清斗争。清定广州后，仍以出家当和尚作掩护，结交顾炎武等抗清志士，继续斗争。晚年回乡隐居著述，直至卒年。他的著作甚丰，主要有《广东新语》《永安县次志》《安龙逸史》《翁山诗外》《翁山文外》《翁山易外》等，还编辑有《广东文集》《广东文选》，部分在清初文字狱时被焚毁。《广东新语》是他的代表作，成书于康熙十七年（1678），刻书于康熙二十六年（1687），全书28卷，包括天语、地语、山语、水语、石语、神语、人语、女语、事语、学语、文语、诗

---

① 参见林雄主编《东土西儒》，南方日报出版社2007年版。

语、艺语、食语、货语、器语、宫语、舟语、坟语、禽语、兽语、鳞语、介语、虫语、木语、香语、草语、怪语,真是一部广东地方百科全书。他在自序中说:"是书则广东之外志也,不出乎广东之内,而有以见乎广东之外;虽广东之外志,而广大精微,可以范围天下而不过。知言之君子,必不徒以为可补《交广春秋》与《南裔异物志》之阙也。"可见他是旨在"范围天下"而写广东之"广大精微"的,也即是说以天下之眼光写广东,同时也是为补正过去写广东著作之阙而写的。这就清楚其写作意图是在于:向天下推介广东,写新语,立粤学。其效果也正是如此,自其问世后直至当今,数百年研读广东者,莫不以此著为经典,也由此而掀起粤学之风。同时,与屈大均同代的一批文化人,有一些也同样以出家入佛的方式抗争,并继续著书立说,从而逐渐形成了海云学派和海云诗派,活跃于从番禺到粤北的寺院中。据中山大学冼玉清教授的力著《广东释道著述考》列举数字,从顺治至康熙的清初 80 年间,岭南即有 174 种释家著作,使禅宗在岭南的发展,成为唐代六祖之后的第二高峰,其领军人物是诗僧函罡,即天然和尚,号丹霞老人,著有《瞎堂诗集》20 卷。这一学派在岭南影响深远。

此外,在清康熙年间,曾任广西桂林府通判和太平府知府的汪森(字晋贤,号碧巢,1653—1726,浙江桐庐县人,曾与朱彝尊共编著名典籍《词综》),用 12 年时间先后编出《粤西诗载》《粤西文载》《粤西丛载》,合称《粤西通载》,是广西从汉至清的重要诗文选集,具有重要的文献价值。清中叶以后,广东出现了阮元、林伯同、曾钊、陈澧等诗文大家,这也是粤学兴起的一番景象,说明粤学之兴也是珠江文化在清代低潮期的突出文化建树。

(十) 第五高潮期——近代的"裂变文化"

清朝后期,即鸦片战争(1840 年)后的中国,史称进入了近代时期(1840—1911)。1911 年辛亥革命,推翻了清朝,结束了数千年的封建统治,尤其是在五四运动后的中国史页,被称为现代时期。这两个时期虽然在历史上分属不同时代,但从文化形态而言,特别就珠江文化而言,两者在文化主流上是一致的,所以可作为一个时期论述。

珠江文化在这个时期的主要特色,是鲜明体现出"西文中化"与"南文北化"现象。即:西方文化被大量引入中国,尤其是引入珠江文化之中,使珠江文化成为现代西方海洋文化因素特强的一种文化；而这种具有强烈海味的文化，又如同发自南方海岸的巨大海风那样，从南向北地劲吹着，一阵比一阵强劲，一步比一步推进，一步深一步地引起中国传统文化的裂变，逐步推进全国，最后造成推翻数千年封建统治，引起全国文化裂变。故称这时期为"裂变文化"时期。

珠江文化在这个时期的特点，还在于代表人物和他们的学说与作为，虽然各有不同，甚至彼此有实质性的差异，各人在历史上的作用也在不同时期有别，但在总体倾向上却是基本一致的，从而显现出某种带群体性的文化特征。这是一种很值得注意的现象，因为这意味（也可说是标志）着珠江文化以群星灿烂的姿态而登上了中国乃至世界文化的时代高峰。

1. 洪秀全、洪仁玕的太平天国思想

按时间先后次序，这时期珠江文化的代表人物首推洪秀全（1814—1864），广东花县（今广州市花都区）人。1851年1月11日在广西桂平金田村起义，建国号太平天国，称天王。1853年定都南京，统治长江以南半个中国。1864年6月城陷国亡逝世。太平天国起义是中国数千年封建社会中农民起义的终结，也是具有明确政治纲领的农民革命的启端。因为洪秀全一开始即提出"天下一家，共享太平"的政治口号，立国后即颁布《天朝田亩制度》，这是过去农民起义从未有的。尤其值得注意的是，他吸取西方基督教的平等思想，提倡男女平等，并创立拜上帝会，写《原道救世歌》《原道醒世训》《原道觉世训》等作品，发动人们起义，虽有甚多封建迷信成分，但也吸收了不少西方文化意识，可谓"西文中化"的先锋。

洪仁玕（1822—1864），是洪秀全族弟，受封太平天国干王，后期总理政事，兵败被俘，不屈致死。他参与创拜上帝会，曾流寓香港，吸取西方文化，著《资政新篇》，提倡"事有常变，理有穷通"思想，主张学习西方文化和科学技术，兴办工农商矿交通运输事业，是太平天国领袖中较有现代思想的人物。可惜他主政时，大势已去，无力回天。虽然太平天国未能完全越过长江，只有半个中国天下，但其雄威已震撼全国，其思想文化也波及北方。所以，太平天国革命也意味着"南文北化"潮流在近代的起步。

2. 郑观应及其代表作《盛世危言》

郑观应（1842—1921），广东香山（今中山市）人，字正翔，号陶斋，别号杞

忧生、慕雍山人。年轻时曾在英商宝顺、太古洋行做过买办，捐资得道员衔。历任上海机器织布总办、轮船招商局会办、汉阳铁厂和粤汉铁路公司总办等操办洋务实业的职务。著作有《救时揭要》《易言》《盛世危言》。他可以说是中国近代最早倡导"西文中化"的实践家和理论家，也是珠江文化在近代"南文北化"的先行者。他身体力行办西方现代实业，建议设立议会，主张振兴工商业，提倡"商战为主，兵战为末""通商以为富，练兵以为强"的思想，可谓从理论到实践都充分体现了珠江文化重实、重商的特质。

《盛世危言》是他的代表作，也是他影响最大的著作。他在该书《自序》中称："欲攘外，亟须自强；欲自强，必先致富；欲致富，必首在振工商；欲振工商，必先讲求学校，速立宪法，尊重道德，改良政治。"全书以此"富强救国"为核心思想，论析了政治、经济、军事、社会各个层面，主张变专制为民主，大力发展工商业，着力社会风气改造，提倡重视女教、女权等思想。该书出版时风行全国，版本达20余种之多。毛泽东1936年在与斯诺谈话时曾回忆说：由于父亲只准读孔孟经书和会计之类的书籍，所以"在深夜里把我的屋子的窗户遮起，好使父亲看不见灯光"，才读完《盛世危言》；又说："《盛世危言》激起我想要恢复学业的愿望。"① 可见该书影响深远，堪称近代珠江文化"西文中化"和"南文北化"的初期代表作。

3. 林则徐、张之洞、谭嗣同等的"西文中化"任职行为和主张

在这个时期，有好些到南方担任要职的官员，虽非南粤人士，但他们在任职期间的思想与行为，是很能起到推动和体现珠江文化的作用的。在这些官员中，首屈一指的是清末湖广总督林则徐（1785—1850），福建侯官（今福州）人，字元抚、少穆。清道光十八年（1838）受命为钦差大臣，查办广东海口禁烟事务。翌年，即在虎门销毁鸦片，持续23天，揭开了近代史反帝斗争第一页。林则徐是中国近代史上，站在国门抵抗西方帝国主义侵略的第一高官，同时又是第一个睁眼看世界、吸取西方现代文化的官方人士。他在自己的官府中设译书馆，招募外语人才翻译西方书报，编辑成《澳门月报》，编纂《四洲志》《万国公法》，还翻译外国军事、技术著作，学习借鉴，并在官府中蔚然成风。第一次鸦片战争失败后，林则徐被流放

---

① 参见夏东元著《郑观应》，广东人民出版社1995年版，前言第1页。

新疆。晚年病亡于故里。林则徐不愧是近代珠江文化的文武双全先驱。

张之洞（1837—1909），字孝达，号香涛，直隶南皮（今河北宁津）人。光绪十年（1884年），在中法战争开始时，被任命为两广总督，极力主战。他在任内极力推行洋务运动，在广州设洋务处，兴办广东水陆师学堂、广雅书院、广雅书局，扩建广州机器局，创办石井枪弹厂，倡办广州机器织布局、广东钱局，筹建粤洋海军，组织广胜军，等等。1889年到湖北，任湖广总督18年，支持康梁变法，一直推行洋务新政，兴办新式教育，废科举，设学堂，鼓励出洋留学，创办自强学堂（武汉大学前身），奉旨制定中国近代第一个正式颁行的学制《学务纲要》，从中提出著名的"中学为体，西学为用"理论，还提出"通过学堂教学推广官话（普通话）"以统一全国语言的主张，等等，都是很有影响的贡献。他从理论到实践都是"西文中化"和"南文北化"的杰出人物。

谭嗣同（1865—1898），字复生，号壮飞，湖南浏阳人。甲午战争后，立学社，倡新学，著《仁学》。1897年协助湖南巡抚陈宝箴、按察使黄遵宪等设立时务学堂，曾邀梁启超前往讲学，宣传改良思想，筹办内河轮船、开矿、修铁路等新政，倡设南学会，办《湘报》，宣传变法。在京任四品军机章京期间，参与戊戌变法，失败后被处死于北京菜市口。谭嗣同继承王夫之的"道不离器"思想，认为"道，用也；器，体也。体立而用行，器存而道不亡"。强调"道必依于器而后实用"。他还认为"世俗小儒，以天理为善，以人欲为恶。不知无人欲，尚安得有天理？"，尖锐批判"存天理，去人欲"思想。他以其理论和支持维新运动的实践以至壮烈就义的行为，成为近代珠江文化的先哲和英雄。

4. 容闳及其《西学东渐记》

容闳（1828—1912），广东香山南屏村（今珠海市南屏镇）人。自幼在澳门读学堂，18岁赴美，1850年入读耶鲁大学，是该校创校以来首位中国籍学生。1854年获该校文学士学位，1876年获该校荣誉法学博士学位。青年时代曾到香港司法界工作，期间曾访太平天国天京（南京），向洪仁玕提出七条振兴天国、改造中国的建议，未被采纳。后到曾国藩军营，受托赴美购买机器，受到重用。不久，向曾国藩提出设立兵工学校和留学教育计划，获准后在上海创设留洋预备学校，并亲率首批30名幼童赴美留学（这批幼童学成归国后，成为中国现代化的首批骨干，如："铁路之父"詹天佑，民国首任总理唐绍仪，清华学校首任校长唐国安，中国邮电事业开创者朱宝奎、黄开甲、周万鹏、唐元湛,中国首批矿冶工程师吴仰曾、邝荣光,中国首批海军将领容尚谦、蔡廷干、徐振鹏等),所以他被尊为"中国留学生之父"。他在上海期间,还与郑观应、唐廷枢等创办首份国人自办报纸《汇报》。1874 年后出使秘鲁,为保护侨工利益签署《中秘条约》,为清廷外交史上首次胜利,被任命为驻美副公使。任满归国后转向实业救国,从事银行、铁路等实业计划,支持康梁戊戌变法,并先后与严复、孙中山等接触,支持"中国红龙计划"。辛亥革命爆发即从美写信回国,呼吁建立独立自主的民主共和国。①

《西学东渐记》是容闳自传中译本的书名,原书名的英文是 *My Life in China and America*,直译应为《我在中国和美国的生活》。中译本表面上是改了书名,其实正是全书内容的画龙点睛。这书名不仅点出了容闳一生的光辉贡献,而且以一个新的词汇和概念,称谓以容闳为代表的近代中西方文化交流潮流,是很确切的。这个潮流正是近代珠江文化的"西文中化"和"南文北化"的充分体现和生动写照。

5. 黄遵宪的维新思想和诗界革新

黄遵宪(1848—1905),字公度,广东嘉应州(今梅州市)人。年轻时曾中举人,受李鸿章赏识。30～47 岁任外交官,先后出使日本、美国、英国、新加坡,历任领事、参赞、总领事。48～51 岁,回国投身康有为、梁启超领导的维新运动,先后在上海主持洋务局,参加强学会,创办《时务报》;在湖南任按察使,与陈宝箴合作,大办新政,从理论到实践都推行维新思想。52～58 岁,因维新运动失败而归故里,持续进行新诗创作。他是深受现代海洋文化影响的近代文人和诗人,堪称近代"西文中化"的先贤,是近代珠江文化的诗圣。他写的《日本国志》《日本杂诗》试图将日本明治维新的经验引入中国;《人境庐诗草》汇集了他倡导诗界革新的理论与实践,包括体现他"我手写我口"诗作主张的时事诗、游历诗、写景咏物诗,以及充满生活味、人情味的通俗小诗。黄遵宪从思想到诗作,都典型地体现了珠江文化海洋性、开放性、平民性、领潮性的特质,充分地体现了近代珠江文化在"西文中化"和"南文北化"上的新潮走向。

---

① 参见刘中国、黄晓东著《容闳传》,珠海出版社 2003 年版。

6. 康有为的维新运动与《大同书》

康有为（1858—1927），广东南海人，人称南海先生。清光绪进士，授工部主事。甲午战争后，曾七次上书光绪皇帝要求变法；1895 年在京发动了著名的"公车上书"，组织了强学会、圣学会、保国会；1898 年依靠光绪皇帝发动维新变法，不足百日，即受到慈禧太后镇压，史称"百日维新"。此后逃亡国外，组织保皇会，反对民主革命运动。康有为的维新思想和运动虽然是改良的、保守的，但在其初期，是有进步意义并起到先进作用的；后期（即失败后）走向保皇道路，则又起到消极作用了。康有为著述甚丰，有《新学伪经考》《孔子改制考》《戊戌奏稿》《礼运注》《中庸注》等。其代表作是《大同书》，是解读孔子大同思想并与西方民约论、人性论、空想社会主义糅合一体的理论，典型地体现出"西文中化"的思想倾向，是他主张以平等博爱的"大同"社会取代封建社会的宣言书，也是他一生追求维新变法的行动纲领。他的行动和他的著作，充分地体现了珠江文化多元性、兼容性的特质，也体现了近代珠江文化在"西文中化"和"南文北化"上的领潮性和不彻底性。

7. 梁启超及其"新民说"与"文界革命"

梁启超（1873—1929），字卓如、任甫，号任公、饮冰室主人，广东新会县人。早年在广州万木草堂拜康有为为师，由此一道进行维新变法运动。失败后各人活动地点有异，思想也逐步分歧。辛亥革命后，梁启超脱离了康有为的保皇会，回国支持共和，曾任袁世凯的司法总长、币制局总裁。袁世凯称帝时即与之决裂，公开反对，借回乡省亲之机，游说冯国璋，促蔡锷回滇起义，策动陆荣廷在南宁起义，并任两广护国军司令部都参谋、抚军兼政务委员长。袁世凯死后，任段祺瑞内阁财政总长，1914 年 11 月辞职。随即宣布退出政坛，移居清华园任国学导师，潜心著述，直至逝世。享年 56 岁。他的寿龄不长，却著作等身，汇编为《饮冰室文集》，达千万字。他既是政坛风云人物，又是学术大师、文坛泰斗。他以"新民说"倡导国民性革命，认为改造中国要从改造中国人的奴性、奸俗、为我、怯弱、无动等国民性做起，提倡新道德、新理想、新观念。他说这是"采合中西道德""广罗政学理论"而提出来的。① 他还先后提出并发动"学术界革命""史学界革命""舆论界革命""文学界革命""小说界革命""诗歌界革命"等,在各个领域开创新文化先河,成效卓著,影响深远,堪称中国近代国学的一代宗师、近代珠江文化文圣,典型地代表并体现了近代中国和珠江文化的"西文中化"和"南文北化"潮流和现象,同时也体现了珠江文化的领潮性与不彻底性并存的局限。

8. 孙中山民主革命和三民主义

孙中山(1866—1925),名文,字逸仙,广东香山(今中山市)翠亨村人。少年在檀香山读书,青年时在香港西医书院毕业,行医于澳门、广州,并同时进行民主革命活动。先后到檀香山、日本组织兴中会、华兴会、光复会、同盟会,被推为总理,口号是:"驱除鞑虏,恢复中华,建立民国,平均地权",提出以民族、民权、民生为主旨的三民主义学说。1911年10月辛亥革命成功,被推举为中华民国临时大总统。次年让位袁世凯,并将同盟会改组为国民党,当选为理事长。1913年起兵讨袁,建立中华革命党;1917年在广州组织护法军政府,当选为大元帅,誓师北伐。1919年,在上海将中华革命党改为中国国民党,次年就任非常大总统。1923年,粉碎陈炯明叛变,在广州重建大元帅府。1924年在广州召开国民党第一次全国代表大会,确定联俄、联共、扶助农工三大政策,提出新三民主义。1925年3月12日,在北京与北洋政府会谈期间病逝。遗著有《中山全书》《总理全集》《孙中山选集》。三民主义是孙中山的政治纲领,也是他倡导的学说。这一学说是吸收西方资产阶级自由、平等、博爱的人权思想,为中国推翻数千年封建制度、建立民主共和国的需要而确立的,是以西方现代文化用于中国实际的产物。② 辛亥革命的成功,体现了"西文中化"的成功;三民主义成为中华民国的主导思想,意味着"南文北化"也即是近现代珠江文化的最高峰。孙中山领导的民主革命在后期的妥协和失败,有诸多主客观因素,而珠江文化的不彻底性也当是其中之一。孙中山及其学说在全国以至世界的广泛影响,意味着珠江文化已跃居为与黄河文化、长江文化并列的中国主流文化之一,并一度是中国近现代时期的主导文化。

---

① 参见耿云志、崔志海著《梁启超》,广东人民出版社1994年版。
② 参见《孙中山文粹》(上、下卷),广东人民出版社1996年版。

（十一）第五缓冲期——现当代的"动荡文化"

1911年10月，辛亥革命成功，推翻了清王朝，建立了中华民国，孙中山被推举为临时大总统，我国的社会制度起了重大变化，从封建制变为共和制；1919年的五四运动，请入"德先生"和"赛先生"，倡导现代科学与民主，向数千年封建文化发起了狂飙式冲击，将近现代时期的"裂变文化"推向顶峰；同时开始了新民主主义文化运动，在全国掀起了高潮。在20世纪20年代，北伐战争半途而废之后，接连发生军阀混战，随后一度出现全国统一、实则是以"自治"之名而行军阀分治之实的局面。1931年九一八事变，日本帝国主义侵占东北三省，爆发了为期14年的抗日战争，1946年又爆发了解放战争。1949年中华人民共和国成立，开始了社会主义革命和社会主义建设，至1976年结束"文化大革命"，长达27年时间，都处在不停的政治运动之中。由此可以说，从中华民国成立，直到中华人民共和国成立前期（前27年），珠江文化都处于激剧变革之中，其文化形态和名称都可谓之"动荡文化"。

1. 20年代的"风潮文化"

1919年五四运动，揭开了中国新民主主义文化的序幕，也揭开了现代珠江文化史的首页。由此开始的十年间，整个珠江流域都与全国各地一样，都受着接踵而来的时代风潮冲击，故其文化形态可谓之"风潮文化"。开始是民主科学和新文学运动。五四运动发生后，5月11日在广州东堤即举行了有数万学生和工农群众参加的大会，对运动积极响应。孙中山的得力助手朱执信在京投身运动，并用白话写新小说《超儿》，成为现代珠江文化首篇白话小说。20世纪20年代，相继出现了岭南新文化和文学社团。例如，由梁宗岱等发起的广州文学研究会，并出版《文学旬刊》，梁宗岱还出版了他创作的中国首部象征主义诗集《晚祷》，李金发出版了他的首部象征主义诗集《微雨》，后期创造社主将冯乃超也在这时出版了他的象征主义诗集《红纱灯》。当时在岭南大学还产生了以钟敬文等大学生组成的"倾盖社"文学社团，出版会刊《倾盖》，倡导"任意而谈"的新散文，后来成为著名民俗学开山人的钟敬文，也出版了他首部新散文集《荔枝小品》。由欧阳山等发起组织广州文学会（后又扩大为南中国文学会），出版《广州文学》，欧阳山当时以笔名罗西发表首部象征主义中篇小说《玫瑰残了》。这些文学活动和作品都说明这时的"风潮文化",内涵主要是西方现代主义文化。

1924年,国共首次合作的大革命和北伐战争,中心在广州,可谓革命风潮之风源。所以这一期间的"风潮文化",内涵主要是革命文化,明显体现在两个方面:一是由彭湃发动的海丰农民运动和他带头创作的农运歌谣,以及在省港大罢工、广州起义、百色起义等风潮中的群众创作;另一方面,是革命领袖和革命文化人南下广州,直接领导或投身革命风潮,如:李大钊到广州与孙中山商议国共合作,毛泽东到广州办农民运动讲习所,周恩来到广州参加办黄埔军校,鲁迅到中山大学任教务主任兼中文系主任,并支持广州革命文艺社团与活动,等等。1926年,郭沫若到广东大学(中山大学)任文科学长,并发表首创珠江文化名称和概念的讲话:"我们要改造中国的局面,非国民革命策源地的广东不能担当;我们要革新中国的文化,也非在国民革命的空气中所酝酿的珠江文化不能为力。"① 这段讲话,既揭示了当时革命风潮中心在广东的历史真实,又揭开了珠江文化具有正式名称和概念的历史。

2. 二三十年代的"自治"文化

1927年"四一二"事变之后,北伐战争夭折,国共合作决裂,革命进入了低潮期,各地军阀从混战转入名为统一、实则各自为政的"自治"时代。广东是"南天王"陈济棠政权,广西是李宗仁、白崇禧的"桂系"天下,云南、贵州、湖南、江西、福建也都有本地"天王",从而珠江流域也即呈现出各自为政的"自治文化"态势。

以广州为例,在这"自治"期间,广州注重发展经济和基础工业,建成海珠桥、中山纪念堂、中山图书馆、市政府衙署、爱群大厦等文化性标志建筑,发展中山大学等高校和中小学教育,支持文化事业,一些甚有岭南特色的文艺创作和流派兴起。例如,居廉、居巢创始的岭南画派在此时发展成熟;从香港开始的粤语电影兴起并进入广州影坛;田汉率"南国社"到广州演出,欧阳予倩在广州创办"广东戏剧研究所",进行戏剧改革;客家人张资平连续出版"情爱小说"而成为著名的平民作家,欧阳山、草明倡导"粤语文学";广东地方音乐曲艺(如南音、粤

---

① 郭沫若:《我来广东的志望》,《革命生活》1926年第1期,中山大学档案馆馆藏。

讴、粤曲）和粤剧都如欣欣向荣，其中有的脍炙人口的作品（如广东音乐《雨打芭蕉》《赛龙夺锦》《步步高》）更洋溢岭南色彩，长奏不衰；岭南建筑也呈独特地方风格，尤其广州主体建筑都以黄色为"市色"，更富岭南色彩。可见广州的整体文化风格都显出"自治文化"态势。

3. 三四十年代的"救亡文化"

从 30 年代中期到 40 年代中期，抗日战争使全国都处在风雨飘摇之中，珠江文化的动荡态势也变成以抗战救亡为中心内容，所以可称之为"救亡文化"。自七七芦沟桥事变而开始全面抗战以后，因战场频频失利，变幻莫测，时时都处于"疏散""逃亡""临时"的境遇中。尤其是战火蔓延华南，仅剩云、贵、川西南江山为后方，更使此时的珠江文化呈动荡畸形之势，即以"临时"的短暂繁荣表象而裹藏苦难辛酸的内涵。如：大批文化人避难香港、桂林，使这两个城市一下变成了繁荣的文化双城；同时，华东、华北许多大学都往西南迁移，广州的大学也迁移内地，使本缺大学的内地一下名校云集，尤其是北京大学、清华大学、南开大学联合迁至昆明办西南临时大学，更标志着高校文化的南移，有力地促使了贫穷落后地区文化的提高和发展。自然，这些文化现象都随抗战胜利的改变而改变，虽然其在当地的影响必将永存，但这些现象毕竟是战时的，是动荡的、临时性的文化现象。

在抗日战争时期，值得珠江文化骄傲的是涌现了两位音乐大家，一是出生于云南昆明的聂耳（1912—1935），一是出生于广东番禺的冼星海（1905—1945）。聂耳曾就读云南省立师范，1932 年到上海影视界工作，投身民族救亡运动，创作了大量抗日歌曲，如《前进歌》《大路歌》《开路先锋》《新女性》《卖报歌》等。尤其是为电影《风云儿女》写的主题歌《义勇军进行曲》，振奋大江南北，极大地鼓舞了全国人民的抗战热情。新中国成立后，《义勇军进行曲》被定为国歌，堪称我国人民也即是珠江文化的千古绝唱。冼星海曾就读岭南大学附中，1938 年赴延安，任鲁迅艺术学院音乐系主任，创作了著名的《黄河大合唱》，极大地鼓励了中国人民的抗日斗志，堪称抗战救亡文化的巅峰之作。此外，他还在苏联创作了表现苏联人民反法西斯战争的《第二神圣之战交响乐》、歌颂苏联民族英雄的交响诗《阿曼盖尔德》、交响组曲《满江红》。病至临终前，仍坚持完成了《中国狂想曲》的钢琴部分。这充分表明了冼星海不仅是中国人民的伟大战士，也是国际主义的伟大战士，他的音乐作品是伟大的抗战之声，也是珠江文化的光辉之声。

这一期间，在中共中央指挥部署、东江人民抗日游击队（东江纵队前身）主导下进行的中国文化名人大营救事件，反映了革命力量对黑暗统治的抗争和保护进步文化的实力和决心。

4. 40年代后期的"解放文化"

1945年8月日本投降后，经过一段短时间和平，又开始了第三次国内革命战争，进入解放战争时期，直到1949年10月中华人民共和国成立，持续三年，也都是处在动荡之中。此时珠江文化的势态也仍然是动荡文化，然其内涵已变为以冲破黑暗统治、力求人民解放为中心。初期最突出的文化界事件，是1946年7月著名文化人李公朴、闻一多在昆明被暗杀，充分表现了进步知识分子的正气和斗志，和全国人民争取民主自由的强烈愿望。黄谷柳在香港《大公报》连载的长篇小说《虾球传》，由陈残云、蔡楚生在香港创作的影片《珠江泪》等著名作品，堪称珠江文化在这一时期的代表作，是典型体现40年代解放文化的传世经典。

5. 五六十年代的"运动文化"

1949年10月1日，中华人民共和国成立，标志着中国进入了社会主义建设新时代，从历史上说是进入了当代时期。这个时期的前十七年（1949—1966年）和"文化大革命"的十年（1966—1976年），共27年，可以说是一种"运动文化"形态。

新中国成立后，面对国内外复杂的局面，我国连续进行了清匪反霸、抗美援朝、知识分子思想改造、土地改革、合作化、公社化、"大跃进"、反右派、反右倾、"四清"、"文化大革命"等政治运动，可以说几乎从未停止过运动，社会一直在动荡之中，从而珠江文化也仍然是动荡文化势态，时代特点则是"运动文化"。当然，其内涵和性质是与之前的时期则根本不同的，因其核心是社会主义革命和社会主义建设，革命对象是封建主义、资本主义、帝国主义，在整体社会文化形态上是对内清理、对外保守的。但对苏联，则是作为"老大哥"式的样板而采取"一边倒"的崇拜态度，大量苏联文化涌入中国，学习苏联成为热潮，所以在文化上总体现出"苏文中化"的势态。另一方面，解放战争中解放大军南下岭南，同时也带来了北方的文化，尤其是工农兵大众文化，从而也同时出现了"北文南化"现象。这样，在近现代时期深受西方文化影响的珠江文化，受到"苏文中化"和"北文南化"的夹击，处于对撞同化、革新变异的境地，呈现本有特色和优势的发展停滞，而新的文化形态尚未成形的状态。

尽管如此，由于珠江文化具有特大的包容性和变通性，使得在这动荡的势态中仍有一些重大文化建树，并曾有一段小繁荣，这就是1955—1956年，以及从50年代末到60年代初，这两个时期的政治环境较宽松。其中突出文化成果主要是在下列领域：

学术：著名的中山大学教授陈寅恪，早在30年代已是清华大学四大国学导师之一。他在数十年的动荡生涯中仍坚持学术研究，成果累累，完成了他的晚年力作《柳如是别传》等巨著，与中山大学岑仲勉教授倡导"南学"，并以他们的国学著作和影响，在全国国学和史学界取得公认的领先地位；中山大学原语言系主任王力教授（广西人博白县人），是著名的语言学家，中国现代语言学奠基人之一，也在这个时期献出了他的《汉语诗律学》等力作；中山大学容庚、商承祚教授被尊为中国古文字学泰斗，王季思（王起）教授被尊为中国古代戏曲研究大师，吴尚时教授被推为中国近代地理学的开拓者之一；以广州美术院教授关山月、黎雄才为首的岭南画派被公认为中国主要画派，对其研究已成为重点学科。

文学：欧阳山的《三家巷》、秦牧的《花城》、陈残云的《香飘四季》、吴有恒的《山乡风云录》等名作问世，"岭南文派"兴起；秦牧的《土地》、陶铸的《松树的风格》、陈残云的《珠江岸边》、杜埃的《乡情曲》、杨石的《山颂》、林遐的《撑渡阿婷》等名作连续在全国主要报刊发表，被《文艺报》称为别具一格的"岭南散文"。

戏剧：具有深远影响的全国话剧歌剧创作座谈会于1962年在广州举行。马师曾、红线女演的粤剧《搜书院》《关汉卿》，姚旋秋演的潮剧《辞郎洲》，尹羲演的桂剧《拾玉镯》，李谷一演的湘剧《补锅》等地方戏剧被公认为经典作品。

民族及特别题材文学：广西壮族故事及长诗《百鸟衣》（韦其麟），广西壮族传说及彩调歌剧《刘三姐》，云南边境民族电影《山间铃响马帮来》及故事长诗《孔雀》（白桦），云南彝族撒尼人传说及电影《阿诗玛》，海南革命题材小说及电影《红色娘子军》（梁信），广东渔民题材电影《南海潮》（蔡楚生、陈残云），等等，都是享有世界声誉的珠江文化代表作品。

可悲的是，这些光辉的学术成就和文化成果，很快即被"文化大革命"全部否定，均被污蔑为"牛鬼蛇神""黑帮""毒草"！这段短时间的小繁荣，很快被"史无前例"的大灾难所淹没。粉碎"四人帮"后,在 1977 年至 1979 年的肃清极左路线及其余毒的"批判"风潮中,这些文化和学术成果都得到了平反,恢复了本有光辉。由此,这些在"运动文化"中诞生并在劫难后重生的文化精品,更显其崇高可贵,从而也更显出珠江文化的铮铮正骨和一派正气!广东在这期间还陆续涌现了与全国"伤痕文学"文学思潮同步的小说《我应该怎么办》(陈国凯)、《姻缘》(孔捷生)、散文《雾失楼台》(黄秋耘)等"伤痕文学"作品,以及理论文章《论社会主义的批判现实主义》(黄伟宗)[①]等站在时代前列的珠江文化代表作。

(十二)第六高潮期——当代新时期的"开放文化"

1976 年 10 月 6 日,中共中央采取果断措施,一举粉碎"四人帮",结束了"文化大革命",开始了社会主义建设新时期。1978 年中国共产党举行了十一届三中全会,确立了改革开放方针,由此全国进入了改革开放时期。中央确定广东"先走一步",更使广东首先进行改革开放,珠江文化也随即首先进入"开放文化"的形态,从而进入了第六高潮期。这个高潮期的主要特点,是在文化的观念、体制、内涵,以及在生产方式与生活方式上的重大改变,对外来文化采取吸取、利用、改造、发展的方针;其开放文化的形态特点及其成果,也主要体现在实施这些方针的方式及其效果上,而不是像前面的高潮期那样,集中体现在一些有代表性的文化人物、学说、潮流和现象上。

总体而言,自改革开放之后,沿海开办经济特区和开放沿海城市的重大战略转移,与珠江文化的特质是很吻合的。因为珠江文化本身有特强的海洋文化因素与特性,并有悠久的海洋文化的传统和历史积淀,加之改革开放"先走一步"的需要,更是"天时、地利、人和",所以"一拍即合"。随着改革开放的前进步伐加快加深,两者也即逐步结合、同步、同化,逐步形成"海文珠化"(即西方海洋文化与珠江文化结合、融合)。另外,由于改革开放在广东沿海办经济特区,并且全省"先行一步",这就使珠江文化的内涵和辐射面扩大,向北方辐射全国,这也就形成"南文北化"的走势。由此,珠江文化在向海外和向国内两个方面,都显现出开放文化的格局和势态。

---

① 黄伟宗著:《珠江文踪》,中国评论学术出版社 2008 年版。

这种"海文珠化"和"南文北化"从势态上看，是接连不断地涌现引领时代走向的经济文化新潮，并屡屡自南向北蔓延伸展，以至在全国引领风骚；而这些新潮，又往往是新陈代谢、此盛彼衰、更迭迅速的，正好似巨浪翻腾的大海潮，一浪掩过一浪，一潮高过一潮。在这30年时间里，具体而言，其发展进程大致有三个阶段。

1. 20世纪80年代初开始的"特区文化"与"先行文化"

由于地域临海和江海一体的客观条件，珠江文化本有特强的海洋文化特质和悠久的海洋文化传统，并在近现代有辉煌的西文中化和南文北化历史。但在相当一段时间闭关锁国政策及世界政治形势的制约下，使得其本有的海洋文化优势难以发挥而逐步缩，从而与世界海洋文化的发展拉开了距离，落在西方现代海洋文化之后。改革开放后，中央决定在临海四个城市（深圳、珠海、汕头、厦门）开办经济特区，接着又开放14个沿海城市和海南岛，并要海岸线最长的广东省"先走一步"。这些重大举措，其目的主要是以沿海的地理和历史条件，使内陆与海洋相通，使内陆经济文化与现代海洋经济文化对接。由此，使本有海洋特性的珠江文化得以恢复生机，迈开了"海文珠化"与"南文北化"的新步伐。从20世纪80年代初开始，至21世纪初的20年间，可以说是珠江文化的"特区文化"与"先行文化"时期，因为"海文珠化"和"南文北化"就是从创办经济特区和广东"先行一步"开始的，又是以此而形成这20年间珠江文化的主导文化形态的。

现代海洋文化登陆，从开启经济特区窗口开始。窗口虽小，作用甚大，既可从内看外，又可供自外看内。窗口供内外互看，看清才有信任，有信任才能交往。四个经济特区，尤其是深圳经济特区，一开始即起到这种作用，所以20世纪80年代初期的特区文化又可为"窗口文化"。其实，从文化堪舆学上说，可谓之"龙口文化"。因为江河为龙，江河的出海口为龙口，深圳、珠海均为珠江出海口（包括虎门、鸡啼门、磨刀门等八个"门"），由此龙口大饮海洋文化乳汁，岂能不壮乎?!特区的开启，实则是珠江文化的江海一体特质的顺性弘扬。而特区的"特"，正在于可以珠江文化之龙口，以蛇口吞物的方式，"吞"进现代海洋文化，并可以蛇食物的方式先吞进，后消化。（由此观之，深圳特区以蛇口为前沿，既是名称偶合，又似有某种文化机缘。）所以，新时期以办经济特区和开放沿海城市为中心的开始阶段，其文化形态和方式可称为"珠文吞化"。具体是：

以"三来一补"的"借鸡下蛋"方式,"吞"进外资企业投资办厂;

引入"时间就是金钱,效率就是生命","吞"进西方现代价值观念;

引入承包制和股份制,以私人企业和民营企业模式,"吞"进西方企业机制和生产方式;

引入市场经济,"吞"进西方的市场经济方式;

引入流行音乐、卡拉OK等时尚,"吞"进西方文化及其方式;

引入西服、西餐、饮料、洋酒、旅游等衣、食、住、行、玩的产品和方式,"吞"进西方的生活内容和生活方式。

这些"吞"进的东西,既有物质的,又有精神的;既有经济或生产、生活性质的,又有文化观念和文化方式的。这些观念和方式覆盖了社会生产和生活的方方面面,说明所"吞"进的现代海洋文化已"化"于特区和沿海城市之中,并由于广东"先走一步",便很快地"化"于广东全省以至整个珠江流域之中,成为珠江文化新增的内涵与特质。所以,"珠文吞化"是现代"海文珠化"和"南文北化"开启阶段的主要特征和方式。

在这一时期涌现的"先行文化"代表作有:《社会主义市场经济理论》(卓炯),小说《商界》(欧伟雄)、《世纪贵族》(彭名燕),电影《雅马哈鱼档》(章以武、黄锦鸿),电视剧《公关小姐》《外来妹》《情满珠江》,话剧《裂变》《情结》(许雁),报告文学《招商集团》(李士非)、《高第街》(洪三泰)、《中国铁路协奏曲》(雷锋),等等。

这一时期的文化发现和新著有:①广东考古界在封开黄岩洞发现原始人牙齿化石2枚,经中国科学院和国际学术会议鉴定,确认为距今14.8万年(原定马坝人是最早的岭南人,距今12万年),这个发现意味着将岭南人的历史提前了2.8万年。②广东省人民政府参事室文化组在粤北发现南雄珠玑巷是中原人南下岭南、后迁海外的中转地,提出发展珠玑巷后裔联谊和寻根旅游建议,促成广东省南雄珠玑巷后裔联谊会的成立;该组还在封开和广西梧州,发现广东和广西分界的"广"之来历——"广信"及其文化,明确了岭南文化自西向东发展的进程;同时,他们又提出了"珠江文化"的名称和概念,并开始了系统考察研究。③广东人民出版社由岑桑任执行主编,陆续出版了"岭南文库"系列70多部,该系列被评为全国重要历史文化文献著作。

2. 20世纪90年代开始的珠江三角洲文化与泛珠江三角洲文化

20世纪90年代初期，从经济特区"吞"入的现代海洋文化，在先走一步的广东迅速发展，尤其在珠江三角洲更是如火如荼，迅猛发展，其经济发展已经赶上亚洲"四小龙"（中国香港、中国台湾、韩国、新加坡）。在中央决策大力发展三个"三角洲"经济区——黄河三角洲经济区（今易名为环渤海湾经济区）、长江三角洲经济区、珠江三角洲经济区的推动下，珠江三角洲更一跃成为全国三大经济中心之一。在这样的大背景下，珠江文化发生了新的飞跃，从"珠文吞化"发展为"珠文大化"的态势和方式。

所谓"珠文大化"，就是珠江文化的内涵与外延都发生了新的扩大和延伸，具体表现在：

（1）意识的扩大。在20世纪中期西方涌现的现代文化学理论看来，文化是一定国家、民族、地域中人群的共性意识、思维方式和行为方式，是人类进行物质生产与生活的观念意识，是社会共性的传统、精神、道德、规范，并且是国家、民族、地域之间彼此区别的特性和相互交往（包括政治、经济、军事、外交等）决策的指引。这是大文化意识。西方文化学还提出以水决定人的生命、生存、生产、生活为基点的水文化理论，以及海洋文化学理论。这些现代海洋文化理论也在改革开放之初传入中国。作出创办经济特区和开放沿海城市的决策，体现出我国海洋意识的增强和海洋文化的发展；进而决策发展中国三大主干河（黄河、长江、珠江）的三角洲经济区，也是这种文化意识的扩展。在这种文化意识的指引下，珠江三角洲的崛起，从经济到文化都呈现出扩大的态势，这也就意味着珠江文化，首先就在以珠江三角洲为前沿的地域，启开了现代文化意识上扩大化的步伐。

（2）概念的扩大。文化意识的扩大，包括文化概念的扩大，但文化概念有更具体的内涵。中国历来有自己的传统文化意识和理念，但未形成完整的科学的文化学理论。在20世纪初叶五四运动后，曾有西方文化学传入，从而在20年代，全国各省或地域先后以春秋战国时代各小国之名而称谓自身文化的风气，如：山东称齐鲁文化，山西称三晋文化，河北称燕赵文化，陕西称秦文化，湖北称楚文化，浙江称越文化等。广东称岭南文化的缘由，是源自唐太宗贞观年间，将全国行政区划分为为十个道，广东、广西同为岭南道，故有岭南之地名，以后才有岭南文化之称。但这一称谓是欠科学、不确切、不现代的。因为"岭南"本属两广，不应一广独吞；

而"岭"之称自"山"而来,"南"之谓有"蛮"之意,均有体现以"山"与"中"为宗的封建文化观之嫌。在现代海洋文化意识的指引下,一批广东学者在这时候提出珠江文化概念,主张以珠江文化包括岭南文化并扩大其概念和优势,并对珠江文化的历史、特质、系统进行全面的探讨,确立了珠江文化体系。这些作为,都可谓珠江文化在概念上的扩大。

(3) 区域的扩大。在这一时期,广东省委提出的发展战略有着明显的扩大发展经济区域合作的意图:21世纪初,提出发展珠江三角洲城市群的建设方案;不久,又提出构建广东、香港、澳门三地的大珠江三角洲合作机制;随后,在中央的支持下,进而提出泛珠江三角洲(即"9+2")区域合作,包括广东、广西、贵州、云南、湖南、江西、福建、海南、四川和香港、澳门,这些省区绝大部分都属珠江文化覆盖区域,或外延辐射地带。这个决策及其发展进程说明了珠江文化在地域上的扩大化。

(4) 精神的扩大。由于现代海洋经济和文化在珠江流域地区迅速发展,使得文化意识和珠江文化精神也迅速扩大。首先,由于经济特区和珠江三角洲经济发展,吸引了大量港澳台及外国企业家前来投资,又吸收了大量外来工参与生产,其中来自珠江流域各省区的特别多,使得港澳企业家与打工仔之间在生产关系中又有文化沟通,在本地人与外地人之间也有了种种文化关系与融合。这就使得在文化观念和精神上增添了许多外来文化因素,扩大了本地文化的内涵与容量,使珠江文化增添了新的血液,扩大了凝聚力。其次,由于现代西方文化学理论在"海文珠化"和"南文北化"浪潮中普及,社会各行业、企业、学校、县市、乡镇都纷纷打造特色文化,以加强自身凝聚力和影响力,并以文化理念指导工作,使得珠江文化意识和精神进一步扩大化。从广东省来说,省委率先号召建设文化大省,倡导新广东人精神,并以改革开放"先走一步"的历程和成就,使珠江文化的传统领潮精神得到了新的发挥,从理论到实践都大力弘扬"敢为天下先"的开拓进取文化。

(5) 功能的扩大。珠江文化是珠江流域及相邻地域的共通文化,是泛珠江三角洲合作的文化基础,是"9+2"省区之间合作的平台和纽带,也是泛珠江三角洲与长江三角洲、环渤海湾等经济区,以至东盟、欧盟等经济圈的合作纽带。因为文化是地域的共通话语,又是地域之间的历史与现实交往的媒介。泛珠江三角洲区域合作及其与国内外经济圈的竞争与合作的发展,使珠江文化的功能也呈现出不断扩大的态势。

在这段近 20 年的时期里，值得一书的文化成果是颇多的，其中突出的是：江门开平碉楼及其村落被联合国教科文组织确定为"世界文化遗产"；在阳江海域发现宋代沉船"南海Ⅰ号"并将其定位为"海上敦煌"；在雷州半岛发现徐闻和北部湾的合浦是西汉海上丝绸之路古港，将联合国确立的以福建泉州为标志的中国海上丝绸之路史提前了 1300 多年；广东省珠江文化研究会成立并陆续出版了"珠江文化丛书"30 多部，初步确立了珠江文化的学术概念和理论体系；先后在南雄梅岭古道发现海陆丝绸之路对接通道，在粤西发现南江文化走廊，填补了丝绸之路和珠江文化的学术空白。

文艺成果很多，其中突出的是：刘斯奋的长篇小说《白门柳》获茅盾文学奖；朱崇山的"深港澳"三部曲、洪三泰的"都市三部曲"、谭元亨的《客家魂》三部曲等长篇小说陆续出版；黄伟宗的《创作方法论》《欧阳山创作论》《当代中国文艺思潮论》《文艺辩证学》《珠江文化论》，司徒尚纪的《珠江传》《珠江文化与史地研究》《泛珠三角与珠江文化》，黄启臣的《广东海上丝绸之路史》等学术著作陆续出版；音乐作品《我爱你，中国》《春天的故事》，潘鹤的雕塑《珠海渔女》《开荒牛》《孙中山》《怒吼吧，睡狮》等作品，都享誉国内外。

3. 21 世纪初开始的"科学发展文化"

21 世纪初叶，中共中央总书记胡锦涛在广东视察时，首次提出科学发展观的概念，随后在党的十七大上通过为全党全国的指导思想。广东省委即发出"以世界眼光坚持改革开放，争当落实科学发展观排头兵"的号召。2008 年 12 月 31 日，国务院批复了《珠江三角洲地区改革发展规划纲要（2008—2020 年）》（以下简称《纲要》）。由此，广东进入了科学发展的新阶段，由此转化为构建科学发展文化，开始珠文转化的阶段和方式。

（1）向世界经济全球化和区域经济一体化的趋势和视野转化。在这个时期，我国已加入世界贸易组织，成为世界经济大家庭的成员。以广州、深圳、东莞为代表的珠江三角洲地区经济高度发展，带动广东省由落后的农业大省转变为我国位列第一的经济大省，经济总产量超过亚洲"四小龙"的新加坡、香港和台湾，在世界经济中崭露头角，已经站在了一个新的更高的历史起点上，具有世界性的经济地位。虽然国际金融危机不断扩散蔓延，珠江三角洲受到严重冲击，但是，国际产业向亚太地区转移的趋势不变，亚洲区域经济合作与交流仍然活跃，中国—东盟自由贸易区进程加快，粤港澳三地经济加快融合，为珠江三角洲的经济发展提供了新的有利条件和新的空间，从前一阶段的向内扩大化，变为向世界和亚洲区域的趋势和视野转化，从而也必然促使珠江文化向国际化和区域性转化，向争当全国实践科学发展观排头兵的要求和视野转化。

《纲要》为珠江三角洲的经济发展作出了科学的规划，也为珠江三角洲发展规定了总体要求和发展目标，即："率先建立资源节约型和环境友好型社会"，"率先建立创新型区域"，"率先构建社会主义和谐社会"，"率先建立完善的社会主义市场经济体制"，"率先建立更加开放的经济体系"，"率先建成全面小康社会和基本实现现代化"。这些要求和目标包含着对珠江三角洲所代表的珠江文化的定位和要求，这些定位和要求也标志着珠江文化向全国实践科学发展观排头兵地位和视野的转化。

（2）向珠江流域的经济文化一体化发展的转化。《纲要》提出："珠江三角洲地区九市要打破行政体制障碍"，"制定珠江三角洲地区一体化发展规划"，"构建错位发展、互补互促的区域产业发展格局，推动产业协同发展"。要"按照主体功能区定位，优化珠江三角洲地区空间布局，以广州、深圳为中心，以珠江口东岸、西岸为重点，推进珠江三角洲地区区域经济一体化，带动环珠江三角洲地区加快发展，形成资源要素优化配置、地区优势充分发挥的协调发展新格局"。还要把珠江三角洲建设成为"全国重要的经济中心。综合实力居全国经济区前列，辐射带动能力进一步增强，形成以珠江三角洲为中心的资源互补、产业关联、梯度发展的多层次产业圈，建设成为带动环珠江三角洲和泛珠江三角洲区域发展的龙头，成为带动全国发展更为强大的引擎"。显然，这个要求是对前一阶段的珠文扩大化的进一步具体化、实体化，也是对珠江流域的经济文化发展要求的深层次转化。

《纲要》要求珠江三角洲地区要构建现代产业体系，"促进信息化与工业化相融合，优先发展现代服务业，加快发展先进制造业，大力发展高技术产业，改造提升优势传统产业，积极发展现代农业，建设以现代服务业和先进制造业双轮驱动的主体产业群，形成产业结构高级化、产业发展集聚化、产业竞争力高端化的现代产业体系"。还要求提高自主创新能力，"完善自主创新的体制机制和政策环境，构建以企业为主体、以市场为导向、产学研结合的开放型区域创新体系，率先建成全国创新型区域，成为亚太地区重要的创新中心和成果转化基地，全面提升国际竞争力"。这些要求，实际上是世界后工业文明时代的要求。珠江三角洲率先实现这些要求，也就意味着珠江三角洲在中国率先跨进世界后工业文明时代。当今世界，尤其是西方世界，已进入后工业文明时代。所以，现在贯彻《纲要》也即标志着珠江文化由此开始向后工业文明的转化。

（3）向文化软实力转化。广东在争当落实科学发展观排头兵的举措中，提出科技是第一生产力，也是第一文化软实力的主张，着力发展创意产业、文化事业和企业。《纲要》提出"广州市要充分发挥省会城市的优势，增强高端要素集聚、科技创新、文化引领和综合服务功能，进一步优化功能分区和产业布局，建成珠江三角洲地区一小时城市圈的核心。优先发展高端服务业，加快建设先进制造业基地，大力提高自主创新能力，率先建立现代产业体系。增强文化软实力，提升城市综合竞争力，强化国家中心城市、综合性门户和区域文化教育中心的地位，提高辐射带动能力"。这些要求，都是对于文化软实力科学理论的运用和强调，也是珠江文化发展到新的高度的有力保证和重要标志。

（4）向建设海洋文化大省转化。当今西方学者称：21世纪是世界海洋世纪，也是中国海洋经济、海洋科学和海洋文化复兴的世纪。2008年3月，广东省委领导到国家海洋局考察时表示："广东是海洋大省，海岸线比较长，经济相对比较发达。广东一定认真落实好国家海洋局对广东海洋工作的要求，努力争当全国海洋工作和海洋经济发展的排头兵，在全国带个好头。"[①] 这个表态也就是省委领导要把广东建设为"海洋强省"的决心和号召。这些决心和号召，既是从经济和科技上而言，也有建设海洋文化大省和强省的意义。这是广东省从未提过的号召，是现代海洋文化由此明确进入政府决策层面的重要标志。由此，也就意味着珠江文化进入了名正言顺的、持续与现代海洋文化同行并不断地向新的高度和深度转化的时期，标志着海文珠化和珠文泛化的态势和方式将会长期持续下去，并预示着珠江文化将会进入更新的腾飞时代。

三、历史积淀的传统文化

由于珠江流域有自身独特的自然条件，并在一定程度上有相对独特的历史发展进程，造就了一些长期历史积淀、特色鲜明的传统文化。

[①] 《中国海洋报》2008年3月14日。

（一）海洋文化

海洋文化，是指人类从受海洋影响而形成的受制海洋而又利用海洋的观念意识，及其相应的思维方式和行为方式。具体地说，就是沿海的人群由于承受海洋的广阔、宽宏、运动、潮汐、风暴、狂飙、风险、深厚、神秘、丰富、灵变、流通等特性，而衍生的人文特性与精神，以及由此而体现在人的思维活动和经济、政治、文化、生活中而产生的行为准则及方式。由于珠江流域地带位于南海北岸，海岸线长，江河出海口多，江海一体，所以自古至今都有特深特厚的传统海洋文化。

海洋文化在珠江流域有数千年历史，大致可划分为三个时期。（略，参见后文《珠江文化与海洋文化》）

（二）古道文化

珠江流域发源于中国西南地带，北部大都有连绵山脉与长江流域相隔，整个水系及毗邻江河大都穿梭于群山峻岭之间，丘陵盆地大都有山脉相围，有些山脉直伸南部濒临的南海。[①] 如此地势，造成流域地带的交流和交通必须靠水路和山路往来，从而形成古道特多、古道文化积淀特深特厚的优势。

1. 珠江流域的古道文化特色

在古代，不同地域之间的人们，主要靠自然河流和人造河流与水陆之间的沟通而相互往来。由此，有历史文化价值的古道往往位于国家或省区交界的河流或人造河流地带。如广西中越边界的北仑河、云南中缅边界的湄公河，广东深圳与香港交界的深圳河（沙头角）、广西桂林的灵渠、粤湘交界的武水、粤赣交界的浈江和定南水、闽粤交界的韩江，等等。

古道以陆路为多，通常穿山越岭，经悬崖绝壁，过原始森林；古代交通多靠马和马车，故古道又称马路或马道；又由于古代开辟陆路交通的能力有限，故古道多沿绕河岸开凿，或者水陆联运，船车换行。如云南的"五尺道"、四川的"栈道"、

---

① 参见司徒尚纪著《珠江传》，河北大学出版社2001年版。

云贵的"马帮道"、广西的潇贺古道、广东南雄的乌迳古道、云浮的南江古道①、怀集的绥江古道、封开的贺江古道、乳源的西京古道②、鹤山的彩虹古道等。

古道与古代的关隘密切相关。因古代封建割据，战争频繁，常在地域交界或军事要地设置水陆关卡，也即随之修建古道。如广东南雄的梅岭珠玑巷古道、乐昌的金鸡岭古道、英德的贞阳峡古道、连山的鹰扬关古道，广西玉林的鬼门关（桂门关）古道，等等。

2. 珠江流域的古道文化内涵

古道文化，实质是人类历史文化的化石和载体。每个地域、每个民族、每个国家的历史脚步，都从其古道上走过并留下足印；人类的每种文化，都在古道文化中体现出来并是其有机元素或内涵。所以，古道文化是历史的缩影和年轮，是古代文化的年表和宝库。如能对其及时挖掘保护，深入研究开发，古为今用，代代相传，必将使这项人类财富越积越深，其意义与作用也越大越广。

从迄今所见的古道情况上看，每条古道都有其特定的地理和历史条件，使其文化负载和性质与其他古道不同。但由于所有古道都在根本上属交通性质，所以其文化内涵元素往往是综合性的，而且是普遍性的，只不过其在不同历史阶段的主要作用有所不同，从而使其特点与其他古道有别而已。因此，要对古道文化进行具体分析，首先要弄清楚古道文化中有哪些带普遍性的文化元素或文化内涵。从迄今调研情况看，其文化内涵是很丰富的，其内容大致有：

（1）丝绸之路和海陆丝绸之路对接通道文化内涵。丝绸之路即海外交通线路，是中国与世界通商和交往之路，也包括国内的商贾之路。丝绸之路实质上也是古道，其文化也即是古道文化。前些年，联合国教科文组织和中国国家文物局先后宣布：拟将全世界丝绸之路（包括海上、陆上丝绸之路及相关文化遗存）统一申报世界文化遗产。在泛珠江三角洲合作区的古道中，有两条属于陆上丝绸之路，即：云南贵州的边境丝绸之路，以及四川经贵州到广西梧州的西南丝绸之路。海上与陆上丝绸之路对接点或通道理当属于丝绸之路文化遗产的"相关文化遗存"。经查有实据、保存较好而有条件列入申遗的古道有南雄梅岭珠玑巷古道、乳源西京古道、封

---

① 参见黄伟宗、金繁丰主编《郁南：南江文化论坛》，中国评论学术出版社2008年版。
② 参见梁健、邓建华主编《瑶乡乳源文化铭作选》，中国评论学术出版社2009年版。

开贺江古道、云浮南江古道、广西潇贺古道等。

（2）政治军事文化内涵。秦始皇统一六国时，规定全国"车同轨"，并且在云南曲靖修建"五尺道"，在广西修建连接长江与珠江两大水系的桂林灵渠。这两项工程，与在北方建的万里长城并列为秦始皇的"三大贡献"。三国时代，诸葛亮"六出祁山""七擒孟获"，关羽"过五关斩六将"和败走"华容道"，张飞大闹长坂坡和邓艾捷径入蜀，等等，都是发生在古道上的政治军事文化故事。

（3）文人文化内涵。古代文人进京做官或应试，被贬文人南下任职或流放，都要走过古道，从而使古道留下古代文人的印痕，使古道文化更有文化内涵和沧桑感。例如，南雄梅岭古道，载有岭南第一宰相、第一诗人张九龄的开路史绩、开明政绩和开一代诗风、开一方文气的辉煌文化内涵；连州古道和武水古道，留有唐宋名家韩愈、刘禹锡、王勃、苏轼、苏辙、杨万里、周敦颐、米芾、包拯等文人的文气；汤显祖携他的杰作《牡丹亭》，过梅岭古道，直下徐闻办书院；康有为、梁启超经梅关古道，赴京发动"公车上书"，揭开中国近代史的序幕……

（4）思想学术与宗教文化内涵。汉代陈钦、陈元父子和士燮四兄弟从古道承传和传播经学；葛洪经古道到罗浮山修道；南北朝时印度和尚达摩经海路进广州，又经古道到登封传承佛教禅宗；唐代六祖惠能经梅关北上黄梅受经，又南下开创中国禅宗；意大利传教士利玛窦从海路进大陆，又经古道到内地传天主教，并引进西方文明。

（5）移民文化内涵。中国数千年历史近半是移民史。每次改朝换代、外族入侵所引起的动乱，每次瘟疫流行和虫旱、洪水所造成的灾难，都造成批批的移民潮，而移民的足迹又都深印于条条古道之中，造成古道莫不具有移民文化。在南雄梅关珠玑巷古道、江门蓬江"后珠玑巷"古道、乳源西京古道等的移民足迹至今仍历历可见。

（6）文学文化内涵。中国有许多古代诗词和文学名著与古道密切相关。从屈原的"路漫漫其修远兮，吾将上下而求索"，到李白的"噫吁嚱！危乎高哉！蜀道之难，难于上青天"；从王昌龄的"秦时明月汉时关，万里长征人未还"，到马致远的"古道西风瘦马，断肠人在天涯"，从《西厢记》的"碧云天，黄花地，西风紧，北雁南飞"，到《城南旧事》的"长亭外，古道边，芳草碧连天"，有不可胜数的著名古道诗词。著名的文学散文集《史记》《老残游记》，不乏脍炙人口的古道散文名篇。著名戏曲也多有古道折子，如《梁山伯祝英台》的"十八相送"，

《天仙配》的"古道相逢"。著名小说也与古道缘中有缘:《聊斋志异》是蒲松龄在古道搜集材料写成,而所写的鬼怪故事大都发生于古道;《西游记》写的是唐僧经历九九八十一苦难的古道取经故事;《水浒传》写宋江等一百零八条好汉被逼从不同的古道上梁山;《三国演义》写魏、蜀、吴三国从不同的古道走过"天下大势,合久必分,分久必合"的历程。如此等等,不胜枚举。

(7) 人生文化内涵。悲欢离合、生离死别是人类社会的常有现象,是人生文化的普遍内容和表现形式。这些人生文化内涵也常常发生和体现于古道,其文字的记载则见诸古代史书、地方志、族谱、家谱、传记中,尤其生动地表现于古代文学作品(包括诗词、戏曲、散文、小说)中。"诗圣"杜甫是写古道人生文化的能手。他的《兵车行》:"车辚辚,马萧萧,行人弓箭各在腰。耶娘妻子走相送,尘埃不见咸阳桥。牵衣顿足拦道哭,哭声直上千云霄",写的是生离;他的《梦李白》:"死别已吞声,生别常恻恻。江南瘴疠地,逐客无消息。故人入我梦,明我长相忆。恐非平生魂,路远不可测",写的是死别;而《闻官军收河南河北》:"剑外忽传收蓟北,初闻涕泪满衣裳。却看妻子愁何在,漫卷诗书喜若狂。白日放歌须纵酒,青春作伴好还乡。即从巴峡穿巫峡,便下襄阳向洛阳",则可谓一诗写全了悲欢离合。

(8) 革命文化内涵。中国革命之路是坎坷崎岖之路,从农村到城市、从山区到海边的奋斗历程,大都在古道中跋涉。所以在古道文化中也有辉煌的革命文化内涵。著名的陈毅《梅岭三章》:"此去泉台招旧部,旌旗十万战阎罗",是于梅岭古道抒发的英雄篇章;著名的毛泽东《长征诗》:"红军不怕远征难,万水千山只等闲。五岭逶迤腾细浪,乌蒙磅礴走泥丸。金沙水拍云崖暖,大渡桥横铁索寒。更喜岷山千里雪,三军过后尽开颜",为珠江流域的古道文化注入了光辉的革命文化内涵。大革命时代江西苏区的民歌《十送红军》,萧华创作的《长征组歌》,也都是中国古道文化的不朽诗章。

(9) 旅游文化内涵。古道既是古人的旅游途径和圣地,又是古人考察人文地理资源的科学基地,郦道元的《水经注》,以及《徐霞客游记》,既是经典的地理学术著作,又是千古传诵的古道旅游散文。古道更是今日的重要旅游资源和宝库,是爱国主义、传统教育、乡土文化教育的重要基地和圣地。当今研究开发古道文化的旅游资源,很大程度上是开发其圣地资源和基地资源,使其古为今用、旧物新用,使代代青少年都能有似当年"诗仙"李白那样,高歌"古人秉烛夜游,良有以也";学革命领袖毛泽东在学生时代那样,"携来百侣曾游,忆往昔峥嵘岁月稠";

寻找陈子昂《登幽州台歌》的足迹，发思古之幽情："前不见古人，后不见来者。念天地之悠悠，独怆然而涕下"；沿杜牧《山行》的诗路，去寻觅古道的意境："远上寒山石径斜，白云生处有人家。停车坐爱枫林晚，霜叶红于二月花"。

（三）移民文化

当今在南粤（广东）地带聚居的人群，主要是三个民系，即广府民系、客家民系、潮汕民系。广府民系是汉武帝平定南粤时开始，经多次南下大军及中原移民与土著百越族结合，在唐代基本形成的民系；客家民系主要是两晋年间开始，尤其宋元以来自中原南下的移民；潮汕民系是战国时期自福建南下的闽越族汇合历代移民，在唐宋时期形成的民系。从现有史料看，广西、贵州、云南等地，在先秦时代也都是百越族自珠江流域内迁的部族，故广西有骆越、贵州有夜郎、云南有滇越之称。由此可以说，珠江流域自古即是移民栖居之地，从而也即可以说，珠江文化中从古至今都有传统的移民文化。

移民文化的内涵和作用，会因移民的性质不同而有所不同。从总体上看，进入珠江流域移民的性质大致有下列类别，同时也具有不同的作用。

（1）军事政治移民。公元前214年，秦始皇平定六国，所派遣的大军始为驻军，起到统治作用，促使中原文化进入，稍后进入"汉越杂处"时期，对珠江文化的成形起到铺垫作用。公元前111年（元鼎六年），汉武帝平定南越国，在广信先后建交趾部和交州郡达近400年，使南下大军和移民在南粤长住久安，以汉文化为主融合土著文化，造就了珠江文化的成形。南宋和南明两朝，都因军事和政治的失利节节败退南下，直至灭亡，其间所携军民均随之在岭南安家落户，世代安居，也起到南北文化融合的作用。这类性质的移民文化具有使珠江文化增添并形成兼融性和适应性因素和特性的作用。

（2）商贾移民。唐代张九龄在《开凿大庾岭路序》中指出：开路的目的和作用是有利于"海外诸国，日以通商，齿革羽毛之殷，鱼盐蜃蛤之利"。可见古道是通商之道，也是商贾移民之道。唐宋年间，著名的粤北南雄珠玑巷有三批百万以上的南下移民，其中有军事、政治和社会变动的因素，亦有商贾移民的因素。另外，开凿大庾岭路前后也有不少零散移民。明代诗人黄公辅所写《过沙水珠玑村》："长亭去路是珠玑，此日观风盛黍离。编户村中人集处，摩肩道上马交驰"，生动地表现了这条古巷的商贾移民盛况。这类商贾古集，在珠江流域比比皆是，迄今在各地乡镇仍处处可见的圩场市集，即是遗存，而当今各地皆有的商场或商业街，实则是传统商贾移民文化的现代版。商贾移民文化既是移民文化的重要性质和内涵之一，又是珠江文化具有特强的重商性、浮动性、变通性特质的文化渊源之一。

（3）文人移民。由于珠江流域地理条件特殊，自古有许多文人学士南来安居、任职、游历或被贬至此，都带来并留下丰富多彩的文化，可统称为文人移民文化。当然，这些文人南来的原因和处境各异，从而体现的文化各有不同，大致而言有几种：一是南来世代文人，是名正言顺的移民，如汉代陈钦、陈元三代经学家，东汉经学家士燮的一门四士；二是被贬南来，多为十余年，少则数年，也可称其临时移民，如韩愈、柳宗元、刘禹锡、苏轼、苏辙、杨万里等唐宋大家，他们留下了光辉的业绩和不朽的诗文，已被公认为卓绝的贬谪文化；三是因公务或任职南来，时间有长有短，但功勋卓著，光照日月，如汉代说服南越王赵佗归汉的陆贾，三国东吴交州刺史步骘，东晋广州刺史陶侃，北宋清官包拯，南宋民族英雄文天祥，明代名将戚继光，清代名家阮元、林则徐，等等；四是游历、讲学、传经南来而留传佳作或输入新文化，如晋代诗人谢灵运南来留下山水诗，初唐四杰之一王勃在穗留下绝笔，晚唐诗人李商隐在两广留下名篇《海客》，北宋词人秦观留下"雾失楼台"绝唱，宋代理学家周敦颐、朱熹和明代心学家王阳明都留下南来讲学的足迹。文人移民文化既使珠江文化倍增丰富深厚的资源与色彩，又是珠江文化具有无边的包容性和发展性特质的源泉。

（4）改革开放的打工与创业移民。从20世纪80年代初开始，随着改革开放的步伐步步加大，从全国各地到广东尤其是到经济特区和珠江三角洲地区打工或创业的南下移民，几乎每年都以百万人的数字剧增，"东南西北中，发财到广东"的谚语到处流行。据不完全统计，这类新移民几达3000万。这类新移民为广东的经济腾飞作出了卓越的贡献，也为珠江文化增添了新的血液，为传统的移民文化作出了新的传承与弘扬，并为珠江文化的包容性、重商性、平民性特质增添了新的内涵与光辉。

（四）华侨华人文化与侨乡文化

据有关资料称：在全球的华人华侨约有3600万人，其中70%祖籍为广东，祖籍福建者占10%强，可见广东具有华侨华人分布面广而量多的特点，从而也即具有华侨华人文化与侨乡文化传统特深的优势。确切地说，华侨华人文化是指华侨华人定居国文化中的组成部分，不应属我国文化范畴；华侨华人的故土在中国，其故乡应称侨乡文化，属中国及其故乡文化的组成部分。但是，由于华侨华人对故乡有深厚的根土之情，往往将华侨华人文化与侨乡文化两个概念混同，学界也随和用之，难分难解，以至约定俗成。

华侨华人文化与侨乡文化实质上属移民文化，因其是从中国向外国移民。广东向外国的移民有悠久历史，从而也就形成这种传统文化。从现有史料看，在16世纪中叶，即明代中叶开始，从珠江三角洲尤其是"四邑"（台山、开平、恩平、新会）向东南亚、美洲移民逐年增多，显然与西方资本主义兴起吸收外来劳力有密切关系。就中国来说，从有关南雄珠玑巷南迁移民的史料可见，以罗贵为首的一批南宋时南下移民，在江门蓬江区良溪村一带立足，开发珠江三角洲一段时间之后，其后裔即向海外发展。所以，良溪是中原移民南下后又向海外开拓的中转站，故可称其为"后珠玑巷"。迄今广东省南雄珠玑巷后裔联谊会有许多华人华侨后裔，也证实了这样的历史事实。另据美国华人学者编著的华工史料称：大批四邑华工是美国修建东西铁路时远涉大洋赴美的，所以现在美国旧金山市华人多是"四邑"人，而广东的珠江三角洲和"四邑"则是最古最老的侨乡，具有最深厚的传统华侨华人文化与侨乡文化。前不久，以中西合璧建筑为特色的开平碉楼，被联合国教科文组织确定为世界文化遗产，更是对华人华侨文化与侨乡文化是珠江文化特有的传统文化的有力肯定，也是珠江文化海洋性、包容性、寻根性、开拓性等特质的生动体现。

改革开放后，又有大批从广东出境的新华人华侨，其中又有许多在海外深造后又回国服务的"海归"派，以及许多在中国与外国轮流居住的"双侨民"（既是华侨，又是有护照国之"侨"），使华侨华人文化和侨乡文化增添了许多新方式、新地域、新内涵、新色彩，更充分地体现了这种传统文化和珠江文化持续发展的勃勃生机。

（五）书院文化

珠江流域的书院文化源远流长。早在东汉时代，交州刺史士燮是著名的经学家，其兄弟士壹、士䵋、士武也都是太守和经学家，故有"一门四太守""一门四士"之称。在三国时代的中原动乱中，士燮在交州保一方安宁，不少名人学士因避战祸南下于此安居著书立说讲学，史称"汉之名士避难往依者以百数"，形成文化黄金时代，也启开了书院文化。而史书记载正式办书院者，乃《宋书·礼一》所载：东晋咸和九年（334），征西将军庾亮领江、荆、豫三州刺史，首于武昌开学宫，立讲舍，并在他所辖的广西临贺郡办官学，称"近临川、临贺二郡，并求修复学校"。可见学校本有之，复办而已。至隋唐时代，开始了科举制度，尤其规定参加科举考试者，必须经过书院修读之后，开办书院更是蔚然成风，从而书院文化与科举文化更是紧密相连，盛衰与共。从唐代至清代，岭南共出了18位状元，广东、广西各9人，首位是封州人莫宣卿。尤其值得称道的是：珠江流域在宋代以后的学术思想特别发达，学派流派如雨后春笋，层出不穷。而这些学派流派，都是以书院为温床和平台发展出来的。如：周敦颐以办濂溪书院而开宋元理学之先河，朱熹在岳麓书院弘扬"程朱学派"，陆九渊于象山书院开创以心学为主旨的"三陆子之学"，陈献章在白沙讲学创"江门学派"，湛若水与王守仁到处创立书院讲学，共倡心学结为"湛王学派"，等等，可见传统书院文化的发达及其重大作用和贡献。

（六）器艺文化

可以说从文化诞生之初即有器艺文化。如在出土文物中发现的旧、新石器时代（元谋人）的有明显加工痕迹的石器、玉器、陶器，在夏商周时期的古滇国遗址发现青铜镯、圆形和长形扣饰、浮雕扣饰等装饰物，可见器艺文化源远流长。珠江文化的器艺文化有明显的地方特点，大都以本地特产为原料，依本地的生活需求和审美需求而进行艺术加工的产品或产物，特产的丰富多彩，生活需求和审美情趣的多样化，也就决定并促成工艺文化的多样化。例如，端州特有丰富的砚石矿藏，有深厚的书院文化，也就产生了特有的端砚工艺文化；广东、湖南有悠久的蚕桑和丝绸生产资源，也就产生了广绣和湘绣工艺文化；广东、江西有深厚的陶瓷生产和爱花爱美的传统，也就产生了广彩工艺和景德镇瓷文化。传统工艺文化又是随时代的发展而发展的，尤其是好些传统工艺是手工操作，美学理念保守，往往跟不上时代的需要而被淘汰，但其艺术价值和文化内涵是持久的，所以被列为物质或非物质文化遗产而加以保护，从而这也是传统工艺文化的重要部分。此外，尚有随时代的发展而不断更新的工艺文化，如刺绣从手绣发展到机绣，现又发展到电脑绣，端砚从手工制作发展为机械制作，石雕、玉雕也从手工生产发展为机械生产，虽然生产方式有变，但其基本性质仍属传统文化。

（七）宗教文化与民间崇拜文化

由于珠江流域濒临南海，海外交通发达，外来宗教文化最早在此登陆。汉代，广信人牟子接受印度佛家思想，写出《理惑论》；梁朝，印度和尚菩提达摩在广州"西来初地"上岸，将禅宗教派传进中国；几乎同时，印度和尚智药三藏在广东曲江曹溪创建了南华禅寺；唐代，则由广东人惠能将佛教中国化、平民化，开创中国禅宗、禅学，写出中国人首部佛家经典《六祖坛经》，誉满全球，从而佛教尤其是以六祖惠能为代表的禅宗、禅学，成为珠江文化的代表宗教文化之一。东汉的葛洪南来罗浮山，传修道教，著《抱朴子》，到岭南各地采药炼丹，使本有的道教及其道学向前发展，也成为南粤一种传统文化。明代，意大利天主教传教士利玛窦是从澳门进入广东肇庆传教的第一人，也是传进西方现代文明的第一人，从而珠江文化中也最早汲取了基督教文化和西方文明。最有特色的是南粤尚有一种民间崇拜文化，即对某些受人尊敬的人物，赋以神的尊称而对其信奉崇拜（如西江流域崇拜龙母，尊其为"江神"，称其为"西江神源"[①]；沿海人民崇拜妈祖，尊其为"海神"；粤西人崇拜冼夫人，尊其为"圣母"）；有些地方还为本地的历史名人建庙（如康王庙、张公庙），设祭崇拜。此外，尚有图腾性质和多神的崇拜，如对石狗、蛇的崇拜，对关帝、财神、门神、灶神、南海神、五仙的崇拜，等等。更有意思的是，珠江人对这些宗教或由人化神的信仰，以及图腾和多神崇拜，是互不排斥的，而是相互尊重包容的。这种现象，既说明这种传统文化是珠江文化丰富多彩的内涵和标志之一，也是珠江文化海洋性、宽宏性、求实性的充分体现。

---

① 参见林雄主编《母仪龙德》，南方日报出版社 2004 年版。

（八）民俗文化

珠江流域是多民族聚居之地，每个民族都有自身特色的传统风俗，许多地方甚至自然村落也都有独特的传统风俗，所以珠江文化中的传统民俗文化特别丰富多彩。其一些远古时代的风俗已经消失，只见历史记载，如百越族时代"乌浒人"的鼻饮、鸡卜，苍梧人的凿齿，等等；有的延续百年、千年，逐渐退化，仅有少量遗存，有的也有所变异或发展。总体而言，衣、食、住、行、玩、生、嫁、病、死、葬等生活要素与生命进程环节，各地都有自身特色的风俗，如每族有每族的服饰，各地有各地的饮食、建筑风格和入宅风俗，各方也有各方的出行规矩，各族有各族的节日和游乐方式，生要坐月，出嫁要哭，病要烧符，死要净身，葬要风水，风俗繁多，数不胜数，难以一一列举。现正由民俗研究家们在搜集整理中，已取得许多成果，其中有的民俗已被列为各级非物质文化遗产加以保护与弘扬。

（九）异物文化

珠江流域自然条件特殊，濒海靠山，气候温和，雨量充沛，土质多样，适合各种动植物生长繁殖，从而有许多奇特的动物植物，也随即而衍生出独特的异物文化。早在东汉时期，番禺人杨孚即著有《异物志》（又称《南裔异物志》《交州异物志》），记述了当时南粤特有的动植物，并以每物一诗的方式，介绍其生长、用途、价值，并介绍了相关习俗（如嚼食槟榔），是南粤首部诗作，又是首部动植物学术专著。尤其值得注意的是，唐宋时代被贬南来大家，都留下了许多脍炙人口的写及珠江异物的诗文名篇，如韩愈的《祭鳄鱼文》，柳宗元的《捕蛇者说》《黔驴技穷》，苏东坡的《荔枝》《咏竹》，等等，可谓不朽的异物文化文献。当代作家秦牧的《花城》、陶铸的《松树的风格》，也都是著名的异物文化精品。与此相类的尚有特产文化，即各地都有独特的或特优的物产，往往由此衍生出相关的传奇故事、诗文、传说和节日，从而形成各具特色的特产文化，如广东的增城挂绿荔枝、郁南无核黄皮、怀集金丝燕、广宁青皮竹、云安沙糖橘、连平鹰嘴桃，广西的荔浦芋、桂林马蹄、贺州瓜子，贵州的茅台酒，云南的普洱茶，湖南的湘莲，江西的板鸭，福建的功夫茶，海南的椰子，等等，都是说不尽、道不完的异物文化。

四、自然与人文环境合铸的文化特性

中外文化学者都认为：自然环境对于形成人的文化特性有很大影响；在一定的自然环境中的人群所构成的人文环境，更是造就人的文化特性的直接孵化温床。所以，一定水域或地域的文化特性，总是由一定的自然环境与人文环境合铸而成的，又是随其环境的发展变化而发展变化的。一般说来，自然环境发展变化缓慢，人文环境发展变化相对快些，对文化特性影响更直接些，但也需相当长的历史积淀才能显出发展变化之痕迹，所以，形成的文化特性有较长的历史性和相对的稳定性。[①]

珠江流域的地理环境和人文环境，造就了珠江人共有的文化特性，也即是珠江文化特性。但在这水系流域中，各地带的文化特性也是有千差万别的，是极其丰富多彩的。在这部文化史的写作中，难以逐一论析，只能就珠江水系汇集的轴心地带（广东）的较鲜明突出的文化特性进行分析，试以一斑管窥全豹（整个珠江水系文化）的做法，奢求以点概全的效果。

（一）海洋性、共时性、领潮性

珠江流域濒临南海，有特长的海岸线，有多个江河出海口，又有悠久的海洋文化史。生活在这样的自然与人文环境中的人群，必然是海洋性特强的。著名唐代广东第一诗人张九龄诗云："海上生明月，天涯共此时"，形象生动地概括了珠江文化的风格和特质，点出了其海洋性、共时性、领潮性的文化特性。自16世纪后，世界是海洋时代，海洋经济和海洋文化新潮流主导着世界潮流。珠江流域的近海优势，使其最早得"明月"，最快得"共时"，最敏捷地迎海潮而"领潮"。著名学者梁启超曾指出：广东之在中国"实为传播思想之一枢要"，正是指广东文化的海洋性、共时性、领潮性特强之意。历来称广东人是第一个敢吃螃蟹的人，近年尤其强调"敢为天下先"的开拓进取精神是广东人精神，就是这三种特性的活灵活现。

---

① 参见司徒尚纪著《珠江文化与史地研究》，中国评论学术出版社2003年版。

(二) 多元性、包容性、开放性

珠江是由多条江河构成的水系,在珠江流域尚有许多其他江河纵横。这样的自然环境,与其多民族、多民系人群在其间交错聚居的人文环境和谐一致,同是多元一体的结构组合,从而也即形成珠江文化具有特别鲜明的多元性、包容性。从珠江水系总体上看,是以西江、北江、东江汇流珠江三角洲轴心的扇形结构。这一结构,既是由轴心而多"龙"会"珠"的多元、包容形象,又是以轴心为"珠"而"珠光四射"的形象,即可谓开放的形象。可见珠江文化的多元性、包容性、开放性是有机链接的。自古以来都是如此,改革开放后更是鲜明突出。20世纪80年代初办经济特区的时候,来自全国各地尤其是珠江流域的企业、资金、劳力,有似多龙会聚,涌向广东,而经济特区所引进的港澳和海外的观念、体制、经济、文化,又似万丈光芒,辐射内地,不正是这种多元性、包容性、开放性的充分写照么?

(三) 重商性、务实性、时效性

珠江文化的海洋性还突出地体现在其重商性,因为海洋国家、民族之间的交往主要是商贸交往,海上丝绸之路也主要是商贸之路。广东海岸线长,港口多、历史久、路线长,省内外贸易历来发达。所以,广东有悠久的商贸文化传统,珠江文化有特强的重商性。商贸是务实的,重实践、实用、实惠、实利;商贸的生命在商机,从而重时机、效率、效果,也即讲究时效。因此,重商性与务实性、时效性密切关联。当然,广东人的务实性、时效性不仅在于商界,而且是各界普遍的风格。改革开放后尤其普遍,深圳蛇口最早以"时间就是金钱,效率就是生命"为口号,可谓一语道破了珠江文化重商性、务实性、时效性三位一体的天机。

(四) 敏感性、变通性、机缘性

从堪舆学的眼光看来,江河为龙,龙头不是在江河发源地,而是在其出海处或与其他江河交汇处,龙口在出海口或河口。珠江在南海有八个门(即出海口),也即是龙口。八个龙口汲取海洋精华,既多且近地得风气之先,故有先天的敏感性,也即是灵活性。海洋气候多变，近水使人灵，江海环境也会孕育人的灵活善变，即有变通性。广东人被称为"精仔"，就在于有突出的敏感性和变通性。改革开放中，所谓"饮头啖汤""用足政策"，以及"红灯绕道走、绿灯快速走、黄灯抢前走"等说法，更是这种特性的普及版本。与此关联的机缘性，源于商贸所需的公关，根自传统的观念和关系网，亲朋戚友、"死党"老乡固是情分机缘，偶然接触、初次交往也是难得机遇，皆可灵活借此机缘，将事办好办成。所谓"随机应变""机动灵活""机不可失""转危为机"等词语之"机"，皆时机、机会、机遇、机缘等意也，每个词语都是敏感性、变通性、机缘性的密切关联及连锁反应之生动体现。

（五）平民性、平等性、自在性

珠江文化的古代哲圣——惠能《六祖坛经》有云："下下人有上上智"，"人人心中有佛"，"见性是功，平等是德"，"我心自有佛，自佛是真佛"，可谓全面体现平民、平等、自在的思想。毛泽东称赞他将印度的佛教中国化、平民化，使之成为老百姓的佛教。这是珠江文化具有平民性（也即大众性）、平等性、自在性的最早体现和理论。平民性和平等性，也即造就个性，个性化即自在性，所以这三者也是连锁反应的特性。这些特性，是珠江文化的海洋性、重商性衍生出来的，所谓"在金钱面前人人平等""在法律面前人人平等""在分数面前人人平等"，要求"公正、公平、公开"等口号，都是这些特性的现代版本，流行歌曲《潇洒走一回》更将这三位一体之特性唱透唱红，传遍神州大地！

2010 年 3 月 28 日

[《中国珠江文化史》（上下册，300 万字）由广东教育出版社 2010 年出版。广东省委领导于 2010 年 7 月 8 日致信黄伟宗总主编予以鼓励、表扬。详见后文《二十六载履职广东省政府参事轶事选录》。]

多学科交叉的立体文化工程
——"珠江文化丛书"总序

一个国家、一个民族、一个地域、一个地方的特点,从总体精神上说,实则是文化特点。其特点的形成,是由于不同的地理条件(尤其是水的条件)和气候条件,使得人们有不同的生存方式、生产方式与生活方式,而长期造成的不同的精神意识、思维方式、人情风俗和道德观念等。这些属于文化范畴的特征,既决定着又体现于每个国家、每个民族、每个地域、每个地方的政治、经济与文化的实体、措施与形态,以及自然科学、人文科学的研究思想和文学艺术的创作与研究中。正如法国19世纪著名理论家丹纳在《艺术哲学》中所说:"要了解艺术家的趣味和才能,要了解他为什么在绘画或戏剧中选择某个部门,为什么特别喜爱某种典型某种色彩,表现某种感情,就应当到群众的思想感情和风俗习惯中去探求。由此我们可以定下一条规则:要了解一件艺术品、一个艺术家、一群艺术家,必须正确的设想他们所属的时代的精神和风俗概况。这是艺术品最后的解释,也是决定一切的基本原因。"

当今世界已经进入了文化时代,也即是改变了过去只是以政治观点和政治利益去认识和把握一切,代之以从文化意识与方式去认识和把握一切的时代。西方各国现代文化学的兴起,学派林立,形成热潮,蔚然成风;中国的"文化热"也从文艺创作而蔓延于各行各业、各种学科、各个地域、各个地方,以至人们日常生活的衣、食、住、行各个方面。其中,水流地域文化研究,如黄河文化、长江文化、黑龙江文化等的研究,正在悄悄兴起,这是一种很值得注意的动向,是一个很有意义、很有前途的文化与学术领域。因为这个领域的研究,将会给每个水流地域总体特征做出科学的解释,找出其历史与现实和将来的契合点,并以多学科的并行和交叉研究论证的方法,将这些契合点科学化、综合化、立体化、实用化,使其可作为决策的依据或出发点,作为具有实用价值的新产品或具有可操作性的方略,成为可转化为生产力的科学理论或文化精品。

广东省珠江文化研究会,正是适应这样的文化时代潮流和需要,于2000年6

月28日在广州正式成立。其宗旨是研究与弘扬珠江文化。因为珠江是中国的第三大河，其水流地域文化覆盖整个华南和南海诸多港湾和群岛，在中华民族历史和现代的文化上有重大贡献和重要地位。按照当今国内外公认的水流地域文化理论，当某种水流地域文化形成之后，除覆盖其本身水域之外，还覆盖其周边地区。由此，珠江文化的覆盖地域，不仅是作为中心的珠江三角洲地区，以及汇合为珠江的西江、东江、北江的各自流域地带，还包括韩江流域的潮汕地区、南渡河流域的雷州半岛，南海诸岛和北部湾、海南岛、香港和澳门；如从水流的源头而言，除西江流经的广西之外，尚有西江的源头云南、贵州，北江的源头湖南，东江的源头江西，韩江的源头福建，等等。由此可见其地域之广，水量丰富，文化组成成分多样而复杂，历史的发展和演变过程又极其曲折坎坷，在新时期的改革开放中的发展又极其迅速。因而以珠江文化作为一个研究领域，不仅是应时之需，而且是天地广阔、前景无限的。

珠江文化有着明显的特点。一是多元性和兼容性。这一特点似乎与珠江是多条江河自西、北、东之流而交汇的水态有关，是多元而后交汇、汇聚兼容于一体之中：从历史上说，土著的百越文化与来自五岭以北的华夏文化、荆楚文化、巴蜀文化、吴越文化，以及来自海外的印度文化、波斯文化、阿拉伯文化、西洋文化先后结合与交融；从当今的珠江水流地域的文化类型而言，除较明显的粤文化地区有着广府文化、客家文化、福佬文化和新起的深圳及珠江三角洲地区的移民文化之外，尚有可称之为珠江亚文化的滇云文化、黔贵文化、八桂文化、海湾文化、琼州文化等，都是多元而相容于珠江文化的范畴中。二是海洋性和开放性。珠江的总体形象既是交汇型的，又是放射型的，它既像是蜘蛛网似的覆盖于整个水流地域，又像是多龙争珠似的争汇于其交汇中心（广州），而其中心像是一颗明珠，每条河流又像是道道明珠发射出的光芒那样，向四面八方喷射。特别是珠江有众多出海口，即许多所谓"门"，如虎门、崖门、磨刀门等，仅珠江口就有八个门，可见珠江与南海是联成一体的；沿海港湾和港口甚多，也都同珠江水系密切连接。所以，从古至今是陆路、沿海与海外的交通与交流枢纽，海上丝绸之路最早在此出发，而且数千年一直不衰；大量移民由此散布海外，海外文化也由此最早涌入，所以，海洋文化与开放意识是特别强的。三是前沿性和变通性。由于珠江文化水系与海洋密切连接，海港特多，对西方和海外文化接收特快特多，因而前沿性也特强。相对而言，珠江流域与作为中国文化中心的中原地理距离较远，又有以五岭为代表的崇山峻岭阻隔，交通不便，由此受中原文化控制偏少，同时也由于中原文化在这一带与海洋文化及本土文化碰撞的缘故，也就造成了与前沿性紧密相关的变通性。此外，珠江文化尚有其他特点，有待深入研究，在此不一一列举。仅由此即可见，对珠江文化特点的研究，以及将这样的研究成果转化为决策依据、地域建设的方案与行为，转化为科学规划的文化产业，都是大有作为、必有成效的。

本着研究与弘扬珠江文化的宗旨，广东省珠江文化研究会组织了著名的文化学家、文史学家、考古学家、人类学家、语言学家、民俗学家、地理学家、海洋学家、气象学家、建筑学家、生物学家等学科的专家学者，以及著名的作家、编辑家、新闻出版家等，分别组成学术委员会、创作委员会、书画艺术委员会、地域企业文化委员会、影视出版委员会、规划策划委员会和理事会，既分工而又交叉地进行珠江文化的研究和宣传，将其作为一项长期的多学科交叉的立体工程去进行。为此目的，我们依靠和组织各种力量，撰写、编辑、出版"珠江文化丛书"。

2000—2005 年出版著作：

1.《珠江传》（司徒尚纪著）；2.《珠江文化论》（黄伟宗著）；3.《开海——海上丝绸之路 2000 年》（洪三泰、谭元亨、戴胜德著）；4.《千年国门——广州 3000 年不衰的古港》（谭元亨、洪三泰、戴胜德、刘慕白著）；5.《中国古代海上丝绸之路诗选》（陈永正编注）；6.《广府海韵——珠江文化与海上丝绸之路》（谭元亨著）；7.《交融与辉映——中国学者论海上丝绸之路》（黄鹤、秦柯编）；8.《东方的发现——外国学者谈海上丝路与中国》（徐肖南、施军、唐笑之编译）；9.《广东海上丝绸之路史》（黄启臣主编）；10.《珠江文化与史地研究》（司徒尚纪著）；11.《祝福珠江》（洪三泰、谭元亨著）；12.《通天之路》（洪三泰主编）；13. 长篇小说《女海盗》（洪三泰著）；14.《封开—广信岭南文化古都论》（谭元亨主编）；15.《岭南状元传及诗文选注》（仇江、曾燕闻、李福标编）；16.《东方奥斯威辛纪事》（谭元亨著）；17.《日军细菌战：黑色"波字 8604"》（谭元亨编著）；18.《中国文化史观》（谭元亨著）；19.《客家圣典：一个大迁徙民系的文化史》（谭元亨著）；20.《千年圣火：客家文化之谜》（谭元亨著）；21.《岭南文化艺术》（谭元亨著）；22.《呼唤史识——当代长篇创作的史观研究》（谭元亨著）；23.《广府寻根》（谭元亨著）；24.《南方城市美学意象》（谭元亨著）；25.《世界著名思想家的命运》（谭元亨、陈鹤鸣主编）；26.《当代思维论》（谭元亨著）；27.《城市建筑美学》

（谭元亨著）；28.《海峡两岸客家文学论》（谭元亨著）；29.《古代中外交通史略》（陈伟明、王元林著）。

2005—2006 年出版的"珠江文化丛书·十家文谭"专辑：
1.《珠江文化系论》（黄伟宗著）；2.《珠江文化的历史定位》（朱崇山编）；3.《海上丝路的研究开发》（周义主编）；4.《泛珠三角与珠江文化》（司徒尚纪著）；5.《海上丝路与广东古港》（黄启臣著）；6.《粤语与珠江文化》（罗康宁著）；7.《岭南文化珠江来》（张镇洪著）；8.《珠江诗雨》（洪三泰著）；9.《珠江远眺》（谭元亨著）；10.《珠江流韵》（戴胜德著）。"十家"，是以十位学者之所长，从十个学科探析珠江文化之意。当然，珠江文化研究会的专家学者不仅只有这些学科，还有：11.《顺德人》（谭元亨著）；12.《国家祭祀与海上丝路遗迹——广州南海神庙研究》（王元林著）。

2007—2008 年出版著作：
1.《百年宝安》（洪三泰、谭元亨、戴胜德著）；2.《良溪——"后珠玑巷"》（黄伟宗、周惠红主编）；3.《南江文化纵横》（张富文著）；4.《郁南：南江文化论坛》（黄伟宗、金繁丰主编）；5.《珠江文踪》（黄伟宗著）；6.《客家图志》（谭元亨著）；7.《顺德乡镇企业史话》（谭元亨、刘小妮著）；8.《断裂与重构——中西思维方式演进比较》（谭元亨著）；9.《客商》（谭元亨著）。

2009—2010 年出版著作：
1.《海上丝路的辉煌》（黄伟宗、薛桂荣主编）；2.《瑶乡乳源文化铭作选》（梁健、邓建华主编）；3.《千年雄州 璀璨文化》（林楚欣、许志新主编）；4《湛江海上丝绸之路史》（陈立新编著）；5.《西江历史文化之旅》（江门日报等主编）；6.《凤岗：客侨文化论坛》（黄伟宗、朱国和主编）；7.《中国珠江文化史》（上、下卷，黄伟宗、司徒尚纪主编）；8.《黄伟宗文存》（上、中、下册，黄伟宗著）；9.《创会十年——广东省珠江文化研究会成立十周年庆典文集》（黄伟宗主编）；10.《客家文化史》（上、下卷，谭元亨编著）；11.《十三行新论》（谭元亨著）；12.《广东客家史》（上、下卷，谭元亨主编）；13.《客家文化大典》（谭元亨、詹天庠主编）；14.《客家经典读本》（谭元亨主编）。

2011—2012 年出版著作：

1.《客家第一"珠玑巷"——凤岗：第二届客侨文化论坛》（黄伟宗、朱国和主编）；2.《云浮：中国石都文粹》（黄伟宗主编）；3.《封开：广府首府论坛》（黄伟宗、张浩主编）；4.《海上敦煌在阳江》（黄伟宗、谭忠健主编）；5.《凤岗排屋楼》（张永雄主编）；6.《国门十三行》（谭元亨著）；7.《肝胆相照——邓文钊与饶彰风合传》（谭元亨、敖叶湘琼著）；8.《华南两大族群的文化人类学建构》（谭元亨著）；9.《雷区 1988：中国市场经济理论的超前探索者》（谭元亨著）；10.《开洋》（谭元亨著）；11.《岭海名胜记校注》（王元林校注）；12.《内联外接的商贸经济：岭南港口与腹地、海外交通关系研究》（王元林著）。

2013 年出版著作：

1."中国禅都文化丛书"（黄伟宗名誉主编，吴伟鹏主编），包括 6 分册：《出生圆寂地》（罗康宁著）、《顿悟开承地》（戴胜德著）、《坛经形成地》（郑佩瑷著）、《农禅丛林地》（谭元亨著）、《报恩般若地》（洪三泰著）、《禅意当下地》（冯家广著）；2."中国南海文化研究丛书"（黄伟宗主编），包括 6 分册：《中国南海海洋文化论》（谭元亨等著）、《中国南海海洋文化史》（司徒尚纪著）、《中国南海海洋文化传》（戴胜德著）、《中国南海古人类文化考》（张镇洪、邱立诚著）、《中国南海经贸文化志》（潘义勇著）、《中国南海民俗风情文化辨》（蒋明智著）；3.《广府文化大典》（谭元亨主编）；4.《广府人——首届世界广府人恳亲大会广府文化论坛论文集》（谭元亨等主编）；5.《广府寻根 祖地珠玑——广东省广府学会成立暨首届学术研讨会文集》（黄伟宗等主编）；6.《广侨文化论——台山：中国首届广侨文化论坛文集》（黄伟宗、邝俊杰主编）；7.《十三行习俗与商业禁忌研究》（谭元亨等著）；8.《东莞历史名人》（王元林等主编）；9.《雷州文化研究论集》（蔡平主编）。

2014 年出版著作：

1."海上丝绸之路研究书系"第一辑"开拓篇"（黄伟宗总主编），包括 4 分册：《海上丝绸之路的研究开发》（周義主编）、《海上丝绸之路与海洋文化纵横论》（黄伟宗著）、《广东海上丝绸之路史》（黄启臣主编）、《中国古代海上丝绸之路诗选》（陈永正编注）；2.《海上丝绸之路画集》（谢鼎铭著）；3.《雷州文化概论》（司徒尚纪著）；4.《中国地域文化通览·广东卷》（司徒尚纪主编）；5.《海国商道》（谭元亨主编）；6.《广府人史纲》（谭元亨著）；7.《城市晨韵》（谭元亨著）；8.《袁崇焕评传》（王元林著）；9.《客家与华文文学论》（谭元亨编著）。

2015 年出版著作：

1."海上丝绸之路研究书系"第二辑"星座篇"（黄伟宗总主编），包括 10 分册：《徐闻古港——海上丝绸之路第一港》（刘正刚著）、《南海港群——广东海上丝绸之路古港》（周鑫、王潞著）、《海陆古道——海陆丝绸之路对接通道》（王元林著）、《海上敦煌——南海Ⅰ号及其他海上文物》（崔勇、张永强、肖顺达著）、《沧海航灯——岭南宗教信仰文化传播之路》（郑佩瑗著）、《广州十三行——明清300 年的曲折外贸之路》（谭元亨著）、《侨乡三楼——华人华侨之路的丰碑》（司徒尚纪著）、《古锦今丝——广东丝绸业的"前世今生"》（刘永连、谢汝校著）、《香茶陶珠——特产及其文化交流之路》（冯海波著）、《广交会——海上丝绸之路的新生和发展》（陈韩晖、吴哲、黄颖川著）；2.《中国珠江文化简史》（司徒尚纪著）；3.《珠江粤语与文化探索》（郑佩瑗著）；4.《珠江文化之旅》（谭元亨著）；5.《珠江文行》（黄伟宗著）；6.《珠江文珠》（黄伟宗著）。

2016 年出版著作：

"海上丝绸之路研究书系"第三辑"概要篇"及发现要港系列（黄伟宗总主编），2015—2017 年由广东经济出版社等陆续出版，包括：1.《"一带一路"广东要览》（王培楠主编）；2.《海丝映粤——广东与 21 世纪海上丝绸之路建设图志》（江海燕主编）；3.《梅州："一带一路"世界客都》（黄伟宗主编）；4.《梧州：岭南文化古都》（黄振饶等主编）；5.《佛山：海上丝绸之路丝绸陶瓷冶铁大港》（王元林主编）。

2017 年出版著作：

1.《珠江文痕》（《黄伟宗文存》续补，黄伟宗著）；2."珠江文明灯塔书链"首部：《珠江文明的八代灯塔》（黄伟宗、王元林主编）；3."珠江文派与记住乡愁书链"首部：《珠江文典》（黄伟宗、李俏梅编著）；4.《罗定：南江古道与"一带一路"文化论坛论文集》（王元林、刘炳权主编）；5."海上丝绸之路研究书系"第四辑"史料篇"（黄伟宗总主编，执行主编王元林），包括4分册：《广东海上丝绸之路史料汇编·秦汉至五代卷》（周永卫、冯小莉、张立鹏编）、《广东海上丝绸之路史料汇编·宋元卷》（孙廷林、王元林编）、《广东海上丝绸之路史料汇编·明代卷》（衷海燕、唐元平编）、《广东海上丝绸之路史料汇编·清代卷》（刘正刚、钱源初编）。

2018年出版著作：

"海上丝绸之路研究书系"第五辑"港口篇"（黄伟宗总主编，副总主编兼执行主编司徒尚纪、王元林），包括5分册：1.《汕尾港与海上丝绸之路》（汤苑芳编著）；2.《潮州港与海上丝绸之路》（李坚诚编著）；3.《阳江港与海上丝绸之路》（许桂灵编著）；4.《珠海港与海上丝绸之路》（孟昭锋编著）；5.《深圳港与海上丝绸之路》（熊雪如编著）。

"珠江—南海文化书系"（包括3个书链共22部著作，共约600万字，黄伟宗总主编）第一书链"珠江文明灯塔书链"，2017—2019年由广东经济出版社出版，包括5分册：1.《珠江文明的八代灯塔》（黄伟宗、王元林主编）；2.《珠江文派与记住乡愁》（黄伟宗、王元林主编）；3.《养生文明与生态文明》（黄伟宗、王元林主编）；4.《珠江学派与理学心学》（黄伟宗、王元林主编）；5.《珠派南学与珠江文明》（黄伟宗、王元林主编）。

"珠江—南海文化书系"第二书链"珠江文派与记住乡愁书链"，2017—2018年由广东旅游出版社出版，包括11分册：1.《珠江文典》（黄伟宗、李俏梅编著）；2.《珠江文流》（黄伟宗、李俏梅、包莹编著）；3.《珠江文粹》（王文捷、司马晓雯、施永秀编著）；4.《珠江文潮》（梁少峰、易文翔编著）；5.《珠江诗派》（温远辉、何光顺、林馥娜编著）；6.《珠江文评》（黄伟宗、于爱成、包莹编著）；7.《珠江文港》（卢建红编著）；8.《珠江文海》（龙扬志主编）；9.《珠江民俗》（张菽晖、练海虹、王维娜编著）；10.《珠江民歌》（肖伟承编著）；11.《珠江民艺》（陈周起编著）。

"珠江—南海文化书系"第三书链"珠江历代学说学派——千年南学书链"，广东旅游出版社2018年版，包括6分册：1.《珠江上古学说学派》（司徒尚纪、许桂灵编著）；2.《珠江中古学说学派》（孙廷林、王元林编著）；3.《珠江近古学说学派》（衷海燕、徐旅尊编著）；4.《珠江近代学说学派》（周永卫、王德春编著）；5.《珠江现代学说学派》（谭元亨编著）；6.《珠江当代学说学派》（陈剑晖主编）。其中5、6两册由中国旅游出版社与广东旅游出版社2020年联合出版。

2019年出版著作：

"海上丝绸之路研究书系"第五辑"港口篇"（续），包括5分册：1.《广州港与海上丝绸之路》（李燕编著）；2.《茂名港与海上丝绸之路》（李爱军编著）；3.《南澳港与海上丝绸之路》（黄迎涛编著）；4.《汕头港与海上丝绸之路》（刘强编著）；5.《湛江港与海上丝绸之路》（陈立新、张波扬、陈昶编著）。

2020年出版著作：

1.《珠江文事》（黄伟宗编著）；2.《慧能禅学散论》（黄伟宗著）。

珠江文化与海洋文化
——"中国南海文化研究丛书"引论

广东省珠江文化研究会同仁,在完成《中国珠江文化史》课题之后,即请缨向"中国南海文化研究"的课题进军,主要缘由在于两点:一是纵深发展的感悟,即在历时多年的珠江文化研究中,越来越深刻地感到要真正地把握珠江文化的特质和古今发展走向,必须再向前走一步,持续研究珠江文化与中国南海以至与世界海洋文化的关系;二是当今时代的感悟,即海洋问题已成为当今世界的热点和焦点,越来越受到举世关注,尤其是近年来中国南海主权及开发之争,掀起了政治、经济、外交以至军事上的纷争波澜,从而也必然链接于史地和文化上的来龙去脉及其风风雨雨。

联合国在《21世纪议程》中指出:21世纪是世界海洋世纪。人类开发海洋的时代正式开始,发展海洋的高潮正在滚滚而来。在这个背景下,世界临海国家纷纷制定海洋开发战略目标,调整自己的产业结构和布局,实施发展海洋经济的对策和措施。我国作为一个海洋大国,更不甘后人。2002年11月,"实施海洋开发"被写进了党的十六大报告。2003年5月,国务院在《全国海洋经济发展规划纲要》中,明确提出了"逐步把我国建设成为海洋强国"的目标。2009年4月,胡锦涛同志在山东视察时,提出了构建"蓝色经济区"的战略要求,拉开了新世纪我国发展蓝色经济的历史帷幕,为我国加快建设海洋经济强国指明了前进方向。2010年,国家启动了海洋经济发展试点工作,把鲁、浙、粤三省作为首批试点地区,以加快我国转变经济发展方式,实现陆海统筹发展的步伐。目前,以环渤海、长江三角洲和珠江三角洲地区为代表的区域海洋经济发展迅速,沿海地区"3+N"的经济区发展布局业已形成。沿海各省区闻风而动,纷纷提出、制定开发海洋、振兴海洋的战略或口号,形成向海洋进军的时代潮流。从来都是改革开放"排头兵"的广东,更不甘落后。早在2008年3月"两会"期间,广东省委领导到国家海洋局考察时表示:"广东是海洋大省,海岸线比较长,经济相对比较发达。广东一定认真落实好国家海洋局对广东海洋工作的要求,努力争当全国海洋工作和海洋经济工作的排头兵，在全国带个好头"。（见 2008 年 3 月 14 日《中国海洋报》）这是首次为"广东是海洋大省"作出了明确的定位。随后广东即制定了一系列规划、采取一系列措施（包括支持本科研项目在内），大力发展海洋经济、科研、文化等各项事业。

一、珠江文化的海洋性

笔者曾在多部关于珠江文化的论著中，以三首古诗词形象譬喻中国三大江河文化的不同风格：黄河文化有似李白诗"黄河之水天上来，奔流到海不复回"，长江文化恰如苏轼词"大江东去，浪淘尽，千古风流人物"，珠江文化则如岭南第一诗人张九龄的诗"海上生明月，天涯共此时"。这说明珠江文化有特强特重的海洋性，也即是说，在珠江文化中有特强特重的海洋文化因素，海洋文化对珠江文化有特强特重的影响。

海洋文化，是指人类从受海洋影响而形成的受制海洋而又利用海洋的观念意识，及其相应的思维方式和行为方式。具体地说，就是沿海的人群由于承受海洋的广阔、宽宏、运动、潮汐、风暴、狂飙、风险、深厚、神秘、丰富、灵变、流通等特性，而衍生的人文特性与精神，以及由此而体现在人的思维活动和在经济、政治、文化、生活而产生的行为准则及方式。由于珠江流域地带位于南海北岸，海岸线长，江河出海口多，江海一体，所以自古至今都有特深特厚的传统海洋文化。

中外文化学者都认为，自然环境对于形成人的文化特性有很大影响；在一定的自然环境中的人群所构成的人文环境，更是造就人的文化特性的直接孵化温床。所以，一定水域或地域的文化特性，总是由一定的自然环境与人文环境合铸而成的，又是随其环境的发展变化而发展变化的。一般说来，自然环境发展变化缓慢，人文环境发展变化相对快些，对文化特性影响更直接些，但也需相当长的历史积淀才能显出发展变化之痕迹，所以，形成的文化特性有较长的历史性和相对的稳定性。

珠江流域的地理环境和人文环境造就了珠江人共有的文化特性，也即是珠江文化特性。在这水系流域中，各地带的文化特性也是千差万别的，是极其丰富多彩的。但就珠江水系汇集的轴心地带（广东）的文化特性进行分析，其受海洋文化影响特别明显，使其特性都具有特强的海洋性，或者说都具有因海洋性而衍生的特性。

（一）宽宏性、共时性、领潮性

珠江流域濒临南海，有特长的海岸线，有多个江河出海口，又有悠久的海洋文化史。生活在这样的自然与人文环境中的人群，必然是海洋性特强的。张九龄的诗"海上生明月，天涯共此时"，形象生动地概括了珠江文化有大海似的宽宏风格与特质，点出了其宽宏性、共时性、领潮性的文化特性。自16世纪后，世界是海洋时代，海洋经济和海洋文化新潮流主导着世界潮流。珠江流域的近海优势，使其最早得"明月"，最快得"共时"，最敏捷地迎海潮而"领潮"。著名学者梁启超曾指出：广东之在中国"实为传播思想之一枢要"，正是指广东文化的宽宏性、共时性、领潮性特强之意。历来称广东人是第一个敢吃螃蟹的人，近年尤其强调"敢为天下先"的开拓进取精神是广东人精神，就是这三种特性的活灵活现。

（二）多元性、包容性、开放性

珠江是由多条江河构成的水系，在珠江流域尚有许多其他江河纵横。这样的自然环境，与其多民族、多民系人群在其间交错聚居的人文环境和谐一致，同是多元一体的结构组合，从而也即形成珠江文化具有特别鲜明的多元性、包容性。从珠江水系总体上看，是以西江、北江、东江汇流珠江三角洲轴心的扇形结构。这一结构，既是由轴心而多"龙"会"珠"的多元、包容形象，又是以轴心为"珠"而"珠光四射"的形象，即可谓开放的形象。可见珠江文化的多元性、包容性、开放性是有机链接的。自古以来都是如此，改革开放后更是鲜明突出。20世纪80年代初办经济特区的时候，来自全国各地尤其是珠江流域的企业、资金、劳力，有似多龙会聚，涌向广东，而经济特区所引进的港澳和海外的观念、体制、经济、文化，又似万丈光芒，辐射内地，不正是这种多元性、包容性、开放性的充分写照么？这种特性也即是"海纳百川，有容乃大"的海洋性缩影。

（三）重商性、务实性、时效性

珠江文化的海洋性还突出地体现在其重商性，因为海洋国家、民族之间的交往主要是商贸交往，海上丝绸之路也主要是商贸之路。广东海岸线长、港口多、历史久、路线长，省内外贸易历来发达。所以，广东有悠久的商贸文化传统，珠江文化有特强的重商性。商贸是务实的，重实践、实用、实惠、实利；商贸的生命在商机，从而重时机、效率、效果，也即讲究时效。因此，重商性与务实性、时效性密切关联。当然，广东人的务实性、时效性不仅在于商界，而且是各界普遍的风格。改革开放后尤其普遍，深圳蛇口最早以"时间就是金钱，效率就是生命"为口号，可谓一语道破了珠江文化重商性、务实性、时效性三位一体的天机。

（四）敏感性、变通性、机缘性

从堪舆学的眼光看来，江河为龙，龙头不是在江河发源地，而是在其出海处或与其他江河交汇处，龙口在出海口或河口。珠江在南海有八个门（即出海口），也即是龙口。八个龙口汲取海洋精华，既多且近地得风气之先，故有先天的敏感性，也即是灵活性。海洋气候多变，近水使人灵，江海环境也会孕育人的灵活善变，即有变通性。广东人被称为"精仔"，就在于有突出的敏感性和变通性。改革开放中，所谓"饮头啖汤""用足政策"，以及"红灯绕道走、绿灯快速走、黄灯抢前走"等说法，更是这种特性的普及版本。与此关联的机缘性，源于商贸所需的公关，根自传统的观念和关系网，亲朋戚友、"死党"老乡固是情分机缘，偶然接触、初次交往也是难得机遇，皆可灵活借此机缘，将事办好办成。所谓"随机应变""机动灵活""机不可失""转危为机"等词语之"机"，皆时机、机会、机遇、机缘等意也，每个词语都是敏感性、变通性、机缘性的密切关联及连锁反应之生动体现。

（五）移民性、开拓性、适应性

以广东为代表的珠江流域，移民至世界各地的华人华侨特多。华侨华人文化与侨乡文化实质上属移民文化。从中国向海外移民,是海洋文化移民性、开拓性、适应性的体现,因海外移民飘洋过海,创业谋生,而且很快就能适应异国生存,并代代相传,根深叶茂。广东向外国移民有悠久历史,从而也就形成这种传统文化。从现有史料看,在16世纪中叶,即明代中叶开始,从珠江三角洲尤其是"四邑"(台山、开平、恩平、新会)向东南亚、美洲移民逐年增多,显然与西方资本主义兴起吸收外来劳力有密切关系。就中国来说,从有关南雄珠玑巷南迁移民的史料可见,以罗贵为首的一批南宋时南下移民,在江门蓬江区良溪村一带立足,开发珠江三角洲一段时间之后,其后裔即向海外发展。所以,良溪是中原移民南下后又向海外开拓的中转站,故可称其为"后珠玑巷"。迄今广东省南雄珠玑巷后裔联谊会有许多华人华侨后裔,也证实了这样的历史事实。另据美国华人学者编著的华工史料称:大批四邑华工是美国修建东西铁路时远涉大洋赴美的,所以现在美国旧金山市华人多是"四邑"人,而广东的珠江三角洲和"四邑"则是最古最老的侨乡,具有最深最厚的传统华侨华人文化与侨乡文化。前不久,以中西合璧建筑为特色的开平碉楼,被联合国教科文组织确定为世界文化遗产,更是对华人华侨文化与侨乡文化是珠江文化特有的传统文化的有力肯定,也是珠江文化海洋性特质的生动体现。改革开放后,又有大批从广东出境的新华人华侨,其中又有许多在海外深造后又回国服务的"海归"派,以及许多在中国与外国轮流居住的"双侨民"(既是华侨,又是有护照国之"侨"),使华侨华人文化和侨乡文化增添了许多新方式、新地域、新内涵、新色彩,更充分地体现了这种文化特性持续发展的勃勃生机。

(六)平民性、平等性、自在性

珠江文化的古代哲圣——惠能《六祖坛经》有云:"下下人有上上智","人人心中有佛","见性是功,平等是德","我心自有佛,自佛是真佛",可谓全面体现平民、平等、自在的思想。毛泽东称赞他将印度的佛教中国化、平民化,使之成为老百姓的佛教。这是珠江文化具有平民性(也即大众性)、平等性、自在性的最早体现和理论。平民性和平等性,也即造就个性,个性化即自在性,所以这三者也是"连锁反应"的特性。这些特性,是珠江文化的海洋性、重商性衍生出来的,所谓"在金钱面前人人平等""在法律面前人人平等""在分数面前人人平等",要求

"公正、公平、公开"等口号，都是这些特性的现代版本，流行歌曲《潇洒走一回》更将这三位一体之特性唱透唱红，传遍神州大地！

二、珠江文化海洋性的历史发展时期

珠江文化的海洋性是不断发展的。从史前到现在的数千年历史，其发展进程大致可划分为四个时期。

（一）百越族时期，或称自然生态时期，亦称"海上明月"时期

在秦始皇统一南粤之前，广东是百越族生息之地。《汉书·地理志》称："自交趾至会稽七八千里，百粤杂处，各有种姓。"现已证实，百越族是中国南方沿海一带栖居的海上民族，在广东的称南越。有史料称：越人"水行而山处，以船为车，以楫为马，往若飘风，去则难从"。又称越人"识水，善舟"，"食海中鱼"，"不畏风雨禽兽"。人多纹身，刺龙图样，以求在水中为其护佑。居住的是杆栏式屋，离地有空层，以防蛇虫袭扰。前些年在珠海市沙丘先秦时代遗址，发现有房址、墓葬、制造石器陶器的遗存，尤其是古越人捕鱼用的石锚、宝镜湾上的岩画，以及在香港、深圳等地的考古发现，等等，均说明珠江三角洲在新石器时代有一个自成系统的文化区，并可能是连通东南亚和太平洋的南岛语系族群。此外，在西江河畔高要市金利镇茅岗村，尚存有水上结构建筑遗址，在发现的文物中，除陶器、木器、竹器和人兽遗骸之外，还发现一批渔猎工具和一条贝、蚌、蚝堆积层墙，现已证实是3000年前先秦时期水上居民遗址，是广东近江河的最大一处水上木结构建筑遗址。由此可见，从南海边到内江河都是古越人的栖息地，百越族时期的广东先民尚处在以海为生的状态中，海是他们生存的条件和希望。所以，此时是自然生态时期，是海洋文化在广东的萌生期，亦可称之为"海上明月"时期。

（二）古代时期，是海上丝绸之路时期，亦称"海上敦煌"时期

秦始皇统一南粤后，广东进入了古代时期。在广州南越王墓出土文物中，有玛瑙、翡翠等海外珍宝，说明在秦代的广东已有与海外国家的贸易和交往。我们从《汉书·地理志》中，查找到汉武帝于元鼎六年（前111），派黄门译长由徐闻、合浦从海上赴日南（今越南）等地的记载，并多次到现场考察，经学术论证，确认徐闻是西汉时期海上丝绸之路始发港，比联合国教科文组织所认定的中国海上丝绸之路史提前1300多年。由此确定海上丝绸之路与以西安为起点的陆上丝绸之路的始发时间大致相同，并且找到了海洋文化在广东最早的史书记载和历史遗址，因为海上丝绸之路是中国从海上交通与海外各国的通商和文化交流之路，也即是海洋文化的重要体现和标志，中国古代的"四大发明"（包括历来所指的指南针、造纸术、火药、印刷术，以及最近新增加的丝绸、青铜、瓷器）都是由此途径传播世界的。我们还在南海从东到西的重要港口（包括饶平、潮州、澄海、汕头、汕尾、惠州、深圳、广州、香港、澳门、珠海、台山、阳江、电白、湛江、遂溪、雷州、徐闻、北海、合浦、钦州、防城等），查到从汉代至清代的历代海上丝绸之路古港，而且发现这些古港在历史上往往是此盛彼衰的，又因此而构成了一部较完整的近三千年的广东海上丝绸之路史，从而证实广东是海上丝绸之路上的历史最早、年代最齐、港口最多、线路最长的古代海洋文化大省。尤其是在阳江发现的"南海Ⅰ号"宋代沉船，经国家文物局专家确定，是迄今海上考古发现文物中，年代最早、体积最大、保持最完整、文物数量最多、价值最高的"五最"文物，初步估计船上拥有文物5万~8万件，比拥有5万件文物的、作为陆上丝绸之路标志的甘肃敦煌还多。由此我们于2003年前往考察时，为其作出"海上敦煌"的文化定位。从上可见，广东自秦汉以降的海洋文化遗存是极其悠久、丰富、全面、珍贵的，所体现的广东古代海洋文化是极其辉煌的。海上丝绸之路文化在这时尤为辉煌，所以称这一时期为海上丝绸之路时期；"南海Ⅰ号"更是其辉煌之最，所以，也可以其文化定位为这时期的广东海洋文化的代号，称为"海上敦煌"时期。

（三）近代时期，是东西学互渐时期，亦称"海洋文明"时期

中国著名文化大师季羡林教授说："在中国五千多年的历史上，文化交流有过几次高潮。最后一次，也是最重要的一次，是西方文化的传入。这一次传入的起点，从时间上来说，是明末清初；从地域上来说，就是澳门。"季教授所指的"最后一次，也是最重要的一次"，即是以意大利人利玛窦为代表的西方传教士从澳门进入广东，并逐步在全中国传播基督教和西方文化，从而掀起了后来被中国首位留美博士容闳（珠海人）称为"西学东渐"的文化热潮；又由于这些传教士同时也向西方传播中国和东方文化，也在西方世界掀起了"东学（或中学）西渐"热潮；二者对应地可并称为"东西学互渐"文化热潮。这个热潮，从16世纪至19世纪，持续300多年之久。这一时期是中西方文化大交流时期，西方海洋文化从澳门进入肇庆，沿西江传遍广东，再北上内地，而中国文化也从广东传入西方。在这个时期，利玛窦等传教士在广东传进了第一张世界地图、第一座自鸣钟、第一部汉葡词典，引进了西方数学、天文学、历学、医药学、物理学、水利学等，从而在广东涌现了许多在全国领先的文化，如教堂、西医院、图书馆、报纸等的"第一"都是在广东出现的。尤其是以容闳为代表的清末"放眼看世界"的有识之士，倡导并督办向西方派儿童留学生等活动，更使西方海洋文明大量传入，使广东成为东西方文化交流的桥头堡。所以，这个近代时期是东西学互渐时期，亦可称"海洋文明"时期。

（四）现代时期，亦称"现代海洋文化"时期

此前三个时期与现代海洋文化时期的最大区别，就是对于海洋文化，前者是自发性的，后者则是逐步自觉的。这个时期先后有三个浪潮层层叠进，可以说是从自发逐步转化为自觉的过程。我们当今正处在第三个浪潮，应当更自觉地去完成这个过程，在过去自发辉煌的基础上，再创造自觉性的新辉煌。

这个时期，是从1978年十一届三中全会确定改革开放开始的。在邓小平理论的指引下，一切都有了新的发端，而且持续发展达30年，即持续不断地取得举世

公认的成就，并呈现出方兴未艾、前景无限的发展势头。

从现代文化学的眼光看来，广东改革开放 30 年的历程，实质上是世界海洋文化浪潮在广东及珠江流域接连掀起的历程。在这期间，可以说一直风生水起，波澜不断，而具有跨越龙门性质的大浪潮则有三次。

1. 第一次浪潮

第一次浪潮是从 20 世纪 80 年代开始至 90 年代中期的浪潮。这次大浪潮的主要标志，是创办经济特区和开放沿海城市。这一策略本身即具有世界海洋文化的意识和内涵。因为这些城市在南海之滨，自古就是广东以至中国对外交往的桥头堡，且毗邻港澳，与海外交往便捷。这次浪潮从"三来一补""借鸡下蛋"开始，到采取承包或独资经营等方式，大量引进港澳和海外投资，引进外资的经营和管理模式，尤其是在体制上肯定和采取了市场经济为导向的观念和做法，对于原有的计划经济观念和制度产生了巨大的冲击波。这些观念和做法就是引入海洋经济而发生的，同时也即是海洋文化所产生的成果。

何以这样说呢？因为海洋文化是指人类从受海洋影响而形成的受制于海洋而又利用海洋的观念意识，及其相应的思维方式和行为方式。具体地说，就是沿海的人群由于承受海洋的广阔、宽宏、运动、潮汐、风暴、狂飙、风险、深厚、神秘、丰富、灵变、流通等特性，而衍生的人文特性与精神，以及由此而体现在人的思维活动和在经济、政治、文化、生活方面产生的行为准则及方式。从改革开放初期所采取的措施及其所取得的效果上来看，"敢为天下先""杀出一条血路来"和"摸着石头过河"的思想，正是海洋文化意识和精神的典型体现；引入外资和市场经济，则可谓在思维方式和行为方式上，接受了海洋经济同时也即是海洋文化的实质与行为。而在文化上提出"排污不排外"的口号，以及直接从西方搬入"时间就是金钱，效率就是生命"的名言作为"特区精神"，更是海洋文化在广东的原质原版。

2. 第二次浪潮

第二次浪潮，是本世纪初开始的浪潮。这次浪潮的主要标志，是珠江三角洲（包括广州）的崛起和泛珠江三角洲合作区域的形成。这次浪潮意味着世界海洋经济与文化在经济特区登陆之后，从珠江口进一步扩展，在珠江三角洲形成了新的海洋经济城市群，同时也即是海洋文化城市群。接着又在中央提出建设三个沿海经济圈（黄河三角洲即环渤海湾经济圈、长江三角洲经济圈、珠江三角洲经济圈）的背景下，从珠江三角洲发展为粤港澳构建的"大珠江三角洲"，进而扩展为"泛珠江三角洲"（包括珠江流域及周边地区的广东、广西、贵州、云南、湖南、江西、福建、海南、四川，以及香港、澳门，即"9＋2"）。这次浪潮，显然标志着海洋经济和海洋文化，以更大的规模和声势延伸内陆以至全国，同时又标志着海洋文化与中国传统的江河文化、山地文化，开始了从对撞到结合之势。因为泛珠江三角洲合作区域的构成，本身就体现了从江海一体到山海相通的结合，而以中国三条主干大河的出海三角洲建设经济圈的战略举措，显然是既有这种文化结合的内涵，又具有以出海口引入海洋文化，润化三江流域，并向全国辐射的意义。

从现代文化学的意义上说，这次浪潮的特点在于：以当今世界的大文化理念和自觉的文化意识，冲击和取代沉积多年的狭隘地域观念和浅小的文化观念；并以水域文化为纽带，引入并扩展海洋经济与文化的综合力和自主创新力，强化区域的交流与合作；自觉地以文化意识指导决策，提出建设文化大省、教育强省、科技强省、和谐广东等口号，也都是世界海洋文化理念的新体现和再创造。

3. 第三次浪潮

第三次浪潮，是于 2008 年刚掀起的浪潮。这次浪潮的主要标志是：用新一轮思想大解放带动新一轮大发展，以世界眼光实践科学发展观。这个浪潮，当今正处在拉开序幕的阶段，但其具有世界海洋文化性质也初显端倪了。2008 年 11 月，广东省第六次海洋工作会议上提出，推动海洋事业大发展，是广东现代化建设的重要任务；必须重新认识海洋，切实增强加快海洋事业发展的责任感和紧迫感，努力把广东建成全国海洋经济国际竞争力的核心区、海洋经济科学发展的示范区。广东在"十二五"规划中，也将"建设海洋经济综合开发试验区"单列成章，提出"率先基本建成海洋强省，争当全国海洋事业科学发展排头兵"的目标。同时，《广东海洋经济发展试验区发展规划》原则上已获国务院批复，这标志着广东将进入全新的海洋时代。"向海洋要资源，要环境，要空间"成为广东未来的重要发展方向，沿海经济带将成为与珠江三角洲并行的广东经济发展的重要撬动板。广东海洋经济发展试点的特色，主要体现在南海开发和"三生共融"的综合发展上。以南海海洋资源的勘探和开发，带动海洋科技和产业的发展，推动广东产业转型升级,把广东引向"海洋时代"。"三生共融"即注重生产、生活、生态的全方位统筹综合开发,实践海洋的科学发展。在经济战略上,最典型的是现在刚开始进行的珠江三角洲生产"双转移"(工业生产设备和劳动力)的重大举措。其具体做法是:让珠江三角洲地区的工业生产企业向广东内地和山区转移。这样做,一方面是使珠江三角洲发达地区腾出空间,以便引进当今世界最先进的高科技企业;另一方面是使欠发达地区可以引进新的企业,使全省形成梯形的发展格局和生产转型。这一举措的核心,是以世界高科技企业的引进和更新为红线,串连珠江三角洲与内地的互动关系,使经济既突出重点而又带动弱点的梯形增长。从文化眼光看来,这一举措是要使最得益于海洋文化的珠江三角洲,在向内地转移虽然稍旧但未过时的企业之后,既以此将海洋文化延伸至内陆,同时又及时地引入世界最新的海洋经济、科技、文化,这就使得我省能在战略和实体上,始终保持着世界的领先和领潮地位。显然,这一举措是世界海洋文化在我省层层深化的杰作。同时,在经济建设指导思想上,强调以人为本和文化决策意识,提出要提高国家文化软实力,结合科技是"第一生产力"的思想,推动全局;在文化上,着力倡导当今世界最先进的创意产业和企业,也都是世界海洋文化最新成果和新潮的引进与同步。

总体而言,新时期这三次浪潮的发展态势是层层叠进、一浪高过一浪的,是世界海洋文化步步深入,又是我省对其步步消化并步步再生创造的过程。如果要为这三次浪潮取名的话,我看可以依次称之为特区浪潮、泛珠江三角洲浪潮,以及现在正值的海洋大省浪潮。

三、中国南海海洋文化刍议

中国南海环抱珠江流域地带,珠江八个出海口及相邻江河都汇入南海,从水域和地域上说,是江海一体的;从文化上说,也是相通相连的。可以说珠江文化是中国南海文化的一部分,中国南海文化包括珠江文化。

环中国南海的地域包括广东、广西、海南、香港、澳门、福建、台湾,毗邻国家是菲律宾、印度尼西亚、马来西亚、文莱、越南、新加坡、柬埔寨、泰国等。中国南海文化覆盖或辐射这片地域与海域,也即是这片地域与海域的文化。

这片地域,从自然地理条件而言,是以海为邻,生活习性相似,经济文化相通，虽有不同的国情、地情、族情和人文历史，但在若干世界性的重大历史事件中，却是同受其乐或共受其害的。

首先从族群的谱系上看，如果当今世界人类起源学的新说之一，即"南岛语系说"可以成立，而且史前遍布南中国海边和珠江流域的百越族，又是这海上族群的登岸发展之分支的话，那么，现在在中国南海生息的诸多族群，显然皆同为"南岛语系族"之后裔，称"同宗共祖"并不为过。

最实在的是15世纪，明代永乐年间郑和七下西洋，历时十余年，每次出海都到达或经过中国南海，在这一海域留下了郑和群礁、永乐群岛、宣德群岛、晋卿岛、道明群礁、景宏岛、马欢岛、费信岛等一大批地名印记，成为南海文化史上的块块碑石。

18—19世纪，以英国为代表的西方帝国主义兴起，包括荷兰、葡萄牙、德国、法国等帝国主义势力，相继侵入南海诸国，使这一地域大都沦为帝国主义的殖民地。鸦片战争后更使整个中国沦为世界上最大的半封建半殖民地。尤其是20世纪30—40年代，日本帝国主义将第二次世界大战战火最早在中国点燃，很快蔓延于南海，使南海诸国同陷入战火之中。南海诸国近三个世纪共患难、共抗争的历史，自然会结成友好传统，精神文化相通，从而促使中国南海海洋文化具有更强的共通性。

第二次世界大战结束后的20世纪后期至今，殖民地解体，各国逐步独立；世界从美苏势力割据，到政治阵营分化；亚洲"四小龙"腾飞，中国改革开放，改变了世界格局，也促使中国南海诸国格局转化，进入了群雄竞起的新局面。当今南海之争正是这局面的体现。然而，眼前之争，不等于历史之结束、传统之断裂、文化之变异、形态之解体。有史以来，任何纷争不管规模多大、历时多长，都不过是过眼烟云、历史一瞬。虽然有些时候文化受政治、经济、军事的制约，但文化毕竟是社会的精神支柱和基础；深层次地说，文化是有自身发展规律的，是会反作用于政治、经济、军事、外交等决策的。历史最持久的是文化，文化是永恒的历史。

所以，我等以历史为重，学术为先，旨在以"中国南海文化研究"为课题，潜心论证，分工合作，以求确立"书系"。该书系所含各部，即《中国南海海洋文化论》《中国南海海洋文化史》《中国南海海洋文化传》《中国南海古人类文化考》《中国南海经贸文化志》《中国南海民俗风情文化辨》，分别以"论""史""传"

"考""志""辨"的写作方式,从不同学术视点和观点入题,各立其著,合成一统。

所谓"一统",不仅是指整个书系的立论一致,还在于探究整个中国南海的海洋文化之共性、特质,概括出一片地域和海域的文化形态特征。这些特质或特征,还有待本书系完成后,继续深入探讨。但现在起码可以说,开放兼容、独立自主、抗暴奋争、奋发图强等文化精神,是一致具有并自古承传的。

文化研究的旨趣,既在于从错综复杂、变幻莫测的现象中,找出其"同",同时,又在"同"中找出其"异";从而使研究对象同中有异,异中有同,眉目清楚,系统井然;进而在对其把握上,既可求同存异、和而不同,更可各呈异彩、共存共荣。对中国南海海洋文化的研究正当如此。

其实,同珠江文化一样,中国南海海洋文化虽有其自身特有的文化特质和形态,但又不是孤立的。南海是世界四大海洋之冠——太平洋的一个部分,而且与另一大洋——印度洋唇齿相依。从南海之口——马六甲海峡,即进入印度洋,沿岸的印度、斯里兰卡、巴基斯坦、伊朗、沙特阿拉伯、也门及东非诸国,早在西汉时期,中国即通过从广东徐闻开始的海上丝绸之路与之交往,其经济文化相通的程度,并不亚于中国与南海诸国。自16世纪后,西太平洋和大西洋沿岸诸国,与包括中国南海在内的东太平洋、印度洋沿岸诸国的交往更是频繁。实际上,就海洋文化而言,整个世界是一体的,各大洋或海域之间的文化虽有差异,但实质上是相通一致的。所以,对中国南海文化的研究,既不应离开相邻海洋或海域文化的研究,更不应离开世界海洋文化的背景去孤立地研究,而是应当确立中国特色的世界文化观去进行研究。所以,海洋文化课题是世界性的。

四、中国特色的世界海洋文化观初探

世界各海洋或海域文化的不同,最直接而明显地体现在世界海洋文化观的差异上。中西方海洋文化的差异,在海洋文化观上尤其明显。自19世纪以来,以黑格尔为代表的西方学者,即逐步确立了西方的海洋文化观及其理论体系,代表作是黑格尔的名著《历史哲学》。黑格尔充分论述了西方国家由于工业发达,开辟了海上交通,发展了海上贸易,繁荣了经济,发展了海洋文化,征服了海洋,成为世界的先进国家,并且说具有海洋文明的国家才是先进国家。值得注意的是,他在书中同时又说：中国虽有海洋，但海洋"没有影响于他们的文化"，中国"没有分享到海洋所赋予的文明"。显然，这说法既有对中国文化欠缺了解的因素，更重要的是其世界海洋文化观的差异，或者说世界海洋观的性质不同。例如，哥伦布探险而发现新大陆，同中国明代郑和下西洋，就是西方和中国海洋文化观不同的典型范例。显然，黑格尔的世界海洋文化观是代表和体现哥伦布探险而发现新大陆以至发展为侵占弱国为殖民地的世界海洋文化观，是帝国主义、霸权主义从海上交通向中国输入鸦片毒害人民、在海上称霸的世界海洋文化观。而中国式的或中国特色的世界海洋文化观是怎样的呢？迄今似乎尚未完全确立或明确地概括出来，在学术上很有进行研究确立的必要。

从历史事实上看，中国自有史以来即有开发海洋、征服海洋的光辉业绩。先秦时代百越族在南海"善水、作舟"；传说中秦始皇派徐福带五百童男童女东渡东瀛；汉武帝派黄门译长从徐闻、合浦出发印度洋，从此正式开辟了海上丝绸之路，源源不断地向西方运去丝绸、陶瓷、茶叶等特产与东方文明；唐代的"广州通海夷道"，全程达1.4万公里，沿途经过30多个国家和地区，已远至东非和欧洲；宋代与广州通商的国家和地区达50多个；到元代又增至140多个；明清时代的广州通商航线已通全球。其中尤其是郑和七下西洋，对他国不诉诸武力，不强行霸占，重于"显国威""纳进贡"，行贸易，促交流，完全是亲善的、和平的、友好的、商贸的、文明的航海行之举。从数千年的历史事实可见，中国传统的世界海洋文化观是和善、交流、文明而又有"国威"的。

中国自古以来都有许多关于海洋的科学文化著作。例如，最早的著作《山海经》《庄子》，神话故事传说"精卫填海""哪吒闹海""八仙过海""张羽煮海"等，以及对海神妈祖（天后、天妃）的崇拜习俗。尤其是宋代著名学者余靖所著的《海潮图序》，是中国首部海洋科学著作，充分显示了中国人对海洋潮汐规律的科学把握和探索精神。特别值得注意的是，按列宁关于统治者的思想是社会的主导思想的说法看来，中国两千年来封建国家的统治者们，是以"山"为崇拜偶像的"山文化"观念为主的，但历代也不乏关注海洋的"名君"。如中国第一个封建君主秦始皇，统一中国后，即到山东海边"祭海"，并派童男童女渡海；汉武帝统一岭南，即派黄门译长出海，开辟海上丝绸之路；明成祖朱棣坐稳江山后，即派贴身三宝太监郑和下西洋，几乎发现美洲新大陆。三国时"挟天子以令诸侯"的曹操，在力求统一中国的征战中，偶经河北省北戴河海边碣石一行，写下著名诗篇:"东临碣石,以观沧海",并认为此行"幸甚至哉,歌以咏志"。从古代文化著作与"名君"行为可见,中国统治者对海洋是陌生而充满神秘感的,是希求了解、征服、利用而探索的,所以可以说是一种希求探秘而力求征服、以显"国威"的世界文化观。

从以上历史事实和文化著作及"名君"行为可见,中国并非如黑格尔所说海洋"没有影响"其文化,更不是中国文化中"没有海洋文化因素",而是他不了解、不理解中国的世界海洋文化观的存在和特质、特色。

应该看到,中国特色的世界海洋文化观是有其逐步形成和发展过程的,同时又是有其突出的典型代表的。笔者认为,由于南海是中国最大的海域,是中国最早、最直接、最广泛通向世界的海域,所以,中国南海文化是中国海洋文化的典型代表,而江海一体的珠江文化,则是更具体的中国特色海洋文化观的体现实例。正如珠江文化海洋性的发展有几个历史时期一样,中国特色海洋文化观也有其形成和发展的历史时期。

大致而言,在鸦片战争前,中国的世界海洋文化观尚属自在的范畴,是一种自发的文化意识,但却有着明确的探究、征服、利用的观念和"国威"思想。上述中国古代关于海洋的历史事实和著作等即是例证。

19世纪鸦片战争前后,直至20世纪"文化大革命"结束的100多年间,可说是被迫地接受西方海洋文化而力求确立中国特色的世界海洋文化观时期,可谓文化观的半自在、半自觉时期。中国人对西方海洋文化观既被迫接受而又有所保留、既有所吸取而又有所对立以至对抗的状态。"第一个睁眼看世界的人"林则徐对西方海洋文化是"以夷制夷",张之洞是"中学为体,西学为用",容闳是"西学东渐",康有为以鼓吹"君立立宪"和"民主维新"吸取,梁启超更加以"新民说"变通,孙中山以"三民主义""五权宪法"、《建国方略》而用,等等,都是中国式的半自在、半自觉的世界文化观的实例和体现。

中华人民共和国成立后,中国人民真正站起来了,但对海洋和海洋文化尚是陌生的,由于政治意识形态的对立,对西方海洋文化也采取对立态度,甚至有以革命的文化观取代海洋文化观的现象。耐人寻味的是在曹操游碣石一千多年后,毛泽东到了北戴河,也写下了名词:"大雨落幽燕,白浪滔天。秦皇岛外打鱼船。一片汪洋都不见,知向谁边? 往事越千年,魏武挥鞭,东临碣石有遗篇。萧瑟秋风今又是,换了人间。"此词所见的是"一片汪洋都不见,知向谁边"的海洋,似有一种陌生、渺茫感。此外，毛泽东还在其他写及海洋的诗词中，也明显表现出一种以山为海、以海喻怒（革命）、以海泄愤，以及"冷眼向洋看世界"的对立情绪，如："山，倒海翻江卷巨澜，奔腾急，万马战犹酣"，"四海翻腾云水怒，五洲震荡风雷急"，"冷眼向洋看世界，热风吹雨洒江天"等，都正如郭沫若在《满江红》开头所写："沧海横流，方显出英雄本色"，毛泽东是抱着革命英雄的海洋观，去"冷眼"对视、"横流"对抗西方的海洋文化的。毛泽东这种"英雄本色"，与曹操在"东临碣石，以观沧海"中抒写的情怀，显然是有"国威"观念在一脉相承的。所以，这种以"国威"为主导的世界海洋文化观，既是中国传统，又是在受外国势力欺凌条件下，半自在、半自觉的中国特色世界文化观的体现。

20世纪80年代开始的改革开放，是中国特色的世界文化观自觉确立的时期。这个时期的主要特征是全方位地向海洋文化开放，主动地汲取西方海洋文化营养，科学地总结中国历代海洋文化传统及其精华，积极地推动中华文化走向世界，步步深入地在改革开放进程中确立中国特色的世界海洋观体系，鲜明地体现了中国特色的世界文化观进入了自觉、自主、自立的时期。

特别明显的是：中共中央于2011年10月举行十七届六中全会，通过了《中共中央关于深化文化体制改革推动社会主义文化大发展大繁荣若干重大问题的决定》。胡锦涛同志在全会所作的《坚定不移走中国特色社会主义文化发展道路努力建设社会主义文化强国》报告中指出："当今世界正处在大发展大变革大调整时期，当代中国正在新的历史起点上向新的奋斗目标迈进，文化的作用更加广泛而深刻。从国际看，综合国力竞争的一个显著特点就是文化的地位和作用更加凸显，许多国家特别是主要大国都把提高文化软实力作为增强国家核心竞争力的重要战略。在世界范围内各国思想文化交流交融交锋更加频繁的背景下，谁占领了文化发展制高点，谁拥有了强大文化软实力，谁就能够在激烈的国际竞争中赢得主动。同时，我们必须清醒地看到，国际敌对势力正在对我国实施西化、分化战略图谋，思想文化领域是他们长期渗透的重点领域。我们要深刻认识意识形态领域斗争的严重性和复杂性，警钟长鸣，警惕长存，采取有力措施加以防范和应付。""坚持中国特色社会主义文化发展道路，必须继承和发扬中华优秀文化传统，大力弘扬中华文化，建设中华民族共有精神家园。""推动社会主义文化大发展大繁荣，必须大力弘扬中华优秀文化传统，大力弘扬五四运动以来形成的革命文化传统，大力弘扬改革开放以来文化领域形成的一系列新思想新观念新风尚，立足中国特色社会主义伟大实践，发展社主义先进文化;必须以更加开阔的视野,更加博大的胸怀对待外来文化,积极参与国际文化交流合作,学习借鉴一切有利于我国文化改革发展的有益经验和优秀成果。"

这些重大决定和重要论述,是全局性的、纲领性的、方针性的文化战略,其总体思想是具有明显的海洋观意识的,是中国特色的世界海洋观及其体系的思想基础和特质所在,标志着中国特色的世界海洋观的正式确立和自觉时期的实现。从此我国必会迈开更大而健康成熟的步伐,向建设社会主义文化强国的伟大目标奋进!

2012 年 1 月 15 日写于广州康乐园

["中国南海文化研究丛书"由黄伟宗任主编,共约 200 万字,含 6 部专著:《中国南海海洋文化论》(谭元亨等著)、《中国南海海洋文化史》(司徒尚纪著)、《中国南海海洋文化传》(戴胜德著)、《中国南海古人类文化考》(张镇洪、邱立诚著)、《中国南海经贸文化志》(潘义勇著)、《中国南海民俗风情文化辨》(蒋明智著),由广东经济出版社 2013 年 6 月起陆续出版。2015 年荣获第五届中华优秀出版物奖。]

在"一带一路"建设中的"四化"体会
——"海上丝绸之路研究书系"总结报告

正值习近平主席首倡"一带一路"建设五周年的日子,在广东省人民政府参事室领导下,由广东省海上丝绸之路研究开发项目组、广东省珠江文化研究会和参事室广东文化组三位一体组编的"海上丝绸之路研究书系"也最后完成了。这是一件很有纪念意义的盛事!

这套书系由5个篇章构成,包括"开拓篇"(4部)、"星座篇"(10部)、"概要篇"(2部)、"史料篇"(4部)、"港口篇"(10部),共30部800万字。如果加上未列入书系但却是本项目的有关著作,包括有关的参事建议、调研报告、媒体文章、论坛文集等,则达1000万字以上。

其实,我们项目组的工作不仅仅是进行书系的组编和著述,主要是以海上丝绸之路为中心,发挥作为省政府参事的参政议政职能,以咨询、考察、论证、著述等方式,投入"一带一路"建设,并从中获得"四化"(活化、深化、实化、体系化)的体会如下。

一、以活化咨询,在咨询中活化

活化,即复活、用活。体会是:以活化咨询,在咨询中活化。

习近平主席在2013年9月和10月,分别西行哈萨克斯坦、南下印度尼西亚,先后提出建设"丝绸之路经济带"和"21世纪海上丝绸之路"重大倡议。当笔者从媒体上看到相关报道的时候,即意识到这是将我国两千多年对外和平交往的传统关系和经验,转化为当今我国与外国友好国家和地区合作共赢纽带的重大战略举措,是将历史传统活化为当今实践的创新理念和方针。所以,当接到省参事室转来省委办公厅的约稿信时,笔者即以复活、用活传统文化的活化理念,及时地提交参事建议,省参事室于2013年12月4日在《广东参事馆员建议》第57期上印发了这个建议,即《持续发掘海上丝绸之路文化,全方位发挥海洋文化软实力——关于研究开发广东海上丝绸之路文化的调研报告》。文中在简要汇报从2000年6月在徐闻发现和论证出中国古代海上丝绸之路"第一港",到2013年11月的10余年间,我们项目组研究开发广东海上丝绸之路的过程与成果之后,鲜明地提出了"从中央决定要求看海上丝路研究开发若干要点"和"全方位发挥海洋文化软实力的建议"。广东省委领导高度重视这份调研报告,于同年12月16日作了批示,使其发挥了参事建议的决策咨询作用。2014年春天,广东省委领导率团赴越南、马来西亚、新加坡访问时,将我们组编的"海上丝绸之路研究书系"的"开拓篇"作为礼品,使项目的学术成果在国际性的"一带一路"建设中发挥了交流作用。

我们关于"海上丝绸之路研究书系"的立项报告很快就得到省委领导的批准。随后,笔者在当年举行的以"一带一路"建设为中心的参事决策咨询会上的发言:《建设21世纪海上丝绸之路战略刍议——并论全方位发挥文化软实力的"五力"》在《南方日报》发表,以配合相关工作需要。这些都是在咨询中活化的典型事例。

参事的工作方式主要是提交参事建议或调研报告。5年来,项目组提交有30余份参事建议或调研报告,大都得到省领导的重视或批示,起到参政议政、决策咨询作用。此外,我们项目组参事还经常在有关会议或考察活动中,为有关部门或县市单位提供决策咨询,作专题讲座或辅导报告。尤其是在2014—2015年间,也即是习近平主席首倡"一带一路"建设初期,各省直单位或市县都需要学习理解习主席这个倡议,纷纷要求我们为其作辅导报告或讲座。仅笔者个人即先后应邀到30多个机关、单位、院校——政府参事室(文史馆)、文化厅、交通厅、水利厅、地税局、交通部海事局、珠江航运管理局、东莞、云浮、梅州、江门等市委和广州荔湾区委的中心组,以至广西的贺州、梧州市委和高校,还有郁南、云安等县和东莞的区镇,作《从三个理论看"一带一路"》的专题报告,而且都在报告中结合不同单位或地方的实际,提出学习贯彻的具体建议,尤其是对各业务部门或地市的独特文化作出科学的定位,以及如何纳入"一带一路"建设的具体措施建议,并且直接协助或与其合作落实这些建议,尤受欢迎,明显地起到了在活化中咨询、在咨询中活化的积极作用。

值得作为典型事例汇报的,是我们在东莞市连续几年的咨询活化历程。由于东莞在改革开放中飞速发展,外商投资和产品出口特多,又是滨海城市,是传统和现代海上丝绸之路重要港口,所以被确定为我省从2014年开始举办的"海上丝路博览会"(简称"海博会")主场地,现已举办三届。笔者连续三届都被邀请参与其中，做了不同的咨询活化工作。在筹办首届"海博会"前夕，笔者应邀分别为市委中心组和市宣传文化界作了报告，以世界眼光，根据东莞从历史到现代的独特优势，为其作出"龙口文化"的定位，提出如何进一步利用"世界工厂"的经济文化条件，将"制造"变为"创造"的具体建议。在第二届"海博会"筹办期间，笔者从多次考察中，发现"莞香"是东莞特有的传统产品和出口商品，应当发掘其文化价值，纳入"一带一路"建设，发挥作用；在横沥又发现有家民间博物馆收藏的海上文物丰富，从中可见民间海上文物的收藏与交流渠道宽广，是又一种海上丝绸之路文化，应当纳入海上丝绸之路进行开拓。于是我们便与当地合作，分别举办了这两种文化的研讨会，获得良好实效。2017第三届"海博会"期间，广东和香港旅游部门举办"中国沿海城市旅游联盟"协作会议，特请笔者作专题报告，并同与会者就沿海旅游如何与"一带一路"结合课题进行交流，现场发挥了在咨询中活化的积极作用。

最持久体现我们以活化咨询、在咨询中活化的事例，是对六祖惠能禅学的研究开发。早在2000年7月，笔者即提交《关于南华禅寺筹办建寺1500周年庆典》的参事建议，受到省政府领导采纳，省政府责令归还了南华禅寺在"文革"时被占去的170多亩土地，并支持举办庆典。在庆典期间，笔者与韩国、日本、新加坡学者共同主持国际性的"六祖惠能禅学思想"研讨会，并在会上作了《珠江文化哲圣——惠能》的学术报告，首次提出：惠能创造的一套完整哲学——禅学，是与孔子的"儒学"、老子的"道学"相并列的并充分体现珠江文化特质的哲学；惠能是将外来佛教中国化、平民化的首创者，又是将中国化的禅学传向世界的第一人。佛教最早从海上丝绸之路传入中国，惠能禅学也是通过丝绸之路走向世界。惠能禅学走的是古代丝绸之路，也应当活化于当今的"一带一路"建设之中。由此，最近5年，我们持续地进行了多项惠能禅学的活化咨询工作。如：2013年9月，提交了《应当大力促进六祖惠能文化中国化、"平民化"、"世界化"——关于"中国禅祖，世界惠能"的调研报告》；2014年6月，为支持六祖故乡开展倡导"禅廉文化"活动，特在云浮市作了《六祖惠能的五个"双全"、五段精神与感恩文化》的报告，并发表了《禅廉文化与海上丝绸之路》的谈话；2014年7月，提交了《关于〈六祖坛经〉申报〈世界记忆名录〉的建议》；2015年5月，在广州荔湾区考察之后，提交了《擦亮"西来初地"品牌，将广州建设成"一带一路"的禅学文化研究交流中心——关于广州"西来初地"及其相连禅学文化的调研报告》；2018年2月，为贯彻习近平主席关于宗教中国化的批示，提交了《将惠能禅学进一步学术化、学派化、网络化，并纳入"一带一路"的建议》。由于这些建议对当今工作起到积极作用，省民宗委支持有关部门，将其中一些篇章列入正在选编的"六祖文库"，并连同笔者多年来的相关论文，汇编为《惠能禅学散论》专著，由广东人民出版社出版。

二、以深化考察，在考察中深化

深化，即深入、加深。体会是：以深化考察，在考察中深化。

当省领导刚批准项目的时候，我们即策划如何根据新项目的需要进行新的考察。2000年6月，我们是从古代海上丝绸之路"第一港"徐闻开始考察。现在是21世纪海上丝绸之路，其"第一港"是哪里呢？从当时所知情况看，初步判断是广州的南沙港。事实是否如此，必须深入了解。2014年4月4日，在时任省参事室领导周义同志率领下，我们到广州南沙港，开始了新的海上丝绸之路考察之旅。在深入考察中，我们从五个方面作出判断：一是从创办时间和海港职能上说，南沙港是21世纪广东新生的第一现代海港；二是从投产速度和规模上说，是21世纪广东进入全球十大港口之列的第一港；三是从经济发展条件和格局上说，是21世纪广东第一个国家级新区大港；四是从现代海港规模上说，是21世纪广东第一个综合性国际航运中心港；五是从现代海港的全方位发展格局上说，是21世纪广东具有全方位发展格局的第一大港。由此可见，以南沙港为代表的广州港是广东21世纪海上丝绸之路"第一港"。这个判断，当即为陪同考察的南沙港区领导所接受，认为它有助于加深对港口重要性和定位的认识，有助于促进港口在"一带一路"建设中发挥更大作用。此后不久，南沙即上升为广东自贸区的三大港口（南沙、前海、横琴）之一，现又一跃为粤港澳大湾区之枢纽，其在国家经济建设和"一带一路"建设中的地位更为显要。随后，我们又到珠海市考察，经深入论证，为珠海作出"近代中国海上丝绸之路第一港"的定位，将横琴港称为"21世纪海上丝绸之路最新模式港"。这个定位，为后来国家批准珠海横琴列入广东三大自贸区港口之一作了铺垫。

自古以来，广州市都是广东以至中国南方的经济文化中心。为有助其在"一带一路"建设中持续发挥中心作用，自考察南沙后，我们特别注意为广州市的"一带一路"建设加力，持续投入相关活动和专题考察，步步深化地提出决策咨询建议。2014年4月，笔者由广州市外宣办安排，在广州市越秀宾馆接受了中外驻广州40多家媒体记者关于海上丝绸之路的采访，从舆论上为广州21世纪海上丝绸之路建设走向世界开路；2016年11月，与广州市委政策研究室合作，提交了《以五大战略将广州建成世界"五都"——关于将广州市建设为世界"一带一路"之港都、网都、智都、商都、文都的刍议》；2017年3月，笔者到广州白云机场协助策划"临空海丝文化走廊"建设，并对新机场建设进行考察之后，又提交了《发挥优势，突出特色，将广州建设为世界空中丝路"四型"大港》的建议。这些建议都受到省市领导的重视和批示，尤其是关于建设世界"五都"的建议，广州市委领导还作出了要安排约作者"一起沟通"的批示。

此外，在考察中深化的突出的事例，还有在梅州发现与确定"印度洋之路"和客家人出海"第一港"的过程。2014年春，梅州市委为响应"一带一路"建设号召，特地邀请我们到梅州考察山区是否有海上丝绸之路。我们在考察梅县时，见松口有个前不久建好的移民纪念广场。从广场的陈列馆资料中了解到，这是联合国教科文组织为纪念各国移民开发印度洋的"印度洋之路"项目而建设的。由于中国的客家人是开发印度洋的一支重要移民族群，又大都是从松口港经由韩江出海的，所以，这是在印度洋沿岸国家建成的6个移民纪念广场之外，在中国建成的唯一一个移民纪念广场。由此，我们更深地认识到：各国移民开发的"印度洋之路"，显然是世界海上丝绸之路之一，客家人多由松口出海开发印度洋，松口自然也当是客家人出海的"第一港"。于是我们于2015年2月8日提交了参事建议《擦亮松口是"印度洋之路第一港"品牌，将梅州建设成21世纪海上丝绸之路高地——关于梅州市海陆丝绸之路文化的调研报告》；同年8月，在梅州举行了国际性的"世界客都与21世纪海上丝绸之路"研讨会，联合国教科文组织"印度洋之路"项目组长、毛里求斯文化部原部长曾繁兴，来自美国、新加坡的华人学者，以及省内外的专家学者40多人与会，一致肯定了我们为梅县松口所作的文化定位。会后出版论文集《梅州："一带一路"世界客都》，公布了这个成果，并在同年10月于梅州举办的"第四届世界客商大会"上进行宣扬，使来自全球五大洲的4000余名代表深受鼓舞。从学术上说，这个事例的意义还在于解开了山区是否有海上丝绸之路之谜，更深层次地证实了海陆丝绸之路对接通道的发现和理论，是又一个成功地在考察中深化的事例。

无独有偶，异曲同工。与松口的事例类似，2014年夏，我们在江门台山广海湾发现并确定"广府人出洋第一港"、将华人华侨开发海外之路纳入海上丝绸之路，也是一个在考察中深化的突出成果。事情的缘起是：2014年5月，笔者在网上搜索中发现一条信息，说现在澳大利亚亚拉腊市淘金地有座铜像，碑文中称："我们向阿拉雷特市（今亚拉腊市）的创建者致以崇高的敬意。1857年，一支700人的中国淘金队伍，从中国珠江流域南部的广东四邑地区出发，4月抵达澳大利亚国。他们用扁担挑着全部财产，头带苦力帽，辫子盘在头顶……"并称这段时间先后来临该市的华工约有300万人，占广东各口岸出去的华工总数七成以上。由此，项目组即前往台山广海湾考察，发现碑文所称这支700人队伍从"广东四邑地区出发"之地，虽然比较宽泛，但实际就在广海湾。这个定位的依据是我们在考察中发现：宋至明清时代，在广海湾设有巡检司，相当于海湾管理机构，是四邑地区出国办证机构；至今在台山广海湾还存有明代的广海卫城城墙、烽火台，以及巨大的"海永无波"摩崖石刻，都是实证。更可喜的是：2015年11月，在广州举办的第三届世界广府人恳亲大会申办评审会上，澳洲广府人联谊会代表团在申办材料中，列举了台山市与亚拉腊市的交往史，其中也谈到这块碑文所记的史实，从而进一步证实了这个文化定位。

其实，这个定位不仅是从这块纪念碑引起的考察的发现才确定的，而是从多年来对当今统辖"四邑地区"（已增为"五邑"）的江门市尤其是对台山市多次考察的不断深化后作出的。早在20世纪90年代末至21世纪初，我们在江门蓬江区发现了广府人从南雄珠玑巷南迁珠江三角洲、又由此移民开发海外的中心故地——良溪，从而为其定位"后珠玑巷"；推动开平碉楼申办世界文化遗产，为其深化海洋文化和海上丝绸之路文化内涵作出努力；尤其是在2004—2013年间，我们对台山广府侨乡的侨圩楼的发现和反复考察论证，进而将华人华侨开发海外之路纳入海上丝绸之路，并升华为"广侨文化"的概念而进行研究开发，引起海内外媒体（如凤凰卫视、《星岛日报》等）的强烈反响。与此同时，我们在东莞凤岗发现客家侨乡特有的排屋楼，从而提出"客侨文化"概念，并建立客侨文化研究基地，其考察深化及开发过程，也是类似的典型事例之一。

与华人华侨海上丝绸之路密切相关的，是广东世界广府人联谊总会的由来和筹办过程，更是我们在持续20余年的考察深化过程中，体会最深刻、成效最显著的一个大事例。早在1993年间，我们几乎同时在封开（广信）和南雄珠玑巷发现了先后从西汉和唐宋从北方移民的族群和广府文化,并且进行持续考察,都步步深入地取得重要成果。从封开"广信"起步的"四部曲"是:岭南文化古都、广府文化发祥地、广府文化形态形成地、广府首府所在地之"四步"定位;在南雄珠玑巷的考察进程是:广府移民缘起地、姓氏文化南迁地、海陆丝绸之路对接点、前后珠玑巷标志广府人海外移民中转地,同样是四个大步的深入。这都是我们分别与相关地方和团体同步进行的,前者是对汉代广府民系发展的研究,后者是对唐代广府人从南下再到海外发展的研究。2011年8月,我们感到有将这两项研究合并进行的必要,于是在分别与封开县委县政府、南雄珠玑巷后裔联谊会协商后,提出《关于组建"广府人海外联谊会"与"广府学会"及其开展活动的倡议》,得到了省领导的重视和批示,促使正式成立了"广东省广府人海外联谊会",并于2012年7月举行了"广东省广府学会成立暨首届学术研讨会"。此后至今,持续举行了三届世界广府人恳亲大会(首届于2013年11月在广州举行,第二届于2015年在珠海和澳门举行,第三届于2017年在江门举行),有力地促进了世界广府人联谊活动,推动了"一带一路"建设。这是在考察中深化的成功实例,也是在论证中实化的范例。

从广东与海外关系密切的"一带一路"建设事例上说,尚有两例是在持续考察中深化的突出事例。一是早在2007年5月,我们先后在韶关、清远、连州、河源、潮汕等地考察,发现对接海陆丝绸之路的古道文化之后,又在乳源瑶族自治县发现了在广东古道文化中年代最早、保存最好的"西京古道"。2015年12月,我们又在乳源发现了"过山瑶跨海"的历史通道。这是由于瑶族有两种族群:一称排瑶,是固定居住之族群;一称过山瑶,是经常移居的族群。乳源的瑶族多是过山瑶,过去由于历史原因,迁移海外发展的不少,迄今在越南、美国、加拿大等地都有,并与国内时有来往,改革开放后交往更密切。显然,过山瑶已成"过海瑶"了,其过海之路不就是海上丝绸之路么?于是我们提出了《以三个"跨越"融入"一带一路"——将乳源建设为21世纪海上丝绸之路世界瑶族经贸文化交流中心的建议》。这是全国将少数民族海外交往关系纳入"一带一路"建设之首例,也是以深化考察、在考察中深化之实例。

另一个在持续考察中深化的事例是:对茂名冼夫人文化遗产的研究开发。早在20世纪90年代中期,我们在高州的考察中已发现冼夫人文化,并及时而持续地在各种场合将其弘扬,但一直是将这位在南北朝时期的粤西俚族领袖作为民族团结统一楷模的意义上,对其文化内涵进行研究开发的。自开展"一带一路"建设活动后，2016年，《南方日报》记者团到东盟诸国考察海上丝绸之路，在马来西亚发现多处至今仍存有纪念冼夫人的遗址和习俗，即电话咨询我们如何认识这种文化现象。我们当即由此进行深入研究，认为这种文化现象正是古代海上丝绸之路的实据，应当大力研究开发。南方日报社当即采纳了我们的建议，于2017年元旦前夕，与茂名市滨海区、电白区联合举办了"冼夫人文化节暨冼夫人与一带一路"国际论坛，来自马来西亚的冼夫人后裔、联合国教科文组织驻中国代表等海内外学者参加了论坛，我们也在参与论坛后提交参事建议《以新高度研究开发冼夫人文化，并申报"世遗"》。由此实例可见，在考察中深化，是随持续的深化、步步加深而时有创新的。

三、以实化论证，在论证中实化

实化，即证实、用实。体会是：以实化论证，在论证中实化。

论证，之所以是我们运用的主要工作方式之一，是因为我们在考察研究中的发现，需要以多种论证的方式证实，并通过研讨会或论坛的方式予以确认、推广和运用于实践，产生实际效用，即所谓用实。这种方式，自20世纪90年代初我们开始研究开发珠江文化和海上丝绸之路以来，是一直在运用着的，只是自从承担"海上丝绸之路研究书系"项目后，更自觉、更实化了。

记得当2013年底，省委领导刚对我的调研报告作出批示之后，我们即在完成300万字大型史著《中国珠江文化史》之后，再组织出版"中国南海文化丛书"（6部）。随即又与广东省丝绸集团总公司在南海举办"丝绸文化与丝绸之路传承发展"研讨会，并协助其在深圳创办"中国丝绸文化园"。由此，既及时地以文化历史证实、又以企业文化的实践用实"一带一路"倡议。从此开始，我们持续不断地举办关于"一带一路"的论证会，现列举较突出的事例如下。

2015年冬，我们在广西梧州市举行"岭南文化古都与海陆丝路对接点"研讨会。早在1993年，我们在封开发现"广信"是岭南最早的古都，又是原来"两广"的分界地，"广信"包括封开和梧州，当即拟请梧州共同打造这项文化品牌，但未获响应。我们便只在封开进行这项工程，并获得成功。现在由于学习了"一带一路"倡议，梧州市领导认识到这项文化品牌的重要意义，便主动与我们合作，在梧州举办了这个研讨会，再次证实了我们对封开、梧州所作这个文化定位的正确性。会后出版了论文集《梧州：岭南文化古都》，在梧州市区中心竖起了"海陆丝绸之路最早对接点"标志石碑。由此，梧州市申请并列入了广西"一带一路"建设规划项目，结出了论证实化的硕果。

2016年春，在广西贺州市先后举行了"潇贺古道"与复建"临贺古城"研讨会。早在2003年春，我们已在贺州发现和提出了开发潇贺古道（即从湖南潇水转入贺江之水陆连运古道），2011年又曾参与策划复建临贺古城，但均因故未能上马。今乘"一带一路"建设东风，贺州即连续举办研讨会，并且落实项目于相关的建设规划之中，摄制了专题片《潇贺古道》在全国播放，复建"临贺古城"项目已进入投建阶段，定位为"观古寻根之都"的贺街古城的落成指日可待。这也是十分可贵的在论证中证实、用实的成功事例。

2017年春，在罗定市举行了"南江古道与一带一路"研讨会。早在2004年夏天，我们已在罗定、郁南发现并论证了"南江文化"，并由此提出海陆丝绸之路对接通道的实证和理论。2016年又提交了《挖掘岭南古道文化，与绿道交相辉映，纳入"一带一路"建设并申报"世遗"》的参事建议。研讨会进一步证实、用实了这些学术成果和建议，对于投入全省正在铺开的、串起1320个贫困村振兴路的广东"古驿道＋"建设开发之路（《光明日报》报道用语），起到积极作用。会后出版了《罗定：南江古道与"一带一路"文化论坛论文集》。

2016年3月和6月，我们在佛山连续举办了两次论坛，为佛山作出"海上丝绸之路丝绸陶瓷冶铁大港"的定位。这是我们对佛山多年进行多次考察和再三深入研究后确定的。因为自古以来佛山是广东丝绸陶瓷冶铁生产中心，又是销售中心，特别是外销中心；在改革开放的转型升级中，又是生产扩散建设中心，起到祖地和中轴作用。研讨会对其在古代海上丝绸之路和当今"一带一路"建设中所起和应起的作用，以及今后的发展方向进行实化研究。会上，包括中国工程院院士在内的省内外专家教授40余人，进行了反复的论证探讨，为其作出了明确的科学的定位，其中有论文论证出"南海Ⅰ号"上的铁锅出自佛山，尤其引人注目；我们提交的参事建议《以新定位、新理念、新举措，将佛山建设为世界"一带一路"陶瓷冶铁丝绸"大港""名城""自贸区"》，受到与会者一致赞许，并得到省市领导的重视和批示。会后出版了论文集《佛山：海上丝绸之路丝绸陶瓷冶铁大港》。

2016年冬，在佛山市南海区西樵山举办了"珠江文明的八代灯塔"论坛。该年夏天，我们应南海区委的邀请，到南海区进行了新的考察，提交了《树立"珠江文明八代灯塔",建造岭南"八宝"文化高地,照亮南海千年海上丝路——关于佛山市南海区历史文化的调研报告》。这份报告陈述了我们在考察中发现,南海西樵山的人文历史有八个重大节点。这些节点在珠江文明发展进程中具有领航聚焦一代文化的意义,特以"八代灯塔"之誉,确立并弘扬其文化意义与精神,进而提出了以建造岭南"八宝"亮点文化高地的具体举措,得到了省市领导的重视和批示。参与论坛的专家教授在论证中肯定了报告提出的这些发现是实在的,提出的举措是实际的。所列的"八代灯塔"包括:①新石器时代初期的人类智人与江海文明;②秦汉时期南海郡制开始的封建文明;③东晋时期的道教、佛教与养生文明;④唐宋时期的村落、移民与农耕文明;⑤明代的理学、书院与学术文明;⑥明清时期的桑基鱼塘与生态文明;⑦清代的丝绸机器与工业文明;⑧晚清的"经世""维新"文明。会后出版了论文集《珠江文明的八代灯塔》。

四、以体系化著述,在著述中体系化

体系化,即整体、系统。体会是:以体系化著述,在著述中体系化。

为了活化、深化、实化关于"树立八代灯塔,建设珠江文明新高地"的建议,我们从 2016 年 8 月开始,在佛山市南海区委区政府的鼎力支持下,与广东旅游出版社合作,进行了"珠江—南海文化书系"工程,经过两年多的努力,现已全部完成。

这套书系包括 3 个书链、22 部著作,共达 600 万字。具体是:

第一,"珠江文明灯塔书链",以举办五次"南海西樵论坛"而编辑出版论文集的方式完成,包括《珠江文明的八代灯塔》《珠江文派与记住乡愁》《养生文明与生态文明》《珠江学派与理学心学》《珠派南学与珠江文明》等共 5 部。

第二,"珠江文派与记住乡愁书链",包括《珠江文典》《珠江文流》《珠江文粹》《珠江文潮》《珠江诗派》《珠江文评》《珠江文港》《珠江文海》《珠江民俗》《珠江民歌》《珠江民艺》等共 11 部。

第三,"珠江历代学说学派——千年南学书链",包括《珠江上古学说学派》《珠江中古学说学派》《珠江近古学说学派》《珠江近代学说学派》《珠江现代学说学派》《珠江当代学说学派》等共 6 部。

这套书系是一个整体,既是一套"珠江—南海文化"的著述整体,又是一套确立和建设珠江文明体系的学术整体。其包括的三个书链,既是这个整体的有机组成部分,又各自是一个整体,各自有其系统:既分别以五个南海西樵论坛的论文集,构建珠江文明的著述系统,以"记住乡愁"为中心构建珠江文派著述系统,以"粤海风"为血脉构建珠江学派(千年南学)著述系统;同时又分别以"八代灯塔"梳理出珠江文明的学术体系,以珠江文化之"五气"梳理出珠江文派的文化体系,以珠江学术的"六重"学风和六个发展时期梳理出珠江历代学说学派(千年南学)的学术体系。由此,这套书系为建设珠江文明、珠江文派、珠江学派(千年南学),进而为建设文明中国、文化中国、学术中国作出贡献。

"海上丝绸之路研究书系"是我们这个项目的招牌和主干,当然是以体系化著述、在著述中体系化的工程。书系的总体是对从秦汉至当今两千多年广东海陆丝绸之路的发展历程、特质风貌和发展走向的全面研究;分别以五个"篇"章,全方位地体现研究成果,构成一套书系整体,形成一个学术体系:广东"一带一路"文化学术体系;各个"篇"章又各自以其独特的视角和内涵自成体系,又分别以不同角度或方面体现总体,成为总体的有机组成部分。在总体上,既是一个理论与实践结合并行的研究项目,又构建了广东"一带一路"的文化学术体系。

这套书系的首篇"开拓篇"(黄伟宗总主编),包括四部专著,实际上都是我们从2000年6月以来,进行海上丝绸之路研究开发成果的精选与缩影:①《广东海上丝绸之路史》(黄启臣主编),以丰富的中外历史文献资料阐述自西汉由徐闻、合浦港出海和魏晋南北朝从广州港起航,历隋、唐、宋、元、明、清,两千年经久不衰的海上丝绸之路的形成、发展的历史轨迹,内容包括广东对外贸易的国际航线、进出口商品结构、贸易地域、管理体制,以及由此而引起的海外移民、中外文化交流和社会经济的变迁状况。这是广东首部海上丝绸之路史,也是当时全国省区海上丝绸之路史的首部。②《中国古代海上丝绸之路诗选》(陈永正编注),选录了中国古代从汉至清的海上丝绸之路题材诗歌419首,并都作了简注。全书以历代诗歌创作体现了海上丝绸之路的发展历程和各个时代的文化风貌,从文艺视角展现了广东海上丝绸之路的历史源流与辉煌。这是我省也是全国首部海上丝绸之路诗史。③《海上丝绸之路的研究开发》(周义主编),是我们项目组自2000年以来开拓海上丝绸之路研究开发成果的汇编,包括先后举办多次海上丝绸之路论坛之文选、相关专著之巡礼,全书展现了我们早期研究开发海上丝绸之路的成果和历程。④《海上丝路与海洋文化纵横论》(黄伟宗著),是作者自新时期以来研究开发海洋文化与海上丝绸之路的论文集，包括对西汉徐闻港的发现和论证、对阳江"南海Ⅰ号"的"海上敦煌"的定位和论证、对海陆丝绸之路对接通道及相关地域文化的发现和论证、对古代倡导海洋文化先驱的发现和研究、对开拓海洋文化和建设海洋大省的建议等。"开拓篇"经广东省委领导带到东盟三国交流后，印度尼西亚购买了版权。

这套书系的第二篇是"星座篇"（黄伟宗总主编），包括10个分册，每个分册都是某个时期或某个种类的海上丝绸之路文化主要标志或群体的介绍著作。因为这些主要标志或某类群体，集中、鲜明地体现了某个时期或某类海上丝绸之路的光鲜，故称之为"星座"或"星群"。具体是：《徐闻古港——海上丝绸之路第一港》《海陆古道——海陆丝绸之路对接通道》《广州十三行——明清300年艰难曲折的外贸之路》《侨乡三楼——华侨华人之路的丰碑》《古锦今丝——广东丝绸业的"前世今生"》《南海港群——广东海上丝绸之路古港》《海上敦煌——南海Ⅰ号及其他海上文物》《沧海航灯——岭南宗教信仰文化传播之路》《香茶陶珠——特产及其文化交流之路》《广交会——海上丝绸之路的新生与发展》等。

这套书系的第三篇是"概要篇"。"概要篇"之一是《"一带一路"广东要览》（王培楠主编），全书分上下两部分。上半部分宏观地介绍了广东海上丝绸上路形成发展的自然人文环境、格局特色、历史地位和影响，纵览了从秦汉、魏晋南北朝、隋唐五代、宋元到明清，广东海上丝绸之路文化的发展进程和节点，列举了各种有代表性的亮点，包括名人、名篇、名胜、名物、名（宗）教，以及外来的语言、艺术等。下半部分是全省各市提供的当地"一带一路"文化览胜，以及广东2015年重要经济数据和"一带一路"大事记，具有对广东古今海上丝绸之路文化特点和建设"一览无遗"的作用和意义。"概要篇"之二是《海丝映粤——广东与21世纪海上丝绸之路建设图志》（江海燕主编），全书以图文结合形式，全方位回顾广东海上丝绸之路的光辉历程，呈现了广东改革开放先行地的巨大成就，展现了广东21世纪海上丝绸之路建设排头兵的壮丽愿景，体现了广东敢为人先、开放兼容的创新精神与海上丝绸之路"和平""友谊""对话"的宏大旋律。

这套书系的第四篇是"史料篇"（王元林主编），将秦汉至清代两千年来有关广东海上丝绸之路的史料，构成体系，分为《广东海上丝绸之路史料汇编·秦汉至五代卷》《广东海上丝绸之路史料汇编·宋元卷》《广东海上丝绸之路史料汇编·明代卷》《广东海上丝绸之路史料汇编·清代卷》等四册出版。史料内容包括各个时期的政治关系（贡使往来、涉外关系）、商贸往来（市舶朝贡贸易、海禁与民间贸易、贸易商品、关税征收等）、海防体系（海防布局、倭夷海寇）、港口航线、船舶与航海技术、军器与火炮技术、文化交流等。系列史料的发现和梳理，既是海上丝绸之路研究深化的成果，又为更多更好地研究开发历史资源提供了坚实的基础和保证。

这套书系的第五篇是"港口篇"（司徒尚纪、王元林主编），分为《深圳港与海上丝绸之路》《珠海港与海上丝绸之路》《阳江港与海上丝绸之路》《汕尾港与海上丝绸之路》《潮州港与海上丝绸之路》《广州港与海上丝绸之路》《茂名港与海上丝绸之路》《南澳港与海上丝绸之路》《汕头港与海上丝绸之路》《湛江港与海上丝绸之路》等10部，将广东的海上丝绸之路港口编成系列，构成体系，总结了广东主要海港产生、发展、盛衰变化的历史过程、特点和规律，及其演变的历史剖面；并以港口为核心，介绍了相关的海陆资源，从点及面，为相关的海陆区域、海岸带、近岸海洋的开发利用提供了丰富的资料；各篇均系（从）"一带一路"建设的需要，从港口的实际出发，提出了研究开发的具体政策、技术和措施等建议，具有古为今用的价值和意义，又是一个以体系化著述、在著述中体系化之实例。

2018年9月5—15日完稿

["海上丝绸之路研究书系"由广东经济出版社2014年至2019年陆续出版。入选"十三五"国家重点出版物出版规划项目、广东省原创精品出版资金扶持项目。首辑"开拓篇"为2014年广东省委领导率团出访东盟三国开拓"一带一路"的交流礼品，印度尼西亚还购买了其版权。]

建造珠江文明、珠江文派、珠江学派的新高地
——"珠江—南海文化书系"总序

2016年8月，应佛山市南海区委的邀请，笔者偕同司徒尚纪和王元林教授，以省政府参事室特聘参事、省海上丝绸之路研究开发项目组和省珠江文化研究会负责人的身份，对南海的历史文化进行了新的考察，提交了省政府参事建议，题目是《树立"珠江文明八代灯塔"，建造岭南"八宝"文化高地，照亮南海千年海上丝路——关于佛山市南海区历史文化的调研报告》，受到了省领导和佛山市领导的重视。为践行这项建议和贯彻省市领导的相关批示，佛山市南海区委区政府与珠江文化研究会达成共识，并得到广东旅游出版社的支持，以陆续出版"珠江—南海文化书系"，作为逐步建造珠江文化新高地的一项学术工程。本工程之所以冠上"珠江—南海文化书系"之名，固然是由于主办的是珠江文化研究会和南海区委区政府，还在于书系的学术范畴和视野，是覆盖南中国珠江水系的珠江文化和广义的南海文化（即古代涵盖广东全境的"南海郡"，以及与珠江"江海一体"的南中国海文化）。

这项工程，我们拟分三个书链系列进行。

一、"珠江文明灯塔书链"：照亮南海千年海上丝绸之路

为南海西樵山作出"珠江文明的八代灯塔"定位的依据，是我们从最近的考察中发现，在珠江文明发展史上，从南海西樵山发端并影响珠江文明的重大文化现象，起码有八个。也即是说，南海西樵山文化，在珠江文明发展进程的八个历史节点上（也即是"八代"），起到导航或聚焦性作用，堪称"灯塔"，应当从文化学术上将这"八代灯塔"树立起来，并以切实的战略举措将其发扬光大。

这个定位用"灯塔"之比喻，是依其地理、历史实际的形象说法。因为西樵山位于珠江连接南海的前沿地带，是珠江三角洲平原上矗立的一座高峰，正如从南海进出珠江航船导航的"灯塔"。所称"八代"之"代"，既有"朝代"之意，但

又不固定于某个朝代的历史时限，而是以某种文化现象萌起和发展的时段为"一代"；所以，有些是跨两个朝代为"一代"，有些是同一朝代中有两个"一代"。本文所称的"西樵"，既是指地理之"山"，更多地是指文化之"山"；所称之"灯塔"，实际是指在珠江文明史上具有领航聚焦一代文明作用和地位之里程碑式的明灯、高峰。

具体的"八代灯塔"是：第一代新石器时代初期的人类智人与江海文明，第二代秦汉时期南海郡制开始的封建文明，第三代东晋时期的道教、佛教与养生文明，第四代唐宋时期的村落、移民与农耕文明，第五代明代的理学、书院与学术文明，第六代明清时期的桑基鱼塘与生态文明，第七代清代的丝绸机器与工业文明，第八代晚清时期的"经世""维新"文明。（详见后文《树立"珠江文明的八代灯塔"，照亮南海千年海上丝绸之路》）

"珠江文明灯塔书链"主要以举办论坛的方式进行，以每次论坛后均出版一册论文集的举措完成。大致在总体论坛进行之后，争取就每代文明办一次论坛，亦可合并或抽出两三代文明举办论坛，以3～5册论文集构成书链出版。如：可合并明清桑基鱼塘与生态文明、清代丝绸机器与工业文明举办论坛，以建造"南丝"瑰宝文化高地；可抽取东晋葛洪和观音文化举办养生文明论坛，以树立"南道""南佛"灯塔；抽取明代的理学、书院与学术文明举办论坛，作为重振"理学名山"声威、建造"南学"圣地的一项举措。

二、"珠江文派记住乡愁书链"：以"珠江恋"凝现珠江文派并构建粤人心灵世界的"互联网"

南海西樵，文才辈出，文章盖世。据《南海县志》载，明清时代曾登此山的大名人陈白沙、湛若水、戚继光、屈大均、袁枚、李调元、丘逢甲，以及南海乡贤方献夫、霍韬、屈大均、朱次琦、康有为等，都是流传千古的文章大家。现当代的文化名人郭沫若、董必武、赵朴初、何香凝、贺敬之等，也都在西樵山留下足迹和诗文。欧阳山、草明、陈残云、秦牧、华嘉、冯乃超、冼玉清、曾昭璇、陈芦荻、易巩、黄施民、何求等著名广东作家，还有许多默默上山未列入志册的著名文人，或者在此地出生，或者在此地留下足迹文踪。尤其是珠江文派泰斗欧阳山，童年时代从湖北荆州入籍广东南海，并且自青年时代到老年时代都多次到过南海，整个人生历程与南海有千丝万缕的联系。他的代表作品《三家巷》《苦斗》中，大量篇幅写到"南海震南村"，以及在此出生的"生观音"般的美女胡柳、胡杏姐妹；20世纪50年代他写的中篇小说《前途似锦》，就是在南海体验生活之作，写的也是南海的故事。因此可以说，南海西樵是岭南（珠江）文化和文学的名家圣地与活动中心之一，是岭南（珠江）文化之海、文学之山，是"珠江文派"发祥地之一。所以，在这里举办珠江文派论坛，编辑出版珠江文派书链，以倡导珠江文派，并作为建造珠江文明新高地工程的重要组成部分，是最适合不过的。

珠江文派书链何以要冠上"记住乡愁"之语？众所周知，"望得见山，看得见水，记得住乡愁"，是习近平总书记2013年在中央城镇化工作会议上提出的号召。如果说这个号召，是要求农村在现代化进程中保持原有山清水秀的自然环境和传统文化风情的话，那么，对于文学创作来说，则是要求作家创造出能够使人"记得住"山水乡情的艺术作品。鼓励各地开展"记住乡愁"创作，正是实现全国地域文化与文学创作多样化的重要途径，也是鼓励或发现文学流派的重要途径。所以，从"记住乡愁"创作入手，正是发现和倡导珠江文派的重要途径。

乡愁，即乡情、乡恋。每个人都有生长或久居的故乡，都有思恋或憧憬的心灵故乡。正如中央电视台曾播出的专题片《记住乡愁》主题歌词所言：乡愁是"记得土地芳香"之故乡儿女"追寻"的"一生情"，又是"年深外境犹吾境，日久他乡即故乡"之游子多少次"叩问"的"一朵云"。乡愁是一种中国传统文化，是中国人普遍具有的民族情、故土恋。乡愁所念之故乡，既是哺育乡人生长之母亲河的"一碗水"，又是乡人心灵世界中共饮共醉的"一杯酒"；既是分布于世界各地华人华侨心灵世界的凝聚点、"互联网"，又是聚居各地异乡人之间心灵世界的交叉点、相通语。乡愁，尤其对于"文章本是有情物"的文学作品而言，简直是不可欠缺的文化与情感元素；对于每个地域的文化和文学，更是对其进行挖掘或体现本土特质的文化艺术要津，是造成和体现地域之间在文化与文学上差异和特色之重要所在，也即是发现和造就地域性文学流派的重要途径。

这对于广东文学创作来说，是具有特重特强指导意义的。因为广东有史以来一直是移民大省，本土先民是从南海海岛移居上岸的百越（南越）族，现有广府、客家、福佬（潮汕）三大民系，都是秦汉以后逐步从中原南下入粤的移民，港澳同胞大多数的祖籍是广东，遍布世界的华人华侨70%是广东人，现居广东的近亿人口也有近30%来自全国各地。无论是历代祖居、移外定居、新入定居的广东人，都有各自"记住乡愁"之情。这种乡情尽管千差万别、人人有异，但都聚焦在"珠江情"的基本点上。因为珠江是广东的母亲河，是广东古今山水风情与"记住乡愁"的凝现点，是东南西北中先后入粤民系的生活交叉点、相通语，是历代迁入或移外的粤人心灵世界之凝聚点、"互联网"。所以，这是探究广东地域文化特质的关键，是造就广东文学创作特色以至文学流派的焦点。因此，我们以"珠江文派记住乡愁书链"既展现和证实珠江文派的存在及其来龙去脉，又进而探求和展现珠江文化在广东文学中的内蕴、根基及其向海外的扩散和影响，也即是以"珠江情"凝现珠江文派，并构建境内或境外所有新老粤人心灵世界的"互联网"。

这个书链的首部《珠江文典》，以选析 20 世纪 20—80 年代欧阳山、陈残云、秦牧等 28 位广东新文学经典作家"记住乡愁"的代表作品（侧重散文、短篇小说和节选中长篇小说，下同），证实珠江文派的存在，并从这批典范作品中分析出这批经典作家成员，部分是走南闯北的岭南人，部分是多年前来自五湖四海的"老广"的作家群，在创作上大都是以"珠江情"为"记住乡愁"的聚焦点、"互联网"，凝现在创作中都有写作气派相通之"五气"，即："天气"，包括自然气候环境和时代精神之"气"；"地气"，即广东独特的风土习俗之"气"；"人气"，包括在千姿百态的作家风格、人物典型、乡里亲情之间相通之"人气"；"珠气"，即珠江文化气质、特质、内涵相通之"气"；"海气"，即海洋文化及宽宏如海纳百川之大"气"。（详见《珠江文典》跋）这"五气"是这批广东作家群相通为"派"的血脉，是珠江文派的风骨和特质。故曰：珠江文派者，写作气派相通之广东作家群是也。

《珠江文典》所展示和证实的是珠江文派成熟的一代。为了更深层次地证实和展示其来龙去脉，我们进而分别从纵向、横向和根向组编这个书链系列。

从纵向上，一是以《珠江文流》探索和展现珠江文派的源起发祥之流，选析 20 世纪 10—40 年代的近现代广东前锋作家的代表作品，从梁启超首倡"文学界革命""小说界革命"，到欧阳山首倡"粤语文学""大众小说"，追溯珠江文派之"来龙"。二是以《珠江文粹》选析 20 世纪 70—90 年代陈国凯、杨干华、吕雷等新时期广东精英作家们的代表作品，以及以《珠江文潮》选析 20 世纪 90 年代至 21 世纪 20 年代的跨世纪崛起的广东作家代表作品，以探析和展现珠江文派的发展轨迹之"去脉"，同时也揭示"记住乡愁"文化的心灵世界"互联网"的上下纵深开拓之走向。

从横向上，一方面是以《珠江诗派》选析现当代广东著名诗人记住乡愁的代表作品，并以《珠江文评》选析现当代文学评论家有关珠江文派和记住乡愁的重要著述，以扩大珠江文派的艺术空间和领域，并提供理论支撑；另一方面，以《珠江文港》选析香港、澳门两特区作家记住乡愁的代表作品，包括在两特区的粤籍作家作品，并以《珠江文海》，选析海外粤籍华人华侨作家记住乡愁的代表作品，从而探索和展现珠江文派在地域上的扩展和影响，也显示出记住乡愁是港澳同胞和海外华人华侨心灵世界的凝聚点、"互联网"。

从根向上，即是寻找珠江文派和"记住乡愁"文化之根。19世纪法国著名理论家丹纳在《艺术哲学》中指出："要了解艺术家的趣味和才能，要了解他为什么在绘画或戏剧中选择某个部门，为什么特别喜爱某种典型某种色彩，表现某种感情，就应当到群众的思想感情和风俗习惯中去探求。由此我们可以定下一条规则：要了解一件艺术品，一个艺术家，一群艺术家，必须正确的设想他们所属的时代的精神和风俗概况。这是艺术品最后的解释，也是决定一切的基本原因。"由此，在书链系列中特地编入《珠江民俗》《珠江民艺》《珠江民歌》三部著作，探求决定珠江文化和记住乡愁之"所属的时代的精神和风俗概况""群众的思想感情和风俗习惯"，找出珠江文派和记住乡愁文化在时代精神、群众思想感情和风俗习惯中之"文根"，也可以说是建造珠江文明新高地的一项根基建设。

三、"珠江历代学说学派——千年南学书链"：以"粤海风"梳理南学文化学术体系和源脉

"南学"之词，最早作为实指广东及珠江流域之文化学术概念而提出，提出者是20世纪40年代在北京任教的著名学者陈寅恪。据司徒尚纪教授在《泛珠三角与珠江文化》一书中披露：1933年12月，陈寅恪在读了岑仲勉著作后致同是岭南学者陈垣教授的一封信中指出："此君想是粤人，中国将来恐只有南学，江淮已无足言，更不论黄河流域矣。"从这史料可见：陈寅恪之意是"肯定南学，并预见它会超过黄河流域之北学"。这是最明确提出并高度评价"南学"之论。从全信可以看出，陈寅恪是指"粤人"的著作，而且是从"黄河流域之北学"而对应提出"南学"概念的，所以其内涵实指"粤人"学者，并有对应"黄河流域之北学"而提出珠江流域之"南学"之意；所言之"学"，亦应包含学术风气、成就、风格、传

统、系统的南方（岭南）特色，也即是将会成为与"北学"比肩的"南学"学派之意。可惜陈寅恪这高瞻远瞩之见和殷切期待一直未受重视。奇怪的是，陈寅恪于20世纪40年代末南来中山大学20余年之久，一直未能再言此见，不知何故？

笔者以为，对"派"的概念，辞典虽有明确词义，但也不必拘于一格。因为该词本有多义，且对其理解、运用均有广阔天地；以"派"之名进行或梳理的文化学术群体，其组合的凝聚点和相通点也千差万别，大可不必强求"派"的概念与组合方式千篇一律。毛泽东诗词"茫茫九派流中国"的"派"是指江河，他提倡的"百花齐放，百家争鸣"，每一"花"、每一"家"，都是大小不同的文派或学派，唐诗的"边塞诗"是以题材相同而成派，宋词"豪放派""婉约派"是以风格有异而分派，贯串明清两代三百年的"桐城派"，既是以萌生地域为起点，又是以文风、学风的相通相承一体的文派和学派，就是实证。

其实，广东自古以来，虽无"南学"之名，却一直有"南学"之实。明末清初著名学者屈大均，在《广东新语·文语》中云："广东居天下之南……天下文明至斯而极，极故其发之也迟，始然于汉，炽于唐于宋，至有明乃照于四方焉"。"始然"即开创之意。从汉代至今每代都有著名的学派，"珠江文明八代灯塔"就是明证。屈大均所言"有明乃照于四方焉"，是赞明代广东的文化学术辉煌影响世界，具体所指是明代中叶湛若水、方献夫、霍韬等大家在南海办四家书院弘扬理学，使西樵山成为当时的"理学圣地""理学名山"。因此，以此为基地建造珠江文明新高地之"南学"高地，组编"历代珠江学说学派——千年南学书链"，是实至名归的。

历代珠江学派源远流长，林林总总，杂花生树，群莺乱飞，但在总体上既有相承相连之源，又有许多共识相通之脉。这些源与脉，就是历代珠江学派相近相通之学风——"粤海风"（即广东特色并海洋性特强之学风），具体表现在下列"六重"特点上。这些特点是每个珠江学派都程度不同地具有的，但就具体学派而言，有些是某个特点突出，有些是两三个特点兼有；有些在纵向上有承传关系，有些在横向上有相互影响关系。因此，不同学派在学术上亦有交互，在总体上则是"六重"特点构成了文化学术上的粤海风。

一是"重实"，即真实、实际、实践、实用、实效、实惠之"实"。

这是历代珠江学派大都具有的特点。如被尊为"粤人文之大宗"的陈钦开创的古文经学派。陈钦是西汉广信人，曾向王莽传授《左氏春秋》，自著《陈氏春秋》。在西汉哀帝年间，他认为当时规范的官学是沿用孔子七十子弟"信口说而背传记"之作《公羊》《穀梁》（今文经学），不是孔子原本，有"失圣意"，应用新发现的古籍《左传》为官学。理由是作者左丘明与孔子同道，曾亲见孔子，《左传》才是正本的古文经，才是真实的孔子学说。故其学派被称为古文经学派。其子陈元发展之，其孙坚卿承传之。这是最早的珠江学派，也是开"重实"重本之源的学派。随后的东汉交趾太守士燮，在任40多年，在三国动乱年代保住岭南避过战祸，自身是著名经学家，著有《春秋经注》；其弟士壹、士䵋、士武，分别曾任合浦太守、九真太守、南海太守，又都是经学家，故有一门四太守、一门四士之称；他们又都在任内招贤纳士，传注真经，使中原动乱南下之士有避难并施展才华之所，使岭南成为全国战乱中的一方学术圣地，获得了承传并捍卫学术的实效。

晋代葛洪是一位有多方面卓越贡献的道教理论家和实践家，在代表作《抱朴子》中，他融汇了儒道释三教理论，全面总结了晋以前的神仙理论，并长期亲自进行炼丹实践。他在炼丹过程中，发现了一些物质变化的规律，这就成了现代化学的先声。他还提出了不少治疗疾病的简单药物和方剂，其中有些已被证实是特效药。如松节油治疗关节炎，铜青（碳酸铜）治疗皮肤病，雄黄、艾叶可以消毒，密陀僧可以防腐，等等。葛洪早在1500多年前就发现了这些药物的效用，在世界上都是领先的。所以，葛洪不仅在学术上是做出多方面实际而具有实效贡献的医学和化学科学家，而且是珠江学派在人文科学和自然科学都承传"重实"之风，并"六重"特点俱有的全面代表。

历代珠江学派尽管"重实"的具体内容和方式各有不同，但求真务实的实质是一致的。可以说，"重实"是历代珠江学派源脉的主干，是每代以至每个学派都承传和具有的特质。值得特别一提的是，清末以倡导"经世致用""实学致用"的著名大儒朱次琦。他是广东南海九江人，人称"九江先生"。他所说的"实学"，是指直接从孔子著述中找到可以"致用"之学。他认为汉代和宋代的理学，是离开孔子原道的不可致用之学。这种主张，是朱次琦在国家内忧外患日益严重、社会正在发生新旧转型的晚清年代里，为寻求"经世"之法而提出的主张。这种主张之所以影响深远，首先是在于针砭了当时流行空谈的学术空气，反映了务实救世的心声。由于他欠缺海外现代文明的素养和视野，尽管有"实学济世"之情，也只能从自己饱学的孔子原道中找"经世致用"之方了。所以梁启超说朱次琦是中国旧学救世之终结,也可以说是中国旧学"重实"之风的总结。

二是"重心",即思想、意识、观念、情感、情绪、情境、心理之"心"。

"重心"是珠江学派最有代表性的学术特点,其开创者和杰出代表是唐代著名的佛教禅宗六祖惠能,著有《六祖坛经》,这是唯一一部中国人著的佛经。他以著名的"菩提本无树,明镜亦非台。本来无一物,何处惹尘埃"的偈语,成为承受佛教衣钵的禅宗领袖。毛泽东称赞他为佛教中国化、平民化作出了杰出贡献,是中国禅宗的"真正创始人"。在20世纪中期西方媒体评选世界千年思想家活动中,中国仅孔子、老子、惠能入选,而且他们被誉为"东方三圣人"。原因是:孔子首创了儒学、老子首创了道学,惠能则首创了禅学。所以,惠能既是佛教禅宗领袖,又是作为一种思想哲学——禅学的首创哲圣。惠能禅学思想的核心是"顿悟",即一切全在于人的心灵感悟和领悟;他在法性寺(今光孝寺)发表的"风幡论"(即:非风动,亦非幡动,实乃君之"心动"说),画龙点睛地体现了他的禅学,不仅是禅宗教派的教旨,而且是一种有其思想体系的彻底的唯心主义哲学。惠能禅学影响很大,著名大学者梁启超曾言:"唐宋后皆六祖派"。文学上的感悟说、心灵说、境界说,皆出于此;哲学上的心学,尤其是宋元理学,在南方兴起的陆(九陆)王(阳明)学派、陈白沙江门学派、湛若水甘泉学派等崇尚的"心学",皆出自六祖惠能禅学。值得注意的是,惠能虽是中国心学的始祖,却是个很重实际、实践、实效、实惠的实践家。他主张修佛要"农禅并重""农禅合一",修禅"在家亦得,不由在寺",要"于一切时中行住坐卧,常行直心","但行直心,于一切法上,无有执着"。这些说法,说明他不拘形式、反对做作,而是重真心、重实践、重实效、重实惠。正因为如此,南方禅宗在唐武宗灭佛的会昌之难时得以幸存,日益发展,并向北方和海外传播。这就是他将外来的佛教中国化、平民化的思想根由。正因为如此,他被尊为珠江文化古代哲圣,是珠江学派"重实"之源脉的承传和发展之里程碑式人物。

明代以"江门之学"开创白沙学派的陈献章,号白沙先生,著《陈献章集》。近代学者称他"上承宋儒理学的影响,下开明儒心学的先河,在中国哲学思想史的发展上,具有承先启后的地位和作用"。陈献章认为世界万物的"本体"是"道","天得之为天,地得之为地,人得之为人"。若求"道","求之吾心可也"。可见其

"道"是其想象的超越宇宙的某种冥冥灵念,而他主张从自己的"心"去求这种灵念,其实也即是自身的灵念,才会得之,"则天地我立,万化我出,而宇宙在我矣"。他还主张"学贵乎自得",要静中求"自得",要"以自然为宗"而又要"万化自然",并强调"自得"就是要使自己的心灵"不累于外,不累于耳目,不累于一切,鸢飞鱼跃在我"。可见他的"道"已不同于程朱理学的道,而是心学之道。这才是陈献章哲学思想的核心。而这心学之道,显然有着承传惠能禅学和陆九渊心学的迹印,又是对程朱理学将心学传统教条化偏向的回归,其传承者有以他的学生湛若水为代表的"甘泉之学",以及王阳明的心学。

开创甘泉学派的湛若水,字民泽,广东增城甘泉都人,故又称甘泉先生。湛若水与王阳明在政坛上合作,在学坛上互敬互磋,共同倡导心学,但各有不同立论、不同从学之群,但也相互应和,故实际上是一个大学派,是继陈献章白沙学派之后,南方又一影响全国的学术流派。

湛若水在晚年,曾与方献夫、霍韬两位理学大师在西樵山共办了四家书院,各自弘扬理学。方献夫是南海丹灶人,在朝中任职时拜当时自己的部下理学大师王阳明为师,是王阳明首位广东弟子,归隐后在西樵山建石泉书院,讲学十年,弘扬阳明理学。霍韬是南海石头乡人,曾任礼部尚书,辞官后在西樵山开设四峰书院。他的书院是为宗族子弟办学,主要讲授他的代表作《家训》,这在当时具有开创和普遍意义,尤其对于宗族文化建设起到历史性作用。霍韬不仅办书院讲学,还同时经营铁器、木炭和食盐,是佛山一带著名的士人兼商人,他倡导的《家训》学,不仅以传统的伦理作为"保家"的核心,还以"货殖"作为保家要素,提出"居家生理,食贸为急"的务实的重商理念。这些理论和实践反映了商品经济在岭南萌起的现实,同时也体现了珠江学派的"重心"与"重实"的特点总是一脉相承并双轨同行的。

三是"重新",包括纳新、创新、新潮以及清新之"新"。

珠江学派最早的"重新"人物,是东汉的牟子。牟子以诘问的方式写《理惑论》37篇,是印度佛教传入中国初期最早的中国人写的宣传佛教的著作,是最早从海上丝绸之路引入佛教的纳新者。牟子是广信人,原是儒家学者,又通道家学说,在广信研究自海外新传入的佛教,又成了精通佛教的学者。他以"佛"字翻译佛教"般若"之音义,首创佛教之名,纳新佛教理论,又是"三教合流"的首创者。牟子及其论著证实了佛教最早由海上传入岭南（另一路为从陆上传入长安），同时也显示了珠江学派以融合多元文化而创新的特点，开创了"重新"源脉的先河。

如果说东汉牟子以纳新外来佛教文化，并融合儒道文化而开创珠江文派的新理论和"重新"源脉，那么，唐代大儒张九龄，则是岭南儒家全面"重新"的杰出代表。张九龄字子寿，韶州（今韶关）曲江人，是唐代著名贤相。著有《曲江集》。他一生的行为和政绩，都完整地体现了儒家的思想和风范。他早在"安史之乱"前，已发现手握重兵的安禄山心怀异志，即向唐玄宗呈上《请诛安禄山疏》，指出对安"稍纵不诛，终生大乱"。可惜唐玄宗未能接受，以至日后果真发生祸乱。这件事，既显示了他作为政治家的敏锐洞察，又体现了他的忠君思想和品德；他在父亲去世时，辞官回乡尽守孝道，表现了儒家风范；他在回乡期间，上书皇上提出要修凿大庾岭通道，既为乡亲父老造福，又为贯通南北交通立下不朽功勋，而且在修路期间，传说他的夫人又以性命作出贡献。这些政绩既显出这位大儒的高风亮节，又表明他具有珠江学派"重新""重民""重海"的特质和气度。张九龄又是岭南第一诗人，他的诗作在唐代甚有影响，在中国诗史上也有一席地位，被称为在初唐诗坛"首创清淡之派"的诗人，开启了后辈孟浩然、王维、储光羲、常建、韦应物等清雅诗风之先河。他的名诗《望月怀远》："海上生明月，天涯共此时"，既是他清淡诗派之诗风体现，又是珠江文化风格的典型体现，可谓一语凝现了珠江文化海洋性、宽宏性、共时性的特质与风格，故可称为珠江文化的古代诗圣。

其实张九龄的清淡诗风，不仅在唐代开创了孟浩然、王维等的清雅诗派，还开拓了岭南诗史上历代以清雅诗风为特色的珠江诗派，如宋代以创"骨格清苍"诗风的余靖为首的山水诗群、明末清初在丹霞山发祥的海云诗派等，直至清末的珠江文化近代诗圣黄遵宪，虽不是以清雅为风格，但却是以"我手写我口"的"新派诗"，承传和发展了珠江学派"重新"学风之源脉。

四是"重民"，即百姓、人民、民众、民心、民事、民俗、民艺、民族、民系、民权、民生之"民"

历代珠江学派大都有"重民"的特点，但大多不挂重民之名，而是重为民之实。如葛洪在炼丹中发现和发明了许多治病良药，虽不言为民，却很实用于民；六祖惠能称"人人心中有佛，直指人心"，"顿悟"成佛，可谓以弘佛而为民。如此等等，既是历代珠江学派"重实"特点的承传，又是特有"重民"之风的体现。打出"重民"旗号之珠江学派，最杰出的是梁启超及其"新民说"和孙中山及其"三民主义"。

梁启超号任公、饮冰室主人，广东新会人。他既是政坛风云人物，又是学术大师、文坛泰斗。他以"新民说"倡导国民性革命，认为改造中国要从改造中国人的奴性、奸俗、为我、怯弱、无动等国民性做起，提倡新道德、新理想、新观念。他说这是"采合中西道德""广罗政学理论"而提出来的。他还先后提出并发动"学术界革命""史学界革命""舆论界革命""文学界革命""小说界革命""诗歌界革命"等，在各个领域开创新文化先河，成效卓著，影响深远，堪称中国近代国学的一代宗师、近代珠江文化文圣。

孙中山是中国民主革命的首创者和杰出领袖，名文，字逸仙，广东香山（今中山市）人。青年时代即开始进行革命活动，提出"驱除鞑虏，恢复中华，建立民国，平均地权"的口号，创造以民族、民权、民生为主旨的三民主义学说。1911年10月辛亥革命成功后，他被推举为中华民国临时大总统，次年让位于袁世凯，并将同盟会改组为国民党，当选为理事长。1913年护法起兵讨袁，建立中华革命党；1917年在广州组织护法军政府，当选为大元帅，誓师北伐。1919年，在上海将中华革命党改为中国国民党，次年就任非常大总统。1923年，粉碎陈炯明兵变，在广州重建大元帅府。1924年在广州召开国民党第一次全国代表大会，确定联俄、联共、扶助农工三大政策，提出新三民主义。1925年3月12日，在北京与北洋政府会谈期间病逝，弥留之际仍发出"和平，奋斗，救中国"的呼喊，留下"必须唤起民众及联合世界上以平等待我之民族"的遗嘱，可见他的"重民"心切。三民主义是他的政治纲领，也是他首创的学说。这一学说是吸收西方资产阶级自由、平等、博爱的人权思想，为中国推翻数千年封建制度、建立民主共和国的需要而确立的，是以西方现代文化用于中国实际的产物，辛亥革命的成功体现了这一学说的成功，也是近现代珠江文化最高峰的标志。

五是"重海"，即南海、海洋性、海洋地理、海洋文化、海洋意识和海纳百川之"海"

广东濒临南海，海岸线长，江海一体，受海洋影响很大，文化的海洋性特强，海上丝绸之路和文化学术都是"始然于汉",历代珠江学派都有"重海"之特点与源脉。

据《汉书·地理志》记载,汉武帝于元鼎六年(前111)平定岭南后,派黄门译长从徐闻、合浦出海至海外多国,这是海上丝绸之路的发端;东汉牟子以《理惑论》传入佛教文化,是最早引入海洋文化学术;南北朝印度和尚达摩在广州西来初地登岸,最早传入佛教禅宗;唐代六祖惠能创造的禅学,改造海外传入的佛教学术,又传扬海外;唐代张九龄的《开凿大庾岭路序》,是我国最早的对接海陆丝路论文,他所倡修的梅关古道是我国最早人工修凿的海陆丝路对接通道;宋代曲江人余靖是我国以亲身调查研究海潮的首位学者,他的《海潮图序》是我国首篇海洋学论著。这些"第一"的成果,无不证实屈大均所说的广东文化学术"始然于汉,炽于唐于宋"的论断。这些"始"和"炽"的高速发展,对珠江文派的"重海"特点和源脉有着决定性的影响。

到明清时代,珠江文派也是由于具有"重海"的特点和优势,更是达到屈大均所说的"乃照四方焉"的辉煌。被誉为古代海上丝绸之路最高峰的郑和下西洋,七次都经南海水域,其中第二次于广东海港出发;利玛窦从西江首次传入西方海洋文明和科学技术。珠江学派由于"重海"而引进和创立的具有鲜明海洋文化特点的学说,更是多得不胜枚举。如:洪仁玕著有《资政新篇》;郑观应著有《盛世危言》;"中国第一个开眼看世界的人"——湖广总督林则徐,在虎门销毁鸦片,揭开了近代史反帝斗争第一页,同时招募外语人才翻译西方书报,编辑《澳门月报》、编纂《四洲志》等书,以吸取西方文化;任湖广总督18年的张之洞,在广东提出"中学为体,西学为用"理论,以及为实践这一理论而在任内极力推行洋务运动;容闳著述《西学东渐记》,并亲率首批30名幼童赴美留学;康有为以孔子大同思想并与西方民约论、人性论、空想社会主义糅合一体的理论《大同书》,以及领导"百日维新"运动的创举;清末民初的肇庆人陈焕章,既是中国科举末代进士,又是美国政治经济学博士,他在哥伦比亚大学期间,将孔子学术与西方理财学结合,创造了《孔门理财学》,并且创造了"孔教"和"孔教学院"等。这些都是海洋文化的学术理论和实践,都是珠江学派"重海"源脉的承传发展。

六是"重粤",即广东、南越、南粤、岭南、岭表、南海、珠江、岭南、粤海之"粤"

"重粤",即立足广东、面向全国、放眼世界。这是历代珠江学派的学术起点和归宿，是贯串古今的"粤海风"源脉，也是梳理"南学"文化学术体系的脉理，建造"南学"文化高地的基石。

最早的"重粤"学者是东汉的杨孚，番禺漱珠岗下渡头村（今广州海珠区下渡村）人，代表作《异物志》，是第一部记述岭南动植、物矿物等的学术著作，为多家史书列入，故又被称为粤人入志之始；全书以四言诗体（其实是用"赞"的文体）行文，故又被称为粤诗之始。内容主要是赞美评述《南裔异物》，即岭南各种珍奇之物的形态与功用，被称为"有多识之美，博物之能"。如《鹧鸪》："鸟象雌鸡，自名鹧鸪。其志怀南，不思北徂。"这不仅是粤诗之开创，而且意味着岭南风物及文化也登上了全国文坛，既与汉诗乐府同步，又有自身的独特风采。杨孚为官时向皇上提出贤良对策，主张以孝治天下，朝廷采纳之而定出父母病故均要守丧三年的制度，可谓开孝治文化之先。他为官清廉，辞官回广州时，河南洛阳百姓特送他两株松柏。回广州种下后，即引来广州从未有过的一场大雪，人们称他因清廉将河南的大雪也引来了，故将他的住地取名河南（今广州市海珠区），称他为"南雪先生"。

明末清初的屈大均，是最早最系统做"重粤"学问的大学者。他是广东番禺思贤乡人。16岁补南海县学生员。18岁时参加抗清斗争。清定广州后，仍以出家当和尚作掩护，结交顾炎武等抗清志士继续斗争。晚年回乡隐居著述，直至卒年。他的著作甚丰。他的代表作《广东新语》是一部广东地方百科全书。他在自序中说："是书则广东之外志也，不出乎广东之内，而有以见乎广东之外；虽广东之外志，而广大精微，可以范围天下而不过。知言之君子，必不徒以为可补《交广春秋》与《南裔异物志》之阙也。"可见他是旨在"范围天下"而写广东之"广大精微"的，也即是说以天下之眼光写广东，同时也是为补正过去写广东著作之阙而写的。这就清楚其写作意图是在于：向天下推介广东，写新语，立粤学。其效果也正是如此，自该著问世后直至当今，数百年研读广东者，莫不以该著为经典，也由此而掀起粤学之风。

自居大均之后，"南学"蒸蒸日上，长足发展。据司徒尚纪《泛珠三角与珠江文化》一书中介绍，晚清先后任湖广总督的文化人阮元和张之洞皆大力提倡办学，设学海堂等机构，培养了一批饱学之士，学风始盛，声名鹊起。20世初，日本学者内藤虎次郎有"文化中心流动论"，认为明以后中国文化中心在浙江海通以后将移到广东，与陈寅恪"南学"之见完全一致。此见虽有偏颇之嫌，但对"南学"概念和发展的肯定则是言之成理、持之有据的。

依笔者看来,"南学"的真正蓬勃发展是在20世纪80年代初至今。在改革开放的大背景下,受海洋文化影响,广东在全国率先掀起了现代新文化学术高潮。这一方面表现在引进大量西方文化学术著作,并吸取西方先进学说,开拓新的文化学术领域,如港澳及海外华人文学研究、南海及海洋文化学术研究、海上丝绸之路研究、珠江及江河文化研究、地域文化学研究、旅游学研究等;另一方面表现在以新的视野对广东民系和史地开展研究,如广府学、客家学、潮汕学、雷州学、岭南学、珠江学、南海学等。这两方面(或两类)学科著作,每种都可称为一种学说,每类学科的学术队伍都可称为一种学派,或者内有多个学派。所以,在改革开放中"先走一步"的广东文化学术领域,也是最先兴起并具有"众说纷纭"、学派林立的景象和格局的,这正是"重粤"风盛、"粤海风"劲所致。

以上"六重"之学风源脉,共汇为源远流长的"粤海风",贯穿广东历代学派两千年。我们编写"历代珠江学说学派——千年南学书链",旨在沿着"粤海风"之风路,梳理"南学"文化学术体系和源脉,为建设"南学"文化新高地铺路。本书链将按时代先后为序,以上古、中古、近古、近代、现代、当代等六个分册编写出版。其实,这也是以此六个时代系列为次序,分列体现千年南学所经历的发轫期—兴旺期—灿烂期—涅槃期—新生期—开放期等六个时期的发展进程。

以上三个书链,既是"珠江—南海文化书系"的三个系列,同时是建造珠江文明新高地的三期文化工程,是书系与论坛结合的双轨工程,是多学科交叉的立体文化工程。我们争取用三年时间逐步完全这项工程。谨向这项工程的大力支持者和同道者——佛山市南海区委区政府、广东旅游出版社(尤其是刘志松社长和官顺责任编辑)、珠江文化研究会的同仁(尤其是名誉会长司徒尚纪教授、现任会长王元林教授),致以衷心的感谢和崇高的敬意。

2016年11月15日于广州康乐园

("珠江—南海文化书系"由"珠江文明灯塔""珠江文派记住乡愁""珠江历代学说学派——千年南学"三个书链组成,全书系22部600万字,系广东省原创精品出版资金扶持项目,由广东旅游出版社2018年至2019年陆续出版。)

先 哲 论

珠江文化始祖——舜帝

如果说，黄河文化的始祖是黄帝，长江文化的始祖是炎帝，那么，珠江文化的始祖则是舜帝。为什么呢？

首先是因为在开创中华民族文化的祖先——"三皇"（伏羲、神农、黄帝）和"五帝"（少昊、颛顼、高辛、唐尧、虞舜）中，只有虞舜（即舜帝）到过作为中国南方的珠江流域地区，并且在这一地区逝世，而后又葬于这一地区的"苍梧之野"。

据《尚书·舜典》记载：舜在接受尧的禅位后的当年，先后到东、南、西、北方巡察，到达南方的时间是五月。他到达南岳后，像到东方祭祀岱宗（即东岳泰山）那样祭祀南岳。即"五月南巡守，至于南岳，如岱礼"。此后，他坚持"五载一巡守"，即每隔五年到四方巡狩一次，一直到死，可见他到南方的次数是不少的。"他三十岁被尧征召任用，三十年后接替了尧的帝位，五十年后逝世于巡狩南方的途中。"①

司马迁《史记·五帝本纪第一》载：舜"践帝位三十九年，南巡狩，崩于苍梧之野。葬于江南九疑，是为零陵"。《皇览》曰："舜冢在零陵营浦县，其山九谿皆相似，故曰九疑。传曰'舜葬苍梧，象为之耕'。"《礼记》曰："舜葬苍梧，二妃（即尧之女娥皇、女英）不从。"《山海经》曰："苍梧山，帝舜葬于阳，丹朱葬于阴。"皇甫谧曰："或曰二妃葬衡山。"明代的《梧州府志》载："舜崩于苍梧之野，葬于九嶷之山。"清代的《苍梧县志》称："舜葬于苍梧之野，盖二妃未从也。苍梧于周南越之地，今为郡。"而"苍梧之野"包括哪些地方呢？广西出版的《广西历史地理》（黄体荣编著）中认为其所指的现代行政区域是"北起广西全州、湖南宁远；南到广东信宜、罗定；西到广西大瑶山；东到广东肇庆、连县"。也有研

---

① 李民、王健撰：《尚书译注》，上海古籍出版社2000年版，第24页。

究者认为，舜为禹放逐，葬于苍梧之野，即今湖南、广东、广西交界地带，具体范围尚在争议中，未有定论。但这一地带属珠江（主要是西江、北江）流域地区，恐怕是不成问题的。

《山海经·海内南经》载："兕在舜葬东，湘水南，其状如牛，苍黑，一角。苍梧之山，帝舜葬于阳，帝丹朱葬于阴。氾林方三百里，在狌狌东，狌狌知人名，其为兽如豕而人面，在舜葬西。狌狌西北有犀牛，其状如牛而黑。"《神异经》云："南方有人，人面鸟喙而有翼，手足扶翼而行，食海中鱼，……一名驩兜，为人狠恶，不畏风雨，禽兽犯死乃休耳。"从这些记载可见，舜帝当时所巡狩的南方，是很原始的野兽猖獗的山林地区。舜帝多次到这带地区巡狩，甚至连嫔妃也不愿随从，他仍坚持南来，最后葬身于此。这不是很有不畏艰险、开拓进取的勇气和鞠躬尽瘁、死而后已的献身精神么？这不就是舜帝是珠江文化开山鼻祖的有力史证和最好说明么？

特别值得注意的是，从舜帝开始，才有"中国"之名，而且，也由此开始，珠江流域的南方地区被正式纳入中国的版图，属于中华民族聚居地域的一个有机组成部分。《尚书·舜典》载："肇十有二州，封十有二山，浚川。"即分为十二个州管辖地方，疏通河道。又称"咨，十有二牧"，曰："食哉惟时！柔远能迩，惇德允元，而难任人，蛮夷率服。"即是说：任命十二个州长，为四方首领，兢兢业业，安抚百姓，以德服人，蛮夷地区的人也归顺了。同时，对为乱者也加以征伐，"分北三苗"，"窜三苗于三危"。他对南岳一带的苗乱亲往征讨，并将三苗迁至"三危"（即今甘肃敦煌一带）。司马迁《史记》云尧禅位于舜，"夫而后之中国践天子位焉，是为帝舜"。对这段话，刘熙曰："帝王所都为中，故曰中国"。可见，这些话是指天子、帝都位于四方之中而言，但从其以文德感服蛮夷，以武力征伐三苗，使四方归于一统的做法而言，不也是有将南方归于中国版图、将少数民族并入以华夏为代表的中华民族之意味么？

舜帝开发和统一南方，事实上早于秦始皇、汉武帝开发和统一南方起码千年以上。这意味着，通常所称的中华民族有五千年的文明史，才有实际的依据；也意味着，这五千年的中华文明史，不仅是黄河文化从发祥到兴旺的历史，而且包含着长江、珠江等诸多江河在内的文化史。这些江河文化，也早在"三皇五帝"的开创时代已参与了中华民族的多元一体文化的缔造工程；同时也意味着，早在原始氏族部落社会向国家社会的转型期，也即是以舜帝为标志的从部落社会向国家社会的转折期，在偌大的中国疆土上的北方、中原与南方的地域文化，或各种氏族、民族的文化，也从冲撞而开始了交流和交融。这就是说，南北文化交流和交融的历史篇章，远在舜帝时就揭开了。这也是远比历来史书所写的自秦始皇、汉武帝开始的记载大大提前的。舜帝的划时代贡献不仅在于开发和统一南方，更重要的是：在"三皇五帝"中，自他开始才有比较明确或自觉的文化意识，去架构职责分明、赏罚严明的雏形国家制度，并且以此意识去开发、统一并管理南方。《尚书》记载，尧命他"宾于四门，四门穆穆"。他继位后，前往尧的太庙与四方诸侯谋划政事，大开明堂四门宣布政教，使四方人看得明白，听得清楚。他将天下划为十二州，由君长管理，要求诸侯、君长安抚民众，亲近和信任有德善良的人，疏远小人；以伯禹、弃、契、皋陶、垂、益、伯夷、夔、龙等人，分工负责平治水土、农事、司徒、刑狱、百工、虞官、祭祀、音乐、纳言等职责，对他们每三年考察一次政绩。考察三次，罢黜昏庸的官员，提升贤明的官员。① 并且宣布刑法："象以典刑，流宥五刑，鞭作官刑，扑作教刑，金作赎刑。眚灾肆赦，怙终贼刑。钦哉，钦哉！惟刑之恤哉！流共工于幽州，放驩兜于崇山，窜三苗于三危，殛鲧于羽山，四罪而天下咸服。"据《史记》载，舜接位后，"合时月正日，同律度量衡，修五礼五玉三帛二生一死为挚，如五器，卒乃复"。从这些记载可见，舜帝的治国方略是鲜明得体的，其文化意识是自觉而明显的。

如果说，这些行政管理和赏罚制度作为国家职能和文化意识的体现尚不够充分的话，那么，舜帝继位前后所实践和规定的伦理道德观念和准则，则是很能说明其文化意识及其自觉性的。《尚书·舜典》中记载，舜被尧任用为接班人，是因为他真诚善义地履行父义、母慈、兄友、弟恭、子孝这五种伦理道德规范，并使人们也能遵守这些规范。《史记》记载："舜父瞽叟盲，而舜母死，瞽叟更娶妻而生象，象傲。瞽叟爱后妻子，常欲杀舜，舜避逃；及有小过，则受罪。顺事父及后母与弟，日以笃谨，匪有懈。……舜年二十以孝闻。三十而帝尧问可用者，四岳咸荐虞舜，曰可。"这说明舜之所以能继帝位，是与他躬行伦理道德规范分不开的。显然，这些规范是具有强烈的文化色彩的。舜帝以此规范全民之道德，自然也以此规范他亲自开发和统一的南方地带，使这片未受过道德规范熏陶的"南蛮"地区，受到了道德文化的滋润和启蒙。这对于珠江文化地域来说，不也是具有文化开创的意

---

① 参见李民、王健撰：《尚书译注》，上海古籍出版社2010年版，第13～24页。

义么？

从《尚书》记载中还可见，舜接帝位时，命夔管音乐，并提出了发挥文艺教育作用的看法，说音乐可"教胄子：直而温，宽而栗，刚而无虐，简而无傲。诗言志，歌永言，声依永，律和声。八音克谐，无相夺伦，神人以和"。这是中国最早的诗乐理论。另据《史记》载，舜帝自施行严明的国家管理制度后，天下大治，"十二牧行而九州莫敢辟违；唯禹之功为大，披九山，通九泽，决九河，定九州，各以其职来贡，不失厥宜。方五千里，至于荒服。南抚交趾（请注意：交趾是古代对南越也即岭南之统称）、北发，西戎、析枝、渠廋、氐、羌，北山戎、发、息慎，东长、鸟夷，四海之内，咸戴帝舜之功。于是禹乃兴《九招》之乐，致异物，凤皇来翔。天下明德皆自虞帝始"。这段记载，既对舜帝时的中国国土扩大和氏族归顺的盛况作出了详尽描绘，又对舜帝以诗乐辅以道德和文化教育之普及等，描写得淋漓尽致。这些描写，无论是对诗乐的功能的论述，或者是对以诗乐而明德的作用及盛况的描绘，都是当时文化意识的自觉性和明朗性的体现。尤其是"天下明德皆自虞帝始"一语，更明确地指出了舜帝在德教上的奠基作用，也证实了舜帝在开发和统一南方的进程中，在运用武力和国家法制之力的同时，也是运用德教和诗乐之力的。至今在南方各地，苍梧、乐昌、韶关、英德等地尚有舜乐之传说和古迹，就是明证。这也说明舜帝既是中华民族德教与诗乐之开创之祖，也是珠江文化德教与诗乐之祖。

2001 年 6 月 26 日

古代珠江文化哲圣——惠能

一、引　言

　　清末著名大学者梁启超有言：中国传统文化"实以南北中分天下，北派之魁厥为孔子，南派之魁厥为老子，孔子之见排于南，犹如老子之见排于北也。"从这段话可见，梁启超是早已发现中国古代文化是有地域差异的。如果说梁启超所指的"北派"是指黄河文化，其所称的"南派"实则是指长江文化的话，那么，梁启超似乎忽略了哺育他成长的珠江文化的存在，或者说，将其与长江文化混同并涵盖于"南派"的概念之中。这是不公平、不确切的。造成梁启超有此疏忽的原因之一，恐怕在于他找到了黄河文化的传统领袖（哲圣）孔子，找到了长江文化的传统领袖（哲圣）老子，却一时尚未找到（或尚未注意到）珠江文化也有其古代领袖（哲圣），这就是佛教禅宗六祖惠能。确切些说，我们应当称惠能是珠江文化的古代哲圣。

　　惠能不仅是佛教禅宗派的六祖，是佛教的一位大师和领袖，而且是中国禅学文化的创始人，是中国和世界思想史、哲学史上有重要地位的思想家、哲学家。特别是他创始的禅学文化，典型地体现了珠江文化的传统特质，尤其是在中古兴旺时期的思想文化意识，体现了珠江文化在古代的思维方式和行为方式，标志着珠江文化与黄河文化、长江文化的明显区别，创造了与孔子的儒学、老子的道学并驾齐驱、广传天下的一套完整哲学——禅学。

　　毛泽东对惠能的评价很高。据曾是毛泽东身边工作人员的林克在《潇洒莫如毛泽东》[①] 一文记载，毛泽东曾说，惠能"主张佛性人人皆有，创顿悟成佛说，一方面使繁琐的佛教简易化，一方面使印度传入的佛教中国化。"因此惠能被视为禅宗的真正创始人，亦是真正的中国佛教始祖。在他的影响下，印度佛教在中国至高无上的地位动摇了，人们甚至可以"呵佛骂祖"。他否定流传偶像和陈规，勇于创新，

---

① 《湖南党史》1995年第4期。

并把外来宗教中国化，使之符合中国国情。西方文化学术界对惠能的评价也是很高的。前些年，西方的一些学术机构和媒体评选惠能是"世界千年十大思想家"之一，中国只有孔子、老子、惠能入选，同时又将这三位哲圣尊称为"东方文化三圣人"。这些评价，一方面说明了这三位哲圣在中国和世界思想文化界的影响和地位受到举世公认；另一方面，在这公认中，似乎也包含着对这三位哲圣所分别代表的学术体系和文化系统并列尊重的因素，从而也在中国和世界的文化学术层面上，印证出这三位哲圣分别创立的儒学、道学、禅学所含的文化底蕴（即黄河文化、长江文化、珠江文化）是并列的。据笔者有限见闻，对孔子儒学的黄河文化底蕴、老子道学的长江文化底蕴等命题，已有学者论证，对惠能禅学的珠江文化底蕴的论证似乎偏少或尚缺。故特在庆祝惠能创始禅学之圣地——广东韶关南华禅寺创建1500周年之际，撰文论之，以资纪念，并求教于高明。

二、惠能禅学形成的珠江文化背景

惠能禅学的主要思想是"顿悟"。其实，他求佛得禅的经历也是"顿悟"的。他俗姓卢，本名惠能，法号也是惠能。广东新州（今新兴县）人。唐贞观十二年（638）二月八日生，唐先天二年（713）八月三日在家乡新州圆寂，享年65岁。惠能三岁丧父，靠母亲带大，青年时靠卖柴度日，从未读过书，不识字。有一天，他路过金台寺，听到寺内和尚念《金刚经》，尤其是听到其中"应无所住而生其心"一句时有所领悟[①]，即辞母赴湖北黄梅向五祖弘忍大师求佛。弘忍问他："汝何方人，来此山礼拜吾，汝今向吾边复求何物？"惠能对曰："弟子乃岭南人，新州百姓，今故远来礼拜和尚，不求余物，唯求作佛。"五祖言："汝是岭南人，又是獦獠，若为堪作佛？"惠能答曰："人即有南北，佛性即无南北，獦獠身与和尚不同，佛性有何差别？"弘忍便留下他作杂役。当时五祖正欲禅位，嘱弟子们各写偈语，择优袭位。大弟子神秀撰有一偈："身是菩提树，心如明镜台。时时勤拂拭，勿使染尘埃。"惠能针对该偈而撰出偈语："菩提本无树，明镜亦非台。本来无一物，何处惹尘埃。"五祖赏识，禅位于他，是为禅宗六祖。他当时到黄梅仅八个月，即有如此感悟，说明其得佛受禅，也是"顿悟"的。他按五祖嘱咐，潜回岭南，流浪

---

① 张信刚等编著：《中国文化导读》（上册），香港城市大学出版社1991年版，第354页。

15年后，才在广州光孝寺露面。当日正好遇见两个小和尚在争论：幡在动，究竟是风动还是幡动。惠能插话："非风幡动，心自动耳。"该寺住持印宗极其赞赏，始知他是五祖传人，即为他正式剃度出家。后他到韶关南华寺修佛，以向弟子讲经方式，由弟子纪录而完成第一部（也是唯一一部）中国人撰的佛家经典——《六祖坛经》（亦称《施法坛经》或《坛经》））。从惠能开始对《金刚经》的感悟、对五祖提问的回答、仅八个月在佛寺的生活时间，而又是尚未出家的不识字的杂役，竟能如此迅速地得佛之理，并且出类拔萃，如此尚在佛门之外而先得佛之"顿悟"，显然是与他在未入佛门之前所受的环境熏染和哺育密切相关的。也即是说，是他生长的珠江文化环境造就了他对佛理的"顿悟"，同时，也是他以自己个人的特殊才能而将自己不自觉的珠江文化特质的感受，去理解和创造佛理的结果。所以，我们要真正弄清惠能禅学思想的来龙去脉，必须弄清楚其形成的珠江文化背景。

五祖说惠能所在的岭南地区是"獦獠"，这与当时通称的"南蛮"是同义的，即所谓不开化的原始地带。其实，在远古时候是这样。但自秦汉以后，由于中原人口和文化大量涌入岭南，在多次的南北动荡和民族文化交融中，珠江经济和文化逐步崛起，并逐步形成了由北方和南方、山区与平原、江河与海洋、汉族与百越等多种民族和文化交叉融合的、具有自身特质的地域文化，即珠江文化。这种文化，正如明末著名粤学学者屈大均所言："始然于汉，炽于唐于宋，至有明乃照于四方焉"。惠能的时代，正是"炽"（兴旺）的时代。其兴旺的原因和表现，在于此时的岭南经济与文化有了前所未有的繁荣，特别是带有鲜明的新兴的和海洋色彩的工农业生产、商品经济、海外交通与文化的繁荣。

据《简明广东史》①称：在惠能所生长的西江沿岸，是秦汉以来中原经济入粤的通道，在唐代其农业耕作改进明显，是人口密集地区，包括惠能家乡新州在内的"新、端、泷、康"四州的人口密度，超过当时广州、潮州的人口密度。可见这一地区是当时广东商品经济最发达的地区，其耕作技术主要是懂得改造新荒。刘恂《岭南奇异》载：新州、泷州的农户在山丘开荒，建鱼塘，发展养鱼业。此外，开矿业（铁、银、铜）、手工艺（陶瓷器、纺织品、竹器、木器、文具）都很繁荣，尤其是海外交通和造船业发达，是海上丝绸之路（即海外交通线）的发祥地和最早始发港所在地。据《汉书·地理志》称：汉武帝于元鼎六年（前111）平定岭南，

---

① 蒋祖缘、方志钦主编：《简明广东史》，广东人民出版社1993年版。

在广信（今广东封开与广西梧州）设立交趾部首府时，即派黄门译长乘船由海路出使海外诸国。出海船由徐闻、合浦开航，沿海岸而行，过南海，达印度支那半岛的沿海港口进行贸易，先后到达七个海国，远至印度东海岸的黄支国和斯里兰卡的己程不国。外国商船也依此航线到中国来，进行贸易和文化交流，此谓之海上丝绸之路。这条丝绸之路对中国和海外诸国相互的影响很大，对岭南的影响更是直接而明显。

自晋代以后，广州可以直航海外，对外经济贸易文化中心逐步从北部湾和雷州半岛自西而往东移，与海外通商的国家更多更远，到唐代更是兴旺。据地理学家贾耽《广州通海夷道》称，从广州可直航的海外各国，有波斯、阿拉伯（大食）、天竺（印度），以至非洲东海岸。这条海上丝绸之路造成唐代广东的经济文化空前繁荣，外贸收入"每天可达五万迪纳尔"。此时被贬来广东的大文豪韩愈也说：广东此时"希纪之珍溢于中国，不可胜用"。由此可见这条海上丝绸之路在唐代对广东经济文化的影响程度。

特别值得注意的是：这条海上丝绸之路将佛教传进了中国，并对珠江文化产生了强烈的影响，同时，珠江文化也对外来的佛教起到了相当重要的改造和中国化（也可以说是珠江化）的作用。据现有的中国佛教史著作称，佛教自印度传入，最早在西汉，北方的佛教自陆上丝绸之路传入，南方的佛教自海上丝绸之路传入，因为印度是陆上和海上丝绸之路都到达的地方。虽然佛教发源于印度，两条丝绸之路都是从印度传入佛教，但由于所传者所在地的文化背景不同，对佛教的理解和传播也有异，造成了南北所传的佛教有所不同的现象，这是很耐人寻味的。更有趣的是，据学者刘伟铿称，佛教的名称是东汉岭南广信人牟子所取的，因为在牟子的《理惑论》（这是中国首部关于佛教的理论著作）里，将佛教所尊奉的"浮屠"（Buddha）转译为"佛"（亦是梵文之译）。① 而"佛"字之义，《说文解字》言："佛，见不审也，从人，弗声"，是指看不清楚的神秘的人，即岭南土著部族之一的"弗"人，后来演变为山越。牟子将这一具有"巨人、多变"两大特点，而又是儒、道两家系统所无的先神名字，用来表述"浮屠"之义，真可谓以珠江文化改造（化）并传播外来文化的一个创举。这一创举实质上是后来惠能以珠江文化特质改造和再创佛教的先声。

---

① 刘伟铿：《梵文 Buddha 译为"佛"始于广信》，《肇庆学院学报》2001 年第 1 期。

始发于南中国海岸的海上丝绸之路，既使中国文化具有海洋文化因素，又使珠江文化具有海洋文化特质。因为海洋文化首先是在南海沿岸登陆的。这种特质是造成南方与北方所传的佛教有所不同的关键所在。颇有意味的是，惠能所承传的佛教禅宗派的开创者是印度人菩提达摩。他从印度到达广州，在广州建有宝林寺，被称为"西来初地"。不久他从广州到南京会见当时南朝的梁武帝，话不投机，即"折苇渡江"到河南洛阳，在嵩山少林寺面壁修行。魏晋南北朝本是中国历史上佛教最兴盛的时期。唐代诗人杜牧有诗："南朝四百八十寺，多少楼台烟雨中"，可见其盛况。梁武帝又肯接见达摩，可见"话不投机"不是允不允许佛教的问题，可能是对佛教有不同理解（门派）的分歧；这一分歧可能与南北佛教不同有关，也即是说，可能达摩所带来的海洋文化色彩的佛教不受梁武帝所容。这一传说也佐证了惠能后来所承传的禅宗派本身就具有海洋文化因素。在后来，禅宗的活动中心，自二祖慧可传至三祖僧灿之后，即从河南洛阳转至舒州（安徽潜山），四祖道信时转到江西庐山，五祖弘忍时又转到湖北黄梅双峰山（这一转移过程即意味着从黄河文化区域到长江文化区域的转移，在惠能之后，又向珠江文化区域的转移），以至在五祖弘忍时，进一步发挥道信"坐作并行"的思想，并将日常耕作与行住坐卧都列为修行方式的"东山法门"做法，都是可以从其内涵中印证其具有海洋文化因素的。因为这个转移中心的历程，意味着从内陆文化向海洋文化的逐步转移，"坐作并行"的修行方式也意味着开始具有平民化的海洋文化意味。

　　如果说，以上所说的只是惠能禅学思想形成前的历史渊源和地域文化背景的话，那么更为直接的是惠能自身的家庭环境和修行环境的影响。惠能出身于贫寒之家，从未读书，自幼与母亲相依为命，靠卖柴度日。这种家庭环境使他养成了自主、自立、自强的意识和性格，这是其禅学思想具有平民意识的基础，也因此而使其与五祖弘忍所发展的禅宗思想密切呼应，即使不识字也可顿悟贯通。另外，他后来完成《坛经》的圣地——南华禅寺，却是由印度来到广东的印度高僧智药三藏所建。这位建寺者，同菩提达摩一样，也是从海上丝绸之路而来，本身也必然具有并带来海洋文化气质。传说这位大师曾预言一百六十年后有大师在南华禅寺传法，虽然有些神奇化，但未尝不是对其与惠能的承传关系的一种说法和肯定。以上这些对于惠能来说具有直接或间接影响的历史和现实环境，从经济文化（特别是海外交通与贸易），到佛教的传入和改造，都说明唐代的珠江文化是具有鲜明的新兴的海洋文化与内陆江河文化结合的特性，并具有强烈的商业文化和平民文化的色彩的。也正因为如此，惠能在这样的背景下创造（或"顿悟"）的禅学思想，其文化底蕴和文化特质也就必然是具有并体现珠江文化的这种特性和色彩的了。

三、惠能禅学的珠江文化特质

惠能禅学思想的基本内容和理论系统，从总体到每个主要观点，都可以说是具有鲜明的珠江文化特质的。

（一）什么是"佛"

惠能提出"人人心中有佛"，并且说："识心见性，自成佛道"。也就是说，识心见性就是佛；之所以人人心中有佛，是在于人人都有心，都有性。心性，即佛教所称的"菩提般若"之"知"、之"智"。这是"世人本自有之"，只是被妄念覆盖而未能显现而已，若断除妄念，即可"识心见性"。《坛经》说："心量广大，犹如虚空……世人性空，亦复如是"，"人性本净"，"净无形相"，"离妄念，本性净"。所以"无二性，即是佛性"，正如《坛经》描写的那样：

> 自性常清净，日月常明。只为云覆盖，上明下暗，不能了见日月星辰。忽遇惠风吹散卷尽云雾，万象森罗，一时皆现。世人性净，犹如青天，惠如日，智如月，知惠常明。于外著境，妄念浮云盖覆，自性不能明。

由此可见佛性、佛道，就是断除一切妄念，认识和复归本性，即是识心见性，也即是超脱一切，保持清净。惠能的代表作——他被五祖赞扬为"得性"并承袭禅宗六祖的偈语："菩提本无树，明镜亦非台。本来无一物（此句在《坛经》敦煌本为'佛性常清净'），何处惹尘埃。"其基本思想，也是阐明佛性即不受世间任何一粒（一物）尘埃所染的"常清净"境界。可见求佛是求清净，是求对充斥"妄念"的"红尘"的解脱和超脱，是针对覆盖人的清净本性的妄念与红尘的对抗和斗争的思想行为。其解脱和超脱也不是逃避和怯弱的意味，而是一种以软藏刚、以曲裹直的人生斗争理念和方式。

惠能不仅认为佛在人人心中，而且求佛之道主要靠人的自身，要靠各人自身的

"自性自度"。《坛经》云：

> 何名自性自度？自色身中，邪见烦恼，愚痴迷妄，自有本觉性，将见正度，既悟正见，般若之智，除却愚痴迷茫，众生各各自度。

如果能起般若观照，刹那间妄念俱灭，不著一切法，常净自性，即见诸佛境界，至佛地位。可见惠能求佛的精神和途径主要是强调主观能动性，靠自身的自觉性和自强力量去解脱和超脱。

更为重要的是，惠能禅学思想从自性为佛性、自觉为佛道相联系的另一方面，是对外在、对他性的淡化与排斥，强调以自身的解脱和超脱，也必然是对外在、他性的束缚和影响的解脱和超脱。《坛经》云："我心自有佛，自佛是真佛。自若无佛心，何处求真佛？""菩提只向心觅，何劳向外求玄？听说依此修行，西方只在眼前。"从这些说法可见惠能的佛教是不信神的宗教，这是它与基督教、伊斯兰教根本不同之所在。而且它又反对追求所谓"西方净土"彼岸的"极乐世界"，不是像唐三藏到西方"修正果"那样，而是"见性成佛"，"唯论见性，不论禅定解脱"。也因此，它不崇拜偶像，反对权威，一派"上天下地，唯我独尊""负冲天意气""作无位真人"的自主而超脱的精神。这种意识和精神是宗教上的革命精神，是一种创举。从文化底蕴来说正是在封建社会中新兴的资本主义生产力在社会思想意识上的体现，意味着海洋文化对中国大陆文化的渗入和影响的增强，也意味着西方的人性文化和自由文化在中国大陆文化范畴中作为一种新兴思想文化的意识和力量的崛起，成为中国社会特别是最早接受海洋文化的前沿地域——珠江水系（首先是沿海地域）文化结构中的重要因素之一。这就是既在封建社会中滋长，又与封建思想文化分庭抗礼的平民文化（或市民文化）意识和力量。其主要表现之一，就是反对封建礼教对人的束缚，反迷信、反权威、反专制，倡导人性、人权、自由、平等（这些口号，虽然是16世纪文艺复兴运动和18世纪的法国启蒙运动才先后明确提出，但在此之前，随着资本主义及商品经济的萌芽，已经开始了这些思想文化的兴起）。惠能禅学思想的自主而超脱的精神，正是这种新兴思想文化意识和力量的一种体现，也即是这种意识和力量使得珠江文化具有创新性、开放性、灵活性特质的体现。

(二) 从如何认识"佛性"普遍存在的问题上看

惠能指出"人人心中有佛",即是认为"佛性"是普遍存在的,这个理念的内涵,即是确认佛性是人人具有的本性,也即是无论什么人都本身具有这本性,经过修行或"顿悟",可恢复这本性,或者说达到这本性所及的境界。这种理念,在封建社会中提出,既是对封建的皇权和神权专制的否定,又是对封建的等级制度、阶级分野、种族歧视以至宗教中的神人差别的对立和抗争,是平民(市民)思想文化意识和观念的又一种体现。惠能向五祖弘忍求佛之初,直说"人即有南北,佛性即无南北,獦獠身与和尚不同,佛性有何差别?",即有反对种族歧视的意味。他在《坛经》中提出:"我心自有佛,自佛是真佛","三世诸佛,十二部经,在人性中本自具有""见性是功,平等是德","但识众生,即能见佛。若不识众生,觅佛万劫不可得也","后代世人,若欲觅佛,但识众生,即能识佛。即缘有众生,离众生无佛",又说"迷即佛众生,悟即众生佛。愚痴佛众生,智慧众生佛。心险佛众生,平等众生佛。一生心若险,佛在众生中;一念悟若平,即众生自佛"。这些言说,充分表明惠能提倡佛性人人具有,佛性人人平等,也即是肯定佛性的大众性、民主性、平等性。在《坛经》中还有一段耐人寻味的记述:

> 公(指韦刺史)曰:"弟子闻达摩初化梁武帝,帝问云:'朕一生造寺度僧,布施设斋,有何功德?'达摩言:'实无功德。'弟子未达此理,愿和尚为说。"师曰:"实无功德,勿疑先圣之言。武帝心邪,不知正法,造寺度僧,布施设斋,名为求福,不可将福便为功德,功德在法身中,不在修福。"

这段话道出了达摩与梁武帝"话不投机"的历史内幕,指出两人对佛教的认识分歧(实际在一定程度上代表了南北佛教的分歧),同时也说明了惠能的禅学思想对阶级分野的贫富看法也是平等的。惠能在接受五祖衣钵的时候,接受了"传法不传衣"的思想,不指定禅位之人,不传衣钵。弟子问他为何如此,他答道:"有道者得,无心者通"。这即是说,得道者,自然就是继承了佛,人人心中有佛,得佛道者,也即是佛用,即人人都可以为佛祖。这些说法充分表现了惠能禅学思想的大众意识和平等观念,这也即是珠江文化大众性、多元性、平等性特质的体现。

(三) 从修行"佛性"的做法和途径上看

惠能创造了"三无""三十六对法门""顿悟"之法。"三无"即"无念""无相""无住",他解释说:

> 善知识,我此法门,从上以来,先立无念为宗,无相为体,无住为本。无相者,于相而离相;无念者,于念而无念;无住者,人之本性。于世间善恶好丑,乃至冤之与亲,言语触刺欺争之时,并将为空,不思酬害。念念之中,不思前境。若前念、今念、后念,念念相续不断,名为系缚。于诸法上,念念不住,即无缚也。
>
> 此是以无住为本。善知识,外离一切相,名为无相。能离于相,即法体清净。此是以无相为体。善知识,于诸境上,心不染,曰无念。于自念上,常离诸境,不于境上生心。若只百物不思,念尽除却,一念绝即死,别处受生,是为大错。……善知识,无者,无何事?念者,念何物?无者,无二相,无诸尘劳之心;念者,念真如本性。真如即是念之体,念即是真如之用。真如自性起念,非眼耳鼻舌能念。真如有性,所以起念。真如若无,眼耳色声当时即坏。

笔者看来,惠能所指的"无念",即排除一切私心杂念;"无相",即不受某一或具体事物所束缚;"无住",即是脱离一切人际关系或恩怨关系。这即是追求清净超脱,天马行空,无牵无挂,自由自在的境界。"三十六对法门"即:

> 外境无情五对:天与地对,日与月对,明与暗对,阴与阳对,水与火对。此是五对也。法相语言十二对:语与法对,有与无对,有色与无色对,有相与无相对,有漏与无漏对,色与空对,动与静对,清与浊对,凡与圣对,僧与俗对,老与少对,大与小对。此是十二对也。自性起用十九对:长与短对,邪与正对,痴与慧对,愚与智对,乱与定对,慈与毒对,戒与非对,直与曲对,实与虚对,险与平对,烦恼与菩提对,常与无常对,悲与害对,喜与嗔对,舍与悭对,进与退对,生与灭对,法身与色身对,化身与报身对。此是十九对也。

并且指出:"此三十六法,若解用,即贯通一切经法。"这段精辟理论是充满辩证法的,它不仅是贯通禅学的辩证法,也是认识宇宙和人生万象的辩证法。它将修行佛性的实践归纳为三个方面:"外境无情",即对外界事物的认识;"法相语言",即对法门修行的认识;"自性起用",即对自身本性的认识。这三个方面所分别包含的三十六对法,即是要在这三个方面的认识过程中,把握其相关事物内部或相关事物之间的对立统一关系,以主观能动性和灵活多变的方法促使事物的转化,即化解或超脱一切事物对"佛性"的困扰和束缚,真正进入"菩提"(虚净)的境界。

"顿悟",即"一念觉,即佛;一念迷,即众生"。若起般若观照,刹那间妄念俱灭,不舍一切法,常净自性,即见诸佛境界,至佛地位。惠能在《坛经》中还追述了当年从五祖处"顿悟"的体会:

> 善知识,不悟,即佛是众生;一念悟时,众生是佛。……善知识,我于忍和尚处,一闻言下便悟,顿见真如本性。是以将此教法流行,令学道者顿悟菩提。

其实,顿悟即顿然领悟之意,即通常所说的"灵机一动"或"突有灵感"。究竟有没有灵感呢?当代中国著名科学家钱学森说:"灵感、灵感,不是什么神灵的感受,而是人灵的感受,还是人,所以并不是很神秘的事。不过在人的中枢精神系统里是有层次的,而灵感可能是多个自我,是脑子里的不同部分在起作用,忽然接通,问题就解决了。那么,这样一个说法,实际上就是形象思维的扩大,从显意识扩大到潜意识,是从更广泛的范围或是三维的范围,来进行形象思维。"他还说:"科学技术工作绝不能限于抽象思维的归纳推理法,即所谓的'科学方法',而必须兼用形象或直感思维,甚至要得助于灵感或顿悟思维。爱因斯坦就倡导过这种观点。"可见,惠能所说的"顿悟"法是科学的。惠能在1300年前已发现这种思维,实在令人敬佩!

惠能提出的"三无""三十六法门""顿悟"等修行方法,从其文化底蕴来说,实际上是珠江文化浮动性、变通性、敏感性的体现。因为这些修行方法及其所体现的文化意识和思维方式,正是这些文化特质;而这些特质,同珠江文化所最早具有的海洋文化与来自北方的中原文化,以及本地百越文化的交叉融会是密切关联的,也是由这些因素和条件所最早具有平民(市民)文化意识的一种反映。

（四）从修行"佛性"的方法和理论上看

惠能特别鲜明突出地表现出珠江文化的实用性、兼容性，这也是平民（市民）文化意识的体现。

惠能从求佛开始，都一直坚持"农禅并重"的主张和实践。他是樵夫出身，到黄梅五祖处求佛，也是做舂米为主的杂役；得道之后，为避风险，15年都一直在猎人队伍中劳作和生活；后重建被毁的韶关南华禅寺，得"一袈裟宝地"，也是坚持全体僧员农禅并做。他这种主张和实践使得南方的禅宗派在唐武宗"灭佛"大难（即"会昌之难"）中得以幸存，后来"东山再起"，真正挽救、保护了佛教，也使得禅宗教派不仅幸存，而且向北方发展，成为中国佛教的主流。这种"农禅并重"的做法，正是注重实用性、实际性、实效性的文化意识的体现。

"农禅并重"的思想和方式，出自禅宗的佛教意识，是一种无神论的世俗性的思想。由此，禅宗主张修佛的方式和地方可以多样化，以真心为基本目的，重实践、重效果，不必拘泥于具体的形式和方式。惠能说："心平何劳持戒，行直何用修禅。""若欲修行，在家亦得，不由在寺。""迷人口说，智者心行。""一行三昧者，于一切时中行住坐卧，常行直心。"并说"但行直心，于一切法上，无有执着"，才能"名一行三昧"。

惠能还特别对佛家以坐禅为主的传统现象提出："道在心悟，岂在坐也"，并且批评那种长坐不卧的禅法是"住心观静，是病非禅；长坐拘身，于理何益"。他还说："何名坐禅？此法门中，一切无碍，外于一切境界上念不起为坐，见本性不乱为禅。何名为禅定？外离相曰禅，内不乱曰定。"这些观点和方式，表明修禅同平常人的生活方式没有什么区别，修禅可以在任何地方、任何时间的日常生活中，这不是世俗化吗？正因为这种世俗化，使得禅宗派能够为中国百姓理解和接受，也因此而使佛教成为中国化的非宗教的宗教。而这世俗性又是与实用性相通的。

与这两种性能有密切关系的，就是惠能的禅学思想具有特别浓厚的兼容性（或包容性、宽容性）。在修禅方式上的多样性，本身就是一种兼容性的表现。此外，还表现在对佛教不同宗派及其修行方式的宽容。惠能与神秀分别代表的南北佛教的分歧，主要是在于主张"顿悟"与"渐修"的不同；但在惠能来说，他虽力主"顿悟"，而对"渐修"也不是排斥的。《坛经》有言："法即一种，见有迟疾，见迟即渐，见疾即顿。法无渐顿，人有利钝。""本来正教，无有顿渐，人性自有利钝。迷人渐修，悟人顿契。"由此，他对迟悟者也是耐心的、宽容的。特别是惠能在其创造的禅学中，吸收了不少儒家和道家的思想，为后来形成的儒、道、释三家思想从对撞到交融的历史潮流，起到先河作用。例如，《坛经》云："恩则孝养父母，义则上下相怜，让则尊卑和睦，忍则众恶无喧，……苦口的是良药，逆耳必是忠言，改过必生智慧，护短心内非贤"，这些话，同孔子所倡导的仁义道德无异。惠能在晚年返回家乡国恩寺建报恩塔，并在该寺圆寂，可见他不仅在言语上，而且在实践上对儒学的吸取和认同。惠能的"识心见性"之说同孟子的心性之学也是相通的，孟子说："仁，人心也"，"仁，内也，非外也……仁义礼智，非由外铄我也，我固有之也"。

惠能对老庄哲学也是吸取认同甚多的。《老子》第十四章云："复归于无物，是谓无状之状，无物之象，是谓惚恍。"庄子《知北游》中云："尝相游与乎无何有之宫。"这些说法同惠能的"无念""无相""无住"是相通的。《老子》第二章云："天下皆知美之为美，斯恶矣；皆知善之为善，斯不善矣。有无相生，难易相成，长短相形，高下相盈，音声相和，前后相随。"庄子《齐物》篇云："彼出于是，是亦因彼"，"是亦彼也，彼亦是也；彼亦一是非，此亦一是非……是亦一无穷，非亦一无穷"。这些辩证法思想，同惠能的"三十六对法"的对立统一规律在内容上也是相通的。这些都是惠能禅学思想具有兼容性的有力佐证。而兼容性、实用性、世俗性，恰恰正是珠江文化特别明显的特质，因为这些特质与珠江文化的海洋性、商业性的关系是明显的，其内含的平民（市民）文化意识更是直接而鲜明的。

从以上四个方面看惠能的禅学思想的基本内容和系统，可见其所内含的文化性质都是属于珠江文化特质的。也就是说，惠能是以珠江文化特质去改造和再创佛教禅宗和禅学的；同时，也即是通过禅宗和禅学的改造和再创造，代表和弘扬了珠江文化的特质和精神的。因此，佛教禅宗和禅学在后世历代的发展和影响，从南方到北方，从国内到国外，都无不意味着珠江文化的发展和影响；尤其是在宗教和学术上、在社会和民间的影响上，都无不打上珠江文化的烙印，具有珠江文化的色彩。

四、惠能禅学影响的珠江文化色彩

当然，不能将惠能禅学与珠江文化这两个概念等同，禅学的发展也不等于珠江文化的发展（正如珠江文化的发展也不等同于禅学的发展那样），只能说在后世禅学的发展中，也都能看到其中具有珠江文化的烙印，从而也进一步证实了其具有的珠江文化特质，并从另一层面证实惠能是珠江文化古代哲圣。

首先从惠能禅学对后世的宗教影响而言。冯达庵大阿阇黎在《圆音月刊》发刊词云："广东以发扬一乘佛旨著于世。教无论内外，人无论缁素，凡得其妙旨密行于身心，莫不运用自在；且转利益群众焉。以教内言：律宗得之，洞明戒体；净宗得之，决定往生；空宗得之，实契中道；相宗得之，克证圆成；……乃至三乘有学无学得之，翻然回心。以教外言：儒学得之，易侪圣贤；道家得之，顿薄神仙；帝王得之，仁被四海；士夫得之，智迈群伦；将军得之，心心卫国，奋不顾身；宰官得之，念念爱民，誓不贪贿；乃至大众得之，忠诚益忠诚，孝友益孝友，节义益节义，廉耻益廉耻。德有其基，咸能扩而充之；心有所污，咸能涤而新之。至矣哉，无上佛旨妙用之大也！"这些话，既是惠能禅学对后来的宗教各派、各种宗教（儒、道），以及教外各社会阶层影响的盛况描写（可能有些夸张），同时也是禅学思想感情具有大众性、世俗性、实用性、兼容性的充分体现。而这，不也正如其所言，是"广东以发扬一乘佛旨著于世"，也即是珠江文化的广泛影响的写照吗？

惠能禅学对中国诗学影响很大，据中山大学邱世友教授在《惠能南禅与中国诗学》一文中介绍，清末大学者康有为称诗坛的"唐宋两代皆六祖派"。王维、孟浩然、韦应物、柳宗元一派多有追求禅境禅悦之作，特别是王维的五言诗，往往造诣禅境，如《鸟鸣涧》《鹿柴》等诗，有似诗评家胡应麟所称："读之身世两忘，万念皆寂"。王维亲自撰写《六祖能禅师碑铭》，称六祖为师，极其赞赏"无有可舍，是达有源。无空可住，是知空本"。王维是从北禅转向崇尚南禅的，其因是他为惠能的"众生本自心净"之说所感，使其在诗歌创作中通过山水之美，寻求表现"禅寂静"之境。如《鹿柴》："空山不见人，但闻人语响，返景入深林，复照青苔上。"柳宗元也是如此，他的名诗《江雪》《渔翁》，也是追求禅境禅悦。宋代苏轼不仅诗有佛禅之风，而且本身信佛，号称"居士"，曾多次到韶关南华寺祷告，并且写下"不向南华结香火，此生何处是真依"的诗句。耐人寻味的是，柳宗元、苏轼都是先后被贬到岭南的诗人，他们受禅受佛的影响，显然是与岭南盛行禅学有密切关系的，而他们所尊崇的禅寂神境，恰恰正是珠江文化自主性和超脱性的艺术和美学体现。所以他们诗作中的禅风是打上了明显的珠江文化烙印的。

诗学理论也是如此。著名唐代诗论著作《诗式》的作者释皎然，本身是佛教徒，论诗崇尚自然，"真于情性，尚于作用，不顾词采，而风流自然"。稍后的《二十四诗品》作者司空图，主张"高古""闲逸""冲淡""自然""意中之静"为诗的最高"品"，赞赏"超以象外，得其环中""不着一字，尽得风流"之诗境。明代胡应麟在《诗薮》中称："严氏以禅喻诗，旨哉？禅则一悟之后，万法皆空，棒喝怒呵，无非至理；诗则一悟之后，万象冥会，呻吟咳唾，妙触天真。"这些著名的诗学论者所推崇的诗品、诗境，都是超脱性的禅境，也鲜明地打上了珠江文化特质的印记。

惠能禅学对理学的影响和在理学中的发展也是极其明显的。明代著名学者李贽创造的"童心说"，可以说是对惠能禅学的直接继承和发展。他说："童心者，真心也；若以童心为不可，是以真心为不可也。夫童心者，绝假纯真，最初一念之本心也。"这是针对宋代程朱理学和文学的虚假造作现象而提出的，与惠能的"心性"和"顿悟"之说无异。特别值得注意的是明代理学创始人之一、广东的著名学者陈献章（陈白沙）创造以心学为核心的理学，建立真情至性、"主静无欲"、"以自然为宗"、"学贵自得"的思想体系，打破了程朱理学的框框，被康有为称赞曰"白沙之学能自悟"，是继广东的六祖之后的第二人。陈白沙的心学理论在他的诗歌创作和理论中也有体现。陈白沙是王阳明理学的先声。这些心学理论及其对理学的影响，说明惠能禅学思想既发展了孟子的"心说"，又开了明代"心学"之先河，其创新性、求实性也鲜明地标志着珠江文化的特性和发展。

惠能禅学既是珠江文化的产物，同时自它形成以后，又反过来对珠江文化发生直接而重大的影响。在这些影响中，最重要的是对人的思想和社会风气的影响。这种影响特别明显的是对一些南来文人的影响。其中尤为明显的是唐代被贬广东的大文学家韩愈。他本是以倡导"原道"著称的儒家学者，被贬南来后，在潮州与佛门关系密切，常向该地灵山禅院的名僧大颠请教，过从甚密，情同手足，离任时还亲赠衣服予大颠和尚。柳宗元、王维、刘禹锡、苏轼、杨万里，也都因南来而接受惠能禅学。更有意思的是，柳宗元、王维不仅自己转变观念，而且亲自写碑文记下岭南百姓因受惠能禅学影响而造成社会风气转变的历史现象。柳宗元在《大鉴禅师碑铭》中记载说惠能"乃居曹溪①，为人师，会学去来尝数千人。其道以无为为有，以空洞为实，以广大不荡为归。其教人，始以性善，终以性善。不假耘锄，本其静矣。"王维在《六祖能禅师碑铭》中记载："故能五天重迹，百越稽首。修蛇雄虺，毒螫之气销；跳戈弯弓，猜悍之风变。畋渔悉罢，蛊鸩知非。多绝膻腥，效桑门之食；悉弃罟网，袭稻田之衣。永惟浮图之法，实助皇王之化。"这些记载说明惠能禅学影响的盛况和重要作用，而且是南来文人之所见，似乎更有客观性、说服力。

另外，从对岭南文人和文化学术的影响来看，惠能禅学也是起到明显的先导作用而受到欢迎和认同的。与惠能将近同代的著名岭南诗人张九龄，虽是儒家宰相，但他崇尚"清淡""风神"诗风，与惠能禅学之风是呼应相通的。宋代的岭南诗人余靖，有过做外交官和武将的显赫经历，到晚年则游历于山清水秀的佳境，写出大量诗作，也是幽深清劲、静雅简朴之风，与惠能禅风有异曲同工之妙。明代岭南著名学者陈白沙，前文已述及他师承惠能禅学而创心学，对理学发展作出贡献。"粤学"先驱屈大均也在其代表作《广东新语》中充分肯定惠能。清代的岭南大学者康有为称惠能和陈白沙是广东"能自悟"的"二人"。康有为对惠能的禅学及其对岭南诗人的影响，更是评价甚多、甚高，他先后称道："唐宋两代皆六祖派"，"宋儒皆从佛书来"，"宋士大夫晚节皆依佛"。梁启超说："自唐人喜以佛语入诗，至于苏（东坡）王（半山），其高雅之作，大半为禅悦语。"梁启超还称道同代的岭南诗人黄遵宪的《以莲菊桃杂供一瓶作墨》一诗，是"半取佛理，又参以西人植物学、化学、生理学诸说，实足为诗界开一新壁垒"。这些评述，既表明梁启超对惠能禅学的精通，又说明了黄遵宪诗中的禅理、禅味。此后的岭南文人、诗人受惠能禅学影响者，难以一一列举。其中著名的岭南诗人苏曼殊，既是革命家，又是佛教徒，既是诗人，又是情僧，真是潇洒风流，禅味十足。这些岭南文人学者之泰斗，受惠能禅学影响如此明显重大，而又对其如此推崇，而南来的北方文人学者也对其如此称道。这不是从更高的文化学术层面上证实，惠能是珠江文化在古代最杰出的代表人物（也即是哲圣）吗？而惠能对后来的岭南文人泰斗的影响，又主要是"心性"论所显出的自主超脱意识和精神，是创新、多元、平等、实际等文化特质。这样，不也是在文化的继承发展的历史层面上证实：珠江文化的形态和特质是客观存在的，是不断发展的吗？

---

① 韶关南华寺所在地。

更为有趣的是，惠能及其禅学在全国各地以至海外的影响和传播，也是很有珠江文化色彩的。据刘正刚教授在《清代四川的六祖崇拜考述》一文中记述，由于六祖出生于广东，又主要是在广东创教和传教，影响甚大。在广东百姓心目中，六祖已不仅是一位宗教领袖，而且是广东人引以为豪的乡贤，是广东人的精神领袖。对于流移于异乡和海外的广东人来说，他又成了寄托和凝聚乡思乡情的精神旗帜。由于清代有大量广东人移民四川，即持续百年之久的"湖广填四川"运动，广东人入川者人数比例特大，分布地区广。由于粤川语言不同，文化风俗有异，广东人入川后更显出特重的乡情和地域文化意识。各地粤人为寄托和体现这种情感意识，也为了联谊互助和自卫，于是在较多粤人聚居的地方，建立了聚会场所，多数取名为南华宫，个别取名为广东会馆。南华宫，即六祖修禅发祥地——韶关南华禅寺的移名，宫内以祭拜惠能六祖为主，有的还加上祭拜其他神。据清嘉庆二十一年（1816）刊行的《四川通志》记载，四川当时有126个相当于今天县的行政区，建有南华宫的有86个，占总数的68%。此后，各代直到民国仍在不断新建南华宫，数量更多，地域更广，仅此即可见惠能影响之大，同时也说明惠能禅宗和禅学影响之普及。四川一省如此，其他内地各省，即使无此盛况，也不是绝无影响的。值得注意的是四川的南华宫现象，将惠能这位真人而且是反神权、反崇拜的人当作佛祖来尊奉，显然不完全是将其作为神，而是作为乡"祖"来祭拜的，而且又是一寺多神而拜，可见这种现象的内在文化底蕴，是惠能禅学所体现和代表的多元性、世俗性的文化特质和意识，而这些特质和意识，不正是珠江文化特有的性质和色彩吗？

据韶关南华禅寺现任住持释传正大师介绍，自改革开放以来，全国各地都有禅宗教门派人来南华禅寺认归"祖庭"，海外也有许多自认为"分庭"的禅宗支脉，前来接根认祖，其中来自香港、澳门、台湾等地区的尤多，韩国、泰国、日本、菲律宾、马来西亚、新加坡、缅甸、柬埔寨、澳大利亚、俄罗斯、法国、德国、英国、美国等国都有。尤其是佛教的创始国印度，不仅派和尚前来参拜，而且在印度本土建有南华禅寺，大力弘扬惠能禅宗禅学，这就意味着，在佛教的发祥地反而承认和接受了惠能改造和再创的中国化的佛学佛教。用句通俗的话说，这就是将"进口"的文化改造和再创造，转化为"出口""外销"，甚至"销"至其原来产地，取代了原产地的产品。这是惠能禅学思想威力的重要体现，也是中华民族文化具有巨大的消化力、改造力的重要体现。

著名学者陈寅恪有言："天竺佛教传入中国时，而吾国文化史已有甚高之程度，故必须改造,以蕲合吾民族、政治、社会传统之特性。"对佛教的改造,最早是汉代岭南人牟子,将其改造完成的也是岭南人惠能。这种现象不是偶然的,正如陈寅恪所言,是"文化史已有甚高之程度"的体现,也即是说,这种"甚高之程度"首先是在于或发源于岭南,这个"首先"也即是珠江文化有海洋性、前沿性、超前性的突出体现。这也是珠江文化具有巨大威力、巨大影响的又一佐证。

最近出版的《新编曹溪通志》中,有已故的著名佛学大师赵朴初居士写的序言,开篇即谓:"曹溪始以溪闻于世,继以寺名于世,终以六祖惠能及南宗祖庭而流传于世。六祖以一介樵夫而悟道,下下人有上上智,穷道源,游性海,承心印,开法流。其《施法坛经》即为锐根利器指自身解脱之道,示一超直入之法;亦复为钝根浅机广开方便参学之门,引明心见性之路。惠能南宗与神秀北宗同为禅宗二大巨流,如黄河、长江之纵横大地而汇入大海。北持渐修,南主顿悟。前者筑基以向上,后者登峰而造极,相互依存,圆融无碍,故中国佛教之特质在禅教,而其道则在圆融也。从此,印度尼连禅河水通过曹溪融入黄河、长江巨流,使中华文化拓展崭新境域,法乳滋润华夏、扶桑,波及全球,有禅有文化,无禅不文化,中华禅文化已成为人类文明的宝贵财富,造福兆民,光辉千秋。溯其源头,端在曹溪。"这是对南华禅寺、惠能禅学禅教的最全面最科学的评价。从这评价中也可看到,赵朴初是有鲜明的水文化观念的,他将惠能禅学的发端称为"曹溪",这是流经韶关南华禅寺的一条河流,也即是珠江水系的一条支流。将惠能禅学的"源头"发"端"称为曹溪,也即是指珠江,称印度的尼连禅河与黄河、长江巨流经曹溪而通过融入,是以江河的形象比喻印度的佛教文化源流,经过珠江文化的转折过滤,而改造和创造禅学文化的。

惠能的禅学文化使中华文化波及全球,已成为人类文明的宝贵财富,同时也代表和体现着珠江文化同黄河、长江等巨流的文化一样并且一道,多元一体地滋润华夏,灿烂世界。

2002 年 11 月 10 日

(本文是在南华禅寺建寺 1500 周年庆典举办的"'六祖与禅'禅学研讨会"上的报告。)

古代珠江文化诗圣——张九龄

一、从刘逸生的评论说起

在1986年10月出版的张九龄的《曲江集》（刘斯翰校注，广东人民出版社出版）中，有一篇由著名古诗研究学者刘逸生先生写的代序：《张九龄对唐代诗歌的贡献》（下称"刘序"），是一篇有开创意义的好文章。虽然同年《学术研究》曾经发表这篇文章，但未引起应有的重视，可以说至今被忽视近20年之久！我认为这篇文章，除了在当时具有填补对张九龄这位"岭南第一诗人"研究的空白意义之外，起码尚具有两点开创性的启示：一是首开了从唐代以至中国古代诗歌发展史上，看张九龄以至岭南诗歌创作作用之先河；二是最早注意到张九龄与珠江文化（含岭南文化，下同）的关系。这两点启示，对于我们现在继续研究张九龄和珠江文化是很有指导意义的。

在迄今所见的中国古代文学史或诗歌史中，是很少言及张九龄在唐代诗歌发展上的地位和贡献的。刘序引证了古代诗话的有关论述并作出填补这个历史空白的论断："张九龄诗歌的影响却大大越出了广东"，"是继陈子昂之后，力排齐梁颓风，追踪汉魏风骨，打开盛唐局面的重要一人"。依据是：①胡震亨《唐音癸签》云："唐初承袭梁隋，陈子昂独开大雅之源，张子寿（按：即张九龄）首创清淡之派，盛唐继起，孟浩然、王维、储光羲、常建、韦应物，本曲江之清淡而益以风神者也。高适、岑参、王昌龄、李颀、孟云卿，本子昂之古雅而加以气骨者也。"②高棅《唐诗品汇》云："张曲江《感遇》等作，雅正冲淡，体合风骚，骎骎乎盛唐矣。"③王士祯《古诗选凡例》云："唐五言古诗凡数变。约而举之，夺魏晋之风骨，变梁陈之排优，陈伯玉（即陈子昂）之力最大，曲江公（即张九龄）继之，太白（即李白）又继之。"仅从这些古人论述，即可见张九龄在唐代诗坛地位不同凡响，具有开清淡诗派、启盛唐诗风之功，并具有与陈子昂、李白并列的影响和地位。

刘序还进一步提出："陈子昂提出的诗歌理论，是通过张九龄这座'桥梁'而迅速到达盛唐诗国的。"张九龄这"桥梁"作用，在于他以他的诗作和政治地位来影响一代诗歌的发展。由于唐代是以诗赋取士，而张九龄从唐开元初年开始，就以左补阙的身份主持吏部考选人才，直至开元二十四年罢知政事，不论做什么官，都注重选拔人才，达20年之久，而且选人公允，扶持真正良才，造成人才辈出的盛况，从而更增其政治声望；加之他平易近人，常与诗人唱和，言传身教，身体力行，也就以自己的人品和诗品，开一代诗风。《旧唐书·文苑传》《新唐书·文苑传》均记有孟浩然、王维、崔颢、李泌等诗人受张九龄知遇之轶事，也反映出张九龄在政坛和诗坛的榜样作用和领袖地位。正因为如此，他虽未有陈子昂的诗歌理论，但却是使陈子昂的理论转化为诗人的实践、将一派诗风推向一代诗国的元勋。

特别值得注意的是，刘序开创性地以岭南文化的视野去研究张九龄，别开生面地提出：张九龄诗作毫无"六朝金粉"气，"是地方风习和本人性格在起着双重作用，无形中走上同陈子昂一致的道路"。所以，"在差不多同一时期，巴蜀有陈子昂，岭南有张九龄，一齐发起了对轻艳淫靡的诗风的攻击，而两人都以《感遇》为题，则更似'桴鼓相应'。"这些看法，完全可以说是以文化学眼光研究张九龄之发端，也是珠江文化与岭南作家相互关系研究之缘起之一。正因为如此，刘序对张九龄的评价更新颖、更提高了，并且将岭南文化和岭南诗坛的地位突现出来了。刘序开篇即讲到广东文化开发较晚，中原文化南下较迟，诗歌影响也较晚，到唐代才产生"岭南诗人之祖"张九龄等"落后"的事实。这事实，使得初唐时的岭南未受齐梁颓风之干扰，可谓坏事变好事；"岭南的民风，向来偏于亢直豪迈，而张九龄本人的性格更是耿介不阿，在创作上与齐梁绮艳格格不入"。这样，张九龄和岭南文化及其诗坛在唐代所起的积极作用，就是必然而显而易见的了。这不就是以文化学的眼光去研究，并且将张九龄与珠江文化结合研究而作出的科学论断么？

所以，称刘序为填补对张九龄研究的学术空白之作（这自然包括其所序的刘斯翰校注的《曲江集》），是有理有据的；同时，称其是以文化学眼光研究张九龄的发端之作，也是合适的。本文正是在这前期成果的基础上，作出张九龄是古代珠江文化诗圣的定位，并进一步以此去进行研究和论证。

二、张九龄生平与珠江文化

张九龄（678—740），字子寿，又名博物，广东韶州曲江人，故又称张曲江、曲江公，著《曲江集》。

张九龄的曾祖、祖父、父亲都做官，而且都是在珠江水系地域（韶州、越州、新州）任州县官之职。他于唐高宗年代在粤北曲江县出生，自小就受珠江文化哺育。

他7岁开始即以诗文之才，先后受到广州刺史王方庆等人的赏识，25岁乡试进士，受考官、初唐诗人沈佺期的赞赏，并结为知己，相互以诗唱和，是他初显诗才之始。翌年，得识宰相、诗人张说，开启两人友谊之端，也是两人同走政坛、诗坛之始。

他29岁时赴长安应吏部试，中第，授秘书省校书郎。35岁任左拾遗，后因封章直言而与宰相姚崇不协，以秩满为辞，去官返韶州休养。在家居期间，他呈请开大庾岭路，获准，功成，撰《开凿大庾岭路序》纪其事，序云："初岭东废路，人苦峻极，行径夤缘，数里重林之表；飞梁岦嵲，千丈层崖之半。颠跻用惕，渐绝其元。故以载则不容轨，以运则负之以背。而海外诸国，日以通商，齿革羽毛之殷，鱼盐蜃蛤之利，上足以备府库之用，下足以赡江淮之求。而越人绵力薄财，夫负妻戴，劳亦久矣。不虞一朝而见恤者也！"张九龄办这件事和这篇序，充分体现了他具有海洋观念、通商观念和平民观念。而这，正是珠江文化海洋性、重商性、大众性等特质的体现。

他41岁时，被召入京，因修大庾岭之功，升左补阙，由此开始着力选拔人才，并连年改任要职，先后任礼部员外郎、司勋员外郎、中书舍人内供奉，先后随唐玄宗巡狩北都及东封泰山。不久，劝谏张说数事未受采纳，张说果受罢相处分，他亦改任太常少卿。后离京，先后任洪州刺史、桂州刺史兼岭南道按察使。55岁返京任工部侍郎。翌年母卒，奔丧归里，辞官不准。这是他第二次辞官。这段时间，是他仕途的上升期，但他不居官自傲，不飞扬跋扈，而是忠于职守，升降泰然，刚阿正直，扶持后辈，并且急流勇退，淡化功名。这样的人生态度和作为，既是他的性格使然，也是珠江文化清雅性、正直性、洒脱性特质的体现。

他59岁，守中书令，任丞相。受李林甫与武惠妃交相潜构，仍坚持忠言直谏，不到两年时间，即做出了保护太子、阻李林甫拜相、早察安禄山有反心而上疏请诛等大事，但也由此受到李林甫排斥，被贬荆州长史。63岁时南归展墓，病逝于韶州故里。这段晚年时期，是他的顶峰期，他明知受着奸臣暗算，仍光明磊落做事，不搞阴谋诡计，正直做人，受贬不屈，坚贞不渝。如此光辉的晚节，正就是重圣洁、重气节的珠江文化精神的典型体现。

从张九龄的生平上看,有两个特点是一直保持着的:一是他长期做官,而又多次辞官,被贬官时处之泰然,在最红时也不骄横跋扈,甚至常有做官是"形役"的无奈之意;二是他的乡情特重,从出仕不久到最后日子,多次回故乡探视,并为故乡办了修凿大庾岭通道等功盖千秋之大事。前者可说是一直保持清高观念的体现,后者则是本根文化观念的牢固所致,这两种观念也正属于珠江文化的精神特质。

三、张九龄诗作所体现的珠江文化底蕴

在张九龄数十年的生涯中,还有一个始终保持着的特点,那就是写诗。从他现留下的写于25岁的《浈阳峡》诗(显然此前必有诗作,可惜未能留传),到他辞世前写的《答王维》《照镜见白发》,无论是他升官、贬官、辞官、休养、游历,他都不停地写诗。可以说他的历史主要是写诗的历史,他的诗也就是他的历史和心理历程的写照,自然,也即是他的文化心理和观念意识的体现;又由于他自小受珠江文化哺育,走上仕途也多在珠江水域及其辐射地带为官,并且多次回乡而又一直保持着家乡观念,所以在他的诗作中也就自觉或不自觉地将其本有的珠江文化底蕴体现出来,从而使得不仅他的诗是唐代岭南诗坛的代表,而且他本人成为古代珠江文化的诗圣,主要是他的诗作最早、最全面、最突出地体现了古代珠江文化的精神特质。

在《四库全书总目提要》中有一段话:"九龄守正嫉邪,以道匡弼,称开元贤相。而文章高雅,亦不在燕、许诸人下。《新唐书·文艺传》载徐坚之言,谓其文轻缣素练,实济时用,而窘边幅。今观其《感遇》诸作,神味超轶,可与陈子昂方驾,文笔宏博典实,有垂绅正笏气象,亦具见大雅之遗。坚局于当时风气,以富艳求之,不足以为定论。"这段话对张九龄作出了总体评价,也精辟地指出了张九龄为人、为文、为诗的风格特点,即:正义、正直、高雅、清淡、实用、精炼、俊逸、宏博、典实、正气。这些特点尤其突出地体现在他的诗作中,而这些特点的内在文化底蕴,正是古代珠江文化主要精神特质之体现。

张九龄的诗作,较多是他在仕途历程中的纪事之作。这些诗作既是他人生历程的脚印,又是他的心灵写照;既显现他的人格,又活现他的诗风。他在赴长安应试时,写《初发道中寄远》而抒发人生抱负;在京任校书郎久而不调,写《高斋闲

望言怀》而抒归思；奉使登南岳往返途中写《奉使自蓝田玉山南行》；离京任洪州刺史写《洪州西山祈雨，是日辄应，因赋诗言事》；任桂州刺史写《西江夜行》；按察岭南写《送广州周判官》；任荆州长史写《登荆州城楼》；等等。这些诗不是一般纪事抒怀，主要是坦露他的正义、正直的气节，但却写得曲折委婉，更显其有大雅的风度和气度。如任宰相时，李林甫挑拨离间，唐玄宗将信将疑，由高力士赐一把白羽扇给张九龄以作试探，张九龄即写出《白羽扇赋并序》，并写上《咏燕》诗："海燕何微眇，乘春亦暂来。岂知泥滓贱，只见玉堂开。绣户时双入，华轩日几回。无心与物竞，鹰隼莫相猜。"以燕自喻微不足道，暗责李林甫的猜忌，不卑不亢，有理有节，人品文品均现正气。这种正气既是中国传统的士文化的一种体现，也是珠江文化的正义性、正直性特质之体现。

张九龄诗作中，致友人或同僚的诗也不少。这种诗既有仕途的印痕，但更重要的是友情的抒记，并往往在抒记中展现自己的人生和美学理想，显现出重情重义、高洁清美、才思横溢的灵气。例如，他年轻时与初唐著名诗人沈佺期相识，成为知己，共同读书，他即赋诗《读书岩中寄沈郎中》："素有岩泉辟，全无车马音。溪流通海曲，洞豁敞轩阴。石几渔舟傍，沙湾鸥鹭临。仙禽胡不至，野鹤恒自吟。虑定时观易，泉深间抚琴。真有清凉处，不令炎热侵。寄语吾知己，同来赏此心。"既写出两人在韶州共读处的情景，又写出两人的圣洁友谊和共进之心。又如《与王六履震广州津亭晓望》："明发临前渚，潮来净远空。水纹天上碧，日气海边红。景物纷为异，人情赖此同。乘桴自有适，非欲破长风。"既将广州的海滨胜景写得淋漓尽致，又将他与王履震的友情和互勉之情跃现纸上。他晚年写的《答王维》："荆门怜野雁，湘水断飞鸿。知己如相忆，南湖一片风。"短短四句，精炼宏博，清淡高雅，两位大诗人的深厚情谊尽在清美境界中寓现。如此盛情美诗，在张九龄诗作中比比皆是。这现象，不正是其文化底蕴尤具珠江文化的情义性特质的实证么？

看来被古人称道的张九龄开一代清淡诗派的诗作，主要是指他写景抒情的小诗。这类诗在他的诗作中约占三分之一强。在前两类诗作中，实际上也有不少写景抒情，同样有清淡之风，但不如这类诗突出。古人称道的《感遇》诗12首，确是张九龄这类诗作和清淡诗风的代表作。其一："兰叶春葳蕤，桂华秋皎洁。欣欣此生意，自尔为佳节。谁知林栖者，闻风坐相悦。草木有本心，何求美人折。"其清淡现于兰桂"自尔为佳节""何求美人折"的圣洁、正直之中，洋溢俊逸之气。其九："抱影吟中夜，谁闻此叹息。美人适异方，庭树含幽色。白云愁不见，沧海飞无翼。凤凰一朝来，竹花斯可食。"寓庭树的高雅于"沧海"境界之中，显出宏博开阔之气。此外，他在游历中写的景情小诗，也都不仅是清淡，而分别于其中表现出多种风度和气度。如《秋夕望月》："清迥江城月，流光万里同。所思如梦里，相望在庭中。皎洁青苔露，萧条黄叶风。含情不得语，频使桂华空。"全诗在静怡氛围中显出宽宏的风度。《江上遇疾风》："疾风江上起，鼓怒扬烟埃。白昼晦如夕，洪涛声若雷。投林鸟铩羽，入浦鱼曝鳃。瓦飞屋且发，帆快樯已摧。不知天地气，何为此喧豗。"全诗在紧张节奏中显出磅礴气势。仅从数例分析，可见张九龄之清淡诗是多种内涵和多种格调的，而且是以宏博开阔之气度见长的。由此也可见其为人胸怀宽广，正如俗话所称，具有"宰相肚里能撑船"的器量。这种胸怀和器量，不正是珠江文化海洋性、开放性、包容性的体现么？

张九龄在人生历程中始终不忘故乡，在诗作中更是既多又重地抒写乡情。在这类诗中，往往是既写出故乡的美景或思念中的美景，又写出故乡的特有风情和对故乡思念之情。如《二弟宰邑南海，见群雁南飞，因成咏以寄》："鸿雁自北来，嗷嗷度烟景。尝怀稻粱惠，岂惮江山永。小大每相从，羽毛当自整。双凫侣晨泛，独鹤参宵警。为我更南飞，因书致梅岭。"思乡之情溢于言表。《西江夜行》："遥夜人何在，澄潭月里行。悠悠天宇旷，切切故乡情。外物寂无扰，中流淡自清。念归林叶换，愁坐露华生。犹有汀洲鹤，宵分乍一鸣。"《送广州周判官》："海郡雄蛮落，津亭壮越台。城隅百雉映，水曲万家开。里树桄榔出，时禽翡翠来。观风犹未尽，早晚使车回。"前者将西江美景与乡情融为一体，后者将广州城的风貌与风情写得繁花满眼、千姿百态，令人向往。如此浓重的乡情，反映出张九龄的本根文化意识也是浓重的，而这也正是珠江文化之底蕴所在。

特别值得注意的是：在张九龄的诗作中，有好些写到海的诗句，如："宅生惟海县"（《酬王履震游园林见贻》），"君今海峤行"（《送使广州》），"征帆际海归"（《送杨府李功曹》），"日气海边红"（《与王六履震广州津亭晓望》），"孤鸿海上来""海上有仙山""沧海飞无翼"（《感遇》其四、其五、其九），等等。这说明出生在南海之滨的张九龄，海的观念是强烈的，较早具有了海洋文化意识。这尤其集中突出地表现在《望月怀远》诗中："海上生明月，天涯共此时。情人怨遥夜，竟夕起相思。灭烛怜光满，披衣觉露滋。不堪盈手赠，还寝梦佳期。"全诗所写月夜怀念亲朋之情景，与众所熟知的李白、苏轼等名家所写的月夜诗（即"床前明月光……""明月几时有……"）最大不同之处，是开篇："海上生明月，天涯共此时"，下笔即着墨于"海"，即从海的视野看明月、看天涯、看此时、念亲朋。从而可见张九龄与上列这些代表黄河文化和长江文化的诗圣最大不同之处，是以海为视野。而这，恰恰也正是珠江文化与黄河文化、长江文化的最大区别所在——海洋性。可见这两句诗是珠江文化海洋性、宽宏性、共时性的最确切生动的形象体现。

综上所述可见，张九龄是最早最能体现古代珠江文化各种精神特质的诗人，应当而可以称他为：可与古代黄河文化诗圣李白和杜甫、古代长江文化诗圣苏轼并列的古代珠江文化诗圣。

2005年6月6日

附注：

本文的写作，参照或引用了下列著作，恕不一一作注，谨向编注者致谢：

1. 张九龄著、刘斯翰校注：《曲江集》，广东人民出版社1986年版。
2. 罗韬选注、刘斯翰审订：《张九龄诗文选》，广东人民出版社1994年版。

近代珠江文化先驱——容闳

20世纪90年代初,我们一群多学科学者启动珠江文化工程的时候,曾多次到作为改革开放经济特区的珠海市考察,对这个地方的人文历史和自然地理所形成的文化形态与特质,感到浓厚的兴趣并予以加倍的关注。因为我们从中发现了珠江文化特质的形成条件,以及近代珠江文化以至近代中国文化之端倪,得出了珠海是西方近代文化在中国大陆第一港的初步认识;换句话说,就是中西方近代文化交汇第一港,或者说近代海洋文化在中国登陆第一港,就是珠江8个出海口的5个出海口所在地——珠海。对这个发现,正当我们谋求进一步论证之际,刘中国、黄晓东著的《容闳传》由珠海出版社出版了,真使我喜出望外,因为这部洋洋43万字的巨著,以其新颖的视角、精辟的理论、扎实的论证和丰富的史料,及时、有力地填补了这个学术空间,将我们的初步认识和发现深化了一步。

一、珠江文化的先驱作用

我们对珠海作出以上文化定位,主要是依据这个地方生长了一串在中国近现代文化史上居于"第一"地位的人物,如中国第一位留美学生容闳、中国第一位总理唐绍仪、中国第一位华侨富翁陈芳、中国第一条铁路唐胥铁路创办者唐廷枢、清华大学首任校长唐国安、中华全国总工会首任委员长林伟民、中共早期领导人之一苏兆征,以及中国首位世界体育冠军容国团等。这些"第一"现象显然标志着开创或从其开始、发端之意;其所开创或开始的领域和内涵,也都是西方近代文化的引进和输入。所以,这些"第一"也就意味着近代西方文化最早在此进港、上岸。

《容闳传》从珠海众多"第一"中的首个"第一",单刀直入地纵深解剖,不仅前所未有地论析了容闳这位居首"第一"的开创地位,而且以容闳一生在中国近代史上多个时期、多个领域所起到"第一"的先驱作用和地位,展现了他所倡导并身体力行的"西学东渐"的历程,也即是西方现代文化在中国逐渐进入、扩展、深化的历程。1840年的鸦片战争,标志着帝国主义的大炮轰开了中国的封建大门,也意味着西方现代海洋文化的巨浪冲上了中国大陆。容闳在鸦片战争的炮火中赴美留学，本身就是主动卷入西方文化海潮的行动；他学成后回国，决心"以西方之学术，灌输于中国，使中国日趋于文明富强之境"，旗帜鲜明地表明以西方海洋文化富强中国为基本思想。随后他主动进行的一系列活动、从事的每件大事，都是围绕着这一基本思想的：1860 年底，他主动造访太平天国，向干王洪仁玕陈说他以西方政体思想设计的改造中国的七条方案，可谓第一个具有西方民主思想的政纲，可惜未受采纳；不久，他即投入商贾行列，考察丝茶市场，以现代重商文化意识，在知识阶层中率先进行了商业救国的实践；1863 年，他受清朝重臣曾国藩启用，接受去美国购买机器的任务，他就此进一步提出建造机器工厂的建议，草拟《联设新轮船公司章程》报江南制造总局，显出他实业救国之宏愿；1868 年，容闳首次提出留学教育计划，获准后他在上海创设幼童留美预备学校，1872 年他亲赴美国，为首批留学幼童安排食宿；1874 年，他与郑观应等人在上海创办第一份由中国人主办的报纸《汇报》；同年，他又开始了外交官生涯，先是参与清廷与秘鲁的签约会谈，后又奉命赴秘鲁访查华工，取得华工受虐证据，迫使当局保护华工，翌年在天津正式签订《中秘条约》，确定了保护侨民利益，这是中国第一次外交胜利，是中国政府保护侨民的开端；1898 年，容闳积极参与康有为、梁启超维新变法运动，其住所一度是这一运动的主干会场；1900 年，他在香港会见兴中会首脑，又与孙中山密谈合作事宜，后来同美国友人共同拟制推翻清王朝的《中国红龙计划》；1911 年 10 月 10 日辛亥革命爆发，他在美国热烈祝贺，呼吁革命党人顺从"民声"，建立自主独立的民主共和国。《容闳传》清理和提供这一串大事记，清晰地展现了容闳在其一生所经历的每个历史时期，都是站在时代浪潮的尖端，为输入西方海洋文化而在多个领域起到"第一"的先驱作用。

应该看到，这些先驱作用固然是容闳个人的努力和光辉业绩，但又不仅是他个人的行为；确切地说，应当是容闳所代表或体现的一定新兴文化的行为。因为人是社会关系的综合，每个人都是社会文化的一个符号或载体，受一定文化哺育而成长，其意识是一定文化的体现，其行为又往往是一定文化的行为。容闳出生于位于珠江口而又濒临南海、太平洋的珠海，是中国大陆南端最早接触西方近现代海洋文化之地，具有鲜明海洋性、开放性、多元性、重商性、平民性的近现代珠江文化，实际上是由此发端的。容闳这位第一位留学生产生在珠海，正就是这个发端的佐证。容闳一生所作的一系列"第一"的行为及其所起的重大作用，实际上也是近代珠江文化崛起及其在中国近代史上所起到的先驱作用的体现。所以，容闳的一系列"第一"，既是近代珠江文化的作为体现，又是近代珠江文化先驱作用的实证。这是《容闳传》提供的启示。

二、珠江文化的江海一体特质

在前些年出版的拙著《珠江文化论》中，我曾提出：珠江文化与黄河文化、长江文化最大不同之处是具有江海一体的特质。我的依据主要是从珠江水系的出海口特多，仅珠江三角洲即有8个出海口，即磨刀门、虎跳门、鸡啼门、崖门、虎门、蕉门、横门、洪奇门。其中珠海拥有5个门之多。这个地理形势使得珠江文化具有特强的海洋性，又具有江河性，并交融构成江海一体的特质。珠海文化更是其典型体现。

我十分高兴地看到，《容闳传》的作者不仅在该书《后记》中表示认同我的观点，而且通过对容闳生平的论述，以翔实的史料和精到的论析深化了我的观点。容闳在其名著《西学东渐记》中回顾他父亲送他到澳门读书及他后来到美国留学的初衷："是时中国为纯粹之旧世界，仕进显达，赖八股为敲门砖，予兄方在旧塾读书，而父母独命予入西塾，此则百思不得其故。意者通商而后，所谓洋务渐趋重要，吾父母先着人鞭，冀儿子能出人头地，得一翻译或洋务委员之优缺乎。至于予后来所成之事业，是为时世所趋，或非予父母所及料也"。这段自白，清楚地表明了容闳从读"西塾"到"后来所成之事业"，是"通商而后，所谓洋务渐趋重要"，是"先着人鞭"，"能出人头地"，又都是"为时世所趋"。这些说法，正就是"得风气之先"的珠江文化海洋性、前沿性、重商性、竞争性的体现。自然，容闳自幼到澳门读书，第一个赴美留学，是由于他生在珠海这样的地方和这样的家庭环境才有条件这样做的；而这样的环境条件，正就是珠江文化江海一体特质的体现。我在好些场合引用古人诗句点出中国主要江河文化的特质和气韵：李白诗"黄河之水天上来，奔流到海不复回"，可谓咏出了黄河文化神圣庄严的神韵；苏轼词："大江东去，浪淘尽，千古风流人物"，可谓唱出了长江文化慷慨气派的豪气；岭南第一诗人张九龄诗"海上生明月，天涯共此时"，可谓诗现了珠江文化的宽宏、共时的气度和风度。容闳一生奔走于东西世界、贯通东西世界，在多个领域引进"洋务"，"先着人鞭"，又为"时世所趋"，先后倡导或实践教育救国、政制救国、商贸救国、实业救国、报业救国、外交救国、留学救国、维新救国,到致力于建立独立自主的民主共和国,都是与时俱进的。《容闳传》所提供的这些容闳的光辉事迹和历程,其文化内涵与风韵,不正是珠江文化宽宏、共时特质的典型佐证和写照么?

三、珠江文化的敢为天下先精神

《容闳传》使我特感兴趣的,是引用了清末著名大学者梁启超关于容闳具有"冒险性""忍耐性""别择性"三重美德的论评,可惜未能结合容闳实际作深入阐释。我之所以对此特感兴趣,是因为在我看来,梁启超是近代珠江文化的文圣,这位文圣对同代先驱人物的评价,自然有较大的贴切性,更具有权威性。恕我孤陋寡闻,至今我尚未读到过梁启超关于珠江文化特性或精神特点的论述,也未看到过他对其他可称为近代珠江文化代表人物具有特性或美德的论评。由此,我是将梁启超所称这三"性",看作通过对容闳的评价赞赏,进而对他已感到而又尚未明朗的珠江文化的特性与精神的崇尚弘扬的。因为我感到这三"性"美德,固然在容闳身上体现得最为典型,但在其他近现代珠江文化代表人物大都具有,在梁启超、孙中山等圣贤或领袖人物身上更是突出而全面地具有。所以,可以说"三性"是对近现代珠江文化特性或精神特点的概括。可喜的是《容闳传》也以翔实的史料,通过对容闳这一典型的剖析,显析了这些特性。

所谓"冒险性",实则是指敢为天下先的精神。容闳一生中的一系列"第一",就是不怕冒险、敢为人先而创造出来的。值得注意的是,容闳不仅自己具有这种精神,而且在选择人才上也特别注重是否具有这种精神,或者什么地方的人较具有这种精神。例如,他在上海创办幼童赴美留学学校,一开始就把招生范围划定在受西方文化影响较大的沿海地区,特别是广东,他还亲自返回故里珠海南屏办甄贤学校,结果首届招生30人,其中24人是广东籍,在广东籍中有13人生于香山县。可见沿海人较具有这种文化精神。这批留美幼童学成回国后,大都成了各种"第一"的人才,如:中国铁路之父詹天佑、中国邮电业奠基人朱宝奎、黄开甲、周万鹏、唐元湛、中国第一代矿冶工程师吴仰曾、邝荣光、唐国安、中国第一代外交官唐绍仪、梁诚、梁敦彦,等等,其中唐国安、唐绍仪是珠海人。这些一代风流人物,既是容闳敢为天下先精神现代传承的体现,又是珠江文化开放性、前沿性、争先性的生动体现和佐证。

"忍耐性"和"别择性",实则是敢为天下先精神在受挫折条件下的精神特性,又可以说是两种表现形式。敢创造、敢冒险,难免会失败、受挫折。有信念、有大志的人在失败、挫折面前必是不气馁、有耐性的,又往往会另择途径或方式去努力,以求达到所求目的。这就是忍耐性和别择性。容闳的一生,始终是"第一"与挫折相随、忍耐与别择相伴、曲折与前进交替、成功与失败相成。他之所以一时从教育转搞政治,一时从经商转办实业,一时从办报转向外交,一时支持维新变法,又一时转向支持辛亥革命,正是他坚持敢为天下先精神而在受挫折时忍耐性和别择性的体现。容闳是出于"变旧中国为新中国,变苦境为乐境,不特为中国造福,且为地球造福"的信念和大志去敢为天下先的。正如梁启超说:容闳"舍忧国外,无他思想、无他事业";也正如容闳夫人玛丽·凯洛克的一位表妹所说:"容闳对美国的政治运作不感兴趣,他整天想解决的主要问题,是中国如何才能赶上世界上技术的进步"。这些评价说明,容闳的冒险性、忍耐性、别择性美德都是以为祖国和人类造福为目的的。自然,他所体现的近代珠江文化精神的实质也是如此。应予补充的是,从文化特性而言,忍耐性也属兼融性、包容性,别择性也在于敏感性、浮动性之中,这些特性也是珠江文化特性,又都是各有其正负面的,在容闳身上的体现也是如此,限于篇幅,不详析了。

总之,《容闳传》是一部为近代珠江文化"第一"先驱——容闳作出学术定位的扎实新作,又是以容闳为个例探究近代珠江文化先驱作用、文化特质、文化精神的重要论著,是甚有学术价值和现实意义的,因为其所论析的容闳文化和精神,正在改革开放的今天继续着、发展着;其所探究的珠江文化,有似旭日东升,蒸蒸日上,鹏程万里,阔步向前。

2004 年 4 月 25 日

近代珠江文化诗圣——黄遵宪

中国是诗歌大国,从《诗经》开始,已有三千多年的诗歌传统。诗歌传统是中国文化的重要传统之一,中国的传统文化也很突出地体现于诗歌传统之中。在19世纪末和20世纪初(即鸦片战争到辛亥革命前夕)这个跨世纪而又是数千年封建社会濒临崩溃的年代,也即是在中国从古代文化转为近代文化的重大转折时期,中国诗坛涌现了一位举世公认的大家——黄遵宪。他既是这个转折时代的一面镜子,又是这个时代主导潮流的杰出代表,而且是处于这个时代中国对接世界浪潮最前沿的珠江文化的杰出领潮诗人,堪称近代珠江文化诗圣。

一、黄遵宪生平与珠江文化

黄遵宪(1848—1905),字公度,广东嘉应州(今梅州市)人。著有《人境庐诗草》11卷、《日本杂事诗》2卷、《日本国志》40卷,以及其他文稿、书札。1981年6月上海古籍出版社出版了钱仲联笺注的《人境庐诗草笺注》共3册(本文写作所引资料多用此书,顺表谢忱)。

黄遵宪的一生,与珠江文化有极其密切的关系。他从诞生到29岁,一直在故乡受着珠江文化的熏陶,长大成人,在顺天乡试高中举人。试前曾到天津、烟台等地,受过当时主管外交的大臣李鸿章接见,受到赏识,被称为"霸才"。

他从30岁到47岁,被派往外国做外交官,先后出使日本、美国、英国、新加坡,先后任领事、参赞、总领事,直接感受、研究、传播海洋文化,使他在珠江文化哺育中养成的海洋文化素质得到进一步的增强和升华;同时,他也自觉或不自觉地在其外交工作中,以珠江文化素质去做人处事,树立了珠江文化人的光辉形象。例如,他在初到美国任旧金山领事时,美国议院设例禁止华工,他即千方百计尽力捍卫华工利益;美国官吏借口有违卫生条例而捕华工入狱,他亲到监狱看望,指出监狱更不卫生,使得官吏不得不放人。这体现了他的人权和平等意识。这正是珠江文化人文素质的典型体现。

他从48岁到51岁,回国投身康有为、梁启超领导的维新运动,先后在上海主持洋务局、参加强学会、创办《时务报》,在湖南任按察使,大办新政,仿西方巡警制度,设保卫局、课吏馆、时务学堂、南学会,宣传并实际进行维新,使湖南风气大变。这些作为,实际上是将"敢为天下先"的珠江文化特质,转化为领导时代主潮的维新政治运动并付诸实践的重大行动。当时维新运动影响全国以至世界,从而也即是在实际上同时起到将近代珠江文化推向全国以至世界的作用。

他从52岁到58岁,因维新运动失败被罢黜而回归故里,在忧愤养病中整理诗作直到逝世,从政治风云人物变为落魄诗人。他晚年在与弟书中感慨:"生平怀抱,一事无成,惟古近体诗能自立耳。"他辞世后,文化界一致为之哀叹,挽诗挽联甚多,同代大学者梁启超在《饮冰室诗话》中,特引其中观云挽诗一首:"公才不世出,潦倒以诗名。往往作奇语,孤海斩长鲸。寂寥风骚国,陡令时人惊。公志岂在此,未足尽神明。屈原思张楚,不幸以骚鸣。使公宰一国,小鲜真可烹。才大世不用,此意谁能平。……"虽然失意如此,他在临终前还题联:"尚欲乘长风破万里浪,不妨处南海弄明月珠",道出了他的未酬壮志,也充分体现了海阔天空、与时共进的珠江文化精神。这种壮志和精神,主导他在晚年诗歌创作和整理上,既熔铸并体现了他作为政治领潮人物忧国忧民的悲壮情怀,又熔铸并体现了他数十年一直坚持写诗和创新的经验和理论,使他从创作上、理论上、影响上都成为代表其所处时代的杰出诗人,同时也是在诗坛上最能体现珠江文化特质和影响的诗人,即近代珠江文化诗圣。

二、黄遵宪诗歌创作中的珠江文化底蕴

称黄遵宪为近代珠江文化诗圣,不仅是由于他出生、成长并最后辞世于广东,而主要是他毕生从事的诗歌创作中,蕴藏着丰厚的珠江文化底蕴,并充分地体现和代表了近代珠江文化的先进思想和风格。

清末民初大学者梁启超在《饮冰室诗话》中说:"近世诗人,能熔铸新理想以入旧风格者,当推黄公度";"公度之诗,独辟境界,卓然自立于二十世纪诗界中,群推为大家"。可见黄遵宪诗作在当时不同凡响,具有一代大家的地位。而这地位,又是由于他的诗具有领导时代新潮的影响所决定的。当时领导时代的新潮,就是他和康有为、梁启超等人所掀起的、以民主立宪为主旨的维新运动。他初到日本任参

赞时（时年31岁），见日本倡导民权学说，又读到西方卢梭、孟德斯鸠的倡导民主思想著作，即认为"中国必变从西法"，并且预言："三十年后，其言必验"。后来事实果然如此。他以此思想指导自己的仕途和政治活动，主导自己的诗歌创作。他在日本写的诗，编为《日本杂事诗》2卷，"上自国俗遗风，下至民情琐事，无不编入咏歌"；又着有《日本国志》一书，是以介绍日本国情而启发中国赶上世界先进潮流之作。此后他的作品，大都以种种不同方式方法体现着这种爱国民主思想。

首先是他以时事诗的方式，对时势和重大政治事件抒发自己的观点和感受；针砭时弊，对现实产生直接影响，起到时代号角作用；真切写出事件，记录了历史真实，具有诗史的价值。他亲历一系列重大政治事件：第二次鸦片战争、中法战争、甲午战争、八国联军入侵等一个接一个帝国主义侵略风暴，太平天国、捻军、苗民、回民、义和团等一个接一个起义风潮，国家民族正处危难之中，使他创作了大量抒写忧国爱民情怀之诗作，如：在《羊城感赋》《马关纪事》《书愤》《天津纪乱》等篇章，连续发出对在帝国主义侵略的愤慨，对卑躬屈膝投降者的不满；在《香港感怀》中抒发了对祖国失地的悲痛；在《台湾行》中发出了保卫国土的誓词；在《冯将军歌》中抒发了对为国战斗英雄的热烈歌颂；在《题黄佐廷赠尉遗像》中抒发了对为国捐躯壮士的崇高礼赞……。同时代学者和诗评界，对黄遵宪诗的这些特点评价很高。陈衍《石遗室诗话》云："公度诗多纪写时事"，潘飞声《在山泉诗话》也云：公度诗"多刺时事"。钱萼孙《梦苕盦诗话》云："予以为论公度之诗，当着眼于其人民性现实性之深度如何，其反帝爱国精神，能反映出近百年来中国史上之主要矛盾，公度诗之真价即在此"；公度诗"抚时感事之作，悲壮激越，传之他年，足当诗史"。可见他这类诗篇的创作及其社会作用和价值。这些作用和价值也说明其文化底蕴，是珠江文化"敢为天下先"及共时性特质的典型体现。

游历纪事诗在黄遵宪诗作中数量最多，几乎他每到一个地方都写下诗作，记下当地的事物风光、风情世态，既是游记、风情录，又是新事物、新意境的推广录。他多年出使外国，游历广，见闻多，写这类诗特别多，仅《日本杂事诗》即有2卷（共120首），他出使美、英、新加坡及经法国巴黎、埃及苏伊士运河、越南西贡等均写有诗篇；在国内所经地方也是遍布南北各地，从梅州到广州、香港、梧州、肇庆、潮州，到台湾、上海、武汉、岳阳、长沙、北京、天津、旅顺、威海、烟台等，都有他的足迹和留下的诗篇。他写的这类诗，无论写外国或是写内地，都注重写出当地或旅途风光特色，同时更着重写出新事物、新意境，从而体现出新思想、新风格。如《苏伊士河》："龙门竟比禹功高，亘古流沙变海潮。万里争推东道主，一河横跨两洲遥。破空椎凿地能缩，衔尾舟行天不骄。他日南溟疏辟后，大鹏击水足扶摇。"《海行杂感》之五："星星世界遍诸天，不计三千与大千。倘亦乘槎中有客，回头望我地球圆。"既将苏伊士运河与乘船海上所见风光写出，又将开辟这条运河的世界意义与现代世界的宏大思想凸现出来。所以诗评家对这一特点评价甚高。陈衍《石遗室诗话》云："中国与欧美诸洲交通以来，持英簜与敦槃者，不绝于道。而能以诗鸣者，惟黄公度。其关于外邦名迹之作，颇为伙颐。"徐世昌《晚清簃诗话》云："公度负经世才，少游东西各国，所遇奇景异态，一写之以诗。其笔力识见，亦足以达其旨趣。子美集开诗世界，为古今诗家所未有也。"袁祖光《绿天香雪簃诗话》云："海外景物，近人入诗者多。求其雄阔淋漓，不负万里壮游者，惟黄公度一人而已。"这些评价很能说明黄遵宪诗作的这个特点，是他具有丰富海外阅历的产物，同时也是其具有海洋性、敏感性、多元性、包容性等珠江文化特质的体现。

黄遵宪的写景咏物诗，也是甚受诗坛欣赏的一类诗。例如，《岁著怀人诗·怀陈乙山工部》："珠江月上海初潮，酒侣诗朋次第邀。唱到招郎《吊秋喜》，桃花间竹最魂销。"《雁》："汝亦惊弦者，来归过我庐。可能沧海外，代寄故人书？四面犹张网，孤飞未定居。"《游丰湖》："浓绿泼雨洗，森森竹千个。亭亭立荷叶，万碧含露唾。四围垂柳枝，随风任颠簸。中有屋数椽，周遭不为大。"《夜泊》："一行归雁影零丁，相倚双凫睡未醒。人语沉沉篷悄悄，沙光淡淡竹冥冥。"以及《晚渡江》句："霞红眉欲笑，山绿鬓遥删。"《寒夜独坐卧虹榭》句："风声水声乌乌武，日出月出团团黄。"这些短诗短句，可谓此类诗之翡翠，既典型体现了作者状物绘景的精细诗力，又充分地体现了作者清新淡雅的诗风，同时也体现了作者的文化底蕴中海洋性、开放性与求实性结合的珠江文化特质。

黄遵宪还写有不少通俗性和甚有生活味、人情味的小诗，其中以他写家乡的客家山歌、新粤讴为代表。如《山歌》："人人要结后生缘，侬只今生结目前。一十二时不离别，郎行郎坐总随肩。""买梨莫买蜂咬梨，心中有病没人知。因为分梨故亲切，谁知亲切转伤离"。"催人出门鸡乱啼，送人离别水东西。挽水西流想无法，从今不养五更鸡。"此外，《五禽言》："泥滑滑！泥滑滑！北风多雨雪，十步九倾跌。前日一翼翳，昨日一臂折。阿谁肯护持，举足动牵制。仰天欲哀鸣。口噤不敢说。回头语故雌：恐难复相活。泥滑滑！""阿婆饼焦！阿婆饼焦！阿婆年少时，羹汤能手调，今日河婆昏且骄。汝辈不解事，阿婆手自操。大妇来，口诡诡；小妇来，声嚣嚣；都道阿婆本领高。豆萁然尽煎太急，炙手手热惊啼号。阿婆饼焦！"这些诗从形式、语言到内容，都是通俗易懂、平易近人的。郑振铎在《中国俗文学史》中指出："清末有黄遵宪的，他也曾拟作或改作了若干篇的流行于梅县的情歌，得到了很大的成功，其内容却全是运之以五言诗的。……这些山歌确是像夏晨荷叶上的露珠似的晶莹可爱。"这些诗的创作，既表现了黄遵宪的平民性、大众性，同时也体现了珠江文化的平民性、大众性。

三、黄遵宪的诗歌理论体现的珠江文化特质

黄遵宪少年时期即开始写诗，并在与友人书中提出"别创诗界"之论；在21岁写的《杂感》诗里，明确主张"我手写我口"，用通俗语言入诗，反对盲目尊古模仿。后来他在《酬曾重伯编修》中云："费君一月官书力，读我连篇新派诗。"可见他自称他的诗作是"新派诗"，他的诗歌理论也即是他倡导的创新理论。

他44岁时在伦敦写的《人境庐诗草自序》中称："仆尝以为诗之外有事，诗之中有人；今之世异于古，今之人亦何必与古人同。尝于胸中设诗境：一曰复古人比兴之体；一曰以单行之神，运排偶之体；一曰取《离骚》、乐府之神理而不袭其貌；一曰用古文家伸缩离合之法以入诗。其取材也，自群经三史，逮于周秦诸子之书，许郑诸家之注，凡事名物名切于今者，皆采取而假借之。其述事也，举今日之官书会典方言俗谚，以及古人未有之物，未辟之境，耳目所历，皆笔而书之。其炼格也，㑊曹鲍陶谢李杜韩苏迄于晚近小家，不名一格，不专一体，要不失乎为我之诗。诚如是，未必遽跻古人，其亦足以自立矣。"这段话，可说是他的诗论纲领，其核心是：学古不仿古，要创新、自立。黄遵宪始终坚持以这种思想和精神，进行诗歌创作，倡导"诗界革命"，既是他自身具有珠江文化的创新、自立特质之体现，同时也是他以诗歌创作和理论弘扬了珠江文化这种特质和精神。

黄遵宪在晚年给友人信中说："诗虽小道，然欧洲诗人出其鼓吹文明之笔，竟有左右世界之力"（致丘炜萲）；"吾论诗以言志为体，以感人为用"（致梁启超）。这些主张是中国"诗言志""文以载道"传统之继续，但也体现了珠江文化的共时性、实用性的特点，尤其是"以感人为用"的主张。

黄遵宪在等级森严的封建年代，又是一位达官文人，但却很热衷写作并倡导民间山歌等口头文学，是很难得而引人注目的。他年轻时即写有客家山歌作品。他在中年时身处外国，仍然写出几首山歌，并在题记中写道："十五国风妙绝古今，正以妇人女子矢口而成，使学士大夫操笔为之，反不能尔。以人籁易为，天籁难学也。余离家日久，乡音渐忘。辑录此歌谣，往往搜索枯肠，半日不成一字，因念彼冈头溪尾，肩挑一担，竟日往复，歌声不歇者，何其才之大也。"对客家山歌之喜爱和崇尚之情溢于言表。其原因乃在于他出生于山歌之乡，自小受珠江文化这种环境熏陶。他在《拜曾祖母李太夫人墓》中亲切回忆："牙牙初学语，教诵月光光。一读一背诵，清如新灸簧。"由此可见，他以这些诗作和诗论而体现珠江文化的大众性、平民性的特质，则是必然而极其深刻、充分的。

　　黄遵宪提倡通俗文艺，不仅是客家山歌，还扩展到创作新粤讴、杂歌谣到新体诗，从语言、音韵到诗体都进行利用和改造。1902年，梁启超创办《新小说》杂志时，提出创作"杂歌谣"建议，认为："报中有韵之文，自不可少。然吾以为不必仿白香山之《新乐府》、尤西堂之《明史乐府》，自斟酌于弹词与粤讴之间，句或三或九或七或五或长或短，或壮如'陇上陈安'，或丽如'河中莫愁'，或浓如《焦仲卿妻》，或古如《成相篇》，或俳如俳技词，易乐府之名而曰杂歌谣，弃吏籍而采近事。"他提出在语言上"愈趋于简，愈便于用"，"适用于今，通行于俗"。随即他以"外江佬戏作"之署名，在《新小说》第9号至13号，在《杂歌谣》专栏连载新粤讴5辑22首。接着他又继续以此进行新体诗创作，接连发表了《出军歌》《爱国歌》《幼儿园上学歌》《小学生相和歌》。他自称这些诗是"新体诗"，请梁启超"扩充之、光大之"。梁读之"拍案叫绝"，认为是"一代妙文"，并说"此中国文学复兴之先河也"！这对后来诗坛影甚大。黄遵宪以利用改造客家山歌、粤讴等广东地方民间文艺进行新体诗创作试验，本身就是传播珠江文化的行动。值得注意的是，黄遵宪1891年在《与胡晓岑手札》云："阁下所作《枌榆碎事序》有云：吾粤人也，搜辑文献，叙述风土，不敢以让人。弟年来亦怀此志。"他生前曾记有客家方言札记一百多条，拟作《客家献征录》一书，都是从整理乡土文献出发的，这说明他在当时已开始有整理和传播乡土文化的意识，而其坚持通俗化、敢于创新、不断创新的做法和精神，也在深层次上体现了珠江文化大众性、创新性、浮动性之特质。

四、黄遵宪在诗坛和珠江文化中的地位和影响

黄遵宪的生平、诗作、诗论，都在所处年代和以后的文学史产生重大影响，具有重要的地位；同时，也在近代珠江文化的形成、丰富、发展、弘扬中，具有重要的作用和地位。

当黄遵宪与康有为、梁启超等人在进行维新运动的同时而发起"诗界革命"的时候，他的诗作和诗论即受到普遍关注，评价特高，推为大家，人们争相效法，影响甚大。康有为1908年为他的诗集写序时指出："公度之诗乎，亦如磊砢千丈松，郁郁青葱，荫岩竦壑，千岁不死，上荫白云，下听流泉，而为人所瞻仰徘徊者也。"梁启超对他更是爱敬有加，1909年为其写墓志铭称："先生之诗，阳开阴阖，千变万化，不可端倪，于古诗人中，独具境界。"1910年，南社发起人之一高旭称："黄公度独辟异境，不愧中国诗界之哥伦布矣，近世洵无第二人。"

黄遵宪在后来的现代诗坛和现代文学史上的影响也是很大的。胡适在《五十年来中国之文学》中说：黄遵宪"对于诗界革命的动机，似乎起的很早。他二十多岁时作的诗中，有《杂感》五篇，其二云：'……我手写我口，古岂能拘牵？……'这种话很可以算是诗界革命的一种宣言。"吴宓在《跋人境庐诗草自序》中称黄遵宪"为中国近世大诗家。……为诗界革新之导师。然先生不特以诗见长，其人之思想学识怀抱志趣，均极宏伟，影响于当时者甚大"。1955年，王瑶在《谈晚清新派诗》一文中指出："在未有彻底打破旧形式以前，要使诗能够容纳一定的民主主义的内容，而又不至于破坏诗的表现力量，使诗仍能够发生艺术的作用。这就是新派诗所可能达到的最高成就。从这种意义讲，黄遵宪可以说是中国旧民主主义革命时代的代表诗人；不只在他的诗中富于反帝爱国的精神是这样，在诗的艺术成就上也是这样。"这些评价是公允的，是符合当时和历史的实际的。

当今学者钱仲联在1981年上海古籍出版社出版的《人境庐诗草笺注》前言中认为：黄遵宪"是晚清古典诗歌改革的倡导人，是我国近代诗歌史上著名诗人之一"，是当时的革命派还没有在文学领域特别是诗歌领域揭起鲜明旗帜之时，"首先吹出古典诗歌改革运动号角的"新派诗人领袖。张永芳在1991年漓江出版社出版的《晚清诗界革命论》中认为："在晚清末年，黄遵宪确是成就最高、影响最大的一个诗人；这样一个诗人既与诗界革命发生了密切的联系，自然无愧于称作诗界革

命的一面旗帜";"诗界革命虽以梁启超为中心人物,却以黄遵宪为首席代表;如果说梁启超是诗界革命的脊骨,黄遵宪就是诗界革命的灵魂"。这些评价是能代表对黄遵宪研究的当今水平的。

从这些评价可见,黄遵宪无论对当时或对后世的影响都很大而深远,其影响主要在诗界而又超出诗界,可以说遍及社会和文化界。因为他不仅是著名诗人、诗坛领袖,同时又是著名政治家、外交家、文化人,确切地说,他是在诗坛作出突出贡献的文化人。他的诗作诗论是他为诗坛作出的贡献,也是在文化上作出的贡献,既是他所代表的新诗潮流的体现,也是他所代表的文化源流和潮流的体现。

黄遵宪所代表的文化源流和潮流,就是珠江文化及其近代潮流,也即是说,他是近代珠江文化在诗坛的代表和诗圣。从上述黄遵宪的生平、诗作、诗论所体现的珠江文化底蕴、特质和关系上看,完全可以说,他是较全面地体现了珠江文化的海洋性、敏感性、共时性、浮动性、多元性、包容性、平民性、大众性、实用性等特质的。但是,应当看到:他之所以能较全面地体现这些特质,在于他自己较全面地具有这些特质,并且自觉或不自觉地以这些特质去进行他的政治和诗歌活动,从而又为珠江文化以至中华文化,进一步增强、丰富、传播、弘扬了这些特质。另一方面,还要看到:他之所以较全面地具有这些特质,根本还在于珠江文化环境、源流和近代潮流的赋予,而他又主动地以珠江文化的特质去创造性地发挥、发展这些特质,并且着重于诗坛上这样做,从而获得了公认的晚清诗界革命"一面旗帜"的赞誉。由此看来,黄遵宪在中国近代文化史上的地位和作用,既是近代诗潮的开路先锋,又是较全面体现近代珠江文化特质的诗人,是近代珠江文化的诗圣。

2005 年 4 月 22 日

近代珠江文化文圣——梁启超

献身甘作万矢的,著论求为百世师。
誓起民权移旧俗,更研哲理牖新知。
十年以后当思我,举世犹狂欲语谁?
世界无穷愿无尽,海天寥廓立多时。

这是清末民初大学者梁启超1902年写的一首《自励》诗,虽然他原意是抒发自己的抱负,但我却认为表现了他的文章、风格、成就和影响,同时也表现了在他身上所具有的珠江文化的特质、素养、风度和气度。因为在这首诗里所体现的敢为天下先的开拓精神、不怕非议的献身和自主精神、爱国爱民的民族大众精神、追求真理认真治学的务实精神、海纳百川的世界海洋文化精神,既是梁启超的人品和文品之凝现,也是珠江文化主要特质之体现。

梁启超虽然只有56岁寿命,但却留下了一笔数量极其宏大、质量很高的珍贵的文化财富,其光芒不仅照耀着他的年代,而且至今以至以后仍在放射光芒。他从1891年在广州万木草堂师从康有为、并从事新学及变法维新思想传播开始,直到1929年1月19月在北平逝世,近40年,他一直主要从事政治活动,是19世纪末到20世纪一二十年代中国政坛的一位风云人物,在这期间的重大政治事件中都有他的影响。他在进行政治活动的同时,始终坚持文化学术活动。他主要是以办报的方式进行政治活动与文化学术活动的,所以,他的文章大都首先发表在他先后所办的《时务报》《清议报》《时报》《新民丛报》等报刊上,随后才单独出版,也有部分专著是完稿即单独出版的。1902年广智书局出版《饮冰室文集》18册(何天柱编),1916年中华书局出版《饮冰室全集》48册,1926年中华书局又版《饮冰室文集》80卷,1936年中华书局出版《饮冰室合集》40册,1989年北京中华书局重版12册,此外尚有其他未收入文集的文稿,总数达千万字以上,堪称著作等身的文化学术泰斗、中国近代文化的一代宗师。从珠江文化的层面上而言,梁启超的成就和风范，也足可尊其为近代珠江文化文圣。为什么呢？

一、梁启超生平与珠江文化

梁启超（1873—1929），字卓如、任甫，号任公、饮冰室主人，广东新会人。他从出生到22岁（1894年，即清光绪二十年，甲午战争爆发），一直生活、读书、讲学在新会、广州、东莞之间，是珠江水哺育成长的岭南人。1895年他入京会试，与康有为发起著名的"公车上书"之后，直到他去世，都甚少回广东；但他所从事的政治活动与文化学术活动，无不具有并体现珠江文化的精神和特质。

自"公车上书"到戊戌变法的4年期间，梁启超协助康有为以"变法图强"为号召，以创办《中外纪闻》和强学会进行维新活动，后又办《时务报》及著《西学书目表》、创办大同译书局，大量宣介西方现代文化著作，以锐不可当的青春气势，热烈奔放地体现了敢为天下先和睁眼看世界的珠江文化精神。

戊戌变法失败后，梁启超流亡日本，赴美游历，后辗转于檀香山、新加坡、澳大利亚、加拿大、日本之间活动，先后创办《清议报》《新民丛报》《时报》《新小说》等报刊进行政治宣传及倡导文化学术革命，包括以《新民说》倡导国民性革命、以《新史学》倡导史界和学术界革命、以《新小说》倡导小说界革命，以《新体诗》倡导诗界革命等，并撰有《论中国学术思想变迁之大势》《国史稿》《王荆公》《管子传》等专著。这十多年，是梁启超沦落天涯、饱经沧桑的时期，也是他风华正茂、建树良多的成熟时期。在这一时期，他既以在自身的海外生涯中汲取的大量的海洋文化养分丰富了自己本有的珠江文化素质，同时也以这样的素质而在从事政治与文化学术活动中，充分发挥了珠江文化的开创性、开放性、开拓性、务实性的精神与作用。

1911年辛亥革命爆发，梁启超回国，即在京津投入政治活动。他致书康有为，劝其放弃"虚君共和"主张，又公开表示拥护共和。他开始支持袁世凯，先后任司法总长、币制局总裁等职。袁世凯称帝时即与其决裂，公开反对，借回乡省亲之机，游说冯国璋，促蔡锷回滇起义，策动陆荣廷在南宁起义，并任两广"护国军都司令部"都参谋、抚军兼政务委员长。袁世凯死后，协助黎元洪，参加国务会议，主张对德绝交，加入欧战；后任段祺瑞内阁财政总长，1917年11月辞职。随即公开宣布中止政治活动，退出政坛，潜心著述，移居清华园任国学导师，直至1929

年辞世。从1911年到1917年这6年时间，是梁启超在政治上落伍的时期，主要原因是他不认同孙中山代表的革命派，不能与其合作，只相信军阀，以至支持袁世凯；即使后来反袁，也不是联合孙中山。可见梁启超的革命思想在政治上是不坚定、不深刻、不彻底的。最后他离开政治活动，在潜心学术中度过晚年，也说明是这个缺陷所必然导致的结局。

梁启超对自己的性格和学术弱点有过评价，自认"生性多变"，"其保守性与进取性常交战于胸中，随感情而发，所执往往前后相矛盾。尝自言曰：'不惜以今日之我，难昔日之我'，世多以此为诟病，而其言论之效力往相消，盖生性之弱点然矣"。这些弱点，对梁启超而言不是偶然的，也不是孤立的，正如他所言自己是"保守性与进取性常交战于胸中"的体现。如果说他在前半生是以"进取性"为主导的话，那么在辛亥革命后则是"保守性"占上风了；晚年他从一个叱咤风云的政坛人物，转入书斋潜心学术，虽然这也未尝不是一种奋斗的方式和奋斗领域，但毕竟是奋斗目标和战场的转移，直言之，也即是在政治上退缩了，不再坚持为政治目标奋斗了。这样，恰恰也正是珠江文化特质的一种负面表现，因为珠江文化的进取性、敏感性、共时性特质的负面，正是不固定、不深刻、不彻底。由此看来，梁启超的生平，既在其成长及主要成就和影响上体现了珠江文化的正面特质和精神，也在其弱点和缺陷上体现了珠江文化的负面特质和精神。

二、梁启超在文化学术上的成就与珠江文化

梁启超虽然在政治上是有弱点、有缺陷的，但在文化学术上则是功勋盖世、名垂青史的。这不仅在于他的著作多、有分量、有影响，更为重要的是他在文化学术的多个领域都作出了开创性的、革命性的贡献；而这些贡献，又是很能体现珠江文化的特质和精神的。

（一）以《新民说》倡导国民性革命

梁启超在《自励》诗中称言要"誓起民权移旧俗"，可见这是他人生主要奋斗目标之一。自戊戌变法失败之后，他开始认识到改造中国，要从教育人民做起，从改造中国人的国民性做起，要改造奴性、奸俗、为我、怯弱、无动等心理和行为习

惯,反对浑纯派、为我派、呜呼派、笑骂派、暴弃派、待时派等"无血性""放弃责任"的旁观派,提倡新道德、新理想、新观念。1902年2月,他创办《新民丛报》就是为了倡导新民说。他称办报宗旨是:"取《大学》新民之义,以为欲维新吾国,当先维新吾民。中国之所以不振,由于国民公德缺乏,智慧不开;故本报专对此病而药治之,务采合中西道德为德育之方针,广罗政学理论,以为智育之本。"为此目的,他这时也改用笔名"中国之新民"发表文章。除此前发表的《爱国论》《中国积弱溯源论》《过渡时代论》《少年中国说》等名噪一时的文章外,他还在《新民丛报》上连载他的系列文章《新民说》,共约11万字,被当时学术界公认为中国启蒙思想的代表作。胡适在《四十年自述》中说:"《新民说》诸篇给我开辟了一个新世界,使我彻底相信中国之外还有很高等的民族,很高等的文化。"鲁迅说他写小说是为了"拯救国民的灵魂""改造国民劣根性"的说法,实则与梁启超的《新民说》相通。何干之在《近代中国启蒙运动史》中认为:《新民说》是"第三等级的人权宣言书",在当时"最有价值,影响最大"。

值得注意的是:梁启超倡导的《新民说》正如他自己所言,是"采合中西道德","广罗政学理论"而提出来的,其实更为主要的是汲取西方资产阶级文化而来。所以,他也在推广此说的同时,大量引进推介西方文化,或著述,或译载,在报刊和出版物上纷纷呈现,如《国家思想变迁异同论》《鲁索(即卢梭)学案》《霍布士学案》《亚里斯多德的政治学说》《进化论革命者颉德》《乐利主义泰斗边沁之学说》《法理学大家孟德斯鸠之学说》《天演学初祖达尔文之学说及其传略》等。这些做法与《新民说》的倡导异曲同工,都是国民性革命所必需,都是开创性、开拓性的。这些作为,是梁启超革命精神的体现,也是珠江文化的海洋性、开放性、包容性、共时性特质在梁启超身上的体现。

(二)学术界革命

梁启超在《自励》诗中称言:"更研哲理庸新知"是他的抱负之一,可见做学问、做学者是他的奋斗目标。他以革命的态度进行政治活动,也同样以革命的态度做学问,进行学术界革命。其代表作是1902年写的《论中国学术思想变迁之大势》,7万余言,撇开封建纲常名教思想和儒家的正统观念,对先秦诸子学、佛学及清代学术思想的发展演变及长短得失作了概括论述和客观评价,并注意到学术思想的演变与社会发展的联系，以及各派学术之间的相互影响，乃至中国与外国文化的交流和影响。文章将中国自黄帝时代至清光绪四千余年学术史划分为："一、胚胎时代，春秋以前是也。二、全盛时代，春秋末及战国是也。三、儒学统一时代，两汉是也。四、老学时代，魏晋是也。五、佛学时代，南北朝、唐是也。六、儒、佛混合时代，宋、元、明是也。七、衰落时代，近二百五十年是也。八、复兴时代，今日是也。"这是卓有见地的看法。在文章中，他还论及中国学术思想"实以南北中分天下，北派之魁厥为孔子，南派之魁厥为老子，孔子之见排于南，犹如老子之见排于北也"。这是首见的地域文化差异的论述，是很值得注意的。这篇文章是中国近代学术史的开山之作，对后来影响很大，堪称梁启超《自励》诗所言的"著论求为百世师"的传世名篇之一。无怪乎胡适在当时读了此文，认为是给他"开辟了一个新世界"，使他知道了在《四书》《五经》之外，"中国还有学术思想"。

此外，他还以《论学术之势力左右世界》等文章，极力推崇西方学术，特别是引进一些新的学术门类或学科，如数学、天文学、理化学、动物学、医学、地理学、政法学、生计学（政治经济学）、卢梭的民约论、瓦特的汽机学、亚当·斯密的理财学、伯伦知理的国家学、达尔文的进化论等。这些西方科学成果和新兴学科的引进，也是学术界革命的重要方面，因为它扩大了学术领域，增进了新的学科与科学研究天地，促使落后的、封闭的中国跟上世界科学教育和研究的发展步伐。由此看来，梁启超倡导学术革命，以巨大的魄力和精力，大量引进世界先进学术成果与新兴学科，真可谓有世界时代眼光的远见卓识。这个倡导，是梁启超具有敢为天下先和海纳百川的珠江文化精神的典型体现。

（三）史学界革命

梁启超对历史的研究著述甚丰，影响也很大，是当时倡导"为史界开辟一新天地"的第一人。他从创办《新民丛报》创刊号（1902年）开始，即连载他的倡导史学界革命的代表作《新史学》一文。他在文中指出：史学是"国民之明镜"，"爱国心之源泉"，是学问中最博大、最切要者，与国家民族发达密切相关。但以往史学是"帝王中心论"，"皆为朝廷上之君若臣而作，曾无有一书为国民而作"，将数千年中国历史写成帝王"二十四姓之家谱"，无休止地进行所谓"正统"与"闰统"之争,所谓"春秋笔法"同样是谄媚王霸者而无关于人群之进化。他提倡的新史学,是以"叙述人群进化之现象而求得其公理公例"(即法则、规律)为宗旨,"使后人循其理、率其例,以增幸福于无疆"。他不仅提出理论主张,而且身体力行,撰写了多种专题史和人物传记,如《先秦政治思想史》《中国近三百年学术史》《中国专制政治进化史论》《中国法理学发达史论》《中国国债史》,以及《郑和传》《管子传》,等等,直到最后重病期间,仍在编《辛稼轩年谱》,直到辞世。此外,尚编有《雅典小史》《斯巴达小志》《波兰灭亡记》《朝鲜亡国史略》《越南亡国史略》等外国史。这些中外史著,每一部都对当时的中国有重要的现实意义。

还值得注意的是,梁启超一直对历史研究法特别关注。1921年,他将在南开大学的讲稿《中国历史研究法》出版单行本,达十万余言,影响很大。1923年,他发表《研究文化史的几个重要问题》。1926—1927年,他又写了一部十万余言的《中国历史研究法补篇》,可谓对史学方法论研究孜孜不倦。他在《中国历史研究法·自序》中称:孔子曰"工欲善其事,必先利其器"。他即是"用此方法以创造一新史",并且认为"我国史界浩如烟海之资料,苟无法以整理之耶?则诚如一堆瓦砾,只觉其可厌。苟有法以整理之耶?则如在矿之金,采之不竭"。可见他对历史研究方向的重视是很有道理的,他自己也是身体力行的。梁启超的史学界革命理论和实践,充分体现了他的开拓进取、务实致用、讲求实效的精神,而这,又正是珠江文化创新性、务实性、实用性特质的典型体现。

(四) 舆论界革命

中国在晚清才出现公开发行的报刊。自这种宣传舆论载体出现之后,对其使用时间最长、频率最高、效果最大的宣传家,恐非梁启超莫属。他从23岁开始即协助康有为创办《中外见闻》,24岁自己创办《时务报》直到戊戌政变失败,26岁在日本横滨创办《清议报》,29岁《清议报》停刊,改办《新民丛报》,30岁又办《新小说报》,32岁兼办《时报》,直到35岁改办《政论》,38岁办《国风报》,辛亥革命后,他40岁办《庸言报》,直到41岁才停止办报刊,前后达近20年之久。他办报刊主要是为政治造舆论,为学术提供园地,为真理进行争鸣,可以说,既是以舆论进行革命,又是进行舆论的革命。这在中国舆论史或报刊史上,都是具有划时代意义的。他还有自己的舆论理论。如他在《论报馆有益于国事》一文中指出:

"觇国之强弱,则于其通塞而已","去塞求通,厥道非一,而报馆其导端也"。"发端经始,在开广风气,维新耳目,译书印报,实为权舆"。又说"度欲开会,非有报馆不可,报馆之议论,既浸渍于人心,则风气之成不远矣"。他还提出:"有一人之报,有一党之报,有一国之报,有世界之报",并公开承认他办的《时务报》是"一党之报",《清议报》则是"在党报与国报之间"。这是最早的报刊具有党派性的观点。可见梁启超在舆论界是一位有理论有实践、有主张有实业的权威人物,所以在当时被誉为"舆论界之骄子"是实至名归的。

他还带动了舆论文体的大革命。梁启超最早提出报刊文字要"言文合一"的主张。他在报刊上发表的文章,无论是针砭时弊的短文,或者是洋洋洒洒的学术长论,无论是与人争论的文章,或者是重大问题的政论,他都写得挥洒自如,感情充沛,雄辩充实,通俗流畅,自成一体,一扫当时文坛的八股气,开五四白话文运动之先河。他被公认为开创了一种"新文体"(又被称为报章体、新民体),主张文章要"适用于今,通行于俗"。当时著名诗人黄遵宪称梁启超的文章使人"惊心动魄,一字千金,人人笔下所无,却为人人意中所有,虽铁石人亦应感动。从古至今文字之力之大,无有过之此者矣"。黄遵宪还指出:当时全国四五十家报刊的言论,在半年时间内,大都"助公舌战,拾公之牙慧者。乃至新译之名词,杜撰之语言,大吏之奏折,试官之题目,亦剿袭而用之",连反对者也承认他的文章有一种"魔力","使读的人不能不跟着他走,不能不跟着他想"。1936 年,毛泽东在与斯诺谈话中说自己青年时代很爱读梁启超在《新民丛报》的文章,"读了又读,直至可以背出来"。郭沫若说自己青少年时受《清议报》的影响很大,认为梁启超"在当时确是不失为一个革命家的代表。……在他那新兴气锐的言论之前,差不多所有的旧思想、旧风气都好像在狂风中的败叶,完全失掉了它的精彩。二十年前的青少年……无论是赞成或反对,可以说没有一个没有受过他的思想或文字的洗礼的"。郑振铎说:梁启超"在文艺上,鼓荡了一支像生力军似的散文作家,将所谓恹恹无生气的桐城派文坛打得个粉碎。他在政治上,也造成了一种风气,引导了一大群人同走。他在学问上,也有了很大的劳迹;他的劳迹未必由于深湛的研究,却是因为他把学问通俗化了,普遍化了。他在新闻界上,也创造了不少的模式,至少他还是中国近代最好的最伟大的一位新闻记者。"这些名家对梁启超的评价是中肯而权威的。从这些评价可见,梁启超的舆论革命和文体革命,无论在当时还是以后的影响都是很大而深远的,他在这一领域上的锐气和实干精神,也正是珠江文化竞争性、敏感性、共时性、务实性的充分体现。

（五）文学界革命

梁启超在文学领域，也是五四新文学运动前奏的举旗人物。他倡导的新文体，既是舆论界革命的一面旗帜，也是文学界革命的一面旗帜。他的《少年中国说》，既是学术论文，又是理严辞美的散文；他声讨袁世凯的檄文《异哉！所谓国体问题者》，既是义正辞严的政论，又是情文并茂的散文；他的《欧游心影录》，既是边记边议的记者手记，又是情景交融的优美散文。他早在1899年即提出"文界革命"的口号。这口号的主要内容之一，就是倡导新文体。从文学上而言，梁启超倡导的新文体，实际上是文言文与白话文的结合体，是从文言文到白话文之过渡形式。他在当时之所以还不能完全用白话文，乃在于社会的条件尚未成熟，正如他所言那样："我不敢说白话永远不能应用最精良的技术，但恐怕要等到国语经几番改良蜕变以后。若专从现行通俗语底下讨生活，其实有点不够。"可见他倡导的新文体似有"白话不够文言补"的意思。这在当时来说，乃不得已的开创行为。被称为白话文开创人的胡适曾说：严复用文言译书，"当时自然不能用白话，若用白话，便没有人读了。八股的文章更不适用。所以严复译书的文体，是当时不得已的办法"。梁启超的新文体也在于此。我们不应当否认其历史局限下的创造功绩。陈独秀在《答适之——讨论科学与人生观》一文中说："常有人说，白话文的局面是胡适之、陈独秀一班人闹出来的，其实这是我们的不虞之誉。中国近来产业发达，人口集中，白话文完全是应这个需要而发生而存在的。胡适之等若在三十年前提倡白话文，只需章行严一篇文章便驳得烟消灰灭。"章行严即章士钊，在当时任教育总长，公开反对白话文，坚持用文言文。值得注意的是，自五四运动以后，梁启超所写文章全都用白话文了。可见他当时倡导新文体和接着用白话文都是与时俱进的，由此可见他倡导和实践的文学界革命，也是珠江文化开创性、现实性、共时性的突出体现。

小说界革命，是梁启超倡导文学革命的又一旗号。1902年他在日本撰写的《论小说与群治之关系》可说是这旗号的纲领。此文开篇即称："欲新一国之民，不可不新一国之小说。故欲新道德，必新小说；欲新宗教，必新小说；欲新政治，必新小说；欲新风俗，必新小说；欲新学艺，必新小说；乃至欲新人心，欲新人格，必新小说。何以故？小说有不可思议之力支配人道故。"他如此强调小说之功能虽有些过分，但在当时是很有革命意义的。首先是在中国封建传统中历来轻视小说，忽视小说的社会作用。他认为小说有"熏""浸""刺""提"四种力。"文家能得其一，即为文豪；能兼其四，则为文圣。有此四力而用之于善，则可以福亿兆人；有此四力而用之于恶，则可以毒万千载。"他在《译印政治小说序》中认为"美、英、德、法、奥、意、日本各国政界之日进，则政治小说为功最高焉"；他在《〈蒙学报〉〈演义报〉合叙》中指出，"日本之变法，赖俚歌与小说之力"。正因如此，1902年，他在刚创办的《新民丛报》第2号特辟《小说》专栏，长年连载新的小说作品；同年冬又创办中国第一家《新小说》杂志，连篇推出大量小说作品。由于梁启超在理论上的大力鼓吹，实践上又大力扶持小说创作和翻译小说，使得当时文坛形成了写小说、译小说、读小说、办小说报刊的热潮，涌现了一大批小说作品和小说作家，一改历代轻视小说之偏见，形成了一代小说之风。正如当时的小说家吴趼人（又名我佛山人，乃《二十年目睹之怪现状》作者）在《月月小说发刊词》中所言："吾感乎饮冰子《小说与群治之关系》之说出，提倡改良小说，不数年而吾国之新著新译之小说，几于汗万牛、充万栋，犹复日出不已而未有穷期也。"可见梁启超倡导小说革命的影响之大。从此也可见梁启超在这旗号下发挥珠江文化海洋性、开创性、大众性特质的威力。

梁启超还于1895年开始倡导诗界革命。这是他在北京菜市口附近住地与夏曾佑、谭嗣同聚会时提出来的。在此之前，著名诗人黄遵宪发表过不少有影响的新诗作，也言及他是写新派诗，但真正成熟并形成理论，则在梁启超于《新民丛报》连续发表《饮冰室诗话》之时。梁启超提出："欲为诗界之哥伦布、玛赛郎，不可不具备三长：第一要新意境，第二要新语句，而又须以古人之风格入之，然后成其为诗。"他还认为："近世诗人，能熔铸新理想以入旧风格者，当推黄公度（即黄遵宪）。"又说："公度之诗，独辟境界，卓然自立于二十世纪诗界中，群推为大家。"可见他提倡的诗界革命，是以"新意境""新境界""新语句""旧风格"为标准，以黄遵宪的新派诗为典范的。此外，他还极力倡导军歌、新粤讴、能歌之诗和乐学。他在《新民丛报》特辟专栏发表黄遵宪的《军歌二十四章》，并作出高度评价，指出："吾中国向无军歌，其有一二，若杜工部之前后《出塞》，盖不多见，然于发扬蹈厉之气尤缺。此非徒祖国文学之缺点，抑亦国运升沉所关也。"新粤讴是借用广东地方曲艺之一粤讴的形式填写新词，梁启超是广东人，自然熟悉这种民间文艺形式。他在《新小说》特辟专栏发表署名"外江佬戏作"的新粤讴作品,并作介绍:"乡人有自号珠海梦余生者,热诚爱国之士也。游宦美洲,今不欲署其名,顷仿粤讴格调成《新解心》数十章……皆绝世妙文,视子庸原作有过之无不及,实文界革命一骁将也。"当时较有影响的作品,如《唔发好梦》《趁早乘机》《呆佬祝寿》《珠江月》等,看题目即知是粤语文学,是通俗化的诗。显然,梁启超是借此以地方民间歌谣促进诗界革命。他引郑樵的话说:"诗为声也,不为文也。……凡律其辞则谓之诗,声其诗则谓之歌,诗未有不歌者也。"他为黄遵宪的《出军歌》《幼儿园上学歌》《学校歌》等能歌之诗"拍案叫绝",称其为"中国文学复兴之先河也"。这些倡导使得当时中国诗坛增添了生机,为五四的新诗运动开了先河。从梁启超在诗界革命中的理论与实践上看,也可见其具有珠江文化开创性、平民性、竞争性的文化底蕴。

  梁启超在戏剧领域也进行了革命,主要表现在两个方面:一是肯定了戏曲在文学上应有的地位。戏曲与小说一样属通俗文学,在中国文学传统中的地位是低下的。梁启超在《小说丛话》中指出:"文学之进化有一大关键,即由古语之文学变为俗语之文学是也。各国文学史之开展,靡不循此轨道。"由此,他反驳了认为宋元以降中国文学退化的说法,认为俗语文学大发达"实为祖国文学之大进化"。他极其欣赏《西厢记》《牡丹亭》《桃花扇》等戏曲作品,并以新观点予以评介;他还认为戏曲这种艺术有四长:"唱歌与科白相间,甲所不能尽者以乙补之,乙所不能传者以甲描之,可以淋漓尽致,其长一也。寻常之诗,只能写一人之意境,曲本内容主伴可多至十数人或数十人,各尽其情,其长二也。每诗自数折至数十折,每折自数调乃至数十调,一惟作者所欲,极自由之乐,其长三也。……曲本则稍解音律者可任意缀合诸调,别为新调,……其长四也。"这些做法和看法,从理论上总结和提高了戏曲的长处和价值,是有革命性的。二是以推介西方戏剧艺术,推动社会和文学发展。他说:"欧美学校,常有于休业时学生会演杂剧者。盖戏曲为优美文学之一种,上流社会喜为之,不以为贱也。"他极力推介莎士比亚、伏尔泰等的名作。特别值得称道的是:他还自己进行戏曲剧本创作,先后写了《劫灰梦传奇》《新罗马传奇》《班定远传奇》,以及未完稿的《木兰从军传奇》。《班定远传奇》是以粤剧的形式写西汉时班超征西域的故事,这是梁启超为日本横滨大同学校音乐会而作的,发表时题名为"通俗精神教育新剧本",并在"例言"中称:"此剧主意在提倡尚武精神,而所尤重者,在对外之名誉。"由此也可见梁启超的剧作,既是为宣传革命之戏剧,也是进行文学革命之戏剧。他在戏剧领域,推崇通俗戏曲,推介西方戏剧,尤其是进行粤剧创作,更充分地体现了他身上具有并发扬珠江文化海洋性、大众性、实用性的潜质。

1917年初,五四新文学运动倡导人之一钱玄同在给陈独秀的信件中指出:"梁任公实为创造新文学之一人。虽其政治诸作,因时变迁,不能得国人全体之赞同,即其文章,亦未能尽脱帖括蹊径,然输入日本新体文学,以新名词及俗语入文,视戏曲小说与论记之文平等,……此皆其识过人处。鄙意论现代文学之革新,必数梁君。"郑振铎在1929年《小说月报》20卷2号发表《梁任公先生》一文,充分肯定梁启超的文学革命功绩,称赞他"始终是一位脚力轻健的壮汉,始终能随了时代而走的"人物。这些评价,更能说明梁启超在文学革命领域,也突出地体现了珠江文化的与时俱进的精神和特性。

三、梁启超的人品风范与珠江文化

梁启超的一生,虽然在政治上有明显的弱点与缺陷,但在文化学术上的成就和贡献是巨大的,是堪称大师和泰斗的;从其在一生政治生涯与文化学术上所体现的精神和特质上看,是堪称近代珠江文化文圣的,从他的人品风范上看也是如此。

首先,从他的气节上看,梁启超在辛亥革命后,一度支持袁世凯,任其司法总长,但在袁世凯企图称帝时,他则公开决裂,用一夜时间写出著名的万字文《异哉!所谓国体问题者》,鲜明反对帝制,声言"就令全国四万万人中三万九千九百九十九万九千九百九十九人赞成,而梁某一人断不能赞成也"。在文章付印前,袁世凯既以威胁手段、又以20万元贿赂求他切勿发表。梁启超毫不动心,断然拒绝,并即着手策划反袁运动。功成之后,他有高位而不就,退身校园潜心学术。梁启超这种迷途知还、不畏威胁利诱、志在正义、淡漠名利的气节,正是珠江文化敏感性、正义性特质和精神的典型写照。

其次,从他的气度上看,自戊戌政变之后,齐名的康梁在一系列政治和学术问题上都逐步发生越来越大的分歧。开始是康有为要"当言开民智,不当言民权",梁启超则是"誓以民权移旧俗";康有为主张"尊孔保教",梁启超则认与"保教非所以尊孔"。面对与自己恩师的分歧和压力,梁启超感慨而言:"我爱我师,我尤爱真理","吾爱孔子,吾尤爱真理;吾爱先辈,吾尤爱国家,吾爱故人,吾尤爱自由"。虽然分歧日大,两人仍保持师生关系。自民国后两人对立更鲜明了。1917年康有为支持张勋复辟,梁启超公开讨伐,两人也由此公开决裂。但后来当康有为在青岛家中病故时,家境萧条,连棺材也买不起,梁启超即电汇捐出数百元,又代另一康门弟子捐出一百元办丧事,并在公祭仪式上宣读祭文,对康有为的历史作用与功绩作出公正的、极高的评价。康门弟子也都称他"古道照人,正气犹存",感佩他的高尚人格。

再次,从他的风度上看,梁启超与孙中山政见不同,所走道路有异,彼此有过合作,但相互争论甚多,这是举世皆知的事。但当孙中山于1925年在北平逝世时,梁启超出人意料地亲往吊唁,受到在场人奚落,他也不予计较,从容施礼,衷表哀思。致祭后,与汪精卫入室谈话,得知孙中山弥留之际,仍以英语、粤语、普通话呼喊"和平""奋斗""救中国"的情景时,梁启超感叹而言:"此足抵一部著作,足贻全国人民以极深之印象也。"更有意思的是,1926年,著名诗人徐志摩与陆小曼结婚,请梁启超做证婚人,而他在婚礼上所说的却是批评的话:"徐志摩,你这个人性情浮躁,所以在学问方面没有成就;你这个人用情不专,以至于离婚再娶。……以后务要痛改前非,重新做人。"以这样一番话证婚,引起全场震惊,成了一段文坛佳话。后来著名作家梁实秋说:"只有梁任公先生可以这样骂他,也只有徐志摩这样一个学生梁任公先生才肯骂。这真是别开生面的一场证婚。"后来徐志摩在给国外友人写信时谈到梁启超,也深情地说:"在他身上,我们不但看到一个完美学者的形象,而且也知道他是唯一无愧于中国文明伟大传统的人。"梁启超这种虚怀若谷的气度,不正是珠江文化海纳百川的包容性、兼容性的生动写照么?

最后,从他的感情上看,梁启超是一位重感情、讲义气的人,他赤心爱国、爱民族、爱国民,也爱家人、爱学生、爱朋友、爱家乡。他与夫人李蕙仙虽是旧式婚姻,但患难与共,感情弥笃;第二位夫人王桂荃,又名王来喜,原是李蕙仙陪嫁丫环,他也恩爱尊重。他对所有子女都关爱有加,精心教育而又鼓励自主、自立,所以其子女均成栋梁之材。他对学生和后辈均严爱并重,全力扶持。陈寅恪是他在维新运动时的好友陈宝箴之孙子,本是他的孙辈,但在清华园建国学研究院时,他除自己和王国维、赵元任外,还推荐陈寅恪为四大导师之一,校长以陈无学位、无论著拒请,梁则称:"我梁某也是没有学位的人,著作虽称'等身',但总共还不如陈先生寥寥数百字有价值",扶持后辈之情,溢于言表。他的学生如梁实秋、容庚、徐中舒、王力、高亨、刘节、陆侃如、杨鸿烈、谢国桢等,多是学术上的名家,在读书时都受其言传身教,而且也大都经他安排兼职做事,以微薄收入资助学习,由此也可见他爱生之情。特别值得称道的是他的故乡情结,他自"公车上书"之后,长期活动在国外和京沪等地,很少回故乡广东,但他的乡情始终未断过:仅从文学活动上看,他在倡导诗界革命时,特地推介广东地方艺术"新粤讴";在倡导新戏剧时,又亲自创作《班定远传奇》等新粤剧;辛亥革命后,他自日本归来,在京津到处发表演说,追忆为革命捐躯、为国牺牲的先烈,热情肯定先行者的贡献,其中在北京西草厂广东公会召开的广东同乡欢迎会上,他也热情肯定了广东对中国历史的贡献,认为"广东之在中国,其地位恰如欧洲古代之有腓尼基,中世之有南意大利市府也","实为传播思想之一枢要"。这些做法和说法,不仅是他的乡情所致,更重要的是肯定和发挥广东在文化和思想上的先进作用,尤其是引进西方文化和思想的中枢作用,换句话说,也就是肯定和发挥珠江文化的先进和中枢作用。

从总体上看,称梁启超为近代珠江文化文圣是确切的,是理所当然的。

2005 年 5 月 31 日

附注:

本文的写作,参照或引用了下列著作,恕不一一作注,谨向编著者致谢:

1. 林志钧编:《饮冰室合集》,北京中华书局 1989 年版。
2. 耿云志、崔志海著:《梁启超》,广东人民出版社 1994 年版。
3. 方志钦、刘斯奋编注:《梁启超诗文选》,广东人民出版社 1983 年版。
4. 连燕堂著:《梁启超与晚清文学革命》,漓江出版社 1991 年版。
5. 张永芳著:《晚清诗界革命论》,漓江出版社 1991 年版。

江河地域文化论

以五大战略将广州建成世界"五都"
——关于将广州市建设为世界"一带一路"之港都、网都、智都、商都、文都的刍议

百余年前,著名粤籍大学者梁启超说:广东之在中国,"实为传播思想之一枢要","为世界交通第一孔道"。并指出:"自宋以前,以广东之交通,而一国食其利。"这些论述表明:如果说,梁启超是中国以世界眼光看广东在世界的位置和优势的"第一人"的话,那么,去年底今年初媒体发布的广州"十三五"规划纲要确定:建设国际航运枢纽、国际航空枢纽、国际科技创新枢纽三大枢纽(广州建设"枢纽型网络城市"的核心构成)的建设目标,则是广州以当代的世界眼光来担当起引领发展的最新使命。这个使命,是根据广州在世界的历史地位和优势的实际,按广州在世界城市体系中应当和可以发挥怎样的作用、担当怎样的角色而提出的,必须从世界"一带一路"建设的高度去理解贯彻。枢纽即中心,与中转集散中心所称之"都"同义。广州提出建设三大国际枢纽和枢纽型网络城市,实际上也内含了将广州市建设为世界"一带一路"之"港都""网都""智都""商都""文都"的要义,体现了广州作为国家重要中心城市的追求和担当。由此,笔者提出如下刍议。

一、坚持以枢纽提升流量能级,建设世界"港都"

(一)国际航运枢纽:打造第五代港口标杆

一是枢纽功能型。由于港口吞吐量逐渐由高速增长变为平稳增长的"新常态",广州必须在做强港口服务、船舶运输等航运主业的基础上,进一步拓展延伸航运服务的上下游产业链,带动航运金融、保险、融资租赁等航运衍生服务业壮大发展,

从单一地追求吞吐量向提升附加值转变。

二是开放网络型。当前码头运营商国际化网络加速形成。因此,要积极融入全球航运体系,对外积极谋划"港外建港",鼓励港口运营实施"走出去"战略,参与国外重点港口的建设运营;对内采取"核心母港+虚拟无水港模式",通过电子平台网络延伸到腹地无水港,建立完善的虚拟无水港综合物流信息系统,拓展港口腹地。

三是组团集约型。借鉴纽约—新泽西港口群、东京湾港口群的发展经验,从珠江三角洲湾区乃至广东全省层面,统筹推进港口规划布局,整合港口行政资源,注重沿海港口总体功能分级和港口群内部合理分工、错位发展、优势互补。同时,通过港口企业间的兼并、重组、跨区域投资实现集约发展。

四是智慧物联型。以信息化、智能化、物联化为方向,把促进口岸通关便利化作为转型升级的方向,构筑物联网智能港口体系结构框架,发展以虚拟港口为核心的物流链控制中心,搭建信息平台、港口数据云服务平台、港口公共信息平台,形成高度整合的"大物流",打造技术密集型的"智能港"。

五是绿色生态型。将绿色理念贯穿于港口规划、工程建设、生产作业、设备管理等环节,鼓励港口企业提高应用天然气、风能、太阳能等清洁和可再生能源的使用比例,强化港口的安全保障能力,在港口环境影响和经济利益之间获得良好平衡。

(二) 国际航空枢纽:"航空大都市+通航小镇"

随着世界航空运输业的飞速发展,"航空枢纽"概念的内涵也在逐渐演变,笔者总结了四个方面的标准:一是具有明显规模优势,二是较高的中转数量与中转比例,三是高效优质的服务软环境,四是集聚临空产业发展。对照上述四个标准,广州在后三个方面都存在较大差距。据此,在白云机场第三跑道、第二航站楼等重大基础设施将相继建成投入使用的基础上,广州建设国际航空枢纽,要更加注重"软环境"建设。一是完善航空枢纽"大服务"机场体系。建立科学的运营管理体制,制定高标准的统一服务规范,优化机场、基地航空公司、海关、边检、公安、行业管理部门等跨部门协作机制;完善行李分拣、地面运输、值机手续、航显系统、旅客服务等中转设施系统,注重细节的人性化设计;提升机场管理水平与运营效率,使航空枢纽的安全水平、服务质量、中转效率、经营效益与国际接轨,提高客户满意度。二是在空港经济区复制推广自贸区政策。建议今后仍要积极争取有关部门支持,将自贸区的海关、检验检疫等政策在空港经济区内进一步推广。发挥广州在大洋洲航线市场份额的优势,谋划建设中澳新自由贸易产业园等。三是大胆设想建设"通用航空小镇"。建议加强与中航工业集团等央企合作,谋划建设包括飞机展销、飞行员培训、机场及FBO(为飞机提供多种服务的位于机场或附近的基地或服务商)、航空文化馆(广州是中国第一架飞机的诞生地)、通航会展中心、航空度假酒店等特色项目的"通航小镇",由点到面打开通航产业市场。

二、坚持以网络优化多极格局,建设世界"网都"

(一)空间布局组团网络

一是加紧编制新一轮中长期综合规划。2015年8月上海公示2040规划草案(2016—2040年),东京、巴黎、首尔等城市规划的目标年都是到2030—2040年,而《广州城市总体规划(2011—2020年)》直到今年2月才获得国务院批复,广州综合规划编制已严重滞后。二是城乡规划体系需进一步明晰。广州提出打造"黄金三角区"作为城市核心区,但周边城区的定位一直在变化,从"两个新城区、三个副中心"到"六个副中心+九个卫星城",最近又进一步提出建设南沙城市副中心,体现了不断深化的城市发展思维,尤其是南沙城市副中心的提出,是具有战略眼光和战略勇气的体现,但网络型的分类分圈层发展策略还有待进一步明晰。三是各功能组团有待细化。广州市最近提出的"一江两岸三带"战略,提出依托珠江水系的自然地理轴线,从西向东分三段打造30公里精品珠江,形成世界级的城市滨水景观。笔者认为,三段水系更近于串联城市全域空间的重要廊道,还需要进一步明确的是分布在这些廊道上的若干重要节点的功能。

(二)综合交通体系网络

广州不仅是航空航运枢纽,也是高铁和高快速路的陆上交通枢纽港,建议突出"交通—空间"联动发展,以交通基础设施建设为引导,对内促进城市各个功能组团板块之间的互联互通，对外打造四面八方的区域综合走廊。在理念上，突出交通引导、区分圈层，分别构建大广州"半小时、1小时、90分钟"三层交通圈，把珠江三角洲区域、大珠江三角洲区域甚至泛珠江三角洲区域紧紧联系在一起。在建设上，突出轨道主导、通道复合、枢纽整合。广州必须加大中心区和放射线的复合交通通道建设，如建设"黄金三角区"到南沙新区的高铁、广深沿江高速、机场第二高速等，均是增强交通廊道复合度的有力举措。枢纽整合就是要使综合交通枢纽由单一运输集散功能向城市综合功能枢纽节点转变。在设计上，突出以人为本、注重细节，提高枢纽内部各种交通方式之间换乘以及和周边街区、综合体衔接的便捷性，科学设置导流标志，加快枢纽内客流周转集散，建设若干个零换乘枢纽节点。

（三）区域创新网络

区域创新网络主要由创新主体、创新载体、创新政策环境、创新动力等构成，目前呈现出一些演变趋势：在创新策源上，从大公司为主向跨国公司和中小企业协作并举转变；在创新地理上，从单中心区域独立创新向跨区域协同创新转变；在创新方式上，从封闭研发向开放共生式创新转变；在创新内涵上，从单纯科技创新向全面创新转变。以上将为广州国际科技创新枢纽建设提供有益借鉴（见第三部分）。

（四）智慧城市网络

建议广州搭建智慧城市网络五大平台：一是信息基础设施平台。推行宽带城市、无线城市、通信枢纽等专项计划，依托广州超算中心等重大设施，坚持基础建设、产业发展、应用服务"三位一体"。二是物联数据平台。在智能交通、人口精确管理、城市能源和安全智能监控等方面，搭建城市运行物联和大数据平台。三是政府服务数字平台。政府部门之间实现信息互联协同共享，打破信息孤岛，实现90%以上的政务服务在线办理。四是中小企业服务云平台。依托琶洲互联网创新集聚区，鼓励大型互联网企业和基础电信企业利用技术优势和产业整合能力，建设中小企业公共服务云平台，建设若干个智慧产业特色园区。五是市民生活智能应用平台。实现人人享有医疗、教育等便捷的电子民生服务，培养数字消费习惯，构建社会信用信息体系。

(五) 生态城市网络

生态城市网络具有保护生态环境、维护生物多样性、景观游憩、控制城市边界扩张、稳定城市生态安全、提升城市生态价值等重要功能。一是守住国土生态基本格局,依托"山、水、城、田、海"的城市风貌,划定基本生态控制线,将绿地、林地、园地、耕地、湿地等通盘纳入生态空间规划体系,推进森林城市建设,完善城市生态基础设施,构建城乡一体化生态网络格局。二是构建全市域的生态廊道体系,根据城市肌理,建设宽度为500～1000米的若干条生态廊道,禁止新增工业、仓储用地,严格限制居住、商业等房地产开发项目进入,加强城市林带、景观带和绿道建设,把良好的自然环境渗透进城区。三是提升重要生态节点空间品质。完善森林公园、主题花园、湿地公园、环湖公园、滨江公园、生态绿岛公园、社区绿地公园等城乡公园体系,增加城市人均绿地面积,在每个区打造若干个不同尺度的生态空间节点,整体提升城市生态品质。

(六) 大都市区协同治理机制网络

国家新型城镇化规划提出了"建立城市群协调发展机制"。一是增强边界地区的整体规划协同。推动边界区域规划实现"一张图",保证规划的严肃性和一体化进程的顺利推进。二是建立按空间分区的治理机构。打破行政区域边界的概念,按产业、城市、生态等功能对重点连接区域进行统一划分,设立跨越行政区的统一管理机构,负责区域的具体治理行动。三是建立区域协作的利益补偿和共享机制。特别是在环境生态治理和产业转移等方面,实现利益协作和补偿机制,以此促进区域发展能够更加公平、均衡、可持续。

三、坚持以创新提升价值链位势,建设世界"智都"

(一) 建设三大类型创新集聚区

建议形成"1个国际科技创新枢纽+3类创新集聚区+x个创新产业园区"的

区域创新体系层级和空间布局。科学研究型创新集聚区，主要包括大学城、国际创新城和生物岛地区，核心特色是依托高校和科研机构，通过基础性研究成果的商业化来开发新产品，以生物医药等产业为代表，科研成果转化为市场产品的周期可长达 10～15 年。工程技术型创新集聚区，主要包括广州高新区、增城开发区、南沙开发区一带，核心特色是通过整合供应商与合作伙伴的技术来设计开发新产品，行业主要包括汽车和电信设备等先进制造业，产品开发周期为 5～10 年。客户服务导向型新业态创新集聚区，以琶洲互联网创新集聚区为典型代表，核心特色是实施互联网＋战略，通过产品和业态创新来满足客户的需求，代表行业包括互联网服务与软件、文化创意等，营销投入高度密集，开发周期往往只有 1～2 年，符合"后摩尔定律"的特征和"长尾理论"的市场需求。

（二）打造"360 度"创新创业生态圈

让各类创新要素集聚融合裂变，生态圈重在激活三大系统：一是投融资生态系统，推动科技与金融结合，打通资本和产业通道，形成良性循环；二是创新创业生态系统，通过搭建"研发机构＋孵化器＋加速器＋众创空间"的开放式产业科技创新网络，推动产业园区转型升级，充分释放各类创新主体活力；三是政务服务生态系统，构建以简政放权为核心的政务服务生态系统，深化财政科技计划专项和基金等管理改革，推动政府职能从研发管理向创新服务转变。

（三）形成创新型企业"金字塔"体系

一是吸引"锚定型"创新枢纽企业。如硅谷的谷歌、苹果，深圳的腾讯、华为，杭州的阿里巴巴等对创新资源和能力、市场份额具有强大控制力的大型跨国科技公司，这类企业的全球布局促进了创新要素的扩散。今年广州引进的思科、GE生物等巨头，即属于此类。二是靶向扶持科技"小巨人"企业。遴选一批实力较强、潜力较大的科技型企业和新型研发机构，实施政策靶向聚焦，加大科技创新板、战略性新兴板企业的储备度，努力推动其在竞争中加速成为本行业领域的领头羊。三是点燃"众创空间"星星之火。辩证看待"创业资本进入寒冬"，在创投回归市场理性的基础上，继续搭建各类"双创"支撑平台，推动开放式创新合作，促使大企业和小企业共享资金和技术,培育创新苗圃,实现众创共赢。

(四)建成集聚全球人才的"酷城市"创新乐土

广州要重新发掘敢为人先和开放包容的城市基因,营造创新精神和文化环境,构筑符合青年人才特点的住房保障体系,让"人口红利"转变成为"人才红利",让"人才节点"升级成为"人才枢纽",以人才集聚赢得城市未来。

四、坚持以自贸区引领"现代商都",建设世界"商都"

(一)提升自贸试验区建设

笔者认为,自贸区建设始终要把握制度创新、功能培育的主攻方向,结合以南沙港为核心的国际航运枢纽建设,推动自贸区与珠江三角洲国家自主创新示范区"双自联动",推动形成产业转型升级的新增长点、新产业链和价值链。建议设立南沙自贸区投资基金,以市场化专业化运作推动产融结合,服务南沙自贸区服务业开放、金融创新、重点产业发展及功能性项目的培育等,带动产业转型升级,助力南沙新区功能提升。

(二)加快打造跨境电商综合试验区

广州发展跨境电商有基础、有条件,应该抓住机遇,依托国际航空航运枢纽,建设跨境电商产业园区,推动线上"单一窗口"和线下"综合园区"平台建设相结合,打通关、税、汇、检、商、物、融等之间的信息壁垒,建立跨境电商促进外贸转型升级机制,培育扶持一批跨境电商骨干产业,打造网上"一带一路"跨境电商贸易新格局。

(三)谋划"一带一路"走出去先行区

在"一带一路"倡议的大背景下,开展海外布局、配置全球资源,搭建国际化平台成为一项重要战略。为此，建议以北京中关村、上海张江走出去模式为参照，紧密对接国家"一带一路"倡议，加快实施"走出去"，鼓励企业建立海外营销网络、海外并购和境外园区建设，捕捉全球投资机遇和创新要素，全面提升"走出去"的质量，提升城市国际化水平。

五、坚持以文化资本再生产彰显城市特色，建设世界"文都"

（一）重塑城市精神

广州城市文化主要吸收了中原文化、周边文化以及海洋文化，经由融汇创造而形成发展起来。要将三种文化传统相互会通融合，重塑"开放多元、包容分享、重商务实、求新求变"的城市精神。特别是重点要全方位发掘海洋文化，与内陆文化相比，海洋文化具有开放、包容、进取、冒险、重商等特质，要抓住建设21世纪海上丝绸之路的契机，大力发展邮轮游艇经济，增添城市海洋文化的元素，谋划建立海洋文化博物馆、海洋文化特色小镇等载体，使蓝色海洋文化成为广州城市特色的重要标识，促进海洋经济大发展。

（二）激活文化产业

培育创意文化产业，是实现文化资本再生产的重要路径之一。建议围绕"老—中—小"群体重点发展三大产业："老"即养生养老健康产业，广州作为岭南中医药文化中心，市民信中医、用中药、重养生，为养老养生等健康产业发展奠定了良好的基础，建议借助"健康中国2030"的东风，谋划健康产业集聚区、养生养老旅游休闲区。"中"即体育产业，在广马、国际龙舟赛等国际知名品牌基础上，要争取更多重大国际体育赛事的举办，同时发展健身服务业等公共体育产业，培育市民体育消费观念，完善城市公共体育设施，激发全民健身的消费潜力。"小"即青少年热捧的动漫创意产业，依托"互联网＋"行动计划，提升动漫产业创新能力，建立完整的动漫产业链，打造广州动漫的龙头企业和标志性品牌。

（三）活化历史街区

一是原真性保护。应按原状保护和保存在其所属社区及环境之中，延续城市的文脉。二是注重社区参与。社区居民是城市文化的传承者、维护者，历史街区保护和改造如果只是机械复建，导致搬迁社区居民大量搬迁，其所承载的城市文化元素也将随之消亡。三是业态多元。借鉴北京南锣鼓巷、成都宽窄巷子等城市历史街区改造的经验教训，科学确定历史街区保护开发的功能定位，合理把握商业开发尺度，推动商文旅融合，强化岭南建筑风格的个性设计，系统规划品牌打造、市场营销和形象塑造，让传统与现代、历史与时尚、自然与人文实现完美结合。

（四）教化城市文明

市民素质和城市文明程度是城市重要的无形资本。要加强公共文明引导，运用立法手段提升市民素质，建立个人诚信档案体系，健全信用奖惩机制。要完善公众参与机制，从严字入手，运用现代化信息技术，加大市民在环境保护、垃圾分类、维护网络文明等方面参与的广度和深度，共同提高市民生活质量和城市文明程度，营造宜居宜业的城市环境，全面展现广州城市文化软实力。

（此文全文万余字。现件是供领导参阅的摘要简版，原载于《广东参事馆员建议》2016年11月3日第46期。此文的撰写得到广州市委政研室的大力支持协助，特此鸣谢！）

珠江三角洲文化宝库——佛山
——佛山市及其禅城、南海、顺德文化资源考察报告

珠江三角洲是广东经济发达和富裕地区，其历史人文资源如何，"家底"怎样，如何定位，如何整合为文化软实力和发展竞争力，如何凝铸出与生机勃勃的珠江三角洲经济相匹配的珠江三角洲文化，等等，是当今关系广东持续发展的迫切问题。为此，最近我组部分成员赴佛山市及其禅城、南海、顺德等区，进行了文化资源考察，兹作调研报告如下。

一、佛山禅城区——中国陶瓷文化之都和南方市镇文化发祥地

按历史概念，佛山市的范围是当今的佛山市禅城区，迄今已有五千年陶瓷历史、五百年陶瓷辉煌！在佛山贝丘遗址中，证实本地先民早在新石器时代，已掌握当时较先进的制陶技术；唐宋时期陶瓷业发达，明清时期鼎盛，当时已有陶窑107座，从业者达6万多人，陶瓷制品分为日用、艺术、园林等五大类二十四行。在石湾至今仍存明代的南风古灶，并且仍能继续生产，是全国重点文物保护单位，是中国乃至世界上最久远、保存最完好且连续使用至今的最古老龙窑，载入世界吉尼斯记录，被誉为500年长寿的"活文物，移不动的国宝"。古有"石湾瓦，甲天下"之称，迄今仍是如此，其生产规模占全国陶瓷62%，占世界的25%。所以，无论经济力或文化力，佛山的陶瓷生产均为全国之冠，故被誉为"中国陶瓷之都"。加上佛山陶瓷企业既是经济企业又是文化产业，产品都有一流艺术又有独特艺术风格，既有被称为"石湾公仔"的传统陶塑又有现代的艺术陶塑等特点，更使其具有深厚丰富的文化内涵，从而可称佛山为"中国陶瓷文化之都"。

在唐宋时期，佛山已被列为全国四大名镇之一，明清时期更跃居四大名镇之首，是南方唯一名镇。其他三个名镇分别是在北方（河南）的朱仙镇、在中方（湖北）的汉口镇、在东方（江西）的景德镇。当时被誉为"名镇"，标志着这些

地方的手工业和商业在全国居于前列并是各方领先地位的经济中心，同时也即是市镇或市民文化兴起或发祥之地。这在封建社会中，不仅代表着当时的先进生产力，而且意味着市民经济和市民意识的出现，标志着资本主义因素的萌芽。从史料可见，佛山在当时不仅以陶瓷辉煌天下，而且以生铁铸造业领先全球，是西方工业革命前，接受中国出口铁器的最大生产地和出口港。可以说，佛山自唐宋时期起，即是工商并旺的名镇，亦是代表先进经济和先进文化的历史名城。从文化学的视角上看，佛山的陶瓷、炼铁等传统工业是熔铸性的，商业是交汇流通性的，其文化也相应是包容性、共时性、通俗性的。所以，佛山陶瓷文化是这些特性的典型体现，佛山禅城迄今尚存的其他名优文化资源，也大都具有这些特性。

例如，佛山古代生铁铸造业的辉煌，虽然已成为历史，但与其同类的现代钢铁铸造业——不锈钢产业已在佛山兴起，成为后起之秀，取代了佛山传统铸铁业在全国和世界的领先地位，近年佛山被评为"中国不锈钢名镇""中国不锈钢商城"，可见工业上的铸造文化和商业上的共时文化传统，仍在发扬光大。所以，誉其为"永不生锈的历史文化名城"是名正言顺的。另外，在民间文化上，作为市镇或市民文化的传承和体现，以佛山公仔和佛山剪纸两项民间艺术最为典型，近年已被列入非物质文化遗产；其他诸如粤剧、龙舟等名优文化，都代代相传，名目繁多，不胜枚举。值得一提的是：清末民初以"我佛山人"为笔名、著名小说《二十年目睹之怪现状》的作者吴趼人。这部小说和这位作家，早以其对社会黑暗的无情揭露，和"嬉笑怒骂皆成文章"的艺术风格，淋漓尽致地体现当时的南方市镇或市民文化意识，而被写进中国近代文学史。其所体现的市民文化特质和共时性、通俗性艺术传统，在前些年颇有影响的《佛山文艺》及其倡导的"打工文学"，以及以韩英为代表的微型小说创作中，都是有清楚的和新的体现的。所以，佛山禅城堪称南方市镇或市民文化的发祥地和传承地。

二、南海区——南海文化都会

南海，是南中国海的名称。秦始皇统一中国时，设南海郡，为岭南三郡之一（另两郡是桂林郡和象郡），其地域大致是今广东省。汉代以后，郡名及地域均变动甚大，南海虽然不再是郡名，而只是县名县治，但其名称千年仍在，其辖区也变动不大。直到前些年，南海先后改称市、区，也仍然是名不变、地小变。也许是因为这个缘故，至今在南海区中，传承千年前南海郡所开始的传统历史文化特色是尤其明显的。又由于地理上处于南海之滨的优势，使其较直接而及时地吸取西方现代海洋文化，并且能够将传统的南海文化与西方现代海洋文化相结合，形成了自成一体的中方与西方、传统与现代、内陆与海洋结合的特色文化。以南海文化为其名称，是最确切的；称南海区为南海文化都会，也是最恰当的。它拥有岭南文化最有代表性的六项名优资源，堪称六件"南宝"：

一是"南学"，即既传承中华传统文化、又吸取西方现代文化的岭南思想学术。南海在古代曾有两个状元，一是五代十国时南方政权——南汉国首位状元简文会，一是曾著文称"南海，广州之首邑也"的明代伦文叙，两人的经历与学问都有"南学"特色。最典型的是号为"康南海"的中国近代著名思想家、学问家康有为，出生、求学、办学都在南海，至今其南海故居犹存。其代表作《大同书》，尤其是其倡导的戊戌变法改良运动，充分体现其既继承中国传统又吸取西方现代思想的特点，可谓开"南学"之先河。梁启超等历代岭南后学之子，其思想、学术均源于此。

二是"南拳"，即岭南武术。南海是"南拳王"黄飞鸿故乡，迄今其故居犹在。在"黄飞鸿纪念馆"，展出从清末至现代先后出版的10多部关于他的传记书籍，有近百部描写他的戏剧或影视片，在海外影响很大，开南方武术文化之风。

三是"南纱"，即以香云纱为代表的岭南的丝绸产业及文化。南海自古是桑基鱼塘的农耕地，盛产丝绸。清代南海人陈启沅利用本地这些特质，研制出特有丝绸产品——香云纱，并在自己家乡简村创办了中国第一家中国人自己办的机器缫丝厂——继昌隆，是首家民族资本工业，开创了中国"南纱"生产和文化的新纪元。中国当代著名电影家吴天在20世纪60年代写的电影文学剧本《缫丝女》，以及香港电视片《自梳女》等，都是表现"南纱"文化的著名作品，可见其源远流长。

四是"南狮"，即岭南龙狮文化。有史料称，狮崇拜最早由非洲传入中国，千百年来已成为中国的一种传统文化。龙是民族之灵，狮是民族之魂；前者是偶像崇拜，后者是精神体现。在岭南，往往龙与狮是崇奉一体的，故既有舞狮，又有舞龙，龙狮并舞。南海有划龙舟传统，近年又被称为"南狮之乡"，舞狮被确定为非物质文化遗产。故这也是一种名优文化之宝。

五是"南道"，即岭南道家文化。在晋代，南海西樵山曾是著名道教领袖和理论家葛洪修道炼丹的名山之一，当时葛洪来往于粤东罗浮山与西樵山之间，故将罗浮山对称为东樵山，可见两山在道教名山中具有同等地位。葛洪在这里完成其重要道学理论著作《抱朴子·内篇》，是很有岭南文化色彩的，故南海也可称为"南道"之源。

六是"南佛"，即具有岭南色彩的佛教。印度僧人多经海上丝绸之路，从印度洋渡南海而进入岭南。所以，佛教在岭南的传播历史特久、传播特广，而且特有南海色彩，称普度众生的观世音普萨为"南海观音"就是典型例证。著名作家欧阳山在系列长篇小说《三家巷》第二卷《苦斗》中，对南海震南村农民过观音诞节的精细描写，也生动地表现了"南佛"文化的特色及其普及广泛。

三、顺德区——南粤水乡文化都会

我们为顺德作出"南粤水乡文化都会"的文化定位，是因从历史到今天，顺德的南粤水乡特色文化资源全面而丰富，并具有古今总汇的风貌。其名优文化资源繁多，主要有：

一是桑丝文化，即桑基鱼塘和丝绸文化。顺德是珠江三角洲最早以桑基鱼塘方法而围海造田的开创地，又是现代机械缫丝的发祥地。据史料载，陈启沅在南海创办继昌隆翌年，顺德也创办了机械缫丝厂，光绪十八年即拥有42家，19世纪末达100家，拥有6万多产业工人，超过当时的上海（1万多人）。桑基鱼塘成为顺德农村的生产方式，也是一种文化；丝绸生产和丝绸贸易使顺德成为"广丝"生产基地，也是"广丝"文化之乡。尤有特色的是，当时缫丝工人以女工占多数，工资较高，经济独立，于是逐渐衍生出终生不嫁的"自梳女"族群。这是女性对自身价值觉醒的一种体现，也是一种文化现象。中国现代著名女作家草明（顺德人）在20世纪30年代曾撰著中篇小说《缫丝女工失身记》，描写了这种文化现象。当今这一现象已成历史，但自立意识较强的女性文化传统仍是在承传着的。

二是曲艺文化，包括粤剧、粤曲（含南音、粤讴、龙舟、木鱼书）等地方文化艺术，以粤剧最为辉煌。早在明代民间已有粤剧活动，戏班常乘红船穿梭水乡农村演出，所以亦可谓一种水乡文化。数百年来，粤剧已发展为南方一大剧种，被誉为"南国红豆"，在海内外影响很大，堪称岭南文化一宝。值得骄傲的是，在现当代粤剧史上最有影响的艺术家，如"花旦王"千里驹、"伶王"薛觉先、"泰斗"马师曾、"小生王"白驹荣，以及罗家宝、李香琴等名伶，都是顺德人；著名粤剧剧作家徐若呆、望江南等也是顺德人。在顺德城乡，粤剧活动普及，戏迷极广，有"万家灯火万家弦"的盛况。粤曲的普及面也是如此，几乎人人都会唱龙舟歌。

三是武术体育文化。顺德古时是南越人聚居地之一，土著人"习于水斗，便于用舟"，尚武划舟之风代代相传。明代时，顺德出了113名武举人、10名武进士、1名武状元（名为朱可贞）。在清代，全国共出武进士8000人，顺德竟有60人之多，其中有一位名列武探花，名叫胡经纶。此外，绿营总兵黄廷彪、水师游击梁禹甸也都是清代有名的儒将。顺德在清初也是南拳发祥地之一，两位顺德人以所学明末蔡九仪所创南拳在顺德开宗立派；福建少林寺至善禅师所创的莫家拳、武当道姑五枚大师所创的咏春拳，也自清初起在民间流传至今。现代旅美华人李小龙在家乡顺德习得咏春拳，在美国独创"截拳道"，形成"无形之形，无式之式""以无限对有限，以无法对有法"的风格，将武术提高到出神入化的境界和武术哲学的高度，被推举为世界"功夫大王"。李小龙这种承传民族武术、又吸取西方武术而独创一道的精神，正是南粤水乡文化包容性的典型体现。划龙舟是南粤人"便于用舟"的体育运动，也是顺德水乡的传统习俗，群众性极广，连年在全国性或国际性比赛中都获前列名次，很有声望，前些年被誉为"中国龙舟之乡"，也是一种品牌文化。

四是书院文人文化。顺德自古书院多、藏书多、文人多。广东文状元共9个，顺德占了3个，是总数最多的县。历代名家辈出，如明代首席诗人孙蕡、著名《三字经》作者区适子、画坛奇士李子长、名列"后七子"的梁有誉、重振南园诗社的欧大任、岭南三大诗家之一陈恭尹、名列"岭南三子"的诗人胡亦常、"三绝"奇才黎二樵、杰出画家苏六朋、画坛怪杰苏仁山、岭海大儒简朝亮、诗雄岭表的北大教授黄节等，仅从这些文人的桂冠即可见其在岭南的影响和水乡特色，所以这也是一条亮丽的文化风景线。

五是花卉园林文化。顺德陈村是有千百年历史的花卉之乡，清晖园是岭南四大名园之一，典型地体现了南粤水乡的花卉园林文化。

六是饮食风俗文化。有谚云："食在广州，厨在凤城（顺德县城）"，点明了顺德饮食文化的特色和地位，即善于烹调，历史悠久，名师辈出，获"中华餐饮名店""中国烹饪大师"等称号者连年迭增。2004年，顺德县被授予"中国厨师之乡"称号，这是与"鱼米之乡"和文化之乡的条件分不开的。其风俗人情也很有水乡特色，如建祠堂、自梳女、观音诞等。尤其是日娘诞，即农历八月廿五，是本地一位名叫日娘的刺绣女的诞辰，因为她教会许多女子刺绣，死后化为神，所以拜祭她。这一风俗特有水乡文化色彩。

四、相关战略性和政策性的建议

（1）软实力是当今国际研究中的热点问题，是关乎一个国家或地区的大政方针和前途命运的问题。软实力即文化实力，是一个国家或地区良性循环的推动力。所谓文化实力，是指一个国家或地区的文化、教育、科技、媒体等的生产力和影响力相加的综合竞争力。历史人文资源的开发与整合定位，打造出一定区域或水域特色的文化形态和品牌，是提高文化实力的一条重要途径。我们梳理佛山市几个区的名优文化资源，正是为增强该市文化实力提供参考，也借此向省市领导提出建议：希望将研究开发珠江三角洲文化作为一个重点项目或课题，列入政府工作日程，拨出专款，成立专门研究机构，首先突出研究：在珠江三角洲经济已成全省经济龙头的形势下，如何使珠江三角洲文化也成为全省文化龙头？这是有战略意义的事。

（2）请佛山市考虑是否可以用"珠江三角洲文化"为主题，禅城区是否可以用"中国陶瓷文化"和"中国市镇或市民文化"为主题，南海区是否可以用"南海文化"为主题，顺德区是否可以用"南粤水乡文化"为主题，分别在适当时候举办全国性或国际性的学术论坛，以确立有自身特色的文化定位，借以提高知名度和文化实力。对此，省政府参事室（文史馆）和珠江文化研究会可以提供合作和协助。

（3）希望全省各市或区、县的城市建设规划部门，特别注意各地文化资源的新发现和研究成果，并将这些发现和成果尽可能列入本地建设规划之中，作为有机组部分。这有利于提高本地的文化实力和文化品位。

（4）多年来，一直有各种外商进入我省各地投资，珠江三角洲地区尤其多；这些企业现又逐步向内地转移，全省开始了发展转型期。如果政府能将对企业的征税所得的固定比例，直接转归宣传文化部门，用于宣传文化事业，会更增强文化实力。如能实行这项政策，对珠江三角洲是"锦上添花"，对内地山区是"雪中送炭"，皆大欢喜！这是政策性的好事，也是战略性的实事。

2007 年 6 月 18 日

南江文化的发现及其重要意义
——南江文化调研报告

一、发现和考察的过程及其依据

自从上世纪80年代末开始研究珠江文化以来，有个谜团一直困扰着我：众所周知，珠江水系由西江、北江、东江组成，为何独缺南江？曾有书称：珠江三角洲水网又称南江，其实非也。事实上也确有南江存在。原来新中国成立前的广东地图，都清楚标出南江之水路和名称，不知是何缘故，新中国成立后的地图却全都易名为罗定江了。由此，南江的名称也即被历史抹去，渐渐被人们遗忘。

为此，2003年7月上旬，我们省政府参事室（文史馆）广东文化研究组和珠江文化研究会的十多位专家、教授，专程到云浮市及其所属的罗定、新兴、郁南等县市进行了实地考察，发现这条江河并非因被改了名称而从地球消失，它依然是流淌于广东西南部的一条主干河流。它发源于信宜县鸡笼山，流经信宜、罗定、云浮、郁南等县市，在郁南县南江口镇流入西江。现在的郁南县南江口镇，自古至今从未易名，即是南江自古存在的实证。

我们还在有关史料中，发现许多关于南江的重要史料。其中尤其值得注意的是：著名人文地理学家曾昭璇教授等在《广东史志》2002年第3期发表《西江流域南江水系的人文地理概述》一文的附函中，感慨地说：在被视为经典的《广东百科全书》中，"缺'南水'一条，这么重要的河川，竟没有一字记述，可叹也"。仅此即可见，南江名之消失并非偶然的事，也是人文地理学上严重失误之事。曾教授在文中明确指出："南江即罗定江，汉时在交州治所（今封开）西江德庆附近南岸流入得名。……古代以其水多滩急，称为泷水。……最早也不叫南江，称端溪。因汉灭南越设端溪县于南江口北，南者端也，故当时即称端溪。"可见南江之名源远流长，因易名而忽视其存在及其在珠江水系中的重要地位，是不当的。清代多位学者均称南江为广东境内珠江水系的四江之一，即西江、北江、东江、南江。清代学者范端昂《粤中见闻录》曰："西江水源最长，北江次之，东江又次之，南江独短。"清代著名学者屈大均在其名著《广东新语·水语》中说："西江一道吞南北，南北双江总作西。"这句话既指明了南江与北江都汇流于西江之事实，同时也指明了南江与北江虽然都汇合于西江，但南江也与北江一样，仍可与西江在四江中并列，并不将其只作为西江的一条支流看待。可见忽视或取消南江的存在及其称谓，是有悖历史地理实际的；新中国成立后将其易名为罗定江，也是名不副实的，因为其流域远远超出罗定县境，它首先是贯通粤西南数县市的重要主干流之一。

更为重要的是，南江名称的改变和消失，还造成了一条重要的文化带被忽视甚至被淹没。这次考察我们还发现：在南江流域的粤西各县市（主要是从信宜到云浮）实际上是一条自古形成的文化带，有它自身的特点、特质和历史，在珠江水系及其水域的文化（即珠江文化）中有它不可或缺的独特地位和贡献。所以，在我们考察期间，《南方日报》（2004年7月18日06版）以《广东不止有东江西江北江　粤西发现南江文化走廊》为题，发表长篇报道，记述了我们发现和论证的事实，即：南江称谓古已有之，百越文化保存完整，海陆丝路对接通道，文化遗存丰富多样。这篇报道在海内外产生了强烈反响。随后（2004年9月6日），我向省政府提交了题为《为南江正名，挖掘整合南江文化》的参事建议。云浮市领导也先后在《南方日报》的"广东历史文化行"系列报道的"为南江文化正名"专版（2005年4月11日）中，发文明确表示云浮市要着力打造南江文化。郁南县从2006年元宵节开始，每年举办南江文化艺术节。这些报道与活动，表明领导和群众都认同南江文化是本地文化，认同云浮地区南江流域文化的概念的。

我们再经过一段时间深入研究之后，觉得南江文化的概念和内涵，直接地、具体地是指云浮地区南江流域的文化，固然实在而准确，但又有偏于狭隘之嫌，这显然是受到每条江河即有其本身流域文化的观念束缚，忽视了在相邻江河之间也会形成某种共同性文化，并可以用其中某条江河作为这种文化代称的事实。像北京的永定河本不属黄河水系，但地理上邻近黄河，历史上经济文化密不可分，所以其流域（包括北京）也属黄河文化水域。由此，2005年4月25—29日，我们又组织专家考察团，与云浮市领导和相关文化界人士一道，先后到阳江、湛江、茂名、云浮等市进行了考察，发现这个相邻河流的共同文化理论，完全符合这四个粤西市的人文地理与经济文化之实际，可以用南江文化的称谓和概念作为其代称。

理由是，从地理上说，南江发源于茂名市的信宜，流经云浮市的罗定、云城、郁南而入西江；鉴江也发源于茂名市的信宜，流经信宜大部、湛江市及其吴川县入海；漠阳江则发源于云浮市的新兴，流经阳江市大部出海；雷州半岛的南渡河，以邻近海岸而与上述江河相通。可见粤西四市的四条主干江河，从发源地到流经地，都是交叉、相邻或相通的。从历史上说，自秦汉设郡县制以来，粤西四市虽有分有合，归属多变，但基本上都同属一个行政建制，历来统称"下四府"，新中国成立初期统称粤西区（还包括现划归广西的北海、合浦、钦州地区），20 世纪 60 年代还统属湛江地区。由此，也造成其经济和文化上许多共同点和相通点。在历史文化民俗风情上，有许多相通或相似之崇拜或习俗，如冼夫人文化、石狗文化、铜鼓文化、妈祖崇拜等。尤其是在民间艺术中，尚有禾楼舞等极其珍贵的百越文化遗存；在方言和地名上，也有许多百越语的"活化石"，如"那峒""那阳"等以"那"为头的词语。所以，可以将粤西四市（尚可包括广西北海等地区）的文化统称为一种文化，其称谓以南江为其代表，可取名为南江文化或泛南江文化。

在考察过程中，四市领导和有关专家虽有一些质疑和异议，但大都在总体上肯定或支持这一称谓和构想，认为应继续深入研究，分别从各市不同实际和优势出发，去打造南江文化。随后（2005 年 5 月 19 日）我们向省政府提交了《粤西四市南江文化带考察报告》。《南方日报》于同月作了报道。

从上述两次考察结果可见，我们对南江文化概念的理解是有两层含义的：一是指云浮市南江流域区的文化带，二是指粤西四市文化带；两层含义只有范围大小之分，彼此并不矛盾，而是有着共存共容的有机关系。为更清晰地表述各地的特色和优势，只在南江文化之前或之后，标志地名或水名即可。例如，去年茂名市举办南江文化论坛，我提交的论文题目是：《南江—鉴江文化是茂名地域的母文化》，即将在郁南举办论坛的名称是"郁南：南江文化论坛"，也可仿效"泛珠江三角洲"的做法和说法，称"泛南江文化"。

为使南江文化的立论更扎实、更充分，我们珠江文化研究会岭南考古专业委员会的 6 位专家，在主任张镇洪教授率领下，于 2007 年 10 月 23—28 日，到信宜、罗定、云城、郁南等县市，又进行了一次南江文化专题考察，从历史学、考古学、建筑学、生态学、民俗学、文化学等多学科交叉地进行论证，提出许多创见和研究开发建议，更有力地支持了南江文化的立论，更充实了我们这立论的学术依据，使对南江文化的研究开发更有科学性和前瞻性。

二、提出南江文化的理论和现实意义

（1）当今世界是文化时代，挖掘、整合地域文化、水域文化的特质和优点，是提高文化软实力和综合竞争力的重要途径。从世界眼光看来，水文化理论正在主导着现代西方国家对自身文化的挖掘与整合，以自身的母亲河为标志而弘扬本国文化，以海洋文化大国自居而与世界接轨。如美国的密西西比河文化、英国的泰晤士河文化、法国的易北河文化、德国的莱茵河文化、印度的恒河文化、埃及的尼罗河文化等，即是如此。这些国家又都是以海洋文化而与世界沟通的。我国是"茫茫九派流中国"的多江河国家，黄河、长江是公认的中华民族母亲河。此外，还应当有标志多元文化之源的其他母亲河文化，如标志东北文化的辽河文化、标志南方文化的珠江文化等。自改革开放以来，从在沿海边境办经济特区、开放沿海城市，到发展环渤海经济区、长江三角洲和珠江三角洲经济区，广东从建设珠江三角洲到粤港澳大珠江三角洲、再发展为泛珠江三角洲（"9+2"），都取得了举世瞩目的成果，从而也证实了这种现代文化观念是可取的、正确的、科学的。我们倡导珠江文化，以丰富并弘扬中华民族多元一体文化，正是吸取这种观念而在学术层面上进行的开拓创新。

（2）我们发现和提出研究开发南江文化，正是进行这种开拓创新的有机组成部分和重要步骤。因为我们在研究珠江的时候，发现它的结构与黄河、长江不同：如果说，黄河像条龙、长江像只凤，都是从头至尾的一条巨流，那么，珠江则像是多龙争珠或珠光四射的多条江河聚汇的形象。因为珠江水系乃由西江、北江、东江在广州和珠江三角洲汇合构成；西、北、东江像多条小龙，从四面八方奔流而来，汇于广州和珠江三角洲后，由八个门（即虎门等）流出南海。由此可见，广州和珠江三角洲不就是这些小龙所争之"珠"吗？如果将这"珠"比作光芒四射的珍珠，那么，西、北、东江不就是其所放射的光芒吗？显然，这三条江的取名，是以广州和珠江三角洲为中轴，根据中国传统方位学的原理，依其不同流向而定名的，即：水从西来则西江，北来则北江，东来则东江。由此说来，则出现一个空白：为何独缺南江？难道无南来之水么？显然不是。如果说，珠江是四龙争珠、珠光四射的形象，如缺南江，不就是成了"三龙"争珠、珠光"三射"了吗？所以，我们现在发现南江和南江文化带，就具有填补这个空白的意义。这对于珠江文化和中华民族多元一体文化的研究来说，都是不可或缺并具有开拓新领域意义的。

（3）从广东的民系、文化构成和分布情况上看，主要的民系及其文化大都根系于一定的主干河，如：广府民系及广府文化主要在西江流域及珠江三角洲，北江流域主要有广府和客家两大民系及其文化，东江流域则主要是客家民系及客家文化，韩江流域包括潮汕和客家民系及其文化。由于粤西欠缺一条有代表性的主干河流，包含的民系和文化成分较多，至今尚无一个公认的代表性河流称谓，又欠缺对这一地域的民系及其文化结构以及相互间的相通性的深入研究，所以，这也是学术上的一个空白。我们经过多次考察，不仅发现南江及其可以作为西江以南粤西地区主干流的代表性作用，而且发现岭南文化之祖的百越文化在这一地区有较丰富的历史与遗存，并可作为这一地区的民系及其文化的主要代表，这对于粤西地区的文化研究也具有开拓意义。

（4）从对寻找广东和珠江文化祖根的意义上来说，发现和提出南江文化，是更深层次上的开拓创新。认真说来，广府文化、客家文化、潮汕（福佬）文化都不是岭南本土文化，都是外来文化或外来文化与本土文化结合后产生的文化。岭南的真正本土文化是百越族（主要是南越）文化。因秦始皇统一岭南后，百越族逐渐汉化或迁移，加之封建时代对少数民族的专制统治，以"南蛮"之称而施行种族歧视，致使其历史被淹没，其文化遗存也越来越少，从而也就使人们几乎不知它就是岭南本土文化之祖根。根据曾昭璇教授考证：南江流域古已为骆越开发地区，并已有奴隶制土邦的建立。《山海经·海内经》云："伯虑国、离耳国、雕题国、北朐国，皆在郁水南。"郁水即西江，这些土邦即分布在西江南岸、海南岛以北地区。这地区以越人为主，在先秦受中原楚之数度入侵，故受其文化影响特深。南江流域四周高山围绕，中为盆地，多种民族（越、瑶、壮等）杂居，多种语言杂会，土语（能古话）和白话共存，但可相互通话。可见在古代，南江流域已自成一个有其地理和经济基础的文化区域，一直是保存岭南本土文化历史和遗存较完整、较丰富的地方，也即是广东和珠江文化的祖根之地。

（5）南江流域及其相连的交通线，自古是中原直入岭南而又连接南海的经济文化走廊，是具有交叉性和中转性的文化带。曾昭璇教授在关于南江的文章中指出：南江在汉代是"向为汉人南下徐闻要道"。曾教授为何特别指出"徐闻"呢？因为这是汉武帝平定岭南后，派其黄门译长从广信（今封开、梧州）到徐闻，而开始海上丝绸之路历史的始发港。这是我们珠江文化研究会在 2000 年发现和论证并受到举世公认的学术成果。在这个论证中，我们还发现：汉武帝派张骞通西域开始了陆上丝绸之路，是从长安出发；海上丝绸之路则从徐闻出发，而从广信到徐闻的南江通道，则显然是连接陆上与海上丝绸之路的一条要道。这就意味着：南江既是中原进入岭南的要道之一，又是岭南通往海外的通道之一。所以，南江流域既有古道文化意义，又有海陆丝绸之路对接通道的文化意义；既有山、河、海多元文化交融的课题，又有海洋文化如何进入内陆的课题。这些都是学术上的空白领域，亟须进行开拓性的研究。

（6）南江文化名称和概念如能受到认同和接受，必将有力地推进粤西四市、两广交界地区乃至泛珠江三角洲（9+2）区域合作。前些年，交通部珠江江航运管理局制定了《珠江水系航运规划》（见 2003 年 11 月 21 日《羊城晚报》），要以 25 亿元的投资，在 8 年内打通由西江连接珠江三角洲西部地区的黄金水道，统一打通珠江航道，并开辟赣粤、湘桂两条运河沟通珠江和长江。这宏伟规划也自然包括南江流域在内。所以打造南江文化是很有现实意义的。

三、打造南江文化的若干具体建议

（1）在最近召开的广东省第十一届人民代表大会上，在 2008 年工作安排中提出：要"推进文化体制创新，增强文化事业和文化产业发展活力，提升广东文化软实力"，"全面完成东西两翼文化建设工程"。应当将打造南江文化提高到"提升广东文化软实力"的高度上来，同时将南江文化（或泛南江文化）工程作为"西翼文化工程"的名称和品牌而立项和开展。具体方案可由粤西四市派出专家共同筹划，省参事室（文史馆）和珠江文化研究会乐意提供支持和协助。

（2）应为南江正名。建议省民政部门与云浮市和茂名市政府商议，将信宜市、罗定市、云城区、郁南县境内的泷江、罗定江等名称，统一为南江之名，举行隆重的正名庆典，并周知各有关方面和各种出版物，统一正名。

（3）云浮市及其所属各县，可以轮流举办南江文化论坛；粤西各市，可以称"泛南江文化"而共同或轮流举办论坛，或者依据自身的特点和优势而作自身的文化定位，如：茂名市可以鉴江流域面广而称为鉴江文化，湛江市可以广州湾和湛江港的优势而打造海湾或海岛文化，阳江市可以海陵岛和"南海Ⅰ号"的辉煌为中心而打造海洋文化。这样,既有共通性,又有多样性,会使粤西文化更丰富多彩。

(4)建议粤西四市仿效粤东四市的做法,建立密切合作关系和相关机构,尤其是加强文化上的交流与合作,以切实措施,共同打造广东"西翼文化建设工程"。

2008 年 1 月 31 日

南江—鉴江文化是茂名地域的母文化

2004年秋到2005年春，笔者与一班多学科专家一道，在云浮市发现南江文化走廊之后，紧接着又对云浮、阳江、湛江、茂名等市进行了考察，提出了粤西四市同属南江文化带的观点，受到四市领导和学者的重视。在这次"茂名特色文化理论"研讨会上，我想更进一步地以这个观点探讨茂名特色文化问题，提供大会讨论，请大家批评指正。

一、水文化理论与珠江文化

十多年前，我提出珠江文化的概念和理论，是从现代西方世界通行的水文化理论出发的。这个理论的核心是：水决定人的生命基因、生存方式、思维方式、行为方式，包括生活方式、生产方式等。其实，这也是我国早有的"一方水土养一方人"的思想。自古人类大都聚居于有江有河地带，大多数省、市、县、镇、乡的地名或分界标志都与水相关，很多河流被称为"母亲河"，以江河的名称作为所在水域文化的称谓等现象，即是佐证。现代西方世界称海洋是现代文明的标志，以海洋大国自居，论断非海洋大国注定落后。而这些国家也都是以本土的主干江河作为本国文化的代称，如：美国称密西西比河文化，英国称泰晤士河文化，法国称易北河文化，德国称莱茵河文化，印度称恒河文化，埃及称尼罗河文化，等等，也是佐证。

我们应当以水文化理论重构我国的文化体系，以江河文化为系统，重新梳理全国各地域的文化结构，以大江大河水系流域及其相邻或辐射水域为网络，整合文化领域，从而既在总体上体现和强化我国多元一体的文化系统，又能鲜明地体现和发挥各种江河文化的特质和优势，在更大深度和广度上体现"茫茫九派流中国"的壮观文化，使具有五千年文化传统的中华文化，在经济全球化日益深化的背景下，以古老而又生气勃勃、丰富多彩的英姿屹立于世界文化之林。

西方国家的文化学术界早已将黄河文化作为中国文化的代称，我国文化学术界也早以认同这一说法。确切地说，这一说法也是从我国开始的，因为我国早已宣称黄河是中华民族的"摇篮"，是中华文化的发祥地，后来又增加长江也是发祥地之一，以及黄河文化、长江文化的说法。这说明从西方到我国，早已从大江大河水系流域的观念，去看中华文化的形成和概念了。珠江是我国第三大河，是中国南方的母亲河。由于过去对其名称和水系流域状况欠缺了解，直至1944年经科学勘察，才确切知其是一支庞大水系，才将其定名为"珠江"。所以，知者不多，传闻不广，称其为一支水系文化，是我们近年才做的事；将其与黄河文化、长江文化等大江大河水系文化并列，共同构成中华水系流域文化体系，更是我们近年才自觉而着力研究的事情。所以，近年学术界对我们的作为感到陌生或持保留态度，是可以理解的。

尽管我们进行这项研究起步迟、时间短，但由于观点新、路子对，所用的理论和方式方法科学而实际，我们已取得了一系列成果。其中带根本性的是：我们以水文化的江河文化系统，以珠江水系流域为基础确定珠江文化的覆盖范畴，以珠江水系流域及其邻近江河流域为其文化带，并以各地江河的主干流及其邻近江河流域为网络，去整合各地的文化板块，使在珠江文化系统中，又包含着各分支流地带的文化，即：在珠江文化中，包含东江、西江、北江等分支流的文化，并将在自然地理上本来不属珠江水系的韩江文化归入珠江文化范畴，将海南及其他南海岛屿以至沿海江河流域的文化，也列入珠江文化之中。因为水系流域文化包括其邻近及辐射地域文化，正如北京不属黄河流域但却是黄河文化中心的道理一样。也是根据这个道理，我们发现南江文化带，并提出在粤西四市共同打造南江文化的倡议。

二、南江—鉴江文化之界定

我们在研究珠江水系结构的时候，发现其分支流名称之定名，是以其汇流至中心地广州的流向而定的，即：自东来者为东江，自西来者为西江，自北来者为北江，环绕广州的水道则称珠江，却不称南江。那么，究竟是没有自南流来的河流，还是本来有而无南江之名呢？在郁南县有南江口启发我们：有南江才能有其江之"口"，可能是古有而今已改名。查找资料证实正是如此。著名地理学家曾昭璇教授等在2002年第3期《广东史志》上，发表《西江流域南江水系的人文地理概述》一文的附函中说：《广东百科全书》中"缺'南水'一条，这么重要的河川，竟没有一字记述，可叹也"。他在文中指出："南江即罗定江，汉时在交州治所（封开）西江德庆附近南岸附近流入得名。……古代以其水多滩急，称为泷水。……最早也不叫南江，称端溪。因汉灭南越设端溪县于南江口北，南者端中，故当时即称端溪。"可见南江之名古已有之。清代学者将南江与西、北、东江并列为粤地四江之一，范端昂《粤中见闻录》曰："西江水源最长，北江次之，东江又次之，南江独短。"屈大均《广东新语·水语》中说："西江一道吞南北，南北双江总作西"，实际道明了：南江与北江都汇合于西江，但"双江"仍都是与西江并列的大江。从这些论述也可见，古人并不是以江河的长度和流量的大小，而是从水系分布的方位上看其地位的。据此，我认为应当从方位学上看南江在珠江水系中的地位，将其作为自南流向广州的江河代表，或者是作为西江以南的沿海地带江河的代表，同时，从文化学上也即是粤西南水域文化带的代称或代表。这样，珠江水系的文化结构就完整了，才可使珠江名副其实地呈现来自东西南北的多龙争珠，或者光芒四射（而不是东、西、北"三射"）的珍珠那样的光辉形象。

从广东的文化成分及其分布的实际上说，每条江河大都是寓有某种文化成分为主的文化带，如：西江流域和珠江三角洲以广府文化为主，东江流域以客家文化为多，北江流域是广府文化与客家文化各半，韩江流域主要是潮汕（福佬）文化（还有客家文化）。粤西南地区的文化成分芜杂，但总体而言以尚留的百越（南越）文化较多、较重，而这种文化正是地道的本土文化，是岭南文化之根，而以南江文化称之，既有其名，又副其实。前引曾昭璇教授语：南江原名端溪，是古百越之名，"南者端也"，因汉平南越设端溪县（今德庆县）而易名南江，其义仍如原旧。所以，用此统称粤西文化带，既符合实际，又可与其他江河文化带并列，尤其是代表并突现了岭南文化根之所在，更有特殊而重要的文化意义。

从粤西四市的江河结构和文化成分的分布状况上说，提出南江文化为代表或总称也是有道理的。今被改名为罗定江的南江，发源于茂名市信宜，流经云浮市罗定、云城、郁南，于南江口流入西江；鉴江也是发源于茂名市信宜，流经高州、化州，于湛江市吴川黄坡入海；黄华江也是发源于茂名市信宜，向北流入广西藤县，与北流江汇合入西江；漠阳江则发源于云浮市云安区富林镇，流经阳春至阳江入海；湛江市的遂溪河、东海河、南渡河也都于本市地域入海。这些状况说明，粤西的主要江河大都位于西江以南，部分自南向北流入西江，部分向南流入南海。可见，这些干流虽然互不贯通，但发源地或流经地则是相同的或交叉的，因而水系不同却又是相同或相近的水域。所以，以南江为其代表或总称是言之成理的。

就茂名市所辖茂城、高州、信宜、化州、电白等地域的水系而言，在北部信宜县境，主要有属珠江水系的黄华江、罗定江（即南江）；在南部主要是鉴江水系，也发源于信宜，穿流高州、化州、茂城，于湛江市吴川出海。这些江河虽不相通，但发源地相同，可谓同一水域，亦可称其为南江水域地带。但考虑到鉴江在茂名市境内流域面积广、比重大，是全市江河主干流，所以，对这一文化带的称谓以"南江—鉴江"之名较宜。这一名称既可标志出茂名文化在珠江文化总体中之所属和地位，又体现出茂名全境有这两江主干流的实际，还可以此为标志而界定清晰，更显特色，并以此与其他南江文化带所属地域区别开来。例如，罗定可称"南江—泷江文化"，湛江可称"南江—海港文化"，阳江可称"南江—漠阳江文化"，与乐昌可称"北江—武江文化"、南雄可称"北江—浈江文化"等，是同一道理。

三、南江—鉴江文化内涵及其总体特征

茂名地域的文化种类繁多、成分复杂、内涵丰富，表面上看似乎异彩纷呈、各不所属、不成结构，实质上是有主有次、有根有枝的关系和层次的。我们提出以"南江—鉴江文化"之名而称谓茂名地域文化，正就是以水文化理论去梳理其内涵成分和种类的相互关系及其特征的。以此而论，南江—鉴江文化就是茂名地域的母文化、根文化。它既在珠江文化体系之中，是南江文化之一支，又是整个茂名地域各种文化或文化成分的中轴。所以，它既有珠江、南江的共性文化特征，又有自身的特点，具体表现在下列特色文化上：

（1）冼夫人文化。冼夫人本名冼英，南北朝时高凉俚族人。俚族是岭南地区人数最多的民族之一，冼氏家族世代为其首领。冼英自幼勤劳朴实，聪明能干，尤其善于带兵打仗，甚受族人敬佩。她嫁给汉人高凉太守冯宝为妻，协助冯宝处理政务，秉公办事，治法严明。尤其是从南朝梁末，到陈朝、隋朝，她都为国家统一而平定了多次叛乱，团结各族，体贴百姓，甚受爱戴，被册封为谯国夫人，被誉为"圣母"。她死后，粤西多地建庙祭祀。在粤西四市都有冼夫人庙或关于冼夫人的传说，可谓南江的共有特征文化之一。隋代所建旧庙在高州。冼夫人文化的内涵是很丰富的：因其是俚族人，即岭南土著百越（南越）族后裔的一支，可谓岭南土著文化代表，也可称其为岭南文化根的体现；冼夫人一生致力于民族团结、国家统一，

又是作为一个民族的首领,作为一方州府的官员,更体现其业绩的伟大,从而使其也成为一种值得倡导的文化;冼夫人是南北朝时期高凉人,体现了中国上古(秦汉至隋)年代粤西多民族的生活历史,也是高凉文化的代表;再就是冼夫人是中国女性的杰出人物,也当以其为中国女性文化的代表之一。冼夫人文化寓有的这些文化内涵,都是源于并体现其文化之母:南江—鉴江文化。

(2)海上丝绸之路与驿道文化。茂名市电白县濒临南海,秦汉时属高凉郡,其水东、博贺、莲头、赤水、南门等港口,有海运航线东达广州、宁波、泉州、漳州,西至海南,以及越南、菲律宾、缅甸、印度、欧洲与非洲诸国,是海上丝绸之路的重要港口和通道。史料记载:俚族人被作为"生口"(奴隶)大批买卖运往国外,又经此大批迁徙海南。粤西四市很早就与海南进行米粮、牛畜交易,从海南运回槟榔、沉香、椰子。《宋史·食货志》有"高、化商人不至,海南遂乏牛米"的记载。明永乐至宣德年间(1405—1433),郑和下西洋,其中一支船队从电白南海堡起航,最大的船长108米。正德十二年(1517),葡萄牙船队至广州被逐,遂至电白放鸡岛、莲头半岛进行"市舶贸易"。正德十四年(1519),广州市舶司移至电白。嘉靖十九年(1540),海上走私贸易集团在电白造的大船,"巨舰联防,方一百二十步,容二千人,木为城为楼橹,四门其上,可驰马往来"。可见在明代,电白既是重要商港,又是广东四大造船中心之一。另据史载,在唐代开通了番禺(广州)经高州、化州、雷州的驿道。这条古驿道也即是海陆丝绸之路的对接通道,也都属丝绸之路文化遗产。这种文化在茂名地域的产生和发展,也都是由于南江—鉴江文化是其母文化而带来的,因为其河道贯通山海、江海一体,正是这种文化的温床。这在南江文化带以至整个珠江文化系统,都是有普遍性的。因为江海一体、海洋性特浓,正是珠江文化的最大特色。

(3)地矿特质文化。由于南江—鉴江文化带的自然水土有自身特质,有自身地壳构造和地质的特殊因素和条件,使其得天独厚,蕴藏丰富的、独特的地下资源,如油页岩、玉石等;人们开采这些资源,又形成一种行业或工艺,也即构成为一种经济和文化;又因地方的自然与人文条件及传统的独特,也使得这种行业、工艺及其经济成为一种独享风骚的品牌,并相应地形成其品牌文化,如信宜的"南玉"、茂名的"南油",信宜、茂名分别被誉为"岭南玉都""南国油都"就是如此,既是南方特质经济,又是南方特质文化。这种文化也是南江—鉴江文化中的子文化,又是在南江文化带中唯信宜、茂名独有的品牌文化。

（4）传统特产文化。因各地都有独特的自然水土条件，使各地都有自身的独特物产；即使各地的物产同类同种，也因自然条件和耕作技术或习惯的不同，而形成特产各异，也造成传统特产文化的不同。南江—鉴江水域特产丰富，传统特产更有特色，声誉和经济效益都很大，如高州荔枝、缅茄、化州橘红、蚕桑，茂名香蕉，信宜山楂、田七、电白龙虾、膏蟹等。其中尤其值得注意的是高州的荔枝和缅茄。两者都有相关的故事或传说，使其更有文化底蕴和价值。因高州有自古盛产荔枝的贡园，而唐代著名太监高力士是信宜人，传说杨贵妃吃的荔枝是他派人从家乡取去的，所以荔枝有"妃子笑"品种。这传说显然可信度甚低，但也未尝不是传统特产文化的一种体现。由缅茄树引出的侍女传说，既体现了传统的坚持清白气节，也以其树种来自外国和罕见而寓有丰厚的文化意蕴。这些传统特产及其文化，既是南江—鉴江文化的组成部分，又是其特色体现之一。

（5）传统风情文化。南江—鉴江一带方言有白话、客家话、雷话、海话等，其中主要是粤语白话，流行区占70%以上。这也是其属广府文化辐射地域的一个佐证。传统风情习俗也与广府文化区大同小异。其中唯其具有者，有年例节，清代已十分流行，节时是正月初二起至正月底止，一般一个村为同一天，少数两天，以元宵节前后居多，个别村庄在农历二月或三月。过节期间，家家户户张灯结彩，村街搭彩楼、画廊、彩廊，各种民间艺术表演，舞狮舞龙，上演粤剧，主旨是敬神、祭社稷、祈丰收、求风调雨顺、国泰民安。其他有自身特点的传统体育或艺术项目也不少。如：传统武术活动遍及四县，功底深厚；舞狮传统久远，形成自己的狮型模式和狮礼规矩，有高脚师、矮脚狮，还有白须狮、黑须狮、五色须狮、牙刷须狮；有狮子舞、龙舞、春牛舞、跳花棚、鳌鱼舞、麒麟舞、龙船舞，尤其是禾楼舞，更有百越文化遗存。这些传统风情文化，无不具有南江—鉴江文化内涵，无不具有山、海、江、土文化的体现或投影。

上列五种文化，仅是茂名地域较有鲜明特色的文化，并非其文化的全部。列举这些文化，固然是为了清理其尤有特色的文化内涵和成分之所在，但更重要的是探究其相互关系及其主根所在，并在总体上概括出其特质与特征。在五种文化的分列中，我们已指出每种文化的内涵成分及其与南江—鉴江文化的关系，也即是部分与整体、特色与内蕴的关系，深层次则是次与主、子与母的关系。这些关系及其体现的造成，根本是在于南江—鉴江文化的总体特质与特征。其特质是：山河相通，江海交汇，多元一体，一脉相承。这就是说，虽然茂名地域有山文化、土文化、海文化、江文化，多种多样，各有其宗，但都是相通而交汇的，又都是构成一个有机的南江—鉴江文化整体的，都是与珠江文化一脉相承的；其特征也自然是：在具有珠江文化的海洋性、包容性、共时性等总体特征的同时，又有其鲜明的顽强性、机智性、持久性等特点。

四、研究开发南江—鉴江文化的具体建议

（1）进一步论证茂名地域的文化定位，如果"南江—鉴江文化"的称谓得到认同，即可作为重要成果，在适当时候举行"南江文化学术成果发布会"。这个会，省参事室（文史馆）和珠江文化研究会可以协助举办。茂名市可考虑正式成立"广东省茂名市南江—鉴江文化研究会"，并在这个会上举行挂牌仪式。

（2）争取在2007年冼夫人诞辰及节日期间，举办以"岭南文化之祖——百越（南越）文化"为主题的学术研讨会，争取学术界认同以南江文化带为百越（南越）文化的载体或根系所在的说法。这样，既可达到找出茂名地域古文化之根的目的，又可找到岭南文化之祖根，以填补这一学术空白。显然，这与黑龙江找到女真文化之根和宁夏找到西夏文化之根，具有同等意义。这项活动，还可以弘扬冼夫人为民族团结、国家统一而奋斗终生的精神为亮点，发扬古百越族的主导民族精神及其和谐传统，与当今和谐社会的建设和精神结合起来。

（3）必须高度重视并尽速论证海上丝绸之路及驿道文化。根据《茂名市志》提供的资料，电白县水东镇很可能是古代海上丝绸之路重要港口之一，电白县南海堡也很可能是郑和七次下西洋中某次的始发港；但所提供资料不具体，欠缺论证。如能组织专家考察证实，将具有增补历史和学术空白的重大意义。我们广东省政府参事室（文史馆）海上丝绸之路研究开发项目组可以承担这项任务。

（4）举办南油文化论坛。茂名是著名南国油都，半个世纪以来为中国石油事业作出重大贡献，也创造了南油文化。这种文化，既有企业文化的性质，又有地方水域文化的性质。前者已有目共睹、举世公认，亟须总结推广；后者似乎未受注目、未有开拓，这一学术空白似在全国油矿中普遍存在。所以，两个层面都很有研究开

发的价值和意义，应当在适当时候举办全国以至国际性的学术论坛。

（5）举办多种特产或风情文化节，如荔枝节、南玉节、南药节、年例节等。举办这些节庆活动，既可弘扬南江—鉴江文化，又可招商引资，使文化与经济相互转化，推动社会发展。

2006 年 10 月 14 日

西江流域是重要的广府文化带
——访"西江历史文化之旅"大型报道活动总顾问黄伟宗

西江流域四家地市级报纸首度携手,共同追溯西江历史文化的渊源和底蕴,探索西江历史文化的变迁和交融历程——由本报发起的这一活动得到中山大学中文系教授、广东省政府参事、广东省珠江文化研究会会长黄伟宗的学术支持。活动启动前,黄教授接受了本报记者的专访,对西江文化的渊源、特征以及此次活动的重要意义进行了阐述。

一、西江流域是重要的广府文化带

记者:我们这次活动名为"西江历史文化之旅",西江文化在珠江文化中占据着什么样的地位?有什么特色?

黄伟宗:从水系来看,西江是珠江的主干流之一,也是最大的最重要的主干流。单是西江的水流量,在全国大江河中就排第二。它的水量、流域的范围,在珠江里面都是最大的。谈起西江,向来有两个概念:一是"小西江",即广东省境内的河段;二是"大西江",即从源头到入海口,从云南到贵州再到广西、广东的河段。我们这个活动,用的是"小西江"的概念——"西江"在广西梧州之前不同的河段有不同的名称,进入梧州、封开以后才正式开始叫西江。但谈"小西江",离不开"大西江"的背景,这点我们要注意。

从文化方面看,珠江三角洲和西江流域是广东文化中非常重要的广府文化带。广东有一个有意思的文化现象,就是每条江都代表一个文化体系,像西江代表广府文化,东江代表客家文化,北江代表广府文化与客家文化的混合文化,南江代表的则是广东文化的祖宗百越文化。

就像西江是珠江的主干流一样,西江代表的广府文化是珠江文化的一个主干流,也是广东文化最主要的代表,我们要充分认识到西江文化的重要性。

二、广府文化起源于封开

记者：为什么西江流域是广府文化带？它最初是如何形成的呢？

黄伟宗：广府文化，"广府"二字从何而来？就是广信首府。那么什么是广信？公元前111年，汉武帝平定岭南攻打赵佗时，兵力主要从贺江和桂江下来。贺江和桂江交汇的地方，就是现在封开和广西梧州之间，曾在那里设置一个统治岭南的机构，叫交趾部。交趾部的首府开始设在广信县。为什么叫广信？来自汉武帝平定岭南时曾下过一道圣旨："初开粤地，宜广布恩信。"设首府时就将圣旨中"广"和"信"二字抽出来，称为广信。

秦始皇统一岭南时，将岭南划为三个郡，南海郡（现在的广东）、桂林郡（现在的广西）、象郡（越南、海南和雷州半岛），秦始皇统一时是三郡。汉武帝平定岭南后，将三个郡再分为九个郡，并设了交趾部管这九个郡，首府开始在广信，所以又称广信府。三国时孙权的吴占岭南，嫌管辖面太大，便以广信为界，分为两个州：广信之西为交州，相当于现在的广西加越南北部；广信之东为广州，相当于现在的广东省。（广州之名最初的范围是很大的，民国初年才正式成为现在广州市的名字。）唐宋以后，仍以广信为界，分为广南西路和广南东路，后简化为广西、广东。

我们珠江文化研究会在上世纪90年代初期，在西江有两大发现：一是发现了梧州和封开交界处是古广信；二是发现粤语（又称广府语）发源于西江的中游（指小西江），即梧州和封开。

三、三国两晋是广府文化形成期

记者：如果说封开是广府文化的发祥地，那么广府文化主体形成于什么时期？

黄伟宗：广信首府开始设在封开，后来迁到广西合浦，再后来又迁到越南，我们考证，其间横跨了西汉、东汉到晋朝的四百年时间。这四百年就是广府文化的形成时间。这四百年间，中国北方正值三国两晋时期，天下大乱，而岭南一直是稳定的。四百年间不断有大量的中原移民从广信（封开）下来，和当地的百越族真正融合到了一起，所以现在的广州话就是当时的中原普通话和百越话的融合，所以保留古汉语最多的就是粤语。确切地说,广府文化就是以汉文化为主导并融合百越文化所产生的一种地域文化。

四、岭南文化两个历史性的开端在西江文化带

记者:西江文化在岭南文化中居于什么样的地位?

黄伟宗:"西江历史文化之旅",游历的就是广府文化带。岭南文化两个历史性的开端均在西江文化带。

第一个是从封开开始的广信文化。封开是岭南文化的发祥地,是真正的中原文化与当地的百越文化融合以后的开端。在广信设首府之前,秦始皇时期曾有赵佗率五十万大军入岭南。为什么我们要说汉武帝时期是文化融合的开端呢?最重要的原因是,赵佗驻军进来大约九十年间,汉族文化并没有占当地文化的主导地位,是"汉越杂处",就是赵佗本人,也要学百越族人。赵佗独立为南越王后,汉朝派"大使"来看他,赵佗还要装模作样穿百越服装,并说百越话。这反映出南越国时,汉文化与越文化还没有真正结合。真正的融合是从汉武帝开始,在广信时期逐渐完成的。

第二,中国的海洋文明是从西江开始的。西方现代文明即海洋文化,最早是从澳门、珠海进入中国内地的。澳门从明代时已被葡萄牙占领了,因此澳门和珠海成了近代海洋文化涌进中国的第一站。1996年我曾把珠海定位为中国海洋文化第一港。珠江入海的八个门,珠海占了五个门。明代时以传教士利玛窦为代表的"西学东渐"和"东学西渐"热潮,翻开中西文化交流史新的一页。利玛窦就是从澳门进来,到达当时是两广总督首府——肇庆,开始传播西洋文化活动。肇庆在西江的中部,在当时的西江文化带上起着中轴作用。利玛窦进来,不仅将西洋的宗教带进来,还将西洋的文明带进来,中国的第一台自鸣钟出现在这里,中国的第一张世界地图也出现在这里。

追溯历史,中国最早的海洋文化是自汉武帝开始的,也是始于封开。《汉书》里记载,汉武帝统一岭南时,即派他的黄门译长,从广信去徐闻(现雷州半岛),坐船到合浦,然后到日南(今越南)。2000年,我们已经论证出来,西汉海上丝绸之路始于徐闻。所以我们提议在封开立了一个碑:海陆丝绸之路对接点。这碑记现仍屹立在封开江口镇的贺江与西江汇合处。

五、西江文化带的宗教文化多元性与丰富性

记者：西江流域的宗教文化也很有特色，我们计划采访的点有德庆龙母庙、与六祖惠能有关的点等。

黄伟宗：西江文化带的宗教文化具有多元、丰富的特点。我们中国人的宗教文化本来就不很发达，在岭南显得尤其分散而多元，因为百越族包含多个民族，各有各的崇拜和信仰；广府文化是一种"杂交"文化，反映在宗教信仰或类宗教信仰上，也是这样，是多元、芜杂而又是丰富、多彩的，既有儒、道、释等全国性的宗教信仰，也有本地性带宗教色彩的文化信仰。

如德庆有龙母庙，代表的是一种江河文化，龙母是江河之神，所以我曾为其题词："西江神源"，指其是一种精神之源，题词的碑刻现仍在该庙院中。在郁南、怀集，我们还发现有妈祖庙的遗迹，妈祖是海神，商人、渔民出海前都要拜祭她以保平安，郑和七次下西洋都奉祀着妈祖漂洋过海，妈祖是海上丝绸之路文化的标志，是海洋文化的体现。在西江文化带发现妈祖文化遗存，标志着海洋文化深入内陆。惠能六祖代表的禅宗文化，遍布西江各地；道教文化也相当普遍；被称为开天辟地的盘古，是中国传统的神，在肇庆有盘古庙；代表儒家文化的包公庙和岭南学宫，以及利玛窦首传天主教的圣地，都在西江。可见西江的宗教文化是很多元、很丰富的。

六、开拓进取是广府文化一大特点

记者：近年您所提出的江门良溪是"后珠玑巷"的观点，其实也是西江文化的一个组成部分。

黄伟宗：江门是最典型的侨乡，为什么江门最典型？从地名上讲，江门江门，就是西江之门，西江有一个入海口在新会，这个门出去后就是海了。在江门这个地方为什么有这么多华侨？首先跟"后珠玑巷"有关。南雄珠玑巷说的是客家话，说明这里是中原人到达岭南的第一站，他们来不及消化当地的文化，就跟着罗贵主动迁移到江门良溪，然后散开在珠江三角洲。这批移民有一种冒险的天赋，不满足于停留在一个地方，所以会继续向海外迁移。

我认为，中国文化能够推向前进，其中重要因素之一就是移民。中原向岭南第一次移民，是秦始皇时五十万大军南下，带来多少移民啊！三国两晋时北方和中原动乱，也有大量移民进入岭南；唐、宋、明、清各代，成批南下移民更多。可以说，我们岭南文化中许多因素都是移民来的，如姓氏、语言、农耕、经学、医学等。陈白沙、康有为、梁启超、孙中山等民族精英，都是南雄珠玑巷人的后代。移民海外的华人华侨，也是移民精神的体现。虽然好些华人华侨是被"卖猪仔"出去的，但相当一部分华人华侨是主动移民出去的，是为创业出去的。由此也可见，创业的开拓进取精神是华人华侨文化的一个特点，是广府文化的一个特点，也是西江文化带的一个特点。

七、活动评价：你们在共同创造一个地域文化理念

记者：从专家的角度看，您觉得我们发起西江流域四家报社共同主办的"西江历史文化之旅"活动有何意义？

黄伟宗：江门是江的口，海洋文化与江河文化在江门交汇；而且，从云浮、肇庆，到江门、珠海，正是从小西江开头到出海口，正可谓从江之头到海之口，江海一线、江海一体，从地理上到文化上，都结成了江海相连、江海相通的格局，从而显示出西江文化带的最大特点：江海一体。这正是珠江文化的重要特质之一。所以，我认为这次大型采访活动很有意义。

地区的合作是当前整个广东省乃至全国面临的一个重要问题。现在经济发展了，社会处于转型期，深圳、东莞等发达地区产业面临转移，要求贫富的区域间必须进行合作。同时，高速公路将城市间交流里程缩短了，交通的发达，就意味着跨地域的经济文化的交流更方便了。在这两个背景下，你们这四家报社的合作是很有意义的。整个社会需要联合，需要沟通，新闻也有地域性，新闻本身也需要联合，需要沟通。

你们每家报纸代表着自己所在的地域，既代表着一种新的信息，也代表着每个地区的文化、底蕴和经济。你们新闻媒体之间的交流，也代表着地区之间文化内蕴的交流、经济的交流、历史的交流。所以，我认为你们现在的合作交流，是时代所趋、大势所趋。这种合作形式，在西江流域媒体间是第一次，是首创的。

你们在共同交流、共同创造一个地域文化理念。这种理念会转化为每个地方的

文化软实力。通过这次活动，你们在为西江流域每个城市定位，你们这个活动会促使地方打出品牌。你们的活动，是一种创意。创意是什么？就是文化观念、文化理念的创新。我认为你们这样做是对的，必会成功的！我衷心预祝你们胜利！

（"西江文化之旅"联合报道组《江门日报》记者张品、王亚方、曹乃付，《江门日报》2008年4月1日A04专版发表。）

西江文化之梧贺篇

一、广西梧州篇
——最老岭南文化古都,最早对接海陆丝路
(2014年在梧州学院的专题报告提要)

为梧州市作出这个文化定位的根据,是基于以下文化元素。

(一) 珠江文化始祖舜帝南巡圣地

中华民族的始祖是"三皇五帝"。黄河文化始祖是黄帝,长江文化始祖是炎帝,珠江文化始祖是舜帝。据《尚书·舜典》记载,舜接尧位后多次到南方巡狩,逝世于巡狩南方途中,地点就是《史记》说的"崩于苍梧之野"。明代《梧州府志》载"舜崩于苍梧之野",清代《苍梧县志》也有同样记载。据说梧州白云山附近原有舜帝庙。可见梧州是舜帝南巡以至逝世的圣地。

(二) 最老岭南文化古都

梧州原为"苍梧之野",部落时代曾为苍梧国。汉武帝平定岭南后划分的九郡之一,包括梧州在内的"广信",是汉武帝因"初开粤地,宜广布恩信"而确定的岭南首府(先是交趾部,后改交州),从西汉到三国管辖岭南的近四百年,使这地域形成了广信文化、广府民系和粤语,是广府文化发祥地,是珠江文化、岭南文化发祥地之一。屈大均说珠江文化、岭南文化"始然于汉",其主要依据和标志,是有"人文之大宗"的陈钦和他的儿子陈元代表的古文经学派,还有交州太守士燮四兄弟的经学,以及牟子《理惑论》,分别在儒经之学与中国佛教上具有重大意义,而这些标志性的文星都出自广信。特别值得注意的是,明清两代管辖岭南的两广总督府的署衙，设在梧州百多年之久，这对珠江文化、岭南文化、广府文化"乃照于四方焉"（屈大均语）的辉煌时期，具有关键性作用和卓越贡献。所以，连同舜帝南巡苍梧的历史，称梧州为"最老岭南文化古都""岭南'龙'都"，都是符合历史实际、实至名归的。

（三）岭南古代佛城

牟子的《理惑论》是佛教在汉代传入中国时，由中国人写的第一部宣传佛教的理论著作，从而可说其具有中国佛教的开篇意义。这部著作出自苍梧（或苍梧人），从而可说苍梧是中国佛教开篇的发祥地。牟子本来是儒家学者，《理惑论》是他在广信"锐志于佛道，兼研老子五千言"之后写出来的。部篇著作以设问作答的文体，将佛教的学说，以儒家、道家的理论加以对照、诠释，理出佛、道、儒三家学说的异同，借以宣传佛教，也宣传了儒、道；可以说是以儒、道眼光看佛教，也可以说是以佛教理论说儒、道。所以，这部著作完全可以称为"一箭三雕"的高手文章，是中国首篇佛教宣言，又是中国首篇对儒、道、佛三家比较研究的"比较文学"，而且是最早体现儒、道、佛三家"和而不同"思想的文化论著。《理惑论》在宗教和文化上如此多层面的首创性意义，体现了牟子作为珠江文化开创时期思想家代表之一，对中华文化的开创性贡献和精神，同时也体现了珠江文化早就具有开创性、包容性的特质，尤其突出体现在宗教和文化的层面上。所以，梧州学院学者为梧州作出"岭南古代佛城"的文化定位是科学的，是有创意的。

（四）海陆丝绸之路最早对接点

珠江水系最长最大的主干流是西江。西江是从云南曲靖发源，流经云南、贵州、广西、广东四省区，在广东三水与北江汇合，经佛山、广州至东莞虎门出海。但西江之名，是从广西梧州河段才始用的。也即是说，梧州是西江之口，是两广交界对接的门户。据《汉书·地理志》记载，中国海上丝绸之路，是由汉武帝派黄门译长从广信赴徐闻、合浦出海开始。黄门译长是从陆上丝绸之路起点长安（西汉京城，现名西安）到广信，然后又从广信到海上丝绸之路起点徐闻、合浦出海的。从地理上说，广信到徐闻、合浦，是经南江、北流江、南流江或鉴江水陆联运至徐闻、合浦，所以，广信（含梧州、封开）是海上与陆上丝绸之路最早的对接点。佛教也于汉代传入中国，说明海上丝绸之路也是佛教传入中国的又一条线路（一条是自长安出发的陆上丝绸之路）。牟子于汉代在广信中的苍梧问世《理惑论》的事实，表明牟子是得海上丝绸之路风气之先，接受传入佛教并开创中国佛教，具有海洋文化的眼光和意识。由此可见牟子及其《理惑论》具有海上丝绸之路文化内涵及开创精神和意义，其萌生地——广信中的苍梧（梧州）也即同时具有海陆丝绸之路最早对接点的历史意义。

（五）珠江—西江经济带和文化带的中心和咽喉

2008 年，广西和广东合作制定了"珠江—西江经济带"发展规划，最近中央已批准上升为国家发展规划，并且是与 21 世纪海上丝绸之路建设对接、与东盟十国经贸合作关系对接的发展战略。在这战略规划中，显然梧州居于中心和咽喉地位。

为此，我们特地在梧州提出两广共建"珠江—西江佛禅民俗文化带"的创议，以支持配合这项重大国家战略。"珠江—西江经济带"所包含的流域地区和辐射地区，有着相同的水系文化资源，尤其是佛禅及民俗文化资源相通的特色突出明显，并大都具有与海上丝绸之路相通的江河性、海洋性；特别是佛禅文化是经丝绸之路从印度传入中国，在东盟及海上丝绸之路相关诸国，都有对应或相通的佛禅民俗文化，以构建文化带的方式串接起来，既可促进珠江—西江水系地区及辐射地区以至与海内外的佛禅及民俗文化的交流合作，又可从文化和民间友好交流上，对"珠江—西江经济带"和 21 世纪海上丝绸之路建设起到对接和促进作用。所以，在梧州发起这个创议是很有意义的。

二、广西贺州篇
——千年文化古邑，海陆丝路通衢

(2015年6月5日和11日先后在广西贺州市委中心组及贺州市八步区委所作报告提要)

（一）贺州的文化定位："千年文化古邑，海陆丝路通衢"

自公元前111年（汉元鼎六年）汉武帝平定岭南，即在当今贺州地域设立临贺县；自东汉三国时开始，吴国所属的临贺即升格为"郡"，即相当于现在所称的地级市；随后经两晋、南北朝、隋、唐、五代（南汉）、宋、元、明、清，一连13个朝代，都是县郡治地；到民国时代设立的"平乐专区"，治所也是在现在贺州市治所的八步，也是地级市规格。所以称贺州是"千年文化古邑"。"海陆丝路通衢"的依据是：古代沟通中原与岭南交通要道之一——潇贺古道经此直达广信（今封开、梧州），而对接海上丝绸之路第一港——徐闻、合浦。

贺州的"五古"是其文化定位的依据和支柱。

古道：潇贺古道贺州段有两个枢纽：一是在广西富川与湖南道县边界，即在潇水与贺江之间，有120公里的陆路对接，即江陆对接枢纽；二是在贺州八步区贺街镇的浮山水域，是临江与贺江交汇口，也即是潇贺古道东西两线交汇口。潇贺古道由此交汇口，直达广东封开江口接入西江。此谓潇贺古道第二枢纽，也即是最大最直接的枢纽。

古城：贺街是汉代乃至十代古城，信都是汉代封阳古城，富川、中山、昭平三县都有明代古城。

古村：每个县区均有古村无数，最著名的是昭平黄姚古镇、富川秀水状元村、贺街龙家寨等。

古居：历代学宫、衙署、会馆、乡祠、宗祠、大院、寺庙、塔楼、古桥、古井等比比皆是，均是年代久远，文化深厚。

古代名人：宋代理学开创人周敦颐出生于贺州，宋代以上奏《本政书》十三篇名垂青史的大臣林勋也是贺州人，明代孝穆皇太后（明孝宗朱祐樘的生母）也是贺州人。此外，贺州历代均有状元、进士、翰林、举人出现。

（以上是在广西贺州市委中心组专题报告提要）

（二）八步区与贺街镇的文化定位："千年县郡古城，海陆丝路要津"

八步区是前些年贺州市升格为地级市后才成立的，原是县级贺州市所辖区域，而贺州市原是贺县县境。贺县原是西汉成立的临贺县，后称为郡，而县衙郡府从汉至新中国成立初期一直在贺街镇，后迁八步镇，故八步、贺街是名正言顺的"千年县郡古城"。流经贺州的主干流是贺江，在贺州的富川，与来自湖南湘江的潇水只有百里之隔，古时在此开出水陆通道，俗称潇贺古道，也即是海陆丝绸之路对接通道，而八步、贺街正是这条通道的转折汇合要地，经此才能顺流而下，至广东封开江口进入西江，从而贯通由南江至南流江至徐闻、合浦的海上丝绸之路，所以为其定位"海陆丝路要津"。

八步区与贺街镇的独特优势是：三级"重要门户"、三个"对接点"。八步区与贺街镇在当今全国"一带一路"建设大局中，具有广西壮族自治区、贺州市、八步区三级"重要门户"的"重要门户"的地位；同时，又在世界性的"一带一路"建设与全国性的以"看得见山，望得见水，记得住乡愁"为根本的城镇化高潮中，具有三个"对接点"的优势。

1. 三级"重要门户"

（1）从自治区而言，在国家发改委前不久公布的全国"一带一路"愿景和行动规划中，指出应"发挥广西与东盟国家海陆相邻的独特优势"，形成一带一路"有机衔接的重要门户"。可见广西是国家"一带一路"的"重要门户"。

（2）从贺州市而言，贺州位于大西南最东端，尤其是毗邻粤港澳。这一地域优势造成贺州是自治区作为国家衔接海陆丝绸之路"重要门户"中的"重要门户"。而且，又由于贺州市是从汉至清持续十代的临贺古郡的承传，是千年潇贺古道的枢纽，具有"千年文化古邑，海陆丝路通衢"的文化定位，更可见贺州作为自治区"重要门户"的历史文化内涵和独特地位与优势。

（3）从八步区而言，八步是贺州市治所，自然是作为自治区"重要门户"贺州市的"重要门户"。更重要的是，现在八步区所辖地域，基本上是原贺县（后一度为县级贺州市），其人文历史传统和地域优势仍然保持并有新发展。故其历史上和当今，都是"千年南北通津，海陆丝路商埠"。潇贺古道是海陆丝绸之路的最早对接通道，从秦汉一直畅通到清末民初桂粤汉铁路建设开通后，其两个枢纽都在贺州（一是富川的水陆联运，一是贺街的临贺两江合流）；当今的贵广高铁和贺广高速，更将东西的海陆通道大大缩短为两三小时抵达的通道。

（4）从贺街镇而言，之所以可称其为自治区、贺州市、八步区三级"重要门户"之"重要门户"，主要历史地理原因是：广西壮族自治区以海陆丝绸之路衔接优势而作为国家"重要门户"，贺街早在两千年前已是"潇贺古道枢纽，海陆丝路要津"，是名副其实的"千年县郡古城，海陆丝路要津"的文化定位。其实，为贺州市及八步区作出上述文化定位的主要依据和标志都在贺街。从海陆丝绸之路来说，贺街的浮山是临江与贺江的汇合处，由此贺江水道直抵广东封开江口，汇流西江而入珠江出海。两千多年前，汉武帝派黄门译长就是从潇贺古道南下，经贺江水道直达广信（今封开、梧州）而至徐闻、合浦出海，从此而开拓海上丝绸之路的。所以，称贺街是自治区、贺州市、八步区三级"一带一路"的"重要门户"之"重要门户"，是有源远流长的历史和现实依据的。

2. 三个"对接点"

（1）历史上是海陆丝绸之路的最早对接点。

（2）古代海陆丝绸之路与"一带一路"的最佳对接点。

（3）"一带一路"建设与"山水记忆乡愁"建设的全面对接点。由于贺街镇具有"潇贺古道枢纽，海陆丝路要津"的地理优势，造成了从西汉、东汉、三国、两晋、南北朝、隋、唐、五代（南汉）、宋、元、明、清至民国的县郡治所，都设在贺街，而且几乎每代治所都程度不同地对古城加以维护乃至新建、扩建，从而造成具有"千年县郡积淀，十代古城结晶"的最大文化亮点；又由于这些历史地理条件，使得贺街是多地域、多民族、多民系、多民俗、多信仰文化的荟萃地，是具有众多人文和自然美景的山水乡愁优势的圣地。正因为如此，贺街镇的建设发展，在当今"一带一路"和山水乡愁城镇化两个热潮中，都处在自治区、贺州市、八步区以至国家的"重要门户"的位置。

（以上是在广西贺州市八步区委所作专题报告与"贺街临贺古城"研讨会发言提要）

（三）关于"贺街临贺古城复兴工程"的建议（略）

（四）《瑞云亭记》（黄伟宗撰）

民国二十三年（1934）《广西省贺县志》载："丹甑山，城西七里，接近里许，曰幽山（俗名二甑）。一山两峰，端然并峙，为县之主山。唐太和时，彩云见。刺史李郃更名"瑞云"，因建瑞云亭。有记，不存，亭今废。'瑞云晴霁'为八景之一。"另有宋人郭祥正诗："贺州城西丹甑山，一亭遥插紫云间"证之，赞之。可见瑞云亭实乃标志贺州人文之"千年一亭"也！

今当习近平新时代，贺州八步区委区政府复建"瑞云亭"，既是以复建盛唐所兴之"彩云"美景和史绩，为"中国梦"和中华民族传统文化在贺州重圆与复兴之象征；又是以"千年一亭"之盛景，为贺街人文定格于当今"彩云"盛世之盛举也。

贺街之人文定位若何？"潇贺古道枢纽，海陆丝路要津；千年县郡遗址，十代古城结晶；民族系俗荟萃，生态人文美景；山水记住乡愁，观古寻根之都"是也。

谨以为记。

2018年8月18日撰于广州中山大学康乐园

东江文化之东莞篇

今天对大家讲的题目是：在当今世界文化视野下，探讨东莞文化的特质与发展。

在当今世界文化视野下，运用现代新文化理论研究开发本地文化的基点和目的，就是把握本地文化的特质及其在世界或全国文化中的地位，使其与世界或全国对接相连，又发挥自身的独特价值和优势。

对一个地方的文化特质分析和文化定位，也即是为地方文化"查龙把脉"，必须从该地方的古今地理、人文、物产的特质和优势出发，找出其在世界或全国、全省中，既有共通性又有独特性的元素，尤其是既有传统性又有现代性、既有交融性又有独创性的元素，也即是既有认同性又有唯一性的元素，作为地方文化的代号或多元文化中的一元；同时，又由此进行总体形象或特质概括，作出该地域的总体文化定位。

东莞的文化可称为"龙口文化"。因为东莞之"口"虎门，是珠江八大"门"（即口）中最大的出海口。如果说江河是龙，其龙头就是其河口或出海口。所以，从地理学上说，东莞就是珠江水系的最大"龙口"，东莞文化就是珠江水系文化中最大的"龙口文化"。东莞"龙口文化"最大的独特之处，是太平洋南海的海水从这"口"进，珠江水系的河水由这"口"出，进出的海水河水都交汇在这"口"中，有"吞"（进）有"吐"（出），是江海交汇又进出通畅、吞吐自如的"龙口"。这就是东莞"龙口"文化的特质、形态，由此可称东莞为"龙口文化之都"。这个文化定位及其特质、形态，具体体现于下列"五龙"文化的产生和特性之中。

一、东莞的"五龙"文化

（一）江海交汇的水乡和山水文化，此谓"地龙"

珠江水系三大主干流之一东江，是东莞的母亲河。"一方水土养一方人"。东江抚育东莞文化，使东莞对接珠江文化、黄河长江文化和世界江河海洋文化。东莞位于东江下游，贯通南海，有珠江八大"门"中最大出海口（虎门），连港澳而通世界，总体是江、海、山、地交汇融合，最大特色是江之出口、海之入口，是山水相连、江海交汇的地理环境。从而其各种门类文化，莫不具有海水与江水（咸水与淡水）、民族与海外、本地与世界交汇交融而出新的特质与特色。如东莞的水乡，都是一派江海相连、涌围纵横的水天下，与其他东江流域的农村景象明显不同；连鱼类也都是在海水与江水交汇的咸淡水中成长的，既不同于河鱼，也不是海味。上世纪60年代，被称为"珠江文化的典型代表"陈残云，所写的长篇小说《香飘四季》和《珠江岸边》等散文，是反映东莞这种文化特质与风情的经典作品。

（二）广侨、客侨、新莞人交融的民系文化，此谓"人龙"

东莞市人口的民系分布，大体上是西部广府人为多，主导是传统广府文化；客家人多在东部，有深厚的客家文化土壤。这两大民系都拥有数量巨大的海外华人华侨，与乡土往来密切，传入大量华侨文化，年久月深，与本地传统民系文化融合，形成了两者一体的新型民系文化，即广侨文化、客侨文化，分别以莞城、凤岗为中心或代表；莞城仍存的大院祠堂可谓广府文化的标本，凤岗的排屋楼则是世界知名的客侨文化独特建筑。改革开放以来，大量南下民工进入东莞，还有相当数量的台商、港商、侨商，成了新莞人，与本土广侨、客侨民系融合，使本土传统文化增加新的移民和海外元素，使东莞文化更具有多元性、包容性和丰富性，宗祠文化、书院文化、打工文化、外商文化等都是东莞民系文化的组成部分及其特质的实证。

（三）民族性、海洋性特强的名史名人文化，此谓"史龙"

东莞市委宣传部领导在《加快文化名城建设，促进高水平崛起》的报告中，提出东莞"名史文化""名人文化"的两个概念很好。他讲的东莞"名史"，首先是揭开中国近代史页的林则徐虎门销烟和鸦片战争，再就是抗日战争和解放战争时期的东江纵队的斗争。这两段"名史"，都具有特强的民族性和海洋性，是东莞特有的文化精髓。在东莞市委宣传部主编的《影响中国的东莞人》中，所列的32位名人都是具有特强民族性、海洋性文化的伟人。如：林则徐，既是中国近代首位抗英民族英雄，又是"睁眼看世界的第一人"；居巢、居廉开创岭南画派，既承中国画传统，又吸收大量东洋画元素而创新；明代的重臣何真、罗亨信、袁崇焕、张家玉，以及杰出学者陈建、陈益，既有维护民族统一、保境安民、守护边陲、抵抗外侵、严正治史、引进番薯等奇功，又有名扬海外的业绩；王宠惠、蒋光鼐、王作尧、王匡等现当代政界军界的国家栋梁，既在民族危难中大义凛然地英勇斗争，又在国际、外交、海疆等事务中各有建树；现当代著名学者伦明、邓植仪、王吉民、容庚、容肇祖、谢志光、林克明、张荫麟、邓白、张松鹤、莫伯治、李任之、邓锡铭、毛炳权、李衍达、何镜堂、王志东，以及首个打破世界纪录的中国人——"举重王"陈镜开，都是在各自的领域首屈一指的佼佼者，他们是民族精英，又是最有海洋文化、最有海外影响的东莞人。显然，东莞出的名人都具有特强民族性、海洋性，不是偶然的。

（四）以莞香为代表的特产品牌文化，此谓"物龙"

丝绸之路也即是中国向外国输出香料之路。香料是中国特产，种类多种，最著名的是沉香，在沉香中最珍贵的是东莞生产的莞香，是在香类中唯一以地方名冠名的品种，而其最上等的品种是"女儿香"，又称"牙香"。屈大均《广东新语》卷二十六"香语·莞香"中，即有对当时东莞香业盛极一时的详细描述。且当时运载莞香所经之地，多冠以"香"字，如尖沙咀当时称作"香埗头"，香港岛东南部的这一处集散莞香的港湾则被称作"香港"，港口附近的村庄则被称作"香港村"。这种特产的生产及其外销历史，也正是东莞江海文化特性的典型体现。此外，东莞在衣、食、住、行、玩等生活文化方面，也是有不少传统和现代的特产和品牌的，如：虎门是著名的服装城，领导世界服装新潮流；道滘是著名粽子之乡，每年粽子节香飘海外；厚街是著名家具城和全国五星级酒店最多的乡镇，又是世界著名的皮鞋城；东莞还是中国节日之都、动漫之都、水乡文化之都。这些名扬四海的土特产或品牌文化，都有亮丽的东莞独特的文化风采。

（五）"世界工厂"的制造文化或"智造文化"，此谓"产龙"

东莞从改革开放到现在30多年，一直不断地引进外资外商入市办企业，生产加工各种产品，又转销至世界各地，可谓"借鸡下蛋"又"孵鸡出口"，由于产量大、销路广、产值高、影响大，故被称誉为"世界工厂"，由此而使其制造业既有中国特色又有世界影响，又形成了一种新型的制造业文化。这种文化，也是东莞文化江海交汇特质与形态的一种独特体现。它是海外资本又是内地企业，是海外的设计又是内地的操作，是海外的品牌又是内地的产品，是海外进口的企业和原料却又是出口的东莞产品和商品，如此等等的双重性，正是在经济上双重性和交汇性的体现，同时也必然在文化上具有同样的双重性和交汇性。例如，东莞首创或率先实践的"三来一补""借船出海""按国际惯例办事""农村城市化走离土不离乡、组团式发展之路"等理念和机制，就是这种文化的典型体现。从具体实践而言，在多数企业中，往往有"一厂两制"现象，即在企业管理上既有海外企业管理制度，又有中式管理制度；在产品设计及规格上既保持海外原型及标准，又会有中式理念的改进或换型；在产品销售上既有海外行销，又有国内推销。这些经济上的"两制"导致这些企业中有"一厂两制"文化。前些年我在厚街考察时就发现其电器、鞋业、家具等企业是这样的情形，看来整个东莞的制造业企业大都如此。现在东莞的制造业已经开始进入创新驱动、转型升级的新阶段，从制造业升级为智造业，制造业文化也就升格为智造业文化。这是一种创新型的、很有生命力和发展前景的现代文化，应当积极研究、开拓、打造、开发。

以上"五龙文化"，也是中国传统的阴阳"五行"文化的运用："地龙"即"土"，"人龙"即"水"，"史龙"即"火"，"物龙"即"木"，"产龙"即"金"。

二、以切入五个"龙口"而促其发展的"去脉"

（1）从建设"水乡玩乐园世界"和打造"珠江文派"切入，以世界一流、中国唯一的硬件和软件，以原生态、高科技、玩旅游、创流派等文化元素、设施和举措，全方位升华弘扬东莞龙口文化和博大精深的中华文化，已向东莞市领导建议，请东莞市水乡管委会、广东省作家协会主持操作。成功后，再进一步网连其他乡镇的山水文化。

（2）以宗祠、书院、广场、馆所、会展、节庆等活动为纽带，开展丰富多彩的联谊、交流、恳亲、交易和社会文化活动，强化广侨文化、客侨文化、新莞人文化的研究、建设与融合，加强海外华人华侨的交流联谊，加强宗亲民系民族团结，树立诚信和谐的文明风尚。同时，利用这些场所或活动，作为提供社会文化享受的场所或机会，尤其是将村落、街道的旧祠堂、书院和乡镇的"三馆"（文化馆、图书馆、博物馆）办成"文化学堂"，成为"文、音、美、剧""琴、棋、书、画"的学习和享受场地，也是传统文化和世界文化精华的传承普及基地。

（3）以办好教育基地和榜样文化活动为抓手，将名史文化古为今用，将名人文化活学活用。古为今用就是以鸦片战争和东江纵队史迹作为爱国主义和传统文化教育基地；活学活用就是请至今仍健在的名人或名人亲属及弟子，以举办名人乡贤讲座的方式，回乡传播榜样文化。

（4）以申报莞香为世界记忆文化遗产为亮点，创建莞香文化境界园，并以此带动衣、食、住、行、玩的生活文化名牌打造为世界品牌，并分别打造专业性的文化博览园活动，并以此持续弘扬传统香料之路，同时开拓更多特产品牌的新海上丝绸之路。

（5）以开创"智造文化"为"龙口"，将"世界工厂"的制造业开拓为一个新的文化领域，通过招商引资、选项选址、产品设计、企业管理、企业文化、广告营销、服务平台、创意研发、创新驱动、转型升级等系列节点，着意发掘其在文化上中方与海外、经济与文化、科技与文化等诸多元素的交汇和创新的亮点，以典型分析和典型带动的方式，发现和发展这一新型文化，使"世界工厂"成为"世界智造文化工厂"，使东莞的制造业转型为以"智造文化"为特色的"智造业天下"。应当注意的是，在大力进行创意研发而促进创新驱动、转型升级的时候，要特别注意总结文化的引领和促成的作用和经验，并将其升华为理论，以论坛或研讨会方式进行交流，加以推广，也即既促进科技和经济的发展，又促进智造业文化的形成和发展。例如，在每年一度的国际家具节中，在举办交易会的同时举办现代家具业文化论坛；在最近举办首届东莞创意研发现场会之后，可乘其东风，即举办首层东莞智造业文化研讨会；在即将举办的首届广东21世纪海上丝绸之路建设商贸交流会的同时，举办首届广东21世纪国际智造业文化论坛，以领制争先、首创"第一"的气势，将东莞特有特强的"智造业文化"做得更强更大！

（2014年10月14日下午在东莞市政府大楼对东莞市宣传文化界的讲话）

东江文化之惠州篇

2013年10月下旬,省政府参事室组织广东文化组参事到惠州市专题调研东江文化。早在2005年夏天,我们曾对东江文化进行过全面考察,对惠州的东江文化也有所了解。这次调研发现,惠州市的文化建设尤其是基础和硬件建设上,有了很大飞跃,在文化资源的梳理整合,以及文化特质特色的发掘和发挥上,也有了长足的发展,已具有擦亮"东江明珠"品牌、建造"养生文化之都"的条件和前景。特提交调研报告及具体建议如下。

一、擦亮"东江明珠"品牌

作为珠江水系主干流之一的东江水系文化,从来都是以惠州市为中心和代表的。改革开放以来,因行政区域的调整,地级以上市的增多,使整个东江流域地区划分为三个地级市(河源、惠州、东莞)和副省级特区市深圳。因相互之间无隶属关系,造成谁也不好打出"东江文化"旗号。其实,这是一个观念误区。

诚然,每个行政区域都有其文化特质和特色,即使是"共饮一江水"的不同区域文化,也必在同中有异、异中有同。当今东江流域四市也同样如此。我们在2005年的调研报告中,将整条东江流域的文化特质和形态,概括为一串珍珠形的串珠文化,意思是:整条东江主干流,从北至南,将层层交汇的山河湖海串接相连,又将最远古和最现代的文化,包括各色各样的民系、民族、民俗及宗教、名人、华侨、革命等有似颗颗珍珠的精英文化,连成一串珍珠似的文化链,不就是串珠文化么?这就是当今东江流域四市之"同",但四市之间会因处于不同河段的地理环境、以及人文历史和发展状况的不同而有"异",从而也就可以且应当在"东江"的共性中打造出有自身区域个性的品牌。

惠州位于东江流域中游,历史悠久,历来是东江水域交通、经济、政治、文化中心,是东江一串珍珠中最明最亮的珍珠,历来都有"东江明珠"之称,现在继续保持并将这一品牌擦得更亮,是名正言顺、理所当然的。

从惠州的自然地理条件上看，正如明珠似的环境：东江在惠州市境内有三个交汇河口，一是在惠阳区江口汇合秋香江，二是在博罗下青汇合公庄河，三是在惠城区汇合西枝江，按堪舆学的说法，交汇河口或出海口为"龙头吐珠"，这三个交汇河口则似串连在一起的三颗明珠；此外，境内有五大湖，即西湖（由平湖、丰湖、南湖、菱湖和鳄湖组成）、红花湖、金山湖、白鹭湖、潼湖；南濒南海，有两大海湾，即大亚湾和巽寮湾，呈双月状。而湖海是更大更亮的明珠，如此江、湖、海一体的自然环境，也必然造就其地域文化相应地具有江河、湖泊、海洋的性质，具有明珠般的优质和色彩。而这些特质与色彩又是与东江这串珠的主线串连的，也即是说，其标志性文化元素都是以"东"为"姓"、以"珠"为"名"（著名）的。

（一）东江府治文化

惠州历史悠久，新石器时代已有先民在此生息。先秦时期属百越之地"缚娄"（符娄）国，秦汉至东晋属南海郡博罗县。南朝以后先后称为梁化郡、循州、祯州，至宋天禧四年（1020）易名惠州至今，一直是管辖东江流域中心地带的衙署所在地，是东江流域的政治、经济、文化中心，自古形成了东江府治文化。由于古代书院主要在府治中心建立，所以往往府治也是教育中心和人才培养地。由此惠州也即是古代东江流域书院之冠、人才之冠。宋代惠州有县学63所、书院41所，仅次于广州。明清两代惠州有进士97人，本地出生的历史名人难计其数。明代有"三尚书"，其中叶梦熊是著名的"安边"统帅；清末的监察御史邓承修，是著名的刚正不阿的"硬汉"；载入中国现代史册的革命先驱廖仲恺、叶挺、邓演达，更是惠州名人的佼佼者。惠州历来处于东江的中心地位，其书院、史迹和光辉人物，都显现出惠州的东江府治文化特色，无愧于"东江明珠"的品牌。

（二）东江民系文化

广府、客家、潮汕是广东三大民系。广府民系主要分布在珠江三角洲和西江流域，潮汕民系主要分布在韩江流域，客家民系主要分布在东江流域。惠州处在东江中游，主要属客家民系，但其又处在珠江三角洲与潮汕平原之间，因而又有与广府民系和潮汕民系交错生息，并在文化上相互融合的现象，由此形成多元交融而又浑然一体的文化形态。因此，惠州的东江民系及其文化，既以客家为主体，又有广府和潮汕的文化元素。尤其是在市中心惠城区，几乎将三大民系的文化元素融合而成一种独特的文化，既保留客家文化主体，但又不是完全客家，既有广府、潮汕元素，但不占主要地位。惠城区通行的"惠州话"就是典型代表。在民居建筑、民俗风情上也有许多典型实例。例如，惠城区金带街的结构和庭院，就有集广府、客家、潮汕文化于一体之特色。此外，惠州南濒南海，毗邻港澳，华侨众多，也必受海外文化影响，在民系文化中渗有华侨文化和海洋文化元素，同样在建筑和风俗中体现出来。例如，惠阳区秋长的"围屋"从传统的圆形变成了排屋式的长型，虽仍有客家风韵，但已有浓郁的广府和侨乡文化色彩；平海渔歌、大亚湾渔家风俗等都是实例。这种以"杂交"而结成多元一体的文化实例，是惠州独特而闪光的文化现象，所以是东江民系文化的明珠标志。

（三）东樵宗教文化

博罗罗浮山又名东樵，是广东著名的"两樵"之一（另一樵是南海的西樵山）。罗浮山有从东方海上浮水而来的传说，故称"罗浮"，本身就有海洋性的浪漫色彩，历来被称为"百粤群山之祖""岭南第一山"，司马迁称其"粤岳"，是中国道教十大名山之一，为道教十大洞天之第七洞天、七十七福地之第三十四福地，拥有九观、十八寺、三十二庵。东晋年间，著名道教理论家、炼丹家、医学家葛洪进入山中修道炼丹，采药济世，著书立说，创立道观，现仍存葛洪衣冠冢及"雅川丹灶""洗药池"等遗迹，依托葛洪祠所建的冲虚观已有一千多年历史，是全国十大古观之一。罗浮山又是一座集道、佛、儒三教的宗教名山，是历代文人墨客钟爱的名山，李白、杜甫、韩愈、苏轼、杨万里、朱熹、汤显祖、屈大均等著名文人，以及明代著名的旅行家、地理学家、探险家徐霞客都在此留下行踪或文宝；它还是中国最早的制药化学基地，被称为"中国化学之父"的葛洪和他的妻子鲍姑在这里从炼丹衍生出矿物药，并掌握了化学合成法，制出了人类最早的合成药物，奠定了制药化学的朴素基石；它又是岭南中药的天然宝库，是自古著名的药市，是中医药的重要基地。显然，罗浮山在多个文化领域中的地位，都是可称为世界或中国的"第一""唯一"之文化明珠的。

（四）东坡流寓文化

唐宋八大家之一苏轼，于北宋绍圣元年（1094）被贬惠州，寓居了两年零七个月。他在《自题金山画像》诗云："心似已灰之木，身如不系之舟。问汝平生功业，黄州惠州儋州"，可见惠州在他心目中的分量。他在惠州期间写的诗文达587篇，数量仅次于他在黄州写的750篇，在他一生作品中占有重要地位。他虽是贬官，地位权力有限，在惠州时间不长，却作出了不少政绩，如推广农具"秧马"，修堤治湖，倡筑东西新桥，请准"钱米两便"的纳税方法，等等。他在惠州留下的遗迹不少，如侍妾王朝云墓、六如亭、泗洲塔、合江楼、嘉祐寺，还有他"为终老计"而建的故居和东坡井，至今犹存。苏轼在惠州的创作和业绩具有丰富的文化内涵，如历史文人流寓文化、南北交流的农耕文化、书院文化，尤其是既有东坡特色、又有惠州特色的"西湖文化"。史称"东坡到处有西湖"，其意是指凡苏轼到过的地方都有建西湖和咏西湖之作，杭州、颖州有，惠州也有。惠州西湖有他的政绩，他在惠州的重要遗迹也多在西湖边，并写了许多咏叹西湖的诗篇，如"一更山吐月，玉塔卧微澜"的佳句，活现了惠州西湖特有的景色，也活现了明珠般的东坡文化。

（五）东江革命文化

惠州自古是粤东军事、政治重地。鸦片战争后，惠州人民反帝反封建斗争特别激烈，尚武重义的会党之势旺盛，成为多次反清起义的策源地之一。孙中山领导的十次反清起义中，就有两次在惠州。第一次国内革命战争时期，国共合作的黄埔军校师生为平定陈炯明之乱"东征"，惠州是主战场。抗日战争时期，中国共产党在此建立了东江纵队武装，有力地打击了日本侵略者；解放战争时期，东江纵队北撤山东后，编入中国人民解放军序列南下，为全国解放和建立中华人民共和国立下了不朽功勋。惠州在中国近代百年革命史的每个历史时期都作出了卓越贡献，形成了有自身特色的革命文化，涌现了许多杰出的文武星宿，如文星廖仲恺、邓演达，武星以赫赫有名的叶挺将军为代表，据不完全统计，惠州籍的将军达50人以上，堪称中国的"将军市"。可见东江革命文化也是群星灿烂的明珠文化。

（六）东江海洋文化

惠州地处中国东南沿海，是广东古代海上贸易和移民海外的"海上丝绸之路"始发港之一。宋代已有移民海外的记载。明代郑和下西洋后，已有人到马六甲贸易、垦荒、开采锡矿。清末大批惠州人出洋谋生，这里是向海外输出华工的重要出口地。惠州籍的海外华人华侨人才辈出，爱国爱乡，在每个历史时期都支持家乡革命和建设，形成了鲜明而有特色的东江海洋文化。1854年出洋开发和重建马来西亚吉隆坡的叶亚来，被誉为"吉隆坡王"；民主革命时期，孙中山多次到东南亚活动，都得到当地惠州会馆华人华侨大力支持；抗日战争时期，南洋各国惠州籍华侨组成"东江华侨回乡服务团"等爱国侨团，投身抗日战场；改革开放以来，海外华人华侨支持家乡建设更多，力度更大，仅1988—1996年，惠州籍华侨和港澳同胞为家乡教育和公益事业捐款捐物总值超过17亿元。这一系列的出海开洋的历史、侨领人物及其事业的辉煌，以及爱国爱乡事迹，都似颗颗闪亮的珍珠，联结成一串珠光四射的东江海洋文化。

以上六项，是惠州文化的主要亮点，是构成"东江明珠"文化品牌的主要元素。这些亮点或元素的内涵和结构表明，惠州以此为文化定位和品牌，是有根有据、名副其实的，也是由此而可更显出自身的文化资源的特质与特色的，从而是更有利于以文化引领社会全面开发的。所以，很有必要进一步擦亮这张文化品牌。

二、建造"养生文化之都"

前些年，学术界誉南海西樵山为"珠江文明灯塔"，其根据是这座山的出土文物及其丰富的文化内涵，具有标志珠江三角洲文明起源并代表其文化特征的意义。其实，作为"东樵"的罗浮山也是完全可以称为"东江文化灯塔"的。因为它不仅多方面地体现东江文化的内涵与特色，而且是上述六项"东江明珠"文化中的"皇冠"，具有领衔地位和标志意义。如能以现代文化理念和文化软实力之"五力"（激活力、对应力、浸润力、伸张力、持续力），研究开发其文化资源，尤其是养生文化资源，并与当今社会的实际、实践、需要对接起来，以具体的前景坐标将其整合聚焦，必能更好地发挥其东江明珠"皇冠"和"东江文化灯塔"之光辉。

这个前景坐标就是建设"养生文化之都"。"都"者，都会、首府、中心、聚汇之谓也。以此为坐标，就是要将古今中外养生文化，聚汇于以罗浮山为中心的惠州全市，使其成为世界或中国"第一"或"唯一"的养生文化都会。依据和举措如下。

（一）以现代文化理念看罗浮山的养生文化内涵与价值

罗浮山的养生文化起源最早、历史最长、理论最早、实践最早，资源丰富，自然条件优越，开发空间和方式宽广。当今世界和中国尚无如此具备自然与人文条件的养生典范基地。由此，可以将罗浮山文化以养生为主线进行整合，以养生文化为基调或主旋律，作为建造"养生文化之都"的中心，将罗浮山打造成世界或中国最大的养生自然博物馆；可以在罗浮山内建一座现代化的世界养生博物馆，将以中国为主的世界古今养生文化资料以高科技手段展现出来，也成为世界或中国"第一"或"唯一"的现代养生文化展馆。同时，可以"东樵文化"为领衔，将整个"东江明珠"的各种元素或亮点带动起来，在充分发挥各自优势的同时，映衬突出养生文化，形成多元一体、有主体而又多彩多姿的惠州文化特色。

（二）激活东晋葛洪在罗浮山撰写《抱朴子·内篇》所创立的理论

《抱朴子·内篇》是道教在汉代开创后至东晋的总结性史著，是确立道教理论的典籍。葛洪在承传老子《道德经》的基础上，创立了玄、气、仙、丹等观念与实践，以宗教与科学、道学与儒学、化学与医药、仙游与炼丹、研究与实验相结合的途径，成为中国道学理论的确立者。其理论与实践的核心就是有意识地探求养生之道。所以，他是中国养生理论和实践的最早创立者和先行者。他的探索精神及其理论与成果，是完全可与当今养生科学与文化对接而产生无穷的文化对应力的，是可以与当今社会养生需求对应而产生巨大的文化伸张力的。所以，应当以养生科学与文化为重心，承传弘扬葛洪和道教的文化精华。首先应当举办关于葛洪道学理论与养生文化的学术研讨会，在罗浮山上建造葛洪纪念馆，展现以养生文化为重心的葛洪与道家文化。其中应有普及道学和养生文化的设施，如"方阵图"之类有知识性、科技性、趣味性的观众参与项目，改变游客只是"耳闻目睹"的单调参观模式。

（三）以现代高科技激活葛洪及其妻子在罗浮山"雅川丹灶""洗药池"炼丹制药情景

在罗浮山恢复传统药市，在采药、制药、售药、用药的全程中将药文化与养生文化对接，将中药知识与养生知识结合起来，将药疗与食疗结合起来，把罗浮山建成现代与传统结合、中药与养生一体的养生普及和养生享受基地。

（四）充分发挥罗浮山作为中国道教十大名山之一的优势

挖掘罗浮山为道教十大洞天之第七洞天、七十七福地之第三十四福地，拥有九观、十八寺、三十二庵等文化资源，将民间传说吕洞宾等"八仙"故事，以及民间对黄大仙的信仰，融合为"仙"的生活方式，并将其与古今养生文化对接起来，在罗浮山或其他适当的山中，以雕塑或画屏等方式，再现"八仙"或其他道教人物所过"神仙"生活的形象，使"人间仙境"作为养生文化的一种方式和内容，并在学术层面上予以升华探讨。

（五）将韩愈等古代文人游罗浮山与苏轼的西湖文化整合起来

将其内含的"仙游""神游""诗游"等文化，与养生文化对接起来，尤其是苏轼在被贬的情况，仍乐观神游，倡导"宁可食无肉，不可居无竹"的清淡生活，作为养生文化的一种内容和方式，并将其与当今社会的衣、食、住、行、玩等生活文化和养生文化对接起来，以种种载体和途径，发挥其文化对应力和伸张力。

（六）挖掘明代旅行家、地理学家、探险家徐霞客在罗浮山的文化遗存

将其与当今的旅游文化对接，并纳入养生文化的一种内涵和方式，上升为学术

文化层面，以"徐霞客与旅游养生文化"为题，举办学术研讨会，并建造"徐霞客纪念馆"，将《徐霞客游记》尤其是徐霞客在广东游历罗浮山、曲江曹溪、南雄大庾岭的过程及其内涵的旅游养生文化展现出来。

（七）将以"和"为"尚"的佛教精神与古今养生文化对接起来

以明末清初海云寺首领天然和尚在罗浮山的遗存（据查有塔墓和法脉）为线索，深挖这位创立海云学派的佛学大师史料，将其与罗浮山佛寺的历史关系查清、连接，并将以"和"为"尚"的佛教精神与建设和谐社会以作为养生基本条件的理念对接起来，将其修养方式与古今养生文化对接起来，并升华为科学的养生文化的一种内涵和方式。

（八）将"惠民之州"与建设"养生文化之都"结合起来

将前些年惠州以"惠民之州"为坐标的建设，以及近几年连续荣获"全国文明城市"、三获"全国最具幸福感城市"，并以"幸福文化"而荣获"2012中国最具特色文化竞争力十佳城市"榜首等成就，与建设"养生文化之都"连接起来，作为持续发展的新坐标或新的前进里程。显然，有如此良好的基础，有如此深厚丰富的文化元素条件，实现这个目标是指日可待的。

三、几点建议

（一）加快文化定位与文化研讨

建议惠州近期（明年上半年）以论证"东江明珠"可否作为惠州文化定位、可否以建设"养生文化之都"为坐标作为主题，举办学术研讨会；明年下半年举办"葛洪与养生文化"研讨会。届时如有需要，我们可大力支持并参与合作。

（二）加快海上丝绸之路考古论证

从现有材料看，惠州大亚湾纯洲岛很可能是一个古代海上丝绸之路始发港，建议惠州或省有关部门应尽速组织专家前往考察实证。这是一件带有世界意义的重大课题，我们可提供帮助。

（三）创作更多的惠州人文影视作品

建议加大文化投资，以影视等多种传媒手段，发挥名人效应。如以葛洪与鲍姑、苏东坡与王朝云、廖仲恺与何香凝、叶挺与其夫人的故事等为原型，写出作品，既可展示这些名人的风范和光辉及其时代背景，又可表现出惠州的人文特质和惠州的文化风情。如此制作，既有思想历史意义，群众爱看，亦可提高惠州知名度。我们热切期望并大力支持。

2013 年 11 月 18 日

北江文化之韶关篇

自改革开放以来,尤其是自我省号召建设文化强省以来,在全市各级领导和部门的努力下,对韶关文化的研究开发取得了全面而杰出的成就,地域文化的特色和优势日益突出。现在以"弘扬地方优秀传统文化,推动其创造性转化和创新性发展,服务经济社会发展大局"为主旨,举办"韶文化传承与发展高峰论坛"是很必要、很及时的,也是很有建设基础和学术基础的。笔者认为要在原有发展基础上进一步进行创造性转化和创新性发展,首先应当有高度的特质意识、价值意识、战略意识,要有挖掘和把握自身文化特质的自觉和功力,要有充分认识和发挥文化价值的眼光和气度,要有创新性、可行性、前瞻性的开发战略。由此,笔者在这三个重要方面提些粗浅建议,请诸位方家批评指正,供韶关市各级领导和有关种部门参考。

一、韶关文化特质

所谓创造性转化,首先就是要从无特质意识到有特质意识的转化;所谓创新性发展,首先就是深刻把握特质,才能精准发挥优势、创新发展。所谓文化特质,对地域文化而言,是指在全地域的文化元素中最有普遍性、共通性的,同时又是与其他地域明显不同的特点和亮点的组合。每个地域的文化特质,是由其所在自然环境和历史传统所决定和逐渐形成的,又是随时代的发展而不断发展变化的。对地域文化特质的认识和把握的高度和能力,主导对地域文化价值的认识和发挥,主导对地域文化的开发战略和走向。

韶关的文化特质是什么呢?从自然环境和历史传统上看,韶关市(含其市区及其所属南雄、始兴、乐昌、曲江、仁化、乳源、翁源等县市)位于广东北部,毗邻湖南、江西,为"逶迤腾细浪"的五岭之大庾岭之南,珠江主干流之北江水系与南岭山脉交叉纵横,是一个南北交汇、山水相连的地带,形成山清水秀的生态环境,故早有古人栖息,万物萌生,自然人文资源厚实丰富,文化元素多种多彩,但其总体特征可用"源、流、交、融"四字概括("源"即开端源头之源,"流"即传承发展之流,"交"即多元交织之交,"融"即和谐融合之融),也可用这四个字梳理其文化种类。

(一)"四源"

一是原始古人之源。包括曲江马坝出土的 10 万年前原始人头骨化石、石器时代的石峡遗址,以及分布于各地的古代文化遗址、遗产、遗存。

二是地貌生命之源。包括列入世界自然遗产的丹霞山,是亿万年前的红石岩地貌,还有象征生命之根的阳元石和阴元石,以及南雄、始兴出土的 6500 万年前白垩纪恐龙蛋化石等。

三是人文诗乐之源。包括珠江文化始祖舜帝在丹霞山奏韶乐的遗址——韶石,珠江文化诗祖张九龄在故乡成长的遗址、修建的梅关古道、开创的盛唐清淡诗派和南粤诗风,以及他撰写的代表珠江文化风格的"海上生明月,天涯共此时"的《望月怀远》诗。

四是佛教禅宗之源。包括南北朝时印度和尚智药三藏创建的曲江南华禅寺,迄今已有 1500 多年历史,为举世公认的佛教"祖庭",在世界上有 30 多个国家、地区有"分庭"。南华禅寺还是珠江文化哲圣六祖惠能创立南派禅宗的发祥地,毛泽东称惠能将佛教中国化、平民化,是中国佛教的"真正创始人",是广东两大圣人之一(另一位是孙中山)。西方媒体还称惠能是世界千年十大思想家之一,与孔子、老子并列为"东方"三圣人。此外,韶关尚有云门寺、东华寺、别传寺等皆可称为"佛源"的佛门圣地。

(二)"四流"

一是北江水系之山水文化流。包括从北至南层层汇入北江的武江、浈江、锦江、滃江等大小江河,以及以乐昌峡枢纽为代表的大量水库、水陂、枢纽、大坝、航道等的水文化、治水文化、航运文化流。

二是南岭山脉之古道文化流。包括大庾岭梅关古道、南雄乌迳古道、乐昌金鸡岭古道、乳源西京古道等。这些古道,不仅是贯通中原与岭南的军事关道、商道、盐道、矿道，而且是沟通长江与珠江两大水系的水陆交通要道，是具有世界文化遗产意义的海陆丝绸之路对接通道，还有以明代西方传教士利玛窦为代表的中西文化交流的"西学东渐"之道。

三是南雄珠玑巷之南下移民文化流。特别是在唐宋年间连续三批百万中原移民南下，开发珠江三角洲和广东各地，自明清以后，又大批移民开发海外，成为分布世界各地尤其多在南洋、美加的华人华侨，使广府文化源源不断地流向全球。

四是贯串古今之名人文化流。包括古代韩愈、苏轼、汤显祖等南下文人，本土出生的南朝名相侯安都、唐朝贤相张九龄、宋朝诗人兼外交家余靖、清初思想家廖燕，以及辛亥革命、民主革命、土地革命、抗日战争、解放战争，以至新中国成立后各个历史时期，大量知识分子、知名文化人，都奋斗或出生于此，造成名人文化流源源不断。

（三）"四交"

一是中原文化与岭南文化交汇。韶关是岭南接受中原文化的前哨地，最早且最多与中原文化交汇。如韶石传说是舜帝南巡到此奏韶乐之地，舜和韶乐是中原文化，是中原文化最早交汇岭南之证。岭南土著百越族本无姓氏，珠玑巷南下移民有156个姓氏族群迁入，是中原姓氏文化交汇史实。

二是民族文化与民系文化交汇。韶关全市人口汉族居多，少数民族不少，瑶族、壮族、畲族均有；民系以客家族群为多，广府族群次之。乳源的瑶寨，始兴的客家围屋，韶关的骑楼，南雄的广州会馆，均是民族民系文化交汇的见证和载体。

三是矿冶文化与生态文化交汇。韶关是重工业城市，自古有矿冶业，矿冶经济和文化尤其发达，如韶钢、大宝山矿、凡口矿等知名全国；韶关又是生态环境秀美之地，生态文化景观遍布全市，如南岭国家森林公园、乳源大峡谷、仁化丹霞山等享誉世界。

四是传统文化与红色文化交汇。韶关是岭南文化发祥地，有深厚的传统文化，以张九龄为代表的儒家文化和以六祖惠能开创的禅学文化，更具有中心地位；辛亥革命后孙中山在韶关誓师北伐，毛泽东开创井冈山根据地和万里长征，均先后在南雄活动，中共广东省委先后在韶关领导广东的抗日战争和解放战争，历代重大革命事件，使韶关成为革命要地、红色文化摇篮，形成红色文化与传统文化交相辉映的圣地。

（四）"四融"

一是文化环境的高山与流水融合。韶关的自然环境，既多高山又多流水，两者纵横交错，生态平衡，和谐融合。其人文环境也如此。《论语》云："仁者乐山，智者乐水。"所以，韶关文化环境也是高山与流水的融合，仁与智的融合，韶石与韶乐的融合，张九龄、余靖诗意的山水融合，诗与乐的融合，即如"高山流水"之音韵和风韵的和谐融合。

二是文化结构的自然与人文融合。韶关的文化总体大都是自然界中有人文内涵，人文景观又大都融于清幽的自然景观中。如佛教禅寺，大都位于山清水秀的幽境之中，可谓自然人文融合的景观典范，现今有世俗化趋向，应进一步加强两者融合，以真正达到人禅合一、农禅合一的和谐融合境界。

三是文化元素的古代与现代融合。韶关的文化元素，古代的比现代的要著名、丰富，故有"三古之都"（古人、古佛、古道）和"古代文化立交桥"之称。但这些"古"，都是现代发现和发掘出来，又都是以现代眼光和方式展现的，所以是古代与现代融合。马坝原始智人遗址和石峡遗址，是岭南最古的文化元素，以现代展馆展示即是如此。但以当今眼光看来，科技文化元素尚少，应进一步运用高科技元素和手段，使古文化复活，以达古今文化圣地境界。

四是文化景观的实体与境界融合。韶关现有文化景观大都寓于高山流水环境中，故既是自然美的境界，又有境界美的实体，这是韶关文化的特大优势。全省唯一被列入世界自然遗产的丹霞山就是最有代表性的自然与人文资源高度融合的圣地型景区，因为在这世界级的自然景区中，融有同样是世界级中国最之文化景观：珠江文化始祖舜帝、中国佛教禅祖惠能、珠江文化诗祖张九龄遗迹的"三祖圣地"，真是景中有文、景中有圣，真善美浑然一体，美不胜收，韵味无穷。

从上可见，"四源""四流""四交""四融"等四类文化的具体内涵和精神分别是："源"，即开端源头之源；"流"，即持续发展之流；"交"，即多元交叉之交；"融"，即和谐融合之融。由此可以说，韶关文化的特质是源头性、发展性、多元性、融合性。切实把握其文化特质，才能精确发挥其优势，才能进行创造性转化和创新性发展。

二、韶关文化的当代价值

要"创造性转化和创新性发展，服务经济社会发展大局"，更要有价值意识和文化价值观念。因为过去在对待文化尤其是地域文化的研究开发上，多注重突出政治、不顾其他，缺乏价值意识和文化价值观念。所以，现在提出价值意识和文化价值概念，树立当代文化价值观，是地域文化研究开发上的创造性转化和创新性发展，是将文化纳入经济社会发展大局的新课题，是对地域文化当代价值领域的开创与开拓。

什么是当代文化价值观呢？就是以价值意识研究开发文化，从价值观念研究开发文化价值。这既是一种新的价值观，又是一种新的文化观。以此文化价值观观照韶关文化，即会以新的视角、新的眼光、新的高度、新的方式、新的途径去进行新的研究开发。

（一）新的视角

以价值转化优势，以优势增大价值。前面概括出韶关文化的源头性、发展性、多元性、融合性等特质和优势，从当代文化价值观的视角上看，则会发现其每项特质和优势同时又具有各自的价值。例如，"源头性"，即具有历史价值；"发展性"，即具有持续发展价值；"多元性"，即具有多项或多向开发价值；"融合性"，即具有综合或深层发展价值。由此，因文化价值的提升与扩展，将优势转为价值，将优势与价值结合，以优势增大价值，走既有价值又有优势的双质双向的文化建设发展之路。

（二）新的眼光

从全方位看资源价值，以多重价值发挥资源优势。2017年10月18日，习近平总书记在党的十九大报告中指出，要树立和践行"绿水青山就是金山银山"的理念。这个指示具有全方位指出自然资源价值的意义。首先是以长远的眼光，强调保护自然环境和生态平衡的重大而深远的价值；同时又是以发展的眼光，指出要全方位发挥资源的自然和经济的多重价值。此外，前些年，习近平总书记在中央城镇化工作会议上发出了要"记住乡愁"、保持"城市记忆"的号召。这个号召，仅从价值观而言，就具有强调保持地域文化历史人文资源的深远价值和意义，是当代地域经济和文化发展的指针。这些指示和号召是很切合韶关实际和发展方向的。因为韶关的文化资源主要是"绿水青山"的自然资源，所有文化资源都具有深厚的"城市记忆"和"记住乡愁"的内涵；大多数景区都具有全方位研究开发价值，都具有多重价值发挥资源的优势，丹霞山、南华寺、马坝原始人遗址等莫不如是。

（三）新的高度

从世界和时代看价值，从"三个一"高度争价值。当今世界是全球经济一体化和文化旅游时代；由于通信交通的飞速发展，全球已缩小为"地球村"。由此，每个地域的文化旅游设施的开发建设，只从本地、本省、本国的需要和水平着眼是远远不能适应的了，必须从当今时代和世界的需求和水平着眼，力求一步到位地进行开发建设，才具有当代价值和意义，才是具有当代价值的文化。笔者认为，在文化开发建设上的当代价值，应当力争"三个一"即第一、唯一、之一。"第一"，是开创、领头、率先、冠军；"唯一"，是独有、独特、独秀，只此一家，别无分店；"之一"，是在世界、全国、全省，或者是在某个领域、某个方面、某个层次、某种行业、某种竞赛等的佼佼者中，占有一席之地。例如，丹霞山现被评为世界自然遗产，这就标志着它是世界级的自然遗产"之一"；它又是我省当今率先并独有获得如此殊荣的景区，所以又是"第一"和"唯一"。这"三个一"，对于地域文化来说，对于每个景区来说，是标志建设成就和荣誉的标杆，是当代文化价值的标志和奋斗目标。

（四）新的方式

以企业化发挥经济价值，纳入经济社会发展大局。前些年，全国已经兴起了文化企业化的热潮。这是中央的方针，其实也是价值观和文化观转化的重大体现和举措，旨在以企业化方式发挥文化的经济价值，同时也是以经济价值发展文化，将文化发展纳入经济社会发展大局。这也是当代文化价值观的重大体现和举措，对地域来说更是如此。韶关文化的企业化程度如何，笔者缺乏调查研究，没有发言权，但企业化的走向、发挥文化的经济价值是大势所趋，是无可怀疑的。

（五）新的途径

以享受化发挥综合价值，以科技化发展升华价值。当今中国已经进入太平盛世，社会的发展、经济的腾飞和生活的改善造成了生活方式和需求的改变，可以说是进入了享受化时代。这具体表现在人们对衣食住行等生活要素，从过去低层次的温饱型，转化为中档次（小康）的享受型。文化需求和享受要求的提高、节假日及其消费的增多和丰富、旅游业的蓬勃兴旺等，都是进入享受化时代的明显标志和趋势。由此，对于地域文化及其景区建设而言，就必须以享受化需求的日益增长，提高文化的价值档次，走出一条新的发展路径。笔者认为，这条途径就是：以享受化发挥综合价值，以科学化发展升华价值。每个时代以至每个人的享受需求，是综合性的；每个地域及其多数景区的资源价值，也是综合性的。另外，当今是科技高度发达时代，享受化的需求和档次也会随科技的发达而逐步提高；对资源的综合价值开发，也必须利用科技投入建设，才能得以发展升华。所以，这是一条新途径，是一条以当代文化价值研究开发地域文化的新途径。对于韶关文化的研究开发也是切合实际、完全适用的。

三、韶关文化开发战略

根据以上论述的韶关文化特质、优势，以及当代价值的理念和实践，提出韶关文化开发战略建议如下。

（一）整合优势价值，整体优势开发

大家知道，前些年韶关市在文化旅游资源的开发上，采取了重点建设战略，包括启动"三大"项目建设，即重点进行"大丹霞、大南华、大马坝"旅游景区建设；在各区县和大的景区，也多是重点进行其某项优势项目的建设。应该说，这个战略,在开始发展阶段,在人力、物力、才力和智力有限的条件下,是必然而必要的,是取得了杰出成果的。但从现在情况看来,其成绩是突出的,缺陷也是明显的。因为在着重突出某种或某个优势时,往往会忽略同时存在的其他优势的发挥,造成了资源浪费和资源优势价值未能综合整体发挥的现象。例如,在全市重点的"三大"建设中,就有只侧重其主导方面优势,忽略其他优势价值的现象。如在"大丹霞"景区建设,只突出其主导的自然优势,不太重视整合发挥其本有的人文优势,如舜帝、六祖惠能、张九龄等"三圣"文化资源;在"大南华"建设中,只着重其人文优势,忽视其自然环境优势,在人文优势中,又只重其佛教文化,忽略其思想、艺术和建筑文化等;在"大马坝"建设中,只重视其原始人类文明展示,以至存在未能与当今人类文明发展结合的缺陷;等等。这些现象,显然是只抓重点战略造成的。

所以,应当采取整合优势价值、整体优势开发战略。这就是:切实把握文化特质,综合优势价值,整体优势发展;同时又在新的台阶上,整体保护并保持在新的生态平衡中发展优势和价值的战略。为此,一方面是在线上,将"四源""四流""四交""四融"等四类文化资源分别以其共性的特质和优势,分别作为一个整体进行整合发展。例如,"四源"所包括的原始古人之源、地貌生命之源、人文诗乐之源、佛教禅宗之源,以其开端源头之共性特质优势和历史性价值,作为一个旅游线路或板块,进行整体综合开发。其他"四流""四交""四融"也都可以这样做。

另外,更为重要的是在面上,对全市、全区、全县、每个景点的文化资源进行全面的、整体的、综合的研究开发,改变过去"只抓重点"而造成破坏或忽视生态平衡的片面做法,转型为整合资源优势价值后、使资源优势价值整体发展的格局。笔者于 2012 年在丹霞山景区考察时曾作出调研报告,在提交"整合丹霞世界,建设世界丹霞"的省政府参事建议中,提出"申遗"成功以后应增强人文景观建设的建议。这个建议就是从整合优势价位值、整体发展优势价值的战略提出的。

(二) 聚焦韶阳文化,创建领衔地标

韶关文化,至今仍未有个明确的、贴切的代号或标志,至今仍未有象征当代文化中心的地标。放眼世界、全国乃至我省,著名的大城市大都有象征性的文化代号和中心标志,并且随时代发展而扩大变化。如广州市,过去是以镇海楼(五层楼)

和中山纪念堂为地标，新中国成立后以海珠广场及解放铜像为地标，改革开放后则以广州塔为中心地标了。韶关文化的代号和中心地标是什么呢？如果说市中心的风度楼、风采楼是历史地标的话，新时代的地标是什么呢？现在应当是建造的时候了。

确定地域文化代号、建造现代的标志性、代表性的文化中心，既是对地域文化之聚焦，又是对地域文化标杆性、境界性的升华。因为每个地域文化的资源和特质，既然有共性的特质，也应当有体现其共性特质的名称和定位，有代表性聚焦性的中心和标志；既然有共向性的优势和价值，并对其进行整合性开发，那就也应当有一定的开发指向和升华档次或目标。由此，笔者提议：以"韶阳文化"的名称和定位聚焦全市文化资源的特质和优势。

这个提议，首先就是对这次论坛的名称（"韶文化传承与发展高峰论坛"）的补充，即建议为"韶文化"加个"阳"字。据笔者所知，"韶文化"这个概念，是2012年韶关学院课题组在韶关建设历史文化名城座谈会上提出的。当时笔者即认为，这是有依据、有创意的，但还可以在这基础上进一步作些区域性的界定，可以更高地提出建设"韶阳文化之都"口号。

提出这个建议的依据和理由是：在韶关丹霞山风景区内，有传说舜帝南巡岭南时的遗址——韶石。据《辞海》称："昔舜南巡，登石奏韶乐，因名。"这是权威的解释。可见韶石、韶乐这是韶关专有的文化遗产，也是全省、全国独特的文化遗产。但是，"舜登韶石奏韶乐"，只是韶乐文化中的一个元素，也只是韶文化的一个元素；而且，韶关所有的韶石、韶乐文化，以至全市所有以"韶"冠名的"韶名文化"，也只是整个中国的"韶文化"中一个很小的局部，不是大部，更不是全部。众所周知的毛泽东故乡韶山，是"韶文化"；舜陵所在的九嶷山，也是"韶文化"……可见全国有"韶文化"的地方何其多也！韶关也属"韶文化"，当然也可以并用此名，但应作出区域性或特质性的界定，才符合定名的惯例和规范。由此，可以选用"粤韶"或"韶阳"之名。但笔者认为，以"韶阳"之名为佳。因为"阳"字，是指坐向之"南"，可为"韶文化"作"南方"界定，亦有朝阳、阳光文化特质之意。

如果确定以"韶阳文化"的概念和名称定位，既可以此为全市文化冠名，又可以此为总体理念和标志，确立并强化自身的独特文化形态，并可与全国博大精深的舜韶文化对接，从而拥有更深更广的研究开发空间。据《尚书·舜典》记载：舜继尧位后，先后到东、南、西、北巡狩，并祭东岳泰山、南岳衡山；其辖地分十二州，封州牧为首领，安抚百姓，以德服人，蛮夷率服。司马迁《史记》云：尧禅位于舜，"夫而后之中国践天子位焉，是为帝舜"。刘熙注曰：此语言"帝王所都为中，故曰中国"。从这些记载可见，舜韶文化地域之大，包括整个中原（含河南、河北、山东、山西、湖北、湖南）。《史记》称，舜后"南抚交趾"（即百越族栖居的岭南一带），又载"舜崩苍梧之野，葬于九嶷之山"，其所指的"苍梧之野"是今湖南、广东、广西交界地带，可见舜韶文化地域之大。而且，《史记》称"天下明德皆自虞帝始"，舜帝以德继位，倡导以乐（包括韶乐）育德，以德施政，从而开创了韶政、韶德、韶乐、韶姓、韶美等文化领域或元素，真是深广如海。所以，我们立足于韶阳文化，对接全国各地舜韶文化，研究开发的空间和意义都极大。

聚焦韶阳文化，就是建设"韶阳文化之都"。称"都"者，既有集汇、总共、中心之意，又有首席、领头、领衔、辐射之义。以"韶阳文化之都"为韶关市文化定位，既旨在将韶阳文化作为韶关文化的首席和代码，又有以此统率全市各县区及各种文化元素之意念。因为韶关本姓"韶"，其名源于韶石、韶乐、舜韶文化，舜乃开创中华民族五千年文化的"三皇五帝"之一"帝"，又是珠江文化始祖，应当且完全可作为韶关文化之首。舜韶文化，既是韶关文化的主体内涵，又是其主旋律；韶乐的"高山流水"内涵和情调，既是韶关市区各种文化元素的共性色彩和基调，又是乐昌、曲江、乳源、翁源、仁化、南雄、始兴等所属县市的文化共性和联结纽带。所以，建设"韶阳文化之都"，具有统领和联结全市文化建设，并将其创建为广东以至全国一种独特文化形态或领域的意义。

既然称之为"都"，那就应当有"都"之标志，即具有象征性、领衔性的载体，即应有以文化建筑或文化板块体现之地标。笔者认为，可以创建两个地标：一是在丹霞山韶石景区创建自然资源文化为主的板块地标；二是在市中心区创建或改建一两座以人文文化为主体的建筑地标，如将现已建成的"韶阳楼"和"通天塔"进行升华和改造（具体方案下述）。此外，在各区县，以至每个大的景区都可以这样做，以其主体文化或主要优势文化，创建或加建象征性、领衔性的地标建筑，如南雄可选梅关珠玑巷，始兴可选恐龙原生带，乐昌可选金鸡岭，乳源可选大峡谷，等等。

（三）永葆本色传统，科技活化升华

韶关文化的本色和本质，是真善美俱全，并相互映现、水乳交融；自然文化资源如此，人文传统文化也如此。真，表现在自然资源原汁原味、生态平衡，传统文化真实无假；善，表现在儒道禅三教合流，红色革命文化、黑色矿冶文化、绿色生态文化……繁花满眼，精彩纷呈；美，既表现在山清水秀的自然环境和景观，更表现在传统的文脉与诗文。这是韶关文化最大的、最悠久的本色和传统，也是最大的本质和优势。在建设中国特色社会主义的习近平新时代，更必须以习近平总书记关于"绿水青山就是金山银山"、保持"城市记忆"和"记住乡愁"的号召为指引，采取永葆本色传统、科技活化升华战略，将其发扬光大，推上新的台阶。在这次论坛的组稿通知中，写有韶关曾被誉为"善美之城"。这是很有见地而切合实际的，现在韶关要有更大发展，就应当以新的真善美理念和现代科技手段，对有条件的优势资源进行高科技的活化升华，使其成为现代世界级高科技的真善美极至境界之圣地。具体是：

（1）如果可以将丹霞山韶石景区作为"韶阳文化之都"的领衔地标，则建议在其总体策划中，在其世界自然遗产基础上，增添人文内涵，既作为"源流交融"圣地加工，又要作为舜帝、六祖、张九龄"三祖圣地"打造，尤其是应在韶石水边，增建相关景观，以现代高科技手段，再现舜帝奏韶乐景象，再现历代文人墨客在此瞻仰集聚情景，包括唐代散文大家韩愈在此写下"暂欲系船韶石下，上宾虞舜整冠裾"诗句的意境。（见韩愈的《从潮州量移袁州，张韶州端公以诗相贺，因酬之》）

（2）如果可以将现已建成的"韶阳楼"扩建为以人文文化为主体的"韶阳文化之都"的领衔地标，则可将其改建为主要展现韶乐的音乐宫，尽力搜集《韶簡》《韶濩》《韶韺》等韶乐乐曲，以及春秋伯牙鼓琴之《高山流水》等名曲，作为韶乐文化圣宫的"镇宫之宝"，在宫中演奏播放，使其成为善美境界的音乐圣殿。

（3）如果可以将已建成的"通天塔"扩建为以人文文化为主体的"韶阳文化之都"的领衔地标之一，那么在新的设计中，可以着重于以高科技手段和重现历史故事的方式，对其进行艺术改造，以舜帝南巡、崩于苍梧之野后，娥皇、女英两妃南下殉情的故事为背景，以现代科技方式展现"帝子乘风下翠微"的意境，使

"韶阳文化"更有"通天"的浪漫色彩。

（4）建议在南华禅寺附近，开创一个"禅境心学文化园"，在绿水青山的自然环境中选址，以高科技与表演、绘画、音乐等艺术结合的手段和方式，鲜活再现王维、柳宗元等历代著名"禅诗"的意境，展现自惠能开创心学之后，陆九渊、陈白沙、湛若水、王阳明等历代心学家创造心学的故事和哲理精华，建设成既是欣赏、又有体验，既是游览、又是学术，既似如临其境、又似超脱当下，有似王维在《鹿柴》诗中所写"空山不见人，但闻人语响。返景入深林，复照青苔上"以及柳宗元在《江雪》诗中所写"千山鸟飞绝，万径人踪灭。孤舟蓑笠翁，独钓寒江雪"那样的极至禅味心学圣地。

（5）建议将计划建设的韶关"芙蓉新城"作为赋予韶阳文化内涵的现代载体，具体是用毛泽东撰写的舜韶文化诗作（"九嶷山上白云飞，帝子乘风下翠微。斑竹一枝千滴泪，红霞万朵百重衣。洞庭波涌连天雪，长岛人歌动地诗。我欲因之梦寥廓，芙蓉国里尽朝晖。"）为意境，将诗中的"九嶷""白云""翠微""红霞""洞庭""天雪""长岛""地诗""梦廓""朝晖"等词语作为地名或路名，将毛泽东的"芙蓉国梦"文化元素定格于芙蓉新城中，作为实现中国梦的一个成果，将"芙蓉新城"建设成为一个集历史和现代的真善美于一体的圣地文化新城。

（本文是2019年4月20日在"韶文化传承与发展高峰论坛"的发言，《韶关日报》2019年4月27日摘要发表。）

北江文化之清远篇

2013年3月25—29日，笔者偕同省政府参事广东文化组和珠江文化研究会部分成员，到清远市及其清新、连州、连南、阳山等区县考察北江文化，有不少新的发现。结合年前对英德、佛冈的考察，以及2005年对清远市的考察成果，可以为清远作出"南北交流通津，古今文化天桥"的文化定位，并为其研究开发提出整合五古"通津"、建造五大"天桥"的建议，并提交调研报告如下。

一、整合五古"通津"

清远全市均属珠江水系三大主干流之一的北江流域，而且大部分地带都位于北江主干流之一的连江及其多条相通江河的交汇处，故作为水路要津之地者不胜枚举。如此地理位置造就的人文历史环境，自然当以水文化为基调，并以通津文化为主色。通津者，通畅水路中的渡口也。经济文化意义上之通津，乃经济文化交流通道中之枢纽，也即是社会发展史上具有"通津"意义的拐点或亮点。这种枢纽或亮点，都是可以作为文化板块而将同类文化元素进行整合打造，又是可以作为独有的文化品牌而尽力擦亮的，因为都是清远"南北交流通津"文化特质的各种体现，而且又在总体上构成并实证了清远古代"通津"文化的形态与特点。具体而言，主要有古洞、古城、古陂、古道、古关等五古"通津"。

（一）以英德牛栏洞为代表的古洞"通津"

去年我们在英德考察时了解到，中山大学人类学系等单位组成的专家组，新发现了沙口镇狮石山牛栏洞的中石器时代人工栽培水稻硅质体，将中国的稻耕文明时间推前至迄今1万年左右，指向世界农耕文明的源头，标志着英德牛栏洞遗址是"人类稻耕文明的原始地"，是水稻文化发展史上的重要"通津"，是清远北江文化的独特资源和优势，具有世界性。而且，清远地区所有古人类和古代文化遗存和遗址，是可以此为中轴并构成系列而保护和开发的。如清远各县市先后发现的旧石器时代、中石器时代、新石器时代的洞穴遗址遗存，山岗遗址，台地遗址遗存，战国、汉代遗址，隋唐窑址，古城址，宋代炼铁遗址，清代铁锅厂遗址，等等，都可整合进古洞"通津"之列。

（二）以清新中宿居为代表的古城与凤凰"通津"

这次考察，我们从地名和古城的民俗"图腾"找到了清远北江水文化的观念与习俗之根。清远县原名中宿县。"中宿"之地名，有南北两方水意，即：南来之潮汐，要经一"宿"（夜）抵达；北来的客船，要在此住一"宿"（夜）才能直下广州。这个地名，十分清楚而深刻地体现了清远从地理到交通的"南北交流通津"内涵。现有的"中宿居"古城遗址，尚存门楼断墙，老祠堂门前尚有鹅卵石砌的"双凤朝阳"图案，既体现并证实了"中宿"本有的凤文化崇拜与习俗，并与清远县城——清城又名"凤城"（一说中宿古城亦名"凤城"）的文化内涵呼应。因为凤城之取名，是源自古时有一凤凰化身为洪水中的一块高地，托起水淹中的灾民而使全城新生的传说。这个传说及凤城之取名，与广州又名"羊城""穗城"来自古时五位羊仙口含着谷穗降临的故事异曲同工，区别的是凤城所源之传说有更重的"通津"文化内涵和色彩。所以，这是清远的北江水文化观念更有特色的体现。其实，在清远各地的民俗和地名中，凤"图腾"是相当普遍的。据梁有华主编的《清远历史文化行》提供的资料，清远市区除老城外，新城有凤鸣路，洲心有凤凰岗、凤凰村；清新石马有凤塱村，三坑有鸡凤村；英德沙口有凤田，横石塘有凤桥；连山水丰有塘凤；连南盘石有凤凰寨；佛冈石角有凤凰村、龙山有凤洲、民安有三凤里；连州大路边有凤头岭、凤头村，龙坪有凤凰村；阳山黎坪有凤山、凤岗、凤塘，还有凤埠镇；等等。这说明在清远全市，"崇凤"也是一种"通津"文化现象。

（三）以连州龙腹陂为代表的古陂"通津"

这次考察，在连州发现珠江水系最早的水利工程——龙口村的龙腹陂。陂，即江河分水枢纽之俗称。据《广东水利志》载，龙腹陂乃东汉末年袁忠后代三兄弟所建。《连州志》载:"汉袁忠,高良(即今连州龙口、连南三江一带)人,辟龙腹陂灌田五千亩。后,民立广利庙祀之。"袁忠于东汉建安元年(196)被汉献帝召为卫尉,从海南经两广途中去世,族人留在连州龙口村一带居住,开垦良田,故有修陂之举。这项水利工程,虽然规模不如四川秦代李氏父子所建的都江堰,但所建年代亦久远,而且主要用于农田灌溉,标志着岭南水利和农耕技术的新推进、新发展,具有重要历史意义。遗憾的是,这项工程迄今持续近两千年一直发挥效益,但在历史上默默无闻,知者寥寥,与名闻遐迩的都江堰相比天差地远,实在可惜!对于这项具有悠久历史的开创性文化资源,应当引起高度重视,大力保护弘扬,尽速策划在其附近建造文化景观,宣传其文化价值和精神。值得注意的是,类似龙腹陂的水利工程遍布清远各地,兴许是山区河流甚多且落差甚大的缘故,也正因为如此,这类水陂也即成为北江"通津"文化普遍而显著特色之一,甚至可说是独特的水文化色彩和优势。最典型的体现,是20世纪60年代完成的连江(小北江)梯级水利工程,全江以11个枢纽船闸,分级贮水分水,并通船航运,实乃水陂功能的升级和扩大规模,是水陂的现代化。这是全国最早的现代水利工程,是北江"通津"文化的现代体现。

(四)以连州骑田岭南天门古道为代表的古道"通津"

考察中在连州发现的骑田岭南天门古道,是继南雄梅关古道、乳源西京古道之后,在北江流域发现的第三条古道。这条古道又名楚越雄关秦汉古道,因这条古道有秦汉两代的史料记载。据曹春生《连州古村遗韵》称:"顺头岭上有一条顺着山势蜿蜒逶迤的古道,古道宽约三米,在山岩上一级一级开凿出来,从山下到山上共有八千八百多级,这就是秦汉时期沟通五岭南北的第一条古道。据史料载,秦始皇三十三年(前214),派任嚣、赵佗二尉分三路入岭南,其中有一路就是'过骑岭,下连江'直下番禺(广州)。""东汉章帝时期,大司农郑弘奉命将骑田岭古道铺设成由岭南通往京城的'康庄大道'。""唐朝元和十年,刘禹锡被贬为连州刺史时,走的也是这条古道。他带着一家老小翻过骑田岭后,不禁感叹而歌:'桂阳岭,下下复高高,人稀鸟兽骇,地远草木豪,寄言千金子,知余歌者劳。'"迄今古道山巅尚存嵌有"南天门"三字石匾额的凉亭。这条古道的最大特点是"水陆联运",即越岭后即与连江水运相接,南下直达广州。粤北地区类似古道应当不少,因为南岭山脉界分岭南，必须有跨山越岭的山道才能抵达清远、广州，具有连接海陆丝绸之路通道的价值和意义，这也正是清远北江"通津"文化的重要例证和体现之一。

（五）以阳山关为代表的古关"通津"

对于被称为"千古之谜"——阳山关的考察和发现，是我们这次考察的重大成果之一。史料称，当秦代末年动乱之际，南海郡尉赵佗按前任任嚣所嘱，扼守横浦、阳山、湟溪三关，避中原之乱；自立南越国后，又曾越阳山关而攻长沙国（"犯长沙"）。但是，阳山关原址究竟今在何处，一直有着争议：一说是在今连州境内的顺头岭古道，即骑田岭南天门古道，理由是骑田岭古称桂岭，连州位于桂岭之南，故古名桂阳郡，又曾称为阳山；二说是在今连州小北江中的同冠峡附近，理由是此处乃两江交汇的水口，又是两山相夹之河道，军事上易守难攻，且有韩愈等名士游同冠峡诗佐证地理优势；三说是当今阳山学者欧阳峻峰经30年研究所得之新说。欧阳先生认为，阳山关应在今阳山小北江大理峡与界滩水利枢纽之间，关址就在今阳山小江镇黄牛滩村李屋围自然村的上侧。他是根据上海复旦大学张修桂教授的专著《中国历史地貌与古地图研究》（中国科学文献出版社2006年版）提供的汉长沙国（桂阳郡）与南越国（南海郡）的国（郡）界地图，与当今连州、阳山地图对应，并多年实地考察研究而得出这个说法的。笔者同仁到现场考察后认为，欧阳说克服了前二说忽略桂阳郡（连州）在秦汉时属长沙国之偏误，主要从秦汉时古地图长沙国与南越国之国（郡）界出发，以实际地理形势（阳山岭与高战塝之间）及附近地名（如界滩、营盘、车头、烟墩、烟寮、军佬坪、高战塝等），和唐李吉甫撰《元和郡县志》称"阳山关在县西北四十里茂溪口"为据，史料翔实，论据充分，自成一说。如果将来按其建议，对附近一块从未开发过的"风水林"——有三百多亩地的后山冈进行考古挖掘，可能会有印证阳山关的古代文物出土。尽管尚待进一步论证，但现有成果已可证实阳山关的历史存在，证实这是北江航道上的一道水路关隘，与其他陆路关隘（如梅关等）有相似而又独特的意义，是清远北江"通津"文化又一重要例证和体现。如能进一步研究开发，并与横浦关、湟溪关，以及连山与贺州之间萌渚岭鹰扬关的研究开发整合起来，必将使清远新增一条古关"通津"文化的学术和旅游风景线。

二、建造五大"天桥"

"天桥"者,跨越两者之"通津"是也。交通上的"天桥",是两地之间的跨越,包括跨江河、跨山谷、跨地面的桥梁。文化和理念上的"天桥",则是指跨时空、跨行业、跨学科、跨领域等的项目或工程。清远北江文化有枢纽性的"通津"文化特质,亦有跨越性的"天桥"文化特质,不仅古代文化如此,现代文化也是这样,尤其是在古今文化的结合上,更具有跨越性的"天桥"文化特色。其实,在前面表述的五古"通津"中,都是有跨越性"天桥"文化内涵的,如"古洞"水稻化石中含有外来基因,"古城"的凤凰图腾有长江凤文化因缘,"古陂"的水利技术可能是中原传入,南天门"古道"又名为"楚越"古道,阳山"古关"本有"跨越南北"的性质。从学术研究而言,应当持续深入研究这些古"通津"中的"天桥"文化特色和底蕴;从发展而言,应当将这跨越性的"天桥"文化特质,用在对古今文化的整合与建设上,着力于建造五大"天桥"项目或工程。

(一)以英德牛栏洞对接人类稻耕文明博物馆的"天桥"工程

英德牛栏洞稻种化石的发现和验证,将人类稻耕文明史提前至距今1万年左右,具有世界意义。这是人类最早的稻耕文明的纪录,又是最新现代高科技的检验成果,可谓人类稻耕文明1万年历程的凝现。应当在切实保护其出土遗址的同时,在附近兴建一座现代化的人类稻耕博物馆,以最原始的对接最现代的稻耕文明跨越"天桥"工程,展现这1万余年漫长而又光辉的人类进化历程。这将会成为世界唯一的稻耕主题工程或景观。同时,还可在其中展现清远各地的考古发现成果,展现从旧石器时代、中石器时代、新石时代和古代各朝的文物和遗存,成为清远千年历史文化的缩影,使这项"天桥"工程的内涵更充实丰富,更有清远地方色彩和人文基础。

(二)以清新中宿古城对接北江水文化博览园的"天桥"工程

清新中宿古城和凤凰图腾,是清远文化之根,也是北江水文化的典型地,应当而且可以在恢复古城原址的同时，于附近建造一座现代的北江水文化博览园，以跨越性的"天桥"对接方式和高科技的手段，将原始凤凰文化和传统中宿文化对接整体的北江水文化，将原型的中宿文化对应现代的清远文化，相得互彰而又多姿多彩地展现出来。笔者在实地考察中了解到，中宿古城现存遗址及其地理环境，具有修复的历史依据和地理基础，也具有建造现代北江水文化博览园的土地面积和山水环境条件。该园如能建成，将是清远和北江的历史文化地标，也将是我国和世界唯一的水文化主题公园。

（三）以修复海阳湖为中心统建连州古今文化的"天桥"工程

被贬为连州刺史的唐代诗人刘禹锡，在《海阳湖别浩初师》一诗小引中称连州海阳湖"会吾郡以山水冠世，海阳又以奇甲一州"。并在组诗《海阳十咏》小引中说："元次山（唐代诗人元结）始作海阳湖"；文《吏隐亭述》又说："海阳之名，自元先生。先生元结，有铭其碣。元维假符，余维左迁。其间相距，十五余年。"（参见黄山长《诗人元结与连州海阳湖》一文）可见连州海阳湖是确实存在并有深厚文化底蕴的"冠世山水"，可惜早年因水枯而失湖，迄今仅存以"湖"取名之街巷，以及连州城北湖洞村旧门楼上书"海阳湖上人家"六字，成为留存这个逝去光辉的历史和景观的遗迹。笔者这次考察了解到，连州已将重建海阳湖列入城建规划中，并已开始进行规划征地，据说省水利厅也表示支持。初步方案是在小北江第一水利枢纽——连州的龙船厂水闸提高水位，以解决造湖水源。这是为连州人民造福的大好事，也是率先实践古代文化对接现代水利工程的跨越性"天桥"的文化盛事。笔者认为，这一举措尚可以进一步扩大范围和效益，即：以修复海阳湖为中心，将"古陂"——龙腹陂文化工程，以及"古道"——骑田岭南天门古道的修复工程作为这个项目之两翼，因为前者应属海阳湖水源之一，后者属海阳湖下游的水陆联运通道，无论从文化或水利交通而言，都当可以一并策划，统筹建造开发。如能这样，这个项目不仅是一座单一的"天桥"，而是多项跨越的"立交桥"了，甚至可说是全面体现清远文化定位——"南北交流通津，古今文化天桥"的典型地标。

（四）以阳山关对接连江三峡和界滩船闸的"天桥"工程

学术界对阳山关的具体原址虽有争议，但无论从史料或实际地理形势上说，大致确定其在连江同冠峡与大理峡之间，在小北江界滩船闸附近，恐怕是可以接受的；从策划建设和文化开发的角度上说，将原址范围放大一些，开发的余地也大一些，无论对工程建设或文化建构都有施展的余地。从现场实地考察上看，选址于这个地段较为适宜：一是大致切合欧阳先生所论证的阳山关原址，二是可与小北江界滩船闸的扩充文化内涵工程结合起来，三是可与大理峡、同冠峡及相邻的温泉开发工程结合起来，由此可有一举三得的效益。据称阳山县领导已高度重视阳山关原址的考证和修复，省水利厅亦有扩充水利工程文化内涵的意向，如能接受笔者这个建议，将来建成的阳山关文化景观，必将是我省最大的寓文化与水利、文化与旅游、文化与生态、古代文化与现代文化于一体的跨越性"天桥"文化板块。

（五）以飞来峡枢纽对接现代科技文化园及小北江风光的"天桥"工程

位于清远的飞来峡水利枢纽，是我省最大的水利工程，也是最壮观的水利景观。可惜该工程在创建的时候，因时代所限，未能充分注入文化元素；经近两三年努力，已新建枢纽坐标、观景台等文化设施，增添了文化元素和色彩。此次考察中，笔者还了解到，在省水利厅提议下，该水利枢纽将计划增建现代科技文化园。这一重大举措，是在水利工程中增加科技文化元素，可谓跨越性的"天桥"创举，而且也是在全省最新最大的水利枢纽中增建最新最大的科技文化园，必将是破纪录的盛世大事。笔者认为，如能在这宏伟规划中，将整条小北江11座水利枢纽的增添文化内涵工程列入其中，以大手笔从纵向上扩展这项规划，并将整条小北江的自然与人文风光纳入这项工程的文化内涵和旅游线路之中，必将使这项工程具有更多更深的跨越内容，成为具有宏大纵横跨度的立体"天桥"。

（原载于《广东参事馆员建议》2013年4月17日第12期）

民系民族文化论

广府文化发祥地——封开

1993年，广东省政府参事室参事文教组正式成立。开始时，我们考虑到要为政府决策提供文化咨询，必须熟悉岭南文化的来龙去脉，下一番功夫研究考察岭南文化。我们从史料看到，广府文化之"广"是指广信，分界广东、广西之"广"也是指广信。广信在哪里呢？一说是广西梧州，一说是广东封川（今封开）。我们意识到这是岭南文化之"来龙"，很有弄清楚的必要。于是我们便于1996年3月初前往封开、梧州考察，结果证实正如郦道元在《水经注》中所写：广信在"桂江、贺江入郁"（西江）处，也即是封开与梧州交界地方，而且明确了广信正是汉武帝于元鼎六年（前111）平定岭南时的军政首府。当时整个岭南划为九郡，全由一个名为交趾部的军政机构管理（开始是负监督职能，后来则负责管理）。所以，我们当时即称这古广信所在地为岭南文化古都，当即召开了倡议会，会后由我以省政府参事名义，向省委省政府提出了《开发岭南文化古都的建议》。

同年8月，省参事室、肇庆市文化局和封开县政府联合召开了"岭南文化古都论证会"，数十位来自省参事室（文史馆）、省博物馆、省考古所、中山大学、华南师范大学、暨南大学、华南理工大学、西江大学和肇庆市、封开县的专家学者与会，认同这个结论并支持这个倡议。会后《西江大学学报》发表了这次论证会的论文专辑。在当时和稍后一段时间，《羊城晚报》、《南方日报》、《人民日报》、新华社，港澳地区和泰国、美国等地的媒体都发表了消息，在国内外引起了强烈反响。

从1996年到现在整整八年时间了，时间验证了我们当年的结论和倡议都是正确的。当年曾参与论证的谭元亨教授受我的委托，将我们当年考察研究的结果，在观点和数据上作了系统的梳理，重新编写为一部系统的学术论著《封开—广信岭南文化古都论》，最近由广东高等教育出版社正式出版了。由于这部书不是论文集，但又是吸取了当年提交论文的论证观点和材料编写而成，所以将所引论文的作者都列为这部书的编委，以志鸣谢之意。如有不当，请予指正和谅解。现在我们举办的

"岭南文化发祥地——封开坛论"，就是以这部书首发为契机而进行的，也就是说，是在我们原有成果的基础上再进一步论证。

我们当年为封开定位为岭南文化古都，也即是岭南文化发祥地的意思。明末清初著名学者屈大均在《广东新语》中说：广东文化"始然于汉，炽于唐于宋，至有明乃照于四方焉"。"始然"就是开始形成，也即是发祥。西汉时的岭南首府是在封开所设的广信府，岭南文化的开始形成地或发祥地自然首先是在封开。当然，首府不完全等于发祥地。文化发祥地的标志主要在于是否是某种或某地文化产生的开始或源头。封开是岭南文化发祥地的主要依据，也在于它是岭南文化产生的开始或源头。

首先是作为中华文化的主要内容之一的儒学文化，最早在此进入岭南，并形成岭南文化的主要内容之一。被屈大均尊称为"粤人文之大宗"的陈钦和他的儿子陈元，是广信人，在西汉创立了震动全国、历时三代的古文经学派，使得《左氏春秋》立为官学。东汉时的交州太守士燮，也是广信人，他兄弟四人都曾任太守，既是官又是学者，都继承陈钦、陈元的古文经学派，又参与了当时轰动京师的关于古文《尚书》的论争。陈钦、陈元父子和士燮兄弟，可谓岭南儒学文化的开山祖。佛教是来自印度的一种文化，进入中国之后逐步成为中华文化的一个重要内容。从现有史料看，佛教最早是从广信传入中国的，因为第一部中国人写的宣传佛教的著作《理惑论》的作者牟子是广信人，这部著作也是他在广信完成的。仅从这些汉代在广信源起的重大文化事件上看，即可见屈大均所说的"始然""大宗"之用语，是言之有据而恰如其分的。所以，称封开为岭南文化发祥地是有理有据的。

1964年，广东考古工作者在封开黄岩洞出土的一批古人类遗物中，发现两个古人类颅骨化石；特别是在1978年和1989年，又先后发现两颗古人牙化石，经中国科学院、中山大学、广东省考古研究所、广东省博物馆等单位的专家共同鉴定，距今已有14.8万年历史，比1958年在曲江马坝发现的古人类颅骨化石距今12万年的历史长2.8万年。这个发现，意味着封开人比过去历来称为岭南人祖先的马坝人还早2.8万年，也就意味着将岭南的文化史推前了2.8万年。可见封开人是岭南人最早的祖先，封开自然也就是岭南文化的发祥地。

确切地说，岭南文化是中原汉文化南下之后，与岭南原有土著文化对撞交融而产生的地域文化。岭南原有土著主要是百越族，地域文化应当是土著文化。这种土著文化，由于在秦汉及其以后受历代政权的压制涤荡，以及在汉文化占统治和主导地位条件下的文化对撞交融,有的仍顽强存在,有的已经消失,有的已经变形或变异,有的与汉文化结合化为一种新型文化。这种交叉混杂的状况,在粤西南地区是较普遍较典型的,所以,我称之为百越后或后百越文化带。照我看来,广府文化即是中原汉文化(尤其是楚文化)南下与百越文化结合而形成的一种地域性的新型文化。这种文化典型地体现在粤语方言中。这种方言保留了较多古汉语成分,又有不少百越族的音标词语,其中封川古标话浊塞音特重。由此,语言学家叶国泉、罗康宁提出粤语发源于古广信的观点,向传统说法提出了挑战,在国内外引起重视,最近出版的《广东省志·方言志》也收入了他们论证这观点的论文。可见,作为广府文化主要标志之一、又是岭南三大语种之一的粤语,也是发源于封开。从民俗文化上说,西江龙母的故事和对龙母的崇拜,也可以说是中原汉文化与百越文化结合的产物:五条小龙对龙母感恩,听命于龙母;秦始皇要请龙母上京,小龙要河水倒流接龙母归来;人们视龙母为江神,向她祭拜,祈求生子和平安。在这一传说中,五条小龙的说法、秦始皇的说法分别具有百越文化和汉文化的色彩,小龙报母恩既是百越的母性崇拜,又符合汉文化的伦理观,两者结合构成了一种新型文化。这种民俗文化产生并流行于古广信。这也是封开是岭南文化发祥地的一个佐证。

岭南地区位于五岭之南,南海之北,整个地域大都山峦起伏,江河纵横,平原盆地相对较小,海岸线长,江河出海口多,造成江海一体之特色。这样的自然条件,是岭南文化的自然环境基础。这样的基础产生相应的人文环境并相互结合,才能形成具有自身特质的地域文化。岭南文化具有山、江、海结合的特点,而又以江海一体为主要的特质,并以海洋性特强为优势。这些特质和优势,既是这样的自然环境所使然,又是由与其相应的人文历史和人文环境的独特所造成的。汉武帝在派张骞通西域而开辟陆上丝绸之路不久,在公元前111年平定岭南后,派黄门译长从广信出发,到雷州半岛的徐闻乘船出海,经北部湾的合浦到越南、印度。这是在班固《汉书·地理志》中关于海上丝绸之路的记载,也是中国海上丝绸之路的最早记载。这段记载,证实了徐闻是中国最早的海上丝绸之路始发港,同时也说明古广信也即是现在的封开是连接海上与陆上丝绸之路的对接点或通道。史书已讲明从此地到徐闻开始海上丝绸之路。当时的首都西安是陆上丝绸之路的起点和终点。汉武帝大军也由此出发征伐岭南,经广西桂林灵渠下桂江至广信,或者经湖南永州潇水下贺江至广信,这也即是延伸陆上丝绸之路到广信,从而与徐闻开始的海上丝绸之路连接。所以,封开是海陆丝绸之路的一个最早交接点或通道。海上丝绸之路是我国文化尤其是岭南文化具有海洋性成分的缘由和历史的重要标志。封开是海陆丝绸之路最早的对接点，也就意味着海洋文化与大陆文化、海外文化与本地土著文化和来自北方的中原文化，最早在此对撞交融，从而产生集这些文化大成的岭南文化。显然，这是封开具有山、江、海交叉一体的自然环境，同时具有海陆丝绸之路对接点的人文历史与环境，才能集这些文化大成而形成具有江海一体特色和优势的新型文化的。所以，这也是封开堪称岭南文化发祥地的一条理据。

尤其有意思的是：我们广东珠江文化研究会的同仁们，自 1996 年从封开开始对古广信文化的研究之后，进行了一系列延伸性的研究，如：从岭南文化延伸至珠江文化研究，从广信文化进入海上丝绸之路研究、海陆丝绸之路对接通道的研究，从西江文化进入对北江文化、东江文化、韩江文化的分别研究和比较研究，从西江盘古文化、龙母文化研究进入对珠江文化始祖舜帝和珠江文化哲圣惠能的研究，从西江古文化研究进入珠江三角洲（广州、东莞、深圳、珠海等）的现代文化与海洋文化的研究，从珠江文化的概念、特质、精神的研究到大珠江三角洲、泛珠江三角洲合作区域的文化基础与战略的研究，等等。我们发现，这些延伸研究都直接或间接地以古广信为始发点或归宿，无论是追溯寻根，或者是延伸迸发，都离不开它。我感到，在珠江文化研究的学术领域里，古广信文化有似珠江的多龙争珠、珠光四射的形象中那颗珍珠那样，具有总根和轴心的意味，延伸迸发的功能无穷。从这点体会和意义上而言，古广信所在地封开，既是岭南文化的发祥地，又可以说是珠江文化研究和珠江文化的一个发祥地，在进行文化大省建设和泛珠江三角洲合作中，对其再进行明确的历史定位，发挥其历史文化遗产价值，弘扬其历史文化精神，是很有现实意义的。

2004 年 7 月 22 日

前后珠玑巷的发现及其文化意义
——"珠玑巷文化"调研报告

一、南雄珠玑巷的发现及其文化研究的回顾

1993年夏天,我受聘为广东省人民政府参事不久,即偕同当时参事室文教组的参事到粤北南雄市考察,发现距离标志粤赣分界大庾岭上的梅关不远、与唐代张九龄开辟的贯通南北的梅岭古道紧接相连的珠玑巷,是自古以来(尤其是唐、宋、元、明、清)中原人南迁的主要中转站,是中原文化南移岭南并与本土百越文化及海外文化结合的桥头堡。据史料记载,自唐代后,从中原经南雄珠玑巷迁入珠江三角洲的人群有156个姓氏之多;自北宋末至元初的200年间,大规模的南迁有三次,每次有百万人以上,陆续个别的南迁则有130多次。南迁人到珠玑巷后,居住一段时期,再迁往岭南(包括广东、广西、海南)各地定居;后又有相当多的后裔,继续向海外迁移发展。所以,岭南各地及海外(尤其是南洋和美洲)华人华侨,许多都称自己是珠玑巷人南移后裔,称南雄珠玑巷是自己的故乡,其中大多有族谱或家谱为据,实证凿凿。由此,我意识到这是中华传统本根文化和后裔文化的典型体现,当即向当地提出:应即抓紧研究开发珠玑巷文化,尤其是开辟寻根旅游并即进行珠玑巷人南迁后裔联谊活动的建议,受到当地领导重视。不久,香港著名人士霍英东先生和广州市市长黎子流同志也到了珠玑巷。他们很重视这项建议,当即带头捐款,筹办南雄珠玑巷人南迁后裔联谊会。1995年正式成立时,黎子流亲任会长,会址设在南雄市政协内。联谊会迅速而有效地在华南各地、香港、澳门、新加坡、印度尼西亚、马来西亚、泰国,以及美国等美欧国家中,联系上数以万计的珠玑巷南迁后裔人,在港澳和海外华人华侨中掀起了一股"珠玑巷寻根问祖"热,在短短一年时间里收到来自世界各地多家姓氏后裔的捐款1亿多元。用这些捐款,在珠玑巷旁建起了多家姓氏宗祠,在国内外产生了强烈影响。

2000年8月,我在韶关讲学期间,又抽空到该巷进行了第二次考察,发现从1993年到2000年的7年间,珠玑巷不仅在建设和旅游上有很大发展,而且在文化

和学术上也有了扎实的、系统的研究成果，编辑出版了"珠玑巷丛书"十卷，包括著名历史地理学家曾昭璇教授等专家的专题研究成果，标志着珠玑巷文化的研究开发上升到较高的文化和学术档次，是很可喜的。鉴于当时有人对珠玑巷大办姓氏宗祠是否"封建迷信"的现象提出质疑，我即有针对性地根据考察结果，向广东省政府提交《关于开发南雄珠玑巷和中华姓氏文化的建议》，指出姓氏文化是中华悠久传统之一，在全国和海外华人华侨中都很普遍。这种文化观念还衍化为门徒、师生、乡邻、校友、同学、武林、艺林等情结，如引导不好会产生宗派纠纷，引导得好则是推动社会和谐和向前发展的力量，能为各地的经济文化发展作出贡献。珠玑巷的姓氏文化是起到积极作用的，其研究开发姓氏文化的经验也是值得借鉴的。这个建议有利于珠玑巷文化研究的深入开发。

2002年6月，我到珠玑巷进行第三次考察。这是在当时受命为广东省海上丝绸之路研究开发项目组组长，在完成西汉海上丝绸之路徐闻始发港的论证和定位，并对全省和广西沿海古港的考察之后，在对广东海上丝绸之路研究有了眉目的基础上进行的。当时我感到学术界对以西安为起点的陆上丝绸之路早已有成熟研究，近年来对海上丝绸之路研究也方兴未艾，都各有成就，但两者都是孤立研究，未注意到两者之间的关联，并对其进行有机联系的综合研究。从理论上说，这是不够全面的；从实际上说，海上与陆上丝绸之路之间也应当不是孤立的，而必然是相互对接、彼此贯通的。当然，这只是我从理论上的推测，必须找到实证。何处有两者的对接点或通道呢？我很快想到熟悉的南雄梅关及其相连的珠玑巷。所以又前往珠玑巷考察。在历史文献中，张九龄在《开凿大庾岭路序》中说，"海外诸国，日以通商，齿革羽毛之殷，鱼盐蜃蛤之利，上足以备府库之用，下足以赡江淮之求"，这几句话将梅岭古道的通商性质和连接海外与中原的目的讲清楚了。《南雄文物志》中详细介绍了珠玑巷转接中原移民南迁的历史。明代诗人黄公辅所写《过沙水珠玑村》诗："长亭去路是珠玑，此日观风盛黍离，编户村中人集处，摩肩道上马交驰。……"也体现了珠玑巷的移民和通商繁荣景象。这些史料，都证实梅关珠玑巷是海上与陆上丝绸之路的对接点和通道。《广州日报》等多家媒体对此次考察作了报道，称这是"填补学术空白"的理论，也是对珠玑巷文化内涵的更深挖掘和发现。

2005年底，国家文物总局宣布：计划将海上与陆上丝绸之路及相关文化遗存，打造为一个项目向联合国申报世界文化遗产。在此背景下，为使我省的海陆丝绸之路对接通道能作为"相关文化遗存"列入项目,我们一班学者冒雨到南雄考察。为此,我第四次考察梅关和珠玑巷。首先在梅关古道发现,整条路不少路段的路面石块与同段山壁的崖石是一致的,显然是从山壁凿出来的。由此我才领悟张九龄的《开凿大庾岭路序》所用"开凿"一词的真正含义,由此也证实这条古道符合联合国规定的"原汁原味"的文化遗产要求。在这次考察中,我们还新发现了比珠玑巷历史还早的两条古道,即南雄乌径古道和乳源西京古道,可见珠玑巷古道不是偶然的、孤立的。据此,我提交了题为《应在韶关举办海陆丝绸之路论坛,着力打造韶关三个文化之都品牌》的省政府参事建议,其中首次提出了"古道文化"概念。由此又挖掘出珠玑巷文化的古道文化内涵,从而使其具有更深更广的意义。

2006年,我应邀担任六集电视片《千年珠玑》的学术顾问;同时,又为中央电视台四频道《走遍中国》专栏韶关专辑解说珠玑巷。这两项工作使我第五次走进珠玑巷,并且以更宏观的眼光去总览其文化内涵和多年来学术界的相关研究成果,尽自己有限的能力,在文化学术与艺术形象的层面上提出建议。这两部电视片,尤其是《千年珠玑》,使珠玑巷文化得到了新升华:首次以影视艺术形象全面地、完整地、系统地、生动地再现了珠玑巷的千年历史,深刻地挖掘和概括出珠玑巷文化的传统人文精神,即"异性一家、同舟共济、爱国爱乡、勤劳勇敢、务实包容、开拓创新"。这部由中央电视台制作的电视片,在国内外播放时获得了很大成功,特别在珠江三角洲、港澳地区和海外华人华侨中深受欢迎,影响巨大,从而将珠玑巷文化及其研究开发推上了新的高峰。

二、提出江门良溪是"后珠玑巷"的依据

在上述五次(如连同"文革"被贬韶关时曾去一次,则共六次)走进南雄珠玑巷的历程中,我的脑海一直存着一个大疑问:许多海外华人华侨都称自己是南雄珠玑巷的后裔,而南雄珠玑巷的地理位置在粤北山区,离出海港口较远,这些海外华人华侨的祖先们是走怎样的路线去往海外各地的呢?是从南雄珠玑巷南迁时直赴海外,还是在南迁珠江三角洲后,生活相当一段时期(两三代或十几代),像田径运动的三级跳远那样,经两度迁移才到海外?

2006年10月,我偕同省参事室(文史馆)参事、馆员和珠江文化研究会的几位专家教授,到江门考察侨乡文化。其间,在江门市蓬江区棠下镇良溪村(原属新

会区）发现有一座罗氏大宗祠。该祠建于清康熙四十六年（1707）五月，咸丰十年（1860）重修。这是该村罗姓村民为纪念南宋时到此定居的先祖罗贵而建的。祠堂内至今仍存一副长联，记述了罗贵从南雄珠玑巷迁此发祥的历史："发迹珠玑，首领冯、黄、陈、麦、陆诸姓九十七家，历险际间尝独任；开基葫底（即今良溪），分居广、肇、惠、韶、潮各郡万千百世，支流百派尽同源"。这副对联，与史料记载南宋时罗贵率领从中原进入南雄珠玑巷的多家姓氏民众南下开发的历史相吻合，清楚地列举出这批移民到良溪（与古名葫底谐音）村后，又进一步扩展至广州、肇庆、惠州、韶州（即韶关）、潮州等地开发的走向和历史。这批以罗贵为首的移民，从南宋迁来，至建造或重修罗氏大宗祠的清康熙或咸丰年间（现难以确定这对联的产生时间），有四五百年，这么长时间扩展至这些地域是可信的。我曾在肇庆考察古村文化，有些古村即有从良溪迁去的记载。在良溪村的一座小山岗上，至今仍存清乾隆年间修的罗贵墓，每年清明都有来自各地以至港澳和海外的人士专程前往祭拜，说明都承认罗贵是其先祖，也即是认同良溪是其祖地。由此可见，良溪村是南雄珠玑巷人南迁后的第一集散地和再迁海外各地的中转地，因而我们为其作出文化定位："后珠玑巷"。

从历史资料上看，在岭南学者黄佛颐《珠玑巷民族南迁记》一书中，引有手钞本《东莞罗氏族谱》所记罗贵等人赴南雄府的告案给引词："保昌县牛田坊十四图珠玑村岁贡生罗贵，居民麦秀、李福荣、黄复愈等连名团为逃难，俯乞文引蚤救生灵事。贵等历祖辟住珠玑村，各分户籍，有丁应差，有田赋税，别无亏缺，外无违法向恶背良。为因天灾地劫，民不堪命，十存四五，犹虑难周，及今奉旨颁行，凡民莫敢不尊。贵等团思近处无地堪迁，素闻南方烟瘴地面，田多山少，堪辟住址，未敢擅自迁移，今开居民九十七人团情赴大人阶下，伏乞立案，批给文引，经渡关津岸陆，度众生早得路迁移，安生有址，沾恩上词。（宋）绍兴元年（1131）正月初十日，团词人罗贵等"。并有当时南雄知府钟达文批准文全文（略）。

在这族谱中，还载有罗贵到达江门良溪村立足后的《单开供状》全文："立供状录南雄府岁贡生罗贵，年方四十六岁，系南雄府始兴郡保昌县牛田坊十四图民籍，住沙水村珠玑里，奉例告案批引迁移，来到邑属冈州大良都古朗甲葫底（良溪）村，盘缠乏尽，难以通行，结草歇脚，备情赴州，蒙准批以增图立甲，以定户籍开辟新图，结草为屋，种蔬为日食，随时度活。今蒙上司明文行勘攒造黄册等事，罗贵户充新图第一甲长，今将本家新收丁产，逐一开报，中间不敢隐瞒，如虚甘罪,所供是实。"

这些史料清楚地证实:罗贵及其率领的 97 人(又称 97 家或姓氏),从南雄珠玑巷南迁,是经官方批准的自觉移民;其中也记载了作为首领的罗贵,到良溪后的立足和生活状况,从开始"结草歇脚"到有了"新收丁产",从"蒙准批以增图立甲",到任"新图第一甲长"。这些史料都有力地证实:良溪是南雄珠玑巷人南迁后主要的立足地和发展地。

从更多史料还发现:南雄珠玑巷南迁有多批,每批年代不同,路线各异,从而南移后的立足点也是分散的。遗憾的是,这些分散移民至今已无史料可考,唯罗贵所领一批移民南迁史料较多,影响较大,所以据此为主论析南雄珠玑巷人南迁状况。以罗贵为首的这批 97 姓移民,可能不是全都到良溪村后,才分散至岭南各地的,因为在南下途中会因遇到风险而有人离散。但从史料看,这批移民大部分是先到良溪后才分散的。从研究角度而言,以其首领罗贵的行踪起止为主要线索和依据,去论定南雄珠玑巷人南迁的历史,也是科学的。所以,以上这些珍贵史料,也是将良溪定位为"后珠玑巷"的重要依据。

当代著名历史地理学家曾昭璇教授在《珠玑巷人迁移路线研究》(暨南大学出版社 1995 年版)中,引有《开平乡志》的记载云:"狮子罗村,其先世宝兆,随宋太祖渡江讨叛,至广东南雄始兴县,遂家居焉。七代贵翁(即罗贵),绍兴元年(1131),以南雄迁萌底,即今新会良溪也。""贵次子利用分居开平狮子罗村,男女人数约七千余。"接着,曾教授论述云:"按贵祖初迁新会萌底村,即系海边地点。宋时此处长有塱树,即今称红树林,为热带海滨盐生植物。随着海湾被沙泥淤填,红树林大片死去,成为冲积平原,可以开垦耕种。但是平原底部仍保留有红树林树头,故田称为'萌底田',表示昔日是海边泥湾地点。底部有红树树头田土不好,称'反酸田',即因红树林本身含单宁酸,与盐水混合,易成有机酸,使田土成强酸性反应(pH 值达 4.5),不利水稻生长,农民多不垦耕,当日珠玑巷迁民到此,辟南方烟瘴,即此类土地也。(明)洪武间改称良溪。"曾教授所引史料及其论述,清楚说明了罗贵家族本是中原人,南迁南雄珠玑巷至罗贵已有七代;罗贵南迁后,又在江门等地繁衍,发展为一代盛过一代的大家族;又科学地说明了罗贵在良溪(萌底)立足、开发、发展的历史和地理原因。从这些史料和论述也可见,称良溪是继南雄珠玑巷之后,中原移民南迁的第二中转站,即"后珠玑巷",是名正言顺的。

曾教授在这部专著中，还在"罗贵同行人员的子孙分布考"等节指出：初期，在罗贵停居地点萌底，集中各姓同行者较多；咸淳年（1266）发展为到附近开村，接着又有不少发展起来的各姓分居岭南各地。曾教授还引用了分别出自广州、佛山、江门、台山、东莞、宝安、惠州、中山、顺德、番禺、南海、开平、恩平、鹤山等地珠玑巷后裔的家谱族谱资料证之。曾教授还在"罗贵子孙向海外的发展"一节中指出：珠玑巷人在珠江三角洲开发一段时期后，还向海外新加坡、马来西亚和欧、美、澳等地发展。书中引用了1991年新加坡《联合早报》载区如柏《我们是珠玑巷的后人》一文为证。该文称，据中街七家头的罗奇生、罗致生的创办人罗兆龄、罗兆贵兄弟的后人说："他们的祖籍南雄珠玑巷，后来迁居到新会县良溪乡，从他们的祖先罗贵祖开始定居新会。而成为新会人。他们这一代已经是第二十三代了。""罗氏……由于百余年前，他们的先辈在星加坡中街建立了罗致生酱园杂货王国，还在马来西亚从事园丘种植，于是大批罗氏族人从广东南来新马。当中街七家头式微之后，又有许多罗氏族人移民移到欧、美、澳等地。"曾教授的论述和这篇文章很实在地说明和证实了：良溪是南雄珠玑巷人在珠江三角洲定居后，又进而向海外发展的中转站。这些资料，是称良溪为"后珠玑巷"的尤其直接而实在的佐证。

我国在海外有3000多万华侨，其中70%是广东籍，而广东最大的侨乡是属江门市的"五邑"，即台山、新会、开平、恩平、鹤山。这些地方，都是以罗贵为首的南雄珠玑巷人在良溪立足和发展后，先后去分村开发的。这些地方的乡志和族谱史料都有不少记载。近年我们先后到过这些地方考察，侨属大都能说出自己祖先是南雄珠玑巷迁来的。我曾于2001年赴美国讲学，在旧金山与许多华人华侨学者交流，他们都称自己是珠玑巷后人。其中有位《美洲华工史》的作者称：最早来美国开金矿、修铁路的华工大多是台山人，又都是珠玑巷后人，所以，在美国的台山籍华人华侨特多。显然，这些侨民也都是经良溪分居台山后赴美的。

正是由于这次赴美讲学的直接感受和以后的多次考察，尤其是在去年亲到良溪考察之后，才逐步解开我长期难解之谜（即：南雄珠玑巷人南迁珠江三角洲之后，是如何再迁海外的？）。这个谜，终于从以上论证中得出答案：南雄珠玑巷人南迁，原来是经过在良溪立足、发展一段时期（可能200多年）后，才再迁海外的。由此，为良溪作出"后珠玑巷"的定位，就是自然而然的了。这个定位，当然还值得进一步研究论证；但起码可以说，这为珠玑巷文化研究提出了新课题，开拓了新局面,更上一层楼。

三、珠玑巷文化的内涵和意义

为良溪冠以"后珠玑巷"的称谓,那么,南雄珠玑巷也即自然可称为"前珠玑巷"了。如此称谓简单明确,可免混淆。但更为重要的是:能确切表述两者的区别和有机联系。从历史上说,前珠玑巷人南迁的历史可谓一部史诗的上卷,后珠玑巷人再迁海外的篇章则当谓之下卷。从文化上说,前珠玑巷人的南迁意味着中原文化南移,而与岭南文化结合并融合;后珠玑巷人再迁海外,则是将中原与岭南融合的文化,又与海外各国文化结合,既将中华文化输出,又将海外文化引入,从而在相关他国形成海外华人华侨文化,在国内又明显地形成侨乡文化。从水文化理论上说,前珠玑巷起到将黄河文化、长江文化与珠江文化对接的作用;后珠玑巷则有将中华江河文化尤其是珠江文化与海洋文化(也是将内陆文化与海洋文化)交流融合的功绩,对珠江文化具有江海一体及海洋性特强的特性形成,起到重要作用。所以,从学术上说,前后珠玑巷是各有特色而又密切关联的整体,是一曲交响乐的两部乐章;两者同属并共同构成一种文化现象,即珠玑巷文化。

这种文化现象,是经过长期的历史积淀和发展而形成的,其影响的深度、广度也是不断增加的。如果从张九龄修梅岭古道算起,从公元713年(唐先天二年)至今,前珠玑巷已有近两千年历史;如果从罗贵从南雄南迁至良溪算起,从公元1131年(宋绍兴元年正月初十日,另谢氏族谱作开禧元年正月十五日)至今,后珠玑巷也有近千年历史。其移民从中原至岭南,又转迁海外多国,相关姓氏达156姓,延续数十代人,莫不深有"珠玑巷"意识,代代承传着珠玑巷是"吾家故乡"的观念。所以,对这种文化现象冠之曰"珠玑巷文化"是可以成立的。其内涵和意义主要有:

(1)在本文开篇所述六进南雄珠玑巷的历程中,几乎每次都发现和开掘出一种文化内涵,即:本根文化和后裔文化、姓氏文化和移民文化、海陆丝绸之路对接通道文化、古道文化,以及珠玑巷人精神等。应该说,这些文化内涵不仅是前珠玑巷具有的,也是后珠玑巷具有的,两者的特点是:前者是内陆色彩较重,后者是海洋性特强特浓。可见珠玑巷文化是具有多元多层的丰富内蕴的,是具有可持续发展研究开发的深广空间的。

（2）江门良溪是后珠玑巷人迁移海外的主要中转地和始发地，也即是许多海外华人华侨的主要祖地，可谓海外华人华侨之根。所以，后珠玑巷文化具有华人华侨文化本根的内涵和意义。

（3）明末著名岭南学者屈大均在《广东新语》中云："吾广故家望族，其先多从南雄珠玑巷而来。"清代著名学者、两广总督阮元主修的《广东通志》中称："珠玑巷在沙水寺前，相传广州诸望族俱发源于此。"这进一步证实广东和珠江三角洲多是南雄珠玑巷南迁移民，同时也明示着：岭南的名门名人多源于此。屈大均本人及其家族即是珠玑巷后人，陈献章、康有为、梁启超、孙中山、李铁夫、司徒美堂等名人及其家族，也都源自南雄珠玑巷或良溪后珠玑巷。所以，又可以说，珠玑巷是岭南名人文化之根，珠玑巷文化也内涵着岭南名人文化。

（4）如果说，罗贵的七代前先祖从中原南迁至南雄珠玑巷，是因为避乱而来，到珠玑巷后又因沙水村是风水宝地、适宜生活而定居的话，那么，以罗贵为代表的一代移民再度南迁至珠江三角洲，则是具有冒险性的创业行为。罗贵在告案给引词中云："近处无地堪迁，素闻南方烟瘴地面，土广人稀，田多山少，堪辟住址"。这段话说明他对要迁去的南方是不太了解的，是明知有"烟瘴地面"的困难和风险的；但他还是勇敢地南迁了。罗贵的后代们，对海外他国也是不了解的，也是明知有风险的（起码有漂洋过海的风险），但他们还是勇敢地出海了，而且一代一代地相传着。北方寓言《愚公移山》倡导一代一代"挖山不止"，南方珠玑巷人则是代代迁移海外开拓不止。这两种"不止"的不同典型地体现了南北文化的差异，也可见经过南北融合而产生的珠玑巷文化的内涵与特性，与其中原源流大不相同，甚至也显示了前后珠玑巷的不同：如果说前珠玑巷人是敢于迁徙、善于择居的精神特强的话，那么，后珠玑巷人的敢冒风险、艰苦创业的精神是尤为突出的；而永不停步的开拓进取精神，则始终贯串着前后珠玑巷的两千年历史，是珠玑巷文化的主干动脉。

（5）因地制宜的创造精神，也是珠玑巷文化尤其是后珠玑巷文化的特点之一。罗贵南迁定居的良溪村，是红树林带的"反酸田"，极难耕种，他将其改造为丰产的良田，显然是花了大气力，并用科学技术进行改土新耕才能实现的。史料载，这批珠玑巷人初到珠江三角洲时，大多数地方是海滩盐地。他们因地制宜地创造了"桑基鱼塘""蔗基鱼塘""果基鱼塘"等围海造田、造塘的方法，取得了显著效果，连年取得丰收。迁居海外的后珠玑巷人，有的到南洋各地后，开辟橡胶园、果酱园之类种植和生产，赴美华侨在旧金山开金矿、修铁路，都是因地制宜的开创作为。这些作为，为珠江三角洲和南洋以至美洲的开发，作出了不可磨灭的贡献，从中也鲜明地体现了珠玑巷文化开拓性、开创性、灵活性、适应性的特点。

（6）珠玑巷人的故乡观念很强，他们迁出之后，都不会重返故地定居，而是永不停步地向新的地方开拓进取，可见其开拓意识更强；珠玑巷人的宗族观念很重，无论迁到哪里都祭祖拜宗，但他们又不是只认本姓宗亲，而是提倡"异姓一家""世代相好，无伤害也"（罗贵等九十七姓南迁誓词），可见其四海兄弟的观念更强。这种既重乡土又重开拓进取、既重宗亲又倡导"异姓一家"的对立统一思想，充分说明珠玑巷文化与封建保守文化不同，与某些叛乡离宗的现代文化更异，说明其既有优秀传统的内涵，又有现代文化的积极精神。可见珠玑巷文化对于提高民族凝聚力、建设和谐社会具有重要现实意义。

四、进一步研究开发珠玑巷文化的具体建议

（1）希望省领导和有关部门，充分重视珠玑巷文化的丰富内涵和重要现实意义，将其列入文化大省建设项目，或列入省社会科学发展规划的研究课题；并加大对南雄珠玑巷后裔联谊会的支持力度，更充分地发挥其后裔联谊和推进经济文化建设的积极作用。

（2）建议江门市成立良溪后珠玑巷人海内外联谊会，并与南雄珠玑巷人南迁后裔联谊会建立密切关系，合作开发珠玑巷文化；建议南雄珠玑巷与良溪后珠玑巷建立兄弟合作关系，携手发展海内外联谊和寻根文化旅游；建议两个联谊会共同支持成立广东省珠玑巷文化研究会，专门负责珠玑巷文化的研究开发工作。

（3）建议由两个联谊会共同举办珠玑巷文化论坛，每两年举办一次，并将研究成果汇编为"珠玑巷文化丛书"出版。

（4）建议由两个联谊会共同确定一个"珠玑巷节"，可考虑以罗贵呈状南迁的日期（正月初十或十五）为节日，或者于每年的清明节或重阳节合并举办，亦可考虑与珠玑巷人从清乾隆开始在中山小榄举办的菊花会、黄花会传统结合开展活动。

（5）珠玑巷人南迁首领罗贵，是珠玑巷文化的代表人物，开拓功劳大，影响广泛深远，在百姓心目中，其冒险开拓精神有似发现美洲大陆的哥伦布，其聪明才智有似诸葛亮（广东人有句"唔使［不用］问阿贵"的口头禅所说的"阿贵"，即是

指罗贵。这句话有两层意思：一是阿贵是个无事不知、无事不晓的能人；二是指首领阿贵开明，不用事事问他，可以自己作主）。如此重要的文化名人，历来对其研究甚少、宣传甚少。建议组织专门研究，为其撰写传记、报告文学，或摄制故事性影视剧。此外，建议两个联谊会牵头并支持学者编一部或一套《珠玑巷名人谱》，将从古至今国内或海外珠玑巷后裔名人的生平和业绩作系统宣传，更全面深入地研究开发珠玑巷文化。

（6）希望在电视片《千年珠玑》取得很大成功之后，制片方能乘胜前进，继续拍制这部电视片的续集或下篇，以反映珠玑巷人在开拓珠江三角洲后，再向海外开发的英雄业绩，使珠玑巷人的功绩和进取精神得到更完整的体现，将珠玑巷文化推向更新更大的高峰。

2007 年 10 月 29 日

论广府文化的概念、特质及其在中华和世界文化中的地位和贡献

——在首届世界广府人恳亲大会"广府文化论坛"的主旨发言

作为首届世界广府人恳亲大会的一个组成部分——广府文化论坛开幕了，我谨代表广东省珠江文化研究会、广东省广府学会热烈祝贺！向来自海内外的专家学者表示热烈欢迎和衷心感谢！

提交这次论坛的学术报告有 49 篇，与会专家学者 250 人，因时间有限，难以全部安排在会上发表，请大家谅解。在拜读大家提交的学术论文和在论坛大会发言之后，我感到这次论坛是很有成果的，如：清晰了广府文化的名称和概念，理清了广府民系和广府文化的来龙去脉，梳理了古今广府文化精英及其贡献，初探了广府人"敢为天下先"及开放性、包容性、变通性、务实性等文化特质，明确了"粤""广"字头文化（粤语、粤剧、粤曲、粤讴、粤诗、粤菜、粤居、粤俗、广彩、广绣、广雕等）所标志的广府文化在岭南文化中的代表性价值和意义，对博大精深的广府文化宝库作了初步的盘点，等等，我就不赘述了。我只想占用一点时间谈谈与这次首届世界广府人恳亲大会相关的几个学术问题。

一、从"广州是世界广府人的精神家园"，谈"广府文化"概念及广州是"广府文化中心地"

在筹备举办首届世界广府人恳亲大会的时候，广州市委提出首届世界广府人恳亲大会应当在广州举行，因为"广州是世界广府人的精神家园"。我理解这个提法，这既是这次大会的口号，又是历史和地域文化的实际。因为广府民系和广府文化的名称和概念，是从"广"字而来，而且与建"府"（政权、政府）密切相关。

1993 年初，广东省政府参事中的珠江文化学者到封开和梧州考察文化，就在那里找到了这个"广"和这个"府"。因为我们发现那里就是西汉平定岭南时（公元前 111 年），以汉武帝"初开粤地，宜广布恩信"之旨而定名"广信"为交趾部首

府的所在地。这就是"广"和"府"的来历，只是尚未找到当时"广"与"府"连成词语的文字名称依据。当然，名称只是事物的标志，关键是在实质。其实质就是由此开始了近400年的以广信为首府的交州政权时期，即"广信时期"。在这一时期，除随大军南下者外，尚有大量中原人受战乱频仍影响，纷纷南下移民，与百越族土著融合，逐步形成了一种以汉文化为主体并融合百越文化元素，既与中原汉文化不同又与百越文化大异的独特文化形态，尤其是以古汉语与百越语融合而成的粤语（又称白话、官话、广府话、广州话、广东语，并逐步成为社会通行语），同时又涌现了标志性的精英文化，如被称为"粤人文之大宗"的陈钦、陈元父子和士燮兄弟代表的经学、牟子的佛学、葛洪的道学等，这就是正式形成的广府文化，也即是屈大均在《广东新语》所云"始然于汉"。

我认为肯定这个以"广信时期"为标志的广府文化形成期很重要，因为这个开端才能解释为何两广始终都有广府文化的历史缘由，就是"本是同根生"的道理。值得探究的是，为何两广的广府文化有所不同，而又以广东特盛，并以广州为旗帜性的中心地呢？看来其直接原因，是在广信时期结束的时候，也即将"广"分"府"的时候，即东汉时以"广信"界分交州、广州，后来又以"广信"界分广南东路、广南西路（以后简称广东、广西）的时候，因为分州分路，各有其"府"，"广州"之名开始出现，并成为广东以至取代广信时期岭南首府——广信之要邑。

其实，从历史文化源流上说，广州（古番禺）在广府文化的发端史上比广信早许多，起码早百年以上。史载，岭南最早的土著是百越族中的南越，实际上也是从南海移民上岸的海岛民族，其实质是移民文化，可谓广府文化之土根基因。公元前214年，秦始皇派任嚣率50万大军平定岭南，最早建任嚣城，此即广州建城之始，也即是广州建府之源和之始；秦末汉初赵佗建南越国，以广州为府近百年，一直实行"汉越杂处""和辑百越"政策，使南下移民的中县人与土著南越人初步融合，可谓铺垫了广府文化在汉代广信时期正式形成的条件，由此可称百越族和南越国时期为广府文化的萌芽期和孕育期。从中可见，广州在这两个广府文化前奏期中的地位，是处于发端和中心地位的。

从上述广府文化前奏期和形成期的历史实际可见，其缘起于移民与土著的结合，而且都是与"府"（政权）的行政管辖力推动有关，南越国时期如此，广信时期也如此。正因为这个原因，在广府文化的成熟期（即屈大均所称的"炽于唐于宋"的唐宋时期）和发展期（即屈大均所称的"乃照四方焉"的明清时期），也由于正式设广州府治而将广府的名称和概念,以及广州中心地的地位明确出来。据司徒尚纪教授和王元林教授考证:"广府"一词首先是一个行政区域称谓,源于唐高祖武德四年(621)在岭南设置广州都督府,简称为"广府"。唐玄宗开元时(713—741),广州都督府又称广州中都督府,也是"广府"一称最确切的来源。也是在这个时候,还成立了管辖两广的岭南道,道府治所也设于广州,与广州中都督府同治一地,更强化了广州政治中枢地位。唐懿宗咸通三年(862),岭南道划分为岭南东道和岭南西道,分治广州和邕州(南宁),两广分东西自此开始。广州都督府一直沿用到南汉。由此简化而来的"广府"一称却从唐代使用至今,广州的广府文化中心地位也从唐代一直沿袭至今。

从上可见,广府民系和广府文化是先有广府之实,后有广府之名;先是以"府"促成民系和文化形成,后是以移民而突破"府"的局限,使民系和文化向更广大地域扩展,却又始终以通行的粤语、粤俗,并以广州为中心地而维系着整个民系和文化的整体与沟通。

由此可以为广府民系、广府文化的名称和概念作如下表述:广府民系是广府人及其后裔以粤语、粤俗为共通文化的族群,从地区而言,包括以广州和珠江三角洲为中心的原属广信首府和广州府管辖的至今通行粤语的岭南各地,包括广东的中西南北部、广西的东西南部、海南西南部的人群;因各地语音语法有所差异,在广东境内具体可以分为几个片:①广府片,主要分布在广州、佛山、南海、番禺、顺德、三水、花县、从化、增城、清远、龙门、佛冈、东莞、宝安、深圳、中山、珠海、肇庆、高要、高明、新兴、云浮、英德等县市,韶关、曲江、乐昌等县市的城区,以及香港、澳门也属这一片。②高廉片,主要分布在阳江、阳春、茂名、高州、电白、信宜、湛江、遂溪、化州、吴川等县市。③罗广片,主要分布在四会、罗定、德庆、广宁、怀集、封开、郁南、阳山、连县、连山等县市。④四邑片,主要分布在鹤山、江门、新会、恩平、开平、台山、斗门等县市;在广西境内的梧州、苍梧、贺县、南宁、邕宁、崇左、宁明、横县、桂平、平南、玉林、北流、容县、岑溪、藤县、蒙山、贵县、昭平、博白、钦州、合浦、浦北、灵山、防城、北海等县市也使用粤语;海南省境内的石碌、八所、三亚、白马井、陵水、莺歌海等地的厂矿、林场、盐场等企业单位多流通粤语，儋州话也可归入粤语系统，① 均可列入广府文化区之列。从语言和风俗而言，包括世界上通行粤语、粤俗的国家或地区中的华人华侨族群，大多分布在美国、加拿大、澳大利亚、欧洲、非洲、南洋、南美洲等地。所以，广府民系是一个分布以岭南地区为主并以通行粤语、粤俗为纽带而跨境分布的族群，其族群创造并共通的文化即广府文化。

从上可见，广州是广府之"府"源（秦代任嚣城）、"府"名之始（唐代广州都督府）、千年首"府"治所（政治经济文化中心）和南方国门，又是广府母语——粤语成熟地和标准音地（广州荔湾），以及粤俗、粤艺、粤食等粤广文化荟萃地，所以，称广州是广府文化中心地，并是"世界广府人的精神家园"，是符合历史实际并有世界性号召力的。

二、从珠玑巷后裔谈前后珠玑巷和"珠玑祖地"

主办这次世界广府人恳亲大会的主办单位之一，是广东省广府人珠玑巷后裔海外联谊会。有学者对什么是或为什么加上"珠玑巷后裔"不很明白，很有必要谈谈。

1993 年春，我们广东省政府参事中的珠江文化学者，在考察封开、梧州发现广信文化之后，接着到粤北南雄县考察，发现其贯通江西的梅关古道上有条珠玑巷，是南北交通要津，是中原南下移民进入岭南的中转站。因为在唐宋年间有大批中原移民经此南下转至岭南各地，有史记载的有三批，每批达百万人以上；零散南下者从宋至清络绎不绝，所属姓氏族群达 156 姓之多。于是我们提出开发"珠玑巷后裔联谊"和"寻根文化"概念，受到香港著名企业家霍英东先生和时任广州市市长黎子流先生的赞许，领头成立了"南雄珠玑巷后裔联谊会"，受到海内外广府人的热烈支持。2007 年，我们到江门五邑考察侨乡文化，在蓬江区良溪村发现罗贵率领 36 姓氏族群从南雄珠玑巷南迁至此，分散开发珠江三角洲后，其后裔又从明代开始陆续移民海外各地，使良溪成为珠玑巷后裔又一个新的向海外移民的中转站，所以我们为其定位为"后珠玑巷"。现在论坛上分送各位的资料袋中，有《广府寻根，

---

① 参见李新魁《广东的方言》，广东人民出版社 1994 年版，第 26～27 页，现在的行政区划有一些变动，如花县现为广州市花都区。不一一注明。

珠玑祖地》一书，编入了我们对前后珠玑巷的考察研究成果，清楚地论证了何为或何以添加"珠玑巷后裔"以及称谓"珠玑祖地"的来由。

我想在这里作点补充的是：从前、后珠玑巷的历史看来，由此南下的移民可谓继秦始皇南下50万大军及其随民、汉武帝平南越大军及设广信首府后的移民这两批大移民之后，唐宋南下珠玑巷移民可谓第三批大移民。这批移民可谓广府民系第三批广府人，也可以说是造就广府文化第三时期（唐宋成熟期）的生力军。这批移民及其后裔的最大特点和功绩，是在开拓广东最富饶的珠江三角洲地区之后，向海外开发，创造了将广府民系向海外繁衍的历史，也同时创造了华侨史和广府文化向海外发展的历史。所以，从秦汉唐宋所缘起和成熟的广府民系和广府文化，到明代才真正走向世界，才如屈大均所说的"有明乃照四方焉"。正因为如此，在海外的广府人以珠玑巷后裔为多，分布特广，又特重乡情，他们称珠玑巷为"吾家故乡"，视之为自己的"本根""祖地"。

根据这个发现，我们认为应当以学术和组织的方式，肯定珠玑巷后裔将广府民系和文化向海外拓展的功绩，同时又以发挥珠玑巷后裔为中心而将分布世界各地的所有广府人后裔团结起来。于是便在2011年7月，向广东省主管领导和黎子流会长提出《关于组建"广府（珠玑）人海外联谊会"与"广府学会"及其开展活动的建议》并得到同意，又于同年8月在封开举行的"广府首府"论坛上，得到两广近百位专家共同发表《封开宣言》赞同。现在，经过三年多的努力，终于实现了这个建议，完成了将原南雄珠玑巷后裔联谊会扩大为整个广府人的组织，又在成立广府学会及举办学术研讨会的基础上，取得了"广府寻根，珠玑祖地"的共识，从学术上充分肯定了前后珠玑巷人及其后裔在海外开拓上的贡献和意义。这就是关于"珠玑巷后裔"提法的原因和理由所在。

三、广府文化特质及其在岭南文化、珠江文化中的地位和贡献

岭南文化一词，本是指五岭以南的两广和海南的文化，现在变成了广东独家的文化名称和概念。广府、客家、潮汕是广东的三大民系族群和民系文化，其中以广府民系历史最长、分布最广、人口最多，经济和文化最发达，影响面最大。这"五最"的来由，与其诞生、形成和发展时期的自然地理与人文环境有直接的深刻的关

系。从其本土文化基因——百越族而言，百越族本是海上民族，移民登临海岸，以南越、骆越、夜郎、滇越等族群，分布于南中国沿海及整个珠江水系流域；而其主导基因——中原汉文化的南下，也主要是沿珠江水系直通南海，并且以珠江水系为中心而汇聚和辐射。这样的江海一体、多龙汇珠、珠光四射的人文地理环境，造就了广府文化具有特强的水文化尤其是江海文化特质，具有"海上生明月，天涯共此时"的风格，具有海洋性、开拓性、开放性、包容性、重商性等特点，具有"慎终追远、开拓奋斗、包容共济、敢为人先"的精神，从而不仅是岭南文化之"五最"，而且在珠江文化中具有"领潮争光"的独特地位和作出"领潮争先"的贡献。这具体表现在：

（1）既是中心地，又是前沿地。广州及珠江三角洲既是广府文化的中心地，又是珠江文化的中心地。从地理而言，这里是珠江水系的西江、北江、东江、南江和珠江三角洲水网的交汇中心，又是中国南方出海的前沿。所以，自古海上丝绸之路古港多在此地，历代岭南或中南首府也多设于此，南越国首府、汉代广信首府、唐代广州都督府、南汉国国都、明清两广总督府、民国大元帅府、广东省城、新中国成立后的华南分局和中南局等，都是广州作为珠江文化中心地位并作出相应贡献的历史标志。

（2）既是策源地，又是发展地。孙中山策动民主革命是从广府文化地域发端的，从香山、澳门、广州，到肇庆、惠州、梧州，无不有他奔走呼号的足迹；建立中华民国后，也由此发展革命，进行第二次革命，启步北伐，确立"联俄、联共、扶助农工"三大政策等。中国共产党领导新民主主义革命，广府地区也是策源地和发展地之一，如毛泽东在广州主办农民运动讲习所，叶挺在肇庆创办中国共产党第一支武装——独立团，张太雷、叶剑英发动广州起义。

（3）既是先行地，又是中转地。广东是中国改革开放的先行地，也是在广府地区"先走一步"的率先地，从办经济特区，到发展珠江三角洲城市群，从建设粤港澳大珠江三角洲，到发展泛珠江三角洲（9+2）区域经济合作，从建设珠江三角洲经济圈，到推进粤东西北地区发展，都是从广府地区先行，又由此而向更广地域中转并扩展。

四、广府文化的民族性及其在中华文化中的地位和贡献

广府文化是中华民族文化之林中的一种民系文化。这种民系文化既有地域性又有跨地域性，既有族群性又有跨族群性，既有民族性又有跨民族性。

（1）其既有地域性又有跨地域性的表现，是其族群主要分布于两广及港澳地区，但在其他省市和海外各地也有分布。例如，由于清康熙年间实行"湖广填四川"政策，大量广府人移民进川，广府移民有特强的族群性，纷纷以共建广东会馆或南华宫（即南华禅寺分庭）（四川全省三分之二县区均有分布）凝聚乡情和族群移民；移居海外的广府华人华侨，也是以各原籍地名共建会馆或乡祠寄寓乡情族情，也是以此为载体在异国他乡保持和传承广府文化。

（2）其既有族群性又有跨族群性的表现，是其始终以广府人血统、姓氏及通行粤语、粤俗为族群的人口和文化纽带；在海外的广府华人华侨往往血统相承或部分相承，虽然姓氏、语言、习俗有所变异，即族群性有部分变了，但仍基本上保持其族群性。

（3）广府人遍布世界，四海为家，适应性很强，无论到天涯海角，都可安家落户，生根开花。但其民族性却是特强的，无论到异国他乡多久，甚至繁衍几代，仍然保持着深厚的乡土情、民族情，本根文化意识根深蒂固，持久不衰。最突出的例子是，香港、澳门沦为殖民地之后，虽然受到西方文化大量侵蚀，但基本上仍始终保持着广府文化和中华民族文化的本色。至于在海外的广府人，即使早已入籍所在国，成为外籍华人，已是跨民族性人士，也仍然保持着特强的民族性，有强烈的爱国心。近百年来，在中华民族的重大历史关头，如辛亥革命、抗日战争、解放战争、改革开放等，广府华人华侨都作出了许多不可磨灭的贡献。这就是广府文化既有跨民族性又更有民族性的典型事例。

五、广府文化的世界性及其在世界文化中的地位和贡献

广府文化有特强的民族性，又有鲜明的世界性。这具体表现在：

（1）最早开拓中国走向世界的海上交通线——海上丝绸之路，并且保持千年不衰，持续发展，使中国对世界文明作出重大贡献的"四大发明"和丝绸、陶瓷、香

料走向世界，又将西方世界的文化和商品传入中国，使中国的经济文化成为世界的一环，作出了最早使中国走向世界、使世界进入中国的贡献。广州和徐闻的海上丝绸之路始发港、广州黄埔港和十三行、开平碉楼和台山侨圩楼以至新中国成立后的百届广交会，都是千年历史贡献的见证。

（2）最早向海外移民，使世界增添了广府华人华侨族群，并且使其族群的母语——粤语成为一种世界语。广府人尤其是珠玑巷后裔移民海外，既在海外发扬广府文化、中华文化，又为所在国家、地区的文化和世界文化作出贡献。尤其是广府人有特强的聚合力，往往在其所居地以同乡会等为中心活动，形成群体，既有经济文化性质，又始终以乡情、乡俗和粤语为纽带，由此而在各所在国形成异乡的广府族群，使世界增添了新的族群，又使世界增添了一种世界语。据李新魁《广东的方言》介绍，粤语除在岭南大部地区通行外，在南北美洲、大洋洲、东南亚、欧洲、非洲的华侨、华人中，使用粤语的人口在 1500 万～2000 万之间。总计起来，全世界使用粤语的人数约有 7000 万。粤语，英文为 Cantonese，2008 年正式被联合国定义为语言，并且认定为日常生活中主要运用的五种语言之一，仅次于中国的官方语言普通话（Mandarin Chinese）。换句话说，粤语跟普通话在同一个分类等级上，是平行关系，粤语不是普通话下属的一个 dialect（方言）；两者之间的关系犹如西班牙语跟葡萄牙语之间的关系，同是一种语系却不是同一种语言。这就意味着为世界增添了一种族群和一种语言，使世界的族群和语言更丰富多彩，可见这也是广府人对世界作出的又一贡献，是广府文化具有世界性的又一例证。

（3）最早将现代西方文明传入中国，又将中国传统文化传向西方，既"西学东渐"，又"中学西渐"，为中国现代文明和世界文明作出贡献。明代肇庆知府王泮批准西方传教士利玛窦入境传教，最早为中国传入了西方现代文明；与此同时，王泮还支持利玛窦带动许多传教士，将中国的"四书五经"等传统文化翻译到西方，造成了世界东西方文化大交流的高潮，既揭开了中国现代文明的史页，又揭开了西方接纳中华传统文化的新篇章，而且这个交流高潮持续两三百年之久。清末广府人容闳开创了中国留学外国之首例，又培养中国首批留学生，使其家乡珠海成为中国留学文化的前沿地，又是西方海洋文化的登陆地，涌现了许多中国"第一"的杰出人才，亦可谓"西学东渐"交流高潮的继续。这个高潮及其继续，都是广府文化为世界东西方文化交流作出世界性贡献的一大盛事，亦是广府文化具有世界性的例证之一。

（4）最早吸取西方现代文明的广府文化精英，创造了一系列现代政治学说，为中华民族的独立和发展作出了卓越贡献，也为世界的民族独立和民主运动作出了贡献；同时，也为广府文化增添了世界的现代文化元素，使其成为一种具有全民族和世界影响的文化。如郑观应的《盛世危言》、康有为的《大同书》、梁启超的《新民说》、孙中山的《三民主义》等，都是广府文化精英为中华民族、为世界文化作出卓越贡献的文化精品，也是百年近现代中国民主革命运动的指南，是广府文化现代化、世界化的座座里程碑。

总之，我认为这次首届世界广府人恳亲大会和广府文化论坛，本身就是广府民系和广府文化传承和发展族群性、民族性、世界性的一座里程碑，又是世界广府人团聚在"世界广府人的精神家园"——广州，揭开新史页、共圆中国梦的重大盛会！

（2013年11月12日下午在广州白云国际会议中心的发言）

广府文化的五座里程碑及其标志的五个历史时期
——在广东广府学会成立大会暨"广府寻根,珠玑祖地"学术研讨会的主题报告

经过一段时间的酝酿和筹备,我们广东省珠江文化研究会决定与广东南雄珠玑巷后裔联谊会合作,一是共建"广东省广府人珠玑巷后裔海外联谊会",二是在联谊会中设立"广东广府学专业委员会"(简称"广东广府学会"),前者已经广东省侨联正式批准、广东省民政厅登记,后者也经理事会通过,今天举行成立大会,同时举行广府文化学术研讨会,热烈欢迎并衷心感谢各位领导和专家学者的光临和支持。

珠江文化研究会与南雄珠玑巷后裔联谊会合作办这两件事,不是偶然的,而是有深厚的文化渊源和学术基础的。早在1992年秋我被聘任为广东省人民政府参事开始,我们一班珠江文化学者,即先后到南雄珠玑巷和封开县考察,找到广府文化和岭南文化的源头。1995年霍英东、黎子流倡导成立的南雄珠玑巷后裔联谊会,就是在我们考察时发现珠玑巷的中原移民后裔文化和寻根文化的基础上成立的。此后我们陆续从南雄珠玑巷挖掘和提出了中华姓氏文化、古道文化、海陆丝绸之路对接通道文化,以及相关的江门良溪"后珠玑巷"文化、东莞凤岗"客家第一珠玑巷"文化等。在我们编写的大型史著《中国珠江文化史》中,珠玑巷文化占有重要一页,并且被列入首批20个"珠江文化星座"之一。可以说,1992—2012年的20年来,我们的珠江文化工程一直是以广府文化研究为主线、以珠玑巷文化为重心进行的,所以,我们的合作有深厚的文化和学术基础。

正因为20年来我们一直以广府文化为主线而进行珠江文化工程建设,所以我们的学术成果也主要反映在广府文化的研究开发上。由此,我想借广府学会成立的机会,将我们对广府文化的研究成果进行一次梳理,同时也对广府文化的历史发展进程进行一次梳理,将两者结合进行,是颇有意义的。因为我们发现和提出的五座广府文化里程碑,恰恰正是广府文化五个历史时期的象征和标志。

一、第一座里程碑：以"广府首府"为标志的汉代开端发祥时期

屈大均在《广东新语》中指出："广东居天下之南……天下文明至斯而极，极故之发之也迟。始然于汉，炽于唐于宋，至有明乃照于四方焉。"这段话，精确地指明了广府文化是"始然于汉"，即从汉代开端发祥。那么，是在哪里"始然"的呢？以什么为"始然"的依据和标志呢？我们珠江文化学者就从寻找"广"在哪里开始，找到了"广府首府"为第一座里程碑标志。

1993年广东省人民政府参事室正式成立参事文教组，在为政府提供文化咨询的同时，研究广府文化、岭南文化、珠江文化。1996年3月，在封开县委的邀请下，我们到封开、梧州考察，发现这里即是"广"的所在。源于汉武帝于元鼎六年（前111）平定岭南时，从圣旨"初开粤地，宜广布恩信"中取出"广信"二字，为当时管辖岭南九郡的"交趾部"（后称交州）首府所在地的县名——广信县，即现在的封开（含梧州），故而有"广信首府"之称，简称"广府"。此乃"广府"一词之由来，也即是"广信文化"概念之缘起。因为自汉武帝至三国东吴（即从公元前111年至公元264年）持续375年，将近400年都是以"广信"为首府州治，东吴永安七年才以"广信"为界，分设交州和广州；后到宋代，又是以"广信"为界，分设广东、广西。可见"广"，是指"广信""广信首府""广府"。广府文化的开端发祥，是为期近400年形成的"广信文化"，即以"广府首府"为里程碑而标志的历史时期。这是广府文化发展史的第一时期。

这个历史时期的广府文化，从1996年到2011年，我们以"四部曲"的进程（即：1996年对封开——岭南文化古都的发现和论证、2004年对封开——广府文化发祥地的定位和论证、2006年对封开——广信文化形态的提出和论证、2011年对封开——古广府首府的再次定位和论证），进行了步步深入的论证。概括而言，这个历史时期的广信文化是开端发祥期，其文化特点也是开端发祥的特质与形态。

这是由于岭南原是百越族栖身之地，有其本土文化。自秦始皇派任嚣、赵佗统一岭南以后，中原文化进入岭南，与本土百越族文化从对撞到"杂处"，并有开始结合之势。但由于赵佗带领的南下势力比较单薄（50万大军）、时间不算长（93年），两者还未融合而构成一种特定文化形态。自汉武帝两路大军南下，汇于广信，

开始新的州治，政通人和，社会稳定，百废俱兴，吸引战乱连连的中原人大量南下，更促使中原汉文化与本土百越族文化的结合与交融，且持续近4个世纪之久，自然形成一种既有两种文化元素而又与原本文化不同的新型文化。这样，在其形成初期，以开端发祥为其特质与形态是必然的。

从这个时期的代表性文化中都可看到这些特色。例如，被屈大均称为"粤人文之大宗"的陈钦，原是中原至广信的移民，他与儿子陈元共创"古文经学派"，既是中原儒家文化在岭南之延续，又是广府文化具有汉儒文化元素之启端。之后士燮兄弟承继经学派，更显出广府文化之发祥。广信牟子《理惑论》以一问一答的方式宣讲佛学，是中国首部佛学著作，既是中国佛学启端，又有广信文化兼融性的色彩；尤其是粤语，是古汉语与百越语结合的产物，珠江文化学者叶国泉、罗康宁发现其源头在广信，是研究广信文化的巨大贡献，因为粤语即广州话，原名广府语，即广信首府语之谓也。讲广府语者属广府民系，广府语流行区为广府文化区，讲粤语者为广府人。粤语之源在广信，广府人文之源也在广信。

二、第二座里程碑：以珠玑巷为标志的唐宋开拓进取时期

屈大均说广东文化"炽于唐于宋"。"炽"，热也，即进入热点时期。就广府文化而言，在这一时期的热点表现，主要是"移民热"而展现的开拓进取精神。珠玑巷文化实质是移民文化。珠玑巷本身是移民的产物，是移民开拓进取精神的产物，也即是这个历史时期的里程碑和标志。因为这种精神一直主导着唐宋两朝近五百年的广府文化发展历程。

唐代张九龄开凿大庾岭梅关古道，是这个时期的启端，也是这种精神的始现和发展条件。因为这条古道的开凿，本身就是杰出的开拓进取行为，而这条古代的"高速公路"，沟通了中原与岭南的往来，为中原大批移民南下提供了交通条件，从而在中原战乱频仍的历史背景下，唐宋两朝先后有三批百万南下移民，从梅关古道经珠玑巷转移至岭南各地，而且零散的移民一直络绎不绝。这个历史时期的移民潮与广信时期的移民有很大不同，广信移民的来源除军队外多是零散迁移，南下后多分布在粤桂一带，而梅关珠玑巷移民多是成批迁移，而且大多是分布在珠江三角洲一带。因此，造成了在广信时期之后，以梅关珠玑巷为祖地，又产生了一支广府民系，或者说因有此新的血液，而将广信时期形成的广府文化推向新的发展阶段，以

开拓进取的精神和面貌,将广府文化推向第二历史时期。

珠玑巷标志的这种开拓进取精神,突出表现在南下移民带到岭南的中华姓氏文化。这是岭南本土所无的。秦始皇南下大军和汉代广信时期姓氏文化已有传入,但尚未普及。唐宋期间,从珠玑巷南迁姓氏达156姓之多。尤其是南宋时,以罗贵为首的36姓氏族群南迁至江门良溪,之后又分散至珠江三角洲各地,对开发珠江三角洲起到重大作用。现在各地的姓氏祠堂,就是这种姓氏文化南迁的产物和实证,也是珠玑巷文化普及岭南各地的实证,也是广府文化开拓进取精神的产物和实证。我们先后从珠玑巷和番禺考察和提出开发中华姓氏文化和祠堂文化课题,从江门良溪发现和论证后珠玑巷文化,就是对广府文化开拓进取精神的持续发现和研究成果。

屈大均《广东新语》卷二《地语》说:"吾广故家望族,其先多从南雄珠玑巷而来。盖祥符有珠玑巷,宋南渡时诸朝臣从驾入岭,至止南雄,不忘枌榆所自,亦号其地为珠玑巷。如汉之新丰,以志故乡之思也。"著名学者梁启超1923年在北京清华及高师两校演讲《中国历史上民族之研究》,其中对珠玑巷多有叙述:"广东在汉称南越,其土著盖杂摆夷。当在六朝时,冼氏以巨阀霸粤垂二百年。冼,摆夷著姓也。……今粤人亦无自承为土著者。各家族谱,什九皆言来自宋时,而其始迁祖皆居南雄珠玑巷,究含有何种神话,举粤人竟无知者。要之,广东之中华民族,为诸夏与摆夷混血,殆无疑义。"(梁启超:《饮冰室合集·专集之四十二》,中华书局1989年版,第16页)刘正刚教授在《清末侨乡的珠玑巷认同》一文中,对梁启超的说法解读说:其意思是指"广东人是汉族(诸夏)和非汉族(夷)混血的结果,但标榜为中华民族的广东人谁也不承认自己是土著,各家编纂的族谱多主张始迁祖在南雄珠玑巷。广东人之所以不承认是土著的原因,在于土著等于非汉族(摆夷)的观念盛行,如果承认是土著,就会担心被视为非汉家系。"这些说法,说明珠玑巷文化的移民及其与本土百越族融合性质,更证实广府文化的开拓进取精神所在。

从张九龄的《开凿大庾岭路序》中,我们发现这条路还具有对接海上与陆上丝绸之路的通道功能,经实地考察和历史验证,其作用确实如此。这项文化遗产,其性质和功能也是珠玑巷文化开拓进取精神的结晶和载体。其经济上的对接通道作用不必细说,其移民功能尤其是向海外的移民功能更突出而且影响巨大。上述罗贵率领的南下族群就是沿着这条对接通道,经几代人的努力而向海外移民的。江门五邑一带华侨特多,江门被称为"中国侨都"就是实证。侨乡文化正是广府文化一大特色。这也是珠玑巷文化开拓进取精神的实证和体现。

从唐宋时期的名人文化看来,都是充满和贯申着开拓进取精神的。以开凿大庾岭而名声大振的唐代贤相张九龄,政绩的特色是开拓进取;他还是初唐诗坛清淡派领袖,是岭南第一诗人,被称为珠江文化古代诗圣,虽然他是客家人,也充满了广府文化色彩和开拓进取精神。六祖惠能也同样如此,虽然佛教禅宗不属民系文化范畴,但从哲学思想而言,惠能的"顿悟"禅学,也是与广府文化的开拓进取精神异曲同工的。宋代岭南诗人兼外交家余靖,是中国首部海洋学著作《海潮图序》的作者,其内容和影响都是开拓进取的。这些代表性的文化现象都说明,唐宋时期广府文化的历史和精神特色就是开拓进取。

三、第三座里程碑：以两广总督府与广州十三行为标志的明清兴旺发达时期

屈大均说广东文化发展到明代才有"照四方"之势,可谓具有兴旺发达的精神和色彩。其实,从明代到清代(至鸦片战争前)也当如此,为期也有400余年。在这个历史时期,时间跨度最长、文化作用最大、文化内涵最广的载体,是两广总督府和广州十三行,所以将两者共列为广府文化第三座里程碑,并标志明清时期兴旺发达的文化特质与形态。

两广总督府始设于明景泰三年(1452),清乾隆十一年(1746)撤销,达近300年之久。这期间,总督府先后设于梧州、肇庆、广州,开始主要是为平定瑶乱的军事功能,后为中央派驻的一级政权,统管两广内外事务,包括经济、军事、文化、外交事务。这些政府职能,使得其在广府民系和广府文化发展上起到重要作用。一方面,在两广地域的一体化和平乱稳定,进一步促进了中原移民与本土百越族后裔的融合,巩固和扩大了广府民系和广府文化的地域范围,这是广府文化兴旺的重要基础和标志;另一方面,由于以陈瑞、王泮为代表的官员,批准和支持以利玛窦为代表的传教士,从肇庆开始输入西方现代文明,以"西学东渐"之风使中国揭开了接受西方海洋文明的新史页,也促使广府文化最早接受西方海洋文明因素,并使总督府所在地肇庆、广州成为东西方文明交流的桥头堡,成为广府文化向海外传播的中转站。所以,两广总督府具有这个历史时期广府文化里程碑的标志意义。

如果说两广总督府主要在政府职能上发挥其兴旺发达广府文化的作用,那么,广州十三行则可以说是从对外商贸上发挥了兴旺发达广府文化的功能。十三行是明清两朝专门负责对外贸易的机构,既有与外国做进出口生意的商家性质,又有海关的职能。开始由13个行商(洋商)组成而得名,此后有增有减而名不变。十三行自明嘉靖年间始办,至清同治年间鸦片战争时结束,持续300余年之久。尤其是在乾隆年间,清朝规定全国仅广州"一口通商",更使十三行兴旺发达,使其代表的粤商成为全国六大商帮(粤、晋、徽、浙、苏、闽)之首。十三行既是商业集团,又是金融集团,代表人物文化素质高,亦商亦儒,多是经济产业投资,亦有文化投资,有国内投资,亦有国际投资。特别值得注意的是,清代十三行在世界许多国家或地区设有商务代办机构或侨民会馆,如日本、马来西亚、新加坡、毛里求斯、菲律宾、美国、泰国、加拿大、秘鲁、古巴等;有往来关系的国家更多,如缅甸、柬埔寨、澳大利亚、俄罗斯、葡萄牙、西班牙等;十三行与这些国家不仅有商贸往来,且有文化往来;尤其是华侨会馆,更是广府文化的海外驿站,是使广府文化"照四方"的中转站。这些都是十三行具有明清时期里程碑意义的依据和标志所在。

明清时期广府文化的兴旺发达还突出体现在学术文化上。明代陈白沙创立了江门学派,湛若水创立了甘泉学派,天然、澹归创立了海云学派等,尤其是屈大均以《广东新语》等著作创立了"粤学",为广府文化奠下了理论基础,是广府文化兴旺发达的重要标志。

四、第四座里程碑:以"虎门销烟"与《三家巷》为标志的近现代对撞兼容时期

1840年林则徐在广东虎门销毁鸦片的壮举,揭开了中国近代史的历史序幕,也揭开了广府文化的近代史页。从文化学而言,百年近代的广府文化形态,是对撞兼容,将近百年的现当代广府文化,虽然内涵与近代不同,但形态也大致如此,故而并为一个历史时期论述;其里程碑标志也并列两个为一座:近代为"虎门销烟",因为这一伟大历史事件影照近代中国百年史;现代则推欧阳山的著名小说《三家巷》,理由是:这部长篇小说缩影了从1911年至1949年的中国现代史,也缩影了半世纪的广府文化;同时,又因为这是凝现广府文化的鸿篇巨制,又在中华人民共和国成立后的当代时期,多年成为文坛和文化论争的焦点,也可谓30余年时代风

云的缩影，所以亦可以其为广府文化在当代时期的里程碑标志。

广府民系和广府文化的主要地带在南中国海边陲，西方海洋文化无论"武攻"或是"文进"皆由此登陆。由于中国传统文化与西方海洋文化差异甚大，又因长期闭关政策造成与西方的隔阂。因而两种文化相会，必然严重对撞。自虎门销烟而开始鸦片战争以后，百年近代史皆可说是中西文化对撞史，又可说是兼容史，即对撞中兼容，又兼容中对撞，反复交错，持续不绝。处于"海浪"之尖的广府文化尤其如此。也正因为如此，其代表性的思潮与人物往往都是得世界之先、领全国之先，而其代表的思想文化的特质与形态也都是对撞兼容的，俗话说是"中西合璧、亦中亦西"，但却是领潮争先的。如郑观应的《盛世危言》、容闳的《西学东渐记》、康有为的《大同书》、梁启超的《新民说》、陈焕章的《孔门理财学》、孙中山的《三民主义》等，是中华近代优秀文化，也是近代广府文化对撞兼容的样板和精华。

广府文化在现代时期的对撞与兼容对象较多，包括西方文化和东方日本文化，以及来自北方的黄河文化、长江文化；在当代时期，则主要是苏联文化、革命文化，以及其他地域文化、民系文化、民族文化。虽然中国的现代和当代时期，国家的性质和社会制度不同，但就广府文化而言，它在发展中与其他文化的对撞兼容方式则是大同小异的，而且是有一贯性和继承性的。

欧阳山和他的代表作《三家巷》就是典型实例。欧阳山可说是现代和当代广府文化的代表作家，他自幼在广州长大，读书，从事文艺活动。20世纪20年代，他是以西方现代主义作品《玫瑰残了》步入文坛的；30年代上半期，他在广州倡导"粤语文学"；30年代下半期，他在上海主张"欧化"的革命文学；40年代初，他在重庆提倡抗日大众文化和"新现实主义"；40年代下半期，他在延安转向解放区文艺的"新写作作风"。他在现代时期的这些创作发展过程，充分体现了在他身上的广府文化先后与西方现代文化、欧化文化、革命文化、解放区文化从对撞到兼容的过程。新中国成立后的当代时期，他仍在持续这一过程，而且做得更充分更彻底，他不仅提出了明确的"古今中外法、南东西北调"的创作主张，而且创作了体现其主张和独特风格的巨著《三家巷》（即《一代风流》五卷）。

《三家巷》的内容和影响也典型地体现了现代和当代广府文化的对撞兼容特色。小说所写广州一条小巷中的周、陈、何三家三代人的纠葛，有家庭、亲戚、邻里、同学、恋爱、情人、朋友、恩怨等联结关系，又有阶级、政治、经济、利益、感情等的对立冲突；这些纠葛既发生在日常生活环境和风俗节庆中，又发生在硝烟弥漫的政治军事冲突的时代斗争中。主人公周炳和主要人物的广府文化素质，都在小说的全部情节中展现，与其他文化元素的对撞兼容也都同时展现，既展现了每个广府人的个性和典型性，又展示了广府文化在日常生活与时代斗争中的发展。当代数十年围绕《三家巷》的论争，在政治斗争、文艺斗争的背后，还有着文化上的对立冲突，都内蕴着广府文化的对撞兼容的特质与形态。

以欧阳山为代表的广东作家群（或称岭南文派），从群体到个体都体现这种文化对撞兼容的特质与形态。广府人陈残云、吴有恒、黄谷柳，与潮汕人秦牧、客家人杜埃，各属不同民系，但岭南文化素质相同；各人创作道路、艺术风格各异，但文化的对撞兼容的特质与形态相同。例如，陈残云在现代时期以创办《中国诗坛》和电影《珠江泪》震动文坛，当代时期则以长篇小说《香飘四季》和电影《南海潮》成为珠江文化的典型代表，他以散文《珠江岸边》体现广府文化，又以《热带惊涛录》反映海外华侨文化；吴有恒以《山乡风云录》三部写岭南的山和海；黄谷柳以《虾球传》三部写珠江的疍家习俗；秦牧以散文《花城》写透广府之美，又以《黄金海岸》《愤怒的海》写遍海外风云；杜埃以散文《乡情曲》《花尾渡》并现客家与广府风情，又以《风雨太平洋》三部尽现海洋风雨。而且，这些作家都是贯串在现代和当代文坛中叱咤风云的。

著名的岭南画派，近代时期是居廉、居巢以岭南文化为本，吸收日本文化而开创，启端的即是对撞兼容的文化特质与形态。发展至现代和当代的代表人物高剑父、陈树人、关山月、黎雄才、赵少昂等，都是这种文化特质与形态的继承发展和各自个性化的创新。

广府人冼星海创作著名的《黄河大合唱》，成为享誉中外的音乐大师，显然与他的广府人文化素质，加之他留学海外、先后在上海和延安从事革命活动的经历有密切关系。正是在这些经历中，他与中外多种文化对撞兼容，使其成为有深广文化素质而又自成一格的大家。这正是广府文化特质的典型体现。

广东音乐和粤剧是广府文化之宝，也是广府文化的典型体现。两宝的创始和发展都与广府文化的地区与发展史密切关联，都是在各历史时期与多种文化对撞兼容的产物和体现。广东音乐《赛龙夺锦》《平湖秋月》《旱天雷》《雨打芭蕉》《步步高》等名曲，曲牌即是鲜明的广府文化，曲调本身既有广府咸水歌等小调为底韵，又有明显的西洋轻音乐的格调与旋律，其诞生和繁荣于珠江三角洲水乡，在商品经济发达的年代，正是广府文化发达的体现和硕果。被称为"南国红豆"的粤剧也同样如此。粤剧的母语是粤语,又名广州话,古称广府语,是古汉语与百越族语逐步融合而成。粤剧剧种源于南来的弋阳腔、昆腔,嫁接本地的民俗文风、越俗歌谣而成。两种基本元素都是不同文化对撞兼容的产物和体现,所以粤剧也即是广府文化的艺术瑰宝。

五、第五座里程碑:以珠江三角洲经济圈为标志的当代开放繁荣时期

20世纪80年代初在深圳、珠海开办经济特区,标志着中国揭开了改革开放的时代史页,也揭开了广府文化的新史页。但作为这个历史时期的里程碑标志,还是以国务院2008年批准的《珠江三角洲地区改革发展规划纲要(2008—2020年)》所确定的珠江三角洲经济圈建设目标为好。因为一方面,这实际上是广东改革开放前30年的总结,又是以后20年的前进坐标,而且必会产生持久的影响;另一方面,珠江三角洲是广府文化的中心地,珠江三角洲经济圈的建设过程和目标,实则也是广府文化中心地或文化圈的建设过程和目标,所以应以此为广府文化这个历史时期的里程碑标志。

这个历史时期的广府文化特质与形态,是开放繁荣。因为经济是基础,经济的开放繁荣必然造就文化的开放繁荣。开放繁荣是珠江三角洲经济圈的特质与形态,也必然是广府文化在这个时期的特质与形态。这主要表现在:

(1)现代文化的全国和世界影响。改革开放初期,从经济特区传入的海外文化,经广府文化过滤后再向全国传播,自南向北卷起了阵阵"南风",成为时代潮流文化,如邓丽君代表的时代音乐,金庸的武侠小说,《大地恩情》《霍元甲》代表的香港电视剧,《涛声依旧》代表的时代歌曲,《我应该怎么办》代表的"伤痕小说",等等。之后,广府文化中衣、食、住、行、玩各项生活文化,以至生、老、病、性、死各项社会人性关怀的生命文化,都在全国以至世界领潮争先。

(2)传统文化的发掘与传承。广府文化历史悠久,源远流长,有丰富的文化积淀,有深厚的文化传统。在改革开放时期,经过发掘与传承,广府文化焕发新的生命,成为文化和精神之魂,如"江神"龙母文化、"海神"妈祖文化、侨乡文化、水乡文化、龙舟文化、醒狮文化、疍家文化、蚕桑文化、丝绸文化等。值得注意的是,其中许多被评为世界文化遗产、国家级或省级的物质或非物质文化遗产,如开

平碉楼、粤剧等。这也是广府文化开放繁荣的重要方面和体现。

（3）联谊纽带文化的新活力。广府文化是中原移民文化与本土百越文化结合而来，有浓厚的移民性和姓氏族群性，造成了在广府人聚居的地方大都有地域同乡会和会馆。各类宗亲姓氏祠堂之类的联谊宗亲载体，形成一种联谊纽带性质的文化。这种文化现象和载体不仅在广府文化区域，在海外、省外都很普遍，尤其在美国和四川省，因为广府移民特多。过去视这种文化现象为封建迷信，改革开放后才有新的认识，才有新的活力。广东南雄珠玑巷联谊会成立近20年的光辉成果，就是这种新活力的结晶。现在该会易名为"广府人珠玑巷海外联谊会"，是广府文化更开放繁荣的新起点和新标志。

（4）广府文化研究和广府学的兴起与发展。20世纪80年代，改革开放掀起了商品经济浪潮，也掀起了与世界同步的现代文化热和研究浪潮，广府文化热及其研究也应运而起，并造成广府学的兴起和发展，大有赶超早已形成的潮学、客家学之势。这也是改革开放时期广府文化开放繁荣的特质与形态的体现之一。

我们珠江文化学者，就是在中国和世界性的文化热大潮的时代背景下，同步开展珠江文化与广府文化研究的，也即是以广府文化研究为主线、以珠江文化研究为板块而进行文化学研究。20年来，我们坚持参事文史工作与科学研究结合、古今文化与现实需要结合、文案研究与田野考察结合、发现整合与论证策划结合，走万里路，写千字文，著百种书，初步为广府文化和珠江文化梳理出系统。2009年，我们编写的300万字《中国珠江文化史》出版，2011年我们赠送给广东省立中山图书馆100余种《珠江文化丛书》等珠江文化著作，就是我们的梳理成果。

应该特别指出的是，这些著作是珠江文化研究成果，包括广府文化研究成果在内，而且其中是以广府文化研究成果为主、为多。我现在所写的《广府文化的五座里程碑及其标志的五个历史时期》的全部内容，都可以在这些著作中找到出处，我们对五座里程碑的发现或提出的时间、方式、论据、论证、著作都从中可查，对五个历史时期的史料和状况也大都有所述记。我写此文，是对我们研究广府文化的成果作出梳理，同时对广府文化发展历程作初步的轮廓式的梳理，为日后编写广府文化史作铺垫，为建设广府学投块敲门砖，也为这次学术研讨会抛砖引玉。

（2012年7月25日在南雄研讨会上的发言）

以新高度研究开发冼夫人与百越俚族文化

2017年元旦前夕，在冼夫人诞辰之日，南方日报与茂名市滨海新区、电白区联合举办冼夫人诞辰文化节暨冼夫人与"一带一路"国际论坛，这是一件很有意义的文化盛事。大家知道，冼夫人是在海内外都享有盛誉的"岭南圣母"，千年以来一直被人们顶礼膜拜。周恩来称誉她是"中国巾帼英雄第一人"。[①] 冼夫人的文化精神不仅在历史上发挥了巨大作用，今后仍然具有重大和持久的意义。

值得特别重视的是，这次国际论坛是《南方日报》记者团于2016年初往东盟海上丝绸之路沿线国家考察采访时，在马来西亚发现该地尚有冼夫人文化遗存之后，受到省市领导高度重视和关怀下举办的。也即是说，这次论坛是对冼夫人文化有新的重大发现而采取的学术举措，自然应当以新的高度，也即是以当今时代的认识高度和需要高度研究开发冼夫人文化，争取将其纳入"一带一路"倡议并申报世界文化遗产。

一、以新的时代认识高度研究开发冼夫人文化

（一）冼夫人是岭南土著百越族和冼太文化遗产及精神承传的标志

冼夫人，俗称冼太，原名冼英，是纵跨南朝梁、陈和隋朝三代的著名历史人物。她是粤西俚族人，是高凉冼氏家族后裔，她的家族是"跨据山洞，部落十余万家"的俚族首领。她自幼熟读圣贤书，青年时即"贤明，多筹略，在父母家，抚循部众，能行军用师"，甚有威望，出嫁前即被拥为俚族首领，威镇岭南；出嫁后成为太守冯氏三代得力贤助，参与政事，带兵打仗，平息多次动乱，被誉为保境安民

---

① 参见中共广东省委组织部、广东省人民政府地方志办公室编《广东资政志鉴》，广东人民出版社2015年版，第170页。

的"圣母",被封为"谯国夫人",谥号"诚敬夫人"。她的功勋和荣誉,不仅使她成为历代人们敬仰崇拜的形象,而且成为一个内涵丰富的文化符号。

从新的时代认识高度上看,这个文化符号的首要内涵,就是标志岭南土著——百越族文化遗产和精神的承传。这是很有历史和现实意义的。因为广东当今的社会结构,主要由广府、客家、福佬(潮汕)等三大民系组成,而这三大民系主要是自秦汉以降的北方移民。由此人们大都不知广东在这三大民系之前和之外,尚有最早开发岭南的土著文化,就是"交趾"时代的百越族文化。百越族是多种原始部落族群的总称,在岭南境内的多是南越族群。这个族群随着历史的变迁,不断地分化或转化,变成十多个族群;这十多个族群又各自分化和转化,有的失存,有的转化为另名族群。冼夫人所属的俚族,是百越族之南越族在汉代分化出来的一个族群,从东汉至唐五代,长达千年之久,迄今族群及其文化遗产极其分散。其族群主要生活在粤西、桂东、桂南、海南一带,即岭南之西南部有较多遗存。这种文化遗存以冼夫人文化为主要代表。

古代俚族的民间信仰有石狗崇拜、铜鼓崇拜、雷神崇拜等,尚有铜鼓、陶器、葛布等文化遗存受人注目。但最重要的是民间冼太(冼夫人俗名)崇拜及其文化遗存。因为冼夫人以她的丰功伟绩将俚族文化推上了最高峰,创造了史无前例的辉煌;在她逝世以后,其辉煌不仅没有随她的逝世而消逝,甚至也不因为其族群后来(唐五代以后)的逐渐消散而消散,反而与时俱进地不断增进其光辉,以至流传至今仍光芒万丈。我们现在举办冼夫人文化节和国际论坛,就是明证。

民间流传的冼太文化,自冼夫人逝世后,迄今有千年之久,代代承传。这份文化遗产主要是精神上的,是非物质文化遗产,也有一些物质文化遗存。如:粤西一带每年十一月二十四日冼夫人诞辰纪念日有"冼太节",海南海口新坡一带每年二月初都在冼夫人当年驻军的地方举行的"军坡节",海南琼山的梁沙婆庙和"婆期节",在海南保亭还有纪念冼夫人和冯宝的"保亭节",在高州一带还流传有《冼太真经》《冼太新经》,在高州的冼太庙不仅前座供奉着冼夫人塑像,其后还供奉冼夫人与冯宝并座的塑像(被称为"和合神"),等等,都是历史上流传和积淀下来的冼夫人文化遗产,也即是冼夫人文化及其精神的载体。另据不完全统计,迄今纪念冼夫人的庙宇遍布南海周边国家和地区,逾千座,是世界上纪念庙宇最多的女性(被神化了的女性历史人物),可见冼夫人文化已是一种世界性的文化遗存。这些文化遗存，既是冼夫人文化精神持久长存的实证，又是珍贵的文化遗产，应当切实保护，争取申请为世界非物质文化遗产或记忆文化遗产。

（二）冼夫人开创了少数民族为维护民族和合与国家统一的文化精神和光荣传统

冼夫人的丰功伟绩，最突出的是她在国家分裂和民族纷争之乱世，作为少数民族首领，力挽狂澜地和合了民族纷争和国家分裂，开创了从国家统一、地方平安大局出发的维护民族和合与祖国统一之文化精神与光荣传统。从新的时代认识上看，这是特别值得注意而很有现实意义的，因为从古至今，起纷争、闹分裂的发端者，大多是局部较小的地方或族群，狭隘的地方或种族偏见往往使其欠缺大局观念。冼夫人就是在这样的乱世中作出杰出贡献的。

据《隋书·谯国夫人传》载，冼夫人曾自称："我事三代主，唯用一好心"。这"三代主"，即她经历的南朝梁、陈和隋三代国家大局之"主"；她"唯用一好心"做的"事"，即在这三代中先后平定了三次动乱。第一次是在梁太清二年（548），发生侯景叛乱，波及粤西。为保地方平安，冼夫人支持当时管辖粤西的西江督护、高要太守陈霸先出兵平乱，并亲自率师配合，大获全胜。陈建朝之初，多处动乱，冼夫人又派仅年9岁的儿子冯仆率领俚族各峒酋长晋见陈霸先，对陈表示支持，对稳定全局起到重大作用。第二次是在陈太建元年（569），陈宣帝调广州刺史欧阳纥到京城任职，欧阳纥不服，起兵谋反，用计挟持冯仆同反。冼夫人即发兵配合陈宣帝讨伐，将欧阳纥活捉处死，逐平动乱。第三次是在隋开皇十年（590），广州俚帅王仲宣、葛僚首领陈佛智联合起兵叛乱，冼夫人派长孙冯暄协助官军韦洸平乱。冯暄犹豫不前，冼夫人即将冯暄拘禁州狱，改派次孙冯盎领兵对阵。冼夫人时已年近八旬，仍披甲上阵。最后大败叛军，平定动乱。朝廷册封她为谯国夫人，准开幕府，配备官吏，授予印章，授权调拨各部落及六州兵马，并下诏表彰她的功绩。

这三次平乱功绩，使冼夫人不仅受到俚族和其他少数民族以至全国全民敬仰，还受到历代朝廷和文人学者推崇，因为她开创了少数民族为维护民族和合与国家统一的光荣传统，成为体现这种文化精神的典范。宋代大诗人苏轼在经过冼夫人家乡高州时，曾赋诗曰："冯冼古烈妇，翁媪国于兹。策勋梁武后，开府隋文时。三世更险易，一心无磷缁。"当代广东著名女学者、中山大学教授冼玉清称赞冼夫人是"妇女为国立德立功第一人，妇女开幕府建牙悬肘之第一人，妇女任使者宣谕国家德意之第一人，妇女享万民祭祀之第一人"。

（三）冼夫人是南方文化与北方文化交流融合的光辉典范

从新的时代认识上看，冼夫人有一种众所周知却一直被人忽略的文化贡献，就是在国家分裂、南北对峙的局面中，身体力行地为南方文化与北方文化的交流融合，作出了巨大的努力和贡献。

在南朝梁、陈和隋期间，先后掌管粤西官府的长官是冯氏三代人。436年，北燕皇帝冯弘失国后投奔高丽，派儿子冯业领族人300人渡海南下，投奔南朝宋国。冯业被安置在新会郡，授罗州刺史。从冯业到其孙冯宝，三代人都任地方刺史、太守。但他们客居他乡，没有士族支持，也没有地方势力依靠，政令不通。到梁代冯融为罗州刺史时，为了寻找地方势力支持，便为儿子高凉太守冯宝聘冼夫人为妻。冼氏世代是南越族首领。冯宝为了此桩婚事，落籍入赘冼氏，并在高凉山下建城开府，称为"冯家村"。冯宝入赘后，由于民族地位的改变，他从一个"号令不通"的望族太守转变为俚族的首领，被俚人称为"都老"，其子孙也变成俚族人。在《唐书》中，他的孙子冯暄、冯盎被称为俚人"高州首领"，冯盎、冯智戴、冯子猷被列入"诸夷蕃将"，其籍贯都以冯宝的落籍地记为"高州良德人"。冯宝的落籍地也即是冼夫人的出生地，真可谓"汉人俚化""俚人汉化"之范例，又是少数民族与汉族之间、南方文化与北方文化之间交流融合之范例。

前述冼夫人在三次平乱中的贡献，也是对冯氏三代政权的关键支持。冼夫人未婚前已是俚族首领，愿嫁冯宝，而出身名门望族的冯宝，也乐于入赘俚族与冼夫人成婚，相互支持，养儿育孙，恩爱百年，可敬可叹。这样的事例和精神，在国家分裂的南北朝历史条件下，是很难得的。尤其是身为南朝一方首领的冼夫人，对来自北朝望族的冯氏家族，无任何种族、地域、地位之偏见，甘当冯门的贤妻良母，更堪称南方文化与北方文化交流融合的光辉典范。

（四）冼夫人是古今海洋文化和海上丝绸之路的光辉形象

在这次国际论坛举办之前半年，南方日报社郑幼智记者电话告诉我，她参加的记者团在马来西亚采访时，发现该地尚有冼夫人文化遗存。我当即向小郑表示，这是很重大的发现，因为历来对冼夫人文化的定位和宣传，只是停留在她对民族和谐与国家统一的贡献，既忽略了她在文化方面的贡献，又忽略了她对中国古今海洋文化和海上丝绸之路的贡献，是冼夫人文化研究上的重大缺失。所以，当今在马来西亚发现冼夫人文化遗存，有重要的历史和现实意义。

从历史上说，冼夫人所在的俚族，是岭南土著百越族（南越）分流出来的一支，百越族原是东南亚"南岛语系"的海上民族，本身有海洋性，具有造就海上丝绸之路的自然和人文条件。其次，冼夫人所属的俚族，自古即有从商尤其是海外经商的传统。据《隋书·谯国夫人传》记载，冼夫人任俚族首领和协助儿孙理政时，很善于发扬这个传统，在其管辖地区，兴办了许多大大小小的圩，即集市，并各自确定圩日，以促进各地商品交流。最著名的是在阳春城北草滩设的高僚圩、漠阳江西岸黑石岗下山坡设的重阳圩（以重阳节为圩日）。圩日交流的商品，除高凉土特产外，尚有从海外输入的翡翠、明珠、犀象以及"生口"（做奴仆的人）等。前些年在高州良德（曾是高州首府）出土一个铸有"昆仑奴"头像的铜杖首，证实这里曾有"昆仑奴"的"生口"上市。"昆仑奴"来自南太平洋诸国、阿拉伯及非洲。这种进口的"生口"及翡翠等海外商品在高凉"圩日"上交流，说明当时这里已通海上丝绸之路。马来西亚的冼夫人文化遗存，可能与俚族人出海发展有关。由此可以推断，其他东盟国家也可能会有同样或相似的文化遗存。今年夏天，我们到台山广海湾考察，发现这里是广府人出海第一港，同时又是冯业从海路南下居新会时登陆的地方。由此更可证实，冯氏家族与冼夫人自古以来都与海洋文化和海上丝绸之路有着千丝万缕的关系。所以，冼夫人是古今海洋文化和海上丝绸之路的光辉形象。

从上述四点可见，冼夫人在她生活的年代，对岭南的政治、军事、经济、文化各方面都作出了杰出贡献，开创并传下了宝贵的精神文化遗产和光荣传统，树立了传统文化和海洋文化的光辉典范，堪称古代"岭南圣母"，又是古今海上丝绸之路的光辉形象。我们应当承传弘扬冼夫人文化和精神。

二、从新的时代需要的高度研究开发冼夫人文化

（1）建议成立广东省世界冼夫人及俚族后裔联谊会，并在粤西（茂名、湛江、阳江、云浮）四市，分别成立分会，千方百计寻找海外冼夫人及俚族族群后裔的下落，恢复并发展与他们的历史血缘关系。大家都知道，习近平主席2013年出访中亚、东南亚国家，分别提出建设"丝绸之路经济带"和"21世纪海上丝绸之路"（两者简称"一带一路"）。2015年3月，国家发改委等三部委受国务院委托发布《推动共建丝绸之路经济带和21世纪海上丝绸之路的愿景与行动》，其中明确指出广东是"一带一路"特别是21世纪海上丝绸之路建设的排头兵和主力军。马来西亚是东盟国家中与广东交往最密切的国家之一，其他东盟国家也大多如此，与这些沿线国家共建"一带一路"正是我省的使命。所以，这些沿线国家中的冼夫人文化遗存，可充分发挥冼夫人文化在海外的影响，正是进行这项建设的重要渠道和纽带。由此，广东省和粤西各市应当成立海外冼夫人后裔联谊会，以组织行动通过海外华人华侨社团和海外外事单位，千方百计寻找分布海外冼夫人及俚族族群后裔的下落，恢复并发展与他们的历史血缘关系，并注意挖掘冼夫人文化在当地特有的情感积淀和民俗传承，古为今用，洋为中用，使冼夫人文化成为海上丝绸之路沿线国家的亲情纽带、友谊纽带、文化纽带，为建设21世纪海上丝绸之路作出新的贡献，是新的时代需要。

（2）建议省侨办和省侨联协助茂名市，以茂名市为中心，建立世界冼夫人文化博览园，发动海外冼夫人及俚族后裔捐献资料和基金，以广东省海内外冼夫人及俚族后裔联谊会为办事机构，将历史博览、文化交流、商品交易等功能寓于一体，成为世界冼夫人及俚族后裔文化和经贸交流中心。此外，在茂名市滨海新区和电白区，尚可分别建立分园和分会，以更直接的群众活动方式，开展各种节日或联谊活动，使冼夫人文化成为茂名市文化年活动的主要品牌和标志。

（3）建议省民宗委协助茂名市，在高州市冼太庙附近新建一座冼夫人与高凉文化历史博览园，将俚族从百越族中之一族到隋以后高凉郡的千年历史，以及冼氏家族和自北方南下燕国冯氏家族史分别展现，建设成我国唯一的百越族、俚族和反映

民族融合的民族文化博览园。

（4）建议省文化厅指导支持茂名市，将冼夫人文化遗存申报世界非物质文化遗产或记忆文化遗产。

（5）建议成立广东省冼夫人及俚族文化研究会，委托茂名市委宣传部负责组织并指导，与世界冼夫人和俚族后裔联谊会合署办公，与粤西各市社联、职业学院密切合作，主要负责学术论坛的组织和书系编辑出版工作，将冼夫人文化的研究开发工作经常化，不断深入提高学术水平和新的学术档次。

（原载于《广东参事馆员建议》2017年3月13日第18期）

以"天时、地利、人和"理念开拓
冼越文化研究开发领域
——提交"两广三会关于冼越文化座谈会"的书面发言

热烈祝贺"两广三会关于冼越文化座谈会"的召开,并借此机会提出共同开拓冼越文化领域的倡议。这个倡议,是从"天时、地利、人和"的理念考虑的。

所谓"天时",是指时代精神、时代的气息和发展需要。冼夫人的"四个和合"精神(即和合百越、和合汉越、和合南北、和合海内外)、"唯用一好心"的思想核心,其实是百越族时代精神的传承和发展,尤其是她在南北朝至隋朝时期将这种精神发展到高峰,传扬全国和海外。同时,这种精神与传统中华文化和道德观念一致,与社会主义思想道德观念,尤其是民族统一、建设和谐社会的精神要求一致。所以,将冼夫人文化与古越文化和合研究开发,很合"天时",会很有"天气"(历史和时代之气)。

所谓"地利",是指地域的特点和发展优势。百越族是古代从海上登陆栖息开发的民族,除东越、闽越外,南越、骆越、黔越、滇越等,主要沿珠江水系流域栖息开发。自秦汉至隋代近千年时间大都同化、分化或泛化,唯冼夫人所属的俚族是其中分化出来后保持族群文化较完整并发展到海外之族群,并由于冼夫人在梁、陈、隋三代的卓越贡献而将其推向了高峰。所以,至今不仅在粤西、桂南、海南,而且在越南、泰国、新加坡、马来西亚都有其大量文化遗存和后裔承传。这个地域上的历史和现实状况,说明将冼越文化和合研究开发,既是对冼夫人文化之还原和扩展,又是对百越文化的复苏和新的开拓,尤其是将已经升华为一种信仰和崇拜文化的冼夫人,和合于地域文化之中研究开发,既有利于利用并同时更发挥出地域的特点和优势,即根植并发挥"地利",才更有"地气"。

所谓"人和",是指人群、群人之和力、和气。在这里具体是族群民系之和力与和气,主要是指族群的影响力、承传力之力和气。从茂名多年来举办的"冼夫人文化节",尤其是这次举办的"冼夫人文化周"的盛况可以看到,冼夫人的影响力和承传力的力与气都是很大的。但很明显,其中主要因素是对冼夫的人品和贡献的敬仰崇拜情结为重为多，相对而言，族群的影响承传因素较淡较薄。这可能与俚族文化承传因素较少有关，也有冼夫人与冯氏一体的家族影响承传因年代久远而淡化的原因。所以，如能将其与百越族及其后裔文化，以及将冼越两者在省内外、海内外，尤其是"一带一路"沿线地区的遗存和后裔文化和合研究开发，岂不是"人和"之力和气都更大更广吗？如果加之采取组建"互联网"、后裔联谊会、旅游线等方式，密切并持续开展所有冼越文化遗存点与后裔群体的合作交流，其"人和"的伸张力与持续力不是更强更深、更有生命力吗？这样，不就是更有"人气"吗！？

以上说法是我们提出开拓冼越文化领域，以及提出组建"冼越族人后裔联谊会""冼越文化研究会"，创建"冼越文化博览城"，举办"冼越文化节"，编撰"冼越文化书系"等具体建议的理由。应予特别说明的是，和合冼越文化研究开发，并非否定过去冼夫人或百越文化，分别研究开发的成果，也不是否定今后仍应两者分别研究开发的做法和走向，而是试图探索将两者和合之新路，所以才称之为"开拓冼越文化领域"。照我看来，这样做，对于百越文化而言具有复苏重生的意义；对冼夫人文化研究开发而言，则具有扩大深化的作用；对于两广和岭南（珠江）文化研究开发而言，则具有填补族群（岭南最早土著百越族）和江河（珠江流域南江水网）文化学术空白的意义。总体而言，这样做是道路宽广、大有可为的。

（"两广三会关于冼越文化座谈会"于2018年12月30日在茂名"冼夫人文化周"期间举行。由广东省茂名市俚族文化研究会主持，广西壮族自治区骆族文化研究会、广东省珠江文化研究会共办，故称"两广三会"。本文发表于2019年1月3日《茂名日报》，并获2019年上半年度"茂名地方特色文化研究奖"二等奖。）

华人华侨与侨乡文化论

保护开发侨圩楼遗存，开拓研究广侨文化
——台山侨乡文化考察报告

2012年8月下旬，笔者偕同部分参事、馆员和珠江文化学者，再次到台山市考察侨乡文化，在6年前（2006年11月）首次考察的基础上，有两项新的发现，即侨圩楼遗存与广侨文化，认为很有保护、开发和开拓研究的价值和必要，特提交调研报告如下。

一、侨圩楼遗存的文化价值与文化内蕴

在首次考察时，我们已经发现台山有一种独特的侨圩文化遗存。这种遗存的特点是有些乡镇以农村的圩日作为地名，如三八镇、四九镇、五十圩。圩日是南方农村传统的商贸集市开市的日子。而台山的圩集市场及建筑格局大都有西洋文化色彩，而且又大都以这些集市为交汇点与海外交往通商，所以，我们为之取名"侨圩"。

此后，台山市宣传文化部门继续深入调查，陆续有许多新的发现，迄今发现较完整的侨圩遗址达82处之多，而且遍布全市城乡，成为台山一种独特的文化现象。在这次考察时，台山市博物馆提供了详细的《台山侨圩》考察材料，并引领我们到多个侨圩遗址实地考察，由此而有更多更新的史迹和史料发现。

（1）台山的侨圩大都是以侨民和侨资的背景资助兴建。如台城，自明弘治十二年（1499年）新宁县（今台山市）设立以来，一直是台山政府所在地，500多年历史，由老城中心区、西门圩、西宁市组成，占地面积2平方公里。19世纪60年代形成侨乡，以侨居美国和加拿大为主的台山华侨每年汇回家乡的资金达千万美元，丰厚的侨汇使台山的社会购买力明显增强，尤其是1920年我国第一条民建铁路——新宁铁路通车，带来了大量的人流和物流，促进了对外联系的加强和商贸繁

荣发展，带动了侨圩在全县兴起、兴旺。

（2）侨圩的建筑和布局，大都是以骑楼及中西合璧的理念有计划建设、改造而成。如台城是1924—1929年间，台山工务局按《台山物质建设计划书》中制定的改造方案进行全面大规模改造，按中西合璧骑楼式样，在明清县城骨架的基础上建成23条骑楼街段，街道宽阔挺直，四通八达，建筑鳞次栉比，一派洋风气派。圆山圩的建设格局，则是引进西方"集市广场"布局，平面呈长方形，共4墩，设4条街道，每墩留有空地作出入口，中间为农贸广场；汀江圩呈大院式的回字形，水南圩、西廊圩、大同市也如此；其他有的呈正方形，如冈宁圩；有的呈井字形，如公益圩；有的呈门形，如成务市。

（3）侨圩的骑楼建筑，吸取了大量的西方文化元素。在建筑材料上多采用进口水泥、钢筋、彩色玻璃，混凝土结构，西方建筑的柱式、拱券、山花、阳台成为骑楼立面的重要组成部分，构图丰富多彩，且有不同历史时期的地域风格，如文艺复兴、巴洛克、新古典主义等。唯一例外的是庙边圩有5幢传统骑楼商铺是源于中国檐廊式临街建筑。这一方风景，也可说侨圩楼是中西文化合璧的一景。

（4）有的侨圩除骑楼外，尚有以碉楼或洋楼作为圩场的标志性主要建筑。这些标志性建筑大都是银庄或典当性金融中心，或者教堂、宗祠、学校类文化中心，都可说是商务文化性的楼宇，与开平碉楼住家兼防卫为主的性质有所不同，如冈宁圩的冈宁楼，公益圩的公益埠务所、胥山纪念堂，上泽圩的合一堂，成务市的天生堂、学校碉楼等。

（5）侨圩大都设在河岸，大都有港口码头，交通运输方便且商贸发达。而且圩镇之名原来都称为"市"，有的甚至现在仍称为"市"，如冈宁市、西宁市、大同市、成务市等，说明这里自古已有商贸的集市性质，既有本地农村传统圩日集市功能，又有对外通商的港口功能。

（6）侨圩的兴起和改建扩建历史，跨越古代、近代和现代。而且，多是始于中国传统，后以西方理念改建扩建，从而显出贯通中西文化与商贸的功能。例如，冈宁圩始于明嘉靖二十四年（1545）建独冈渡，1927年建冈宁市碉楼而成圩；上泽圩也是始于明代嘉靖年间，民国初年扩建；圆山圩始建于清乾隆年间（1736—1795），1929年重新规划建设；五十圩建于清嘉庆四年（1799），1909年新宁铁路通车时扩建；冲蒌圩兴起于清嘉庆十六年（1811），1909年改建；西廊圩始建于清嘉庆末年，20世纪20年代扩建；公益埠系归侨于清光绪三十二年（1906）创建，水南圩始建于清光绪三十四年（1908），1920年扩建；斗山圩于清光绪年间兴起，1909年作为新宁铁路终点站所在地而扩建；成务市系旅美华侨于清光绪年间创建；庙边圩始建于清光绪元年；汀江圩由海外华侨于1932年创建，由梅、王、曹、江等10多姓侨眷捐资。

从以上这些史迹和史料可以判断：台山的侨圩是中国传统农村圩日集市，又是与海外通商的集市；侨圩都是以骑楼（部分有碉楼、洋楼）建筑为主体，故可称之"侨圩楼"；侨圩及其楼宇大都建在河岸，设有码头或桥头；侨圩楼的历史、功能、建筑，都是中西合璧的，是中西文化融合的载体和生动体现，是台山独特的文化风景。由此，可以用两句话概括其特征："贯通中西古商市，独占鳌头侨圩楼"。前句指侨圩，可谓非物质文化遗产；后句指侨圩楼，可谓物质文化遗产（"独占鳌头"，既是指侨圩楼都有码头之独特风景，又寓台山的侨圩楼文化独领风骚之意）。而侨圩与侨圩楼是两位一体的，所以，侨圩之非物质文化遗产内涵实际寓于作为物质文化遗产的侨圩楼中，故可统称为侨圩楼，以表述其统含两种文化内蕴之意。由此可见其具有双重的历史文化价值和文化内蕴，故而很有保护、开发的必要。

二、开拓研究广侨文化的依据和意义

早在1993年，我们先后在封开发现广信文化、在南雄发现珠玑巷文化，进而研究珠江文化和广府文化。尤其是在2006年11月，我们在考察包括台山在内的五邑侨乡文化进程中，在江门蓬江区良溪村发现后珠玑巷的时候，我们已确定台山属于广府文化带，是广府文化发祥地之一。因为南宋时候，以罗贵为首的36姓氏珠玑巷移民南迁，至良溪开发，并分布广东各地，尤其是在包括台山在内的珠江三角洲一带繁衍，从而进一步发展并形成了广府民系，并形成了以粤语（广州话、广府语）为主语区域的族群文化，即广府文化，从而成为广东三大民系（广府、客家、潮汕）及其文化之一。由此，台山的本土传统文化是广府文化。

我们在发现并为良溪定位为"后珠玑巷"的时候，除了发现罗贵南迁开发珠江三角洲的史迹之外，还发现罗贵南迁族群后裔自明代后持续向海外开拓，尤其是向南洋、美加移民的史实，从而使得珠玑巷体现的移民文化精神，从中原移民岭南进而发展为移民海外，谱写了珠玑巷文化的新篇章。所以，"后珠玑巷"的定位，也意味着广府文化向海外发展，同时也意味着开始吸取海外文化因素，与西方文化结合，并造成广府文化增添华侨侨乡文化的因素和色彩。

2007年10月，我们举办了"良溪：后珠玑巷"文化论坛，与会的海内外专家学者肯定了我们的这个发现和定位，并以大量的资料更广更深地论证了广府人尤其是以台山为主的五邑人移居海外、向海外传播广府文化的同时，又将西方文化融入侨乡文化的史实和论析。据此次论坛论文集中《珠玑巷移民后裔的海外拓殖》（曾祥委、曾汉祥作）一文提供的资料，珠江三角洲及广州方言区近代海外移民逾500万人，其中江门五邑占180万人，台山市占80万人（超过台山市现有人口），分布于世界五大洲78个国家和地区，75%在美洲地区，其中在美国的有40万人，在加拿大的有10万人。据光绪二年（1876）记载，台山在美华侨8万人以上，占全美华侨人数一半；到光绪十六年（1900）达20万人。1953年出版的《台山县志》统计，在全世界华人华侨中台山籍人口仅占1.2%，但在美洲则占1/3，而在美国则占一半。此外，在世界其他各地，如新加坡、巴拿马、多米尼加、特立尼达和多巴哥、秘鲁、巴西、智利、巴哈马、澳大利亚、新西兰、萨摩亚、英国、毛里求斯等都有台山籍华人华侨，而且有一半以上地域占当地华人华侨之多数。这些资料说明，台山是向外传播广府文化、并吸取西方和海洋文化形成侨乡文化，同时又使广府文化与侨乡文化融合，从而形成广侨文化的典型地域。

从历史资料、地方史志、家谱族谱、文艺作品（如：香港电视片《大地恩情》，秦牧的长篇小说《少小离家老大回》《愤怒的海》，杜埃的《风雨太平洋》，陈残云的《热带惊涛录》）中都可找到广侨文化的实证和依据，遍布台山的侨圩楼更是广侨文化的生动载体。所以，提出广侨文化的概念，并为台山作出"广侨文化之乡"的文化定位，其依据是很充分而实在的。

提出这个文化概念的意义在于：从文化学的角度来说具有细化并交叉研究的作用和意义。因为原其所属的广府文化和华侨侨乡文化，均是较大较泛的文化领域，以广侨文化的概念界定，则既可将两者细化，又可将两者在某些地域交融的历史与现实进行确切表述，并可对其内涵的两种文化元素进行交叉结合研究。这是对具体地域文化特质的精确表述，也是对文化领域的新发现、新开拓，并且是研究方法上的创新。

对台山作出"广侨文化之乡"文化定位的文化学意义正在于此，其典型带动意义也在于此。因为类似台山的广侨文化之乡，随着考察研究的步步深化与扩展，会有更多的新发现，如与台山共属的江门五邑各地，以及其他珠江三角洲和粤语区县市，如中山、珠海、佛山、南海、顺德等。当然，各地的广侨文化的主要载体不会完全相同，但文化性质上必是大同小异，如台山的侨圩楼与开平的碉楼就是如此。同时，就广东全省的范围来说，广府民系之外，尚有客家、潮汕两大民系，广府文化之外尚有客家文化、潮汕文化等，也必会有客侨文化、潮侨文化之乡或地域。所以，广侨文化概念的提出和台山的"广侨文化之乡"定位，具有深广的典型带动意义。

三、具体建议

（1）从文化遗存的保护上说，应当将台山的侨圩楼作为非物质文化遗产和物质文化遗产，对其进行双重文化遗产的保护，并将其逐步进行市级、省级、国家级以至世界级文化遗产的申报，以使其得到应有的保护，并弘扬其文化价值与精神。

（2）从文化研究与宣传上说，应当尽速举办学术研讨会，邀请海内外专家对广侨文化及侨圩楼遗存进行研讨，并于会后组织力量进行历史资料研究，编辑出版系列著作，并与大专院校合作，申报科研项目，成立学术基地。同时，应当更深入地考察采访，扩大宣传，运用各种媒体报道，组织创作各种文艺作品，尤其是要下大功夫制作影视专题片或故事片。

（3）从文化开发上说，对文化遗址应当以"在保护中开发、在开发中保护"为方针，对侨圩楼遗址采取认领和承包保护开发的政策，即：由有产权的原屋主后裔认领，无主者由政府面向社会组织招标，由获标者承包保护与开发。开发要统筹规划，要每个侨圩楼都有自身特色，互不雷同，可以增添多种文化元素；但在主体上必须保持原有的特质和风采。

（4）从旅游开发上说，可将全市侨圩楼作为一个旅游项目或一条旅游线路，并将旅游开发与文化开发结合起来，将每个侨圩遗址作为一个旅游景点，由承包者自主经营。在文化内涵与活动方式上，可以在原有特质基础上增添或强化新的内容。如，在冈宁圩及其作为电影《让子弹飞》外景拍摄地，圆山圩及其作为电影《风雨西关》《羊城暗哨》《数风流人物》外景拍摄地，可以增加放映这些影片；在汀江圩等较大圩场遗址，可增设在世界华侨中很有影响的传统文化及其活动项目，如可以将《孙子兵法》《论语》《道德经》《六祖坛经》改编或衍化为可供游人身临其境感受的实体项目——"方阵""迷宫""仙山""禅境"或具有童趣的动漫世界等；还可以运用立体电影的科技手段，或者仿效桂林"刘三姐印象"的做法，以著名作家巴金在 1933 年写台山的散文《机器的诗》为题材，重现当年中国第一条民办铁路——新宁铁路"船载火车"的"机器的诗"景象，既有以艺术形象重现历史光辉的内涵，又有名人文化的元素，并有现代高科技的新奇，还有使人体验历史的感化作用，内涵与功能丰富，韵味无穷。

（5）从弘扬传统文化上说，可以遵循原有的圩日习俗传统，定期举办"侨圩节"或"广侨文化节"，每届有不同的活动中心，集商贸、文化、联谊、旅游于一体；每届商贸集市可以推出一两种台山特产品牌，亦可以每个侨圩以展销不同特产为特色，将商市传统发扬光大。同时，又以传统的返乡省亲习俗，组织海内外乡贤返乡省亲活动，尤其是查访并组织侨圩楼的屋主后裔重返故居活动，以及海外各地台山会馆或宗祠返乡认祖归宗活动，并将这些活动与"侨圩节"活动结合起来，以达到"一节多能"的综合效果。

（6）从拓展文化成果上说，建议省有关部门组织全省性的"侨乡文化节"，由各地轮流举办。从江门开始，将广侨文化作为持续弘扬民系文化与华侨侨乡文化的抓手，由侨乡县市轮流举办。例如，先是台山以"侨圩楼"为主题办广侨文化节，接下来开平以碉楼为主题办节，蓬江区以"后珠玑巷"精神和宗祠文化为主题办节，恩平以"科举文化"为主题办节；进而扩展，在梅州、河源、东莞（凤岗）各地办"客侨文化节"，在潮汕各地办"潮侨文化节"，等等，使广东三大民系文化均有机会在华侨侨乡文化的弘扬中在各地生根开花，同时也使各地的独特文化在全省性的轮"节"中传播海内外。

（原载于《广东参事馆员建议》2012 年 11 月 5 日第 61 期）

客侨文化之乡——东莞凤岗

为贯彻落实《珠江三角洲地区改革发展规划纲要》(下称《纲要》),我组和我会专家最近到东莞市凤岗镇进行了古今文化调研,发现这个早在上世纪80年代先富起来的珠江三角洲乡镇,无论是历史(古)或是现实(今)的文化资源,都甚有特色而深厚丰富,但开拓不够,甚至有的尚未开发,十分可惜。该镇领导已重视这个问题,特请我们前往调研并出谋划策。经实地考察和文案研究之后,我们认为该镇的古今文化实际和开拓方向颇有普遍意义,特作调研报告如下。

一、文化定位及其依据

从古至今,该乡镇居民主要是从北方中原地带的南下移民,其中有广府民系,但以客家民系移民为多。值得注意的是,这些移民在此生息若干代后,又有部分后裔迁移海外谋生,至今在海外的乡籍华人华侨比现在的本乡镇常住人口还多近一半。据此,我们为该镇作出文化定位:"凤岗客侨文化之乡",并且明确提出其文化特色是:"客家第一珠玑巷,岭南独此排屋楼"。这是在整合其古今文化资源,开拓新的文化领域——"客侨文化"的基础上提出来的。具体的内涵和依据是:

(1) 何以称"客侨文化"?该镇在海外的华人华侨主要是客家民系的后裔,以此称谓更具体而确切,这可与其他民系有别,又以此而更有普遍意义。因为世界各地客家民系后裔华人华侨甚多,无论在海外或是在其故乡,古今文化资源均较丰富,故以此新的称谓而将其作为一个新的文化领域去开拓,更有创意和新意。

(2) 何以称"客家第一珠玑巷"?粤北南雄珠玑巷,因位于古代粤赣交通要道——梅岭古道要冲,自古是中原南下移民的中转地,故"珠玑巷"已成中原南下移民源的代名词。从历史资料来看,经珠玑巷南下的移民后裔多数属广府民系,客家民系则多数是从福建、江西经韩江、东江或海岸南迁岭南。东莞凤岗居民的先祖正是如此。据凤岗历史博物馆提供的史料称:最早迁入该镇雁田村的邓氏先祖,是唐朝元和元年（806）从河南南阳迁江西吉水，再经南雄珠玑巷迁入的，此后宋、元、明、清各朝，均有诸多姓氏迁入该地各村定居，迄今全镇共有206个姓氏之多，比经南雄珠玑巷南迁的156个姓氏还多50个，堪称迁入姓氏数量之冠；从清朝嘉庆年间开始，凤岗人陆续出洋谋生，至咸丰年间，作为"契约华工"（俗称"卖猪仔"）迁出海外的更多，遍布世界36个国家和地区，迄今共计31610人，而该镇现有常住人口仅2万余人，可见其"客侨"在世界的分布地之广、与祖籍人口比例之高也是名列前茅的。所以，凤岗堪称"客家第一珠玑巷"。

（3）何以称"岭南独此排屋楼"？凤岗镇虽然面积只有82.5平方公里，但迄今尚存的清末民初时代的炮楼达120多座，与被列为世界文化遗产的开平碉楼功能类似，但风格不同。这里的炮楼大多在建筑上有点洋气而更重客家色彩，大致排列成行，尤其是多数炮楼四邻建有列列排屋，构成炮楼与排屋一体的景观，这是广东各地（无论是广府民系碉楼区，或是客家民系围屋区）罕见的，所以我们视其为炮楼与排屋一体的建筑结构，并为其取名为"排屋楼"。从文化学的角度上说，土楼是客家民居的早期结构；范围特大的围龙屋是客家民居的中期结构；"排屋"与"炮楼"则是客家民系移至滨海地区，与广府文化以至海洋文化有所结合的后期结构。排屋楼的突出特点就是外观开阔、内在连通（尤其是排屋与炮楼连通），从而在建筑文化上，体现了客家民系的移民进化进程，既有传统客家风味，又有广府海外侨风，堪称"客侨文化"的典型建筑，为岭南所独有。

（4）凤岗镇现有外来人口近40万，使这个原有常住人口2万余人的小乡村，一下跃为相当于中等城市的市镇。这些新增人口大都是来自珠江流域各省区的"打工一族"，以及来自香港、澳门、台湾和海外的投资客商。自改革开放以来，进入该镇打工人群流动量大，但留住较长时间者也为数不少，其中多有家属同住，堪称"新客家"。尤有意思的是，现在该镇的排楼屋中，有不少"新客家"居住，似乎重温当年该镇客家先祖初迁入时的移民生活，意味着"新客家"既在承传本地客家先祖的传统文化，又将他们原籍省区的文化传入，为凤岗文化增添新的血液与活力。所以，"客侨文化之乡"的"客"，也包括"新客家"及其文化。外来投资办厂的客商也当属"新客家"成员，尤其是来自台湾的客商，多属客家民系后裔（东莞其他市镇更多），更是名正言顺的客属。由此，称凤岗（以至东莞市）为"客侨文化之乡"更有新的内涵和更广的基础，更有新的时代精神和现实意义。所以，应将该镇的外资企业及其文化纳入本地文化范畴，将现有的广场文化活动固定下来并以更多方式发展，使"新客家"也有自己的文化方式与文化节日，从而与"老客家"更好地和睦共处，既在文化上各显异彩，又相互结合交融，使其逐渐形成一种新型的客侨文化。

（5）凤岗镇有一座很有文化内蕴的古建筑，名为迥龙庵。据新发现的《黄洞迥龙庵石碑》记载，该庵是清乾隆年间重修，捐资者达170多个姓氏；光绪年间又重修，海内外捐资者达683人。这是该镇自古乡邻聚集过节的地方，所以特受历代乡亲重视。此外，尚有义建崇烈堂碑、遗爱堂春祀碑、遗爱堂崇祀碑等文物，记有乡籍华人华侨捐款助学或助乡者姓名，多达7000余人，遍布亚美各国。前些年新建的凤岗历史博物馆和邓氏博物馆，也有许多关于客籍先贤和乡籍华人华侨的历史文物和事迹记载。这些古建筑、石碑、博物馆，可谓凤岗客侨文化的历史缩影，又是当今客侨文化的集粹。近年许多乡籍华人华侨在重返故乡时，必到这些文物景点观光，拾回历史记忆，谱写新的篇章。所以，可以此作为归侨文化中心，以每年元宵节或重阳节为依托，依民俗定个"迥龙节"，作为本地特有的客侨文化节日，届时动员世界各地乡籍华人华侨回乡欢度。

（6）凤岗自古有重教兴学的传统，很早即兴建尊孔尚儒的"文庙"，陆续办了多家书院、文社、书室、学校。其中尤有特点的是清道光年间在广州办的"庆茹书室"，专供凤岗学子赴省城参加科举考试前温读，免费食宿，为其"奋志攀登丹桂"提供良好环境。据查，凤岗在清代出有进士1人，文武举人各1人，文武秀才25人。民国初期各村纷纷办私塾、书室，共57间。新中国成立后也持续重教兴学，改革开放后更以多种措施鼓励学子攻读、上大学。如此优良的教育传统，也应当并正在向新的一代尤其是"新客家"传承和倾斜，必更有一番新的教育文化景象。

（7）清代中叶嘉庆年间，被皇帝亲笔赐题"广东第一才子"的客属大书法家宋湘，成名前曾应邀在凤岗创办"纂香书室"并亲笔题写校名，执教多年，迄今墨迹尚存。也许与宋湘被尊为"岭南三大诗人"有关，他在凤岗任教期间带头兴文办教，也带来一代诗风，使凤岗自嘉庆年间起，兴建"兴贤文社"，作为文化雅集场所，文人学士常在此舞文弄墨，吟诗作对，每当节日盛会还免费招待吃饭。由此使凤岗自古有诗文风尚，迄今不绝，每年均有各种文艺比赛，笔会不停。如能以此风的首创者——宋湘大师为旗号，统办各项文坛赛事，冠以"宋湘大奖"立项，会更有本地文化特色，也有助于整合古今客侨文化。

（8）凤岗是著名象棋大师杨官璘的出生地，他自幼在此长大，成名后多次返回故乡，家乡人以他为荣，也因此使凤岗人特爱象棋。尤其是在他生前，凤岗镇曾多次举办"杨官璘杯"象棋邀请赛，蜚声国内外，刮起了象棋旋风，造就了凤岗特有的象棋文化氛围，对凤岗的文化建设起到很大促进作用。希望此风长盛不衰，延年连代，作为凤岗的一块永恒的文化品牌。

（9）凤岗镇位于东莞市东南，与深圳市、惠州市接壤，贯串三市的观澜河—石马河流经凤岗10公里，全镇属丘陵地带，有山有水，自然环境良好；改革开放以来，该镇着重发展电子信息和服装制作产业，污染较少而有现代文化内涵：加之丰富多彩的古今人文资源，更是营造了善业宜居的好环境。该镇现已规划建设"一河两岸"净化、绿化工程，并建设12.5平方公里的生态文化园，将其建设为具有生态运动康健区、综合娱乐服务区、生态农业体验区、自然生态保护区、爱情主题景观区等功能的观光休闲文化区，使"客侨文化之乡"在具有"客"味、"侨"味的同时，又具有原始的、古朴的、现代的文化风韵，是很实在而有远见的。

二、对文化界具有普遍意义的几点启示和建议

（1）在贯彻《纲要》要求，促使珠江三角洲"同城化"的措施中，如何发挥文化引领作用？在"双转移"中如何发展文化产业和文化创意产业？这是珠江三角洲各市，以至我省各地普遍关注的问题。东莞市凤岗镇以整合本地古今文化资源，打造自身特色文化品牌而发挥文化引领作用、发展创意文化产业的理念和做法，是值得借鉴和推介的。另外，珠江三角洲地区与世界经济联系特别密切，在当今世界经济一体化趋势日渐明显的情况下，每个国家、每个民族、每个地区，如何保持并发挥自身文化特色与优势，是当今世界政要和学者特别关注的重大课题。正如美国学者基辛所说："文化的歧异多端是一项极其重要的人类资源。一旦去除了文化间的差异，出现了一个一致的世界文化……就可能会剥夺了人类一切智慧和理想的源泉，以及充满分歧与选择的各种可能性。……去除了人类的多样性，可能到最后会付出持续的意想不到的代价。"东莞市凤岗镇整合古今文化资源，打造自身特色文化的做法，正为这一重大课题提交了值得推荐的答卷。

（2）确切地说，不仅凤岗属"客侨文化"区域，东莞市还有些乡镇也属这种文化区域。此外，我省梅州、河源等地客家民系，历代迁移海外的侨民也很多，同样分布世界各国，应当同属客侨文化地区。这些地区的文化，与江门、中山、珠海等广府民系的侨乡文化明显不同。这说明我们提出"客侨文化"的名称和概念，将其作为一个文化领域去开拓，是很有实际依据并天地广阔的。鉴于梅州已亮出"世界客都"的品牌，河源正在打造"南越王"赵佗开创的"客家古邑"文化，唯东莞市迄今尚未打出自身文化品牌，我们特建议东莞市领导，可以从凤岗做起，将"中国客侨文化之乡"作为全市的品牌。这样做，不仅是打造自身独特的文化品牌，而且会起到更积极而广泛地团结海内外客属及其后裔的重大作用，在学术上也具有将客家文化研究推上细化的新台阶、开拓新领域的意义。如有此意向，我们可协助筹办具体事宜，促成此事。

（3）"打工一族"和海外客商遍布珠江三角洲地区各市，为广东改革开放作出了不可磨灭的贡献。这族人群，不仅在经济和文化上为珠江三角洲输入了新的血液与活力，而且在人口上也大大改变了许多市镇的数量和结构。在东莞市尤其如此，凤岗还不是最突出的，但却是最注意这族人群的，为其名以"新客家"称谓，颇有客家人的气度和感情，移民不分先后，客属新老是一家。所以，凤岗将"新客家"及其文化列入本乡镇人口和文化的组成部分，以多种方式沟通交流，共造和谐社会，是值得倡导的。这在东莞全市和珠江三角洲各市均有普遍意义。如果东莞市有意打造"客侨文化"，我们希望也能将"新客家"文化纳入其中，这会使其内容更丰富，更有时代精神和地方色彩。

（4）凤岗特有的排屋楼，既与开平、台山等广府民系地区的碉楼不同，也与客家民系地区的土楼、围龙屋有异，有其独特的建筑风格，也有其独具的历史时代文化内涵，应当作为一项独特的文化遗产，呈报申请市级、省级、国家级以至世界级文化遗产。希望东莞市和省文化厅予以重视和支持。

（5）凤岗以宋湘、杨官璘等本地文化名人为品牌打造文化，发挥名人文化效应，是很有岭南文化传统特色的。早在民主革命时期，广东率先以名人命名学校或地名，如中山大学、中山县、中山路、仲恺农校、执信中学、仲元中学等。显然，这也是整合古今文化资源、打造特色文化的一种有效方式。我省各地均有本地的文化名人，大可借鉴这种理念和做法，充分利用本地文化资源，打造独具自身特色的品牌文化。

（6）凤岗结合本身的自然环境和古今文化资源，建设具有客侨特色的善业宜居环境和生态文化园，以此作为发挥文化引领作用、突破发展文化产业和创意产业的瓶颈的措施，是实际可行的、有远见的、值得推广借鉴的。这项举措，也是使"客侨文化之乡"得以持续发展、具有无穷生命力的关键所在，必须高度重视，认真做好科学的规划和策划。

2009 年 6 月

关于华人华侨文化的新发现、新观念、新形象与开拓的新思路
——江门市"一带一路"文化调研报告

日前笔者在应邀到江门市作关于"一带一路"倡议报告的前后,从这一倡议的高度对江门"一带一路"文化进行了考察,有了新发现、新观念,并有开拓的新思路,特提交调研报告如下。

一、新发现:广府人出海始发港——台山广海湾

笔者通过网上搜索,在华人华侨相关资料中发现了下列史料信息:在澳大利亚亚拉腊市淘金地有座铜像,其碑文中有这样的一段话:"我们向阿拉雷特市(今亚拉腊市)的创建者致以崇高的敬意。1857年,一支700人的中国淘金队伍,从中国珠江流域南部的广东四邑地区出发,4月抵达澳大利亚国。他们用扁担挑着全部财产,头戴苦力帽,辫子盘在头顶……"(下称"亚拉腊市碑文")碑文上还记载着:这段时间出国的契约华工约有300万人,占广东各口岸出去的华工总数七成以上。

从这段史料信息可见,当时(1857年)这700人的淘金队伍,是从"四邑地区出发"的。而这支队伍是从什么港口出发的呢?碑文未记,又缺史料。由此,笔者曾进行多方考察,迄今尚未有结果。然而,从这段碑文提供的史料看来,是可以据此为指引作出正确判断的。碑文已明确了是"四邑地区出发",并说明开始是"700人的淘金队伍"。这么大的一批队伍出国,是必须经过官方办证,而且必须是在四邑海边最大港口出发的。

那么,四邑地区在1857年具有官方办证机构的最大港口是哪里呢?显然就是台山的广海湾。根据史料和实地考察,完全可以作出该港口是这批700人淘金队伍出发港的判断,从而可以为台山广海湾作出"广府华人华侨出海始发港"的文化定位。

首先从史料来说,早在南北朝时期,北燕被北魏所灭,其末代国君冯弘逃往高

丽，遣其子冯业乘船沿海南下，在广海湾登岸，归顺南朝刘宋朝廷。后冯业之孙冯宝与俚族首领冼英成亲，对统一岭南起到重要作用。隋代，冼英被封为谯国夫人，俗称冼太、冼夫人。此外，有史料称，南北朝时期先后在广州建光孝寺、在曲江建南华寺的印度和尚智药三藏，开始是在台山广海湾登岸进入中国大陆的，登岸时还在广海湾种下菩提树。再就是宋元海上崖门大战时，广海湾也是两军争夺要地。据地方志记载，从宋至明清时期，在广海湾设有巡检司，相当于海湾管理机构。可见，广海湾自古就是南海的重要港湾，是海内外交通和通商的要津，也即是海上丝绸之路的重要古港。从现有网上资料可见，广海湾的赤溪凼家冲是客家人迁移海外的出发站之一，也当是广府人出海的始发港之一。

在发现上述史料后，笔者亲到广海湾，考察了原广海卫城址所在地，寻找古港口遗迹，了解历代海岸变迁情况，查看尚存的明代古城墙，并来到海永无波公园，考察了这里的"海永无波"摩崖石刻和烽火台。这些实体文化遗存更实在地证实了广海湾的重大历史价值和"广府人出海始发港"的文化定位。

当然，碑文记载的这批到澳大利亚淘金的华工，并不是最早出海的广府人。据有关史料称，明代已有包括四邑在内的广府人出海；就清代而言，在18世纪初西方兴起开发美洲（尤其是美国独立后），以台山为主的四邑人出海赴美的人不可胜数。这些华工在美国开金矿、建铁路，成了美洲真正的开拓者。18世纪中叶，在澳大利亚等地又发现了新金矿，又掀起新的采金热，从而称美国三藩市为"旧金山"，称澳大利亚墨尔本为"新金山"。碑文所记的首批700名华工，就是这新金潮的"弄潮儿"，是后继出海的广东300万淘金大军的"领头羊"。

虽然这碑文记载的不是广府人最早的出海事件，但其竖立及其历史内涵却是具有开创性的里程碑意义的。因为到现在为止，除这块纪念碑之外，尚未见到同类的碑文记载资料，也即是说，这是迄今所见的华人华侨所在国为华工所立的第一块纪念碑，是第一块记载"从中国珠江流域南部的广东四邑地区出发"的淘金队伍，并称其为该市的"创建者"而向其"致以崇高敬意"碑文的纪念碑。

与这块纪念碑有异曲同工意义的是：2013年10月联合国教科文组织在梅州市松口镇竖立的中国移民纪念碑。这个纪念碑是联合国教科文组织发起的"印度洋之路"项目而树立的纪念标志。这个项目旨在促进散居于世界各地的华人之间的联系，探讨印度洋岛屿起源的历史与文化的丰富内涵，并在移民原籍国建设不朽的艺术作品作为纪念。2004年以来已在马达加斯加的多菲内、留尼汪的圣保罗、莫桑比克、毛里求斯岛、科摩罗的马约特、印度的本地治里等六地建设这个项目的移民纪念广场。项目的发起者为纪念19—20世纪离开中国前往印度洋群岛的中国人（主要是客家人），经认真研究，确定选择梅州松口作为客家人移居海外的原乡，建设"中国移民纪念广场"，也即是在此竖立"印度洋之路"的第七块纪念碑。因此，可以说这座移民广场是中国客家人移民"印度洋之路第一港"的光辉标志。从松口的世界客侨移民展览馆展示的资料中看到，竖有另外六块移民纪念碑的六个印度洋国家，大都有中国客家人移民开拓的史迹，而且又都有他们始终保持与故国家乡密切往来的印记，有的投资祖国各地或家乡建设，有的经常回国探亲访友，有的促进或带动所在国民间及政府与中国及故乡的经济、文化、友好交流。"印度洋之路"项目实际上也主要是靠这些移民后裔促进和带动的。据此，笔者在2014年12月到松口实地考察时，为松口作出了"客家人出海第一港"，同时又是"印度洋海上丝绸之路始发港"的文化定位。

对于从亚拉腊市纪念碑文而找出的台山广海湾，并对其作出"广府人出海始发港"、同时又是"太平洋海上丝绸之路始发港之一"的文化定位，也是同样道理，都是对华人华侨文化的新发现。

二、新观念：对于华人华侨文化的性质和贡献的新视野

亚拉腊市碑文不仅为我们提供了发现广海湾是"广府人出海始发港"的线索和依据，更为重要的是打开了认识华人华侨文化的性质和贡献的新视野，同时有助于改变旧观念，树立新观念。

一是对于华人华侨是主动出海还是被迫出海的性质问题。按旧观念他们都是完全被迫的，不是主动的，理由是"卖猪仔"（即签约华工）就是被迫、被动的。当时这些华工多数因穷困所迫而签约出海是事实，但这只是出海的一种方式或途径，不是全都如此。总体而言，广东人"下南洋"是谋求新的生路和发展，实质上是主动的。从江门五邑来说，最早的出海华工是在明代，当时尚未有淘金热，未有"卖猪仔"，从明至清末民初都是自发出海谋生为多。值得注意的是，从笔者十年前在江门蓬江区良溪村发现后珠玑巷的事实来看，开发珠江三角洲的珠玑巷移民，自宋代罗贵率领36姓氏南迁至此，到明代其后裔移居海外，一直都是承传着主动开拓进取精神的。笔者在这次考察中，在潮连岛又发现了许多是珠玑巷南下的移民后

裔，又主动迁出海外发展的姓氏家族，所以又为其定位"后珠玑岛"，主要是肯定其开拓进取精神的承传发展。亚拉腊市碑文所写这批华工"用扁担挑着全部财产，头戴苦力帽，辫子盘在头顶"的神态，不正是以一种"豁出去"的大无畏气派而体现出这种精神么？所以，依据这些事实，我们完全可以改变被动的旧观念，树立主动的新观念，对华人华侨出海的性质作出新的界定。

二是对于华人华侨出海究竟只是纯粹的移民还是开拓创业的性质问题。旧观念认为华工移民只是"卖猪仔"打工谋生，谈不上什么开拓创业。而亚拉腊市碑文却清清楚楚写着，这批华工是亚拉腊市的"创建者"，故专门为他们立碑"致以崇高的敬意"。可见在华工的所在国看来，他们是建国建市的开拓创业的功臣。这碑文以新的视野，改变了旧观念，树立了新观念，充分地肯定中国移民出海创业的伟大功迹和开拓意义。在这次考察中，笔者更深切地了解到，早在开创亚拉腊市的华工出海之前，已有大批四邑尤其是台山华工赴美国，开发金山（后称"旧金山"），修建从东至西穿过美国腹部沙漠地区的铁路，有的在南洋一带创建橡胶园、酱园、茶园等。而几乎在同一个时候，西方国家却是在全世界到处霸占殖民地，称美洲是他们发现的新大陆，自称是开拓者。然而，历史终究是人民写的。当时赴美洲、下南洋的华工，才是这些国家真正的开拓者、创业者之一。

三是对于华工移民在海外的创造价值和性质如何论定的问题。历来观念认为他们只是打工谋生而已，谈不上高层次的经济文化价值和贡献。亚拉腊市碑文鲜明地指出他们是"淘金队伍"，而且是为建市作出贡献的来自中国的移民者。这就明确了这批队伍具有经济、建市、来自海上移民等性质和价值，也即是说他们的移民行为和由此开始进行的劳动及其效果，都是在经济上、政治上、文化上有高度意义的，或者说是具有海上丝绸之路的价值和性质的。因为海上丝绸之路自古是中国与海外诸国经济、政治、文化交流和人民友好往来的交通线。亚拉腊市碑文所记载的这批华工的行为，就具有开拓这条交通线的性质和意义。历史事实正是如此。遍布世界的华人华侨，都是从海上丝绸之路出海并与祖国保持频繁的多种交流来的。所以，华人华侨之路也即是海上丝绸之路中一条重要之路。这也是一种新视野、新观念。

三、新形象：对华人华侨身份和侨乡文化的新定位

最近在北京举行的有 3000 人参加的"世界华人华侨工商大会"上，李克强总理提出华人华侨要"创造新形象"，"要为所在地贡献自己的智慧和力量"。这个号召，提出了华人华侨身份的新定位问题。这个问题包括华人华侨自身和社会如何看待两个方面：华人华侨如何"创造新形象"？社会上应如何看待华人华侨的"新形象"？笔者认为，就是要改变旧的意识，重新认识和创造自身的身份和价值，并作出新的定位。

首先，要摆正身份，改变过去移民"过客"意识，坚定自身是所在国主人之一的信念，全心全意为所在国贡献自身智慧和力量。事实上自古以来，大多数华人华侨都是这样做的，亚拉腊市碑文对华工"挑着全部家产"投入的描写和对其作为建市功臣的肯定（也即是对华工作为建市主人的肯定），就充分证实了这一点。只是各国情况不同，时代不同，有诸多政治经济文化因素和种族歧视因素，造成华人华侨常常面对各种困境和不稳定因素，直至现在仍屡见不鲜。但就华人华侨本身而言，既要注意自身安全防范，又要不忘以主人的身份建业守业。

其次，以自身的努力和贡献改变华人华侨在所在国"二等公民"和受歧视、排斥的地位，以自信、自力、自强创造的业绩，为所在国以至全世界作出的贡献"创造新形象"。从社会（包括国际社会、所在国和中国社会）而言，也当以新观念对华人华侨作出新定位，充分肯定其作出的贡献。亚拉腊市纪念碑、联合国在松口竖立的移民纪念碑，就是这样做的实例。

最后，从世界视野看未来，华人华侨的贡献是极其显著并无处不有的。天下有阳光的地方都有中国人，都有中国人作出的贡献。最明显的是华人华侨是中外交往的使者，也是全球国际交往的使者，是全球海陆丝绸之路的开拓者和领路人；他们在许多国家安家立业，聚族群居，由此而使这些国家形成了新的族群；由于有华人族群的国家遍世界，从而使世界增添了一个华人族群；又由华人族群大都保持较多的中华传统文化元素，并与所在国文化交流结合，从而形成了新的华人华侨文化形态，使世界文化之林增添新的成员；再由于华人华侨多保持和通用原籍的母语，尤其是广府人的粤语通行世界，从而又为世界增添了新的通行语种。如此等等，都说明华人华侨及其文化，是一种世界性的族群及其文化，是遍布世界、为世界作出独

特贡献的一种族群及其文化。这也即是华人华侨"新形象"的重要内涵。

由此，应当将华人华侨文化和侨乡文化两个概念作出明确的区别：海外的是华人华侨文化，国内的应称侨乡文化。不应将两者混淆。前者是华人华侨投入所在国的生活并与其本国文化结合的一种文化，后者是华人华侨的本根本土文化。这个区别定位也是创造华人华侨"新形象"的必然要求。如果将两者混淆，势必会削弱华侨文化的世界性地位和意义，也不利于更好地发挥华人华侨对侨乡文化建设的支持作用。

四、开拓的新思路：从"一带一路"倡议的新高度

从上述"新发现""新观念""新形象"看来，对华人华侨文化的开拓，也应当以新高度而开拓新思路，投入国家"一带一路"建设和倡议。具体建议如下：

（1）以新高度和新思路开发建设台山广海湾。广海湾距澳门48海里，离香港87海里，距国际航道12海里，是具有独特的自然地理和人文历史条件和优势。1924年，孙中山先生签署大元帅令，批准筹办铜鼓商埠。1992年，广海湾成为广东省人民政府批准的第一个华侨投资开发试验区。2007年7月，经国家发改委批准易名为台山广海湾工业园区，是江门市现代和当代重要的出海港湾。现在恰逢建设21世纪海上丝绸之路的重大机遇，国家发改委、外交部、商业部共同发布的《推动共建丝绸之路经济带和21世纪海上丝绸之路的愿景与行动》中指出，打造粤港澳大湾区，发挥海外侨胞以及香港、澳门特别行政区独特优势作用，积极参与和助力"一带一路"建设。应以此为新高度和新思路，对广海湾进行升格开发建设。具体是以其为中心，建立珠江口西翼江海经济带，对海外华人华侨投资或交流实行类似自贸区的优惠政策，与粤港澳大湾区和广东自贸区建设规划对接，并以此带动整个江门市作为"一带一路"的世界华人华侨海上交流中心枢纽，纳入国家"一带一路"倡议，成为历史与现代对接的枢纽，海内外对接的枢纽，南沙、前海、横琴与粤西、阳江、湛江对接的中转站和枢纽中心。

（2）利用广海湾是"广府人出海第一港"的新发现，采取举办学术研讨会、交流会、恳亲会等方式，迅速地进行深入的论证和广泛宣传，达到世界广府华人华侨莫不知晓的地步，使他们从中找到长年飘扬过海的梦境和艰辛创业的始发地的亮点，并且在广海卫旧城遗址或海湾公园竖立类似亚拉腊市的纪念碑，作为华人华侨

梦境的寄托和载体,召唤和吸引他们更多地回乡圆梦并引进更多更大投资建设,促进把江门建设成为既古老而又新型的"世界广府侨都",将历史的广海与21世纪世界级广海湾港湾区建设结合起来。

(3)利用上川岛已列入广东省"一带一路"重点项目中的海边旅游点的大好时机,将全市的旅游点以"侨乡世界"的理念整合开发,使全市构成为一个整体,以独有的丰富多彩的侨乡特色享誉世界。同时,以"走出去"的理念,开辟"世界侨乡"游的旅游线路,引导国人到世界各地了解华人华侨在异国他乡的生活,也可以使从未回过祖国的华人华侨新生代对故乡人有所接触和了解,相互增进友谊,承传传统关系,使旅游也成为"一带一路"的一条纽带和线路。由此,江门可以共建旅游经济文化带的项目,将世界有华人华侨聚居的地方串连起来,如美国的曼哈顿、三藩市、夏威夷,以及新加坡、澳大利亚等,以大洲或大洋走向而分线路,既以此将中国人引入全球的世界侨乡,又将海外人引入中国的侨乡世界——江门。这是新开辟的21世纪海上丝绸之路的旅游文化项目,是在全球高度上建设"侨乡世界,世界侨乡",应当大力去做。

(4)发扬华人华侨主动走出海外开拓创业精神,应当在继续"请进来"的同时,争取更多的机会"走出外"。这不仅是出外考察,而是更多地出外交流合作,充分运用本地独特的文化资源,尤其是历史上曾输出国外并生根开花的文化资源,作为重新恢复合作和交流的纽带,是更为重要而可行的举措。例如,江门四邑是粤剧、舞狮舞龙和武术之乡,都传出海外并发展成影响世界的新流派(如武术大师李小龙),江门应当"走出去",加强合作交流;一些生产特产产品的企业也应当到海外去创办或合办。这种民间的经济文化交流,是极其宽广而无穷无尽的"一带一路"。

(5)应注意到世界华人华侨和国内的侨乡,都是有民系性、地域性、氏族性,由此在共性中各有个性,应区分广府、客家、潮汕等民系,五邑、兴梅、潮汕等地域,赵、陈、张、王、何等姓氏,从其民系性、地域性、氏族性的结合或融合的特质中予以文化定位,如广侨文化、客侨文化、潮侨文化等。并以该"三性"在海外的载体(会馆、同乡会等)的联结纽带关系,持续并开拓更多的"一带一路"。如能这样做,势必创造出"一带一路"遍世界的大好局面。江门是最有能量这样做的。此外,江门还应着力打造"广侨文化"'牌,举办国际性的学术研讨会论证和宣传这一强品牌,成立广侨文化研究机构和社团,使江门五邑能以广府文化和华侨文化结合为特色而独树一帜，在海内外发挥独特的作用和影响，使江门成为世界海上华人华侨之路的新枢纽。

（6）建议江门市尽早组织"一带一路"广侨文化交流团，到海外所有广侨乡亲后裔所在的国家、地区，尤其是澳大利亚、旧金山、南洋等地，与各种华侨社团建立联系机制，重接历史交流之路，开拓新的交流之路。交流团成员应包括各相关部门及各界人士，尤其是与海外侨领有亲属关系的人士。

（7）建议组建江门海外广侨联谊会，每两年举办一次世界性的广侨大会和广侨经贸文化论坛，成立专门办事机构，促进江门五邑分布于世界各地的华人华侨（尤其是新生代）建立密切关系，形成合作纽带，与各所在地建立全方位的交流合作关系，包括经济带、科技带、文化带、旅游带的建设等，以而使江门成为"一带一路"的枢纽中心。

（8）举办"广侨文化节"，由江门市办首届之后，由其所属各县区轮流举办，一年或两年一届。以群众性、经常性的文化和联谊活动，使广侨文化深入社会各个层面，成为精神与物质的交流纽带，使节日活动也成为"一带一路"的中心枢纽。

2015 年 8 月 2 日

"一带一路"与海洋文化论

徐闻——西汉海上丝绸之路始发港

最近,我受省政府参事室、文史馆和广东珠江文化研究会的委托,率领由著名的文史学家、地理学家、海洋学家、语言学家、文化学家、作家和记者组成的海上丝绸之路考察团,到湛江市尤其是徐闻县、雷州市进行了调查研究,从有关历史资料和现场考察,得出了中国海上丝绸之路的最早出口港是雷州半岛的徐闻的结论,初步协调了延续多年的徐闻与雷州之间的争议,匡正了迄今国内外学术界误认为福建泉州是"最早始发港"的说法,将这一说法所论定的中国海上丝绸之路的开始时间推前了1000多年,进一步认识到以现代文化意识指导经济和旅游开发的重要性和迫切性,并且就此项考察成果提出了大力宣传和开发海上丝绸之路的具体建议。

一、考察的起因

据《汉书·地理志》记载,中国出口船舶"自日南障塞、徐闻、合浦"开航。这是有关海上丝绸之路最早的记载。其实,在此之前,民间早已开辟了这条通道,而且数千年来历久不衰。这是中外经贸和文化交流史上辉煌的一页,其影响和作用并不亚于陆上丝绸之路。这一记载也明确指出:海上丝绸之路最早的出口港是我省的徐闻。《唐元和郡县志》记:"汉置左右候官在徐闻县南七里,积货物于此,备其所求以交易有利,故谚曰:欲拔贫,诣徐闻。"郭沫若主编的《中国史稿》也说:"从中国的高州合浦郡徐闻县(今广东徐闻县西)乘船去缅甸的海路交通,也早在西汉时期已开辟。""那时,海路交通的重要都会是番禺(即今广州),船舶的出发点则是合浦郡的徐闻县。"可见史书早已指出徐闻是海上丝绸之路最早出口港的历史事实。

但是,由于历史郡县治地及名称常有变动,历史上徐闻曾属合浦郡,致使徐闻、合浦是一个出口港或者是两个不同出口港也成了问题;而徐闻古港之所在地是今日的徐闻,还是在今日的雷州市,也有争议。这两个争议点长期得不到充分的依据论证,一直悬而未决,以至未能予以宣传、开发。

福建的泉州则较早地发现并发挥自身的优势,早在20世纪80年代中期即大力宣传和开发从南宋时期开始的海上丝绸之路始发港的优势,召开了多次专家论证会,邀请国内外学者参加,获得了联合国教科文组织的承认和支持,并直接与当年丝绸之路通商国开展商务和旅游往来,取得了良好的社会影响和经济效益。这样,也就在社会效应上,进一步掩盖了广东的徐闻是中国海上丝绸之路最早出口港的历史真相。

更为奇怪的是:最近(2000年5月25日)《羊城晚报》广州新闻版,以头条通栏位置报道广州兴建海上丝绸之路博物馆的消息中,只字不提徐闻是中国海上丝绸之路最早出口港的历史事实,而且在同时发表的南宋时期海上丝绸之路示意图中也未标出徐闻之地名。这个遗误,即使是出于无意,也表明我们的学者和媒体对我省的历史文化资源认识不够,重视不够。这样,更促使我们提早进行这次考察。

我国即将加入世界贸易组织。广东应抓住这一机遇,弘扬中华民族祖先走向世界的优良传统,弘扬丝绸之路的精神,利用和发挥这笔历史和文化财富,特别是为弘扬广东的珠江文化与海洋文化自古交融的传统和精神,为增创新优势,率先实现现代化提供咨询意见,作为政府发展经济、外贸、文化、旅游业的参考。

二、考察的共识

根据现有文献和现场调查研究,考察团在下列问题上取得了比较一致的共识:

(1)中国海上丝绸之路最早的始发港位于何地的问题。据历史记载,公元前219—前210年,秦始皇为求长生不老药,曾遣方士徐福率童男童女和百工等数千,东渡日本。这是有文字记载的中国人首次航海,据考证其出发地是在今连云港(即秦时的琅琊郡古朐港)。但这件事传说成分居多,即使是史实,这次出航也并非"丝绸之路"之始,而且是有去无回的"单程"出港。而《汉书·地理志》的"粤地"条中记的"自日南障塞,徐闻、合浦"出航的时间,是在汉武帝平定岭南之时。显然,徐闻是有文字记载的最早始发港之一。广州是不是最早的始发港呢?已故的著名地理学家徐俊鸣教授在《岭南历史地理论集》中作出了科学的说法:"秦汉时代,番禺的对内交通已经打通,……广州附近地区的经济逐渐发展起来,同时这里的海上交通和贸易也得到一定程度的发展。但当时由于航海知识和造船技术的限制，广州未能与海外诸国直接通航，所以汉代从南海出航的地点不在番禺（广州的前身），而在徐闻（汉代县治位于雷州半岛南端，琼中海峡中部偏西的海边）、合浦（汉代郡治，在今合浦县东北）、日南（汉代郡治，在今越南广治省广治河与甘露河合流处）等地。"徐教授还进一步指出："虽然当时的出航地点在徐闻、合浦等地，然其进口物仍多集散于番禺（广州）"。又说："中国史书，在东吴以前，凡通西南海上西蕃史事，常说某国在徐闻、合浦、日南以南若干里；但从两晋南北朝起，则常称去广州若干里。从这里我们可以看出，晋代以前，广州未能与外国直接通航，徐闻、合浦、日南是南海市舶冲要，晋代以后，广州已能直航外国，成为通往海外诸蕃的主要港口了。"由此可见，称徐闻为中国海上丝绸之路最早的始发港，是适当的。

（2）广州与福建泉州在海上丝绸之路历史上的地位问题。对此，徐俊鸣教授也在同部著作中作出了论述："北宋以来，广州、明州、泉州为我国三大贸易港，其中以广州对外贸易为最盛。到了南宋，由于泉州靠近当时的京城杭州，外来货物运往杭州较广州方便，……这样就使泉州港扶摇直上。到了宋末，泉州已凌驾广州之上，成为当时我国最重要的港口。"他又指出："由于泉州自元末以来遭受战争破坏，加以港口日渐淤塞，明廷又采取限制对外贸易的措施，规定泉州仅对琉球等地进行贸易，因此自明代起，泉州港便逐渐衰落下去；相反，却规定广州与之贸易的国家较多。据《明会典》载，经由广州领取'勘合'（准许证），亦即由广州登陆入京的有十五国，……其后，又封闭了泉州和宁波两港，独留广州对外贸易，故《明会典》载：'市舶提举司，后福建、浙江俱革，今（万历）止存广东司。'""清康熙二十四年（1685年），因台湾已经平定，清政府就在江苏的云台山（今镇江附近）、浙江的宁波、福建的漳州和广东的广州分设四个海关，仍如明制；对外施行有限制性的贸易，……至乾隆二十二年（1757年）封闭了江、浙、闽三海关，独留粤海关（广州）为唯一的对外贸易口岸，历时八十多年，广州遂成为全国唯一的对外贸易港口。"从这些论述可见，广州在海上丝绸之路上的历史比泉州早得多，而且持续的时间长得多；而徐闻港的历史更比泉州港早千年以上。

（3）古徐闻港在今天的徐闻县的依据。在前面引用的《唐元和郡县志》和徐俊鸣教授的论述中，已明确指出古徐闻港即在今徐闻县海边偏西地方。这个地方叫讨网村，古名土旺村，即徐闻的五里乡二桥、仕尾一带。从现场考察看来，这一带不仅正如史书所说的是"县南七里",而且前些年在这里发掘出汉墓群,发现大量的汉砖汉瓦,有古县城遗址。特别值得注意的是这里的地势是一个天然良港,正南海中800～1200米处有海岛头墩、二墩、三墩,对着二桥、仕尾,呈V形港湾,构成天然屏障的格局,被古人誉为"瀛岛联璧",加之三个墩均有泉井,显然是为船只远航前加淡水之用。头墩尚遗有古墙基和古树。这些遗址和地理形势,说明这一地带是汉代古徐闻港的依据是较为充分的。

(4) 如何看待雷州市所提出的争论问题。自明代以来,对古徐闻港是在今徐闻县还是在今雷州市,同时对汉代的徐闻县治到底是在今徐闻县还是在今雷州市,一直存有两种说法。今雷州市的南渡河出海口处,也是一个天然良港;河两岸的"东洋""西洋"广袤地带和地名,也说明这一带原是海洋;附近有大量的陶瓷出土和瓷窑遗址的发现,也说明这里是陶瓷出口地,是古徐闻港的完善和发展之所在。但是,从地理位置上看,雷州市在雷州半岛中部和东部,按汉代时沿海远航的条件,即使船泊从雷州港出发,也得经过古徐闻港之后才能真正出海。另外还要看到:汉代时的航海业刚刚起步,不可能有完善的航海条件,也不会有今天那样完善的港口,而且,开始航海是群众自发的,是零散的,只要是适合于出航或停航的地方,都可作为出海港,要待相当成熟之后才会得到官方的确认和利用。因此,很可能在汉代的雷州半岛有许多被群众自发发现和利用的出海港,汉代时整个雷州半岛都称为徐闻(隋以后才有雷州府),从而可以认为当时整个雷州半岛(包括今天的徐闻、雷州、遂溪)的海港都属古徐闻港,即"大徐闻"的概念。这个共识,得到了徐闻、雷州两地的领导和专家所接受,也得到湛江市有关部门的领导和专家的认同,并表示在这基础上继续研究,暂搁争议,共同利用和开发这笔历史和文化财富。

(5) 通过这次考察,考察团的成员和湛江市、徐闻县、雷州市的各级领导和有关部门的负责人,都认识到考察的目的不仅在于发现了什么或明确了什么,不仅在于协调了历史的争议和匡正了多年的误传,更主要是在于找到了历史与现实的契合点,找到了历史文化价值与现实文化和建设价值的统一所在,明确了以现代文化意识和方式去利用、开发、建设历史文化资源的重要性和迫切性,并都表示要及时地采取行动,制定规划,付诸实施,迅速开发。

三、开发的建议

海上丝绸之路是我省宝贵的历史文化遗产。海外乃至联合国教科文组织对这一历史文化遗产的开发和利用都十分关注。正因为如此，我们的这次考察引起了社会各界的高度重视。《人民日报》《西南商报》《南方日报》《羊城晚报》《广州日报》《湛江日报》《湛江晚报》以及湛江电视台、广东电视台均作了详细报道，尤其《南方日报》连续地、突出地报道了考察过程、成果和意义，影响甚大。新华社也发表了消息。为进一步利用和扩大这项考察成果，我认为应当从雷州半岛的开发入手，进一步扩大和深化为对整条海上丝绸之路的开发。具体建议如下：

（1）省政府应组织力量，拨出专款，对海上丝绸之路的历史、地理、经济、文化再次进行深入细致的调查研究。

（2）除对广州、湛江、雷州、徐闻等已知的海上丝绸之路所经之地方进行考察外，还应对其他沿海县市（如阳江、电白等）进行有关的考察研究工作。

（3）将省和各市县有关研究海上丝绸之路的资料和研究成果汇编成册，编成系列丛书，由出版社正式出版，并将这些成果编辑上互联网。

（4）组织作家撰写海上丝绸之路的大型系列报告文学。

（5）旅游部门应着手开设海上丝绸之路的旅游专线，沿着古时航线，开展旅游活动，并在广州、湛江、徐闻等地建"丝绸街"以吸引游客。

（6）广州、湛江、雷州、徐闻等地，要立即采取措施保护海上丝绸之路的古迹和文物，并立即整修或设置有关场地或景点，设置有关项目，修通道路（尤其是徐闻的古迹场地交通条件甚差），扩大开放。

（7）在适当的时候召开海上丝绸之路国际学术研讨会，邀请世界各国各有关学科的学者参加，尤其是请联合国教科文组织派人参加。

（8）在适的当时候举办海上丝绸之路旅游节，在广州、阳江、湛江（含徐闻、雷州）进行一系列学术、文化、招商活动，并与自古以来海上丝绸之路的有关国家之城市，建立友好城市关系。

2000年6月30日

"海上敦煌"在阳江"南海Ⅰ号"

2003年9月22日至24日,我们省政府参事室(文史馆)海上丝绸之路研究开发项目组的几位成员和珠江文化研究会的有关专家学者,到阳江市对"南海Ⅰ号"南宋沉船的文化遗产进行了初步考察,从考古人员试掘出的小量文物中,我们看到这艘沉船及其内藏的文物,是一批极其丰富、极其珍贵、极其重要的文化遗产,并完全可以预见进一步发掘的潜力很大,将会有更加丰富而珍贵的发现,将有极大可能成为当今世界最完整、最丰富、最珍贵的"海上丝绸之路"的文物宝库,成为世界文化遗产。由此,我们提出研究开发建议如下。

一、务必在2004年5月前启动"异地搬迁,复原保护"方案

据国家文物局水下考古队称:经有关各方面研究,已经制定了对"南海Ⅰ号"沉船采取"异地搬迁,复原保护"的打捞和保护方案,启动船体的海底作业只能在每年2月至5月期间进行。因这期间尚未有台风,海面相对风平浪静,海上作业条件较好。由此,我们认为:务必在2004年5月前进行,如果超过这个时间,会造成难以弥补的后果。原因是:

(1)据2003年8月29日《参考消息》报道:联合国教科文组织总干事松浦晃一郎和教科文组织亲善大使平山郁夫在答日本《读卖新闻》记者问时称:他们将为世界的陆上和海上丝绸之路成为世界文化遗产而努力;并说单是位于路线东侧的亚洲各国,就有约30处世界遗产。这种意见估计很有可能被采纳,如果获得通过,势必于近两年时间到世界各国考察和认定属于这项遗产的古迹所在。从现有考古发现上看,"南海Ⅰ号"沉船完全有条件被列为其中之一。如果错过明年5月前的打捞时间,势必要推迟一年甚至两年,这样就很可能错过联合国教科文组织考察认定的时机。

(2)2005年7月是郑和下西洋600周年,中央已批示在北京、上海、江苏等地

举办各种隆重庆祝活动，台湾与海外也会同庆。郑和下西洋属于海上丝绸之路历史文化遗产和文化精神，广州也在此时与瑞典同办"哥德堡号"100周年纪念活动相呼应。如果"南海Ⅰ号"沉船尽早出水，有较充裕时间研究开发其价值，作出定位和开发方案，既可与全国和我省的相关活动相呼应，又可充分发挥自身优势，在整个庆典热潮中呈现独特光彩。如果错过这600年一遇的机会，将是个莫大的损失。所以，我们认为当务之急是尽力尽快使"南海Ⅰ号"出水。

二、明确定位为"海上敦煌"，加大研究和宣传力度，妥善处理宣传和保密保护的关系

在考察过程中，我们与同行的专家学者和当地学者交换意见，一致认为"南海Ⅰ号"沉船可以作为海上丝绸之路文化遗产的标志，而与陆上丝绸之路的标志甘肃敦煌相比拟，可定位其为"海上敦煌"，理由是：

（1）国家文物局水上考古队、广东省考古研究所和阳江市的考古专家经认真研究作出结论："南海Ⅰ号"沉船是南宋时代文物，是迄今为止世界上发现的海上沉船中年代最早、船体最大、保存最完整的远洋贸易商船。根据初探，沉船有三个舱，文物总数有5万～8万件，相当于一个省级博物馆的藏品，超过敦煌莫高窟5万～6万件文物数量（与敦煌文物数量相差无几）。是当今任何一个地方（包括福建泉州海上丝路博物馆）的海上丝路文物，数量、质量都不可企及的，可谓当今世界海上丝路文物数量最多、最完整、最集中的文化载体。

（2）已打捞出的船中文物，有金、银、钢、铁、瓷等器皿文物4000多件，多数可定为一级、二级文物，其中以瓷器为多，有30多个品种。其实，古代丝绸之路主要运输中国特有的两种标志性产品，即丝绸和瓷器。因陆路靠骆驼运输，骆驼走路时背驮货物摇晃，故丝绸和茶叶等物品多由陆路运输；海路航船较平稳而体积相对较大，故瓷器多从海上运输。所以说，海上丝绸之路主要是陶瓷之路。"南海Ⅰ号"文物以瓷器为多、为主，而且又集中了当时全国几个主要瓷窑（江西景德镇、浙江、福建等）出产之瓷器，集中体现了古时瓷器生产工艺技术、艺术和运输文化风貌，是迄今最古瓷都和瓷路之体现。

（3）从船的结构看，是刀形船底，可判定是开往远海之商船；从货物产地上看，基本是中国产品，可判定是运货到外国的商船；从多种瓷器的造型上看，部分

具有明显的中东风格,并有留待加工的痕迹,具有"来样加工"或半成品的意味;特别是打捞出两颗接近石化的蛇头骨,由于蛇是印度和中东某些国家的崇拜物神,这就显示船上有这些国家的人,甚至可能是这些国家商人所用的船只。这些文物也证实了这沉船是海上丝路的文物集大成者。

以上这些理由,是我们依据现有的考古成果,从文化学的角度、从世界丝绸之路文化遗产的价值和地位上,对"南海Ⅰ号"作出"海上敦煌"的定位的。我们这样做的目的,是着眼于对其研究开发,尤其是着眼于宣传和招商引资。据阳江市领导称,按现在制定的方案,起码需要投资3亿多元,这就必须招商引资。而要这样做,也就必须大力宣传推介,这项工作做得越快、声势越大越好。

三、要以"世界之最"的气魄,将"南海Ⅰ号"的研究开发做好、做大、做长

做好,就是要将现计划筹建的海上丝绸之路博物馆建成世界一流的博物馆,并可考虑在以馆为中心的基础上,将整个海陵岛建设成为世界海上丝路城,或名之为"海丝岛",逐步扩展,将中国以及全世界所有海上丝绸之路的古迹景点展示于整个岛上,使之成为一个世界海上丝绸之路的文化的缩影,成为一个综合展现世界数千年丝绸之路史和海洋文化的"丝绸之路文化世界";并使其同时具有会展、招商、旅游、学术交流、文化活动等功能的经贸与文化一体的海上乐园,将整个海陵岛建设成为"海上船舰"似的神奇船岛。

做大,就要争取举办一系列世界性的活动,包括:①争取在2004年下半年,即"南海Ⅰ号"出水之后,举办世界性的海上丝绸之路学术研讨会,力求一步到位,列入世界文化遗产,力争世界海上丝绸之路研究中心的申办权;②争取在2005年7月,即在全国和海外举办郑和下西洋600周年纪念活动,上海举办世界博览会、广州举办"哥德堡号"100周年纪念活动的同时,举办世界海上丝绸之路博览会,邀请世界上有关国家(估计有30多个国家和地区)参加,重现古代海上贸易文化情景,再续千年海上丝绸之路友谊,揭开海上丝绸之路文化新史页,揭开海上贸易新篇章,将文化学术交流与经济贸易结合进行,相得益彰;③与中国历代海上丝绸之路有交往的国家和地方的城市,建立友好城市关系;④建立世界海上丝绸之路和中国海陆丝路旅游线或旅游网;等等。

做长，就是：①一切有关开发保护计划和措施，要立足于长远保存和利用，要按照文物必须原地保存和展示的原则，着眼于在阳江市内研究开发；②尽快建立"南海Ⅰ号"综合研究机构，对这项文化遗产进行多学科的交叉全体研究，争取于2005年（即在世界海上丝绸之路学术研讨会前）出版学术专著；③尽快组织文艺创作系列，约请著名作家撰写大型重点作品，考虑约写：史诗性长篇报告文学一部、长篇小说一部、散文集一册、电视文学剧本一部、电影故事片一部。这些措施既是打开局面的宣传所需，又是长久性的文化建设。

2003年9月23日

潮汕也是海上丝绸之路的重要港口

广东省人民政府参事、广东珠江文化研究会会长、中山大学中文系教授黄伟宗,近日率领由广东省政府参事室、广东省文史研究馆和广东珠江文化研究会组成的广东省海上丝绸之路专家考察团,在对粤东进行深入考察后认为,汕头的南澳、饶平的柘林、潮州港、澄海的凤岭、樟林、汕尾的白沙湖等地都是海上丝绸之路的重要港口,是海上丝绸之路的重要组成部分。

黄伟宗教授说,这次广东省海上丝绸之路研究和开发项目组组织的考察论证,填补了我国对海上丝绸之路东线研究的空白,是海上丝绸之路的有力补充。

饶平的柘林港是"粤东第一港"

黄教授指出,潮州市饶平县境内的柘林港,是潮汕地区最早的对外通商港口,为海上丝绸之路的重要中段港。据史料记载,古时天津、上海、泉州通往西方和东南亚的货船,经常停泊柘林港避风,并进行给水、补充生活物资。而南澳岛上的货物和生活物资大都经柘林港与大陆流通。

柘林港不仅是历史上的海防要塞,更是古代海运发达的名港。早在元代,因海运发达,柘林港内及东小门海面礁石上建"龟塔""蛇塔",山上建"镇风塔",为当时进出港口的船舶安全导航,见证了柘林港的海上贸易史。明代虽然实行严厉的"海禁",柘林港仍是"商船巨舰往来之所"。就国内海运而言,柘林港是潮州乃至粤东海运的主要港口,货物运输北上津、沪,南下吕宋、安南、暹罗、马来西亚,都以柘林港为进出口。

明朝建立以后不久,便实行"海禁"政策,只许官方贸易,不许民间商人出海。实际上,除了郑和下西洋以外,其他时期的官方贸易以接待外国商船为主。沿海地区的富户为了谋利,穷苦百姓为了谋生,便只好铤而走险,从事海上走私活动。潮州地区在这一方面是很突出的。潮州、南澳、澄海、饶平等地,出现了以许栋为首的通倭走私集团,他们亦商亦盗,活动于海上。通倭船舰及日本商船往来频繁，柘林港是其主要停泊点，常有商船几百艘停泊。柘林港入口货物主要有大米、白砂糖、布匹等，出口货物有陶瓷、红糖、茶叶等。

鸦片战争之后，西方殖民者急于从中国掠夺劳动力，载运到荷兰、古巴、南美垦殖。那时，洋船常驶入柘林港，登岸拉丁，载运劳动力出国当牛马，做苦工，柘林港成为移民出国的口岸。道光二十二年（1842）柘林镇李武豪等十多人便是从柘林港乘洋船出国做苦工的。

广东专家在柘林港实地考察并寻古访迹后认为，柘林港是海上丝绸之路粤东第一港，兴起于隋唐，盛于明清。雍正年间柘林港进入繁盛时期，当地兴起"红头船"海运之风，商民大造"红头船"300余艘，航行于台湾、广州、上海、天津、宁波、福州、泉州等地。

潮州港是瓷器出口大港

隋代，炀帝命陈棱"率兵自义安浮海击"流求（琉球）。义安郡就是潮州，当时的琉球就是今天日本的冲绳。可见隋代的潮州已经有对外交通的港口。虽然有关潮州港的文献记载比较缺乏，但是从潮州出土的瓷窑多分布在韩江出海处两岸的情况就可推断，潮州港是古代瓷器出口的重要港口。如位于韩江东岸笔架山、号称"百窑村"的宋窑遗址，在宋时被誉为"广东陶瓷之都"，其产品运销国内外。自1953年以来，该处先后发掘了十几座窑，出土了大量的瓷器。

清朝收复台湾以后，开放"海禁"，允许百姓驾船出海，潮汕地区的海外贸易活动又活跃起来。清朝政府规定，广东出海的船只头部油以红色，俗称红头船。1972年，澄海东里和洲河滩出土一艘红头船，上有标记："广东省潮州府领口字双桅一百四十五号蔡万利商船"，可以推知当时在潮州府注册的双桅海船，至少有145艘之多。潮州海商在清代海外贸易中是一支重要的力量。

澄海的樟林港是宋代和明清两代重要贸易港

澄海市的樟林港和凤岭港，是宋代和明清时期两个重要的商业贸易港，尤其是樟林港。据有关资料记载，清康熙二十三年撤销"海禁"后，樟林古港便以其得天独厚的地理位置，海上运输日趋兴盛，成为汕头开埠之前粤东一个重要的海运港口和海防军事要塞,繁荣达 200 年之久。在乾隆、嘉庆年间进入全盛期的樟林古港,其关税占了全广东省的 1/5。它既是南北货物的集散地,又是潮汕贸易"海上互市"的转运枢纽。该港航线北通福建、台湾等地,南达东南亚各国,史称"粤东通洋总汇"。光绪元年,英国出版的世界地图上已赫然标有"樟林"的名字。

新兴街是当时樟林古港全盛时期的货栈街,全长近 200 米,由 54 间双层的货栈组成,目前仍有部分货栈保存完好。专家在新兴街实地考察的当天,名为"安平栈"的房主陈先生说,这间货栈是其曾祖父留下来的。汉学界权威学者饶宗颐先生在 1999 年参观了新兴街后,评价该街"是海上文化的一个象征"。黄伟宗教授指出,樟林港是广东海上丝绸之路东线的重要港口,出港的物品最重要的是瓷器。

汕尾的白沙湖港

汕尾白沙湖是海陆丰地区三大咸水湖之一。黄伟宗教授介绍,白沙湖港是距离国际航线最近的港口,仅 12 里,是远航货船的必经之港。有史料记载说,该海域危险,但属必经之地,也是潮汕地区沉船最多的港口。

据有关资料记载,汕尾白沙湖在唐宋时期贸易活跃,是一个热闹的古港口,在当地曾出土大量的历史文物。同时,在汕尾地区另有大安、公平、海丰等唐宋大陆河口港,这对唐代海上丝绸之路均起到重要的支撑作用。有资料说,汕尾航段岸线曲折,为破碎海岸结构,其间岛礁环列,岛链内航道险恶,岛链外洋面开阔,历来是海上贸易和战争的重要场所。由于其地理位置险要,历史上海盗、走私猖獗。

"红头船"精神

黄伟宗教授指出,潮汕这些港口在不同时期交替兴起、繁荣、衰落,在不同时期发挥了不同的作用,是海上丝绸之路的重要港口。从历史遗迹和出土文物可以发现,潮汕海上丝绸之路也是"海上瓷器之路";同时,频繁的移民现象更成为潮汕港口区别于其他古代港口的重要特色,这从现散居全球各地的千百万海外潮汕人就可见一斑。

潮汕海上丝绸之路历史悠久,既有汉、唐时期的材料依据,又有充分的明清时期的历史资料,这些都充分证明,潮汕是海上丝绸之路文化遗产的一部分。同时,潮汕的"红头船精神"体现了潮汕的海洋文化精神，代表了潮汕海洋文化的特色，丰富了广东海上丝绸之路的内容。

潮汕可以利用宝贵的历史遗产，以旅游发掘文化，以文化带动旅游，大力发展独具特色的旅游业。

（本文作者是新华社记者陈楚，新华社广东汕头2001年7月1日电）

持续发掘海上丝绸之路文化，
全方位发挥海洋文化软实力
——关于研究开发广东海上丝绸之路文化的调研报告

最近公布的《中共中央关于全面深化改革若干重大问题的决定》中提出的"建立开发性金融机构，加快同周边国家和区域基础设施互联互通建设，推进丝绸之路经济带、海上丝绸之路建设，形成全方位开发新格局"的要求（下称"中央决定要求"），对我启发很大，促使我回顾了从 1992 年被聘任为省政府参事至今 20 年来，在省政府参事室党组领导和大力支持下，偕同一批来自中山大学、华南理工大学、省作协的多学科专家学者，在进行珠江文化研究的同时，研究开发海上丝绸之路的进程，从而进一步体会到中央决定要求具有深厚重大的历史和现实意义，具有高瞻远瞩的发展战略意义，特提供调研报告和建议如下。

一、研究开发海上丝绸之路的起因、进程及成果

20 世纪 80 年代下半期，我即开始探索珠江文化和海洋文化，起因是受当时西方现代文化学进入中国的影响，更直接的是受一部电视片的触动。这部电视片的主题是探究中国受封建制度和思想束缚而造成长期落后的原因，其回答是：在于作为民族文化发祥地和中心的黄河文化属黄土地文化，而不是海洋文化；而西方发达国家都是以海洋文化为主体的。对此，我当即质疑：难道中国只有黄河文化吗？难道中国没有海洋文化吗？于是，我便有意识地从广府文化进入探讨珠江文化，从海上丝绸之路进入探讨海洋文化。当然，这两条研究线路是交叉结合进行的，但也大致各成系列。

古代丝绸之路是指汉代到鸦片战争两千多年来，中国与周边及世界相关国家、地区之间，进行商贸和文化交流的交通线路，由于中国特产以丝绸著名，18 世纪德国学者李希霍芬在其中国旅行记中，正式使用"丝绸之路"一词，被普遍接受而通行至今。历来说的中国丝绸之路是从西汉张骞通西域开始，始发地是长安（今西

安)。20世纪中叶，学术界开始有海上丝绸之路的说法，具体始于何时、何地则众说不一。1990年秋，联合国教科文组织派专家到中国考察海上丝绸之路古港，确定福建泉州是中国海上丝绸之路始发港，依据是在泉州发现南宋时的海岸沉船，以及来自中东的教主遗墓碑和伊斯兰教移民村。故泉州有联合国教科文组织助资兴建的"海上丝绸之路博物馆"。而广东的海上丝绸之路文化遗存，在联合国教科文组织考察时未受专家注目，于是留下了广东究竟有无（或有怎样的）海上丝绸之路文化遗存的悬念。正是带着这个悬念，启开了我与一些学者研究开发广东海上丝绸之路和海洋文化的进程。这个20年进程大致可分为六个阶段，具体如下。

（一）从田野考察对西汉徐闻古港的实证，到举办"海上丝绸之路与中国南方港"研讨会的确认

早在1993年夏天，我受聘为省政府参事不久，即偕同文教组参事到古广信所在地封开和梧州，考察广府文化和珠江文化。当时得知《汉书·地理志》有一段记载，称汉武帝平定南越国后，即派黄门译长从广信到徐闻、合浦赴日南（今越南）出海外多国。这是中国最早的海上丝绸之路文字记载。但是，从未有学者到徐闻、合浦实证这个记载。

2000年6月上旬，正当珠江文化研究会成立之际，我等一行冒着酷暑，到达徐闻县西南沿海土旺村（与徐闻古县治"讨网"音近），在二桥、仕尾一带，发现汉代板瓦、筒瓦、戳印纹陶片，以及汉墓、枯井口、烽火台等遗存，综合之前考古学者在此发现的汉代"万岁"瓦当、水晶珠、银饰、陶罐等文物，以及《汉书·地理志》中的"自日南障塞、徐闻、合浦"开航，"自合浦、徐闻南入海，得大洲东南西北方千里"等记载，以田野考察实证与史料记载结合判断，这里应该就是西汉海上丝绸之路始发港旧址。我随即写出参事建议《应当重视海上丝绸之路的开发》，受到省领导高度重视，批准成立以黄伟宗为首的"广东省海上丝绸之路研究开发项目组（下称"项目组"），继续进行论证并扩大沿海古港的考察研究工作。这是正式探索进程的起步。这项实证成果意味着将联合国教科文组织专家考察团在泉州确定的中国海上丝绸之路在南宋始发时间，推前到西汉，从而具有将中国海上丝绸之路史推前1300年的意义。

由此，项目组从两方面进行深化研究开发工作：一方面是继续开展对合浦等南

海古港的田野考察工作，包括到泉州古港学习取经；另一方面是进行文案研究、撰写作品及编写论著，于 2001 年 11 月出版了"珠江文化丛书·海上丝绸之路研究专辑"6 部，包括《开海——海上丝绸之路 2000 年》（洪三泰等著）、《千年国门——广州 3000 年不衰的古港》（谭元亨等著）、《广府海韵——珠江文化与海上丝绸之路》（谭元亨著）、《中国古代海上丝绸之路诗选》（陈永正编注）、《交融与辉映——中国学者论海上丝绸之路》（黄鹤等编）、《东方的发现——外国学者谈海上丝路与中国》（徐肖南等编译），共达 200 万字，由广东旅游出版社出版。这套专辑既将原有考察研究上升到更高的学术档次，又为研讨会提供了充分的学术准备和基础。

2001 年 11 月下旬，项目组在湛江市举办"海上丝绸之路与中国南方港学术研讨会"。来自北京、上海、广西、海南、厦门、泉州、香港、澳门等地百余名专家们，再次证实和认同了我们对西汉徐闻古港的发现和实证，充分肯定中国本是世界海洋大国之一，应当改写将中国排除在世界海洋大国之外的世界文化史。

（二）从对南海沿岸古港的普查，到《海上丝路文化新里程》等重要专著的出版

自研讨会结束后，项目组乘胜前进，继续坚持走田野考察与文案研究并著述相结合的学术道路。从 2001 年至 2003 年期间，项目组同仁先后到南海沿岸的南岸、柘林、凤岭、樟林、白沙、大星尖、广州、香港、澳门、广海、阳江、电白、雷州、徐闻、合浦、北海、钦州、防城等古港，以及西江、北江、东江、南江、漠阳江、鉴江、南流江、北流江等港口，进行实地考察，发现每个古港都有一段海上丝绸之路的辉煌历史，而且在历史上呈现此盛彼衰现象，但又在总体上形成了从汉代至清代都不间断地有繁荣古港的形势和格局。由此说明，广东自古以来都有不间断的海上丝绸之路历史，在每个历史年代都有兴旺的古港及其历史，是海上丝绸之路历史最长、最完整的文化大省。

相关的研究开发成果集中体现在 2003 年出版的专著《海上丝路文化新里程——珠江文化工程十年巡礼》中；同年出版的《广东海上丝绸之路史》（黄启臣主编）、《珠江文化论》（黄伟宗著）、《珠江文化与史地研究》（司徒尚纪著）等专著，更将田野考察成果上升到理论学术层次。

（三）从发现海陆丝绸之路对接通道，到"珠江文化丛书·十家文谭"出版

项目组一直以田野考察方式，持续进行古代文化遗存的发掘，并且坚持以多学科、多方面、多层次综合考察为方针，因而不断有新的发现和新成果，被称为"填补丝绸之路学术研究空白"的"海陆丝绸之路对接通道"的发现，即属此例。在此之前，学术界对陆上丝绸之路的研究早已硕果累累，近年启步的海上丝绸之路研究也正风生水起，但各自为政，既不注意将两者研究联系进行，又忽视在文化遗存中尚有许多起到对接两者的古道文化，所以造成这个学术空白。

早在上世纪90年代上半期，我在先后考察贯通古广信（封开）的潇贺古道，以及南雄梅关珠玑巷时，已对此有所觉察，但真正认识到其重大意义的是本世纪初对这两条古道的再次考察。这两条古道的遗址和史料都证实，其本身从来就具有对接海陆丝绸之路的功能和意义。对前者，《汉书·地理志》已写明，汉武帝派黄门译长开创海上丝绸之路，就是从水陆联运的潇水至贺江古道到广信，然后又沿南江、北流江、南流江到达徐闻而出海的，这不就是名正言顺的海陆丝绸之路对接通道么？南雄梅关古道是唐代贤相张九龄主持开通。他在《开凿大庾岭路序》中写明其目的，是为沟通中原与海外的贸易和往来。与梅关相连的珠玑古巷，是唐宋以来中原南下移民岭南以至海外的中转站，世界广府人皆认其为"吾家故乡"，可见梅关珠玑巷在历史上起到对接海陆丝绸之路的重大作用。此外，我们还发现了南雄乌迳古道、乳源西京古道、连州南天门古道等，可见广东古道文化丰富。古道具有对接海陆丝绸之路的重大作用，理当属于海陆丝绸之路文化遗存。

这些古道的发现是这个阶段的主要成果。对每项发现，我都及时写出调研报告以省政府参事建议形式呈报。项目组在这个阶段的学术成果汇集于中国评论学术出版社2006年1月出版的"珠江文化丛书·十家文谭"中，包括《海上丝路的研究开发》（周义主编）、《海上丝路与广东古港》（黄启臣著）、《珠江文化系论》（黄伟宗著）等书，共达300万字。

(四)从"海上敦煌在阳江"题词,到举办首届"南海Ⅰ号"与海上丝绸之路论坛

阳江"南海Ⅰ号"宋代沉船,从发现、出水、进入海上丝绸之路博物馆安放,历时10年有余,自始至终都是世界性的新闻大事。因为这条沉船是迄今世界海上出水历史文物中,历史最早、体积最大、文物最多、保存最好、价值最大的文化遗存。南海Ⅰ号是从事中外贸易的商运货船,具有海上丝绸之路文化性质;而且其文物以瓷器为主,代表了海上丝绸之路主要是"陶瓷之路"的特点;尤其是以往发现的海上丝绸之路文化遗存多是海岸文物,海中实物甚少。所以,2003年9月项目组对其考察时,我为其作了"海上敦煌在阳江"的题词。从此,"南海Ⅰ号"有了"海上敦煌"的文化定位和代号。我作此定位的根据是:陆上丝绸之路文化遗存最多的是甘肃敦煌,有6万余件,故为陆上丝绸之路的文物中心和文化标志;阳江"南海Ⅰ号"沉船中的文物,估计有6万到8万件之多,又是具有海上出水文物的"五最"优势,堪为海上丝绸之路的文物中心和文化标志,故称之"海上敦煌"。

我意想不到的是,这个文化定位和代号也震动了世界。当时《阳江日报》报道"南海Ⅰ号"是"海上敦煌"的文化定位,并在网上传播,被正在中山大学举办世界文化遗产申请培训班的联合国教科文组织的专家知道了,便托人找我引领,于2004年元旦前往阳江考察。当他们认真观看"南海Ⅰ号"的少量出水文物和听取介绍之后,当即作出"世界少有"的表示,并认同"海上敦煌"的定位。2004年5月,居住在美国的著名海洋学家、美国国家工程院院士、台湾成功大学原校长吴京教授知悉,打电话到中山大学,请我邀请他来考察"南海Ⅰ号"。经上级部门批准后,我陪他到阳江考察。结果他对"南海Ⅰ号"评价更高,认为"世界海洋史要由此改写";接着他在中山大学对研究生作报告时又讲到,"南海Ⅰ号"与郑和下西洋都是中国宝贵的海上丝绸之路文化。2007年12月22日,"南海Ⅰ号"沉船打捞出水,进入广东海上丝绸之路馆"水晶宫"安放,我应邀参加了庆典,150多家海内外媒体记者云集采访,发表了大量报道。我与《阳江日报》总编辑薛桂荣汇集全部报道于《海上丝路的辉煌》一书中,并于2009年6月由中国评论学术出版社出版。2011年4月26日,在阳江举办了首届"南海Ⅰ号"与海上丝绸之路论坛,来自北京、陕西、甘肃、上海、福建、湖北、广西和本省等地的近百专家学

者，充分论证、高度评价了"南海Ⅰ号"作为"海上敦煌"的价值和意义。会后，我与谭忠健主编了论文集《海上敦煌在阳江》，由中国评论出版社 2011 年 12 月出版。

（五）从在广州发掘西来初地、十三行，到在台山发现广侨文化、侨圩楼，再到广州中国商品出口交易会

早在上世纪 90 年代，广州有"四地"之称，即千年海上丝路发祥地、岭南文化中心地、民主革命策源地、改革开放前沿地。其实，这"四地"都是因具有江海一体的文化特质而来，皆因海洋文化而来。由此，广州的海上丝绸之路文化历史特长、文化遗存特多，最著名而有代表性的是西来初地与十三行。前者是东晋时印度佛教禅宗和尚达摩，从海上丝绸之路到达广州的登岸地。达摩是中国禅宗教派始祖，其登岸地标志着海上丝绸之路也是"海上传教之路"。后者既是清代最大的商帮——粤帮的统称，又是清代从乾隆至同治年间全国唯一对外通商并具海关职能的口岸，历时 300 余年，直至鸦片战争后"五口通商"才结束。十三行实则是清代中国海上丝绸之路的中心和标志，很有历史文化意义。我和项目组的多位同仁都为发掘其文化遗存写过多次调研报告和参事建议，以及历史报告文学、电视剧本等作品。

海外华人华侨和侨乡文化实质上也是海上丝绸之路文化的一种产物和体现，因为出海或回归、联络、交流，都必经海上丝绸之路，所以海上丝绸之路也是华侨之路。项目组自 2006 年以来，一直关注华侨和侨乡文化现象，多次到江门的开平、台山、恩平、鹤山、新会、蓬江以及东莞等地考察，先后发现和提出"后珠玑巷""客侨文化"等文化现象和文化定位，受到海内外媒体的普遍关注。尤其是从 2006 年至 2011 年，项目组多次到台山进行调研，发现和提出了"广侨文化"和侨圩楼文化现象，更具有典型代表意义。广侨文化是广府文化与华侨文化融合而成的一种新型文化；侨圩楼是侨乡中圩集商市的总称，因其既是传统农村圩集，又是华侨投资所建而有楼，并有与海外通商的码头和商行，而具有"洋"的特点，是广侨文化载体之一。它具有自十三行统管海外通商结束后，所出现的中国海外通商在侨乡遍地开花的转型意义，也是海上丝绸之路文化在侨乡泛化的体现。所以，广东大多侨乡都有这种侨圩楼，但以台山为最多、最集中、保存最好。2012 年 8 月，我们举办

了中国首届广侨文化研讨会,来自北京、武汉、本省(尤其是江门)等地,以及澳大利亚的数十位专家学者,充分论证和肯定了这种文化遗存具有独特的海洋文化和海上丝绸之路文化价值和意义。我和邝俊杰主编的《广侨文化论》是这项成果之集粹。

20世纪50年代中期,在广州创办的中国出口商品交易会(简称广交会),是中华人民共和国成立后重开海上丝绸之路的新起点,可谓传统海上丝绸之路的再延续、新海上丝绸之路的发端,迄今已举办百届。广交会从开始只是出口商品交易,发展为进出口商品交易,交易面和交易额均与时俱增、俱进,带动了会展业在广东飞速发展,如影响世界的深圳"高交会""文博会"等,都是广东海上丝绸之路和海洋文化持续发展的重要标志,也即是广东海上丝绸之路文化的亮点之一。

(六)从《中国珠江文化史》完成,到"中国南海文化研究丛书"出版

2009年6月28日,正当广东省珠江文化研究会成立10周年之际,本会(也即是项目组)同仁历时3年努力而完成的300万字大型史著《中国珠江文化史》,由广东教育出版社出版。这是继《黄河文化史》《长江文化史》出版之后,被学术界称为"填补中国大江大河文化史空白"的史书。这部史书的完成,既是珠江文化工程带总结性的阶段成果,也是探索海上丝绸之路的阶段性总结成果。因为它以大量的史料和翔实的论证,以数千年珠江文化发展历程和体系,证实了珠江也是中华民族文化发源地之一,珠江文化是与黄河文化、长江文化等并列而构成多元一体的中华文化家族中的一员;同时也论证了珠江文化本身就以江海一体的特质,而具有特强的海洋性;这部史书中又有大量篇幅,系统论证了与珠江流域一体的南海沿岸海上丝绸之路的悠久历史及其发展,从而以雄辩的史论匡正了认为中国无海洋文化的偏误。

虽然取得了这些重大成果,但项目组并不以此停步不前,而是乘胜前进,向海洋文化进军。所以,在广东省委主要领导致信我肯定《中国珠江文化史》的时候,我在复信表示感谢的同时,提出了为研究海洋文化立项的请求。在领导的关心和支持下,从2010年开始,项目组在原有珠江文化和海上丝绸之路研究成果的基础上,再进入海洋文化的深度研究。2013年7月,出版了由我主编并撰写长篇引论的"中

国南海文化研究丛书》，内含《中国南海海洋文化论》（谭元亨等著）、《中国南海海洋文化史》（司徒尚纪著）、《中国南海海洋文化传》（戴胜德著）、《中国南海古人类文化考》（张镇洪等著）、《中国南海经贸文化志》（潘义勇著）、《中国南海民俗风情文化辨》（蒋明智著）等6部，共达200万字，由广东经济出版社出版，属国家出版基金项目。

二、从中央决定要求看海上丝绸之路研究开发的若干要点

（1）海上丝绸之路，是汉代以来中国通向世界的千年海洋航道，既是交通航道，又是经济、贸易、文化往来的通道。它首先并主要是具有经济往来的功能，同时又具有政治、文化、外交、军事等诸多方面意义，尤其是具有国际之间人民友谊交往的意义；它开始并主要是中国与沿海周边国家地区的海上通道，随着航海能力与经济实力的增强，逐步延伸至太平洋及其他海洋诸国或地区。可见，千年海上丝绸之路是中国与各国之间进行经济和全面合作的纽带，又是人民友好往来和友谊的象征。所以，前些时候习近平主席在出访中亚和东南亚时，先后提出建设"丝绸之路经济带""海上丝绸之路经济带"，中央决定要求以"推进丝绸之路、海上丝绸之路建设，形成全方位开发格局"，是有很有历史依据和发展战略眼光的。

（2）海上丝绸之路的实质是海洋文化，千年海上丝绸之路之历史证实，中国是海洋大国。西方学者之所以否认中国无海洋文化，其根本在于海洋观的不同，更在于海洋文化的本质差异。从中国千年海上丝绸之路史可见，西汉黄门译长是为找特产而出印度洋，宋代"南海Ⅰ号"是运瓷货出洋，明朝郑和七下西洋开创和平航海模式，清代十三行是经商出洋，历代华侨是谋生下南洋，全都不是像西方殖民主义者那样为霸占殖民地而在海洋兴风作浪。可见中国千年海上丝绸之路史是和平友谊的海洋史。所以，中央决定要求建设海上丝绸之路，具有承传发展我国和平友谊的海洋文化传统和海洋观，并以此为和平外交政策与睦邻友好基石的重大意义。

（3）中央决定要求推进当今"丝绸之路经济带、海上丝绸之路建设"，也应当以此精神推进古代海上丝绸之路研究开发，并将古今对接起来。因为"观今宜鉴古，无古不成今"，将古观好，才能促成今、建好今。

（4）为此要持续研究开发古代海上丝绸之路文化，并以中央决定要求全方位研究开发丝绸之路文化。即：不仅是从经济上，而且还要从政治、军事、文化、外

交、国际交流上研究,不仅是分别研究海上或陆上的丝绸之路,而且要将两者联系起来并对两者的对接通道进行研究开发,以形成全方位研究开发的格局。

(5)广东在海上丝绸之路建设中应持续发挥率先的排头兵作用。广东是海上丝绸之路历史最长、港口最多、航线最广的大省,是接受海洋文化最直接、最丰富、最充分的大省,是毗邻沿海各国及地区的经济大省、海洋大省、文化大省,理当在贯彻落实中央决定要求的使命中,持续发挥率先的排头兵作用。

三、关于以文化软实力之"五力",全方位发挥海洋文化软实力的建议

海上丝绸之路文化既是海洋文化软实力之载体,又是海洋文化软实力之迸发体。2007年,党的十七大提出要提高国家文化软实力。对古今海上丝绸之路文化的建设与开发正符合这一要求。我曾据文化软实力的理论核心,将其力源细化为文化对应力、文化激活力、文化伸张力、文化浸润力、文化持续力等"五力"。现以此理念提出全面发挥海洋文化软实力的建议如下。

(1)建设丝绸之路经济带和海上丝绸之路,实际上是以文化对应力的原理,利用历史上与中国有经济往来的国家、地区,因有海上丝绸之路的友谊之"缘",而以此"缘"之亲和力为纽带,建立亲密的合作关系。这项"再续前缘"的举措,就是文化对应力的运用和发挥。由此,就应当自觉地以此理念为主导,持续深挖并千方百计地发展原有亲和力之纽带,使相互合作关系全方位地发展。据历史资料,古代海上丝绸之路经过并交往的国家、地区有50多个,现已变成近百个。可以通过外交途径,与这些国家、地区的海上丝绸之路文化遗存及其所在地再结"前缘",全方位合作,借联合国已决定将世界所有丝绸之路文化遗产评为一项遗产之时机,共同申请世界文化遗产,提高其文化价值和知名度,扩展增强文化对应力。

(2)"再续前缘"和深挖"前缘"的重要举措之一,就是要以文化激活力再生"前缘",也即是以新的理念和举措,使已逝去的历史文化元素重新具有新的生命力和感动力,这就是既有再生"前缘"的激活力,又有对当今受众的激活力。由此,应当自觉以此理念,采取种种方式,激活并发挥"前缘"之感动力,如着力扶持海上丝绸之路题材的电视片、电视剧、歌舞剧、美术作品等文艺创作。据我所知,现在已有不少这类题材作品,如辛磊的长篇小说《大清商埠》、谭元亨的电视剧本

《十三行》、丘树宏的《海上丝路》组诗、谢鼎铭的《海上丝路》组画等，都是比较成熟的作品，应当大力扶持。成功的文艺作品既是对历史题材的激活，又是对读者、观众心灵的激活，运用于海上丝绸之路，功效无限。

（3）对于本国或相关国家的海上丝绸之路的题材、作品、成果、活动，应当以文化伸张力的理念和文化功力，以种种方式和媒介扩大其能量和影响力。如发行邮票、印花税票，定制礼品，举办会展，发布微博、微信、网讯等，使其"前缘"复苏，持续且层出不穷地发挥出更大能量和影响力。建议在阳江海陵岛，以"南海Ⅰ号"存放的广东海上丝绸之路博物馆为中心，将整个岛建设为永不落幕的海上丝绸之路博览园，一方面以深圳世界之窗的模式，将全国和世界各地的海上丝绸之路文化遗存或景点，以袖珍的形象聚现园中；另一方面以广交会模式，为有海上丝绸之路文化之缘的国家、地区提供场地，让其自建有本国海上丝绸之路文化风格的展馆，展销其特产与民俗风情文化产品。该博览园如能建成，必将有持续发挥海上丝绸之路文化伸张力的效果。

（4）文化浸润力，就是环境力、氛围力、孵化力。应当以此原理营造丝绸之路的建设环境、海洋文化氛围，浸润人的海洋文化素质，孵化海洋文化人才、文化产品及企业创新。建议在广州这个海洋文化源远流长、博大精深的地方，加大突出海上丝绸之路文化与海洋文化特色，使其成为世界上最具中国南方特色的海洋文化大市。由此，在软件和硬件建设两方面，都应当贯穿以海洋和海上丝绸之路文化为主线，无论是古建筑的维护改造，或是新建筑的建设，从媒体宣传到街道或高大建筑的风格设计和起名，都应强化海洋和海上丝绸之路文化的基调和色彩。例如，被媒体俗称"小蛮腰"的广州塔，建议恢复当年网上全球18万人次投票评选出的"海心塔"之名；已建成的"西塔"和正在建造的"东塔"，两个名字都浅薄、一般，且欠"海味"，建议加冠"比目"而名之，即可称"比目西塔"和"比目东塔"，这样，既以一种海鱼之名而显"海味"，又有广州"双眼"之寓意。以海洋文化眼光营造的环境才有海洋文化浸润力，才真正具有海上丝绸之路的"全方位的开发格局"。

（5）文化持续力，就是文化转型力、转化力、综合力，具体用于海上丝绸之路建设，就是要"古为今用""洋中通用""五力并用"。因为以"前缘"而建的新经济带、新丝绸之路，无"古"则失"缘"，不为"今用"则缺"新"；中国与海外各国共建新"路"，不能没有中国特色，也须尊重相关国家的文化特色；中央决定要求"形成全方位开发格局",就是要全面发挥文化软实力之"五力并用",这就必须有权威机构的综合统筹,设立领导小组或指挥部,确立相应决策和实施机制,才能堪此重任。同时,应当在学术上持续对古代海上丝绸之路文化进行研究,并连接扩大对新丝绸之路海洋文化研究,才能切实保证和发挥文化持续力。如认为此建议可取,我们原项目组可承接这项重任,以政府购买方式,授权投资,正式立项,才能进行。

[本文是中共广东省委办公厅约稿。原载于《广东参事馆员建议》2013年12月4日第57期。广东省委主要领导于同月16日对此件作出重要批示,详见后文《二十六载履职广东省政府参事轶事选录》。]

路漫漫其修远兮,吾将上下而求索
——《海上丝绸之路与海洋文化纵横论》后记

为响应中央建设21世纪海上丝绸之路的号召,按广东省海上丝绸之路研究开发项目组的部署,在广东省21世纪海上丝绸之路建设工程项目的"海上丝路研究书系"中,安排出版拙著《海上丝绸之路与海洋文化纵横论》。在汇总我从20世纪90年代初至今有关研究开发海上丝绸之路与海洋文化的70多篇什之后,情不自禁地萌生出"路漫漫其修远兮,吾将上下而求索"之感慨和感悟。

感慨者,无论是"往事越千年"的海上丝绸之路,或者是20余年来我对海上丝绸之路研究开发之路,都是"迷雾漫漫曲又长,一直通向遥远的远方";感悟者,意识到屈原"吾将上下而求索"之"上"和"下"及其"求索"之内涵和途径,具有无限深广的空间和前景,起码对于我的学术道路而言是如此。我之所以为这本小书取名为"纵横论",就是因为汇编这些学术成果之后,我才明确自己是一直在有意无意中,将屈原所称之"上"用之为"纵",以其"下"用之为"横",以至按不同对象的研究需要,而赋予多种多样的内涵并拓展其空间的;同时,又是以其"上下而求索",作为以对接穿越的方法和途径去研究对象的来龙去脉(历史源流和当今发展),从而不断有新的发现和创造的。

在本书第一编的篇章中,我将建设21世纪海上丝绸之路作为"纵",将海洋文化大省建设作为"横",并将两者联系起来,对接穿越研究,结果就产生了连锁反应的系列效果。如对中央最近提出的建设21世纪海上丝绸之路的要求,我将其与古代海上丝绸之路和海洋文化对接穿越研究,结果产生了发现广东海上丝绸之路十大"星座"和以文化软实力之"五力"为战略的创造;将珠江文化与海洋文化对接穿越研究,既找出了珠江文化"江海一体"的特质,又找出了中国海洋观和海洋文化的特色;在建设海洋文化大省的研究中,我也是以对接穿越其上下纵横的方法和途径,发现水文化和现代文化理念、科技也是第一文化软实力和科技文化概念,并提出以自身特性和共通性文化为纽带和文化实体化等战略的。其实,20余年来,我一直是将珠江文化与海上丝绸之路文化联系起来研究,都是以对接穿越两者古今上下纵横而取得所有成果的。

　　本书第二编的篇章也是如此。对西汉徐闻港的发现和实证，开始于20世纪90年代初从广府文化进入珠江文化的考察，当时从《汉书·地理志》中知道，汉武帝平南越后，派黄门译长从广信（今封开、梧州）至徐闻、合浦出海，但尚无史家前往实证其即海上丝绸之路始发港。据此，我们从考察海上丝绸之路与海洋文化的视角前往实地论证，作出了"海上丝绸之路第一港"的确认。这就是珠江文化和海上丝绸之路为"纵"，以徐闻港（包括其历史地理和海洋条件与文化遗存）为"横"，并将两者对接穿越而取得的成果。对于潮汕港、珠海港，以及广州港之西关、南沙港等的考察发现与研究开发建议，也都是以其古为"上"、以其当今为"下"对接穿越研究而取得的成果。

　　第三编是"海上敦煌"在阳江"南海Ⅰ号"专题。这艘宋代沉船是当今世界海上出水文物中之"五最"，即历史最长、体积最大、文物数量最多、保存最好、价值最高。这是从考古文物界而言之。我们据此从海上丝绸之路而言，又从与陆上丝绸之路文物最多（5万件）的甘肃敦煌比较而言，"南海Ⅰ号"有6万～8万件之多，从而为其作出"海上敦煌"的文化定位。显然，这也是以纵横对接对比之原理而作出的判断。以此为中心，我们先后提出建设海上丝绸之路博物馆、申请世界文化遗产、建设世界海洋文化中心、"永不落幕"的世界海上丝绸之路博览会，以及创建海洋文化世界等研究开发方案或建议，也都是以各种内涵或层次、空间上的纵横对接穿越之思路而提出的。

　　其实，上与下、纵与横的内涵与空间，尚可赋予先与后、头与尾的内涵与空间，本书第四编的篇章就是如此。"先"有海上丝绸之路，"后"有华人华侨之路（包括留学生之路）。对这"先""后"两者之间相互对接穿越关系的研究开发，自然意味着华人华侨是从海上丝绸之路移民海外，又从海上丝绸之路将海洋文化传回家乡，从而产生海外华人华侨文化和内地的侨乡文化。值得注意的是，海上丝绸之路与广东三大民系（广府、客家、潮汕）文化、与宗教（佛教、基督教、伊斯兰教）文化的关系也是如此，可以说，海上丝绸之路也即民系移民和海归之路、宗教传教（包括儒家、道家传出海外）之路。正因为这样的对接穿越，从而产生了种种杂交融合的文化现象，如我们从侨圩楼发现广府文化与华人华侨文化融合的广侨文化，从排屋楼发现客家文化与华人华侨文化融合的客侨文化，从红头船、侨批发现潮侨文化，等等，是以广府文化的源流与发展赋予"头"与"尾"的内涵与空间而发现的；我们先后在封开和珠玑巷发现广府文化的源头和祖地之后，又在江门良溪发现了广府人移民海外的中转地——"后珠玑巷"，在东莞凤岗发现了客家人移民海外的"客家第一珠玑巷"，也是以同样的原理发现的；我们在曲江南华禅寺、广州光孝寺、广州清真寺、广州石室，以及肇庆利玛窦遗址，发现了佛教、基督教、伊斯兰教等凭借海上丝绸之路而传教之路，其中尤其值得赞许的是佛教禅宗六祖惠能，将海外传入的佛教中国化、平民化，又通过海上丝绸之路使其思想世界化，可谓将这种对接穿越的文化源流与发展现象推上世界巅峰。

第五编的篇章，是围绕海陆丝绸之路对接通道及相关地域的文化定位与开发之作。从研究对象的相关方面的相互关系上说，是在并列式的对接穿越中，又有上与下、纵与横对接穿越关系。首先是对海上与陆上丝绸之路对接通道的发现，是我们将并列的两者对接穿越起来发现的；而这种通道的发现，又是从水道与陆道联结构成的古道发现的；对这些通道的发现与确定，对与其相关地域的确定及其文化定位与开发，则又是从对接穿越其古今源流与发展而确定的。例如，我们在云浮、罗定、郁南考察中发现南江文化，在封开、韶关发现海陆丝绸之路的对接通道，在贺州、怀集发现海上丝绸之路通向内陆，以及从佛山、肇庆、清远、惠州等市及其所辖地域的江河特质特产文化中，为其作出文化定位与开发策划，莫不是运用这种对接穿越原理所获得的发现和作出的文化定位与开发方略的。

第六编所列的倡导海洋文化的珠江文化先驱，都是以对接穿越珠江文化与海洋文化的研究，而逐步获得的发现和作出的文化定位：珠江文化哲圣六祖惠能，开创了中国禅学和珠江文化思想体系，将海外佛教中国化、平民化后，又传向海外世界化；珠江文化诗圣张九龄，以开凿梅关古道而开创海陆丝绸之路对接通道，又以名诗"海上生明月，天涯共此时"凝现了珠江文化风格，并最早诗现了珠江的海洋文化；明代意大利传教士利玛窦，是"西学东渐"第一人，被尊为"东土西儒"；清代首位留美博士容闳，是海外留学生之路开拓者，无愧"中国留学生之父"；长期任外交官的近代珠江文化诗圣黄遵宪，既以外交生涯沟通中西文化，又以开创现代白话诗而弘扬珠江文化的海洋风格；近代珠江文化文圣梁启超，既以维新变法和倡导新民说等政治行动推行海洋文化，又以史学界革命、舆论界革命、文学界革命等的倡导，将珠江文化推向时代高峰，神采奕奕地彰显了"领潮争先"的特质和风范。

总之，本书的70多篇什，大都是我作为省政府参事提交的建议或调研报告，衷心感谢广东省政府参事室周义主任赐序。本书所选之文，多是近年所作，少数是往年旧作，既是体现远近对接穿越，也是"厚今薄古"。乍看全书篇目，似有杂乱涣散之嫌，其实是篇杂而理不乱、形散而神不散、多层面而有中心；"理"就是上下纵横对接穿越之梳理，"神"就是现代水文化和海洋文化之理念，"中心"就是为时而作、为世所用之心。毋庸讳言，这些应时应世所需而作的"急就章"，粗浅错漏之疵虽遗憾而难免，祈望行家赐正见谅；书中有些篇章的观点曾经或者以后还会引起争议或非难，还有些出谋划策的建议可能过时或操作性不足。但总体而言，能够为珠江文化、海上丝绸之路和海洋文化事业建设，为我省和各地区或各领域的社会建设与文化建设，做出些少有益的好事、实事，起点领潮争先、添砖加瓦的作用，我就心安理得了。

早在本世纪初出版的拙著《浮生文旅》代跋：《双文化情写天涯，一心耕耘度浮生》中有一节小诗，预期性地体现了我探索珠江文化、海上丝绸之路和海洋文化，以至在十余年后的现在编出这部《海上丝路与海洋文化纵横论》的心情："超前创启冒风雨，事后功成薄利名；力以水文润业地，开花结果见识情。"其实，这种心情和境界，是从最着力于倡导海洋文化的国学大师梁启超《自勉》诗中学来的，恭录于后，与同道者共勉：

献身甘作万矢的，著论求为百世师。
誓起民权移旧俗，更研哲理庸新知。
十年以后当思我，举世犹狂欲语谁？
世界无穷愿无尽，海天寥廓立多时。

2014年2月26日于广州康乐园

（《海上丝绸之路与海洋文化纵横论》是"海上丝绸之路研究书系·开拓篇"之一部，2014年4月由广东经济出版社出版。）

从三个理论看"一带一路"

一、从中国传统的纽带理论上看

所谓"纽带",是指事物之间的相互关系和发展的链条。从唯物辩证法来说,事物之间的相互关系,核心是对立统一关系。对立,是指世间事物都是各自相对独立存在的。事物在一定条件下联结,即建立起纽带关系,此即"统一"的第一义;第二义则是指事物在发展中相互地位的转化或变异,即转化为同一事物或变异为另一新的事物。事物都是循着对立统一规律而不断地转化发展的。从战略意义上来看,纽带就是在国与国之间利用双方在历史上或现实利益上曾有或现有的良好关系或共同需求而建立新的联结关系,以促进双方互通互联、互利互赢、共同发展。中国古代著名的政治家、军事家大都很善于运用这个规律和理论进行战略策划和决策。我看这种理论是一种传统精华文化,又是一种英明的战略决策理论。

纽带理论也即是合纵连横论,战国时代的合纵连横是这一理论的开创,也是这一理论的实践依据和典型事例。合纵连横是战国时期纵横家所宣扬并推行的外交和军事政策。合纵论者苏秦曾经联合"天下之士,合纵相聚于赵,而欲攻秦"(《战国策·秦策》三),他游说六国诸侯,要六国联合起来,即结成纽带关系,共同抗秦。因六国土地南北相连而成纵的系列,故称合纵。张仪首倡的连横论,则主张六国连成并列的连横纽带关系,共同尊奉秦国。这是两种针锋相对的主张,在战国时期影响很大。当时是齐、楚、燕、韩、赵、魏、秦七雄并立。战国中期,齐、秦两国最为强大,东西对峙,互相争取盟国,以图击败对方。其他五国也不甘示弱,与齐、秦两国时而对抗,时而联合。大国间冲突加剧,外交活动也更为频繁,从而加剧合纵与连横两大主张和纽带的斗争。其实质是战国时期的各大国为拉拢邻国而进行的外交、军事斗争。合纵就是南北纵列的国家联合起来,共同对付强国,阻止齐、秦两国兼并弱国;连横就是秦或齐拉拢一些国家,共同进攻另外一些国家。合纵的目的在于联合许多弱国抵抗一个强国,以防止强国的兼并;连横的目的在于事奉一个强国以为靠山从而进攻另外一些弱国,以达到兼并和扩展土地的目的。最初合纵与连横变化无常，合纵既可以对齐，又可以对秦；连横既可以联秦，也可以联齐。这就是成语"朝秦暮楚"的由来。后来秦国的势力不断强大，成为东方六国的共同威胁，于是合纵成为六国合力抵抗强秦，连横则是六国分别与秦国联盟，以求苟安。秦国的连横活动，目的是破坏六国间的合纵，以便孤立各国，各个击破。这段史实说明合纵连横的主张实际是纽带理论的开创，是战国时代各国之间相互斗争的两种模式和策略。两者在斗争中的变幻和发展，说明纽带的关系和战略运用不是始终不变的，必须因形势的变化而变化，高明的战略家、决策者必会审时度势而成功地运用这种纽带理论。

战国以后，历代以纽带理论治国安邦的成功事例不胜枚举，最著名的有：汉元帝时以昭君出塞和亲而平息边塞烽火，三国时诸葛亮以和亲而联吴抗魏，唐朝以文成公主出嫁而和亲西藏，明代以郑和七下西洋而和好南海诸国，等等。

尤其是在现代中国革命战争史上，对纽带理论的运用更是登峰造极，高明之至：孙中山在第一次国内革命战争时期，倡导"联俄、联共、扶助农工"三大政策；中国共产党在抗日战争时期提出组织"抗日民主统一战线"，在解放战争期间又以统一战线为"三大法宝"之一而夺取了中国革命的胜利。新中国成立后，无论是在国内或国际的政治或外交上，都有成功运用纽带理论的杰出范例，如成功建设富有中国特色并有广泛代表性的全国人民代表大会和中国人民政治协商会议制度，在国际上联合亚非拉国家组成"第三世界"与两个"超级大国"抗衡，并被第三世界国家"抬进联合国"（毛泽东语），后来改善中美关系以对抗苏联的威胁，近年又先后与许多国家建立战略伙伴关系，与美国建立新型大国关系，等等，都是同样内涵。如今，"一带一路"倡议则更明确了和平友好、互联互通的目标与性质，并更有中国特色了。显然，习近平主席提出的建设"一带一路"的倡议，也是中国传统纽带理论的继承和创新发展，可以说是开创中国新时代的统一战线。

二、从现代文化学和海洋文化理论上看

上世纪 80 年代刚开始改革开放的时候，邓小平同志曾经推荐干部阅读美国学者阿尔文·托夫勒的《第三次浪潮》一书，这是世界未来学的代表性论著。著者提出人类社会发展至今有三次浪潮：一是农耕文明，早在 1 万年前已开始了；二是工业文明，始于 17 世纪工业革命；三是 20 世纪 90 年代后的信息时代，包括高科技

和文化时代。著者在 1992 年来中国访问时，预测第四次浪潮是太空时代，包括生物经济和人类技术革命时代。所谓文化时代，是指世界各国之间将主要是文化关系，彼此的冲突主要是文化冲突。当今世界冲突的焦点是宗教、民族、海洋冲突，三大冲突实质都是文化冲突。所以，文化是决定国家的政治、经济、军事、外交战略决策的主要因素。

现代文化学的文化概念，是指一个国家、民族、地区的人们共通的观念意识、思维方式、行为方式；其内涵主要在三个层面：一是精神层面，二是制度层面，三是事业层面。大文化理念主要是指精神层面，即如《周易》所言：文化者，"观乎人文，以化成天下"也。"文"是指精神、理念、意识；一方"天下"的人，自受一方之"文"所"化"；以受一方之"文"所"化"人，自成一方"天下"。可见我国早已有大文化理念，只是后来被忽略了。

19 世纪在西方兴起的现代文化学，有诸多学派，其中最受认同的是水文化、江河文化和海洋文化。海洋文化学的创始人是 19 世纪著名德国哲学家黑格尔。他在《历史哲学》中说，17 世纪世界工业革命后，有些国家驾驭了海洋，变成了具有海洋文化的先进国家；像中国和印度，虽有海洋，但海洋并不影响它们的文化，其文化没有海洋因素。显然，他创始的海洋文化理论是有道理的，但说中国无海洋文化则是不符合事实的，可能与他从未到过中国有关。

联合国曾宣布：21 世纪是世界海洋世纪。这意味着世界的焦点和中心是海洋，是认识、利用、开发、征服海洋，也意味着共处、争夺海洋。每个国家驾驭、利用海洋的实力，是其国家硬实力的主要标志；每个国家在海洋文化上的决策力和影响力，则是其文化软实力的主导力。海洋文化又是与每个国家的江河文化密切相连的，海洋国家大都称自身的代表文化是本国主干母亲河文化，如美国是密西西比河文化，英国是泰晤士河文化，法国是塞纳河文化，德国是莱茵河文化，埃及是尼罗河文化，等等。外国学者也称我们中国是黄河长江文化。我之所以探索并发现珠江文化和海上丝绸之路最早始发港徐闻，就是要匡正西方学者对中国的误解和偏见，对接世界的江河文化与海洋文化理论，并以这种理论理解和解读我国改革开放 30 多年来的重大步骤和战略决策。

从 20 世纪 80 年代改革开放之始，我国的发展战略决策是以江河文化和海洋文化为指导理念的。首先选择深圳、珠海、厦门三个海边城市开办经济特区，就是出自这一理念；接着开放沿海 14 个城市、海南岛，以及广东"先走一步"，再就是开发三个"三角洲",即黄河三个洲(即环渤海经济区)、长江三角洲、珠江三角洲,都是以这一理念指导战略决策的鲜明体现。就广东来说,从开创深圳、珠海特区,到建设珠江三角洲城市群,从建粤港澳大珠江三角洲,到建设泛珠江三角洲("9+2")合作区,从建设珠江三角洲经济圈,再到发展珠江三角洲"两翼"和粤东西北战略,都是以这一理念为底蕴的。现在中央提出建设"一带一路",又提出建设长江经济带并与丝绸之路经济带对接;最近又将珠江—西江经济带建设纳入国家战略,并要求与东盟共建21世纪海上丝绸之路对接。我省正根据中央部署,正在发挥自身的优势,率先在21世纪海上丝绸之路建设中起排头兵作用。可见,"一带一路"是改革开放以来国家以江海文化为理念的重大决策的继续和创新发展。

三、从文化软实力的理论上看

文化软实力是美国著名政治学家、哈佛大学教授约瑟夫·奈在《软实力——国际政治的制胜之道》一书中,首先提出的概念。他认为,文化软实力是指一个国家维护和实现国家利益的决策和行动的能力,其力量是基于该国在国际社会的文化认同感而产生的亲和力、影响力和凝聚力。对每个地区或领域而言也是如此。笔者试图将文化软实力之力源,细化为文化对应力、文化激活力、文化伸张力、文化浸润力、文化持续力等"五力"。

(1)文化对应力,是将文化软实力的认同感、亲和力纽带化,即加强主体与客体之间的纽带联结,使两者在纽带中相互对应发展;而促使纽带的联结、产生和发展的基础和动力,即是文化对应力,也即是主体与客体之间的认同力、亲和力、对接力。联结纽带双方关系的亲密程度和发展,取决于文化对应力的力度和全方位发挥的强度。海上丝绸之路就是我省和我国自古以来与海外诸国的联结纽带之一。海上丝绸之路是西汉时始发于广东徐闻,迄今已有两千多年历史,是我省和我国走向世界、对接世界的海上通道。现在中央要求建设21世纪海上丝绸之路,实际上是以文化对应力的原理,利用历史上与中国有经济往来的国家、地区,因有海上丝绸之路的友谊之"缘",而以此"缘"之亲和力为纽带,建立亲密的合作关系。这项"再续前缘"的举措,就是文化对应力的运用和发挥。

(2)文化激活力,即在主体与客体的纽带关系中,主体以一定的时代理念去激活客体元素而进行的文化创造力,即文化复活力、新生力、再创力。古代海上丝绸之路文化是因岁月消逝而失去实体生命的历史文化或文化遗存。当今人们（主体）必须以当今时代的理念和价值观，对其（客体）重新认识和运用，才能恢复其历史价值并具有现实活力。对其激活力的强度，一方面在于客体的原有基础，另一方面则在于主体的功力大小和用力程度。海上丝绸之路的历史或文化遗存是客体，我们作为对其研究开发的主体，在其基础上进行21世纪海上丝路建设，就是文化激活力的运用与发挥。由此，从战略上说，就是要以新的理念和举措，使已逝去的历史文化元素重新具有新的生命力和感动力，这就是既有再生的激活力，又要有使再生的历史文化和遗存所创造的载体（如学术著作、文艺作品等）对当今社会具有新的激活力。

（3）文化伸张力，有对内和对外的双向伸张。对内是指主体（作者或主导者）在进行文化创造过程中，对客体文化元素内涵的深度、广度的强化力；对外是指客体（作品或文化实体）完成后更大更深地扩展其内涵的强化力，以及对社会受众的影响力。以现代文化理念发挥和强化文化伸张力，则如虎添翼，对主体（作者或主导者）而言，有似《红楼梦》中林黛玉所言："愿奴胁下生双翼，随花飞到天尽头"；对客体（作品或文化实体）而言，则如薛宝钗所言："好风凭借力，送我上青云"。前者是伸张内力，后者是伸张外力。将这一原理运用于海上丝绸之路建设，从战略而言，就是要求主体和客体都要伸张内力和外力。如对古代海上丝绸之路文化性质以及与海外诸国的纽带关系，应当认识到其内涵主要是经贸往来功能，进而扩展认识其同时又具有政治、文化、外交、军事等诸多方面意义，尤其是具有各国之间人民友谊交往的意义。从战术而言，以种种方式和媒介，大力宣传我国和相关国家的海上丝绸之路的题材、作品、成果、活动，如发行邮票、印花税票、定制礼品，举办会展、发布微博、微信、网讯等，持续而层出不穷地伸张其文化内涵与价值，也是文化伸张力的全方位发挥。

（4）文化浸润力，包括文化的形象力、氛围力、辐射力等；总体而言，是指主体与客体之间的亲和力，以及"润物细无声"的浸润性影响力。具体用于海上丝绸之路文化建设，从战略上而言，就是要我们与相关国家始终保持并发展传统友好关系，并且在对外关系中始终保持并发展独立自主、和平友好、平等互惠的外交外贸政策，注重我国自身具有五千年文化传统的文明形象，并以这种形象的尊严与亲和力，赢得相关国家的真诚信赖，从而在国际关系和相互交往中，以亲善、温馨的氛围和关系，缩小或化解彼此的分歧或矛盾冲突，创造互惠双赢的结局，建立战略伙伴关系。这种力的根本点，在于我国的海上丝绸之路文化和海洋观是和平的、亲善的。明代郑和七下西洋就是历史的印证和典型范例。

（5）文化持续力，就是文化的转型力、转化力、综合力，具体用于海上丝绸之路建设，从战略而言，就是要"古为今用""洋中通用""五力并用"。因为以"前缘"而建新的经济带、新丝绸之路，无"古"则失"缘"，不为"今用"则缺"新"；中国与海外他国共建新"路"，不能没有中国特色，也必须尊重相关国家的文化特色；中央决定要求"形成全方位开发格局"，就是要全面发挥文化软实力之"五力并用"，作为一项重大工程来抓，全方位地持续进行这项工程，才能具有文化持续力。

最后，与大家共同探讨我们单位和地方如何对接"一带一路"和投入建设21世纪海上丝绸之路。值得高兴的是，2015年3月28日，经国务院授权，国家发改委、外交部、商业部联合发布了《推动共建丝绸之路经济带和21世纪海上丝绸之路的愿景与行动》。我们可以根据这个文件，发挥自身的优势，研制出对接"一带一路"的愿景和行动计划。

[本文是2014—2015年，先后在广东省政府参事室（文史馆）、文化厅、交通厅、水利厅、地税局，交通部海事局、珠江航运管理局，以及东莞、梅州、江门等市委和广州市荔湾区区委、广西贺州市委中心组的专题报告稿。]

为"今生"谱写"前世",借"前世"发展"今生"
——在南国书香节"海上丝绸之路研究书系"新书首发式暨赠书仪式上的主讲辞

由南方出版传媒股份有限公司、广东经济出版社、珠江文化研究会共同主办的"海上丝绸之路研究书系"新书首发式暨赠书仪式现在开始了。本人作为这套书系的总主编,受主办单位的委托,谨向大家汇报这套书系项目的全貌和逐步完成的过程,以及自己的切身感受。

这套书系由五辑篇章构成,包括:"开拓篇"(4部)、"星座篇"(10部)、"概要篇"(2部)、"史料篇"(4部)、"港口篇"(10部),共30部800万字,是广东省珠江文化研究会在广东省参事室(文史馆)领导下,以广东省海上丝绸之路研究开发项目组(下称"项目组")领衔的学术团队,用了5年时间逐步完成的。

本人认为,用"为'今生'谱写'前世',借'前世'发展'今生'"这14个字两句话的理念,可以概括这套书系的特点和组编的经验体会。下面向大家讲一些背景和进程的故事,解释这个理念,具体介绍这些特点和经验体会,请大家指正。

书系项目的缘起机遇

首先向大家报告,这套书系项目的缘起是很有机遇的。2013年夏秋,习近平主席发出建设"一带一路"的重大倡议,本人即意识到这是将我国两千多年("前世")对外和平交往的传统关系和文化遗产,转化为当今("今生")我国与世界友好国家合作共赢纽带的重大战略举措,是将历史传统活化为当今时代实践的创新理念和方针。所以,当本人接到省参事室和中山大学党委转来省委办公厅关于"推进海上丝绸之路建设的探索与思考"约稿信时,即应约将我们项目组团队从2000年6月在徐闻发现和论证出西汉古港,将中国海上丝绸之路史推前1300多年,并持续进行新发现的过程与成果,写成《持续发掘海上丝绸之路文化,全方位发挥海洋文化软实力——关于研究开发广东海上丝绸之路文化的调研报告》，作为省政府参事建议提交，受到了广东省委领导的高度重视，"海上丝绸之路研究书系"的立项报告很快得到了批准。这即是书系项目的缘起。

"开拓篇"的开拓作用

2014年，项目组以这个为理念指导，按习近平主席首倡"一带一路"的新时代高度，将我们团队自发现徐闻古港以来的海上丝绸之路研究开发成果，重新进行认真梳理和修改加工，精编出四部专著，构成这套书系的首辑"开拓篇"（黄伟宗总主编），包括：①《广东海上丝绸之路史》（黄启臣主编），以丰富的中外历史文献资料阐述自西汉由徐闻、合浦港出海，魏晋南北朝从广州港起航，历隋、唐、宋、元、明、清各代，两千年经久不衰的海上丝绸之路的形成、发展的历史轨迹，包括广东对外贸易的国际航线、进出口商品结构、贸易地域、管理体制，以及由此而引起的海外移民、中外文化交流和社会经济的变迁状况。这是广东首部海上丝绸之路史，也是当时全国省区海上丝绸之路史的首部。②《中国古代海上丝绸之路诗选》（陈永正编注），选录了中国古代从汉至清的海上丝绸之路题材诗歌419首，并都作了简注。全书以历代诗歌创作体现了海上丝绸之路的发展历程和各个时代的文化风貌，从文艺视角展现了广东海上丝绸之路的历史源流与辉煌。这是我省也是全国首部海上丝路诗史。③《海上丝绸之路的研究开发》（周义主编），是项目组自2000年以来开拓海上丝绸之路研究开发成果的汇编，展现了早期研究开发海上丝绸之路的成果和历程。④《海上丝绸之路与海洋文化纵横论》（黄伟宗著），是作者自新时期以来对海洋文化与海上丝绸之路研究开发的新发现新成果论集。四部都是具有开拓意义的专著。2014年春天，广东省委领导出访越南、马来西亚、新加坡三国，特地带上"开拓篇"作为礼品，使这套书在"一带一路"建设中也发挥了开拓作用。印度尼西亚还购买了这套书的版权。

"星座篇"的星光灿烂

2014—2016年，全国掀起了学习宣传和贯彻落实"一带一路"倡议热潮，广东更是领风气之先，各地纷纷要求专家讲解有关知识和考察海上丝绸之路遗址。作为"广东省海上丝绸之路研究开发项目组"组长,本人在这期间先后被数十个省直单位和县市邀请,前往考察或作报告,毗邻的广西梧州市、贺州市也多次邀请。由此使我切身感到,必须将我省两千年海上丝绸之路的文化遗产进行梳理,结合实地研究考察,将未发现的挖掘出来,将最有代表性的精选出来,作为我省海上丝绸之路历史长河的标志"星座",分别由专家学者写成专著,结辑出版。这就是这套书系的第二辑"星座篇"(黄伟宗总主编),包括10部:①《徐闻古港——海上丝绸之路第一港》;②《海陆古道——海陆丝绸之路对接通道》;③《广州十三行——明清300年艰难曲折的外贸之路》;④《侨乡三楼——华侨华人之路的丰碑》;⑤《古锦今丝——广东丝绸业的"前世今生"》;⑥《南海港群——广东海上丝绸之路古港》;⑦《海上敦煌——南海Ⅰ号及其他海上文物》;⑧《沧海航灯——岭南宗教信仰文化传播之路》;⑨《香茶陶珠——特产及其文化交流之路》;⑩《广交会——海上丝绸之路的新生与发展》。这套书介绍的每个或某种遗产或景点,由此有了确切的文化定位,有利于促进其研究开发,使这些照亮"前世"的星座之光,在"今生"更加光辉灿烂。

"概要篇"的普及亮丽

2016年,正是"一带一路"大发展大普及之年,海内外的海上丝绸之路贸易蓬勃发展,关系日益增多,文化交流日益频繁,旅游日益兴旺,很需要有助于交流普及的海上丝绸之路专著。由此,项目组组编了这套书系第三辑"概要篇"的两部书。

一部是《"一带一路"广东要览》(王培楠主编)。全书分上下两部分。上半部分宏观地介绍了广东海上丝绸之路形成发展的自然人文环境、格局特色、历史地位和影响,纵览了从秦汉、魏晋南北朝、隋唐五代、宋元到明清,广东海上丝绸之路文化的发展进程和节点,列举了各种有代表性的亮点,包括名人、名篇、名胜、名物、名(宗)教,以及外来的语言、艺术等。下半部分是全省各市提供的当地"一带一路"文化览胜,以及广东2015年重要经济数据和"一带一路"大事记,具有对广东古今海上丝绸之路文化特点和建设"一览无遗"的作用和意义,是一部普及性质的书,深受大众欢迎。

另一部是《海丝映粤——广东与21世纪海上丝绸之路建设图志》(江海燕主

编），是广东与 21 世纪海上丝绸之路建设图志。全书以图文结合形式，全方位回顾广东海上丝绸之路的光辉历程，呈现广东改革开放先行地的巨大成就，展现了广东 21 世纪海上丝绸之路建设排头兵的壮丽愿景，是一部史像结合、图文并茂，既是读物、又是礼品的文化交流大著。

"史料篇"的学术基础

2017 年的"一带一路"建设，出现了全面开花、成果层出、学术深入的势头。应这势头之需，项目组组编了这套书系第四辑"史料篇"（王元林主编），将秦汉至清代两千年来有关广东海上丝绸上之路的史料，构成体系，分列为《广东海上丝绸之路史料汇编·秦汉至五代卷》《广东海上丝绸之路史料汇编·宋元卷》《广东海上丝绸之路史料汇编·明代卷》《广东海上丝绸之路史料汇编·清代卷》等四卷出版。史料内容包括各个时代的政治关系（贡使往来、涉外关系）、商贸往来（市舶朝贡贸易、海禁与民间贸易、贸易商品、关税征收等）、海防体系（海防布局、倭夷海寇）、港口航线、船舶与航海技术、军器与火炮技术、文化文流等。系列史料的发现和梳理，既是海上丝绸之路研究深化的成果，又为更多更好地研究开发海上丝绸之路历史资源，提供了坚实的基础和保证，是一套专业性特强、文献性特重、实用性明显的专著。

"港口篇"的今古书系

2018—2019 年的"一带一路"建设，我省进入了以港口建设为重心的聚焦粤港澳大湾区建设新阶段。项目组应时组编了这套书系第五辑"港口篇"（司徒尚纪、王元林主编），分列《深圳港与海上丝绸之路》《珠海港与海上丝绸之路》《阳江港与海上丝绸之路》《汕尾港与海上丝绸之路》《潮州港与海上丝绸之路》《广州港与海上丝绸之路》《茂名港与海上丝绸之路》《南澳港与海上丝绸之路》《汕头港与海上丝绸之路》《湛江港与海上丝绸之路》等 10 部，将广东的海上丝绸之路港口编成系列，构成体系，总结了广东主要海港产生、发展、盛衰变化的历史过程、特点和规律，及其演变的历史剖面；并以港口为核心，介绍了相关的海陆资源，从点及面，为相关的海陆区域、海岸带、近岸海洋的开发利用提供了丰富的资料；各篇均从"一带一路"建设的需要,从港口的实际出发,提出了研究开发的具体政策、技术和措施等建议,具有古为今用的价值和意义,是一套以体系化著述、在著述中体系化、"前世"与"今生"一体的今古书系。

总之,"海上丝绸之路研究书系"是一套为响应习近平主席"一带一路"号召、为配合广东省委省政府贯彻这个伟大号召的部署而编写,并在编写过程中按时代发展需要,及时地发挥了战略开拓、学术建设、对外交流、普及宣传作用的系列专著;同时,又是研究梳理两千年来广东海上丝绸之路历史脉络、发展进程、文化传统、遗址景点、世界网络、开发走向的古今风貌,并且展现改革开放尤其是习近平主席倡导"一带一路"建设以来,我省研究开发海上丝绸之路的光辉历程与成果,已经具有确立广东"一带一路"古今学术体系意义的大型书系。所以,它是一套为"今生"谱写"前世",借"前世"发展"今生"的大书。

(2019年8月16日上午在广州琶洲会展中心)

古驿道与海陆丝绸之路对接论

挖掘岭南古道文化,与绿道交相辉映,纳入"一带一路"建设
—— 关于广东古道文化的调研报告

中外文明相互吸引,相互影响。为了沟通文明之间的交流,道路便孕育而生。古代中国与域外文明各国交流,形成了驰名中外的陆上丝绸之路、海上丝绸之路。可以说,古道承载了人类文明发展的史迹,传承了许多可歌可泣的精神与文化。今天建设"一带一路",古道历史文化仍然有着重要的作用与意义。

一、广东具有丰富的古道文化资源

从新世纪到现在的15年间,我们结合海上丝绸之路研究,以及启动《中国珠江文化史》的著述需要,对我省和珠江流域地区的古道进行了多次实地考察,发现其资源是极其丰富的,而且其分布颇有规律、甚有特点,总结广东古道的特征如下:

(1)水决定人的生命、生活、生产,决定人的观念、思维方式和行为方式,决定地域的政治、经济、文化。在古代,地域与地域之间的人们,主要靠自然河流和人造河流与水陆之间的沟通而相互往来。由此,有历史文化价值的古道,往往在国家或省区交界的河流或人造河流地带。如广东深圳与香港交界的深圳河(沙头角)、两广交界的贺江、粤湘交界的武水、粤赣交界的浈江和定南水、闽粤交界的韩江上游的汀江等。

(2)古道以陆路为多,通常穿山越岭,经悬崖绝壁,过原始森林;古代交通多靠马和马车,故古道又称马路或马道;又由于古代开辟陆路交通的能力有限,古道往往沿绕河岸开凿,或者水陆联运,船车换行。如广东南雄的乌迳古道、云浮罗定的南江古道、怀集的绥江古道、封开的贺江古道、乳源的西京古道、鹤山的彩虹古

道、连州的星子古道等。

（3）古道历史悠久，与关隘密切相关。岭南古道历史久远，诸如阳山秤架古道，早在秦汉已经闻名。而封建割据，战争频繁，常在地域交界或军事要地设置水陆关卡，也即随之修建古道。如广东南雄的梅岭珠玑巷古道、乐昌的金鸡岭古道、英德的贞阳峡古道、连州的南天门古道等。这些古道与重要军事设施一起，成为广东重要的防御设施，成为转输军用物资、传递军令军情以及军事防御的重要屏障。

（4）广东古代通道不仅是交通要道，而且是对外与中央、周边地区联系的通道，也是对内缩短省内地区间路程的便道。古道不仅是商贸物流通道，包括省内南北地区物资运输、文化传递，以及与中原地区经济贸易、文化交流，还是海外贸易的重要通道与出海口。如广州的黄埔港、澄海的樟林港、吴川的梅菉港、陆丰的甲子港、新安的南山港等，都是与中外贸易密切相关。

（5）岭南古道还是人口迁徙的路径。不管是历史上汉人随军南下，还是躲避战乱迁徙，他们不断地与岭南民众融合，形成岭南文明的主体。而更有一些古代的广东人"下南洋"，赴东南亚以及欧美。梅县的松口镇以及附近的南洋古道，就是客家人开拓"印度洋之路"的始发港；台山的广海湾即是"广府人出洋第一港"。

以上这些仅是我们在我省和珠江流域地带初步查到的古道，尚未查到的古道估计还有不少，其他地方以及其他国家可能会更多。所以古道文化资源是极其丰富的，是有普遍意义的。

二、古道文化内涵深厚

从迄今所见的古道情况看，每条古道都有其特定的地理和历史条件，使其文化负载和性质与其他古道不同。但又由于所有古道都在根本上属交通性质，所以其文化内涵元素往往是综合性的，而且是普遍性的，只不过其在不同历史阶段的主要作用有所不同，从而使其特点与其他古道有别而已。因此，我们要对古道文化进行具体分析，首先要弄清楚古道文化中有哪些带普遍性的文化元素或文化内涵。从迄今调研情况看，其文化内涵是很丰富的，其内容大致有：

（1）丝绸之路和海陆丝绸之路对接通道文化内涵。丝绸之路即海外交通线，是中国与世界通商和交往之路，也包括国内的商贾之路。丝绸之路实质上也是古道，其文化也即是古道文化。前些年，联合国教科文组织和中国国家文物局先后宣布：

拟将全世界丝绸之路（包括海上、陆上丝绸之路及相关文化遗存）统一申报世界文化遗产。在泛珠江三角洲合作区的古道中，有两条属于陆上丝绸之路，即：云南贵州的边境丝绸之路，四川经贵州到广西梧州的西南丝绸之路。海上与陆上丝绸之路对接点或通道，理当属于丝绸之路文化遗产的"相关文化遗存"。我们查有实据、保存较好而有条件列入申遗的古道有南雄梅岭珠玑巷古道、乳源西京古道、封开贺江古道、云浮罗定南江古道、广西潇贺古道等。

（2）政治军事文化内涵。秦始皇统一中国时，规定全国"车同轨"，并且在云南曲靖修建"五尺道"，在广西修建连接长江与珠江两大水系的桂林灵渠。这两项工程，与在北方建的万里长城并列为秦始皇的"三大贡献"。三国时代，诸葛亮六出祁山、七擒孟获，关羽"过五关斩六将"和曹操败走华容道，张飞大闹长坂坡和邓艾捷径入蜀，等等，都是发生在古道上的政治军事文化故事。

（3）文人文化内涵。古代文人进京做官或应试，被贬文人南下任职或流放，都要走过古道，从而使古道留下古代文人的印痕，使古道文化更有文化内涵和沧桑感。如南雄梅岭古道，载有岭南第一宰相、第一诗人张九龄的开路史绩、开明政绩和开一代诗风、开一方文气的辉煌文化内涵；连州古道和武水古道，留有唐宋名家韩愈、刘禹锡、王勃、苏轼、苏辙、杨万里、周敦颐、米芾、包拯等文人的文气；汤显祖携他的杰作《牡丹亭》，过梅岭古道，直下徐闻办书院；康有为、梁启超经梅关古道，赴京"公车上书"，揭开中国近代史的序幕……

（4）思想学术与宗教文化内涵。汉代陈钦、陈元父子和士燮四兄弟从古道承受和传播经学；葛洪经古道到罗浮山修道；南北朝时印度和尚达摩经海路进广州、又经古道到登封传承佛教禅宗；唐代六祖惠能经梅关北上黄梅受经，又南下开创中国禅宗；意大利传教士利玛窦从海路进大陆，又经古道到内地传天主教，并引进西方文明。

（5）移民文化内涵。中国数千年历史近半是移民史。每次改朝换代、外族入侵所引起的动乱，每次瘟疫流行、虫旱、洪水所造成的灾难，都造成一批批的移民潮，而移民的足迹又都深印于条条古道之中，造成古道莫不具有移民文化内涵。在南雄梅关珠玑巷古道、江门蓬江"后珠玑巷"古道、乳源西京古道等的移民足迹至今仍历历可见。

（6）文学文化内涵。中国许多古代诗词和文学名著都与古道密切相关。从屈原的"路漫漫其修远兮，吾将上下而求索"，到李白的"噫吁兮！危乎高哉！蜀道之难,难于上青天",从王昌龄的"秦时明月汉时关,万里长征人未还",到马致远的"古道西风瘦马,断肠人在天涯",从《西厢记》的"碧云天,黄花地,西风起北雁南飞",到《城南旧事》的"长亭外,古道边,芳草碧连天",都有不可胜数的著名古道诗词。著名的文学散文集《史记》《老残游记》,不乏脍炙人口的古道散文名篇。著名戏曲也多有古道折子,如《梁山伯祝英台》的"十八相送",《天仙配》的"古道相逢"。著名小说也与古道缘中有缘:《聊斋志异》是蒲松龄在古道搜集材料写成,而所写的鬼怪故事大都发生于古道;《西游记》写的是唐僧经历九九八十一苦难的古道取经史;《水浒传》写宋江等一百零八条好汉被逼从不同的古道上梁山;《三国演义》写魏、蜀、吴三国从不同的古道走过"天下大势,分久必合,合久必分"的百年历程。如此等等,不胜枚举。

(7) 人生文化内涵。悲欢离合、生离死别是人类社会的常有现象,是人生文化的普遍内容和表现形式。这些人生文化内涵也常常发生和体现于古道,其文字的记载则见诸古代史书、地方志、族谱、家谱、传记中,尤其生动地表现于古代文学作品(包括诗词、戏曲、散文、小说)中。"诗圣"杜甫是写古道人生文化的能手。他的《兵车行》:"车辚辚,马萧萧,行人弓箭各在腰。耶娘妻子走相送,尘埃不见咸阳桥。牵衣顿足拦道哭,哭声直上干云霄",写的是生离;他的《梦李白》:"死别已吞声,生别常恻恻。江南瘴疠地,逐客无消息。故人入我梦,明我长相忆。恐非平生魂,路远不可测",写的是死别;他的《闻官军收河南河北》:"剑外忽传收蓟北,初闻涕泪满衣裳。却看妻子愁何在,漫卷诗书喜若狂。白日放歌须纵酒,青春作伴好还乡。即从巴峡穿巫峡,便下襄阳向洛阳",则可谓一诗写全了悲欢离合。尤其是文天祥的《过零丁洋》:"辛苦遭逢起一经,干戈流落四周星;山河破碎风飘絮,身世浮沉雨打萍。惶恐滩头说惶恐,零丁洋里叹零丁;人生自古谁无死,留取丹青照汗青",更是将个人和民族的浮沉和陆海古道寓于一诗之中,使诗与古道名垂千古。

(8) 革命文化内涵。中国革命之路是坎坷崎岖之路。从农村到城市、从山区到海边的奋斗历程,大都在古道中跋涉。所以在古道文化中也有辉煌的革命文化内涵。著名的陈毅《梅岭三章》:"此去泉台招旧部,旌旗十万战阎罗",是于梅岭古道抒发的英雄篇章;著名的毛泽东《长征诗》:"红军不怕远征难,万水千山只等闲。五岭逶迤腾细浪,乌蒙磅礴走泥丸。金沙水拍云崖暖,大渡桥横铁索寒。更喜岷山千里雪,三军过后尽开颜",为珠江流域的古道注入了光辉的革命文化内涵。

大革命时代江西苏区的民歌《十送红军》,萧华创作的《长征组歌》,也都是中国古道文化的不朽诗章。

(9) 旅游文化内涵。古道既是古人的旅游途径和圣地,又是古人考察人文地理资源的科学基地,郦道元的《水经注》,以及《徐霞客游记》,既是经典的地理学术著作,又是千古传诵的古道旅游散文。古道更是今日的重要旅游资源和宝库,是爱国主义、传统教育、乡土文化教育的重要基地和圣地。当今研究开发古道文化的旅游资源,很大程度上是开发其圣地资源和基地资源,使其古为今用、旧物新用,使代代青少年都能有似当年"诗仙"李白那样,高歌"古人秉烛夜游,良有以也";学革命领袖毛泽东学生时代那样"携来百侣曾游,忆往昔峥嵘岁月稠";寻找陈子昂《登幽州台歌》的足迹,发思古之幽情:"前不见古人,后不见来者。念天地之悠悠,独怆然而涕下";沿杜牧《山行》的诗路,去寻觅古道的意境:"远上寒山石径斜,白云生处有人家。停车坐爱枫林晚,霜叶红于二月花"。

三、打造广东古道文化的具体建议

(1) 建议举办古道文化论坛。由于韶关市、清远市、梅州市、肇庆市、云浮市、罗定市等市古道文化资源特别丰富,保存较好,条件比较成熟,希望由省"一带一路"办、省住房城乡建设厅、省文物局协调,在以上六市择一举办古道文化论坛。广西贺州和湖南江华已经开始打造"潇贺古道",广西梧州在打造"最早陆海丝绸之路对接点",广东不应把古道历史文化资源浪费,而应更加发扬光大,结合绿道,树立历史文化品牌、凸显岭南地域特色,并借"精准扶贫"之势,确实把古道文化与新农村文化建设结合起来。古道论坛开会及出版论文集的费用,由当地人民政府、省住房城乡建设厅与省文化厅协商解决,或者由省政府统筹解决。

(2) 建议以主办论坛所在市的名义,发表《古道文化宣言》。在地方上举办古道文化论坛的主要目的,是在学术上肯定海陆丝绸之路对接通道的古道是丝绸之路文化的组成部分,应当作为其相关文化遗存而列入世界文化遗产之中。如果因范围过大或其他原因而为难,也应当且完全有条件将古道文化作为单独项目申请列入世界文化遗产。由于这是带有世界性、全国性的,具有填补学术空白意义的重大命题,需要有力的学术和舆论支持。所以,仿效前些年在西安举行的全国性丝绸之路学术研讨会,为丝绸之路申报世界文化遗产而发表《西安宣言》的做法,也发表

《古道文化宣言》，为古道文化申遗呼吁。

（3）建议将古道文化论坛与阳江在"南海Ⅰ号"举办的海上丝绸之路文化论坛联合举办，即在相同月份先后连续举办。这样做意味着我省陆上和海上两项高峰文化遗产学术论坛，有似双子星座那样并行崛起，在文化战略上"双拳出击"，举世瞩目，影响更大，是增强文化软实力的有效举措。也可同时邀请联合国教科文组织官员和专家、中国国家文物局领导和专家，以及世界著名考古学家、海洋学家、历史学家、文化学家，等等，能连续参加两会，效果会更好，也可节省一些财力、人力。由于这两个国际性论坛关系重大，最好由省政府统筹举办。

（4）建议编撰出版《广东与珠江流域古道地图与研究》和"岭南古道文化丛书"。省委、省政府领导高度重视广东古道文化的保护与研究，希望能进一步加大工作力度。如批准设立广东古道文化研究项目，划拨专项经费作为考察广东古道文化和编撰出版《广东与珠江流域古道地图与研究》之用。在此基础上，条件成熟后再继续出版一套"岭南古道文化丛书"，持续发挥建设21世纪海上丝绸之路的文化影响力。

（5）建议组织作家、记者采写古道文化散文或报告文学，拍摄古道文化系列电视片。这样既可作为史料文献，又可作为旅游读物，记住乡愁，留住"古道"。建议省旅游局和省新闻出版广电局划拨专项资金，请有关社会团体和机构策划组织并提供学术指导与支持。

（6）建议积极展开古道保护与宣传工作。结合第三次文物普查，为全省古道做好登记，摸清家底，分类分层规划管理，设计好线路，逐步良性开发。同时，结合目前全省已建成的总长超过1万公里的绿道，展开"绿道"加"古道"自由行，休闲健身，建设"公共文化休闲目的地"，充分挖掘古道沿线历史文化，架通不同地方文化联系的桥梁，结合山区扶贫，弘扬社会主义核心价值观，把中国传统文化的"古道"（古代道行、道德、道理等，引申为精神）发扬光大。

（原载于《广东参事馆员建议》2016年5月26日第22期，与王元林合作）

南雄梅关珠玑巷是一条海陆丝绸之路对接通道

改革开放以来，以西安为始发点而通向中亚、西亚的陆上丝绸之路（对外贸易交通线）已经举世公认，家喻户晓；近年，从徐闻、合浦、广州、泉州为先后始发港而通向印度洋、太平洋、大西洋彼岸的丝绸之路，也正逐步受到世人的重视，知名度益高，并正在成为港澳台地区和英美等国学术界、新闻界、旅游界的热点。对陆上与海上丝绸之路的研究开发，可说是方兴未艾，尚有许多研究开发的空间，潜力无穷。其中，我认为对于我国自西汉时开始的陆上与海上两条丝绸之路的连接点和连接线的研究和开发，尚处于空白的状态，在最近某些学术会议上虽有此提法，但无实际研究。个中原因，可能与尚未找到这两条交通线的具体连接点密切相关。我从近年对海上丝绸之路与珠江文化的研究中发现，这两条交通线的连接线和连接点，在广东的北部各县、广西东北部各县，以至在广西西南部边境地区，都各有或多或少的遗迹和史证，但迄今依据最为充分的要数粤北南雄的梅关和珠玑巷。由此，我特提出将其定位为陆上和海上两条丝绸之路连接点而进行深入研究开发的建议，供有关部门参考。

一、历史的依据和意义

西汉的都会是西安，所以，陆上丝绸之路始发点在西安；东汉时迁都河南洛阳，接下来各个朝代（三国、魏晋南北朝、隋、唐、宋、元、明、清）的都会各不相同，自然，丝绸之路出发点和归宿点也各有所异，而且，对这两条交通线的运用也做法不同，有的封闭，有的半用不用，有的尽力开通。从现有历史记载看，除西汉汉武帝外，以东晋、唐、南宋、明几代的某些皇帝较重视利用这两条交通线，其中又以唐玄宗主要是接受了张九龄的建议，开凿粤赣边界大庾岭上的南雄梅关通道，并在此举的前前后后，有三批百万以上的中原移民，有组织地经此关在珠玑巷小住，然后移民到珠江三角洲以至海外各国。可见南雄梅关珠玑巷是唐代极其重要的南北通道，是南北交通和经济文化交流的枢纽。

广州古称番禺，是我国最早的对外贸易的都会，东晋以后即有对外贸易船只直接向海外开航的记载，在唐代特别繁荣，唐代的《广州通海夷道》有详细记载。但有五岭之隔，南北交通不便。自秦代起，梅关虽有古道，却不能通车马，不能运载商品货物，作为曲江人的张九龄切身了解其艰难，特上书请求开凿大庾岭。他在《开凿大庾岭序》中说其目的，是有利于"海外诸国，日以通商，齿革羽毛之殷，鱼盐蜃蛤之利，上足以备府库之用，下足以赡江淮之求"。可见是为了将广东自海上丝绸之路而来的海外商品，更通畅地经此而运往中原，清清楚楚地讲明是对外贸易和南北经济往来的需要，也即是为了沟通海上与陆上两条丝绸之路的目的。

丝绸之路也是人口迁移之路。据《南雄文物志》载，珠玑巷是中原南迁氏族的驻足地和发祥地，从唐代开始，特别是从宋至元的 200 年间，自中原南来之移民有史记载的大规模者有三次，少量者有 100 多次。从珠玑巷又南迁至珠江三角洲，然后又到港澳、海外者有 140 多姓氏的后裔。所以，珠玑古巷在古代极为繁荣，正如明代诗人黄公辅在《过沙水珠玑村》一诗中所写："长亭去路是珠玑，此日观风盛黍离，编户村中人集处，摩肩道上马交驰……"珠玑巷与梅关仅几里路程，是过梅关古道的第一站。将其与梅关合为一体，定位为陆上与海上两条丝绸之路的连接点，是有历史和地理依据的。

丝绸之路又是思想文化交流之路。中国三大宗教（儒、道、佛）之一的佛教，是从印度经陆上和海上丝绸之路传入中国的。著名的"唐僧取经"是陆上丝绸之路史迹。当今受到世界各国（包括其发祥地）佛界普遍信奉的禅宗派，则是由海上丝绸之路传入。印度高僧达摩经海路到广州，然后经梅关到南京会梁武帝，可以说是清清楚楚地写上了他经梅关而连接陆上与海上丝绸之路而传佛教的历史；稍后的印度高僧智药三藏，也是经海路到广州创宝林寺，后又到韶关创南华寺，也写下了海路传入佛教的史页；特别是在《六祖坛经》中，惠能亲口叙述了他接禅宗法位后，经梅关而带佛南来的艰苦而神奇的历程，更证实了梅关在连接两条丝绸之路的重要历史作用和地位。

从这些简单的介绍可见，将梅关珠玑巷定位为陆上与海上两条丝绸之路连接点是有历史依据的，而将这个连接点确定下来进行研究开发，是很有历史和现实意义的。其一，它是中国以至世界性的宝贵历史文化遗产，如果陆上和海上两条丝绸之路申请全国和世界文化遗产成功的话，那么，这两条交通线的连接点也可以列入其内，或者单独申报。其二，两条丝绸之路都是我国交通史、外贸史、文化思想史的标志，也是我国早有海洋文化和世界文化观念的标志，自然两条丝绸之路的连接点更是其标志，且是更为全面集中的标志，因而，其研究视角是新颖的，空间是极其广阔的，是潜力甚大、前景无限的。其三，迄今对陆上和海上丝绸之路的研究大军学者甚众，力量雄厚，成果甚丰，尤其是近年交叉学科研究的兴起，已大大超出外贸史、海外或对外交通史的领域，已主要进入文化史和文化学的范畴；如果将这两条丝绸之路连接线和连接点作为研究命题或开辟为研究领域，则可汇集这两路学术大军的力量，进行更有力更有效的研究，势必会将我国文化学和各种学科的研究提到更高水平，得出更新更大的成果。其四，从这两条丝绸之路到国外和华裔移民甚众，由此两路且外国移居中国的阿拉伯等国移民后裔也为数不少，如以两条丝绸之路移民后裔联谊的名义和做法，势必大大有利于全国人民和海外华人华侨的友好往来，有利于文化交流和经济投资。其五，大可借机会增加旅游项目，有利于发展旅游业。

二、研究开发的设想和建议

（1）根据以上依据和看法，我认为很有必要将陆上与海上两条丝绸之路连接线和连接点的研究，作为一个研究开发项目来进行。

（2）2003 年是张九龄开凿梅关古道 1290 周年，可以筹办梅关珠玑巷开发 1300 周年作为启动，抓紧这一年时间进行各项工作，在珠玑巷后裔联谊会联系工作和渠道基础上，扩大和增强与海外华侨联系，加大宣传力度，在适当时候举行大型活动。

（3）筹备和组织进行系列学术研讨活动，并出版系列相关著作，包括对两条丝绸之路关系与连接的研究，梅关和珠玑巷研究，张九龄与萧统研究，禅宗教与丝绸之路研究，惠能与丝绸之路研究，苏轼、汤显祖等南下文人与丝绸之路研究，以及海外华裔名人与丝绸之路研究，等等。

（4）在珠玑巷现有姓氏宗祠联系渠道和方式基础上，扩大国内外企业家以寻根、归根、报根之情而进行的投资，可以其姓氏集资和命名，并将其意义与丝绸之路挂钩，显出既有经济分量，又上较高的文化档次。

（5）将珠玑巷至梅关（还可以从梅关至江西大余）路段，划为陆海两路丝绸之路连接线进行建设，可另名为"梅关古道"或"唐宋南北古道"。以两条丝绸之路连接的思想和唐宋风格、风情去统筹规划，除在两头住宅区建唐宋风情的市集街道之外，整个地段可建各种唐宋时代的游乐场（如唐代的箭场、赛马场等，《水浒》所写的宋代蹴鞠球场、唐代科举考场、钓鱼场），《西游记》和《水浒》中所写的神奇场景（如唐僧取经所经火焰山、《水浒》所写的野猪林），还可让个人投资办各种无污染企业、生态农业、竹林、果林等，特别注重唐宋时代的果菜种植，既有经济效益，又有文化韵味。

2002 年 6 月 8 日

潇贺古道是最早的海陆丝绸之路对接通道
——在广西贺州"潇贺古道"论证座谈会上的发言

一、填补学术空白的重大课题

丝绸之路是我国古代与外国通商交通线之代称。因我国盛产丝绸，又主要以丝绸对外贸易而得名。这是德国学者李希霍芬首创的名字。据历史记载，丝绸之路缘起于汉武帝首次派张骞通西域（汉武帝建元二年，前139年），从当时国都西安出发，至中亚、西亚、中东、西欧各国，前后达七次之多。至今著名的敦煌文化遗产，就是当时留下的遗迹之一。这是从陆上与西方交往的通道，故称为陆上丝绸之路。

汉武帝于元鼎六年（前111）统一了岭南，在广信（今广东封开与广西梧州交界处，亦是贺江、桂江与西江汇合处）设交趾部，管辖秦时所划之南海郡、桂林郡、象郡（又称合浦郡，包括今海南、越南），可谓岭南首府。与此同时，汉武帝派遣黄门译长，从广信至雷州半岛的徐闻、北部湾的合浦，乘船至越南（当时称日南）直达印度、斯里兰卡等国，由此即开始了从海上与外国通商往来的历史。这条通道被称为海上丝绸之路。

这条海上丝绸之路的最早始发港——西汉的徐闻、合浦，是我们广东的珠江文化学者1995年在封开、梧州考察广信文化时，从《汉书·地理志》的记载中发现，并于2000年至2002年多次到徐闻、合浦实地考察论证出来的。这个发现和学术成果，将联合国教科文组织1991年在福建泉州所确定的中国海上丝绸之路始发港（南宋）的时间推前了1300年。由此，广东省政府确定成立了以黄伟宗为组长的"广东省海上丝绸之路研究开发项目组"，有计划地进行海上丝绸之路研究，到现在已有20余年，一直马不停蹄地进行着。

我们在研究初期即发现：陆上丝绸之路，自西汉以后，因政治和经济的发展变化等原因，在不同时代有不同的盛衰。东汉从西安迁都洛阳，陆上丝绸之路始发点即转移至洛阳；又因中亚、西亚诸国与我国关系的变化，这条丝绸之路时通时阻；

再就是气候与地理变化（沙漠化），也使得这条丝绸之路衰落。可以说，东汉以后，特别是唐以后，中国的海外交通主要靠海上丝绸之路。从而海上丝绸之路始发港几乎遍及中国东南海岸。这些始发港又是先后不同时期而时荣时衰的。西汉以后，南方的政治经济中心向东转移，徐闻、合浦等海港作用逐步被广州取代，唐代是广州鼎盛时期；南宋朝廷迁到杭州，当时的出海口泉州则成了中国外贸最大港。这些历史及其文化价值和意义，已有许多专家进行了深刻研究，取得了光辉的学术成就，可以说，分别形成了陆上丝绸之路学与海上丝绸之路学。

由此，我当时即感到当今的学术界，似乎忽视了对陆上和海上这两条丝绸之路的对接与对比的研究，存在着一个明显的学术空白。这个空白亟须填补，不仅必要，而且开拓的基础和空间都是很深厚、很宽广的，是一个重大的学术课题。从理论上说，我国西北、西南对外的交通线，与我国东南通向海外的交通线对接的通道或地点，都可谓之陆上与海上两条丝绸之路的对接通道或对接线、对接点。这样的通道、线和点应该说是很多的，是一项丰富的历史文化资源。我们近年进行研究开发海上丝绸之路项目时在广东与广西一带考察发现，广西的兴安灵渠、贺州的古道、玉林的桂门关、梧州桂江口，广东的封开、连州、乐昌、龙川和南雄梅关等地，都有充分的史料和遗迹证实它们是这样的对接线或对接点，我们应当而且可以在陆上与海上两条丝绸之路丰硕研究成果的基础上，组织多学科的专家，进行跨地区、跨学科的合作，去开辟这块学术处女地。

其实，这个命题，早在 20 世纪 40 年代已有前辈学者注意到了。例如，1947 年，著名历史学家、中山大学教授罗香林在《世界史上广东学术源流与发展》一文中指出："各种学术思想的发展，多数在人才聚集的区域。秦和西汉国都均在西安一带，关中为当时国都的外围，人口比较密集，故当时中国的学术思想，都总汇于西安，以至关中各地。此时广东与中原的交通，亦以西安为中心，由西安经汉中沿汉水南下，至洞庭湖，溯湘水而至粤桂交界。中原的学术思想，由此交通孔道，向广东传播。东汉时代，印度佛教，以至海外各国的文化，亦多自越南河内以及广东的徐闻、合浦与番禺等地的港口传入，而扼西江要冲的封川，就是汉代交州刺史驻地及苍梧郡治的广信。"（转引自陈乃良《贺江访古探胜》，广东地图出版社 2003 年版，第 92 页）罗香林教授这段话是从学术思想交流上说的，而且是着重从广东来看。但他实际上已指出了陆上与海上两条线路之对接线路和地点，指出了广东与广西的结合部和分界的标志（即广信之东为广东，广信之西为广西）。同时，也揭示了我们现在所要考察的潇贺古道之对接作用与历史地位。因为这条古道就是罗香林教授所指的沟通中原与南方以及与外来文化交流的要道之一。

二、潇贺古道的重要历史地理依据和意义

潇贺古道是指对接潇水与贺江的古道。潇水从湖南永州道县流至广西贺州富川，经一段陆路，对接贺江，直至广东封川（今封开）江口，汇入西江出海。具体而言，就是在湘桂边界的通岭口峡谷，即湖南道县双屋凉亭与广西富川县葛坡镇交界处，秦汉时修建的一条长170公里的通道。这条通道穿过岭南五岭中的两个山岭——都庞岭与萌渚岭交界（也即是分界）处，以水陆联运的方式，连接了属于长江水系中的湘江支流潇水，与属于珠江水系中的西江支流贺江（古名封水）之间的交通运输。这条古代的南北交通运输线，是现代学者张修桂从著名的长沙马王堆出土的西汉《地形图》中发现的。他指出："在北东走向的都庞岭和萌渚岭之间，存在着一条相对低下的北东向山间大谷地，并不为众人所知。该谷西部都庞岭，高程两千米以上；东部萌渚岭，高程也一千七百米以上。二岭间为低谷丘陵和山间盆地，……谷地高程都在二百米以下，……是整个南岭山脉的一条最大的山间谷地。"这样的地势是很适合修建交通大道的。

《富川县志》记载："秦始皇三十四年（前213），扩建岭口古道成为一条水陆兼程，以水路为主的秦道'新道'。""'新道'起于湖南道县双亭，经江永县进入富川县境内，经麦岭、青山口、黄龙至古城止。陆路全程为170公里，境内约65公里。路宽1～1.5米，多为鹅卵石铺面，也有用青石块铺成的。道路蜿蜒于萌渚岭、都庞岭山脉丘陵间，北联潇水、湘江，南结富江、贺江和西江，使长江水系和珠江水系通过'新道'紧密相连，为楚越交往打开通道。"可见这条通道从秦始皇时即修通了。

据贺州市博物馆文物普查记录：在贺州桂岭镇七里山至开山乡豪界村，也有一条秦修古道，路面用石板和河卵石铺成，宽1.5米，断断续续，全长约8公里，位于萌渚岭余脉，可以说是这条古道的一部分或分支，也是这条通道至今尚存的历史见证。

另据《太平寰宇记》"贺州·桂岭县"条记载，桂岭南二十七公里贺水边，有越王渡遗迹，该处"贺水边石上有石梳、石履，俗云昔越王渡水脱履堕梳于此，二

物今犹在"。《水经注》亦有类似记载。这记载的传说成分居多,也可说是春秋战国时南北交往路线的佐证之一。

据《南越笔记》记载,汉高祖十一年,中大夫陆贾出使南越时,就是从潇水"取道桂岭顺贺江下西江登锦石山到达番禺(今广州)"的;汉武帝派五路大军平南越,其中甲将军就是由此取道桂岭下苍梧的(见欧大任《百越先贤志》)。1931年1月,红七军在邓小平、张云逸率领下,从湖南到贺县桂岭整编,也是从这条古道通过的(见邓小平《七军工作报告》,《党的文献》1989年第3期)。从这些史料可见这条古道在历史上的重要性,亦可见桂岭段也是潇贺古道的组成部分。

秦始皇修广西兴安县的灵渠,是沟通南北交通的重要举措,但开始时,灵渠的作用甚小,且时通时塞,直到唐代,由李渤主持大修,才有规模(见《新唐书·李渤传》、《太平寰宇记》"兴安县"条),一直保持到现在。由此可见,在唐以前,南北通道是不可能仅靠灵渠的。显然,沟通潇水与贺江的水陆联运古道,担负了更重的运输量,是南北沟通的主干道。

除此之外,古代尚有四条跨五岭古道:第一条是湖南郴州与广东连州之间,跨骑田岭,将湖南的潇水接湟水,即连江,又名小北江。这条线,西汉时属桂阳郡,设有阳山关与湟溪关,西汉南下军队"出桂阳,下湟水"即指此条交通线。唐代刘禹锡被贬南来,也是经此线。第二条是江西大庾至广东南雄之间,跨大庾岭,过梅关,沿浈江连北江南下,西汉军队"出豫章,下横浦(指梅关)",即指此路,唐代时由张九龄主持加修。第三条是湖南宜章与广东乐昌之间,沿武水而入北江有九泷十八滩,唐代韩愈南下即走此道。第四条是从江西的定南县、寻乌县与广东龙川县之间,由定南水、寻乌水与东江水相接。秦始皇时赵佗南下任龙川县令,即经此道。这四条古道中,龙川古道只在秦时繁荣,其余三条都主要在唐以后繁荣,尤其是梅关古道,在唐以后大批北方移民经此南来,并在沟通陆上和海上交通上起重要作用。但在汉代至唐代之间,起主干作用的应是潇贺古道。

潇贺古道同时也即是海上与陆上丝绸之路的一条对接线,而且是最古最早的海陆丝绸之路对接通道。因为它的开辟和通行的时间远在桂林灵渠之前,交通的能量和流量远比灵渠和其他古道为多为大。显然,汉武帝南下大军主要是经潇贺古道、沿贺江南下而抵达广信的,也即是说西汉时的南北经济往来也是经这条路线沟通的。汉武帝的黄门译长最大可能是由此路线到广信,再由广信经南江、北流江、南流江至徐闻、合浦出海的,同时意味着从西安开始与西方交往的陆上丝绸之路是由此路线而向岭南引申的；自广信至徐闻、合浦而开创的海上丝绸之路，也正是因潇贺古道沟通的作用，而使其与陆上丝绸之路对接的。所以，对潇贺古道作出海陆丝绸之路最早对接通道的定位是完全可以成立的。

据《封中史话》作者陈乃良先生的考察，西汉时贺江流域一带是岭南经济最繁荣地区，人口比番禺（广州）一带还稠密，又是统辖岭南的政治中心。其原因是汉武帝平定岭南时，番禺遭大火，几乎全城烧尽，元气大伤；汉武帝又有意摆脱赵佗所建的南越政治中心及其势力，故着意发展广信一带经济，使广信经济与交通均比粤中、粤东发达。从交通而言，经潇贺古道等路线沟通南北后，在广信一带集中转出，经贺江达西江，再向南江、北流江和南流江，至徐闻、合浦出海。这个说法也当是作出这个定位的佐证。

2003年和2004年，以黄伟宗为首的广东省海上丝绸之路项目组和以中山大学张镇洪教授为首的珠江文化研究会岭南考古中心的专家，先后对这条古道进行了实地考察，均以切实的研究成果证实了这个结论和定位，说明潇贺古道的发现和定位是有重大的历史地理依据和意义的。

三、应当对接"一带一路"和投入21世纪海上丝绸之路建设

2013年9月和10月，习近平主席在出访中亚和东南亚国家期间，先后提出建设丝绸之路经济带和21世纪海上丝绸之路（简称"一带一路"）的倡议，现已在海内外引起强烈反响，国家已投入400亿美元支持这项建设。现在研究开发潇贺古道正逢良好机遇。为此，提几点建议供参考。

（1）将潇贺古道与海陆丝绸之路捆绑一体，申请世界文化遗产。前些年，联合国教科文组织总干事宣布：要将全世界所有陆上和海上的丝绸之路及其相关的文化遗存，捆绑一起成为世界文化遗产。海陆丝绸之路对接通道（或对接点、对接线）应属"相关文化遗存"。潇贺古道应力求进入首批名录。

（2）应当举办更高层次的、全国性乃至国际性的古道文化学术研讨会，发表《贺州宣言》，充分论证弘扬古道文化在对接海陆丝绸之路通道上的重大历史地理意义，尤其是潇贺古道在其中"最早最古"的意义，并由此而作出填补空白性的突破性努力；作为潇贺古道海陆对接中心点的贺州，理所当然地应当主办这样的研讨会

并起到率先作用。

（3）建议贺州市成立潇贺古道与"一带一路"研究中心，组建专家队伍，开拓古道研究领域，并推向体系化、学科化。

（4）现在珠江—西江经济带已升格至国家规划层面，并要求与东盟十国对接。贺州属珠江—西江经济带地域，理当以此地位参与"一带一路"倡议，在经济及外交、文化上全方位投入21世纪海上丝绸之路建设。

（5）前不久，珠江文化研究会与梧州学院联合提出：两广共建珠江—西江佛禅民俗文化带，以对应建设珠江—西江经济带的建议，贺州也在其范围之中，应当积极参与。

（6）应将贺州市历来与海外经贸文化关系密切的国家、地区（尤其是东盟十国）进行梳理，划出联络图，开拓新的合作方式和领域，上升到"一带一路"的层面，作为投入21世纪海上丝绸之路建设的举措和步骤。

（7）在贺州富川的"新道"旧址，投入专项资金和物力、人力，加强保护残存的古道遗址，新建纪念标志，开辟旅游线路。

（8）建议贺州市委市政府成立"潇贺古道与'一带一路'研究开发项目组"，为潇贺古道的建设开发制定专题规划，作为投入"一带一路"建设的专题项目，向上申报，争取纳入自治区和国家项目之列。

2015年3月31日

擦亮松口是"印度洋之路第一港"品牌，将梅州建设成 21 世纪海上丝绸之路高地
—— 关于梅州市海陆丝绸之路文化的调研报告

2014 年 12 月中旬，我们应梅州市委邀请，到梅州市考察海陆丝绸之路文化。在联合国教科文组织 2013 年于梅县区松口镇所建的"中国移民纪念广场"，我们发现这里不仅是客家人移民海外的"第一站"，也是海上丝绸之路的"印度洋之路第一港"，并有很多海陆丝绸之路文化元素，应当而且可以将梅州建设成 21 世纪海上丝绸之路高地。特提交调研报告如下。

一、松口建有联合国教科文组织在中国设立的唯一"中国移民纪念广场"，具有海上丝绸之路的"印度洋之路第一港"意义，并具有增强"两洋"发展双翼功能的潜力

位于梅州市梅县区松口镇的"中国移民纪念广场"，是联合国教科文组织发起的"印度洋之路"项目设立的。"印度洋之路"项目由福马教授担任项目主席，成员包括历史学家、大学教授、政府官员等。这个项目旨在促进散居于世界各地的华人之间的联系，探讨印度洋岛屿起源的历史与文化，并在移民原籍国建设不朽的艺术作品作为纪念。2004 年以来已在马达加斯加的多菲内、留尼汪的圣保罗、莫桑比克、毛里求斯岛、科摩罗的马约特、印度的本地治里等六地建设移民纪念项目。考虑到全世界客家人的影响力，也为纪念 19—20 世纪离开中国前往印度洋群岛的中国人，经认真研究，联合国教科文组织确定梅州松口作为客家人移居海外的原乡，建设"中国移民纪念广场"（由中国移民纪念碑、纪念广场、世界客侨移民展览馆组成），在此竖立"印度洋之路"的第七块纪念碑，并以此作为项目的收尾工程。因此，可以说这座移民广场是中国客家人移民"印度洋之路第一港"的光辉标志。

另外，从松口世界客侨移民展览馆展示的资料中看到，建有移民纪念项目的六

个印度洋国家，大都有中国客家人移民开拓的史迹，而且都有这些移民始终保持与故国家乡密切往来的印记，有的投资祖国各地或家乡建设，有的经常回国返乡探亲访友，有的促进或带动所在国民间及政府与中国及故乡的经济、文化、友好交流。"印度洋之路"项目实际上也主要是靠这些移民后裔促进和带动的。2013年10月，松口中国移民纪念广场举行落成仪式，参加活动的来自联合国教科文组织以及留尼旺、毛里求斯、塞舌尔等国的瓦尔伦先生、曾宪建先生、曾繁兴先生、福马教授等188名华侨嘉宾，即是实证。所以，松口不仅是中国客家人移民"印度洋之路第一港"，也是千百年海上丝绸之路的"印度洋之路第一港"。对松口作此文化定位，具有重大的历史和现实意义。如能以此为基点进行深入广泛的研究开发，必将持续产生重大的经济和文化效应，前景无限。

将松口定位为海上丝绸之路的"印度洋之路第一港"，从历史上说，既是对中国移民开发印度洋诸岛历史和业绩的肯定和传承，又是对华人华侨开辟海上丝绸之路之"印度洋之路"的传统和文化的肯定和传承。从现实而言，自2013年习近平主席先后提出建设"丝绸之路经济带"和"21世纪海上丝绸之路"之后，"一带一路"建设已在全国和全世界形成新的热潮，尤其是在习近平主席先后到访过的国家更是如此，纷纷表示愿与中国共建"一带一路"。在这些国家中，以太平洋地区国家为多、为热，其他如印度洋等海洋国家的反响则稍有滞后。显然，这对于"两洋"（太平洋、印度洋）发展而言，是不可缺的一翼，是亟待改变的。

值得特别注意的是，2014年9月，习近平主席访问南亚马尔代夫、斯里兰卡、印度三国，马尔代夫总统亚明承诺积极参与21世纪海上丝绸之路建设，并希望把马尔代夫伊哈万港口打造成中转枢纽港，连通东西船运，实现从中国、东南亚及南亚至中东和欧洲的优化航线。斯里兰卡总统拉贾帕克萨表示，习近平主席提出建设21世纪海上丝绸之路的倡议与斯方打造印度洋海上航运中心的设想不谋而合，斯方愿意同中方共同建设和经营好汉班托塔港和科伦坡港口城等重点合作项目，加速双边自由贸易谈判，加强经贸、能源、农业、基础设施建设、卫生医疗等领域合作。加上习近平主席在2013年到访的坦桑尼亚，这样，包括南亚、西亚与非洲的21世纪海上丝绸之路的"印度洋之路"初具雏形。从历史上通往狮子国（斯里兰卡）到今天联系斯里兰卡、马尔代夫、塞舌尔到坦桑尼亚巴加莫约四星一线，与孟加拉国吉大港和缅甸皎漂港对接，贯通亚非大陆，加上与巴基斯坦瓜达尔港隔阿拉伯海相望，构成"五星高照"格局，直通波斯湾。这个格局，实际上是以"两洋"（太平洋、印度洋）发展贯通"一带一路"。从中可见"印度洋之路"在21世纪海上丝绸之路建设中具有极其重要的位置。

"一带一路"建设意义重大，国家为此专门设立了400亿美元的基金。"广东21世纪海上丝绸之路"项目已经启动，目前珠江三角洲各个港口城市都有所动作。梅州作为重要的侨乡，也是联合国教科文组织发起的旨在纪念海外华人的"印度洋之路"之中国移民纪念广场项目落户地。历史上，在环印度洋的毛里求斯、留尼汪、马达加斯加、莫桑比克、科摩罗等国家和地区，华人为所在国和地区发展建设作出了巨大贡献，其中梅州客家籍华人占了相当比重。从松口古镇出发，沿路国家和地区的文化、经济纽带由来已久。可以说"印度洋之路"是过去华侨开发之路，同时也是海上丝绸之路。从"印度洋之路"出发，争取梅州更多参与21世纪海上丝绸之路建设，有很好的基础。因此，梅州有基础、有条件、有必要参与21世纪海上丝绸之路建设。

当前，为推进21世纪海上丝绸之路建设，从太平洋、印度洋"两洋"出发，国家已从陆路考虑修建中缅铁路进入印度洋，但从水路考虑如何推进，还没有更进一步的动作。山区非海边城市的海上丝绸之路项目如何开展，也没有明确。如果从梅县"印度洋之路"出发，挖掘出其中海上丝绸之路的性质，就能在山区海上丝绸之路建设上实现突破，也是在如何从水路进入太平洋和印度洋、建设21世纪海上丝绸之路实现突破，这具有全国性的意义。

所以，确立松口是海上丝绸之路的"印度洋之路第一港"的文化定位，则在于挖掘其所具有的增强"两洋"发展双翼功能的潜力，也即意味着梅州可以由此为跳板，建设成为21世纪海上丝绸之路高地，通过历史的"印度洋之路"而为"一带一路"和"两洋"发展作出新的重大贡献。

二、"世界客都"梅州是广东省的重点侨乡，具有海上丝绸之路的多种文化元素，尤其具有联系包括印度洋沿岸各国在内的世界各国华人华侨的优势

梅州作为世界客都，不仅是客家先民南迁的最终聚居地、繁衍地，也是向海外

衍播的出发地、集散地,全球 1 亿多客家人的心灵家园,世界客商大会的举办地。中央人民广播电台的客语广播是以梅州的梅县话为标准音。梅州是著名的华侨之乡,据不完全统计,全市旅外华侨、华人有 360 多万人,港澳台同胞 119 万人(旅外华侨、华人与港澳台同胞人数相当于梅州全市总人口的 92%),分布于世界 80 多个国家和地区,其中印度尼西亚是梅州籍华侨、华人最多的国家,约有 70 万;其次是泰国,约有 65 万;马来西亚,约有 60 万;此外,在新加坡、越南、美国、毛里求斯、缅甸等近 15 个国家均超万人。大量的华人涌入东南亚后,对当地的生产、生活以及经济建设都产生了巨大的影响,成为当地经济开发的主力军,对改变南洋诸国经济落后的状况起了重要作用。同时,这些华人通过艰苦创业,积累了大量资本,进而又回头推动了中国社会的转型。此外,华人文化与当地的土著文化及殖民文化也是相互影响、交融,最终形成了真正意义上的中西方文化大融合。由此可见,梅州在历史上海上丝绸之路的形成过程中扮演了重要角色,其在 21 世纪海上丝绸之路建设中将继续发挥重要作用。

自南宋末年以来,客家人在向南方各省搬迁的同时,又陆续通过海路和陆路向海外迁徙。海路由厦门、汕头、广州、海口、虎门、香港和台山赤溪的凼家冲等港口出发,乘船冒险到达南洋各地。其中包括宋末抗元、清初"反清复明"、清末太平天国运动和孙中山早期领导的各次武装起义失败后,逃亡海外的志士,以及相当数量的破产农民和城市贫民,他们或自驾帆船,或作为被掳掠、诱骗、招雇的"契约华工"到南洋等地从事苦役。20 世纪中叶以来,又有部分人由原住国向欧美等国乃至世界各地再行迁移。现在客家后裔已遍布五大洲的 80 多个国家和地区。正所谓"凡有海水的地方,就有华人,有华人的地方就有客家人"。

梅州位于广东省东北部,地处闽粤赣三省交界处,是历史上岭南连接京城和内地通向南方出海口的水陆交通重要枢纽,是连接广东沿海地区与闽、赣内陆腹地的中间地带,是联结珠江三角洲、海西区的关键节点。境内松口港曾是广东内河第二大港,东北连接闽西,东南直通潮汕,历史上便是商贸重镇,在过去的交通主要是水运的情况下,松口十分繁荣,在清末民初就有电船通航。旧时梅县周边数县人出洋谋生都从松口出发,到达汕头港,经过太平洋和印度洋,近的到达今天的东南亚,远的到达今天的非洲南部,形成客家人下南洋的路线图——南洋古道。这条古道作为连接中国与东南亚海上贸易的交通线,承担了商贸流通、人员往来、文化交融的重要作用。

"哪里有阳光，哪里就有客家人"。客家人遍布世界各地，客家文化是印度洋群岛文化的重要组成部分。而梅州享有"世界客都"的美誉，自宋代以来，梅县松口就开始有人远涉重洋了。明代后松口不仅成为粤东商贸重镇，而且也成为粤东、闽西、赣南等地客家人移民海外的第一站，既是客家人衍播四海的出发地，更是世界客家人的心灵回归区。中国移民纪念广场将作为全球客家人新的精神纽带，屹立在松口古镇，能寄托和彰显"千年榕树一条根，四海客属一家亲"的家国情怀，更加增强海内外客家人的凝聚力。

从上可见，作为"世界客都"的梅州是有极其悠久而丰富的海上丝绸之路历史和文化元素的，也以这些历史和元素证实：海上丝绸之路也即是华人华侨之路，从而也说明完全应该而且可以擦亮松口是"印度洋之路第一港"品牌，将梅州建设成21世纪海上丝绸之路高地。

三、松口现有的"千年古镇、南洋古道"建设，以及广东文化旅游特色区的定位，为将梅州建设成21世纪海上丝绸之路高地打下了良好基础，并具有良好条件和优势

千年古镇松口的崛起发展与海洋密不可分，可以说松口因侨而生、因港而兴。近年来，梅州市委、市政府立足松口独特的区位优势、丰富的华侨资源和优良的生态环境、港口运输等良好条件，对松口的保护性开发建设做出了重要战略部署。其中，市委六届三次全体（扩大）会议提出松口要启动"南洋古道、千年古镇"规划建设，盘活古建筑，提升古文化，营造水景观，重现"日看千帆过、夜观万盏灯"的景象。松口古镇保护性开发作为广东梅州文化旅游特色区核心区的龙头项目，目前已编制了《松口概念规划及城市设计》《梅县区松口镇总体规划》等相关规划，扎实推进"十点一线"建设，重点修缮港务所、松江旅社、元魁塔、柴圩坪、二何书院、爱春楼、承德楼、世德堂、中山公园等，并把这些景点串珠成链，列入旅行社重点推荐路线，做到既有实践示范带动，又有规划作战图，确保松口古镇开发建设有条不紊，实现由量到质的飞跃。

通过实地调研发现，从梅县松口至丰顺留隍段的"南洋古道"不仅有效串联松口、三河、大麻、高陂、留隍等历史文化旅游名镇名村，而且广泛涵盖青山、绿水、翠竹等生态文化，围龙屋、古民居、客家山歌等传统客家文化，水电站开闸、下闸、灯塔、浮标等航道文化，水客、侨批、历史故事等侨乡文化，投身民族救亡、参与革命战争的红色文化等五大类文化形态，打造"南洋古道"精品旅游线路的资源丰富、潜力巨大、前景广阔。目前，梅州市正按照"政府主导、企业主体、部门配合、市场运作"的机制，通过组建广东松口古镇文化有限公司、吸引中娱乐视文化传媒投资（北京）有限公司、北京美华景丰投资公司、上海乐趣影视传媒有限公司等实力企业入驻等多种方式，重点推进松口古街除险加固、松江大酒店修复、火船码头重建等子项目。其中，梅州文化旅游投资开发有限公司引进有造船资质的梅州市源源船舶有限公司进行项目合作，在松口老船厂进行升级改造的同时，建造游船和经营水上游船项目，借"南洋古道"水上精品旅游线路的开发迎来侨乡的新发展、新突破、新辉煌。显然，松口现有的建设和发展规划，为进一步擦亮松口是"印度洋之路第一港"品牌，将梅州建设成21世纪海上丝绸之路高地打下了良好基础。

另外，梅州作为广东唯一全域"一片红"的地级市（8个县（市、区）均被确认为原中央苏区县）和粤闽赣边区域性中心城市，梅州在《赣闽粤原中央苏区振兴发展规划（2014—2020年）》（以下简称《规划》）和《关于进一步促进粤东西北地区振兴发展的决定》等纲领性文件中均被明确定位为广东文化旅游特色区，要求大力发展文化旅游产业，重点打造精品旅游线路，扎实建设特色旅游城市。可以说，《规划》实施后，作为全区域均属原中央苏区的梅州将成为许多政策先行先试的全新"特区"。特别是《规划》明确提出要"加快韩江、梅江等重要航道建设"，"经梅汕高铁、梅河高速，向东经饶平打通出海口，向西联动龙川、和平、连平、南雄等山区县，打造海陆联动的城镇密集带"。目前，梅州正主动作为，策划项目，加强对接，放大效应，将《规划》与粤东西北振兴发展战略有机结合，形成系列利好政策的叠加效应，实现政策反哺红利的最大化。梅州本有的文化定位和得天独厚的建设条件，更是将梅州建设成21世纪海上丝绸之路高地的优势。

四、关于擦亮松口是"印度洋之路第一港"、将梅州建设成 21 世纪海上丝绸之路高地的具体建议

（1）建议省发改委、省委宣传部、省文化厅、省财厅、省外事办、省侨办、省侨联等有关部门，将梅州松口"印度洋之路第一港"作为新的发现和项目，列入海上丝绸之路信息库和建设规划中，在业务指导、经费预算、外事及侨务等工作上，予以支持和资助，以促进其研究开发。

（2）建议梅州市将"印度洋与海上丝绸之路"列为一个研究开发项目，拨予专项经费，成立专题项目组，订出全盘研究开发计划，负责统筹研究开发工作，督促落实具体措施。

（3）建议梅州市近期组织召开专题研讨会，对松口是"印度洋之路第一港"和将梅州建设成 21 世纪海上丝绸之路高地课题进行论证。请国内外专家与会，尤其是要邀请印度洋国家的专家参加，请他们论证客家华人华侨在开发"印度洋之路"和海上丝绸之路中所作的贡献。

（4）建议近期由梅州市组织相关部门考察团，从华侨华人移民国外特别是移民印度洋沿岸各国考察，研究历史上华侨华人开发的历史，以及其与祖籍地中国的关系，关注华侨华人支持家乡建设，经济上、文化上起了什么作用，形成考察报告，并以此与相关国家开拓联系渠道。

（5）加强与"印度洋之路"各国的联系，特别是与设立"印度洋之路"纪念广场的六国联系，开展经贸、文化交流等项目，设立交流平台，开展切实联系与交流工作，共建印度洋之路经济带、文化带、旅游带。

（6）建议在嘉应学院成立"印度洋与海上丝绸之路"学术研究中心，组织学术团队，拨予专款，订出研究出版计划，并请国内外、省内外专家共同开展研究和学术交流，出版一套"印度洋之路"系列丛书。

（7）对松口现有建设及发展规划进行调整，将重心放在"印度洋之路第一港"的定位和特色上来，尤其是要使松口成为联系其他六个"印度洋之路广场"的联络中心、交流中心、文化中心、经济中心，建设印度洋之路博览城、旅游城，将整条河段整修治理，恢复沿岸出洋码头，将古老的"十里长街"保护维修，改建成缩影

"印度洋之路"的步行街。以松口进而带动沿江三河、茶阳、高陂、百侯各镇建设,尤其是将大埔的"青花瓷敦煌"对接海上丝绸之路。

（8）建议梅州市与汕头市联动建设中国华侨经济文化合作试验区。在建设21世纪海上丝绸之路的过程中,汕头提出要充分发挥特区和侨乡优势,把建设和打造中国华侨文化合作试验区融入21世纪海上丝绸之路的建设中去。梅州与汕头同属粤东经济圈,也是著名的华侨之乡,特别是随着梅汕高铁的建设,梅州到汕头只需半个小时,梅州与汕头"同城化"趋势会愈加明显。因此,建议两地联动建设中国华侨经济文化合作试验区,甚至扩大为粤东各市共建韩江经济带和文化带,像西江经济带那样,争取上升到国家规划层面,与"印度洋之路"和"一带一路"建设对接。

2015年元旦完稿,本文与王元林合作

地方特种文化论

特产文化与区域文化
——在郁南首届区域文化与特产开发研讨会上的发言

我们举办这次研讨会，是很有特色、很有意义的。

它的特色首先在于：是"首届"。为什么是首届呢？从查找电子网站提供的资料看，近年全国各地举办的特产文化节甚多，举办特产文化论坛的尚未发现，所以我们称之为首届论坛。即使是查找疏漏，实际已有先例的话，我想在广东或者起码在郁南这个特产特多的地方，也是首届的。

这个研讨会更为重要的特色是：以往各地举行的特产文化节，大都主要是庆贺本地特产丰收和推销本地特产，是文化搭台，经济唱戏。现在我们在郁南举行沙糖橘节的同时举办特产文化论坛，则主要是经济搭台，文化唱戏。因为今天上午举行节庆开幕式后，即举行现在这个带有开拓性的、从理论和实践上探讨区域文化与特产开发的论坛，而且，明天上午还要由我和农业科技专家就特产文化与种植科技问题作专题讲座，可以说是重头戏在后面，是重在文化与科技的"大戏"。

这个研讨会的意义是多层次的。首先是与世界现代文化潮流对接。当今世界是高科技和文化时代，它们好似世界时代发展的两个巨轮，抓住它们就是跟上时代的步伐，高速地发展前进。从当今中国而言，其意义更是及时而重大，前不久举行的中国共产党十七届六中全会发出了建设社会主义文化强国的伟大号召，我省和云浮市、郁南县也早已分别提出建设文化强省、强市、强县的奋斗目标，举办这次论坛即是实现这目标的举措之一。

一、特产文化的概念及其社会作用

特产，是指每个国家、民族、地方因自然地理和人文环境的独特，造成所生产的某些物品也有独特性，而这些独特性的物品是本地特有的，或者是特质、特优、特精、特多、特技、特味的,故而称这些物品为特产。古代称特产为"异物",即独特奇异物品之意。这些物品,从其自然类别而言,分属植物、动物、矿物;从其成品而言,有自然生长和人为加工两大类。如郁南的无核黄皮、沙糖橘,属植物、自然生长类,怀集的金丝燕及燕窝,属动物并分属自然生长与人为加工两类,云浮石雕则属矿物与人为加工两类。一般而言,特产指植物类为多,成品则均指自然生长和人为加工两类,因为许多特产产品都含这两类元素。

特产文化,是指每个国家、民族、地方因自然与人文环境的不同,产生的特产性质有所不同,人们对其审美认识、生产方式、享受方式也因自身文化特质和传统之不同而有异,从而造成特产本身自成一个文化领域,形成有其特质的一种文化门类,故称之为特产文化,其内涵包括特产的生产、生长、加工、价值、审美、欣赏、享受的观念、方式及其相关的传统、习俗、节日与精神。

特产是物质生产,是人类社会的经济命脉之一;特产文化是精神生产,是人类社会生活中的精神要素之一。所有特产经济都有特产文化,特产文化在社会生活一切领域之中。社会生活要素是衣、食、住、行、玩,每个要素都有特产经济,也都有特产文化。社会的发展、繁荣,必须满足人们对这些要素的需求和并逐步提高这些要素的生产水平,必须发展特产经济和特产文化,必须以特产经济和文化为支柱之一。所以,特产文化是建设文化强国、强省、强市、强县的重要支柱。

特产是有区域性也即是地方性的。古语云:"一方水土养一方人",同时,一方水土也造就一方特产和一方特产文化。文化的区域性,包括特产和特产文化的区域性即是这个意思。所以,探讨区域文化不能离开其区域的特产及其特产文化,同样,研究特产开发及其文化也离不开其区域文化的总体框架。例如,我们现在郁南县探讨特产开发和特产文化,就应当在郁南这个区域的总体文化中去研究开发,即从郁南的南江文化、诚信文化、特产文化等三大文化整体中去研究其开发策略、创造品牌和优势,同时也即创造出郁南特有的无核黄皮文化或沙糖橘文化为代表的特产文化。

二、南方特产文化的自然人文环境与传统

这次研讨会主办单位之一的南方报业集团南方特产研究院聘请我为高级顾问,我感到很荣幸,也感受到压力,促使我不得不研究南方特产文化。

南方，也即是珠江流域，特产特多，其品种数量恐怕是全国数一数二的，是世界知名的，其基本原因在于有独特的地理环境。据《中国珠江文化史》称："珠江流域平面轮廓近似长方形，中轴线约与北回归线重合，自西向东沿纬向展布，东西跨越经度13°39′，南北跨越纬度5°18′。流域全境在亚热带、热带范围内，这是中国其他大河所欠缺的。在此基础上产生的文化具有特强的地带性特点。"

"珠江流域地势大体上是西高东低、北高南低。前者造成珠江水系主干西江及其最大支流郁江大体上呈西—东流向，后者造成东、北两江干流以及西江上源南盘江、北盘江及主要一级支流柳江、桂江、贺江等皆自北向南分别注入珠江三角洲和西江干流。珠江这种纵横交错的水网格局，使文化生成环境十分多样，整个流域内文化内涵之丰富、风格之多彩多姿，不亚于其他河流流域"，即全国河流之第一。

再就是"珠江流域周边为分水岭山地环绕，北以南岭山脉、苗岭山脉，西北以乌蒙山脉，西以梁王山脉等与长江流域分界；西南以哀牢山余脉与红河流域分界；南以十万大山、六万大山、云开大山、云雾山脉等与桂粤注入南海诸河分界；东以武夷山脉、莲花山脉与韩江流域分界"。这样的地理条件造就了珠江流域的山水相连、山地相通，地域及其文化色彩多样的特点。

尤其是"海洋是孕育珠江生命的母体。大约在2亿年前，即地质史上中生代三叠纪，今欧亚大陆大部及部分岛屿，有时还包括中美洲和加勒比海地区，均为宽广无垠的海洋所覆盖。这个海洋称为古地中海，又曰"特提斯海"。特提斯（Tethys）为古代女海神名，为西方人所崇拜。……珠江流域的云南、贵州、广西大部和珠江三角洲也处在这个茫茫沧海之中，沉积了巨厚的石灰岩、泥岩、砂岩、页岩等，成为后来西江流域岩溶地形分布广泛、发育完善的地质基础。"经历代长期地壳变迁，直至现在，珠江流域地区仍处在海洋边陲，形成江海一体的地理与文化特质，使其区域文化与特产文化都具有特强的海洋性。

正是由于上述的自然环境特质，造就了南方区域的人文环境也具有同样的特质。珠江流域的土著古百越族，来自南海的"南岛语系"，登陆后沿南海岸边及珠江流域繁衍。大致而言，登浙江一带为东越，其他为福建闽越，广东南越，广西骆越，贵州夜郎，云南滇越，后来发展为俚、壮、瑶等少数民族，全国56个少数民族大都在这一地区，造成了多种不同的人文环境，也造就了多种多样的区域文化和特产文化。

南方区域的特产，其特产文化传统和对其研究与推介，都源远流长、博大精深。早在东汉年间,岭南人杨孚撰有《异物志》(又称《南裔异物志》《交州异物志》),成书于2世纪,是岭南人第一部学术著作、第一部特产及特产文化专著,也是岭南人第一部诗集。全书以诗的形式,介绍了汉代岭南地区的动物、植物的种类及其生长情况,以及它们在经济开发方面的应用,并详细记载了各种物产与风俗,可谓南方特产文化的开山之作,是珠江特产文化之鼻祖。其后,接连有特产文化专著问世,如万震的《南州异物志》、朱应的《扶南异物志》、刘恂的《岭表录异》等。尤其值得注意的是明末清初的大学者屈大均所著《广东新语》,全书分28类梳理广东的人文地理与特产风情,即天语、地语、山语、水语、石语、神语、人语、女语、事语、学语、文语、诗语、艺语、食语、货语、器语、宫语、舟语、坟语、禽语、兽语、鳞语、介语、虫语、木语、香语、草语、怪语等,是一部广东的百科全书,其中多为推介广东特产及相关特产文化之文,是古代最全面的广东特产文化专著,是开启粤学研究的开创之作,也是古代南方特产与南方特产文化的顶峰大著。上述情况说明南方特产文化的传统及其研究是历史悠久、硕果累累的。

三、南方特产的文化特点

特产大都由于所产区域的自然人文环境的不同而有不同特性,每个区域的特产都有其不同的文化特点。这些特点,往往是区域文化特点在具体特产身上的体现,或者说是区域文化特质从特产衍生文化,或为其文化赋予而增值,即在其自然本性之基础上,衍生或被赋予文化属性,成为其文化特点。但就具体特产而言,其文化属性或文化特点往往不是单一的,而是同属两类或两类以上的。由此只可作大致分类:

(1) 生态性,即主要是独特自然生态条件造就的特产及其文化。如郁南的特产无核黄皮、沙糖橘,是郁南的水土气候特别适宜其生长而产生的,是南江独特自然环境的产物,又是南江自然生态文化的体现。又如增城的挂绿荔枝、高州的缅笴树、马坝的油粘米等。

(2) 食用性,主要是特产所产区域文化加工的食品及其文化。如郁南无核黄皮凉果、沙糖橘蜜饯、东莞腊肠、道滘粽、广州肠粉、鸡仔饼等。另外,南方人敢吃,是天下第一个敢吃螃蟹的人,飞禽走兽、蛇鼠虫鱼,全是特产,无不可吃,既是食文化,又是特产文化。

（3）商贸性。南方特产都可以作为买卖的商品，乃南方的商贸性特别发达、南方人商贸意识特强的缘故。如沙糖橘，既有生态性、食用性，又有商贸性。

（4）风俗性。许多地方往往在本地特产丰收时节举办风俗性的节日，同时举办会展或交易会。如现在郁南举办的沙糖橘节、广宁竹玉节、从化荔枝节等。东莞有30多个镇，每镇都以自己的特产定个节，加上传统节和新节、洋节，几乎每月都有两三个节，是节日最多的城市，堪称"中国节日之都"，也是特产节、会展节之都。

（5）艺美性，指对自然特产进行艺术加工，使其成为具有审美价值的艺术品，如端砚、石雕、玉雕、竹雕、木雕、根雕、刺绣等。

（6）科技性，指对特产进行科技加工，或者在科技产品中加上特产文化元素。如用玉石做成电话机，给手机装上广绿玉，给端砚装上电子眼，给电子表装上红钻石，等等。

（7）标志性，以地域文化理念加工特产，作为旅游纪念品或商品、艺术品，作为地域文化和特产文化的标志，如小型端砚项链坠、广绿玉坠等。

（8）纪念性，以地域文化理念加工特产，制成纪念品或定情物。如可将阳江"南海Ⅰ号"沉船中的海底沙制成小型纪念品或定情物，题名"海枯石烂不变心"；可以石或玉制成黄皮、沙糖橘形态的艺术品，作为开会纪念品或礼品，既有纪念意义，又有持久弘扬特产文化的作用。

以上这些特性，既是南方特产的大致分类，又是研究开发的思路和途径。

2011 年 12 月 12 日

论以端砚为代表的中华砚文化精神
——在肇庆市第二届中华砚文化研讨会上的发言

早在本世纪之初,我曾经发表《肇庆五"气"》一文,以概括体现肇庆这个历史文化名城的传统文化精神,并且强调这"五气"精神最集中突出体现于端砚文化之中。十多年后的今天,我不仅更加感到这一概括正确,而且还进一步感到这"五气"精神还代表并充分体现中华砚文化传统精神及其现代发展走向。

一、"秀气"精神

"秀才"一词,原是指旧社会科举制度中乡试的中榜者,后来扩展为对文人、知识分子的俗称、统称。这个词与"书生""读书人"一词同义或混用,是个中性词,因用于不同场合而有褒贬相反的含义,如"秀才不出门,能知天下事"为褒,"百无一用是书生"乃为贬义。读书人成为秀才,不一定个个都是"十年寒窗"熬出来的,有不少是"少年得志"的速成者,如唐代的张九龄、明代的陈献章、清末的梁启超,都是一两年内金榜题名。不管在书斋熬的时间长短,所有秀才都离不开文房四宝(砚、墨、笔、纸),离开则不能成才,离开则有失"斯文",像鲁迅写的"孔乙己"那样,穷到去偷,连代人抄写的墨砚也偷去卖,到了"斯文扫地"的地步。由此可见,"斯文"即"秀气"也,离开文房四宝即无"斯文",也即是说,文房四宝乃"秀气"的象征和标志。

文房四宝的使用次序一般是:置砚—磨墨—用笔—展纸,这次序以砚为先;从持久性而言,纸易发黄变残,墨易干枯变碎,笔易脱毛松散,均不易保存,惟砚石可存恒久。故有"四宝砚为首"之说,由此亦可谓中华传统中砚文化为"秀气"精神之冠。中国传统砚产业和砚文化有数千年历史,兴于唐宋,精于明清。唐宋兴科举,重文兴文,砚产业、砚文化尤盛尤旺,也由此形成全国四大名砚的格局,并排出以端砚为首的端、歙、洮、澄泥的品牌座次。端砚在以上三个文化层面上的"为先""为冠""为首"的说法,说明端砚之名,正应"启端"之文化内涵。

当然，端砚之名开始并无这三层含义，而是缘自产于端溪之故。端溪的自然地理和人文环境，正是造就端砚具有"启端"特质的温床，是其"秀气"精神特质的本根之源。端砚石已有4亿年历史。著名地质学家凌井生在《中国端砚——石质与鉴赏》中介绍，端砚石属沉积岩，也叫泥质板岩，它的原始母岩形成于泥盆纪中期。当时肇庆一带以西是海洋，大量沉积物聚集在这里，广州一带的古陆风化剥蚀下来的大量泥沙，被河水冲到滨海岸停下来，堆积成层，逐渐成岩。海洋也同样造就了端砚物产和文化的自然人文环境。端溪水即肇庆段的西江一带，鼎湖山和星湖共妍山川秀色，亦由此而得名"端州"，初为隋唐郡制。宋重和元年（1118），宋徽宗亲赐御书设肇庆府。因为宋徽宗还是端王的时候，端州是他的封地。"肇"意为"始"，"庆"为吉庆，意即宋徽宗自被封为端王开始，招来继承帝位而统治天下之吉庆。李贺、包拯等文化名人曾到此游览或任职，因其山川之美而舞文弄墨，吟诗作画，造就文风大盛的环境，又因此而增添端砚的价值和内涵，倍增秀气。

2010年，端砚被评为"岭南文化十大名片"的入选词是："端砚历史悠久，石质优良，雕刻精美，以石质坚实、润滑、细腻、娇嫩而驰名于世，具有呵气可研墨、发墨不损毫、冬天不结冰的特色，作为文化传播工具的同时，具有很高的艺术价值、收藏价值和人文价值，早在唐代就居端、歙、洮、澄泥四大名砚之首。"这是对端砚的"秀气"文化特质和精神的全面定位。

二、"灵气"精神

据传端砚之出名，是由于唐代一次科举京试，气候骤降，冰雪盖地，被关闭在考场的每位考生，不仅冻得手抖脚麻，而且笔砚的墨水都结成冰块，不能书写，无可奈何。唯独一位来自岭南的考生不受天气影响，下笔如神，挥洒自如，最早完卷，功成名就。事后才知道，开试时，这位考生也碰到同其他考生一样的难题，水结冰不能磨墨，便无可奈何地对着砚石叹气，意外地发现砚盆冒出墨汁来。随即他便一路对砚呵气，一路挥笔书写。原来该生所用的是端砚，具有"呵气可研墨，夜吐虹霓"特质，而其所用之砚又是陈年老砚，多年寒窗墨汁干后凝结其中，故可呵气而出。如此之神砚故事很快传开。皇帝知道后，即命上贡，并定为"贡品"。由此，端砚名声大振，列为珍宝。而这位考生的无奈叹气，以及使砚冒汁之呵气、使其一气呵成之"神气"，皆端砚之"灵气"也。

端砚的产地端州是一个"灵气"十足的地方，是全国少有的宗教文化圣地，宗教种类齐全，而且具有发源意义。这里有佛教、道教、儒教、天主教、基督教、伊斯兰教，以及龙母、妈祖（天后、天妃）、盘古等神灵的纪念地或发祥地，是中国诸多宗教的发祥史或发展史上都不得不写的地方。尤其值得注意的是，好些宗教圣地都在亮丽的自然景观之中，可谓景中有教，教中有景，而又都与产砚石的老坑相通连。如鼎湖山中有佛教名刹庆云寺、白云寺、日僧荣睿纪念碑亭，星湖中有水月宫，龟顶山上曾有道教的应元宫、玄真观，崇禧塔旁有沟通中西文化第一人利玛窦于400年前所建的中国第一座天主教圣地仙花寺，特别是梅庵岗有纪念佛教禅宗大师六祖惠能在此插梅而兴建的梅庵，从所植的梅树到所建的寺，都充满了他所创"顿悟"说之"灵气"！顿悟者，即灵感、灵气。六祖惠能是中国心学始祖，岂非端砚灵气之源乎？

传说明朝中叶，有位老砚工到老坑采石，路经端溪，见两只仙鹤飞落溪水之中，良久不见出水飞起，甚是奇怪。他便脱衣下水探摸，在溪底捞起一块蛋形紫色石头，石面有美丽图案，并有一道裂缝，不时发出鹤鸣之声。老砚工取回家后，顺着裂缝将石撬开，奇石一分为二，化作两块砚台，砚边各有一只仙鹤伫立于苍松图案之上。消息传开，砚工纷纷仿制，由此开始了端砚从工具品衍化为工艺品的过程，增添了文化内涵，上升了一个档次。这个传说可能是虚构故事，但也未尝不是端砚具有"灵气"的佐证史料。

从舞文弄墨的程序而言，所谓"意在笔先"，是指动笔之前先有腹稿，成竹在胸，但具体的切入点或着墨点，往往来自用砚磨黑或蘸墨时的灵感，从而开启灵气，一挥而就。由此可言，砚之灵气，起码具有俗语所称的"好的开头乃成功之一半"的意义。肇庆著名端砚大师黎铿于20世纪70年代得到一块有天青鱼脑冻的优质麻坑砚石，石上有7颗碧绿色的鸲鹆眼，都是下眼。怎样加工这块难得的砚石呢？黎大师苦思冥想。一天他到七星岩散步，偶然想起叶剑英所写的七星岩诗："借得西湖水一环，更移阳朔七堆山。堤边添上丝丝柳，画幅长留天地间"，顿时想到：砚石的天青鱼脑冻不就可为明澈如镜的星湖水，七颗石眼不正可作星湖的七座秀丽山峰吗？他的思绪顿然开朗，生怕灵感消失，立即赶回家，创作出"星湖春晓"砚。此砚于1978年参加全国工艺美术展览，并荣获轻工部科技进步一等奖。此砚的创作还开创了以本地题材创作端砚的先河，在端砚发展史上具有里程碑意义，亦是端砚具有"灵气"精神的光辉标志。

三、"雅气"精神

端砚从形体到神韵，都具有沉实、庄重、高雅、经典的"雅气"，亦谓典雅之气。

从其形体而言，每方砚台都讲究石、工、艺，首先选用优质石料，经设计、雕刻、打磨、上蜡等工序，再配之砚盒，既有防尘保护作用，又有装饰作用，有的用紫檀、黄苑梨、酸枝、楠木等名贵木制作，起码是用坤甸、杂木，还有的用锦盒，从盒色多是猪肝色或紫色，形体多是扁椭圆形，洋溢着庄重、典雅之神韵。

从其功能而言，砚是文房四宝之一，写文绘画本身就是高雅的劳动和创作。尤其是从古至今诗人画家的笔会雅集，都不能没有砚台；由砚挥毫，写出的诗文书画亦为高雅之品。尤其是一些隆重盛典，往往有以端砚为重礼示贺，并常以书画雅集助兴。传说宋徽宗在一次盛典上，请大画家米芾用自己的笔砚挥毫，用后将笔砚赐赠米芾，米芾得之，大喜过望，回家后将皇帝赐砚之事书刻于砚台背面。这个故事充分说明砚的高雅，全面地显示了砚台的典雅之气。

砚台不仅本身是典雅之宝，是典雅诗画之源，还造就了吟咏或研究砚台的诗画或学术著作，形成一种艺术体系和学术领域，出现了许多名作名著，也是砚台文化的一种"雅气"。例如，唐代李贺名诗《杨生青花紫石砚歌》："端州石工巧如神，踏天磨刀割紫云"；刘禹锡的《唐秀才赠端州紫石砚，以诗答之》："端州石砚人间重，赠我因知正草玄"；以及齐己的《谢人惠端溪砚》、皮日休的《以紫石砚寄鲁望兼酬见赠》等。自唐代以来，文人雅士不但用砚、赏砚、品砚，还研究砚。传说唐太宗赐一端砚给大书法家褚遂良，褚如获珍宝，引以为耀，便在砚上刻文："润比德，式以方，绕玉池，注天潢。永年宝之，斯为良。"宋代研究砚之风甚盛，苏易简的《文房四谱》是首部相关研究著作，包括笔谱、砚谱、墨谱。苏轼不仅是用砚、品砚、诵砚的大文人，又是对砚情有独钟的研究家。他关于砚台的诗文多达数十篇，其中刻于其"从星砚"的诗："月之从星，时则风雨；汪洋翰墨，将此是似。黑云浮空，漫不见天；风起云移，星月凛然"，活现砚台之雅气、浪漫。著名大书法家米芾获宋徽宗赐端砚，还专程到端州，上砚山，下砚坑，访砚工，著《砚史》。叶樾的《端溪砚谱》是第一部端砚专著，同代相关端砚的论著尚有30多部。此后元、明、清历代均有层出不穷的名作名著，可见研究砚风之盛、"雅气"之浓，历代不衰。

四、"正气"精神

　　中国传统文化中，文人最重正气。所谓"养天地之正气"，即堂正、正当、正派、正直、正骨是也。砚台本体之重、置放之稳、所称为"方"，以至用砚者必须"正襟为座"之姿，皆显其固有"正气"之神。自古以来代代相传的诗文或传说，吟诵砚台"正气"之作，均不可胜数，其中感人肺腑者也很多。

　　传说宋代包拯在端州知州任内，公正廉明，声望甚高。任职届满，北上赴任。乘船离端州境时，突然狂风大作，河浪翻腾。包拯疑船上有不当之物，便下令清查。原来是随从见包拯不取端州人所送一物而离任，于心不忍，便私自留下当时被列为贡品的一方端砚带走，以作纪念。包拯意识到私带贡品非法，便亲自将这方端砚掷投河中，风浪随即停息，乘船顺风离境。事后在掷砚的西江河中，渐渐冒出一个洲岛，人们思之是掷砚所变，故称之"砚洲岛"。该岛现在是风景秀丽的旅游区，上有包公祠。这则故事很能说明砚台的"正气"。

　　宋代抗金名将岳飞，能文能武，忠孝双全，既以金戈铁马"重头收拾旧山河"，又挥笔写下大义凛然的《满江红》。他的正气文章皆自砚台出。他特地在所喜爱的端砚的砚背上刻上行草书"持坚守白，不磷不缁"八个大字，既是对砚石"正气"的赞颂，又是这位"正气"人物的言志，真乃双重"正气"之书砚至宝。尤其值得注意的是，这方砚台的砚侧，还镌上楷书："枋得家藏岳忠武墨迹与铭字相启，此盖忠武故物也，谢枋得记。"而且，砚台两侧还刻有宋末名相文天祥的铭文："岳忠武端州石砚向为君直同年所藏，咸淳九年十二月十有三日寄赠。天祥铭之曰，砚虽非铁难磨穿，心虽非石如其坚，守之勿失道自全。"文天祥是民族英雄，他在狱中坚贞不屈，写下千古名诗《正气歌》，高诵"天地有正气"，又在岳飞的用砚上刻上自己的"正气"铭言，使这方双重正气砚宝又添一层"正气"，从而更显示出砚之"正气"精神，不仅层层加重深化，而且代代相传，永存不衰。

五、"骨气"精神

"骨气"，既是"书生自有嶙峋骨"的骨气，是"威武不能屈，富贵不能淫"的骨气，又是"工力之气"。

砚台在桌面上"巍然不动"的神姿，"精雕细刻"的工艺，"百折不挠"的经历，无不显示和内蕴着历尽沧桑的"骨气"精神。

砚石变为砚台，既要工，又要力；工是艺工、艺术之工、巧夺天工；力是人力、神力、艺力、功力、毅力；合工与力，谓之"工力之气"。这是砚石从自然石到砚台、从使用工具到工艺品、从日用品到收藏品的升华支柱。

砚工有祖传的传统，既传技艺，又传精神。砚工每年要拜"伍丁先师"诞，即这一传承的标志。"伍丁"先秦时代蜀国的五位力士。据《华阳国志·蜀志》载："蜀有五丁力士，能移山，举万钧。"《史记》载：秦惠王拟攻蜀，奈蜀道难，使五丁力士凿石移山开路，进军路通，遂得胜。后人即以石匠之祖奉之，遂以此诞为石匠传徒拜师之节。这史料证实，砚台生产及其文化历史悠久，传承"工力之气"。

挖岩取石之艰辛，全仗"工力之气"的精神。苏轼称砚的生产是"千夫挽绠，百夫运斤，篝火下缒，以出斯珍"，是很到位的表述，不愧"端石一斤，价值千金"之誉。

利用自然生态石质与石态之"鬼斧神工"，更是"工力之气"的生花妙笔。例如，唐代诗人陆龟蒙藏一端砚，砚石中有蕉叶白，蕉叶白旁刻上一古钗头，钗上翘着一只白凤，他便在砚铭上刻"露骨坚来玉自愁，促成飞燕古钗头"。还有砚工用李贺诗句"暗洒苌弘冷血痕"所含之春秋战国名臣苌弘不幸冤死、死后三年其血化为碧玉典故，来形容端砚石中的"火捺"，都是以很有文化力的"工力之气"升华端砚文化内涵的杰作。

赵朴初的《题肇庆端溪砚》："端砚能传百代名，今朝益信石工神。不虚万里风轮转，来赏青花看紫云。"这是对深蕴"工力之气"的端砚最切最好的评价和赞誉。

以上"五气"精神，既是以端砚为代表的中华砚文化优秀传统，又是现代砚文化仍在传承着的伟大精神。肇庆市着力倡导和发展端砚生产和砚文化，大力建设砚村、砚岛、砚街、砚园和端砚广场，出版了一系列端砚文化著作或影视作品，连续举办全国性的"中华砚文化研讨会"，都是弘扬中华砚文化传统和精神的重大举措，在全市处处都有砚文化的氛围，在全省、全国乃至世界都有广泛影响，所以肇庆市不愧是"中国砚都"！

2011 年 12 月 28 日

附注：本文引用了王建华著《端砚》（广东教育出版社 2010 年版）一书提供的原始资料，特此鸣谢。

莞香的文化意义与开发前景
——在东莞市莞香节暨莞香文化论坛上的发言

今天东莞举办莞香节,又同时举办莞香文化论坛,既有弘扬地方风情的意义,又有承传历史文化传统、开发地方特产文化、为当今时代经济文化服务的意义。以东莞地名而定名的香料特产"莞香",具有深厚丰富的文化意义和开发前景。归纳言之,其文化意义主要有六大要点。

一、既有独特性又有广泛性的物产

莞香树,中国树木中唯一以东莞地方命名的树木,是东莞特有的原生种,学名沉香(Aquilaria sinensis [Lour.] Gilg.),属瑞香科(Thymelaeaceae)双子叶植物,归类为乡土常绿乔木或小乔木,是莞香产生的主要载体。

莞香,即莞产沉香,沉香以产自东莞的品质最良,故又称莞香。莞香品质上乘,得益于东莞得天独厚的地理环境。清代屈大均《广东新语》之《莞香》篇记载:"香在地而不在种,非其地则香种变",即土壤是决定莞香品质的关键因素。自古以来,莞香贡品的生产区域主要集中在东莞大岭山镇。清末史学家陈伯陶编《东莞县志》记载:"莞香,先辨土宜,土宜正者。白石岭、鸡翅岭、百花洞、牛眼石诸处亦不失为正。"上述四地自唐代起就是历代皇宫莞香用品的原产地,是谓四大皇家香林。莞香非物质文化遗产保护园也正是坐落于具有历史价值的百花洞。

莞香在东莞历史悠久,早在东汉时期已有种植。据东汉杨孚《异物志》中记载:"蜜香,欲取先断其根,经年,外皮烂,中心及节坚黑者,置水中则沉,是谓沉香。次有置水中不沉,与水面平者,名栈香。其最小粗者,名曰椠香。"由此可见,东汉时期,莞人已掌握了莞香独特的种植方法,并经过一代又一代香农的传承与改良,逐渐形成了完整且独特的天然结香的生产及制作技艺,产出优质莞香。莞香历来是东莞地方特产,清代雍正八年周天成修撰的《东莞县志·周志》中记载:"莞诸物俱不异他邑,惟香奇特。"早在唐代起,莞香已成为东莞最负盛名的皇家贡品,被列入制度。明代嘉靖年间,莞香即名扬四海,自莞香名世以后,其他地方的香料从此一并没落。《莞香》篇中有所记载:"……又朱崖有香洲,洲中山诸异香,往往无名,而并未言及东莞。盖自有东莞所植之香,而诸州县之香山皆废矣。"

莞香泽世,主要有赖于莞人的勤劳和智慧。《广东新语》记载:"昔之香生于天者已尽,幸而东莞以人力补之",正是莞人在长期劳动实践中摸索、掌握了莞香传统生产与制作技艺,并世代相传,才创造了莞香的千年辉煌。莞香制作技艺是莞人将对自然界和宇宙知识的认识付诸实践的突出表现,带有东莞本土文化烙印,是东莞特有的非物质文化遗产。

莞香为东莞所独有,有着自身的独特性,然而其用途却体现出广泛性。莞香乃沉香中的珍品,其聚集天地五行之气,天然形成,天赋香气淡雅宜人,尊为香类极品,居众香之首,素有"香中阁老"的美誉,是历代皇室贵族、文人雅士培养文化气质的重要媒介。此外,莞香亦是一味传统名贵中药材,临床使用广泛,乃十大广药之一,莞香片、莞香粉冲泡饮用皆为传统养生妙方。相传广东先民到海外谋生,必定随身携带以莞香雕刻的神像,既能缓解水土不服的肌肤之痛,又可解思乡之苦。除了用作香料、入药外,莞香还可用作工艺品制作及收藏,更可进行深加工综合利用,如树皮可用于造纸,种子可榨取油脂用于工业用油,莞香原材料可提炼精油和分子提取物,等等。可以说,莞香全身都是宝,用途相当广泛。

二、既是物质文化又是精神文化的载体

据东莞市委党校教授林举英在《东莞历史文化刍论》中《莞香文化探析》一文称:中国有悠久的使用香料的历史。香对于古人主要有三个用途:一是用于祭祀,包括祭祖、拜神、敬佛,都要焚香,期望通过香气达到神灵,人也在香烟缥缈中仿佛能感受到神灵的庇佑。二是用于日常生活,在居室里焚香,能净化居室,使人获得舒适的享受;或在庄重的场合焚香,营造出肃穆庄严的气氛。三是用于制药,各种香料都有不同的药用价值,是中药的重要材料,至今仍然如此。这三种用途说明莞香既是一种物质文化,又是人的精神的一种寄托和文化的载体。

莞香是一种奇特的植物,其特性和生长历程本身就有一种丰沛昂扬的文化精神和独特个性。"莞香树,是一种贱生树,如同一个宿命般苦难的孩子,生长在硗确(贫瘠)的土壤,然而贫瘠的土地却成就了她生命的价值,塑造了她那易结香和产

极品好香的特质。……大多数莞香形成是香农将莞香树种成四五年后，人为砍伐或采用半断干枝的办法使香树受伤后才能结香。这种受伤过程就叫'开香门'。香树在受伤后，再经蚊虫蚁蝼萦绕吐涎，伤口受真菌感染后，产生化学作用，最后形成香脂，再经多年沉积而成固态结晶体才有莞香。可以说，一棵香树只有数年风华正茂的葱绿，余下数十年，甚至上百年便要不断遭受刀刃砍伐的采香之苦。有些香树甚至历经数百年后，木本已腐朽如烂泥，而土中却有光黑如漆、质地坚硬的熟结香。那些残肢断臂、伤痕累累的莞香树，在经历了一次次'苦其心智、劳其筋骨、饿其体肤'的折磨摧残，才最后置之死地而后生，完成她生命的涅槃，成为植物中的钻石——莞香。"这是刘丹散文《女儿香》中的一段描写，可谓将莞香的文化精神和独特个性写得惟妙惟肖、玲珑剔透。

三、既是高雅文化又是大众文化

香文化是中华民族传统文化中的一块瑰宝。中国香文化源远流长，上自宫廷、庙宇，下至普通百姓家，都以熏香、品香为赏心乐事，甚至成为日常所需。宗教节庆有香，历代帝王喜香，闺中妙龄爱香，古典名著生香，文人墨客颂香，中药百草发香，养生保健缘香……由此形成的香道和香文化也流传至今。早在先秦时期，香料就被广泛应用于生活。从士大夫到普通百姓，都有随身佩戴香囊和插戴香草的习惯。隋唐五代，不仅用香风气大盛，又因为东西文明的融合，更丰富了各种形式的行香诸法。盛唐时期，文人墨客闻香颂香，甚至经常举行熏香鉴赏会，争奇斗香，形成一种独特的"闻香"风格。宋元时，品香与斗茶、插花、挂画并称，为上流社会优雅生活中怡情养性的"四般闲事"。熏香至此也成了一门艺术，达官贵人和文人墨客经常相聚品香，并制定了最初的仪式。专门研究香的来源、载体、工具和制香法的各式香书、香谱也在此时出现。特别是在香道发展鼎盛时期的宋代，用香成为普通百姓追求美好生活不可或缺的一部分，生活中随处可见香的身影。至明代，香学与理学、佛学结合，"坐香"与"课香"出现，并成为丛林禅修与勘验学问的一门功课。佛门与文人营建香斋、静室与收藏宣德炉成为时尚。清三代盛世，行香更加深入日常生活，炉、瓶、盒三件一组的书斋案供以及香案、香几成为文房清玩的典型陈设。古典诗词中对香的描写更是琳琅满目、美不胜收。如：

李白《望庐山瀑布》

日照香炉生紫烟，遥看瀑布挂前川，飞流直下三千尺，疑似银河落九天。

温庭筠《更漏子》

玉炉香，红蜡泪，偏照画堂秋思。眉翠薄，鬓云残，夜长衾枕寒。　梧桐树，三更雨，不道离愁正苦！一叶叶，一声声，空阶滴到明。

李煜《一斛珠》

晓妆初过，沉檀轻注些儿个。向人微露丁香颗。一曲清歌，暂引樱桃破。罗袖裛残殷色可，杯深旋被香醪涴。绣床斜凭娇无那！烂嚼红茸，笑向檀郎唾。

李清照《醉花阴》

薄雾浓云愁永昼，瑞脑销金兽。佳节又重阳，玉枕纱厨，半夜凉初透。东篱把酒黄昏后，有暗香凝袖。莫道不销魂，帘卷西风，人比黄花瘦。

民国年间东莞诗人张萼桦《女儿香》

兽炉烟袅净无尘，焚到牙香气自春。红袖添来宜伴读，绿窗绕处最怡神。谈心喜共同盟友，炙手偏怜困热人。万种情丝萦缕缕，好教香火证前因。

古诗词中写及炉香的篇什不胜枚举。这种诗词，既体现出文人雅士的高雅情调，也表现出一种高雅的环境氛围，亦是莞香文化高雅的一种体现。

古代，莞香多为皇家专用，可谓"昔时王谢堂前燕"；随着使用限制的放宽以及海外贸易的放开，莞香也"飞入寻常百姓家"。这标志着莞香既是高雅文化又是大众文化。中国有着悠久的熏香文化，上自宫廷、庙宇，下至普通百姓家，都以熏香、品香为赏心乐事，甚至成为日常"驱邪"所需。传闻皇宫里所收的莞香，除用作祭神外，点燃后还可驱蚊去虫，溢香皇室。《广东新语》中亦描写了古代苏松一带（现在苏州、上海一带）"熏月"的盛况："以黄熟彻旦焚烧"，"莞香之积阊门者，一夕而尽"。苏松一带自古以来就是人文渊薮，其中秋之夜的"熏月"民俗活动真是隆重之至、优雅之至，而所焚烧的都是莞香。想象几百年前那种香动苏松、万民陶醉的情景，至今仍让世人追慕不已。熏香文化达于极致，莞香文化也达到了一个顶峰，形成了一种雅俗共赏的文化。

四、既是中国特产文化，又是中外交流的海上丝绸之路文化

古人的生活与香的关系非常密切，因此自古以来香料的进口就成为对外交流的重要一项。通过海上丝绸之路运往中国的物品中，香料占有很大的比重，因而又被称为"香料之路"。据《南越笔记》记载："洪武初朝贡，其物有金银器皿、熏衣草、降真香、沉香、速香、木香、黑线香、白绢、犀角、象牙、纸扇。"当时对外贸易的主要形式是朝贡，这里记载的是明朝初年对安南（今越南）的贸易，所列11种商品中，香料占了5种，可见香料贸易所占的比重较大。香料的进口比例大，说明香料的社会需求大，这一定程度上也刺激了国内的香料生产。

明朝嘉靖年间，莞香逐渐放开使用和贸易，一经面世，即享誉于世，形成的"香市"更是"海上香料之路"的代表集市。广东古代有"四市"的说法，《广东新语》记载："东粤有四市。……一曰香市，在东莞之寮步，凡莞香生熟诸品皆聚焉。""寮步"今作"寮步"，是东莞中部的一个镇。"步"者，埠也，也写作"埠"，多数用以指称水边有码头的地方。因此，在古代它是一个码头或市集的名称。寮步，这片不产香的土地，凭借一条寒溪河，促进了莞香的繁荣贸易。莞香在寮步牙香街集中销售后，经寒溪河、东江而转运到内河及沿海各个港口，远销江浙、京城及东南亚等地。莞香因而得以和茶叶、陶瓷等成为同期出口海外的名贵产品，成为东莞古代的名产而享誉中外。当年各路香商、药商、香客、文人雅士、才子佳人慕香而来，云集连接寒溪河香市码头的牙香街，整条街终日人声鼎沸，香气缭绕。而邻近运香经过的地方也因受莞香熏染而得名。如寒溪河又名香溪、中山古称香山，据说香港也因莞香交易繁盛而得名，这种因特产而得名的现象正是中国特产文化的一种体现，也是一种海上丝绸之路、香料之路文化的实证。

五、既是世界性的物质文化，又是世界性的非物质记忆文化

千百年来，从香树的种植，到以香薰治瘴气，到燃香祈神拜佛，将香尊为灵通三界之神物，再到修习香道以寻求身心享受，形成以香养生养心的科学理念，经历

了一个漫长的过程，由此形成了独特的莞香文化。莞香本是一种难得的香料，亦是一味珍贵的药材，是天然养生的保健圣品。燃起莞香，梵烟缥缈，馨香典雅，不仅能平复心境，达到调息、濡养身心之养生功能，更能撩动心智的灵性。这也是历代文人雅士喜爱闻香的缘故。莞香神秘而奇异的香味，集结了千百年天地之灵气，有的馥郁，有的幽婉，有的温醇，有的清扬。自明代中叶起，莞香不单被列为内廷贡品、香飘中国，更远播东南亚等国数百年。莞香不仅是一种世界性的物质文化，也是一种世界性的非物质文化。

据《广东科技报》资深记者冯海波在《香茶陶珠》一书中称：莞香的珍贵在于它来之不易。莞香从凝结到形成，往往需要数十年乃至上百年的时间，所以属短期内不可再生的资源。根据《国家重点保护野生植物名录》，沉香及其制品属于国家二级保护植物。

莞香种植地少，取香不易，上品莞香价值千金且不易觅购。晚清以来，由于人们竭泽而渔的采集，莞香产量急速下降，从此衰落。《东莞县志》有记载："闻前令时，承旨购异香，大索不获，至杖杀里役数人。一时艺香家，尽髡其树以去，尤物为祸亦不细矣。然则莞香至雍正初，一跌不振也。此酷令不知何名，深可痛疾。"

直到近年，东莞一些有识之士重新挖掘研究莞香制作技艺，传承千百年"香火"。东莞市尚正堂沉香研究院院长黄欧就是其中的代表。作为广东省非物质文化遗产"莞香制作技艺"传承人，黄欧自幼耳濡目染，学会了种香、采香、结香的传统技艺，并将祖辈遗留及多年民间搜集的共300余株百年莞香母树迁植于莞香非物质文化遗产保护园内。

过去莞香的种植都是靠天吃饭。如果没有掌握技艺，莞香树有的十年、数十年甚至上百年都不结香。黄欧深知，传统技艺的复苏加上现代科技的借鉴，才能为莞香的发扬光大插上翅膀。他潜心钻研《香乘》《陈氏香谱》《广东新语》《粤东笔记》《东莞县志》等有关莞香的古籍，使断层了100多年的莞香制作技艺得以传承。同时，他还请来中国科学院华南植物园等高校院所的专家教授，综合运用现代科学技术，对传统的莞香制作技艺进行科学归纳研究，在莞香优化品种、结香机理、医学应用等方面实现了新跨越。他所创办的尚正堂莞香发展有限公司，成为广东省第一批非物质文化遗产保护示范基地，而他也荣获由广东省文化厅等单位颁发的"活力非遗2013年度致敬人物"荣誉称号。从莞香的传统种植技艺上看，莞香还应当列入世界非物质文化遗产名录。

六、既是源远流长的传统文化，又是前景无限的文化事业和产业

从上述引证资料可见，莞香从生产、技艺、应用、流通、享受，到受文人雅士、平民百姓的认同和歌颂，都具有悠久历史，是中国特有的源远流长的传统文化，蕴含着深厚丰富的文化储存和积累，我们应当以同样的持久的韧性和耐力，去持续研究开发这个宝藏。要进行和完成这项使命，首先要从世界和历史的高度认识莞香的文化价值和意义，并且以世界和未来的眼光和策略进行莞香的研究开发。由此，建议从"三个结合"着手，力争实现三个"世界第一"：

（1）莞香与社会生活结合。自古以来，莞香已经成为人们日常生活的伴侣（薰香）或精神寄托物（祭祀），但实际上结合面还不够深广，应当可以向人的生活文化（衣、食、住、行、玩）和生命文化（生、老、病、性、死）各领域延伸，扩大其结合空间，尤其是进入家庭和个人的生活空间。一方面，制造能使身体、服饰、居室、环境生香的产品，如香水、香丸、香衣服、香戒指、香皂、香液、香食品等，使莞香"无孔不入"地飞进"平常百姓家"，以致融入老百姓的日常生活中；另一方面，要充分发挥莞香文化的高雅性能，制造高雅礼品、有收藏价值的经典藏品、具有诗情画意的高雅景点。由此，建议东莞市打出"中国香都"的文化定位和称号，在适当地点建造一所"莞香文化宫"，以悠久的文化内涵和现代高科技手段，建造世界"第一"或"唯一"的莞香文化宫殿。

（2）莞香与科学技术结合。一是在种植和生产上，要借助科技力量提高和扩大莞香的产量和质量；二是在功能和用途上，要借助科技力量增加莞香的功能和用途，尤其是药用功能和日常生活用途。由此，建议东莞设立"莞香文化与科技研究开发院"，在研究力量、投资、设备、规格、目标上，都要力争达到世界"第一"的水平，使其建成当今世界上"唯一"或"第一"的莞香研究院。

（3）莞香的生产、销售、展览、投资、旅游、文化与海上丝绸之路结合。莞香既是一种植物、一种文化，又是一种产品、一种商品；莞香文化事业和企业就是要将植物、文化变成产品、商品，以文化引领经济、将文化化为经济。这就必须与企业的生产、销售结合。东莞现在已有"世界工厂"的美誉，而且也由此在本月初得到了举办广东省首届 21 世纪海上丝绸之路博览会的殊荣，获得了 170 多亿元相关

订单。应该在这基础上,再发挥莞香之路历来是海上丝绸之路的线路之一的优势,再续其历史的前缘,并借"世界工厂"的海外线路,将莞香外销市场拓宽加大,是很有必要而前景无限的。为此,建议对古今海上丝绸之路和香料之路的海外节点进行一次认真梳理,将原有和现有的海外节点串连起来,按其销路重建一条或多条莞香外销之路;同时将现在东莞寮步每年一度的"香博会"和香圩市扩大至大岭山产地,将生产与销售结合起来,将海外及全国香料生产和销售企业吸收进来,投资或设置展位,既展销其香料产品,又展现其香料科研成果与文化风情,建成当今世界"第一"大而且是永不落幕的香博会和香博园。

如能切实做好这"三个结合"、实现三个"世界第一",东莞则是名副其实的"中国香都"。

2015 年 9 月 15 日

论中国石文化的传统及其开发
——在"中国石都"云浮市石文化论坛上的发言

石是文化的媒体,又是文化的载体。称其媒体,是因为石可缘生文化;称其载体,是在于石可承载人类诸多文化的赋予或寄寓。所以,石有其本体的自然价值,又有被赋予的社会价值,包括文化价值、审美价值、经济价值、收藏价值。

原始人类从群体生活开始,因共同生活与相互交流所需,即产生原始的人类文化。石文化是人类最早的原始文化之一。它与人类其他文化一样,随着人类智慧和社会的不断发展与逐步积淀,而逐步发展为一种传统文化,在各民族的发展史上,都发挥着重要作用,同时也使自身文化传统得到传承和发展。现代石文化是传统石文化在现代社会的发展与传承。"观今宜鉴古,无古不成今"。要发展现代石文化,必须了解传统石文化,知其"来龙",才能把其"去脉";今承古业,古为今用,才能取得更大发展。所以,我的发言主要以发展的眼光看中国石文化的传统及开发。

一、从生存依靠到精神崇拜

原始人类从直立到转化为智人,主要的标志是使用工具,最早使用的工具则是石器,即用石做成的尖器、削器、石杵、石斧、石锤、石纺等。它们既是捕猎食物或饮食的工具,又是防卫或搏斗的武器。石是原始人类生存的依靠,是原始文明的基础和标志。所以,这段史前时期称为石器时代(内分为旧、中、新三个时期)。

正因为原始人的生存、生命、生活、生产都离不开石,从而在精神上产生对石的崇拜观念和行为,这即是石文化从实用文化进化为观念文化的开始,也可以说是石文化的实用性和观念性两种文化分野的开始。从此,两种石文化都随着社会的发展而不断地发展着,两者有时是交叉状态,有时是先后或并列状态。总体而言,是观念性的石文化占主导或主流地位,但从经济上说,以实用性的石文化为多而普及。所以,对石文化的开发应注意这两种石文化的并举与结合。

二、从地球之基到生命之源

在壮族神话故事书《布洛陀》中,说地球本是一块巨石,在宇宙中不停地旋转着,突然分开上下两部分,上为天,下为地。由此天地形成之后,又由天上掉下一个大石蛋,被太阳晒了99天,裂开生出伏羲兄妹,于是产生了人类。这故事清楚表明在原始人观念中,石是地球之基、生命之源。《淮南子》记载的"女娲补天"的神话故事,就是说天崩决一角,女娲以炼石补天。"盘古开天地"神话所称的"盘古",其实是"盘石"(巨石),还有禹及其儿子启都是石头所生的神话,也都佐证人类对石的崇拜。

值得注意的是,直到后来文明社会所产生的故事传说中,也仍有某些神人是由石头所生所化的说法,如《西游记》中写孙悟空是石头生出,两广的歌仙刘三妹(刘三姐)传说是死后坐化为石。屈大均《广东新语·女语》称,刘三妹是唐中宗时新兴人(与六祖惠能同乡同时代),是始造歌之人,即依某种声音作歌,与人唱和,"尝与白鹤乡一少年登山而歌。粤民及瑶、僮诸种人围而观之,男女数十百层,咸以为仙,七日夜歌声不绝,俱化为石"。这些传说所显示的生死观念更证实人类对石乃生命之源的精神崇拜。

三、从母性崇拜到性崇拜的石化

原始社会曾有母系社会阶段,因无固定婚姻制度,子女往往知母不知父,所以形成以母性为中心的社会,并形成母性崇拜观念。久而久之,由于对性的无知和繁衍后代的渴求,又产生了性崇拜观念。这两种崇拜观念都赋予于类似男女生殖器的奇石或石体中,可谓之曰崇拜石化现象。

据说广东博罗县的罗浮山中,有个由两块巨石构成的石崖,上块似男性生殖器,石缝中有泉水流出,称为阳谷;下块则似女生殖器,称为阴谷。故整个石崖名为阴阳谷。从古至今,每月初一都有妇女前来拜石求子。肇庆七星岩口有两块鸳鸯石,各有一丈多长,一大一小,一俯一仰,好似一对男女相亲。前些年仁化丹霞山发现阳元石,引起四方游客叹为观止,后又发现阴元石,更引起轰动效应,使入园人数和门票价格数倍增长。可见传统石文化的无穷生命力。

四、从雷电崇拜到族群图腾的石化

原始人凿石取火,使人类开始了从生食进入熟食的时代。故有"燧人氏取火"的传说。其实火的来源还在于雷电,电闪雷鸣,给人类带来火种。人类也因不理解这种自然现象而带来恐惧,从而产生对雷电的崇拜。自古以来关于雷公的神话即由此而生。神话中雷公的形象为鹰嘴獠牙,展翅伸膀,手持斧凿,活现巨兽凿石取火的凶猛势态。

原始人以部族为单位而群体生活,逐步发展为民族或民系。随群体形成的历史长久,共性的文化观念越稳定,文化积淀越深厚。在原始部族,在所处的自然环境影响中,对某些自然现象不理解而又无征服力,便模拟或创造出某种动物的形象,作为本族的神灵庇护,即谓之"图腾"。龙的形象即是中华民族(华夏族)的"图腾"。本来世上没有龙这种动物,实际是原始人模拟雷电的形象而赋予其蛇身鹿头结合一体而创造的,甲骨文和金文中的龙字就是雷电的象形。

我国的少数民族或族群大都在原始时各有本族的图腾,如越族、壮族崇拜蛙,瑶族、雷州民系以狗为神,还有龟、虎、狮、蛇、鳄、凤等为图腾的部族。特别值得注意的是,这些图腾标志大都以石刻或石塑的方式体现出来并流传下来,置于寺庙厅堂之上,顶礼膜拜,虔诚供奉,或作为护佑神灵,蹲立于门户宅前、山道路口,如迄今各地可见的石龟、石狗、石狮等。这种现象可谓图腾的石化。

五、从山石崇拜到石的泛神化

据我国最早的史书《尚书》记载,舜接尧之位以后,每年都要祈拜东岳泰山、西岳华山、北岳恒山、南岳衡山,其地处国中,始有"中国"之称。此后几乎历代皇帝也都行拜山之仪,而且往往在祈拜时给山赏封种种称号,如泰山即被封有"岱宗"之号。封建社会称天下为帝王的江山。其祈拜山和为山封号,意在保佑其天下稳于泰山。所以,中国的封建文化的主干或根底是对山崇拜的山文化。

中国的山大都是以石为主体,或以石山为多,所以山与石往往是同体或密不可分的,在文化上也往往如此,在山与石的观念崇拜上更是这样。最典型的例子是在全国许多山村古道,常看到刻有"泰山石敢当"的石碑,是降魔镇邪神的标志,清楚表明这是山与石同体之神。在许多乡村或山道还会看到，许多民间崇拜的地方神灵，如山神、土地、门神、火神、水神，以至地方传为升天的历史名人，都是以石碑或石像为载体供奉的。更为普遍的是，某处山峰形状独特，某个石有似人的形象，某块石生得怪异，往往被拜为神，或托之人之升天和仙人下凡之事，有些地方还有认石为契、为母的习俗。这些都是传统的石泛神化现象。

六、从石到玉的文化"升格"

玉是精美的石，也是石文化"升格"为精美文化的一种媒体或载体。从自然体而言，玉是石的一种精品，提取难，产量少，加工难度大，质地高；从社会价值而言，玉的价值也比石高，主要是因其精美而具有较高的文化价值、审美价值、经济价值。

中国的传统玉文化，作为传统石文化的一部分或分支，同样是源远流长、丰富多彩的，而又是有其独特之处的。这就是因其精美稀罕而作为"宝"物之一，作为"宝"文化观念和价值的一种载体和固体。玉的价值和用途由此"升格"，玉成为镇国、镇族、镇世、镇家的标志或信物，亦是代表"纯洁"之物。司马迁《史记》"还璧归赵"的故事中，蔺相如从秦王手中夺回的"和氏璧"，就是可以镇国之玉。《红楼梦》本名《石头记》，是写女娲补天时留下一块石头，年久成精，化为一块"通灵宝玉"，由贾宝玉带着投胎转世，在荣国府中与"金陵十二钗"悲欢离合的故事。这块玉，既是贾宝玉镇身之宝，一旦失去即使贾宝玉变得痴呆；又是贾宝玉与十二位奇女子情缘尤其是与林黛玉爱情的镇情宝物，失去后即失去这些情缘和爱情；荣国府最后"树倒猢狲散"，也在于失去了这块镇族、镇家之宝；整部书实际是中国封建王朝崩溃的挽歌，这块玉也充当着镇国之宝。由此可见中国传统玉的观念非同一般。耐人寻味的是，《红楼梦》又名《情僧录》，主要在于贾宝玉与林黛玉前世有石草之姻缘，主要着墨于宝黛之间两小无猜的纯洁爱情故事，而不是世俗的性爱小说，可见其玉的文化内涵是重情轻性的文化观念。由此可见石与玉又是情文化的载体，这也可以说是石文化的一种"升格"。

玉是人的宝物之一，常与金并列或对称；但金主要是财富的标志，玉则是珍美的象征。玉除有镇宝之用外，多用于随身佩物，既有珍美的装饰作用，又有扶正压邪的功能，既有经济价值，又有审美价值和文化价值。

七、诗、画、书、刻、碑中的石文化

在文化艺术的各个领域与行业中，有不少是以石为元素或以石为实体的。

古代有许多写山水或古道的诗，大都因石而生、从石而咏。如韩愈的《山石》："山石荦确行径微，黄昏到寺蝙蝠飞。升堂坐阶新雨足，芭蕉叶大栀子肥。僧言古壁佛画好，以火来照所见稀"，既写出因"山石"之行的诗意，又写出"古壁佛画"的石刻。杜牧的《山行》："远上寒山石径斜，白云生处有家。停车坐爱枫林晚，霜叶红于二月花"，既写出山中之石，又写出云中之山，写出傍晚山石枫林中的诗意，历历可见诗中内涵的山石文化元素。

中国画多以"岁寒三友"松、竹、梅为对象，多以"四君子"梅、兰、菊、竹等为题材。这些为表现对象或题材的画作，是要以山石为背景或衬对，这即是山石文化元素。人民大会堂的巨型名画《江山如此多娇》，是关山月与傅抱石两位"山石"大师合作的，画中不乏山石文化元素。毛泽东原诗《沁园春》的意境也是如此。

书法是中国特有的艺术。这种艺术也与石有密切关系。首先是书法用的墨，是取于石中的石墨；磨墨用的砚，是一种特质的石；书写时用的纸压，也多是用石；古时的书法，在发明造纸之前，除刻于甲骨、钟鼎之外，多刻于石碑或摩岩上，称为碑刻或摩岩石刻。"文房四宝"（纸、笔、墨、砚）中的一半是石文化。这是实用性的工具文化。

雕刻艺术中的石雕，顾名思义是以石为原材料的雕塑艺术，是自古流传至今的一种工艺；篆刻则多是刻于石上的书法艺术，俗称印章、印记、印信。两种都是艺术与技术高度结合的石工艺文化。

石碑也是一种中国特有的石文化，其作用不仅是留刻书法，更多在于刻记有重要意义的诗、文、史、事、志，有诗碑、文碑、史碑、事碑、族碑、界碑、路碑、墓碑等。这种石文化极其普及，千百年来自然形成一条实用性的石文化长河，与观念性石文化长河交相辉映，不断发展。

八、衣、食、住、行、玩中的石文化

在社会生活中，包括在人的衣、食、住、行、玩等生活要素中，无不有石文化的存在和发展。

衣，古越族人曾用树柏石布，迄今仍存化石遗物；在古书或诗词中有许多妇女在河边用石洗（捣）衣的记载和描写。如李白《子夜吴歌·秋歌》："长安一片月，万户捣衣声。""捣衣"即在石台上用木棍捣衣。《浣纱记》写西施在河边洗涤，实际也是在石台上洗衣。

食，出土文物中有可作碗用的石器、猎取猎物的石具；从古沿用至今的有加工食物的石磨，吃饭用的饭桌、石凳；现代饮食仍需精制的石制工艺和用具，如用烧热的石板烤肉，是至今仍流行的一种菜肴。

住，建房的石料，从墙基、门窗框架，到屋柱、屋梁，都用石条，门前或梁柱还有石雕；现代住房建设、装修仍需石料，家居仍有石制家具、石艺摆设。

行，古时用青石板铺路，用石碑指路；现代仍要开山凿石修路，修建公路、铁路仍需用石料铺垫。

玩，游山玩水，玩石赏花，均不可缺石的文化与乐趣，古今如此。

九、生、老、病、性、死中的石文化

人的生命文化，包括生、老、病、性、死，均有石文化。

生，古有"三生石"，即对前生、今生、来生的祈求崇拜石。

老，古今皆有供老人消闲的石桌、石椅、石棋、石珠、石球。

病，古有治病石，有捣药用的石具，如石槌、石臼、石擂。

性，有鸳鸯石、阴元石、阳元石等。

死，有石墓碑、石棺、石椁、石葬等。

十、发展经济石都，建设文化石都

以上论述，是试图从纵横两个方面探讨中国传统石文化现象，目的是供当今继承传统石文化、发展现代石文化和石经济之参考。

云浮市已被誉为"中国石都",在这里举办石文化节和石文化论坛是义不容辞的,也是很及时并有远见卓识的。前不久中共广东省委召开了十届七次全会,作出了建设文化强省的战略部署。云浮市即以举办石文化节和石文化论坛响应,是很好的。这同时也表明,云浮市对"文化引领"的意义与作用认识较好,找到了进一步发展的方式和途径。现在看来,云浮市获"中国石都"的称誉,主要是经济上说的,即:经济收益占比例较高,生产规模较大,外贸市场较广,从国内到国外都有加工订货、商贸往来。可以说,云浮市在石生产和石贸易的发展上,在全省以至全国占领先地位。但从文化上说,则不见得是这样了。

从云浮市石生产的总体上看,主要产品是加工基建用石,其次是工艺石和石工艺;基建用石多是原材料或停留于原材料加工,文化元素较浅,从文化上发展生产品种较少;在商贸市场上,发挥文化引领作用不够;从产品到商品,都有待于在文化因素的引领作用下提高数量和价值;而生产力的提高,还有赖于从领导到员工文化意识与凝聚力的提高,有赖于企业整体文化软实力的提高。所以,当今应当而且可以提出在发展经济石都的同时建设文化石都的目标和口号。

文化石都是怎样的呢?应当怎样建设文化石都呢?

我看文化石都应当是:石文化的生产、石文化的经济、石文化的集粹、石文化的社会。

(1)石文化的生产,就是以文化理念引领生产,以文化思想开拓产品,以文化精神进行生产,使产品文化化、生产文明化、企业文化化。

(2)石文化的经济,就是以文化魅力开拓市场,以文化产品扩大市场,以文化素质建设信用市场,使市场交易和经济都有石文化品格。

(3)石文化的集粹,就是以建设一个石艺中心、一条商业街、一个创意园、一个石庆节及展销会、一个经济文化论坛等"五个一"的措施,将中外古今的石经济与石文化的精华汇集。

一个石艺中心,专门生产世界或全国的石艺产品,包括世界文化名人(如孔子、老子、六祖惠能、冼夫人、孙中山等)、名神(如耶稣、如来、观音、弥勒佛、妈祖、龙母等)、名像(如米罗的维纳斯、萨莫色拉斯的胜利女神、达·芬奇的蒙娜丽莎、罗丹的思考者等)、名典(如耶稣升天、女娲补天、嫦娥奔月、愚公移山等)、名兽(如狮、豹、猫及十二生肖等)的石塑像,以及各种具有中国气派、广东风格、云浮色彩的工艺品，便于携带的旅游纪念品，包括有保健、吉祥、平安、长寿、定情等寓意的石艺品等。

一条商业街，是石材产品和石艺产品展销街，是永不落幕的展销会。主要展销本市企业产品，也有其他地方或外国的名产品。街道建筑布局要有岭南风格，以骑楼街的方式为好。每种展销品一间店铺。建筑材料都用本市产品，标出品牌，既是广告，又是文化。

一个创意园，是中外古今石文化博览园，包括传统和现代、观念与实用、先进和保守、生活与生命等包罗万象的石文化现象。本文探讨中国传统石文化，也是为此提供借鉴。博览项目中，可以摆设传统崇拜的石像，让观众参拜或进行参拜活动。

一个石庆节及展销会，就是举办群众性的石庆节文化活动，同时举办订货交易的展销会。办石庆节要树立群众崇拜的仙神偶像，我看传说中的女娲形象可以备选。据《辞海》称，女娲是中国神话中的人物，也叫女希氏，又称"娲皇"，是人类始祖。在《独异志》《太平御览》所引《风俗通》等中，说她曾用山土造人；另在《淮南子》中，说她在上古天柱倾斜时炼石补天。可见她是开发地球这个本是巨型盘石的开山鼻祖，尊其为"石神"或"石仙"是合适的。当然还需要更深入的论证和衍释，并选择适当的节日，才能使群众认同、接受和参与。有节日喜庆的氛围和文化环境，招商引资会更红火，所以应同时举办展销会。

一个经济文化论坛，就是像现在这样进行的论坛，今后应每年举办一次，与石庆节同时举行。每次一个主题，依主题不同而邀请不同的专家，还可以跨学科、跨行业邀请，不仅是文化或经济学者，还应请企业家、贸易家、工艺家、美术家、雕刻家等。

（4）石文化社会，就是云浮市以石业生产为主的地区，包括云城、云安县境，在城市建设和文化建设上，从软件到硬件，都要突出石文化主题，处处洋溢石文化色彩，包括广告、标语、灯饰、城雕等设计，居民的文明、文娱、节日等活动，都要营造石文化氛围，使人进城即感受到石文化的气息，乐于在此投资长住。

2010 年 11 月 8 日

六祖文化与惠能禅学论

与惠能禅学的不解之缘
——《惠能禅学散论》自序

我不是佛教徒,不是居士,不是佛教学者,也称不上研究六祖惠能的专家,但却实在是惠能禅学的倡导者。因为自 1992 年我被聘任为广东省人民政府参事至今,由于参与政府文化决策咨询,以及研究开发珠江文化和海上丝绸之路的需要,先后发表了数十篇有关禅宗六祖惠能的参事建议、调研报告、谈话或文章,为惠能禅学的文化化、学术化、中国化、国际化、现实化、平民化、广泛化,作出了持续努力,与其结下了不解之缘。由于主要是从惠能禅学引发之议论,故以《惠能禅学散论》书名汇编结集出版;并以记述 20 年来与惠能禅学结下不解之缘的往事,提供引发这些议论的背景材料,充当书序,向读者请教。

1. 从为南华禅寺创建 1500 周年庆典的两件贺礼开始

2000 年 7 月初,我应邀到韶关大学讲学期间,我的学生、时任韶关市委政策研究室主任陈光和时任市文创室主任郭福平,冒雨陪同我考察南雄珠玑巷之后,在返韶途经马坝时,雨仍未歇,便去南华寺避雨。刚进山门,雨顿停歇,只见住持释传正大师热情相迎,称已悉有贵人来访。随即详述拟于 2002 年筹办南华禅寺创建 1500 周年庆典之事,诚请我以省政府参事身份向省领导反映情况,呼吁促成办此庆典。

返穗后我即写出《关于支持南华禅寺筹办建寺 1500 周年庆典的建议》,具体提出两点主要建议:一是举办群众性纪会盛典和国际性的惠能思想学术研讨会,二是归还"文革"期间南华禅寺被侵占土地,作为省政府参事建议提交。不久省参事室收到省宗教部门同意举办活动的批复,但未对收复土地事表态。我随即再写专题报告,受到省政府领导重视和关注,于 2001 年解决了归还 180 亩土地事宜。由此,我的两项建议都受到重视和采纳,也即是说,为南华禅寺建寺庆典送上两份贺礼。

同时，这意味着我开始了与禅宗六祖及其惠能禅学的不解之缘，也即是我对惠能禅学研究历程的启步。

2002年11月10日上午9时，南华禅寺创建1500周年庆典隆开幕。我正坐在主席台上传正大师身后，因我提交参事建议所起的推动作用，韶关市领导特地向我表示感谢。11日上午8时，在寺院东侧收回的土地上，举行了曹溪佛学院教学大楼落成剪彩仪式及曹溪佛学院第二届开学典礼，我怀着很荣幸很兴奋的心情参加了这个典礼。

11月5日至8日，由南华禅寺主办，中国社会科学院宗教研究所协办的"曹溪南华禅寺建寺一千五百周年禅学研讨会"在寺内隆重召开，来自全国各地及日本、韩国等百多位法师、学者与会，会议收到学术论文75篇。我与日本中岛隆藏教授、韩国朴永焕教授共同主持开场大会。会后由南华禅寺住持释传正担任总主编，出版论文集《曹溪：禅研究（二）》，我提交的长篇论文《珠江文化的哲圣——惠能》也编入书中。

（以上资料参见黄伟宗著《珠江文化论》，汕头大学出版社2003年版；释妙峰主编《曹溪：禅研究（二）》，中国社会科学出版社2003年版）

2. 为六祖惠能作出"珠江文化哲圣"定位及其引起的争议

在2002年11月6日进行的禅学学术研讨会上，我就提交的论文作了大会发言。我根据惠能的《坛经》及其系列理论与实践，多角度论述了惠能对珠江文化的继承与贡献，指出惠能不但是佛教禅宗的六祖，是佛的一位大师和领袖，而且是中国禅学文化的创始人，是中国和世界思想史、哲学史上有重要地位的思想家、哲学家。特别是他创始的禅学文化，典型地体现了珠江文化的传统特质，尤其是在中古兴旺时期的思想文化意识，体现了珠江文化在古代的思维方式与行为方式，标志着珠江文化与黄河文化、长江文化的明显区别，创造了与孔子的儒学、老子的道学并驾齐驱、广传天下的一套完整哲学——禅学。由此，我依从梁启超称孔子是黄河文化哲圣、老子是长江文化哲圣的说法，称六祖惠能是珠江文化哲圣。我的发言当即引起强烈反响，称赞创新者多，质疑者也不少。

当日晚上，在南华禅寺会议厅，香港中国评论月刊社和珠江文化研究会联合举办了题为"六祖禅宗的历史地位与中华文化"的思想者论坛，由郭伟峰社长、周建闽总编辑策划，黄伟宗教授主持。评论员有南华禅寺住持释传正、云门寺住持释佛源、别传寺监院释顿林，中国社会科学院研究员黄心川、杨曾文、方广锠，中国人民大学教授方立天，北京大学教授楼宇烈，中山大学教授邓国伟，广东《学术研究》杂志主编刘斯翰等。与会者畅谈了六祖禅宗已产生世界影响、富有辩证法思想和智慧、对佛教发展起了重要推动作用、禅宗经历的发展时期、禅宗流遍中华为中国佛教带来崭新局面、六祖学说解决中国的精神拯救问题、六祖学说两大特性"现世精神"与"实践悟性"、神宗的精神诉求与岭南地域关系等观点或课题。

在论坛中，有三位北方学者对黄伟宗在学术研讨会大会上提出的"惠能是珠江文化哲圣，并与黄河文化哲圣孔子、长江文化哲圣老子并列"的说法持有异议。北京大学教授楼宇烈认为："隋唐五代时中国第一流思想家都在佛门，其中包括惠能，当然不仅仅是惠能。""惠能终究是佛教发展过程中的一个宗派的一流代表人物……因为惠能不像孔子那样是儒家的创始人，也不像老子那样是道家创始人。"至于珠江文化，他表示"没有研究"，"不知道珠江文化的涵义是什么"，并认为"提黄河文化、长江文化不是很妥当"。中国社会科学院研究员杨曾文认为："世间有不同的信仰，佛教也有不同的宗派。搞不好就是麻烦。如果我们将惠能大师作为一个可以和孔子、老子并列的圣人，就可能引起争论，各个宗派就会提出他们各自的思想家来与惠能相比，比如法相宗的玄奘。"中国社会科学院研究员方广锠则提出：惠能所创禅宗主要"在南方非常流行"，与岭南文化有什么相互联系和影响，应进一步研究。显然，这些看法的焦点是：惠能只能说是中国佛教发展史上一时（唐代）、一段（隋唐五代）、一派（禅宗）、一地（南方）的"一流代表人物"，不能说是可与孔子、老子并列的圣人。

对此，黄伟宗首先就依据世界文化学的新发展而提出珠江文化概念及其与惠能关系问题作出回应，指出：珠江文化的海洋性、大众化、平民化特质，是惠能思想的文化基础，惠能禅学思想集中体现了珠江（岭南）文化的特质，又推动了珠江（岭南）文化的发展；惠能已被公认为千年世界思想家之一，与孔子、老子并列为"东方三圣人"；南宗禅的发祥地南华禅寺是海上丝绸之路的产物，是国际性的佛教"祖庭"，世界各地多有其"分庭"，标志着将外来的文化消化，并且"出口转外销"。这不仅是珠江文化海洋性特质的体现，而且是中华文化具有特大的融合力、消化力和伸张力的体现。所以，惠能与孔子、老子分别并列为珠江文化、黄河文化、长江文化的哲圣是名正言顺的。

《学术研究》杂志主编刘斯翰研究员在发言中指出："从关系一般人的精神生

活,有利于人生日用的角度来看,六祖思想较之孔子、老子有过之无不及。孔子、老子的学说,从根本上说首先是一种政治学说,为统治者设计如何'治国平天下',讲的是治民之术。""六祖则不同,他上承释伽牟尼'普渡众生'的慈悲胸怀,而着重解决中国的精神拯救问题",贯穿"众生平等"思想,并进而倡导"众生自渡",体现了自由、平等、博爱思想,具有"现世精神"和"实践悟性"两大特性。他还认为:六祖思想具有原发性,他的悟道,除本人禀赋非凡之外,与珠江文化背景有较大关系。当时岭南是流动人口汇集地区,商业较发达,离政治中心较远,人们政治意识较淡薄,受传统文化束缚较少,务实、重利、质朴,自由空间较大,对于悟性较高的思想者来说是一个很好的温床。所以,可以说六祖受到珠江文化哺育,又反过来哺育了珠江文化。

中山大学教授邓国伟在发言中,充分论述了六祖禅宗发展与岭南(珠江)地域的关系,指出:第一,荒蛮之地受传统文化束缚较少,反易保持"直心";第二,在等级社会中占主流位置的知识者已使佛教经典化和上层化,只有到疏离中心的边缘社会中,才会出现反拨的可能;第三,"獦獠"较少先入为主的偏见,由此岭南提供了禅宗生长的最佳土壤,实现了对佛教的重大变革,即:摆脱原来既定轨道,有"在野"的独立发展空间;从上层回复到民间,为普通百姓打开佛学之门;在荒僻之地发展玄思,形成整套学说。所以,正是边缘性的岭南地域,使禅宗的变革有了可能性,而且使之实现了佛教的民间化、人生化的变革过程,最终成为中国化的佛教。

最后,黄伟宗作总结,认为这次论坛谈了三个问题:一是惠能的文化定位,二是对惠能思想特征以及对其核心的理解,三是惠能在中国文化中的地位及如何研究惠能文化现象,支持了刘斯翰、邓国伟教授从地域文化角度提出的见解,指出不管怎样,惠能思想既是珠江文化的组成部分,也是中华文化的组成部分。

(以上资料摘自香港《中国评论》2003年3月号"思想者论坛",并见《海上丝路文化新里程》,中国评论文化有限公司2003年版)

3. 对六祖惠能人生轨迹的全面考察及每个节点的初拟定位

从2000年7月初访南华禅寺并提交《关于支持南华禅寺筹办建寺1500周年庆典的建议》之后,直至2002年庆典举行的两年间,黄伟宗偕同珠江文化研究会同仁,先后对六祖惠能在广东全境的人生轨迹进行了全面考察,理清了他的人生道路和思想发展脉络，对每个节点都在考察中有新的发现并作出初拟定位，深化研究了惠能创造禅学与其生活环境和珠江文化背景的关系。

惠能于公元638年出生于广东新兴县，俗姓卢。其父是河北人，在京城做过小官，被贬南来新州（今新兴）落籍，与本地人李氏结婚，生下惠能后不久辞世。家贫，母子靠砍柴度日。不能读书，在市集偶听《金刚经》而顿悟佛性，遂北上湖北黄梅谒见五祖弘忍求佛。另据史载：唐代岭南地区虽然落后，但商业经济较发达，且新州是广东最早引进农业耕作技术和鱼塘养殖的地区，有先进思想萌芽，是惠能创新思想的沃土。新兴是惠能的出生地、圆寂地，是他"顿悟"的开启地，又是《坛经》的完成地。在新兴国恩寺有两大新发现：一是各地佛寺都有藏经阁，唯国恩寺是"录经阁"，可见这是佛海记录六祖口授《坛经》之处；二是各地佛寺都有十八罗汉佛像，唯国恩寺是20尊佛像，即增多法海、神会二佛，据传乃因法海录经有功、神会在焚经时救经和传经有功之故。

广东的怀集、四会是五祖弘忍传衣钵给惠能时，嘱咐他南下后"逢怀即止，遇会则藏"的避难地，又是惠能禅学思想的孕育升华地。惠能《坛经》云："避难于猎人队中，凡经一十五载，时与猎人随宜说法。每至饭时，以菜寄煮肉锅。或问，即对曰：但吃肉边菜。"可见他在这漫长岁月，艰难清苦，仍坚持修炼，"随宜说法"。怀集县城西北30余里的马宁、冷坑两镇交界的上爱岭龟嘴崖石室是惠能当年的住所，山下有后人所建的六祖禅院。四会的惠能避难处则在四会与清远交界处的大南山上的神仙岭（又名灯盏岭），附近也有后人所建六祖寺（可惜在考察时发现刚被村民拆毁不久，仅剩原寺石柱散在地上）。显然，惠能避难15年期间都是随猎人在怀集与四会之间的山道中奔走的。可见这条山道既是他避难之道，又是他坚持"说法"、深化"悟禅"之道。

广州光孝寺，是惠能去发为僧、升华禅学的转折地。《坛经》载：唐仪凤元年（676）正月初八，惠能至广州法性寺（即今光孝寺），正值住持印宗法师在讲《涅槃经》，有两个小和尚在争论门前的幡在动的因由，一说是风吹动，一说是幡自动。惠能插语曰：既非风动亦非幡动，而在人之心动。印宗听其此论，知其非凡，询之乃知惠能已获五祖真传，遂于正月十五为其剃度受戒。后有寺僧将当时的剃发建塔埋存，此即瘗发塔，至今尚在。可见光孝寺既是惠能脱俗为僧的转折点，又是其以"风幡之论"而将其思想升华至主观唯心主义高峰的飞跃点。

韶关南华寺，惠能离五祖后南下，曾经梅关到过南华寺，因被追杀而转怀集、四会避难。自广州光孝寺剃度后，再到南华寺，正式登上禅宗六祖之位，其思想进入了成熟时期，广收弟子，全力弘法，历时36载，是南华寺"最兴盛时代"，也是南派禅宗最兴旺的历史时期。在这期间，武则天曾下诏六祖进京传法，法海为其记录《坛经》，唐代著名文学大家柳宗元、王维、刘禹锡为其撰写碑文。所以，南华禅寺是六祖惠能禅宗教派的发祥地和传播地、禅学思想的形成地和成熟地。

（以上资料参见《人民日报·华南新闻》2002年8月26日和香港《大公报》2002年8月18日答李红雨、罗京等记者问。见黄伟宗著《珠江文化论》，第96～103页）

4. 对广州西来初地是禅宗始祖达摩登陆地及其文化意义的论证

2003年12月，广州市荔湾区举办"西来初地"文化论证会，黄伟宗应邀赴会，提交论文《广州西来初地是西方海洋文化在中国的登陆地》，论证了南北朝时梁武帝普通年间（520—527），印度佛教达摩禅师（即当时天竺国国王第三子）沿海上丝绸之路，历时三年海上航行而首次在中国登陆的地点，即广州荔湾的西来初地，至今仍留下"西来古岸"四字碑石。具有丰富而深厚的文化意义：其一，佛教早传入中国，但其禅宗教派则是首次由达摩传入并持续发展，故称达摩为始祖，慧可为二祖，僧灿为三祖，道信为四祖，弘忍为五祖，惠能为六祖。所以，可称西来初地为中国佛教禅宗第一地。其二，六祖惠能所创禅学源于海外而来的达摩始祖，故而西来初地可称为中国禅学第一港或萌芽地。其三，达摩沿海上丝绸之路到此登岸，西来初地自然也即是海上丝绸之路古港或登陆地。其四，珠江文化的最大特质是海洋性，西来初地走海的古岸，自然也即是珠江文化吸取海洋性的一个源头。

（以上资料参见黄伟宗著《珠江文化系论》，第201～203页）

5. 关于走出神教迷信误区及惠能文化定位的创议

2004年3月，云浮市新兴县为纪念六祖惠能诞生1366周年，举办了六祖文化节和六祖文化学术研讨会，并举行了省政府批准惠能出生地——集成镇改名六祖镇的挂牌仪式，受到了海内外人士热烈支持，约有10万人参加活动，有近百位来自北京、香港、澳门和我省的学者参加了学术研讨会。黄伟宗应邀参加了这些活动，并代表出席专家在研讨会上致辞。会后，黄伟宗向省政府提交了《走出神教迷信误区，确立六祖惠能文化定位，弘扬妈祖、龙母文化精华》的参事建议，受到普遍重视,广西梧州市政府转发为参考资料。这项建议根据恩格斯在《反杜林论》中关于宗教性质的论述而指出:神、教实际是人创造,是人自身某种力量的外化,又是人希求借助的一种精神力量或精神寄托。所以,应当以此划清正当神教信仰和封建迷信的界限,这就是:所尊奉的神或教是否为人的真善美力量的外化,为人们提供的精神力量或精神寄托,以至为人们提供的信仰和尊奉方式,是否都是真善美的,即是人性的、真诚的、正义的、圣洁的,是反虚伪的、反盲从的、反丑恶的、反残暴的;当然,前提必须是爱国的、爱人民的。

这份建议提出应当确立惠能的文化地位,提出:六祖惠能与一般宗教与神学有根本性的不同,因为大多宗教神学是人的精神力量寄托的外化或神化,而六祖惠能的禅宗和禅学思想,则是将已被外化或神化了的精神力量和精神寄托又转为人化和内化,他的一系列说法都表明他的人佛平等观、平民平等观,人和神的人性化、实用化、平民化,是中国化、平民化的佛教。所以,毛泽东称六祖惠能是中国禅宗的"真正创始人",西方媒体亦称惠能是世界千年十大思想家之一、东方三圣人之一。许多人只注意惠能是宗教领袖,未注意他是大思想家、大哲学家,是珠江文化哲圣,所以应当确立其应有的文化定位。

这份建议还对妈祖、龙母文化进行了细致分析,明确提出:妈祖是"海神",龙母是"江神"。此后,黄伟宗还应德庆悦城龙母庙之邀,为其题词:"悦城龙母,西江神源"。该庙将这题词作为庙旨,挂于庙前横额,并镌刻于主殿石碑上,受到普遍赞赏。

(以上资料参见黄伟宗著《珠江文化系论》,第258~262页)

6. 关于六祖文化的定位和成立惠能研究会的呼吁

2004年7月,黄伟宗率团到云浮市考察文化,提出云浮文化"三件宝",即六祖文化、南江文化、云石文化,受到市委重视并接受,确定为该市的文化定位。会后提交的《关于云浮地区六祖文化、南江文化、云石文化的考察报告》获优秀参事建议奖。同年在《南方日报》"广东历史文化行"关于惠能的专版中,黄伟宗发表了"专家说法":《应当成立惠能研究会》,以与全国性的孔子研究会、老子研究会并列。

7. 关于抢救广州海云寺和海云学派遗产的建议

2005年1月,黄伟宗提交参事建议《应立即抢救海云寺及海云学派文化遗产》。同年12月,黄伟宗到番禺参加了省政协举办的"海云寺历史文化研讨会",并考察了海云寺原址。

8. 关于六祖"五大开创"和云浮"广东大西关文化"的提出

2008年12月上旬,黄伟宗应邀到云浮参加六祖文化节,在"六祖文化论坛"上作了题为《六祖惠能的"五大开创"》的发言。

2009年7月,黄伟宗应邀到云浮郁南县为县中心组作了题为《市云浮三大文化与建设"广东大西关"》报告,突出六祖惠能文化的重要地位。同月,在云浮市参加"六祖文化博览园"学术研讨会。

9. 在影视中弘扬六祖文化并首创"中国禅道"文化概念

2011年4月,黄伟宗为广东电视台制作专题电视片《六祖惠能》提供了主导思想并接受多次采访,并在这部六集电视片中多次出现讲述镜头。

2011年8月中下旬,黄伟宗等率南方电视台电视片摄制组先后到封开、郁南、端州、端砚、广宁、怀集等地拍制电视片"珠江文化星座"系列,并随即陆续播出,其中与六祖相关的专集是《中国禅都——新兴》《南禅祖庭——南华寺》《燕都禅道——怀集》。

2011年8月底,黄伟宗对怀集作出"燕都禅道"的定位,在前些年为怀集提出"中国燕都"文化品牌之后,又为其加上"中国禅道"的品牌,这是首创"中国禅道"文化概念,既切合当年惠能在怀集与四会之间山避难15年的实际,又可寓涵悟禅、修禅等进程之底蕴。故而以此为怀集正在筹划的六祖文化园提出"六祖禅道文化园"的称谓,以及建造"悟禅道""修禅道""禅宗道""禅学道""禅境道"等"五道"的构思,既体现六祖在怀集与四会避难并修禅15年的特点,又体现禅宗体系和"花开五叶"的特色。

2012年8月,黄伟宗作为县文化顾问,到怀集县参加"六祖禅院"工程奠基仪式,与投资方以及怀集县领导达成举办"六祖禅道"论坛的共识。该县还在举办全市运动会的大会场,用黄伟宗的题词"怀志游燕都,集德走禅道"作主席台标语,印在2012年"中国燕都,中国禅道"挂历中,并印制在怀集高速路口树立的大广告牌上,引人注目。

10. 菩提树下的对话：禅与新时期广东精神

2012年8月8日上午，黄伟宗到广州光孝寺参加"菩提树下的对话：禅与新时期广东精神"，与明生法师、宗性法师、梁桂全院长对话，《南方日报》等多家媒体报道。

2012年8月下旬，黄伟宗夫妇在仇江夫妇陪同下考察丹霞山风景区，作了"珠江文化三圣祖地——丹霞山"题词，为管理区干部作了讲座《丹霞世界，世界丹霞》，撰写了《"申遗"成功以后怎么办？》的调研报告。所提"三圣"是：珠江文化始祖舜帝、珠江文化哲圣惠能、珠江文化诗圣张九龄。

2012年9月21日晚上，黄伟宗应邀到星海音乐厅与广东省佛协主席明生法师、广州市佛协主席耀智法师、美国夏威夷大学成中英教授，作了"禅与诚信道德的对话"，有500人与会，反响强烈。

11. 佛山仁寿寺扩建提升项目的文化定位与策划

2012年2月23日，黄伟宗应邀到佛山市参加"佛山仁寿寺扩建提升项目研讨会"，有10余位全国著名佛学、宗教、文化、建筑学者与会。29日写出《佛山本姓"佛"，禅城应有"禅"——关于佛山市佛禅文化的调研报告》，提交《广东参事馆员建议》（后于12月12日第75期发表）。

2013年7月2日，黄伟宗应邀作为专家评委，第三次到佛山参加仁寿寺改造提升建筑设计国际竞赛专家评审会。

12. 支持云浮六祖文化研究会成立并首倡"感恩文化"

2013年6月4日，黄伟宗应邀参加云浮市禅宗六祖文化研究会，被聘为顾问，并向该会100多名会员作了题为《六祖惠能的五个"双全"、五段精神与感恩文化》的学术报告，《云浮日报》与多家媒体作了报道。

2013年6月24日，黄伟宗应邀到云浮市委党校向500多位在校师生作了题为《六祖惠能文化与当今社会管理》的报告。

2013年7月25—26日，黄伟宗、谭元亨应邀到新兴县水台镇金水台温泉度假村，为其筹建六祖文化园定位，提议以"五禅台"为名，既可与国恩寺对称，又可以禅学圣山和禅宗圣寺分彰六祖神圣，并可以"北有五台山，南有五禅台"美称而对应佛圣雌雄；"五禅"包括禅养、禅林、禅修、禅碑、禅居。确定将云浮市六祖文化研究会编列为珠会的六祖文化专业委员会。

13. "中国禅都文化丛书" 正式出版

2013年8月，由黄伟宗任名誉主编、吴伟鹏任主编的"中国禅都文化丛书"（6册）由汕头大学出版社出版，在新兴举办的纪念六祖惠能圆寂1300周年大典上正式发行。内含黄伟宗撰写长篇引论《六祖惠能的"五说""五创""五地"》、吴伟鹏写序《"中国禅祖"惠能》，6册书分别为罗康宁著《出生圆寂地》、戴胜德著《顿悟开承地》、郑佩瑷著《坛经形成地》、谭元亨著《农禅丛林地》、洪三泰著《报恩般若地》、冯家广著《禅意当下地》。

14. 纪念六祖惠能圆寂1300周年暨六祖文化节系列活动

2013年9月5日，黄伟宗应邀到东方宾馆参加纪念六祖惠能圆寂1300周年暨2013年禅宗文化节大会及学术研讨会，7日，写就《六祖惠能的伟大与贡献》一文，连同"中国禅都文化丛书"的引论，提交省佛协举办的"纪念六祖慧能圆寂1300周年国际学术研讨会"，均被选入大会论文集中。

在会上发表《六祖惠能的伟大与贡献》演讲，近千人与会。6日，"中国禅都文化丛书"在新兴国恩寺首发。7日，黄伟宗应邀参加南华禅寺系列纪念活动。

15. 倡议大力促进六祖惠能文化中国化"平民化""世界化"

2013年9月18日，黄伟宗写完《应当大力促进六祖惠能文化中国化、"平民化"、"世界化"——关于"中国禅祖，世界惠能"的调研报告》，八千余字，《广东参事馆员建议》2013年第37期印发，广东省委主管领导10月10日对此件批示："阅黄伟宗教授的调研报告，对我们对六祖惠能文化的外延、内涵有了全面、深入的理解，深受启发。"

2013年10月29日，黄伟宗应邀以这份调研报告为专题到云浮"六祖文化大讲堂"作了报告，同年11月6日《云浮日报》"禅都文化"专版全文发表。

16. 支持倡导"禅廉文化"并发现云浮的海上丝绸之路文化遗存

2014年1月16日，黄伟宗应邀到云浮市参加六祖文化研讨会，就"禅廉文化"及云浮"三大文化"的海上丝绸之路文化内涵作了发言,以支持云浮市纪委首创和倡导"禅廉文化"。

17日到其"禅廉文化基地"——郁南连滩兰寨村参观,意外发现海上丝绸之路文化遗存,这在内地山区中是罕见的,说明云浮"三大文化"有海上丝绸之路文化内涵的观点是成立的。

18日,黄伟宗在云浮市纪委领导的陪同下,到新兴国恩寺西侧开始兴建的"禅廉文化园"场地听取设计方案,对其定位和内涵提出具体建议,并回答了云浮电视台记者的提问。

6月间,云浮市纪委多次找黄伟宗商讨打造"禅廉文化"方案。7月1日在《云浮日报》开辟"专家访谈"专版,开篇发表黄伟宗谈《禅廉文化与海上丝绸之路》。

17. 在承传本职本土文化精华中弘扬六祖担当精神

2014年3月24日下午和4月16日下午,黄伟宗应邀到云浮市国税局、检察院向数百干警所作《承传本职本土文化精华,尽力尽责弘扬担当精神》的报告中,对六祖惠能人生五段精神("顿悟佛性,下人上智"、"潜修禅道,坚忍负重"、"心动去发,担当济世"、"坛开经世,鹏展寰宇"、"法乳长流,感恩本根")提炼出其核心是担当精神,应结合当今社会和职业文化实际,大力弘扬。

18. 提议申报《六祖坛经》为世界记忆遗产

2013年5月29日,联合国教科文组织世界遗产委员会亚太地区副主席、联合国教科文民间艺术国际组织全球主席卡门·D. 帕迪拉等访问省政府参事室(文史馆),请求介绍推荐广东记忆文化元素,黄伟宗当即推荐《六祖坛经》、东莞莞香、怀集金燕三项,颇受重视。7月22日,黄伟宗与人合作,向省政府提交《关于〈六祖坛经〉申报〈世界记忆名录〉的建议》。

19. 创议两广合作共建"珠江—西江佛禅民俗文化带"

2014年11月初提交省政府参事建议:《关于两广合作共建"珠江—西江佛禅民俗文化带"的创议》;11月18日在广西梧州学院主办的研讨会上作主旨发言:《论牟子精神并创议两广共建"珠江—西江佛禅民俗文化带"》。

20. 倡议擦亮西来初地品牌，在广州建设"一带一路"世界禅学文化中心

2015 年 3 月，黄伟宗到广州市荔湾区中心组作"一带一路"与荔湾文化报告后，到西来初地和华林禅寺考察，提交《擦亮"西来初地"品牌，将广州建设成"一带一路"的禅学文化研究交流中心》的调研报告。

21. 提出惠能禅学与当今社会的"六大对应点"

2016 年 6 月，应广东文史学会的邀请，黄伟宗到肇庆参加"禅宗六祖文化与当今社会"学术研讨会，并在会上作了题为《惠能禅学与当今社会的"六大对应点"》的发言，强调惠能禅学是一套完整的思想哲学，其思想仍有现实意义，其对应点是：当下社会、社会主义核心价值观、"一带一路"、感恩文化、担当精神、廉政建议。

22. 提出惠能禅学学派化，惠能禅学是珠江学派和宋明心学的思想基础或基因之一

2017 年 12 月 23 日，黄伟宗应邀到省政府参加"宗教中国化与广东实践"座谈会并作了发言，随后将发言整理提交参事建议《将惠能禅学进一步学术化、学派化、网络化，并纳入"一带一路"的建议》。这个建议，是根据习近平总书记 2016 年 4 月在全国宗教工作会议上强调的积极引导宗教与社会主义社会相适应，一个重要的任务就是支持我国宗教坚持中国化方向，以及 2017 年 9 月 24 日《人民日报》"构建中国学派恰逢其时"专版提出"学术中国""理论中国"的精神提出的。全文在《广东参事馆员建议》2018 年第 7 期发表。

2018 年 1 月 22 日，黄伟宗在南海举行的"理学心学与珠江学派"论坛的主题报告《以珠江学派坚挺中国学派，以千年南学辉煌学术中国——千年南学论纲》中，专节阐述"惠能禅学是珠江学派和宋明心学的思想基础或基因之一"的观点。

23. 提出《红楼梦》是惠能禅学的小说经典

2018 年 2 月，黄伟宗在开始写作《寻味〈红楼梦〉》书稿而再翻原著时，发现其中就有直接引述惠能禅学的章节。如第二十二回，前半回写的是：贾母为庆宝钗十五岁生日，特举办宴会。会上宝钗点了一出《鲁智深醉闹五台山》，并向宝玉介

绍说：这戏中一套《点绛唇》填得极妙，即念道："漫揾英雄泪，相离处士家。谢慈悲剃度在莲台下，没缘法转眼分离乍。赤条条来去无牵挂，那里讨烟蓑雨笠卷单行？一任俺芒鞋破钵随缘化！"宝玉称赏不已，对其中"赤条条来去无牵挂"句尤有同感。随后"细想此句趣味"，大哭起来，提笔立一古偈云："你证我证，心证意证。是无有证，斯可云证。无可云证，是立足境。"并填一支《寄生草》解偈："无我原非你，从他不解伊。肆行无碍凭来去，茫茫着甚悲愁喜。纷纷说甚亲疏密。从前碌碌却因何，到如今回头试想真无趣！"随后，林黛玉则为其偈续了两句："无立足境，是方干净"。

能不能说，这段描写表现出贾宝玉对惠能禅学尤其是"赤条条来去无牵挂"之"禅机"有所"顿悟"而大哭；随后，林黛玉为宝玉之偈，续加"境""净"，是更深一层之"顿悟"？

众所周知，惠能之"菩提本无树"偈诗，是他继承六祖禅位并开创中国禅学的纲领，其中"空""净"二字是惠能禅学之核心。所以，宝玉和黛玉先后对此能悟其"机"、其"境"，是对惠能禅学的直接体现，可以说是未言惠能之名，已悟其"禅"。尤其是小说接着描写，薛宝钗点评宝玉是悟了"禅机"移了"性"之后，对其所悟之"禅机"介绍说：这是"当日南宗六祖惠能，初寻师至韶州，闻五祖弘忍在黄梅，他便充役伙头僧。五祖欲求法嗣，令徒弟诸僧各出一偈。上座神秀说道：'身是菩提树，心如明镜台。时时勤拂拭，莫使有尘埃。'彼时惠能在厨房碓米，听了这偈，说道：'美则美矣，了则未了。'因自念一偈曰：'菩提本无树，明镜亦非台，本来无一物，何处染尘埃？'五祖便将衣钵传他。今儿这偈语，亦同此意了。"这些描写，则是对惠能禅学直呼其名、直解其"禅"了。这不就是惠能禅学影响世界知名中国"国宝"的直接证据么？由此，黄伟宗进而联系全书的"好了""色空"等思想和故事的整体性，得出了《红楼梦》是惠能禅学小说经典的看法。

谨向支持本书出版的广东省民族宗教事务委员会、广东省民族宗教研究院致以衷心的感谢和敬意。

2018 年 3 月 13 日于广州康乐园

（《惠能禅学散论》由广东人民出版社 2020 年出版。）

六祖惠能的"五说""五创""五地"
——"中国禅都文化丛书"引论

惠能不仅是佛教禅宗派的六祖,是佛教的一位大师和领袖,而且是中国禅学文化的创始人,是中国和世界思想史、哲学史上有重要地位的思想家、哲学家。特别是,他创始的禅学文化,典型地体现了珠江文化的传统特质,尤其是在中古兴旺时期的思想文化意识,体现了珠江文化在古代的思维方式和行为方式,标志着珠江文化与黄河文化、长江文化的明显区别,创造了与孔子的儒学和老子的道学并驾齐驱、广传天下的一套完整哲学——禅学。

毛泽东对惠能的评价很高。据曾在毛泽东身边工作的林克在《潇洒莫如毛泽东》(《湖南党史》1995年第4期)一文记载,毛泽东曾说,惠能"主张佛性人人皆有,创顿悟成佛说,一方面使繁琐的佛教简易化,一方面使印度传入的佛教中国化"。因此惠能被视为禅宗的真正创始人,亦是真正中国佛教始祖。在他的影响下,印度佛教在中国至高无上的地位动摇了,人们甚至可以"呵佛骂祖"。他否定流传偶像和陈规,勇于创新,并把外来宗教中国化,使之符合中国国情。西方文化学术界对惠能的评价也是很高的。前些年西方的一些学术机构和媒体评选惠能是"世界十大思想家"之一,中国只有孔子、老子、惠能入选,同时又将这三位哲圣尊称为"东方文化三大圣人"。这些评价,一方面说明了这三位哲圣在中国和世界思想文化界的影响和地位受到举世公认;另一方面,在这公认中,似乎也包含着对这三位哲圣所分别代表的学术体系和文化系统并列尊重的因素,从而也在中国和世界的文化学术层面上,印证出这三位哲圣分别创立的儒学、道学、禅学所蕴涵的文化底蕴是并列的。据笔者有限见闻,对孔子儒学、老子道学的哲学思想和文化底蕴等命题,已有学者论证,对惠能禅学的哲学思想和文化底蕴的论证似乎偏少或尚缺。故特在"中国禅都文化丛书"编撰之际,作为引论而探讨之。

一、惠能禅学理论的"五说"

"一说":以"人人心中有佛"说确立禅学的本性论

人的本性论是哲学思想的基本命题之一。自古哲学界对人性有"本善""本恶"之争,现代"人性论"与"阶级论"之争延续百年,以此界分哲学体系,分列政治或文化营垒。惠能可说是彻底的人性论者,亦人性"本善"(佛)论者。

早在初到黄梅求佛时,惠能对五祖弘忍诘问所作的回答:"人即有南北,佛性即无南北,獦獠身与和尚不同,佛性有何差别",即体现了"人人心中有佛",佛性不分地域、不分等级的思想,即认为佛性是人的本性,是普遍存在的。这个理念的内涵,即是确认佛性是人人具有的本性,也即是无论什么人都本身具有这本性,经过修行或顿悟可恢复这本性,或者说达到这本性所及的境界。这种理念,在封建社会中提出,即是对封建的皇权和神权专制的否定,又是对封建的等级制度、阶级分野、种族歧视以至宗教中的神人差别的对立和抗争,是平民(市民)思想文化意识和观念的又一种体现。

惠能在《六祖坛经》(也称《坛经》)中提出:"我心自有佛,自佛是真佛","三世诸佛,十二部经,在人性中本自具有","见性是功,平等是德","但识众生,即能见佛。若不识众生,觅佛万劫不可得也","后代世人,若欲觅佛,但识众生,即能识佛。即缘有众生,离众生无佛",又说"迷即佛众生,悟即众生佛。愚痴佛众生,智慧众生佛。心险佛众生,平等众生佛。一生心若险,佛在众生中;一念悟若平,即众生自佛"。这些言说,充分表明惠能提倡佛性人人具有,佛性人人平等,也即是肯定佛性的大众性、民主性、平等性。在《坛经》还有一段耐人寻味的记述:

> 公(指韦刺史)曰:"弟子闻达摩初化梁武帝,帝问云:'朕一生造寺度僧,布施设斋,有何功德?'达摩言:'实无功德。'弟子未达此理,愿和尚为说。"师曰:"实无功德,勿疑先圣之言。武帝心邪,不知正法,造寺度僧,布施设斋,名为求福,不可将福便为功德,功德在法身中,不在修福。"

这段话道出了达摩与梁武帝"话不投机"的历史内幕,指出两人对佛教的认识分歧(实际在一定程度上代表了南北佛教的分歧),同时也说明了惠能的禅学思想,对阶级分野的贫富看法也是平等的。惠能在接受五祖衣钵的时候,接受了"传法不传衣"的思想,不指定禅位之人,不传衣钵。弟子问他为何如此,他答道:"有道者得,无心者通。"这即是说,得道者,自然就是继承了佛,人人心中有佛,得佛道者,也即是佛用,即人人都可以为佛祖。这些说法充分表现了惠能禅学思想的大众意识和平等观念,这也即是珠江文化大众性、多元性、平等性特质的体现。

"二说":以"心动"说确立禅学的反映论

对世界的看法持唯物论还是持唯心论,是哲学思想反映论的根本命题。毛泽东是彻底的唯物论者。他在称赞六祖惠能是"圣人"时,也指出惠能是"彻底的主观唯心主义"。惠能的禅学思想确实如此,典型体现在他赢得六祖衣钵的偈语中:"菩提本无树,明镜亦非台。本来无一物,何处惹尘埃?"还体现在他经15年隐身复出时,在光孝寺对两和尚辩论"风动还是幡动"而提出的"心动"说中。

此外,惠能在提出"人人心中有佛"的同时,说:"识心见性,自成佛道。"也就是说,识心见性,就是佛;之所以人人心中有佛,是在于人人都有心,都有性。心性,即佛教所称的"菩提般若"之"知"、之"智"。这是"世人本自有之"。只是被妄念覆盖而未能显现而已,若断除妄念,即可"识心见性"。《坛经》说:"心量广大,犹如虚空……世人性空,亦复如是","人性本净","净无形相","离妄念,本性净"。所以"无二性,即是佛性",正如《坛经》描写的那样:

> 自性常清净,日月常明。只为云覆盖,上明下暗,不能了见日月星晨。忽遇惠风吹散卷尽云雾,万象森罗,一时皆现。世人性净,犹如青天,惠如日,智如月,知惠常明。于外著境,妄念浮云盖覆,自性不能明。

由此可见,佛性、佛道就是断除一切妄念,认识和复归本性,即是识心见性,也即是超脱一切,保持清净。惠能的代表作——他被五祖赞扬为"得性",并承袭禅宗六祖的偈语:"菩提本无树,明镜亦非台。本来无一物(此句在《六祖坛经》敦煌本为'佛性常清净'),何处惹尘埃。"其基本思想,也是阐明佛性即不受世间任何一粒（一物）尘埃所染的"常清净"境界。可见求佛是求清净，是求对充斥"妄念"的"红尘"的解脱和超脱，是针对覆盖人的清净本性的妄念与红尘的对抗和斗争的思想行为。其解脱和超脱也不是逃避和怯弱的意味，而是一种以软藏刚、以曲裹直的人生斗争理念和方式。

惠能不仅认为佛在人人心中，而且求佛之道主要靠人的自身，要靠各人自身的"自性自度"。《坛经》云："何名自性自度？自色身中，邪见烦恼，愚痴迷妄，自有本觉性，将见正度，既悟正见，般若之智，除却愚痴迷茫，众生各各自度。"若起般若观照，刹那间妄念俱灭，不著一切法，常净自性，即见诸佛境界，至佛地位。"可见惠能求佛的精神和途径主要是强调主观能动性，靠自身的自觉性和自强力量去解脱和超脱。

更为重要的是，惠能禅学思想从自性为佛性、自觉为佛道相联系的另一方面，是对外在、对他性的淡化与排斥，强调以自身的解脱超脱，也必然是对外在、他性的束缚和影响的解脱和超脱。《坛经》云："我心自有佛，自佛是真佛。自若无佛心，何处求真佛？""菩提只向心觅，何劳向外求玄？听说依此修行，西方只在眼前。"从这些说法可见惠能的佛教是不信神的宗教，这是它与基督教、伊斯兰教根本不同之所在，而且它又反对追求所谓"西方净土"彼岸的"极乐世界"，不是像唐三藏到西方"修正果"那样，而是"见性成佛"，"唯论见性，不论禅定解脱"。也因此，它不崇拜偶像，反对权威，一派"上天下地，唯我独尊""负冲天意气""作无位真人"的自主而超脱的精神。这种意识和精神是宗教上的革命精神，是一种创举。从文化底蕴来说，正是在封建社会中新兴的资本主义生产力在社会思想意识上的体现，意味着海洋文化对中国大陆文化的渗入和影响的增强，也意味着西方的人性文化和自由文化在中国大陆文化范畴中作为一种新兴思想文化的意识和力量的崛起，成为中国社会特别是最早接受海洋文化的前沿地域——珠江水系（首先是沿海地域）文化结构中的重要因素之一，这就是既在封建社会中滋长，又与封建思想文化分庭抗礼的平民文化（或市民文化）意识和力量。其主要表现之一，就是反对封建礼教对人的束缚，反迷信、反权威、反专制，倡导人性、人权、自由、平等（这些口号，虽然是16世纪文艺复兴运动和18世纪的法国启蒙运动才先后明确提出，但在此之前，随着资本主义及商品经济的萌芽，已经开始了这些思想文化的兴起）。惠能禅学思想的自主而超脱的精神，正是这种新兴思想文化意识和力量的一种体现，也即是这种意识和力量而使得珠江文化具有创新性、开放性、灵活性特质的体现。

惠能禅学对理学的影响和在理学中的发展也是极其明显的。明代著名学者李贽创造的"童心"说,可以说是对惠能禅学的直接继承和发展。他说:"童心者,真心也;若以童心为不可,以真假主为不可也。夫童心者,绝假纯真,最初一念之本心也。"这是针对宋代程朱理学和文学的虚假造作现象而提出的,与惠能的"心性"和"心动"之说无异。特别值得注意的是,明代理学创始人之一、广东的著名学者陈献章(白沙)创造以心学为核心的理学,建立真情至性、"主静无欲"、"以自然为宗"、"学贵自得"的思想体系,打破了程朱理学的框框,被康有为称赞曰"白沙之学能自悟",是继广东的六祖之后的第二人。(见康有为《万木草堂讲义》)陈白沙的心学理论在他的诗歌创作和理论中也有体现。陈白沙是王阳明理学的先声。这些心学理论及其对理学的影响,说明惠能禅学思想既发展了孟子的"心说",又开了明代"心学"之先河,其创新性、求实性也鲜明地标志着珠江文化的特性和发展。

"三说":以"顿悟"说确立禅学的认识论

哲学思想的认识论、唯物论或唯心论者,都不是井水不犯河水似的截然分开的,如唯物论者有机械认识论与能动认识论之别,唯心论者中有逐步感悟与顿时感悟之分,禅宗北南两派之别正在于此。北派神秀主"渐修",南派惠能主"顿悟",也是基于这两种认识论。惠能正是以其首创之"顿悟"说而确立其禅学认识论的。

惠能云:"顿悟",即:"一念觉,即佛;一念迷,即众生。"惠能在《坛经》中还追述了当年从五祖处"顿悟"的体会:"善知识,不悟,即佛是众生;一念悟时,众生是佛。……善知识,我于忍和尚处,一闻言下便悟,顿见真如本性。是以将此教法流行,令学道者顿悟菩提。"

其实,顿悟即顿然领悟之意,即通常所说的"灵机一动"或"突有灵感"。究竟有没有灵感呢?当代中国著名科学家钱学森说:"灵感、灵感,不是什么神灵的感受,而是人灵的感受,还是人,所以并不是很神秘的事。不过在人的中枢精神系统里是有层次的,而灵感可能是多个自我,是脑子里的不同部分在起作用,忽然接通,问题就解决了。那么,这样一个说法,实际上就是形象思维的扩大,从显意识扩大到潜意识,是从更广泛的范围或是三维的范围,来进行形象思维。"他还说:

"科学技术工作绝不能限于抽象思维的归纳推理法,即所谓的'科学方法',而必须兼用形象或直感思维,甚至要得助于灵感或顿悟思维。爱因斯坦就倡导过这种观点。"可见,惠能所说的"顿悟"法是科学的。惠能在1300年前已发现这种思维,实在令人敬佩!

  惠能这种以"顿悟"灵感为核心的禅学,对中国诗学影响很大。据中山大学邱世友教授在《惠能南禅与中国诗学》一文(《六祖惠能思想研究》第466~488页)中介绍,清末大学者康有为称诗坛的"唐宋两代皆六祖派"。王维、孟浩然、韦应物、柳宗元一派多有追求禅境禅悦之作,特别是王维的五言诗,往往造诣禅境,如《鸟鸣涧》《鹿柴》等诗,有似诗评家胡应麟所称:"读之身世两忘,万念皆寂"。王维亲自撰写《六祖能禅师碑铭》,称六祖为师,极其赞赏其"无有可舍,是达有源。无空可住,是知空本"。王维是从崇尚北禅而转向崇尚南禅的,其因是他为惠能的"众生本自心净"之说所感,使其在诗歌创作中通过山水之美,寻求表现"禅寂静"之境,如《鹿柴》:"空山不见人,但闻人语响,返景入深林,复照青苔上。"柳宗元也是如此,他的名诗《江雪》《渔翁》,也是追求禅境禅悦。宋代苏轼不仅诗有佛神之风,而且本身信佛,号称"居士",曾多次到韶关南华寺祷告,并且写下"不向南华结香火,此生何处是真依"的诗句。耐人寻味的是:柳宗元、苏轼都是先后被贬到岭南的诗人,他们受禅受佛的影响,显然是与岭南盛行禅学有密切关系的,而他们所尊崇的禅境,恰恰正是珠江文化自主性和超脱性的艺术和美学体现。所以他们诗作中的禅风是打上了明显的珠江文化烙印的。

  诗学理论也是如此。著名唐代诗论著作《诗式》的作者释皎然,本身是佛教徒,论诗崇尚自然,"真于情性,尚于作用,不顾词采,而风流自然"。稍后的《二十四诗品》作者司空图,主张"高古""闲逸""冲淡""自然","意中之静"为诗的最高"品",赞赏"超以象外,得其环中""不着一字,尽得风流"之诗境。明代胡应麟在《诗薮》中称:"严氏以禅喻诗,旨哉?禅则一悟之后,百法皆空,棒喝怒呵,无非至理;诗则一悟之后,万象冥会,呻吟咳唾,妙触天真。"这些著名的诗学论者所推崇的诗品、诗境,都是超脱性的禅境,

  惠能与神秀分别代表的南北佛教的分歧,主要是在于主张"顿悟"与"渐修"的不同。但在惠能来说,他虽力主"顿悟",而对"渐修"也不是排斥的。《坛经》有言:"法即一种,见有迟疾,见迟即渐,见疾即顿。法无渐顿,人有利钝。""本来正教,无有顿渐,人性自有利钝。迷人渐修,悟人顿契。"由此可见,他对迟悟

者也是耐心的、宽容的。

"四说"：以"三无"说确立禅学的方法论

哲学思想的方法论基于形而上学与辩证法之分野。过去流行的说法是：唯心论者多主形而上学，主流的思想方法论是辩证唯物主义。其实，历史事实多是唯心论者尤重辩证法，老子、庄子是这样，六相惠能也是如此。他在禅学的修养和修行上，创造了"三无""三十六对法门"之法，可谓以"三无"说而确立禅学思想的方法论。

惠能云："三无"，即"无念""无相""无住"。他解释说：

> 善知识，我此法门，从上以来，先立无念为宗，无相为体，无住为本。无相者，于相而离相；无念者，于念而无念；无住者，人之本性。于世间善恶好丑，乃至冤之与亲，言语触刺欺争之时，并将为空，不思酬害。念念之中，不思前境。若前念、今念、后念，念念相续不断，名为系缚。于诸法上，念念不住，即无缚也。
>
> 此是以无住为本。善知识，外离一切相，名为无相。能离于相，即法体清净。此是以无相为体。善知识，于诸境上，心不染，曰无念。于自念上，常离诸境，不于境上生心。若只百物不思，念尽除却，一念绝即死，别处受生，是为大错。……善知识，无者，无何事？念者，念何物？无者，无二相，无诸尘劳之心；念者，念真如本性。真如即是念之体，念即是真如之用。真如自性起念，非眼耳鼻舌能念。真如有性，所以起念。真如若无，眼耳色声当时即坏。

以笔者看来，惠能所指的"无念"，即排除一切私心杂念；"无相"，即不受某一或具体事物所束缚；"无住"，即是脱离一切人际关系或恩怨关系。这即是追求清净超脱、天马行空、无牵无挂，自由自在的境界。

"三十六对法门"即：

> 外境无情五对：天与地对，日与月对，明与暗对，阴与阳对，水与火对。此是五对也。法相语言十二对：语与法对，有与无对，有色与无色对，有相与

无相对，有漏与无漏对，色与空对，动与静对，清与浊对，凡与圣对，僧与俗对，老与少对，大与小对。此是十二对也。自性起用十九对：长与短对，邪与正对，痴与慧对，愚与智对，乱与定对，慈与毒对，戒与非对，直与曲对，实与虚对，险与平对，烦恼与菩提对，常与无常对，悲与害对，喜与嗔对，舍与悭对，进与退对，生与灭对，法身与色身对，化身与报身对。此是十九对也。

并且指出："此三十六法，若解用，即贯通一切经法。"这段精辟理论是充满辩证法的，它不仅是贯通禅学的辩证法，也是认识宇宙和人生万象的辩证法。它将修行佛性的实践归纳为三个方面："外境无情"，即对外界事物的认识；"法相语言"，即对法门修行的认识；"自性起用"，即对自身本性的认识。三类所分别包含的三十六对法，即是要在这三个方面的认识过程中，把握其相关事物内部或相关事物之间的对立统一关系，以主观能动性和灵活多变的方法促使事物的转化，即化解或超脱一切事物对"佛性"的困扰和束缚，真正进入"菩提"（虚净）的境界。

惠能的这种辩证思想与老庄哲学是相通的。《老子》第十四章云："复归于无物，是谓无状之状，无物之象，是谓惚恍。"庄子《知北游》中云："尝相游与乎无何有之宫。"这些说法同惠能的"无念""无相""无住"是相通的。《老子》第二章云："天下皆知美之为美，斯恶矣；皆知善之为善，斯不善己。有无相生，难易相成，长短相形，高下相盈，音声相和，前后相随。"庄子《齐物》篇云："彼出于是，是亦因彼"，"是亦彼也，彼一是也；彼亦一是非，此亦一是非，是亦一无穷，非亦一无穷"，这些辩证法思想同惠能的"三十六对法"的对立统一规律在内容上也是相通的。

惠能提出的"三无""三十六法门"修行方法，从其文化底蕴来说，实际上是珠江文化浮动性、变通性、敏感性的体现。因为这些修行方法及其所体现的文化意识和思维方式，正是这些文化特质；而这些特质同珠江文化所最早具有的海洋文化与来自北方的中原文化，以及本地百越文化的交叉地带的独特地理条件是密切关联的，也是由这些因素和条件所最早具有平民（市民）文化意识的一种反映。

"五说"：以"农禅合一"说确立禅学的实践论

中国哲学思想史数千年来一直贯串着知与行的命题论争，知行合一的实践论思想始终占着主流地位。惠能实则是知行合一论者，但其具体内涵则是在佛道修行上的"农禅并修"或"农禅合一"，以此说而确立禅学的实践论。这个学说特别鲜明、突出地表现出珠江文化的实用性、兼容性，这也是平民（市民）文化意识的体现。

惠能从求佛开始，一直坚持"农禅合一"的主张和实践。他是樵夫出身，到黄梅五祖求佛，也是做舂米为主的杂役；得道之后，为避风险，为期15年都一直在猎人队伍中劳作和生活；重建被毁的韶关南华禅寺，得"一袈裟宝地"，也是坚持全体僧员农禅并做。他的这种主张和实践使得南方的禅宗派在唐武宗"灭佛"大难（即会昌之难）中得以幸存，后来"东山再起"，真正挽救、保护了佛教，也使得禅宗教派不仅幸存，而且向北方发展，成为中国佛教的主流。这种"农禅并修"的做法，正是注重实用性、实际性、实效性的文化意识的体现。

"农禅并修"的思想和方式出于禅宗的佛教意识，是一种无神论的世俗性的思想。由此，禅宗主张修佛的方式和地方可以多样化，以真心为基本目的，重实践、重效果，不必拘泥于具体的形式和方式。惠能云："心平何劳持戒，行直何用修禅。""若欲修禅，在家亦得，不由在寺。""迷人口说，智者心行。"他还说："一行三昧者，于一切时中行住坐卧，常行直心"。并说"但行直心，于一切法上，无有执着"，才能"名一行三昧"。

惠能还特别对佛家以坐禅为主的传统现象提出："道在心悟，岂在坐也"，并且批评那种长坐不卧的禅法是"住心观静，是病非禅；长坐拘身，于理何益"。他还说："何名坐禅？此法门中，一切无碍，外于一切境界上念不起为坐，见本性不乱为禅。何名为禅定？外离相曰禅，内不乱曰定。"这些观点和方式表明修禅同平常人的生活方式没有什么区别，修禅可以在任何地方、任何时间的日常生活中，这不是世俗么？正因为这种世俗化，使得禅宗派能够为中国百姓理解和接受，也因此而使佛教成为中国化的非宗教的宗教，而这世俗性又是与实用性相通的。

从以上"五说"所确立的哲学基本理论可见，惠能所创的禅学思想是有基本理论的，是自成体系并构成一家之说的。所以，不应当认为惠能只是佛教领袖、禅宗六祖，而应当充分认识到惠能是一位伟大的思想家、哲学家，是古代珠江文化的哲圣，他的代表作《坛经》不仅是一部佛典，而且是一部代表禅学思想的权威哲学经典。

二、六祖惠能的"五创"

六祖惠能既是中国佛教禅宗的"真正创始人",又是哲学思想史上创造禅学理论的"圣人"(哲圣),综合而言,他的成就主要有"五创",即有五大开创性的作用和意义。

"一创":开创中国禅宗教派

广东许多人都知道,毛泽东上世纪60年代来广州视察时,询问当时广东省委书记陶铸可知广东曾出的两位圣人是谁,并告知除孙中山外,尚有人所不知的六祖惠能。毛泽东称赞惠能是"中国禅宗的真正创始人"。大家知道,佛教禅宗由达摩从印度传入中国,从此被尊为禅宗始祖,随后二祖慧可、三祖僧灿、四祖道信、五祖弘忍,传至六祖后,"不立文字,不传衣钵"。但禅宗教派也由此"花开五叶",即"五派",包括:沩仰、临济、曹洞、云门、法眼。后来临济派又分出杨岐、黄龙两派,合称"五派七宗",流传至今。六祖后禅宗分五派也是一种开创。

2002年出版的《新编曹溪通志》中,有已故的著名佛学大师赵朴初居士写的序言,开篇即谓:"曹溪始以溪闻于世,继以寺名于世,终以六祖惠能及南宗祖庭而流传于世。六祖以一介樵夫而悟道,下下人有上上智,穷道源,游性海,承心印,开法流。其《施法坛经》即为锐根利器指自身解脱之道,示一超直入之法;亦复为钝根浅机广开方便参学之门,引明心见性之路。惠能南宗与神秀北宗同为禅宗二大巨流,如黄河、长江之纵横大地而汇入大海。北持渐修,南主顿悟。前者筑基以向上,后者登峰而造极,相互依存,圆融无碍,故中国佛教之特质在禅教,而其道则在圆融也。从此,印度尼连禅河水通过曹溪融入黄河、长江巨流,使中华文化拓展崭新境域,法乳滋润华夏、扶桑,波及全球,有禅有文化,无禅不文化,中华禅文化已成为人类文明的宝贵财富,造福兆民,光辉千秋。溯其源头,端在曹溪。"这是对南华禅寺、惠能禅学禅教的最全面最科学的评价。从这评价中也可看到,赵朴初是有鲜明的水文化观念的,他将惠能禅学的发端称为"曹溪",这是流经韶关南华禅寺的一条河流,也即是珠江水系的一条支流。将惠能禅学的"源头"发"端"称为曹溪,也即是指珠江,称印度的尼连禅河与黄河、长江巨流经曹溪而通过、融入，是以江河的形象比喻印度的佛教文化源流，经过珠江文化的转折过滤，而改造和创造禅学文化的。

惠能的禅学文化使中华文化波及全球，已成为人类文明的宝贵财富，同时也代表和体现着珠江文化同黄河、长江等巨流的文化一样并且一道，多元一体地滋润华夏，灿烂世界。

"二创"：开创禅学思想哲学

"禅学"一词，原是指佛教的禅观之学。此学在魏晋时期与般若学并行为佛学两派，分行南方、北方。隋唐时两者统一，此词即多与禅宗一词混用。现在看来，六祖惠能开创的禅宗，不仅是一个佛教教派，而且是一种思想哲学，是有其自身理论和体系的，并有其理论经典的，这就是《六祖坛经》（又称《六祖大师法宝坛经》）。这是中国人写的唯一一部佛教经典，是禅宗教派理论纲领，由六祖门人法海根据惠能讲经笔录集汇而成，分成行由、般若、疑问、定慧、坐禅、忏悔、机缘、顿渐、宣诏、咐嘱等"十品"，系统完整地陈述了六祖惠能的禅宗理论，包括："人人心中有佛"，"佛性"是人的"本性"，人人皆有，只是被妄念覆盖而未能显现而已，若断除妄念，即可"识心见性，自成佛道"；并主张修行要着力心灵的"顿悟"而识性、得道。这些说法，实质上是一套完整的思想哲学，包括对人的本性论、反映论、认识论、实践论、方法论，突出地体现了以心为中心的心学思想。鉴于其是出自禅宗教义，而禅学之古义已失，故以"禅学"之词作为这套哲学思想之称谓，以区别其原属宗教之义，想必是应当而可以的。显然，六祖惠能是这种哲学思想的开创者。正因为如此，开创禅学的惠能，才与开创儒学的孔子、开创道学的老子，在"千年世界十大思想家"荣称中并列。

惠能禅学的开创性，还突出地体现在对他的同代和后代思想家和文化人的影响上，尤其是在对人的思想和社会风气的影响上。这种影响特别明显的是对一些南来文人的影响。其中尤为明显的是唐代被贬广东的大文学家韩愈，他本是以倡导"原道"著称的儒家学者，被贬南来后，在潮州与佛门关系密切，常向该地灵山禅院名僧大颠请教，过从甚密，情同手足，离任时还亲赠衣服与大颠和尚。柳宗元、王维、刘禹锡、苏轼、杨万里，也都因南来而接受惠能禅学。更有意思的是，柳宗元、王维不仅自己转变观念，而且亲自写碑文记下岭南百姓因受惠能禅学影响而造成社会风气转变的历史现象。柳宗元在《大鉴禅师碑铭》中记载说惠能"乃居曹溪（即韶关南华寺所在地），为人师，会学去来尝数千人。其道以无为为有，以空洞为实，以广大不荡为归。其教人，始以性善，终以性善，不假耘锄，本其静矣。"（《全唐文》卷五八七）王维在《六祖能禅师碑铭》中记载："故能五天重迹，百越稽首。修蛇雄虺，毒螫之气销；跳殳弯弓，猜悍之风变。畋渔悉罢，蛊鸩知非。多绝膻腥，效桑门之食；悉弃罟网，袭稻田之衣。永惟浮图之法，实助皇王之化。"（《全唐文》卷三二七）这些记载说明惠能禅学影响的盛况和重要作用，而且是南来文人之所见，似乎更有客观性、说服力。

"三创"：开创中国哲学史上的重要哲学流派——心学

惠能所著"菩提本无树，明镜亦非台。本来无一物，何处惹尘埃"的名偈，关于"动"的名言"非风动，亦非幡动，乃汝之心动"等言论，以及"识心见性"和"顿悟"说的真谛，都是立论于一切在"心"、以"心"为本的哲理。这个哲理虽无心学之名，却有心学之实，实乃中国哲学史上重要哲学流派的开创者。

受惠能影响，南宋著名哲学家陆九渊（号象山先生，1139—1193）倡导心学，提出"心即理"说，认为天理、人理、物理只在"吾心之中"，"宇宙便是吾心，吾心即是宇宙"。明代著名学者陈献章（号白沙先生，1428—1500），继承其"心即理"说，认为心是宇宙唯一之理，"此理干涉至大，无内外，无终始，无一处不到，无一息不运。会此则天地我立，万化我出，而宇宙在我矣"。康有为曾称"白沙之学能自悟"，是广东继六祖之后"第二人"。陈献章弟子湛若水（号甘泉先生，1466—1560），也相承心学，倡"心性图"说，认为"心也者，包乎天地万物之外，而贯乎天地万物之中者也，中外非二也"。与其齐名的王守仁（号阳明先生，1472—1528）也承心学，倡"致良知"说，认为"夫万事万物之理不外于吾心"，"心明便是天理"；并认为学"唯求得其心"，"譬之植焉，心其根也"。明末著名思想家、戏曲理论家李贽（号卓吾，1527—1602），也属心学派，倡"童心说"，提出："童心者，真心也：若以童心为不可，是以真心为不可也。夫童心者，绝假纯真，最初一念之本心也。"从上可见，这些代代相传的心学学者，都是受六祖影响而承心学的。所以，无论是称"象山学派""白沙学派"，或者"甘泉学派""阳明学派""陆王学派"，等等，都属心学学派，实际上都是惠能开创的。这种现象，与宋代周敦颐首创理学理论,后由程颐、程颢和朱熹完成"宋元理学"或"程朱理学"学派的现象一样。

"四创":开创珠江文化的哲学思想理论与南学诗风

珠江水系流域也即是珠江文化地域范围。六祖惠能是中国哲学史上首创禅学思想的第一人,又是首创心学思想的第一人。应当特别指出的是:惠能哲学思想是最能体现珠江文化的精神和特质的。例如,他的心学思想,实际上是南粤人"敢为天下先"精神和领潮性、开放性、敏感性、变通性等特质的哲学基础;他的禅学思想,实际上是珠江人具有特强的海洋性、多元性、包容性的哲学渊源;他坚持"农禅合一""农禅并重"的思想和修行方式,以及"心平何持劳戒,行直何用修禅""若欲修禅,在家亦得,不由在寺""迷人口说,智者心行""道在心悟,岂在坐也"等说法所体现的重心、重行主张,都是珠江文化重实践、讲实在、求实效等务实性特质的内在哲理;惠能还提出与孔子相似的主张:"恩则孝养父母,义则上下相怜,让则尊卑和睦,忍则众恶无暄,……苦口的是良药,逆耳必是忠言,改过必生智慧,护短心内非贤",与儒学一致,说明其佛中有儒,体现了珠江文化的情理性、兼容性;他提出"下下人有上上智"的名言,更突出体现了珠江文化的平民性和平等思想。这些说法虽然有宗教色彩,显得零碎,但其理论实质是全面而系统的,可以说是体现珠江文化精神和特质的哲学理论。这些理论是惠能最早提出和体现的,是他的开创。所以,应尊他为古代珠江文化哲圣。

另外,从对岭南文人和文化学术的影响来看,惠能禅学也起到明显的南学诗风的先导作用。如与惠能将近同代的著名岭南诗人张九龄,虽是儒家宰相,但他崇尚"清淡""风神"诗风,与惠能禅学之风是呼应相通的。宋代的岭南诗人余靖,有过做外交官和武将的显赫经历,到晚年则游历于山幽水秀的佳境,写出大量诗作,也有幽深清劲、静雅简朴之风,与惠能禅风有异曲同工之妙。明代岭南著名学者陈白沙,前文已述及他师承惠能禅学而创心学,对理学发展作出贡献。"粤学"先驱屈大均也在其代表作《广东新语》中充分肯定惠能。清代的岭南大学者康有为称惠能和陈白沙是广东"能自悟"的"二人"。梁启超对惠能的禅学及其对岭南诗人的影响,更是评价甚多、甚高,他先后称道:"唐宋两代皆六祖派","宋儒皆从佛书来","宋士大夫晚节皆依佛"。并说:"自唐人喜以佛语入诗,至于苏(东坡)王

（半山），其高雅之作，大半为禅悦语。"梁启超还称道同代的岭南诗人黄遵宪的《以莲菊桃杂供一瓶作歌》一诗，是"半取佛理，又参以西人植物学、化学、生理学诸说，实足为诗界开一新壁垒"。这些评述，既表明梁启超对惠能禅学的精通，又说明了黄遵宪诗中的禅理、禅味。此后的岭南文人、诗人受惠能禅学影响者，难以一一列举。其中著名的岭南诗人苏曼殊，既是革命家，又是佛教徒，既是诗人，又是情僧，真是潇洒风流，禅味十足。这些岭南文人学者之泰斗，受惠能禅学影响如此明显重大，而又对其如此推崇，而南来的北方文人学者也对其如此称道，这不是从更高的文化学术层面上证实，惠能是珠江文化在古代最杰出的代表人物（也即是哲圣）么？而惠能对后来的岭南文人泰斗的影响，又主要是"心性"论所显出的自主超脱意识和精神，体现出创新、多元、平等、实际等文化特质。这样，不也是在文化的继承发展的历史层面上证实：珠江文化的形态和特质是客观存在的，是不断发展的么？

"五创"：开创将外来文化中国化后，又转化为中国出口文化而向海外传播的先河

六祖惠能对将印度传入的佛教中国化作出了贡献。现在看来，这个贡献又跨进了一步，就是：经过中国化的佛教又因六祖惠能的影响传出国外了，用俗话说，就是从"进口内销"又转化为"出口外销"了。据六祖道场——广东南华禅寺当今住持释传正大师介绍：自改革开放以来，全国各地都有禅宗教门派人来此认归"祖庭"，海外各地各国也有许多自认为"分庭"的禅宗支脉前来接根认祖，其中来自香港、澳门、台湾地区的尤多，还有韩国、泰国、日本、菲律宾、马来西亚、新加坡、缅甸、柬埔寨、澳大利亚、俄罗斯、法国、德国、英国、美国等国家。特别值得注意的是：佛教创始国印度不仅派和尚前来参拜，而且在印度本土建有南华禅寺，尊奉六祖惠能的禅宗禅学。可见六祖惠能的禅宗禅学已成一种外来文化中国化、又转化出口海外的一种文化，这是前所未有的，是值得中国人自豪的。显然，这种文化是六祖惠能首创的。这是惠能禅学思想威力的重要体现，也是中华民族文化具有巨大的消化力、改造力的重要体现。著名学者陈寅恪有言："天竺佛教传入中国时，而吾国文化史已有甚高之程度，故必须改造，以蕲适合吾民族、政治、社会传统之特性。"（见陈寅恪《金明馆丛稿初编·论韩愈》）

综合以上"五个"首创,完全应当尊称惠能为中国文化和珠江文化最杰出的"首创大师"。

三、六祖惠能的"五地"

广东省云浮市新兴县被确认为"中国禅都",主要根由在于这个地方是六祖惠能的"五地",即:出生圆寂地、顿悟开承地、《坛经》形成地、农禅丛林地、报恩般若地。

"一地":出生圆寂地

惠能本姓卢,本名惠能,法号也是惠能。唐贞观十二年(638)二月八日在广东新州(今新兴县)出生,唐先天二年(713)八月三日在家乡新州圆寂,所以,新兴县是惠能的"出生圆寂地"。

惠能祖父是河北人,南下新州做个小官,死后家境贫寒。惠能父亲早夭,靠母亲抚养,长大砍柴度日,无钱读书,不识字。24岁时,北上湖北黄梅求佛,开始做杂役,仅8个月,因撰名偈"普提本无树"受五祖赏识,获承"六祖"衣钵,即南下避难;隐居怀、会之间15年;于光孝寺削发剃度,后定曲江南华寺为道场弘法;值花甲之年返乡,建报恩寺(后经武则天敕封"国恩寺")弘法,翌年圆寂于新州。可谓人生76年,绕了一个大圈,又回到出生的"原点"。惠能人生的"大圈",是他的创造所铸造的"光环",其出生和圆寂地的"原点",即这光环的"圆心",也即是其光芒聚射的中心点。

惠能的这个很有"落叶归根"文化意味的"光环"和"原点",使惠能在人们心中增添了一个更为神圣亲切的形象,即为侨居外省或海外的广东人寄托本根文化意识和故乡恋情的偶像。由于广东人出省外或海外经商或移民者特多,这种移民又特重乡情,往往在各地以建广东会馆的方式集聚,以乡情为凝聚力而相互扶持,又以会馆为载体而传本根文化。这是很有珠江文化色彩的。据刘正刚教授在《清代四川的六祖崇拜考述》(见《六祖慧能思想研究》第507页)一文中记述,由于六祖出生于广东,又主要是在广东创教和传教,影响甚大。在广东百姓心目中,六祖已不仅是一位宗教领袖,而且是广东人引以为豪的乡贤,是广东人的精神领袖。对于流移于异乡和海外的广东人来说，他又成了寄托和凝聚乡思乡情的精神旗帜。由于清代持续百年之久的"湖广填四川"运动，有大量广东人移民四川，其中广东人入川者人数比例特大，分布地区广。由于粤川语言不同，文化风俗有异，广东人入川后更显出特重的乡情和地域文化意识。各地粤人为寄托和体现这种情感意识，也为了联谊互助和自卫，于是在较多粤人聚居的地方，建立了聚会场所，多数取名为南华宫，个别取名为广东会馆。南华宫宫内以祭拜惠能六祖为主，有的还加上祭拜其他神。据清嘉庆二十一年刊行的《四川通志》记载，四川当时有126个相当今天县的行政区，建有南华宫的有86个，占68%。此后各代直到民国仍在不断新建，数量更多，地域更广，仅此即可见惠能影响之大，同时也说明惠能禅宗和禅学影响之普及。四川一省如此，其他内地各省，以至海外的南洋、美国、加拿大等，也都有程度不同、方式不同的展现。值得注意的是四川的南华宫现象，将惠能这位真人而且是反神权、反崇拜的人当作佛祖来尊奉，显然不完全是将其作为神，而是作为乡"祖"来祭拜的，而且又是一寺多神而拜，可见这种现象的内在文化底蕴，是对惠能禅学所体现和代表的多元性、世俗性的文化特质和意识，同时又是对惠能"出生圆寂地"所体现的文化观念的认同与扩展。

"二地"：顿悟开承地

"顿悟"说是六祖惠能禅学思想的核心。惠能"顿悟"这核心学说之始是在新州，使其得以承传之地也在新兴。惠能悟佛，是他少年时代路过佛寺时，听和尚念《金刚经》而受"顿悟"，诚心求佛而跪使"金石为开"（也是"顿悟"），以至到黄梅对五祖诘问的即兴而深富哲理的回答（佛性不分南北），尤其是针对神秀名偈（"身如菩提树，心如明镜台。时时勤擦拭，勿使惹尘埃"）所作的偈子，都是出自"顿悟"。惠能弟子对他的"顿悟"说的承传，主要也是在新兴。现新兴国恩寺独有供奉二十罗汉中的"神会"，即是承传惠能学说最得力的弟子。他在全国佛界大会上为六祖辩得正名，并奋不顾身地为抢救正被焚烧的《六祖坛经》而被烧黑了半个脸面，所以，破例尊其入列罗汉，世代奉拜，以志承传。现编撰的"中国禅都文化丛书"特在"五地"之外，增加《禅意当下地》一册，就是为了充分展现新兴作为"中国禅都"，是"顿悟"学说的承传之地。

"三地"：《坛经》形成地

六祖惠能不识字，却著有唯一一部由中国人写的佛典《坛经》。这是他的弟子法海当他在南华禅寺讲经时的口述记录的。当惠能返乡住持报恩寺时，法海随至该寺，向惠能读其记录，校正勘误，于惠能圆寂前通读完成，故而称新兴为《坛经》形成地。法海也由于立下完成《坛经》的功劳，被尊于国恩寺二十罗汉行列中。

"四地"：农禅丛林地

惠能自幼在家乡新兴务农，求佛后也一直从事农活，在黄梅如此，在怀集、四会避难时也如此；住持曲江南华寺后，一直倡导农禅合一、农禅并修、农禅并重，并身体力行，穷耕不缀，晚年归里建报恩寺，也仍然如此。在他的倡导下，南方各地禅宗寺院无不农禅并兴、农禅并旺，并成南方禅宗一大特色。由此，在唐武宗在全国大举灭佛时，南禅有此特色，能自食其力，隐居于深山丛地之中，能避大难而幸存，并于大难过后迅速复苏，成为佛家主流。显然，惠能"农禅合一"说的理论与实践，与他幼年和晚年均务农于新兴密切相关，故称新兴为农禅丛林地。

"五地"：报恩般若地

惠能晚年回乡建报恩寺，顾名思义，是为报恩，即报国家、家族、乡里、父母之恩。他甚至将父母之坟茔迁入寺院之内，日夜供奉，以尽孝道。这些举措体现了他以故乡新兴为其报恩并为修禅般若之地的初衷，充分体现了他的禅学思想与禅宗教义，是吸取儒家思想并与儒家相通的。

惠能在其创造的禅学中，吸收了不少儒家和道家的思想，为后来形成的儒、道、释三家思想从对撞到交融的历史潮流，起到先河作用。例如，《坛经》云："恩则孝养父母，义则上下相怜，让则尊卑和睦，忍则众恶无喧，……苦口的是良药，逆耳必是忠言，改过必生智慧，护短心内非贤。"这些话同孔子所倡导的仁义道德无异。惠能在晚年返回家乡建报恩寺，并在该寺圆寂，可见他不仅在言语上，而且在实践上对儒学的吸取和认同。惠能的"识心见性"之说同孟子的心性之学也是相通的。孟子说："仁，人心也"，"仁，内也，非外也……仁义礼智，非由外铄我也，我固有之也"。可见惠能晚年返乡"报恩般若"的举措和思想由来已久。

从以上"五地"可见，称新兴为"中国禅都"是名正言顺的。正因为如此，现在出版的这套"中国禅都文化丛书"，即以这"五地"为框架，由《出生圆寂地》《顿悟开承地》《坛经形成地》《农禅丛林地》《报恩般若地》，另加《禅意当下地》等6册组成，旨在确立中国禅都文化理论，也在普及禅都文化知识，诚望读者方家赐教。

2011年8月1日

（"中国禅都文化丛书"由广东省珠江文化研究会、云浮市新兴县委县政府合编，汕头大学出版社2012年12月出版。本文作者是"中国禅都文化丛书"名誉主编。）

将外来的中国化，使中国的国际化
——在"宗教中国化与广东实践"座谈会上的发言

很高兴、很荣幸参加这次座谈会。这个会的主题很有历史和现实意义，对广东来说尤其如此。因为广东在将外来的佛教禅宗中国化、又将中国化的惠能禅学国际化这两个方面，都是做得较早、较好的，历史如此，当代也如此。尤其是六祖惠能在这两个方面所创造的辉煌业绩和历史经验值得学习借鉴。

照我看来，惠能的历史经验主要是：按中国的实际将外来的禅宗禅学文化化、平民化、学术化、学派化、现实化、广泛化而使其中国化，同时又以这"六化"传播海外，使其国际化，成为世界性的思想文化。我们广东自改革开放以来，在弘扬六祖禅宗和惠能禅学上的活动，也基本上承传和体现了这"六化"精神。

一、文化化

从广义而言，宗教是一种文化；不同国度产生的宗教都是具有不同国度文化特征的文化。所以，任何宗教传入他国，都必会出现是否适应他国国情问题。适应者成功，否则受挫或失败。这在数千年世界宗教传播史上屡见不鲜。惠能将印度传入的佛教禅宗中国化，首先在于将其文化化，即：既将其作为一种文化，又按中国文化特征，使其适应中国国情，将其改造为一种中国文化。

据学者刘伟铿称，佛教的名称是东汉岭南广信人牟子所取的，因为在牟子的《理惑论》（这是中国首部关于佛教的理论著作）里，将佛教所尊奉的"浮屠"（Buddha）转移为"佛"（亦是梵文之译）。而"佛"字之义，《说文解字》言："佛，见不审也，从人，弗声"，是指看不清楚的神秘的人，即岭南土著部族之一的"弗"人，后来演变为山越。牟子将这一具有"巨人、多变"两大特点，而又是儒、道两家系统所无的先神名字，用来表述"浮屠"（Buddha）之义，真可谓以中国文化改造（即中国化）并传播外来文化的一个创举。同时，牟子本是儒家学者，他写的《理惑论》是以诘问的方式、以儒道两家思想而阐述佛家言说，这是中国首篇介绍佛学之学，又是首篇以儒道释三家合一的思想宣介佛教之作，亦可谓传入佛教之创举。这些创举，实质上是后来惠能以中国文化特质改造和再创佛教的先声或先河。

惠能是从实质上以中国文化改造和再创中国佛教之父。他主张"人人心中有佛""识心见性"之说，同孟子的心性之学是相通的，孟子说："仁，人心也"，"仁，内也，非外也……仁义礼智，非由外铄我也，我固有之也"。可见其与中国传统儒家"仁"文化一致；尤其是崇尚"感恩""仁义"文化，更是中国国情。《坛经》云："恩则孝养父母，义则上下相怜，让则尊卑和睦，忍则众恶无喧，苦口的是良药，逆耳必是忠言，改过必生智慧，护短心内非贤。"这些话同孔子所倡导的仁义道德无异。惠能在晚年返回家乡建报恩寺，将父母坟茔迁入寺内，以表尽孝报恩之意，并且自身在该寺圆寂，可见他不仅在言语上，而且在实践上对儒学的吸取和认同。

据曾在毛泽东身边工作过的林克在《潇洒莫如毛泽东》（《湖南党史》1995年第4期）一文记载，毛泽东曾说，惠能"主张佛性人人皆有，创顿悟成佛说，一方面使繁琐的佛教简易化，一方面使印度传入的佛教中国化"。惠能否定传统偶像和陈规，勇于创新，并把外来宗教中国化，使之符合中国国情。西方文化学术界对惠能评价也是很高的。前些年西方的一些学术机构和媒体评选惠能是"世界十大思想家"之一（中国只有孔子、老子、惠能入选），同时又将这三位哲圣尊称为"东方文化三大圣人"。毛泽东称惠能是中国佛教的真正首创者，是广东出的两大"圣人"之一（另一人是开创和领导中国民主革命的领袖孙中山）。

这些事实说明，惠能既从宗教上按中国国情将佛教中国化，又按中国传统文化使禅宗禅学成为东方和世界公认的一种文化，他不仅是一个宗教领袖，而且是世界的、东方的、广东出生的文化"圣人"。惠能荣获如此世界性的文化声誉，说明他开创的中国禅宗禅学文化也开创了一条世界性的禅学文化海上丝绸之路。因为禅宗禅学由印度僧人达摩在东晋时从海上丝绸之路传入中国，又于唐代由义净等中国和尚从"广州海上通夷道"，将惠能当时已创立的中国化禅宗禅学传至海外，以至禅宗禅学祖地印度。所以，这是惠能以文化化而开创将外来的中国化、又将中国的国际化的成功实例。

改革开放以来，我们广东从2002年举办庆祝南华禅寺建寺1500周年开始，先后在广州、韶关、新兴、云浮、肇庆、怀集、四会、翁源、深圳等地，举办了多次纪念六祖惠能的国际性、跨界性的重大活动。这些活动既有宗教性质，但更多是文化性质；是历史性、地方性的，更主要是跨界性、国际性的；是佛教交流渠道，也是全国和世界文化交流的一种渠道和方式。所以，文化化，既是六祖惠能将外来的佛教中国化、又将他中国化的禅宗禅学国际化的首要途经和经验，也是广东将外来的中国化、使中国的国际化的一项重大而成功的实践。

二、平民化

毛泽东还称惠能是中国禅宗的真正创始人，亦是真正的中国佛教始祖。在惠能的影响下，印度佛教在中国至高无上的地位动摇了，人们甚至可以"呵佛骂祖"。毛泽东还称惠能的《坛经》是"老百姓的"《坛经》。可见在毛泽东心目中，惠能的禅宗禅学是反对流传偶像崇拜的，是平民化的。这也是惠能将佛教中国化的一条重要途径和经验。

从思想实质上说，惠能《坛经》云："见性是功，平等是德"，"但识众生，即能见佛。若不识众生，觅佛万劫不可得也"，"后代世人，若欲见佛，但识众生，即能识佛。即缘有众生，离众生无佛"。又说"迷即佛众生，悟即众生佛。愚痴佛众生，智慧众生佛。心险佛众生，平等众生佛。一生心若险，佛在众生中；一念悟若平，即众生自佛"。这些言说，充分表明惠能提倡佛性人人具有，佛性人人平等，也即是肯定佛性的大众性、民主性、平等性。这是惠能禅学平民化的思想内核。

从修禅方式上说，惠能倡导"农禅并重""农禅合一"，即可以边耕作边修禅，不必只是采用出家到寺院坐修的方式，主张修禅的方式和场所多样化，要以真心为基本目的，重实践、重效果，不必拘泥于具体的形式和方式。《坛经》云："心平何劳持戒，行直何用修禅。""若欲修禅，在家亦得，不由在寺。""迷人口说，智者心行。""一行三昧者，于一切时中行住坐卧，常行直心"。并说"但行直心，于一切法上，无有执着"，才能"名一行三昧"。惠能还特别对佛家以坐禅为主的传统现象提出："道在心悟，岂在坐也"，并且批评那种长坐不卧的禅法是"住心观静，是病非禅；长坐拘身，于理何益"。他还说："何名坐禅？此法门中，一切无碍，外于一切境界上念不起为坐，见本性不乱为禅。何名为禅定？外离相曰禅，内不乱曰定。"这些观点和方式表明修禅同平常人的生活方式没有什么区别，修禅可以在任何地方、任何时间的日常生活中，这不是世俗化、平民化吗？正因为这种平民化，使得禅宗派能够为中国百姓理解和接受，也因此而使佛教成为中国化的非宗教的宗教。

惠能禅学平民化的思想和方式，是将外来宗教中国化的关键所在，也是其走向世界而国际化的阳关大道。所以，也可以说惠能禅学以平民化开创了一条民间的禅宗禅学海上丝绸之路。这在中国与亚洲各国交往而言，是历史悠久而尤其重要的，因为朝鲜、韩国、日本、越南、马来西亚、新加坡、印度尼西亚、泰国、缅甸、斯里兰卡、巴基斯坦、印度等亚洲国家都崇尚佛教，自古即有民间的、教友的友好往来，早已形成一条佛教丝绸之路。晋代智药三藏从印度到广东创建南华禅寺，达摩到广州传播禅宗禅学，又北上"一苇渡江"到嵩山建少林寺；唐代鉴真和尚东渡日本，日本僧人荣睿南来肇庆……国际僧人之间频繁来往的故事层出不穷，证实早有这条海上丝绸之路。但这些僧人的交往多是个别的、单向性的活动。自惠能禅学"出口"之后，则逐渐出现在海外遍地开花之势。据韶关南华禅寺现任主持释传正大师介绍，自改革开放以来，全国各地都有禅宗教门派人来南华禅寺认归"祖庭"，海外各国也都有许多自认为"分庭"的禅宗支脉前来接根认祖，其中来自香港、澳门、台湾等地尤多，韩国、泰国、日本、菲律宾、马来西亚、新加坡、缅甸、柬埔寨、澳大利亚、俄罗斯、法国、德国、英国、美国等国都有。尤其是佛教的创始国印度，不仅派和尚前来参拜，而且在印度本土建有南华禅寺，大力弘扬惠能禅宗禅学，这就意味着，在佛教的发祥地反而承认和接受了惠能改造和再创的中国化的佛学佛教。此外，在美洲各地粤籍华人华侨创建的会馆大都有尊奉六祖惠能的神像。可见惠能禅学以平民化开拓的海上丝绸之路越走越宽广。

自改革开放以来，广东每办一次纪念六祖的重大活动，都有大批群众参与；参与者除少数是教徒、居士、学者外，多数是对六祖惠能的仰慕者（粉丝）。笔者有幸多次参加这些活动，亲临目睹庆典盛况。据现场大致估计，2002年11月6—10日在韶关参加南华禅寺建寺1500周年庆典的有10万人以上，2004年3月在新兴参加纪念六祖诞生1366周年而举办的"六祖节"和"六祖镇"命名仪式的有10万人以上，2012年8月在云浮参加"六祖文化节"的有5万人以上，2013年8月先后在广州、韶关、新兴参加纪念六祖圆寂1300周年各种活动的共约30万人。其他地方和其他活动尚不在计数之内。值得注意的是，在这些重大活动中，均有外国教徒、学者、友人参加（如2002年南华寺盛典有东南亚20个南华禅寺分庭代表参加）。可见这些活动实际上也是惠能禅学平民化的海上丝绸之路的延续。这证实平民化是惠能禅学从中国化到国际化的成功之路，也是外来宗教中国化、中国宗教国际化在当今广东实践的成功之路。

三、学术化

惠能将佛教禅宗中国化后又国际化的途径和历史经验，还在于：以中国文化将其宗教思想改造的同时，进行理论体系化，即学术化。他的代表作《坛经》既是一部中国化的佛教经典，又是一部中国化的哲学经典，创造和体现了一套完整哲学，是惠能禅学的学术体系，体现于"五说"理论中。具体是：①以"人人心中有佛"说确立禅学的本性论；②以"心动"说确立禅学的反映论；③以"顿悟"说确立禅学的认识论；④以"三无"说（无念为宗，无相为体，无住为本）确立禅学的方法论；⑤以"农禅合一"说确立禅学的实践论。这"五说"的核心是"心动"说和"顿悟"说。这"五说"全面概括了惠能禅学的主要内容，全面体现在人性论、认识论、反映论、方法论、实践论等五个方面，是一种有自身独创而系统的学说，全面而完整地具有每种哲学体系都必须具有的基本要素。所以，称惠能禅学是一套完整的哲学。

这"五说"的每一"说"，都具有明显的中国学术影响的迹印，其"本性"说、"心动"说、"顿悟"说均与儒学相关，"三无"说有道学思想，"农禅合一"有墨家印迹，可见惠能这套哲学是以中国哲学"学术化"的产物。从学术眼光看来，上世纪西方媒体将六祖惠能与孔子、老子并列为"东方三圣人"，并入列"世界十大思想家"，主要是在于他的"禅学"与孔子的"儒学"、老子的"道学"是并列的思想哲学；惠能的入选，主要是肯定其在思想哲学上的学术贡献，不是在于他创立中国禅宗教派，而在于他从学术上创造了禅学。从这项世界公认的荣誉也可以看到，惠能既以学术化将外来的禅宗教派中国化，又以中国化的惠能禅学开拓了国际化的通途，也即是开拓了一条学术化的禅学海上丝绸之路。

惠能禅学的学术化之路，还体现在传教与学术结合的方式上。惠能的代表作《坛经》是唯一一部由中国人著述的佛教经典，但不是他亲笔写的，他不识字，是他的弟子法海根据他讲经的记录编写成的；这部著作又是一部学术著作，是惠能禅学的经典，是从讲经中创作的学术专著，是在传教中进行的学术创造。可见，这也是惠能以学术化而使禅学中国化而后又国际化的一条重要途径和经验。

这条途径和经验，在改革开放以来的广东实践中，也是做得较好的。首先表现在每次举办的纪念六祖惠能的大型活动上，都同时举行惠能禅学的学术论坛或研讨会，来自海内外的专家学者提交论文，在会上作学术报告，提出或论证许多新的课题，会前或会后均出版论文集或专著。例如，在2002年韶关举办的纪念南华禅寺建寺1500周年庆典中，南华禅寺与中国社会科学院宗教研究所合办了国际性的禅学研讨会，香港《中国评论》社与广东省珠江文化研究会合办了"六祖禅宗的历史地位与中华文化"论坛；在2015年广东举办的纪念六祖惠能圆寂1300年的系列活动中，又举办了国际性的学术研讨会，来自世界佛教协会的多国专家学者在内的数百人与会，收编学术论文达百万字以上。还值得特别注意的是，在美国、日本、韩国等多国大学，均有专门研究《坛经》的学者或机构，经常派代表团到光孝寺、南华寺、国恩寺进行学术交流，形成一种学术风尚。这些学术研讨会和学术交流活动的成果和兴旺景象，说明改革开放以来的广东实践中，以学术化而进行佛教中国化而后又国际化的途径，也是特别成功而甚有成果的。

四、学派化

学术化的另一方面或其成果之一，是学派化。惠能在这方面也堪称将教派升华为学派的第一人，又是以自己开创的学说为后世开创学派的学术先师，并是以学派化将禅宗禅学中国化而后又国际化的开路人。

从现有资料可见，佛教禅宗原在印度只是一个小教派。达摩将其传入中国后，经从广州西来初地宝林寺到建康（今南京）转嵩山少林的发展，成为中国禅宗教派的一祖；此后，经过二祖慧可、三祖僧灿、四祖道信、五祖弘忍的逐步弘扬，形成了一个大的教派；到惠能承五祖授六祖位之后，因避难未到位，神秀在北方称位，并自承禅宗教派；惠能在广州光孝寺剃度出家后，禅宗遂分为南北两派；惠能圆寂后，南派禅宗又"花开五叶"，分为五个教派流传，但均未能具有学术体系而不能称之学派。从这个概述的中国禅宗教派简史可见，在六祖惠能之前，禅宗本是一个从小到大的教派，尚未形成具有自身"一套哲学"的教派；从达摩到弘忍，各祖都有建树和理论，但未形成体系，只是从神秀以"渐修"、惠能以"顿悟"而初显以学立派之雏形。应当说，中国禅宗教派同时可称为学派，或者说具有学派色彩，是从惠能正式开始的。其标志就是他将禅宗教推向了成熟的阶段，创立了自身一套完整哲学,创作代表禅学理论的学术专著《坛经》,形成了自成体系的惠能禅学,使禅宗教派成为既具有宗教性,同时又具有学术性和学派性的门派。

更为重要的是,惠能创造的禅学理论(尤其是"心动"说、"顿悟"说),还直接影响后世学术界创造的学派,著名的宋明心学就是明显受其影响而创立的历史三百余年的学派。笔者近查宋明心学主干人物的事迹与核心理论,发现他们无不受到六祖影响,各所倡导的心学理论无不与惠能禅学有直接或间接的承传关系。如宋代心学创始人陆九渊以"心即理"说创立心学学派,明代陈献章以"宇宙在我"说创立白沙学派,湛若水以天理"即吾心本体之自然"说创立甘泉学派,王守仁以"良知"说、"知行合一"说创立阳明学派,仅看其学说之名,即可见其与惠能禅学如出一辙。所以,称六祖惠能是宋明心学学派开山祖之一,称惠能禅学是宋明心学思想基础或基因之一,是有依据、有道理的。

同时,惠能禅学之"心动"说、"顿悟"说,堪称开创一派禅意诗学之典论;惠能的著名偈语"普提本无树,明镜每非台。本来无一物,何处惹尘埃?",可谓禅意诗之典范作品。清末大学者康有为曾说"唐宋两代皆六祖派",其意既指学术,又指诗风。梁启超说"宋儒皆从佛书来","宋士大夫晚节皆依佛",并说:"自唐人喜以佛语入诗,至于苏(东坡)王(半山),其高雅之作,大半为禅悦语。"事实正是如此。柳宗元、王维、刘禹锡、苏轼、杨万里等唐宋南下岭南的文化名人,都受惠能禅学的重大影响。柳宗元、王维因此而转变了观念和诗风,柳宗元的《江雪》、王维的《鹿柴》等都是体现禅学诗风的典型名诗。可见,这也是六祖惠能开创的禅意诗风或禅意诗派。

应该说,称六祖惠能开创的中国禅宗是教派又是学派、称惠能禅学是宋明心学的思想基础和基因之一、称惠能开创一派禅意诗论并影响唐宋禅意诗派等说法,皆自笔者始。这些说法的依据和道理皆可进一步深化,但现有事实已经表明:学派化也是惠能将禅宗禅学中国化而后又国际化的一条途径和经验。2016年9月24日《人民日报》发表"构建中国学派恰逢其时"专版,提出建设"学术中国""理论中国"口号,广东也于此时先后举办"粤派批评""珠江文派""珠江学派"研讨会并出版丛书或书系,率先以学术成果实现这个口号。笔者这些有关惠能禅学开创学派之言说,都是在这些研讨会和书系中提出的。可见以学派化而实现中国化、国际化之路,广东的实践也走在全国前列。

五、现实化

惠能使禅宗禅学中国化而后又国际化的重要途径和经验，还在于其理论与实践都现实化。

首先，其现实化在于思维方式的自我性与生存方式的自立性。

惠能禅学的思维方式，即其求佛方式，也即是信者的精神追求方式；自我性即从他求转向自求。通常认为"求神拜佛"是对佛祖祈求赐福"保佑"，到西天取经求佛。这是一般的"他求"修佛观。六祖却认为："人人心中有佛"，"我心自有佛，自佛是真佛，自若无佛心，何处求真佛"，"菩提只向心觅，何劳向外求玄？听说依此修行，西方只在眼前"，并且认为求佛要"直心"（真心），"迷人口说，智者心行"。这些言说实则是认为求佛是信者自身的真心和行动，由此才可得"佛"成"佛"，即实现自己的精神追求。显然，这样的求佛"自我性"是在佛教思维方式上的大革命，从他求变为自求、从远求变为近求、从遥求（对西天和来世之求）变为现求。所谓"禅即当下"之说，实质在此。由于"人人心中有佛"，又都可人人自我"求佛"，所以，自我性即普遍性，也即是有现实的普遍可行性，从而可以现实化而中国化、国际化。

所谓生存方式的自立性，是指惠能提倡"农禅并重""农禅众一"的理念与行为。惠能禅学产生于封建社会，根植于小农经济土壤，农耕是其生存的基础和空间。所以，在农耕中修禅、在修禅中农耕，修禅农耕结合，使寺院经济生活自食其力，生活自主，才能修禅自立。这是生存方式的自立性。这种自立性是农耕社会的产物，符合农耕社会现实的生存发展，因而也是其现实化的重要方式和途径。正因为如此，当唐武宗在全国灭佛之时，北方靠化缘为生计之教派几乎全遭罹难，唯南方禅宗靠着"农禅合一"而留存山林，并有重大发展。可见惠能禅学的现实化理论与实践，既是使其能在困境中能以自立生存发展之路，又是使禅宗禅学中国化、国际化之路。

其次，其现实化在于惠能禅学的内涵和精神具有永恒的现实对应性。

从总体看来，六祖惠能不仅是在佛教、文化、学术、学派等层面上创造了丰厚的文化遗产，而且在其数十年曲折坎坷的人生道路上，也身体力行地创造了崇高辉煌的文化精神。这些遗产和精神是永恒的，又是可以在不同时代发出光和热的。这即是其永恒的现实对应性所在。

在这个方面，改革开放以来的广东实践是做得比较经常而效果良好的。例如，在20世纪末和21世纪初，各地响应广东省委发出建设文化大省号召，纷纷以文化引领理念发掘本地文化资源，进行文化建设。其中，全省所有有六祖文化遗迹的地方均积极这样做了。例如，广州着力以打造六祖"脱发圣地"光孝寺和"禅学圣地"宝林寺而进行"西关文化"建设，韶关以"禅宗祖庭"为中心进行"大南华"建设，新兴以国恩寺为依托建设"中国禅都"，云浮市将六祖文化作为"三大文化"之一进行"广东大西关建设"，怀集县以六祖避难15年的史迹兴建六祖禅寺和"燕都禅道"，乳源县将"佛道"列入"五道文化"建设，佛山市以兴建仁寿寺使"佛山禅城"名副其实，丹霞山在入选世界自然遗产的基础上再进行包括六祖在内的"三祖圣地"建设，等等。

此外，尚有许多以时代或专业文化发展的需要，对应六祖文化遗产或精神的特色活动。例如，2012年8月，在广州光孝寺菩提树下举行"禅与新广东精神"的对话；同年9月，在广州星海音乐厅举行"禅与诚信道德"的对话；2013年11月，在云浮市六祖文化研究会举办六祖"感恩文化"的对话；2014年1月，先后在云浮市纪委关于倡导"禅廉文化"的对话，以及在郁南连滩兰寨村办"禅廉文化基地"、在新兴国恩寺西侧兴建的"禅廉文化园"等活动；2014年3月和4月，在云浮市国税局、检察院举办本职工作与六祖"担当精神"的对话。这些对话与活动，既有高僧、学者和有关部门领导参加，又有大批教友和群众参加，既有省内外学者参加，又有海内外学者参加，既是学术的盛会，又是平民的盛会，既是历史文化的研讨会，又是现实精神的研讨会，是历史文化与现实精神的统一，也是精神永恒性与现实对应性的统一。所以，以现实化进行中国化和国际化，既是惠能禅学的历史经验，也是当今走向民间、走向世界的成功之路。

六、广泛化

惠能禅学的中国化、国际化的历史经验，还在于以广泛地发挥文化软实力之凝聚力和辐射力。当然，过去中国尚无文化软实力的名称和概念，但却早有类似的说法和实践。

惠能到曲江南华禅寺开设道场，广招信徒，讲授禅学，传播四方，不仅使禅宗禅学有了巨大的发展，也使文化学术界大改文风学风，还使自古被称为"南蛮之地"的岭南，逐渐改变了野蛮原始的旧习，初步形成了文明的社会风气。唐代著名文学家柳宗元和大诗人王维，本来对佛教有偏见，但在惠能禅学影响下，不仅自己转变观念，还亲自撰文大力宣传惠能禅学的功德和广泛影响，分别写出碑文记下岭南百姓因受惠能禅学影响而造成社会风气转变的历史状况。

柳宗元在《大鉴禅师碑铭》中，说惠能"乃居曹溪（即韶关南华禅寺所在地），为人师，会学去来尝数千人。其道以无为为有，以空洞为实，以广大不荡为归。其教人，始以性善，终以性善，不假耘锄，本其静矣"。柳宗元在这短短的百来字个记载中，肯定了惠能的核心理论，又称道其讲经听众"去来尝数千人"之多，这在当时交通不便的边远山区小山村，竟有如此踊跃听经讲学的盛况，实属罕见。王维在《六祖能禅师碑铭》中记载："故能五天重迹，百越稽首。修蛇雄虺，毒螫之气销；跳戈弯弓，猜悍之风变。畋渔悉罢，蛊鸩知非。多绝膻腥，效桑门之食；悉弃罟网，袭稻田之衣。永惟浮图之法，实助皇王之化。"王维这记载则称赞六祖之学使岭南"猜悍之风变"，"实助皇王之化"。可以说，柳宗元和王维分别记载和称赞了当时六祖惠能在南华禅寺开设道场的感召力和影响力。这就是现在说的文化软实力之凝聚力和辐射力。可见广泛发挥文化软实力也是惠能禅学中国化、国际化的一条途径和经验。

广泛地发挥惠能禅学的文化软实力之凝聚力和辐射力，就是要广泛地利用和开拓多种方式和渠道将其广泛化，使其路路通、处处在、遍地开花。当今现代化时代，在继承发挥传统做法的同时，更应该利用现代化手段和途径实现其广泛化。总体而言，应当可以从以下两方面努力：

一方面是建立多种有形或无形网络，即建构多种联谊会和"互联网"。惠能禅宗禅学在海内外有广泛的"五友"，即教友（教徒）、学友（学者）、修友（修士）、信友（信众）、敬友（粉丝），已经具有种种有形或无形的关系网络。这些网络，除"教友""修友"外，大都是自发的、分散的、不稳定的。为进一步发挥其作用，应当有意识地将这些"学友""信友""粉丝"组成各种联谊会，以各种方式组织活动，发挥有形的网络功能，引导其健康发展；发挥现代通信的网络化功能，以"互联网+"的方式和途径，增强以上"五友"之沟通，增强其文化学术和贸易交流之内涵和功能，使其成为又一条现代化的"一带一路"。

另一方面是建立国际性的禅学中心。建议在广州西来初地与光孝寺之间地带，建一座世界禅学研究交流中心大厦或广场，作为惠能禅学国际化、学术化、学派化的组织领导机构和交流活动基地。因为这个地方是印度高僧达摩从海上丝绸之路来中国传入禅学之登陆地，又是惠能提出禅学理论核心"心动"说并正式登上六祖禅位的纪念地，还是惠能禅学发祥后从"广州海外通夷道"传播海外的始发地。所以，在这个地方建世界禅学研究交流中心，首先就具有"从海上丝路走进来，又从海上丝路走出去"的意义。当然，其意义不仅在此，更重要的是禅学在中国发扬光大、惠能禅学传世界，应当在中国建造这个中心，而且只有广州才适宜建造这个中心。应当说，"学术中国""理论中国"的一个重要标志，也是持续沿着将外来的中国化、使中国的国际化之路前进的中心据点和文化标志。

（本文是2017年12月23日在广东省民族宗教事务委员会举办的"宗教中国化与广东实践"座谈会发言提纲基础上修改补充写成的，2018年3月12日完稿于广州康乐园。）

科技文化论

科技是第一生产力，也是第一文化软实力
——广东科技文化调研报告

2008年3月下旬，我到省科技界的科研、科普、教育、媒体等单位，就科技文化课题进行了专题调研，从中发现：科学技术不仅是一个学术领域，同时也是一个有鲜明特色的文化领域，从进一步学习邓小平同志关于"科技是第一生产力"的名言中，得到了科技也是第一文化软实力的启示。为继续解放思想，破解发展难题，落实科学发展观，强化我省文化软实力和综合竞争力，特呈调研报告如下。

一、科技也是一个文化领域

当今世界已经进入了高科技时代，同时也进入了文化时代。前者是就生产力而言，就物质文明而言；后者是就意识形态和文化软实力而言，就精神文明而言。西方学者对世界的时代总体特征的这些论析，之所以将高科技与文化两个概念相提并论，固然是就不同视角与从不同范畴上而言，但我看更实在的原因是两者有相促相成的关系，即：科技促进文化，文化也促进科技；而且，在现实社会中，往往有许多由科技而产生某些文化现象，同时又有许多因文化意念或素质而产生科技发明的事例。所以，我们在运用这些论析时，也即是对科技和文化的性质与功能的认识时，不应当将两者孤立地进行认识，而应当相互交叉地、辩证地去进行认识，甚至可以在这两个领域中，分别理出科技中的文化系统、文化中的科技系统，以此促进科技的文化化、文化的科技化，从而更深层次地促进第一生产力和第一文化软实力的增强。由此，很有必要论证科技是否可称为一个文化领域？即：科技文化的概念可否成立？这一概念的内涵是什么，有什么现实意义？

中国科协主席周光召院士曾指出："一个创新型的国家必然是一个具有创新文化的社会，而社会创新文化的形成与国民科学素质的提高又有着相互促进的关系。"

"通过科学教育、传播与普及,帮助广大人民群众,特别是青少年一代树立科学思想、培养科学精神,了解科学知识,掌握科学方法,提升科学素质,就能够有力地推动创新型国家的建设进程。"这段话,精辟地指出了科技创新与创新文化的相互关系,是温床与禾苗的关系。而这科学的思想、精神、知识、方法是属于文化范畴的,科学素质也是文化的。所以,科技的本质是文化的。

科技的发明和创造来自科学家的创意。创意则源于科学家的素质和敏感,而且往往来自具体的文化意念。诺贝尔奖获得者李政道教授曾说过:"科学与文化像是一块银币的两面。"中国科学院中国高等科学技术中心每年的国际会议都会邀请著名画家按照会议的主题作画。如:吴作人的《无尽无极》,以极静状态的"太极"结构的阴阳,孕育着极动的巨大势能,可以转变为整个宇宙和万物的动能;李可染的《超弦生万象》,以简单的线与点构成,以象宇宙为高维时空中超弦的运动,紧扣"场、弦和量子引力"的主题,又有独特的审美意境;黄冑的《天马行空》,天马飞奔而出,表现了宇宙永恒的运动状态。这些都是科学与艺术有相互启迪关系的实例。李政道还指出:屈原长诗《天问》是最早通过逻辑推理,论证了天圆地圆的学说;杜甫诗"细推物理须行乐,何须浮名伴此生",是"物理"一词的最早出处。李政道的这些说法,指出了科技与文化的密切关系,指明了科技中有文化、文化中有科技的事实,并表述了在物理学上的创意往往是源于文化的启迪。

由计算机科学与数学交叉而创造出"定理机器"的中国科学院院士张景中教授称:数学界也有"数学文化"的概念。像现在对文化概念所解释的,数学界人士有自身专业的共性理念、思维方式和行为方式;扩延至整个科技领域,也可能如此。他说自己创造"智能教育软件"的理念,就是企求实现某些高级脑力劳动机械化,通俗地说就是:软件(原理)转化为硬件(机器),在硬件(机器)中出软件(计算机生成几何定理可读的原理和算法)。他说自己的初衷是:"让学生能像玩电脑游戏一样轻松地走进数理化世界,培养他们热爱科学、梦想科学的兴趣。"可见他的创意也是以人为本的,是文化的。他还本着同样的创意,从撰写《数学家的眼光》开始,著述了15种共达200多万字的科普著作,多次荣获全国奖项,并荣获科普"金作家"称号。这些科普读物,与他创造的被称为"信息时代新形式的科普创作"的智能教育软件一样,都是本着这一创意而创造的系列成果。由此可见,科学家的每项创造,从创意、孕育到实现的全过程,都是贯穿着文化的理念和精神的;由此也可见,科技创造的全过程是学术的,也是文化的,科技文化概念存在并体现于科技创造的始终。

自古以来，因科技而产生新文化的实例屡见不鲜。例如，造纸术的发明，笔、墨、砚的发明，印刷术的发明，等等，都创造了新的文化现象。尤其值得注意的是，自改革开放以来，现代科技飞速发展，因科技创新和普及化所产生的文化新潮，更是有如雨后春笋，层出不穷。例如，因电脑的普及，涌现了电脑绘画、电脑游戏、电脑下棋、网络小说；又因手机的普及，涌现了手机摄影、手机诗歌、手机小说；更新奇的是，前些年湖南电视台利用歌迷发手机短信的方式，选出"超女"歌星，营造了人人都有实现歌星梦的机会和氛围，使歌星平民化，从而使"超女"歌星成为波及全国的文化现象。这种现象，完全是现代科技所造成的文化新潮，是不折不扣的科技文化。

提出科技也是一个文化领域，倡导科技文化以至科技文化化的概念，是很有现实意义的。因为在当今高科技时代，科技对国计民生的作用和影响与日俱增，对物质生产和经济增长的作用尤其巨大，GDP 的比重也由此而决高低。这样，就往往会出现见物不见人、见效率不见生命的偏向，即：只顾生产，不顾人的需求；只顾效率，不顾根基建设和持续发展。同时，在高科技的创造和发展中，历来注重从学术上寻求创意，而从文化上谋求创意的倡导则明显不足。这些现象的产生，主要在于对文化是科技的催生剂，甚至是科技的温床和根基的重要作用认识不足。所以，倡导科技文化对于克服或防止这些偏向，具有标本兼治的现实意义。

二、科技也是第一文化软实力

文化软实力是指一个国家或地域的科技、教育、媒体、文化的综合力和影响力，是与一个国家或地域的工业、农业、国防等的生产力综称之为硬实力相对应的概念。邓小平同志关于"科学技术是第一生产力"的名言，精辟地指出了科技在当今社会的重大推动作用。那么，科技是否可称为第一文化软实力呢？我从这次专题调研的结果感到，对这个问题的回答应当是肯定的。理由是：确切地说，科技既有作为生产力的硬实力的方面，也有作为文化软实力的方面。这是因为科技的发明创造成果，在未转化为生产力之前（即尚未投入实际生产之前），仍属于观念形态性质的软实力；在科研成果投入实际生产，产生了产品和经济效益，则转化为生产力即硬实力了。在完成这一转化之后，还会有第二个转化，即其产品和经济效益又会发生新的影响，以至会产生更多更大的科研成果，这些影响和成果就是其文化软实力。所以，科技成果能否既是生产力，又是文化软实力，就在于其是否完成了这两个"转化"的环节或过程。应该说，实际的、优秀的科研成果，大都会完成这两个转化过程。在当今世界，产生最大生产力的大都是科技成果，而这些成果也往往是产生最大文化软实力之所在。以既成功创造计算机教育软件，又成功进行科普创作的张景中院士为例，他的成就被媒体称为"高级脑力劳动机械化，高级科技普及化，抽象原理形象化，枯燥数学美学化"。这就是完成了两个转化的典型。有趣的是，他这个软件在中小学铺开使用后，被称为专治"数理化头痛症"的良药，北大附中和广州实验学校的学生反映说：由此"找到了那把打开数学城堡的钥匙。从此，可在美丽的数学城堡中寻找、探索未知的宝藏了"。这些感受说明科技成果从第一个转化到第二个转化，其文化力是更大而更持久的，甚至是不可估量的。

广东工程职业技术学院是我省科技系统唯一直属的高等职业技术院校。该院的办学思路是："依托科协，立足高职，创出特色，做大做好"。从其实践上看，其特色主要是做大做好科技精神和科技知识的深化。具体表现在：该院很重视利用科协是科技工作者之家的条件，邀请各类科学家来校讲学，举办"院士风采"讲座，以榜样的力量弘扬科学精神和科技知识，在教学和文体活动中注重对学生科学文化素质的培养，在系统传授科技知识的同时，又注重科技技能的实践和培训。这些办学思路和做法，实质上是在教育的根基上，延伸和深化科技的精神和学识，使之持久承传并持续发展。其他非科技系统的大专院校，实际上也在以种种不同的自身特色和优势，承担和进行着科技精神和科技知识的深化工作。这两个方面的深化，使得科技生产力和文化软实力一样，代代相传、代代发展，具有无穷的生命力。

《广东科技报》是我省科技界的唯一报纸，从1973年创刊至今，已有35年历史。它从开始只是普及科学知识的小报，发展为每周出版三个专刊并具有多种传媒功能的科技传媒实体，显然是改革开放、与时俱进的发展成果。它的三个专刊分别是：《创新时代周刊》，主要是传播最新的科技动态和创新信息，从刊名即可见其传媒创意；《健康科学周刊》，主要是传播医药卫生知识和信息，破解群众健康难题；《中小学科教周刊》，主要是向青少年普及科技知识，倡导科学精神，提高科技水平和素质。这些专刊的主题和分工是很有创意的，它表明主办者着意于按读者的需要有别，以不同途径和方式，为其架设通向科技城堡的各种桥梁，目的是将科技知识和信息多层次地、全方位地传媒化，也即是将科技生产力的功能和影响扩大化。当然，其他媒体对科技知识和信息的传播，也是在发挥这种传媒化功能的，但不如该报如此专业和系统。这种传媒化，可以说是科技生产力的再生产和持续发展，它是文化张力的体现，这也就是一种文化软实力。

主要提供科技交流和会展的科技馆，是科技界将科技生产力进一步转化和扩大化的重要园地。广东省科学馆从建馆至今，已经半个世纪，风风雨雨，一直主要承担着我省科技馆的职责，为科技交流和科技普及作出了不可磨灭的贡献。近些年，该馆更明确了为经济社会发展服务、为科技工作者服务、为提高全民科学素质服务的方向，举办了各种讲座、活动和展览，如：分别以"现代生物技术推动微生物药物研发的现状和前景""心理学与社会发展""气候变化对我国经济社会可持续发展的挑战""当前我国科技创新中的问题"为题的四期的"广东科协论坛"；主办了"2007科技进步活动月——提高全民科学素质"大型科普广场活动；最近还与《广东科技报》合作，举办了"在粤工作院士科技创新成果展示会"，还正在筹办首届科学与艺术书画作品大奖赛等活动。这些举措，对于促进科技信息流通和普及科技教育的效果是明显的，对于促使科技创新必会起到温床作用，对于提高全民科学文化素质也起到潜移默化的作用。这些作用，即是科技生产力的再生产和持续生产，也即是科技的文化力；尤其是科技创新温床的营造与形成、全民科技文化素质的提高，是最大的文化软实力。

从以上对科技界的科研、科普、教育、媒体等单位的调研情况可见，科技生产力与其相应的科技文化软实力，可以说是相互成正比甚至加倍、持续增长以至无休止地增长的；其对社会的推动作用，也与科技生产力一样，是雄踞文化软实力中首位的。所以称其为第一文化软实力实至名归。明确这个定位，是为了使人们更自觉地从这个高度，以种种途径和方式，去努力促进科技生产力的转化、深化、传媒化和潜移默化，使有形的硬实力发展为更大的无形软实力。

三、关于打造科技文化和增强第一文化软实力的具体建议

（1）科技文化及其是否第一文化软实力问题，本身就是科学命题。在省委号召"继续解放思想，坚持改革开放，争当实践科学发展观排头兵"的时候，理所当然应将这个问题摆在重要的议事日程上。希望能由省领导牵头，举办"科技文化论坛"，组织科技界、文化界、社科界人士，围绕此命题进行多学科、全方位的探讨，

并且着重结合我省当前实际，从解放思想、破解难题的需要，尤其是对生产结构调整和社会转型期所带来的种种问题，从第一生产力和第一文化软实力的高度，从根本上去进行理论与实践的剖析。

（2）建议省科学院和社科院联合成立"生产力与文化软实力"研究机构，协调并加强对此课题的研究与合作。这个机构，应当围绕增强我省文化软实力的中心主题，举办各种学术活动，组织跨学科合作研究。如：共同进行文化软实力概念和功能的研讨，文化软实力与生产力的关系、各个学术领域在文化软实力中的作用和体现、文化软实力在政府决策中的作用、文化软实力与持续发展的关系等课题的研究。同时，建议在我省和高校的科研规划中，增设和鼓励文化软实力和各种跨学科研究的课题，课题经费应向这些课题倾斜。

（3）建议在大中小学教育以至全民教育中，加大科技教育的内容和力度，尤其是在政府机关的公务员教育中更应如此。新中国成立至20世纪60年代，社会教育的头等大事是"扫盲"（扫除不识字的文盲），现在则是要扫除"科盲"（即不懂科技知识者）。因为现在是高科技时代，不懂科技寸步难行；国民素质的基本在于科技文化素质，增强生产力和文化软实力的根本，也在于青少年和全民的科技文化素质的提高。所以，强化科技文化教育，是国家固本强基和能否持续发展的大事，也即是真正落实科学发展观、增强文化软实力的大事，应当投以最大可能的人力、物力、财力，以多种措施去做这件大事。具体地说，可以在大中小学中增设科技课程和开展各种科技活动，在各种公务员培训中，增加科技课程或举办专题的科技培训班，在社会上举办各种科技活动、讲座和展览，并形成制度，使之经常化（目前中小学校教育都开设有科学课，但因为未列入应试教育，所以师生积极性不高。建议广东可先行一步，考虑把科学教育列作升学必考课）。

（4）既然科技是第一生产力，是第一文化软实力，那么，我省就应当将科技界的建设发展放在"第一"的位置。

一是率先进行科技文化研究。这是国内当今尚是学术空白的课题。建议由科技界的有识之士牵头，成立广东省科技文化研究会，挂靠于省科协，借以团结科技界、文化界、社科界、新闻出版界的热心人士，进行本学科而又是跨学科的交叉研究，开展各种学术活动，举办学术论坛，编撰出版学术著作，其中包括重点推出《广东科技文化史》（如能实现，这将是我国首部科技文化史），在全国率先开拓这个学术领域。

二是将科普创作推上新台阶。科普创作是科技普及的桥梁和先锋，应当作为科技文化首要任务去充实加强。当前我省科普创作数量不少，也有影响，但显得零散，方式不多，效果不强，影响不大。建议从四个方面去加强：一是注重系统性，编撰出有似20世纪五六十年代《十万个为什么》那样的系列科技读物，但要另创新的名称；二是运用多种方式搞科普读物，如搞动漫科技系列、电视或各种有奖知识比赛系列（类似香港亚视"百万富翁"问答）等；三是将科技读物作为"第二课堂"读物，在中小学中推广；四是以科普读物为媒介，举办相应文体或科技活动，将推广阅读与课外活动结合起来。

三是办好我省以至全国唯一以科技教育为特色的高等职业院校——广东工程职业技术学院，解决其学校面积不够、高级师资欠缺、经费不足等难题，使之逐步建设为我省科技教育中心、科技文化研究中心、科普创作中心，并在这些方面起到"排头兵"作用。

四是办好我省唯一以科技为专业的报纸——《广东科技报》，解决其当前人员和经费短缺、办公条件差（现仍在越秀中路老中大天文台旧址办公，这是广东省重点文物保护单位，理当迁移）等难题，支持其从每周三刊小报，扩办为每日出版的大报，力争办成走在全国前列的省级科技报。

五是办好全省科技馆。我省投巨资在广州建设了广东科学中心，起到领先作用。但在全省来说，好些县市尚未有科技馆，应当支持缺者补建，使全省各县市都一样具有图书馆、博物馆、文化馆和科技馆，以"四馆"俱齐的格局，使各地群众都能经常享受文化科技大餐。增进群众的文化科技素质，是增强文化软实力的不可或缺的途径。已经创办半个世纪的广东省科学馆，一直承担着省级科技馆的职能，历来广东政治、科技、文化、文艺界的好些重大事件，都在此留下历史的印记，应当支持其编写一部《广东省科学馆史》，这也是全国首创的新课题，力争尽快完成，写好编好。

2008 年 4 月 10 日

"科学艺术沙龙"的四场对话

第一场对话：科学与艺术在这里碰撞

"科学艺术沙龙"于2008年9月25日在广东科学馆举办首场活动。中国科学院院士、华南理工大学教授吴硕贤，广东省人民政府参事、中山大学教授、广东珠江文化研究会会长黄伟宗，广州大学设计艺术学院副院长卢小根应邀出席沙龙，并围绕"科学艺术如何互促共进"的主题展开了讨论。

科技推动艺术进步

黄伟宗：科技是第一生产力，也是第一软实力。这个软实力既有科技的部分，也有文化的部分。科技与文化，尤其是科技与艺术的关系是很密切的。李政道先生曾说过，科学与文化艺术就是一个银币的两面。其实在绘画中有很多科技的元素。李可染的《超弦生万象》，以简单的点线体现了高维时空中超弦的运动；黄胄的《天马行空》，体现了宇宙永恒的运动状态……

我从事文学理论批评多年，研究各种文学创作方法。我发现，外国现代派文学作品最早提出文学的意识流。意识流是从人的生理学概念中提出来的。现代派的文学作品所写的诗，也追求将人的听觉、感觉等六种功能调动起来。而绘画艺术中，印象派也提出光学理论。如著名的《蒙娜丽莎》，也是利用了人体的黄金分割比，都是有科学依据的。我们现在的文学创作好像每况愈下，就是因为没有一个科学的依据，用科学的依据来创造一个新文学的流派。现在提出科技与文化艺术的结合，是很有意义的。

科技前进一步，艺术也前进一步

吴硕贤：我从事的建筑声学，是科学与艺术的高度结合。建筑声学主要在观演和体育建筑中得以运用，是声学和建筑学的交叉学科。一个音乐厅，各种乐器都要在里面演奏，各种戏曲都要在里面表演，观演建筑就是为艺术服务的场所。

卢小根：从西方艺术史来看，印象主义之前的是古典主义。古典主义主要是贵族绘画肖像的一个重要手段，但随着照相术的发明，科技的成果冲击了艺术创作，大量的古典主义画家觉得饭碗端不住了，开始寻求新的出路。于是印象主义出现了。它主要是通过光学原理来解释大千世界的丰富多彩的颜色现象。这是科技促进艺术发展的一个典型例子。

此外，我发现，在科学中讲的发明创造，与艺术创作中讲的原创性，是互通的。现在我们的教育对发明创造的鼓励并不够，需要社会去呼吁科学与艺术的结合，一种潜在的意义也是在鼓励原创。

学科设置很重要

黄伟宗：在教育里体现跨学科教育很重要。很多学科是交叉的。如美国就有科学艺术院，就是这个道理。科技里面都需要美学依据。如飞机为什么有两个机翼，是因为人看到小鸟有两个翅膀，这就是从原始美学里发掘出的科学创造。现在我们的大学教育里各个学科画地为牢，无法综合起来，这是很可惜的。所以我觉得，现在我们科学艺术的发展需要学科齐全，跨学科，还需要整合。

卢小根：现在我们大学生的人数不少了，但学科分布上还是缺乏的。这是一个很麻烦的现象。我们的基础教育并非从兴趣出发，只是一种技能性的培养。如果让这些学生来主持一个项目，请哪些专家可能他们都想不出来了。

30年来，我们所需要的人才不断变化。广东印刷产值很大，但是广东很难培养出出色的印刷人才。王选已经发明出了激光照排系统，科学家已经可以把汉字数字化了，但我们的艺术家却没有跟上。北大方正的字体太少了。我们现在用的所有的设计软件几乎都是日本做的。很多用的都是日本公司的盗版软件，如果哪天真的打知识产权官司，可以说我们的设计行业大部分都要倒闭了。这是很严重的问题。

吴硕贤：创新需要推陈出新。要在基层的基础上去创新。创新一定要在继承的基础上。现在很多人基础都没打好就去创新，这种创新是假的。以前的艺术家、科学家都是在前人的肩膀上去创作的。如梅兰芳，从小就学好了扎实的京剧基本功，才能开创出新的梅派。书法、绘画也是如此。

科技挽救文化遗产

卢小根：过去的30年，我们的实用技术发展很快。但是30年过去了，需要一个冷思考了。我们在这些年中丧失了很多对基础学科的研究。如对敦煌壁画的研究,现在所看到的敦煌壁画是一个沧桑的美感。但在隋唐时期,是一种艳丽的美。对于颜料的风化方面的研究也许会很有意义。在大英博物馆还有专门的部门去研究古画的修复和还原工作,但国内很少了。在上世纪80年代,我们每年都可以看到故宫的藏画,但现在基本都拿不出来了。对于古画的保存,生物科学是否能够介入,这就需要人去研究。这是种冷门学科,但是很必要的。光是注重应用学科,会出现后劲不足的现象。

吴硕贤：我们前一段时间还申请到一个国家自然科学基金项目,就是研究中国民族乐器声功率的测试。中国民族乐器最早的已经有八九千年的历史,但是它们是怎么发声的,发声的响声评估如何,都没有研究。我们就利用我们的实验室,对30多种民族乐器进行测试。这些都是基础科学的研究。这也是科技与艺术的结合。

吴硕贤：中华民族在建筑、美术、音乐方面的创作很多都失传了。将这些流传下去的意义很大。日本这方面做得很好。现在中国也在努力。现在有很多国家都利用科学技术来保护文物,像古罗马,意大利就利用三维仿真,将古建筑用三维仿真的方法进行恢复,这是一个很好的手段。包括像圆明园都可以用这种方法恢复。

科学普及很重要

黄伟宗：现在普及科技知识很重要。中学教育、小学教育就要普及科学知识、增强科学素质,要建立一个完善、明朗的体制。

卢小根：前几天去看了广东科学中心,我很受感动。中学时候学的物理知识,那时候基本无法进行动手学习,但在科学中心里都可以看到、做到了,这很容易提起孩子的兴趣。从小普及科学知识对培养科学人才是很重要的。

吴硕贤：为什么国外的创新要比我们好？其中一个原因就是他们有很多博物馆、科学馆、艺术馆、音乐厅等,这些很重要,能够发挥很大的潜移默化的作用。中国这方面还是比较缺乏。在美国,中小学教师会带领学生们到博物馆、艺术馆上课,为他们进行讲解。孩子们从小就受到这种熏陶,这对他们思维的启迪作用很重大。

学科间需要进行交流相互启发

吴硕贤：我觉得我们现在的这种沙龙很重要,不要小看它的作用。中国这方面就不如西方，学科之间的互相交叉和启示比较少。西方很多发达国家大学里都有小酒馆、咖啡厅，不同学科的学生会坐在一起相互聊天，相互启发。他们就比较容易产生一些边缘的交叉学科，比较容易出成果。中国的学生就比较呆板，这个系就是这个系，不同学科间的了解也比较少。其实很多时候，聊天中就可能聊出新的解决方法和新的产业。

黄伟宗：如果这种沙龙有青年人来参与，可能会产生更好的效果。《广东科技报》也可以利用这个平台，把这些内容公布在报纸上，可能会产生意想不到的效果。希望沙龙成为一种重要的活动方式。让不同领域的专家聚起来进行思想碰撞，可能就撞出火花来了。

第二场对话：科学有艺术性更容易普及

2008年9月28日，著名临床解剖学家、中国工程院院士钟世镇，著名学者、文艺评论家黄伟宗教授以及画家、广州美术学院版画系副主任李喻军教授共聚科学艺术沙龙，围绕科学如何与艺术结合、促进科学的普及与艺术的繁荣等上演了一场精彩对话。

人体是最美的，人本身按照美的方式创造自己

黄伟宗：我所知道钟世镇院士您是研究解剖学的，而从我们文艺学的角度来说，解剖学也是一种创作方法。例如，学画的人在学习人体写生时，须明白人体的构造和各部筋骨的形状，这叫作"艺用解剖学"；文学创作中也会用到解剖学的手法，把生活及自然中蕴藏着的丰富的人类精神的东西挖掘和表现出来，将人类历史、社会、人生艺术地展示。请问钟院士，就您从事的领域来说，如何看待科学与艺术的结合？

钟世镇：我想科学很多时候可以跟艺术结合，因为它们都有一定的自然规律，遵循最合理的法则。例如，人体是最美最奥秘的，人本身就是按照美的方式创造自己，经过自然的选择与淘汰，人的器官、系统等都很合理、很完美。

人体标本是科学与艺术的完美结合

李喻军：从艺术创作来说，文艺复兴时期的解剖学、透视学的发展，印象派的

色彩观与光学发展的联系，以及后期印象派观察方法的产生，都有其科学性，都是人对自然的客观反映。我所知道院士您用科学家的严谨和艺术家的美学原则，把一具具令人感到恐惧的尸体，制成了无与伦比的艺术品，建立了具有国际先进水平的"人体标本陈列馆"。我也曾看过您制作的人体标本，人体的肝脏标本像珊瑚，一点都不可怕；只有美感，而没有恐怖感。请问您当初是怎样想到要制作这样的标本的？

钟世镇：普通的人体标本看起来比较恐怖，我当时就想要用现代的技术手段，制作一种铸型标本，使人体标本无论是科学上还是艺术上都有一定的表现力，既具有科研价值，又能反映出人体美的特质。

我们做的每件标本都是镂空的，器官之外的血管蛛网般密布，用红黄蓝等不同颜色灌注，代表不同的血管类型，脉络相当清晰。那些原本令人恐怖的人体标本，此时变得千姿百态，赏心悦目，让内行外行都看得懂，融科学性和艺术性为一体，如头颈部标本好比锦团簇拥的玛瑙，支气管像白须拂垂的老榕树，胰腺管有如丰收在即的金色稻穗，等等。

艺术有科学性才变得高雅，科学有艺术性更容易普及

黄伟宗：文艺创作中很多时候也是与科学结合在一起的。像徐悲鸿画马，贴近实际，很形象，体现了科学性；齐白石的画，简单几笔，很生动，科学地把美展现出来。版画往往注重比例，而油画远看与近看也有一定的比例，这都符合科学。但目前我国社会总体文化素质低，文艺欣赏水平低，艺术商业化以及商业炒作的风气很重，消遣文化、寄托文化的流行，反映的是人们紧张工作后的一种解脱。在现实条件下，科学与艺术这两者之间如何有机结合，发挥更大的作用？

钟世镇：无论是科学还是艺术，应让大多数人都能理解，都能接受，才能真正产生其价值。我认为艺术要走向高雅，不要太庸俗，不能让大众普遍接受的，不是好的艺术。艺术没有科学性，难以有深度；科学没有艺术性，也难以普及。

黄伟宗：总结钟院士所说，科学要为大众所接受，与艺术结合是很好的途径，这样才能让公众理解科学，让科研成果惠及大众；艺术与科学结合，才能提高审美水平，变得高雅。我们的教育也是如此，无论是学科学的学生，还是学艺术的学生，都必须有一定的文化素质，搞艺术的要提高科学素质，搞科学的要提高艺术素质，把两者结合起来，才会有更好的发展前景。

第三场对话：科学的终极价值是人文价值

2009年6月30日，在广东科学馆举行的"科学艺术沙龙"2009年夏季场上，著名发明家张开逊和著名文化学者黄伟宗，两位来自科技界和文化界的杰出代表通过对话碰撞出科学与人文的火花。两位的精彩言论博得现场听众们的阵阵掌声。

哲学引发科学史大转折

张开逊说，人们往往认为科学和哲学没有太大关系，这是错误的。实际上，人类科学史上的转折是哲学引发的。他介绍，科学史上第一次转折是公元前6世纪，希腊的古典哲学家们将宇宙和神分离开来。哲学家们让人们知道人类可以通过理性探索了解宇宙，标志着真正意义上的自然科学诞生。第二次转折是哲学家们提出了新的了解自然的途径，使人们从亚里士多德的治学误区中走出。第三次转折是19世纪末20世纪初，当牛顿力学体系遇到巨大困难，人类无法解释新发现的微观世界的物理现象的时候，是哲学的智慧和哲学的理念引导了两个物理学家。一位是玻尔，一位是爱因斯坦。他们分别提出了量子理论和狭义相对论，使人们用全新理论去诠释自然现象。这两种理论的提出是受到哲学引导的。

张开逊说，科学家的人文精神传统使人性升华到更高境界。他举了一个真实的例子：汉字激光照排系统的创始人王选，当汉字的输入困扰全世界学者时，他想了另一个办法。他对汉字做了分析，发现用简单的多项式可以描述汉字的笔画。他用ABCD取代了4096个点，用简单的算法描述字型，等等，最终使中国占领了汉字排版系统。张开逊说，王选有这种科学智慧，这源于他自己的文化底蕴，同时事业的成功源于他的人文修养。王选曾经说过："我信奉当一个人开创的事业自己在其中显得越来越不重要的时候，这个事业就发展起来了。"张开逊表示，王选的科学智慧和事业成功，人文精神在其中都发挥了巨大作用。

语言是重大发明

在回顾人类创造活动的历程中，张开逊介绍，在距今8万年前后，语言产生了。语言的产生是史前时期一个重大发明。他说，这个发明一直被排除在技术发明之外，人们认为这只是一种纯粹的文化现象。实际上，按照今天的理念来说，语言的发明是人类信息技术的飞跃。语言意味着可以使人类共享信息，分享经验，传承智慧，协助活动，构成社会。语言其实是一项非常复杂的发明，人类至今还不清楚语言发明的过程。语言产生后，人类文明出现飞跃，就如一个不错的计算机加上一个不错的软件。人类很快步入新石器时代，为文明奠定基础。

科学具有深刻的人文价值

13世纪，英国科学家培根提出科学应该建立在实验的基础上。17世纪和18世纪，以伽利略为代表的一批物理学家将这个论断变成了可操作的方法，人们通过数值揭露自然现象，通过实验和数学方法去揭露自然的奥秘，奠定了近代科学发展的基础，这些发现直接导致了产业革命。

通过很多次实验的摸索后，人类从此成为巨人。人类童话中向往的大力神变成现实，使人类摆脱了沉重的体力负担。在产业革命前，人类要生存，就必须通过体力去改变这个世界。他们和牛马一样辛苦。科学和技术的进步让人类获得尊严。从这个意义上说，科学具有深刻的人文价值。

文化是科学的温床

黄伟宗指出，人类文明的产生取决于人类的发明。农耕文明的发生，在于人类发明了农业生产工具。工具的发现发明是人类进入农工文明的重要标志。蒸汽机的发明使人类进入工业文明时代。要使整个社会进步，就必须特别重视发明。

科学的温床就是人文关怀，就是文化。如何产生科学发明，取决于一定的社会环境；没有一定的文明，不可能产生一定时代的发明。每一代都有不同的科学家，不同的文化产生不同的科学家。黄伟宗指出，四大发明产生在中国是有其原因的。如指南针的发明，就与中国当时重视天文学和方位学的环境有关系。

黄伟宗指出，所有的发明都与一定的生产力、一定的生产关系有关。手机现在也产生了手机文化。手机文化产生后，语言结构也产生变化，很多新语言诞生。如形容一个人文化素养高，就说这个人很文艺。为了符合新的传播形式，新的语言方式产生了。

谈及中学的文理分科问题时，张开逊表示，这种做法并不合理。他说，在基础教育阶段，文理方面的知识都是必不可少的。当文科远离理科，就让孩子们远离了对宇宙的探索，这些孩子在未来探索社会和自然时的根基会不牢。而选择理科的孩子过早放弃人文内容，这样当他们成为专家时，则会忘记对人类的责任和重诺，可能会背离人类发展的宗旨。他举例，"二战"后，德国反思了自己的高等教育方式，发现过去培养专家的时候，淡化了人文教育，以致他们中很多人成为纳粹利用的工具。现在德国加大了人文教育的力度。他希望我国的相关决策者能够充分思考这个问题，做出正确的决定。

张开逊讲了一个小故事：1977 年，NASA 发射了两颗卫星，这两颗卫星要花 13 年的时间考察完太阳系的所有行星。在它们结束任务，即将成为在太阳系永久漂泊的人造卫星时，这个计划的其中一个顾问提出建议，让其中一颗卫星掉头拍摄地球的照片。很多科学家反对，觉得这样没有任何科学意义，拍出的照片只会是一片黯淡的背景中的黯淡的行星。但 NASA 决策者接纳了他的意见。最后，克服种种困难，这颗卫星对地球拍摄了 60 张照片，通过 3 个月时间发射回地球。结果和人们预测的一样，照片上的地球并不清晰。但这位顾问说："这个照片显示的就是万一有外来生物进入太阳系后看到地球的第一眼，这是在那个位置地球的真实状况。你会发现地球在宇宙中是非常孤独的。在这个不大的星球上只有薄薄的大气呵护着上面的生命。如果我们不好好爱护我们的地球，宇宙是绝对不会同情我们的。对于宇宙来说没有谁是特殊的。"张开逊说，这张照片的科学意义已经淡出，但凸显了它的人文含义，使人类在虚拟的场景中看到地球的真实处境，这是科学与人文融合的一个成功的探索。

第四场对话：院士学者共论文理融合

"有哪一个院士、哪一个科学家没有深厚的人文素养？"在广东工程职业技术学院举行的一场主题为"理工类高职院校营造人文和艺术氛围重要作用"的科学与艺术沙龙暨"凤凰山论坛"上，文理共融的精彩观点不时碰撞出火花。"主演"这场科学文化盛宴的是中国科学院院士、华南理工大学吴硕贤教授和广东省人民政府参事、广东省珠江文化研究会会长、中山大学黄伟宗教授。

科学与艺术沙龙暨"凤凰山论坛"由广东省珠江文化研究会科技文化专业委员会、广东工程职业技术学院共同主办。活动前还举行了一个特别的仪式：广东工程职业技术学院党委书记刘文清给黄伟宗教授颁发客座教授聘书。

吴硕贤以一首自己获得博士学位时曾写下的七律《获博士学位有感》中的

"理纬文经织锦成"阐述了自己治学的体会,即必须以理工科的学识为纬线,以人文学科的素养为经线,方能织出学术研究之锦。

黄伟宗则以自己多年悉心的研究指出,但凡科学大家都具有深厚的文学素养,其中吴硕贤院士便是一个典范。

"我不主张文理分科"

针对目前争论十分激烈的话题———文理是否分科,吴硕贤表示:"我不主张文理分科。"形象地说,知识体系是由诸多支点构成的,它们各自独立却又相互影响,相互刺激彼此的想象力。在学生阶段就进行文理分科,最终可能会导致知识体系的干涸。

结合自身的科研治学经历,吴硕贤进一步指出,理工学科与人文学科不能机械分开,以理工科的学识为纬线,以人文学科的素养为经线,方能织出学术研究之锦。一方面,扎实的文学功底对理工科研究有极大的帮助。所谓"文从字顺",如今大多数科研成果都要通过论文、报告等形式呈现出来,文学功底好,方能清晰表达自己的思想。另一方面,理工科也可以为人文科学服务。例如,在广州歌剧院建设过程中,声学就是直接为文化产业服务。此外,很多乐器的数据测评也要借助理工科的帮助。还有如今兴起的动漫产业,更是人文科学与理工科学紧密结合的一个典型。

吴硕贤说,文理之间的思维方式也是共通的,比如写诗,就要体会出特别的情感和感受,写诗要有独到的见识,要以情感人,引起共鸣。科学研究也是如此,要发现问题,然后解决问题,二者非常相似,都需要创新,只是具体表现方式不一样,提炼本质的思维方法却是一样的。

很多科学研究都是跨学科

"世事洞明皆学问",理工科学生不要以为自己与人文学科没多大干系。黄伟宗指出,"凡科学大家都具有深厚的文学素养,其中吴硕贤院士便是一个典范"。黄伟宗介绍说,别看吴硕贤院士是理工科的"大家",其实他出自一个文学气氛浓厚的诗书之家。他的父亲是复旦大学中文系教授,母亲也是一名语文教师。吴硕贤院士至今仍保留着吟诗作词的雅兴,最近他还和他父亲共同创作了一些诗词。

黄伟宗以"广信考证"为例进一步指出文理融合的重要性。大家都知道"两广"是指广东、广西，但这个"广"具体指什么呢？经过考证，原来"广"是指"广信"，"广信"以东为广东，以西为广西。而在考察验证过程中就要综合利用历史、地理、测量等多学科知识，单凭文或理都是无法完成的。与此类似，当今很多科学研究都是跨学科的。

"可喜的是，如今很多理工类学校都开设了文科专业，这说明学校都意识到了人文学科的重要性，也认识到文理共融方能营造良好的学校氛围。"黄伟宗说。

（以上四场沙龙对话分别于2008年9—11月《广东科技报》发表，记者冯海波报道。）

首创"《山海经》太空科技城"
——打造"南江文化小镇"的首项策划方案

一、当今高科技界掀起"《山海经》文化热"现象的重大意义

《山海经》是我国古代文化经典,其中的神话故事体现了中华民族祖先对宇宙的认识和想象,以及对征服自然和太空的愿望和自信力,充满智慧和美感,是宝贵的文化科学遗产。当今我国最新的高科技尤其是远征太空的尖端科技,多从这部经典中汲取文化元素为发展动力,使科技长上文化翅膀,啸傲长空,所向披靡。例如,中国航天登月探测器名为"嫦娥",月球车名为"玉兔",嫦娥三号探测器着陆点周边区域也被命名为"广寒宫",附近三个陨坑则被命名为"紫微""太微"和"天市",引领嫦娥四号在月背软着陆的那颗卫星叫"鹊桥",等等,都是出自这经典中嫦娥与后羿的故事,从而在我国远征太空领域掀起"《山海经》文化热"现象。

这种现象还发展到其他高科技领域,在当今世界领先5G高地的华为集团,很早就用《山海经》的神兽名称作为产品的注册商标,如麒麟、朱雀、腾蛇、青牛、青玄、当康、玄机、白虎、灵豸、饕餮、巴龙、鲲鹏、泰山、凌霄、昇腾等,以表达《山海经》中所表现的原始混沌的鸿蒙时代人类发祥初期,如同"盘古开天地"那样的雄心气魄。华为最近还为新建的自主操作系统冠名"鸿蒙",更明显寓有继承祖先"开天辟地"的雄心和浪漫,再开当今太空时代之"天"、再辟高科技"高地"之意。

这种现象说明,我国现代高科技工作者正在运用中华民族祖先在原始时代创造的鸿蒙文化,赋予当今高科技时代创造的太空文化,以原始时代的神话故事所体现的想象和追求,与当今远征太空的科技目标从文化理念上相结合,使苍白的太空和单纯的高科技都具有了深厚的文化意蕴,从而使得每次发射行为及其成功,以至每个项目目标的实现,不仅有重大科技意义,而且都具有文化意义,标志着《山海

经》体现的想象与追求的实际进行和实现,放射出中华民族传统文化的灿烂光芒。这就意味着原始鸿蒙时代与当今太空时代的对接,以《山海经》为代表的鸿蒙文化正在融入当今的太空文化之中,可谓以历史文化推动现代科技发展的创举,具有体现和提高文化自信(包括科技自信),尤其是具有开创中国特色的太空科技建设和科技文化的重大意义。

二、在"南江文化小镇"中创建"《山海经》太空科技城"的依据和前景

郁南和南江文化带的文化定位是五个"最",即:最老的广东珠江主干流文化带,最古的广东土著百越文化祖地,最新发现的广东人类起源地标,最早的广东对接海陆丝路驿道,最美的绿水青山宜居生态环境。这五个"最"的前三"最",都是取决于被列入 2014 年度全国十大考古新发现的"郁南磨刀山遗址与南江旧石器地点群"。这是一个被称为"改写广东古代史"的发现,标志着广东早在距今 20 万年前旧石器时代,与北方周口店的北京人同时进入了原始鸿蒙时代,从而在印证这是最新发现的人类发祥地的同时,印证了这是最老的广东珠江主干流文化带,又是最古的广东土著百越祖地。"南江文化小镇"必须具有这三个"最"的内涵,体现这些内涵的方式则当以创建"《山海经》太空科技城"为首选。因为《山海经》所体现的鸿蒙时代文化,包括"郁南磨刀山遗址与南江旧石器地点群"的旧石器时代和稍后的百越族时代的原始文化,从而也就有历史和地理依据,以创建"《山海经》太空科技城"为载体,体现原始鸿蒙时代与当今太空时代的对接与融合,为中国传统文化同现代高科技与太空文化双普及创建新的模式和载体,是以最古的中国传统文化与最现代的太空科技结合的太空科技城。

这个载体,是跨越古今两个时代的文化与高科技的融合体,实则是以当今高科技手段,生动地再现《山海经》中的文化形象,重现其生命力、艺术力、文化力,是高科技的智慧和远古文化的灵感结合的体现,是具有深远的历史感、持续的新鲜感和生命力的,正如其中的神话故事从鸿蒙时代流传至今数十万年仍活在人们心中一样;如今在这些神话故事真正在太空中实现的时候,将这些神话故事话灵活现出来,岂不是更具有无穷历史感、新鲜感和生命力吗?其认识价值、欣赏价值、审美价值、科学价值不是更广阔更深厚吗?所以,这个"《山海经》太空科技城"项目

建设的前景美好、前途无量的。

三、以文化理念和高科技手段创建"《山海经》太空科技城"的初步设计

（1）活化鸿蒙时代原始人在"郁南磨刀山遗址与南江旧石器地点群"的活动情景。

（2）活化鸿蒙时代《山海经》中《山经》《海内经》与《海外经》的人文地理态势。

（3）活化鸿蒙时代《山海经》中的神兽长廊，包括麒麟、朱雀、螣蛇、青牛、青玄、当康、玄机、白虎、灵豸、饕餮、巴龙、鲲鹏、泰山、凌霄、昇腾等，依书中插图所画形象造型，以科技手段活化，以艺术设计带有神圣性、情节性、神秘性的神兽长廊。这将是当今世界绝无仅有的动物园，是世界所有动物园都无可比拟的神圣兽殿。

（4）活化鸿蒙时代《山海经》中的神话故事，如盘古开天地、女娲补天、夸父追日、后羿射日、嫦娥奔月、精卫填海等显示古人改天换地、远征太空的雄心愿望，并在千百年历史长河中流传得家喻户晓，而又在当今高科技的太空时代真正得以实现的神话故事，以高科技手段塑造出具有生命力和艺术感染力的形象，使这些人们长年可望而不可即的太空神仙回到地面，同时又交错配上当今我国发射神舟火箭、人造卫星，登上月球及其背面，探测火星、金星、木星、水星，以及卫星通信等的过程与成果，尤其是乘宇宙飞船遨游太空的宇航员影像，使当今世人在参观过程中也如亲登太空，与久仰的古代神仙古圣、远征太空的英雄零距离接触，分享相距跨越千万年的登天故事，岂不是天大的美事、乐事？！

所以，如能建成"《山海经》太空科技城"，必将是中国也是世界第一座人类起源的鸿蒙时代与当今太空时代对接的文化科技城，是当今世界唯一以高科技再现古代神话故事的文化艺术殿堂，也是举世无双的文化旅游和科普教育圣地。

2019年7月1日

珠江文明论

树立"珠江文明的八代灯塔",照亮南海千年海上丝绸之路
——南海西樵文化调研报告并"珠江文明灯塔"论坛主题报告

对于佛山市南海区的历史文化,笔者多年来曾经作过多次调研,有一定的了解基础。最近因研究开发海上丝绸之路和珠江文化的需要,以新的时代眼光对其进行新的考察,对其了解和认识都有新的发现和新的高度,从而认为应当为其作出新的文化定位,以新的战略和举措进行新的研究开发。特提交调研报告如下。

一、对"珠江文明灯塔"概念深化扩大的发现和意义

前些年,中山大学考古学家曾骐教授根据在南海西樵山发现新石器时代制造的石器工具及其工场的考古成果,为西樵山作出"珠江文明灯塔"的文化定位。现在看来,这个定位,从考古发现的石器工具和制石工场而标志人类从野蛮进入智人文明而言,是言之成理的,但却是远远不够的,应予深化扩大。因为笔者最近研究发现,南海西樵的历史地理文化内蕴起码具有"珠江文明八代灯塔"的重大意义。

首先应当肯定,用"灯塔"比喻南海西樵山的考古发现在珠江人类文明史上的地位,是符合其地理历史实际的形象说法。因为西樵山位于珠江连接南海的前沿地带,是珠江三角洲平原上矗立的一座大山高峰,正如为进出珠江的航船导航的"灯塔"。从历史上说,西樵山及其所在地南海发端的文化,在珠江文明发展进程中的八个历史节点上,起到导航或聚焦性的"灯塔"作用。

这个观点,出自笔者偕同广东省珠江文化与海上丝绸之路研究开发学术团队的学术成果,因为我们在先后完成的《中国珠江文化史》和"海上丝绸之路研究书系"中,都发现并论证了珠江文化的特质是"江海一体"的海洋文化。因此,我们也以此为出发点,进一步从南海西樵山文化证实这个基本观点,也以此观点重新

观照南海西樵文化。在此应予特别说明的是，本文所称的"西樵"，既是指地理之"山"，更多是指文化之"山"；所称的"南海"，既是指当今行政地域之佛山市南海区，同时也是指历史上统辖当今广东全境的南海郡，以至连通太平洋、印度洋的南中国海，也即是春秋时代庄子所称的"南溟"。

由此，笔者进而发现这些"灯塔"，不仅是在相应年代起到领航或聚焦珠江文明发展和历史节点的作用，而且在积淀和体现珠江文化的"江海一体"海洋性特质上，也起到积极的增进和标志作用，尤其是在海洋性的典型体现——海上丝绸之路发展史上，更起到理清源流的重大作用。换句话说，就是树立"珠江文明八代灯塔"，可以照亮南海千年海上丝绸之路的来龙去脉，进而促进当今的珠江文明和21世纪海上丝绸之路的建设发展。

二、树立"珠江文明八代灯塔"的依据及其海上丝绸之路光辉

首先必须说明的是，这里所称的"八代"之"代"，既有"朝代"之意，又不受某个朝代的历史时限束缚，而是指某种文化现象萌起和发展的时段，所以，有些是跨两个朝代为"一代"，有些是同一朝代中有两个"一代"。

第一代：新石器时代初期的智人与江海文明

根据曾骐教授在《珠江文明的灯塔——南海西樵山古遗址》一书提供的资料，自从1958年在西樵山发现新石器时代的石斧、石核、尖状器等遗物遗址之后，至1986年冬天的30余年间，包括中山大学考古专业、广东省博物馆、南海县博物馆，以至北京的考古界前辈贾兰坡、夏鼐等在内，一批又一批的考古学者和考古部门反复考察、论证，确定西樵山出土的新石器时代石器及其遗址真实的存在年代距今8000年以上，是珠江三角洲以至华南地区年代最早的一个，所以称之为"珠江流域从野蛮到文明航程中的灯塔"。

笔者从曾骐教授和考古界的学术成果中，发现有三个值得特别注意之处：

一是西樵山石器遗址环境的江海文化特质。具体说，西樵山本是从南海连接大陆水域中冒起的火山，在5000万年前熄灭后，逐步形成多种岩石构成的山体，并

作为珠江连接南海的珠江三角洲前沿地带。珠江三角洲不同于其他三角洲，它是一个发育在海湾内的复合三角洲，前期是陆相冲积为主的平原，后被以海相沉淀为主的平原所覆盖，故前者被称为被埋葬的三角洲，后期被称为古三角洲；到了2万年前，受末次冰期冰川消融影响，海平面上升，珠江口内进，又形成新的海湾，也即是现代三角洲，所以谓之复合三角洲。考古工作者从新石器时代中晚期的贝丘遗址中发现，在距今六七千年前，现代珠江三角洲的西樵山区域内已经居住着许多史前居民，他们进行渔猎、手工业、农业生产活动。显然，这些居民就是西樵山石器和制造工场的创造者。同时，在发掘的遗址中，同这些原始石器堆积在一起的还有许多贝壳之类遗物，说明了这些居民的生产生活主要靠下海渔猎的状况，也说明了这些已能制造和使用石器工具的智人，开始具有利用江海为生存条件和方式的初步海洋文明意识，说明这些族群此时已开始有海洋文化现象。

二是石器遗物的珠江文化特点。据曾骐教授称，在西樵山发现的新石器初期的石器，多是细石器和双肩石器，这分别是前后两个时期的石器；在北方出土的石器中，也都有这两种石器，但西樵山出土的则与北方不同。其实西樵山遗址是采石、制石场，但不止一个。珠江三角洲有许多遗址都有其同类双肩石器，遍及珠江三角洲，而且都有大批外运的遗迹；在香港各岛屿有80余处双肩石器遗址，包括贝丘和沙丘两类遗址；在广西南部地区南宁、扶绥、大新、防城、柳州、邕宁、武鸣等西江上游地区均有发现类似遗址；说明这是遍及珠江流域的一种文化。

三是石器传播的海洋文化现象。从20世纪以来在太平洋诸岛屿和东南亚各国的考古发现上看，有不少发现双肩石器遗物的报道。多数学者认为，这与古代南亚语系民族有关，因其将石锛作为民族代表物，而该民族又盛行迁徙，在迁徙中会带上双肩石器，故而越海流传，以至在中南半岛诸国、马来西亚、印度、孟加拉等地均有双肩石器的分布。这证实西樵山文化开始即是一种向海洋、向南亚的外向型文化，是南海边上善舟楫、常年飘浮于海河之间的百越族人开创的文化。

以上三点说明，西樵山新石器时代初期的智人文明，不仅是新石器时代珠江文明的灯塔，而且是以后各代珠江文明历史的源头和奠基石。因为它奠定和揭示了珠江文化海洋性特强之特质，照亮了南海千年海上丝绸之路的航道。

第二代：秦汉时代南海郡制开始的封建文明

据《南海县志》载：秦始皇帝三十三年（前214），设桂林、象郡、南海三郡。南海郡建制从此始建。同时在郡下设县，如龙川、四会等。这是在整个岭南地域实施郡县制的开始，标志着原称的"交趾"地带正式被纳入秦代版图，意味着当时岭南土著百越族的部落时代结束，开始进入封建文明时代。

秦末，赵佗继任南海尉不久，自封南越武皇，自立南越国，并辖桂林和象郡，一统岭南90余年，时跨秦汉两代，直至汉武帝元鼎六年（前111）平定南越后，复归西汉版图。汉将秦所设岭南三郡重新划为九郡，其中仍保留南海郡及其原属区域，这是郡县制的细化扩大，也意味着封建文明在珠江流域的进化。这种进化尤为突出地表现在：

一是在秦始皇统一岭南之后不久，即在广西桂林兴安县建造灵渠，这是沟通长江与珠江两大水系的重大水利工程，是秦始皇统一中国的三大工程之一，另两个工程分别是在北方修建长城，在云南曲靖珠江源修建"五尺道"，以实施其"书同文，车同轨"的封建统治方略。其实以"南海"之名设濒临南海之"郡"，并修灵渠沟通长江、珠江水系而连南海，亦可见其具有江海一体的理念端倪。

二是赵佗统治岭南近百年，主要以"和辑汉越"的政策，逐步促进民族之间的和谐融合，促进百越族部落文化向封建文化的进化；同时又以南越国的建立和对原桂林及象郡的扩张，促进了珠江流域的经济文化贯通，也即是促进了珠江文明的进化和发展。另外，南越国又是"山高皇帝远"的独立王国，有近海并与海外诸国关系密切的优势，可以自主自在地与海外交往。所以，广东的南海北岸实际上早就是海上丝绸之路发祥地，现存的南越王宫署的许多海外文物就是铁证。最近，国家有关部门已将其申报列入世界海上丝路文化遗产名录，更加焕发其千年海上丝路光辉。

三是据《汉书·地理志》记载，汉武帝统一岭南之时（元鼎六年，前111年），即派黄门译长从广信（今封开、梧州）到徐闻、合浦出海，正式揭开了海上丝路之路的历史篇章，其出海的路程就是从西江转南江、北流江、南流江至雷州半岛、北部湾，再出南海而转太平洋、印度洋诸国的。

从上可见，以首建南海郡制为标志的封建文明，在珠江流域的岭南地区起到了从原始部落社会进入封建社会的历史转型作用,又起到促进珠江文化更大的发展进化,并与全国文化发展同步的作用,尤其是以江海一体的独特优势,树立了照亮开创千年海上丝路的首座珠江文明灯塔。

第三代：东晋时代的道教、佛教与养生文明

最近对南海西樵山的文化考察,最明显的收获,莫过于对东晋著名道教理论家葛洪在南海遗迹的发现。葛洪是江苏句容（今镇江）人,原是立有军功的大官,自幼钟情于道家和炼丹,因知晓岭南有适宜炼丹之石,特地南下考察多年,曾到广州、广西、交趾（今越南）等地,均有发现,便决心留下炼丹。为此,他婉辞南海太守鲍玄的做官邀请,但拜鲍玄为炼丹之师,并做了鲍玄的女婿。葛洪的妻子鲍姑也是一位著名的民间道家"仙姑"。因此葛洪可说是正式入籍落户的南海人。但在人们的印象中,葛洪只是在被称为"东樵"的罗浮山炼丹制药,几乎未见他曾到西樵山的记载。"广东名山数二樵",即是东樵和西樵。博罗的罗浮山,传说是从海外飘浮过来的石山；南海的西樵山,则是海中喷出的火山,可能石质相似,按理不可能葛洪只到东樵不到西樵。由此,笔者特地专程前往南海,在西樵山附近的丹灶仙岗村,发现村中有纪念葛洪的"葛仙祠"、葛洪炼丹的丹灶遗址,以及炼丹所用泉水的"蟹眠仙井"。此外,还在清代出版的《西樵山志》中发现几首写葛洪在西樵山丹灶遗址的诗,包括清代南海令胡云客的《游西樵》诗："底须方外访蓬莱,三岛谁移此地来。青嶂霞骞疑紫阙,碧桃花发拥琼台。泉渊石肺诸岩静,猿哺峰头万壑哀。若伴葛洪登绝顶,丹砂好向药炉裁。"宋代大臣李昂英的《游西樵嵒》诗："巨石崚嶒削碧天,西樵奇胜岂虚传。水帘不卷四时雨,丹灶长凝万古烟。印石徘徊鸟利迹,名峰缥缈紫姑仙。兴来策杖登云谷,更借山僧半榻眠。"明代大臣欧大任的《铁泉精舍》诗："岩前旧是子云家,门掩飞泉一道斜。石室竞藏高士传,山园犹种故侯瓜。虎看丹灶多年火,树挂诗瓢几度花。小草尚惭曾出洞,至今猿鸟怨烟霞。"这些名人名诗都证实葛洪确曾在西樵山留有遗址。当然,无论东樵或西樵,都是珠江文化。

葛洪是一位有多方面卓越贡献的道教理论家和实践家,继承并改造了早期道教的神仙理论。在《抱朴子·内篇》中,他不仅全面总结了东晋以前的神仙理论,还系统地总结了东晋以前的神仙方术,同时又将神仙方术与儒家的纲常名教相结合,

强调"欲求仙者,要当以忠孝、和顺、仁信为本"。葛洪在坚信炼制和服食金丹可得长生成仙的思想指导下,长期从事炼丹实验,在其炼丹实践中,积累了丰富的经验,认识了物质的某些特征及其化学反应,提供了原始实验化学的珍贵资料,对隋唐炼丹术的发展具有重大影响,成为炼丹史上一位承前启后的著名炼丹家。葛洪精晓医学和药物学。他的医学著作《肘后备急方》,书名的意思是可以常常备在肘后(带在身边)的应急书,是应当随身常备的实用书籍。葛洪是我国最早观察和记载结核病的科学家,是免疫学的先驱。欧洲的免疫学是从法国的巴斯德开始的。他用人工的方法使兔子染上狂犬病,把病兔的脑髓取出来制成针剂,用来预防和治疗狂犬病,原理与葛洪的基本上相似。巴斯德的工作方法当然比较科学,但是比葛洪晚了1000多年。在世界医学历史上,葛洪还第一次记载了两种传染病,一种是天花,一种叫恙虫病。西方的医学家认为最早记载天花的是阿拉伯的医生雷撒斯,其实葛洪的记载比雷撒斯要早500多年。葛洪把恙虫病叫作"沙虱毒"。葛洪不但发现了沙虱,还知道它是传染疾病的媒介。他的记载比美国医生帕姆在1878年的记载,要早1500多年。葛洪还是早期的化学家,他在炼丹的过程中,发现了一些物质变化的规律,这就成了现代化学的先声。他还提出了不少治疗疾病的简单药物和方剂,其中有些已被证实是特效药。如松节油治疗关节炎,铜青(碳酸铜)治疗皮肤病,雄黄、艾叶可以消毒,密陀僧可以防腐,等等。葛洪早在1500多年前就发现了这些药物的效用,在世界上都是领先的。从上可见,葛洪不仅是作出多方面贡献的医学和化学科学家,又是对儒、道、释三家兼融并包的思想家,是最早并典型体现珠江文化领先包容特质的大家,无论在科学上或思想上都堪称古代珠江文化泰斗,他的科学成就和文化精神堪称珠江文化在东晋时代的顶峰,是领航一代的珠江文明灯塔。

　　1998年3月17日(农历二月十九日,观音诞),在南海西樵山七十二山峰的最高峰,美丽慈祥的观音塑像正式建成开光。塑像整体高度为61.9米,是当今全世界最高最美的观音坐像,标志着南海西樵山是世界性的佛教圣地之一,更是形象地充实和展现了南海西樵是珠江文明灯塔的文化依据和内蕴。据清代《西樵山志》记载,西樵山自古有佛教传入,加之"佛山"之名从佛教僧人留下三尊佛像而来,显然在西樵建此塑像是很有人文地缘依据,并有丰富悠久的南海佛教文化内蕴的。早在汉代,牟子即写出了中国第一篇宣传佛教之作《理惑论》,那时海上丝绸之路开始不久。其实,佛教传入中国,北方是通过陆上丝绸之路,南方珠江流域则主要是通过海上丝绸之路。观音菩萨在佛经中属净土宗，是魏晋时传入中国。传说中曾有观音在舟山群岛"不肯去"日本的故事，从而有最早的观音道场建于南海普陀山的来历，"南海观音"之尊称也缘此而起。其实，这个尊称，"南海"已泛化为"南方之海"的概念；"观音"既是佛教中"大慈大悲"的救世菩萨，又是人们追求"真善美"所寄托的精神偶像。自唐代以后，随着观音形象女性化、中国化、民间化的逐步扩展，在南方形成了"人人拜观音，家家请观音"的热潮，使"南海观音"的形象更加鲜明而普及于人情风俗之中，成为一种社会文化现象。例如，在欧阳山著名小说《三家巷》中，就有描写南海震南村过"观音诞"的风情描写，并有称美女胡杏为"生观音"的记载。可见"南海观音"已是"南海化"的佛美合一的光辉形象。所以，现在西樵竖起高大的观音塑像，是寓现千年南海佛教和海上丝绸之路文化内蕴的现代形象，同时也是聚焦展现珠江文化与海洋文化特质的亮丽灯塔。

葛洪的道家理论和医学化学成就，观音形象体现的佛教"济世"精神，实质上是初具科学意识之中国养生文化发端。从道家和佛家都是在深山老林或风景秀丽的环境中设立道场或寺院的现象可见，他们的追求，都是以远离"红尘"的环境为前提，同时又以美好（成仙、成佛）精神理念为导向，以科学的试验或规范的程式去指引人们进行探求，以达"超世"或"仙世"之"彼岸"，也即是达到"养生"（成仙、成佛）的目的。笔者认为，如果将其目的所含的宗教教义，换之以因人而异的真善美精神文明目标，将其宗教程式及迷信成分排除，尤其是在养生环境和心境的"净化"追求上，吸收其科学试验和健美身心的法则和举措，是有积极借鉴意义的。由此，也可见葛洪文化与观音文化，都在南海千年史上和当今现实的养生文明追求上，具有灯塔般的导航意义。

第四代：唐宋时代的村落、移民与农耕文明

珠江农耕文明的发展进程与特色，也典型地体现在南海西樵的村落演变与特色之中。从"中华文明视野下的西樵文化"国际学术研讨会论文集提供的资料看到，曾骐教授认为，从西樵山河岩遗址的下层出土数以吨计的介壳，包括蚬、蚌、螺、牡蛎等，可见渔猎和捕捞是此时西樵居民（可能是百越族）的主要生产生活方式；部分遗址出土大量石斧、锛、铲和装饰花纹发达的陶器，可见此时此地已有农业经

济的出现。刘正刚教授则认为，西樵山早在石器时代已有人类活动，出现了"原始的沼地农业"，但渔猎业始终是重要的生产部门。可见当时的西樵居民尚处于以渔猎为主的农业经济状态，其社会结构尚处于从原始部落到农耕村落的过渡期。

西樵山完成这一过渡期应是在唐代。因为在这时候出现了以种茶产茶为主的村庄，可说是跨上了农耕时代村落文明台阶的标志。《新唐书》卷六十《艺文四》记载："曹松，字梦征，舒州人，少拓落，南游广川州，流连山水，辄累日入西樵，久之栖迟，弗去。移植顾诸茶，山中居民相效，樵茶之名始于此。"曹松是唐末昭宗天复年间（901—904）进士，这段关于曹松的记载说明此时西樵已有村落并有农业开发。另据清乾隆《西樵山志》记载："狮子洞石狮子峰下，峰半有巨石二，形肖狻猊，居民常掘地获玉碗，疑南汉刘隐辈宴游于此。"可见五代十国之南汉时期，西樵已开发为王公大臣流连宴游的场所。

从笔者对南雄珠玑巷的发现和研究成果上看，西樵山的农业开发始于唐、盛于宋是有理有据的，而且是最能显示出岭南农村文明的发展特色的。广东自古是移民的开发地，原始部落时代是海上移民百越族登陆开发，秦汉以后多是楚人南下开发，唐宋以后则主要是中原人南下开发，由此形成广东的人群结构，主要是三大民系（广府、客家、福佬），以及瑶、壮、苗等少数民族，都可以说是移民族群。因而广东的古村落，基本上是移民落地生根性质的群居。从史料看，南海西樵的古村落应当是唐宋以后南下开发的中原族群，特别是宋代经南雄珠玑巷而移民珠江三角洲各地的族群。当今南海九江有南宋以罗贵为首的珠玑巷人南下移民，因竹排撞散上岸的遗址——竹排角，在南海西樵至今仍有珠玑巷后裔聚居的村落，如松唐村、麦村、银塘村等，即是实实在在的例证。

这种南下移民的聚居村落，不仅南海西樵有，珠江三角洲以至广东各地都有，广西也有。2006年8月，笔者偕同珠江文化学者到江门蓬江区考察，在该区良溪村发现南宋罗贵率领36姓氏的珠玑巷人在此集散的遗迹——罗氏大宗祠。祠中对联称："发迹珠玑，首领冯、黄、陈、麦、陆诸姓九十七人，历险济艰尝独任；开基荫底，分居广、肇、惠、韶、潮各郡万千百世，支流别派尽同源。"由此可见，罗贵率众到此以后，各姓氏移民分散广东各地生根开花，罗贵则留在良溪，直至过世，现仍存罗贵墓，所以我们为良溪定位为"后珠玑巷"。显然，南海西樵的古村落，也当是南宋罗贵带领的36姓氏移民中的"支流别派"，同属珠玑巷后裔。

正因为如此，南海西樵从唐宋开始的这种移民村落，具有代表珠江农耕文明的转型标志，并体现珠江文化江海一体特质的意义。因为在秦汉以前，岭南是百越族聚居、没有姓氏的原始部落社会。虽然经秦汉数百年同化，也尚未能在所有地域完成从部落社会到宗族社会的过渡，应该说村落的宗族（姓氏）化或者姓氏村落化是完成这个转型过渡的重要标志。南海西樵山在唐宋时代及其以后建立的古村落，大都是某个或多个姓氏宗族的聚居（如麦村为麦氏、松塘村为区氏，银塘为多个姓氏），既是北方族群移民所造成，也是从部落社会到封建宗族社会之转型，是珠江农耕文明发展的重要标志。

唐宋时期为岭南宗族化或姓氏化村落的形成和发展奠定了基础。明代以后，由于商业经济的发展，南海西樵农村出现了种茶、采石、桑基鱼塘等专业化现象；由于书院、宗族家教的兴起，出现了仕宦、功名世家；由于对外交往的频繁，又出现了海外移民世家等现象。这些与时俱进而又因地而异的发展现象，正是珠江农耕文明特质和进程的体现，所以，这也当是唐宋时代珠江文明的一座灯塔。

第五代：明代的理学、书院与学术文明

明末清初著名广东学者屈大均在《广东新语·文语》中说："广东居天下之南……天下文明至斯而极，极故其发之也迟。始然于汉，炽于唐于宋，至有明乃照四方焉。"屈大均所指广东在明代"照四方"的成就，主要是在南海西樵涌现的理学、书院与学术文明。

明代中叶，西樵山被誉为"理学圣地""理学名山"，主要是因为湛若水、方献夫、霍韬等理学大家在出任朝廷高级官员（相当于当今部长级的尚书、侍郎）前后，曾在西樵山寓居、著述、办书院、讲理学多年，成就卓著，蜚声天下，充分体现了珠江文化江海一体特质和"照四方"的影响，从而使其成为有明一代的珠江文明灯塔。

三位大家的理学有鲜明的珠江文化传统和特点。湛若水是广东增城人，曾任吏部尚书。在西樵山曾办两个书院讲学。他师承江门学派（又称白沙学派）首领陈白沙，并自立"甘泉之学"。他承传陈白沙的"感悟"说，与稍前提倡"心学"的陆九渊一致，其实也即是与早在唐代提倡"顿悟"的六祖惠能禅学一脉相承，所以有珠江文化特点，而与开创于宋代、当时在北方盛行的程朱理学大相径庭，为明代理学增添了新血液。甘泉学派与王守仁的阳明学派并立于明代学坛，使得"天下学者

遂分王湛之门"，岭南学子多从湛学。方献夫是南海丹灶人，在朝中任职时拜当时自己的部下理学大师王阳明为师，是王阳明首位广东弟子，归隐后在西樵山建石泉书院，讲学十年，弘扬阳明理学，与湛若水过从甚密，友谊深厚。霍韬是南海石头乡人，曾任礼部尚书，辞官后在西樵山开设四峰书院讲学。他的书院是为宗族子弟办学，主要讲授他的代表作《家训》，这在当时也具有开创和普遍意义，对于宗族文化建设更是起到历史性的作用。三位大家在西樵山办四大书院讲学，明代理学大儒陈白沙、王阳明也先后到访，天下名士云集，尤其当时大科书院可与岳麓书院、白鹿洞书院相鼎峙，西樵山成为"理学名山"；他们的理论与实践，都很有珠江文化开创性、实效性特点，在明代的江海文明史上，起到开时代风气之先的领航作用。

西樵山被称为理学"圣地""名山"，还在于三位理学大家因讲学需要而掀起兴办书院之风。他们在西樵山创办云谷、大科、石泉、四峰等四个书院，是在明正德至嘉靖年间，时间相距不远，可见都是出自办书院成风的时候。据王元林教授在研讨会上提供的资科，与西樵四书院同时出现的还有霍韬在南海石头乡办的石头书院，其他人在广州办的天关书院、镇海书院、迂冈书院，由此广东兴起了创办书院的高潮。据《广东书院制度沿革》统计，明代广东兴建书院共168所，其中嘉靖年间78所，万历年间43所，合占70%以上。可见在明代兴办书院之风上，南海西樵也是起到领航和聚焦的作用的。

再就是在学术风气上，更是领先开创平等竞争和求真务实的风气。南海西樵四书院，分别是不同学派的讲坛和基地，云谷、大科是湛若水弘扬白沙学派和甘泉之学的讲坛，石泉书院是方献夫承传阳明学派的基地，四峰书院则是霍韬兴办宗族教育的学馆，各有不同的学制、不同的生源、不同的学风，相互平等，互不干扰，和睦共处，无论在学术理论还是在学风上，都开一代风气之先。尤其值得赞许的是当时求真务实的学术思想和风气，突出地体现在这些倡导理学的南方大家的理论和实践中，都有明显的重商思想。最有代表性的是"西樵三阁老"之一的霍韬。他不仅办书院讲学，同时也经营铁器、木炭和食盐，是佛山一带著名士人与商人，是一位很实在的学者。他倡导的《家训》说，不仅以传统的伦理作为"保家"的核心，还以"货殖"作为保家要素，提出"居家生理，食货为急"的务实重商理念。这些学术思想和风气反映了商品经济在岭南萌起的现实，同时也说明南海西樵的学术文明在明代的珠江文明史上起到了灯塔作用。

第六代：明清时代的桑基鱼塘与生态文明

桑基鱼塘是西樵山及珠江三角洲从明代开始首创的一种生产方式。所谓桑基鱼塘，简单地解释是：塘基种桑，塘中养鱼；桑叶养蚕，蚕屎养鱼。也即：蚕沙（蚕粪）喂鱼，塘泥肥桑，栽桑、养蚕、养鱼三者结合，形成桑、蚕、鱼、泥互相依存、互相促进的良性循环，避免了水涝，营造了十分理想的生态环境，收到了理想的经济效益，同时减少了环境污染。它的产生和发展，与西樵山及珠江三角洲的地理、水利、经济、科技、生态的条件和发展密切相关。据史料称，西樵山一带自唐宋有村落居住后，西江与北江出海淤泥增多，使山与海之距离越来越大，形成了沙田台地。于是人们在山与山之间建造堤围，从高到低而建，形成了从高到低的桑园围。明代洪武年间，海水倒灌成灾。有位南海九江人陈博文，上书皇帝朱元璋，要求在九江等地加建堤段，获得批准。洪武二十二年（1389），陈博文采取将装有巨石的船沉于江底的方法，将倒流港堵塞，使桑园围从开口围向闭口围转变，不仅止住了水倒流，还起到加固堤围的作用。这次工程可谓桑基鱼塘建设开创性的基础工程，是历史性的创举。桑基鱼塘自17世纪明末清初兴起，到20世纪初，300多年来一直在发展。特别在第一次世界大战后，由于欧洲各国忙于战后恢复工作，我国生丝在国际市场获得畅销，促使本地蚕桑业畸形发展，珠江三角洲到处是桑基鱼塘，总面积估计有120万亩，达到历史最高水平。这是珠江三角洲桑基鱼塘发展的最高峰。这一创举及其在长达300余年中的不断发展和巨大影响，在珠江文明和海上丝绸之路史上都具有一代灯塔的领航和聚焦的作用和意义。

首先，这项堵口工程应该是围海造田工程的创始，也是桑基鱼塘生产方式的发端。因为塞住围海的堤口，围内即有内涝。排涝的方法只能是在围内挖塘蓄水。以挖塘出来的泥筑塘基，挖塘越深，塘基越高，蓄水越多，即塘可养鱼，基可种树。开始是种果树，称果基鱼塘，后发展为种桑树，称桑基鱼塘。这种围海造田的水利和土地使用方式，既是南海西樵的首创，对于珠江三角洲以至所有滨海地域都有普遍意义，标志着珠江文明由此进入自觉的科学农耕时代。

其二，是自耕农业向商品性农业的转型。明清之交，珠江三角洲的桑围模式已逐步以果、稻、鱼三利并发，改为果、桑、鱼并同生产。这种转型是由丝绸旺销驱使的。屈大均在《广东新语》称："广之线纱与牛郎绸、五丝、八丝、云缎、光缎,皆为岭外京华、东西二洋所贵。予《广州竹枝词》云:洋船争出是官商,十字门开向二洋。五丝八丝广缎好,银钱堆满十三行。"另,《珠江三角洲农业志》载:"公元一七三六年至一八四零年(即鸦片战争前)是珠江三角洲地区内掀起第一次'弃田筑塘,废稻树桑'高潮,是以自给自足的自然经济为主的农村经济结构开始被冲破的时期。至十七世纪的清初广东生丝开始输出后,外销量日增,更由于一七五九年(清乾隆二十四年),清王朝封闭了漳州(福建)、定海(浙江)和云台山(江苏)等对外贸易商港后,广州便成了全国唯一的对外贸易港口,外国商人便集中来广州采购生丝及其他的丝织品。"这些资料说明,明清时代从果基鱼塘到桑基鱼塘的转型,而且形成高潮,是由于丝绸旺销全国和海外所促使。这种现象,正就是明清时代南海西樵商品经济发达尤其是丝绸产销发达所致,同时也表明了南海西樵既在桑基鱼塘的转型上、又在丝绸产销上起到一代领航作用的体现。这种体现,也在更深的层面面上,展现了珠江文化重商性的特点和海上丝绸之路的光辉。

  再就是,具有开创综合性生态文明的重大意义。桑基鱼塘方式是明代围垦低地、防治水患过程中创造的。首先,这种基塘结合的作物利用方式,包括桑基、蔗基和果基等作物组合方式。其中桑基鱼塘能把栽桑、养蚕、养鱼三者有机地结合起来,充分利用它们之间的物质和能量循环,构成一个特殊的人工生态系统,在三角洲地理条件下取得最佳的经济效益、社会效益和生态效益。故它一旦形成,不仅取得三角洲土地利用的主导地位,而且蚕桑业原有的一些难题也得以化解。中国第一家机器缫丝厂创始人陈启沅在《蚕桑谱·蚕桑总论》中指出:"且蚕桑之物,略无弃材。蚕食余剩之桑,可以养鱼。蚕痾之屎,可以作粪土。固可以培桑,并可以培禾蔬菜杂粮,无不适用。更可以作风药。已结之茧,退去蚕壳,化成无足之虫,曰蚕梦。若不留种,煨而食之,味香而美,可作上品之菜。偶有变坏之虫,亦可饲鱼、养畜。更有劣等者,曰僵蚕,可作驱风药。即缫丝之水,均可作粪土以耕植。"这种无废料的生态生产方式为桑基鱼塘注入无限生机和活力。其次,基高塘低,围基设窦闸控制围内水量蓄泄,既不怕涝也不受旱,雨水多流进塘,干旱从塘汲水,桑基也不受旱。广东虽多暴雨,但塘基上常年生长作物,也可以防止水土流失。另外,在基上搭起瓜棚,保持水面清凉,即使盛夏季节水温也不高,适宜鱼类生长。还有,基塘使用有机肥,即使现代也少施化肥和农药,保持环境,维持生态平衡。最后,基塘终年可以生产,时间安排合理,农活有轻有重,老弱妇孺都有合适的事干,故劳动力资源得到充分利用,没有一寸荒废土地,没有一段闲置季节,以有限土地养活更多的人口。屈大均《广东新语·虫语》指出："计一妇之力，岁可得丝四十余斤。""计地一亩，月可得叶五百斤，蚕食之得丝四斤。家有十亩之地，以桑以蚕，亦可充八口之食矣。"道光《龙江乡志》总结："顺德地方足食有方，……皆仰于人家之种桑、养蚕、养猪和养鱼。……鱼、猪、蚕、桑四者齐养，十口之家，少壮者可胜任也。"又由于蚕丝加工需要大批劳动力，可充分吸收当地人工作。据悉，仅缫丝一项，顺德每年可供 10 万女工就业。所以在桑基鱼塘地区，绝少失业现象，男耕女织，家庭和睦，社会和谐，人们安居乐业，各得其所，一派太平富足景象。这样，桑基鱼塘这种资源利用组合方式，既有丰厚的经济收入、维持良好生态平衡，也保持社会相对稳定，是一项世界罕有的土地利用方式，是珠江三角洲人民对人类文明的一项重大贡献。桑基鱼塘生产系统被公认为是一种资源利用率极高的生态农业系统，也是一种自然资源循环利用的生态环境保护系统，是一种综合性的科学生态文明的开创。

第七代：清代的丝绸机器与工业文明

1873 年，南海简村人陈启沅回到家乡，创办了国内第一家蒸气缫丝厂——继昌隆缫丝厂，西樵纺织第一个采用机器缫丝新法，掀起了纺织业第一轮工业革命，使中国缫丝业从手工作坊式走向企业规模化管理、机械化生产和系统化经营，翻开了中国纺织业的新篇章，也可以说是揭开了珠江工业文明的新史页。由此，新式缫丝业之风从南海向珠江三角洲以至珠江流域各地吹去，又树立了珠江文明的一代灯塔，发射出海上丝绸之路的新光辉。

陈启沅创办机器缫丝厂的经历和性质尚有更深层的意义。清朝咸丰年间，他和兄长陈启枢在安南（今越南）经商，十余年时间发展为巨商。在这期间，他仔细研究了外国人开办蒸气缫丝厂的设备、设计、机器构造和技术，决心回乡创办机器缫丝厂。他于清同治十一年（1872）回到家乡，用两年时间即建成投产。机器缫丝使生产大大提高，旧法每名工人管口十条，新法则上升为 60 条至 100 条，质量也有保证，声誉甚好，发展甚速，被当地人称为"丝偈"，使人们活生生地看到了机器的力量，看到了珠江工业文明的曙光。同时，他从国外引进技术，办成工厂，扩大了丝绸生产的产量和销路，满足了海内外市场的需要。自始至终，这些都是海上丝绸之路的产物，都闪耀着海上丝绸之路的光芒。另外，由于这是陈启沅以个人资本开办工厂，被称为"中国民族资本现代缫丝工业中最早的商办缫丝厂"，而且被认为是"最早的民族资本现代工业"，是"珠江三角洲商品生产近代化的起点"。可见陈启沅兴办继昌隆缫丝厂的创举，还在中国民族资本现代工业和珠江三角洲商品生产近代化上具有开创意义，所以，称之为珠江文明一代灯塔是理所当然的。

第八代：晚清时代的"经世""维新"文明

南海的朱次琦和康有为两师徒，先后倡导的"经世""维新"文明，可谓珠江文明第八代灯塔，也是古代珠江文明最后一座灯塔。

朱次琦（1807—1881），广东南海九江人，人称"九江先生"，中国晚清时期倡导"经世致用"的著名大儒。中年时曾赴山西任县官七年，为官清廉，政绩卓著，被列入《清国史·循吏传》。清咸丰五年（1855）辞官回乡开书院（礼山草堂）讲学至病终，达20余年之久。朱次琦教学重四行五学：四行是敦行孝弟，崇尚名节，变化气质，检摄威仪；五学是经学、文学、掌故之学、性理之学、词章之学。他主张济人经世，不为无用之空谈高论；"扫去汉、宋之门户，而归宗于孔子"。这个方针，即是朱次琦被尊为"资治救世，经世致用""实学致用"的孔学大师之主旨，也是他以"经世致用"之说影响清末一代文坛的要旨。他所说的"实学"，是指直接从孔子著述中找到可以"致用"之学。他认为汉代和宋代的理学，是离开孔子原道的不可致用之学。这种主张，是朱次琦在国家内忧外患日益严重、社会正在发生新旧转型的晚清年代里，为寻求"经世"之法而提出的主张。这种主张之所以影响深远，首先是在于针砭了当时流行空谈的学术空气，反映了务实救世的心声，尤其是在新旧转型最前沿的珠江三角洲地区，更具有黑暗中见到一盏明灯的意义，尽管这盏明灯还是不能让人们找到真正的光明，还不能真正响应人们的心声。显然，这是朱次琦受时代局限和他从未有海外阅历所致。由于他欠缺海外现代文明的素养和视野，尽管有"实学济世"之情，也只能从自己饱学的孔子原道中找"经世致用"之方了。所以梁启超说朱次琦是中国旧学救世之终结。正因为如此，他的学生康有为及其倡导的"维新"文明，即及时地相继应世而出了。

康有为（1858—1927），广东南海丹灶人，人称"康南海"，中国晚清时期倡导"维新变法"的首领，后期是保皇派精神领袖。康有为早年师从朱次琦。朱次琦主张济人经世，不为无用之空谈高论。康有深受其影响。但国家的危亡，现实的刺激,使他对传统发生怀疑。二十二岁时,他离开朱次琦,到西樵山白云洞书院,同年又赴香港一游,使康有为大开眼界,从此他转攻西学。光绪八年(1882),康有为到北京参加会试,回归时经过上海,收集了不少介绍资本主义各国政治制度和自然科学的书刊,从中逐步认识到资本主义制度比中国的封建制度先进,便立志向西方学习,借以挽救正在危亡中的祖国。由此他吸取了西方传来的进化论思想,初步形成了维新变法的思想体系。光绪十四年(1888),康有为再一次到北京参加顺天乡试,借机第一次上书光绪帝,请求变法,受阻未能上达。当年九月,他再上书光绪帝要求变法维新,提出"变成法、通下情、慎左右"三条纲领性的主张,亦未果。光绪十七年(1891),康有为在广州长兴里万木草堂开始讲学,讲学内容主要是"大发求仁之义,而讲中外之故,救中国之法",并先后写了《新学伪经考》和《孔子改制考》两部著作,为变法运动创造理论。光绪二十年(1894),康有为开始编写《人类公理》,经多次修改后,定名为《大同书》发表。《大同书》描绘了人世间的种种苦难,提出大同社会将是无私产、无阶级、人人相亲、人人平等的人间乐园,为戊戌变法奠定了理论基础。《大同书》的主张显然是空想成分居多,但不失为在黑夜中彷徨的人们的一点心灵慰藉;维新变法思想虽然是治标不治本的改良主义,但在当时的历史条件下,也不失为渴望救国救民的人们找到的一线光明。当康有为和梁启超在戊戌变法("百日维新")失败以后,人们从血的历史教训和康有为后期变为"保皇派"的历史,认识到康有为及其改良主义的局限性;但因其在中国社会从旧变新的转型时期所起到引进西方文明的积极作用,尤其是在中国新旧转型前沿的珠江三角洲地区所起到的曙光作用,康有为是功不可没的。特别是康有为在紧接朱次琦从旧学寻求"经世致用"之学失败以后,提出"维新变法"之新学,并不惜以生命去付诸实践,是令人敬仰的。在南海九江的朱次琦纪念堂上,有副后人写的楹联:"千秋新学开南海,万世名儒仰九江",可谓全面地表达了南海西樵人民对这两位大乡贤的高度评价和仰慕之情,也印证了笔者将朱、康两师徒并列为古代珠江文明最后一代"双星"灯塔的依据和人心所在。

三、建造岭南"八宝"文化新高地

2011年7月,在南海西樵山举行的"中华文明视野下的西樵文化"国际学术研讨会上,笔者提出南海—西樵文化的特色和优势,是八件文化宝贝,简称"八宝"文化，即：南学、南拳、南纱、南狮、南道、南佛、南文、南艺。其实，这"八宝"也即是岭南文化之宝，又都是在珠江文明"八代灯塔"中的节点和亮点。如果说"八代灯塔"是古代珠江文明发展纵向进程中的重要历史节点标志，那么，"八宝"文化则是古代岭南（珠江）文化在横向层面上的代表性亮点。要树立"八代灯塔"的光辉形象，应当以古为今用的方针，将"八宝"文化建造成岭南（珠江）文化和21世纪海上丝绸之路的新高地。

一是"南学"高地，即岭南学术高地。珠江文明"八代灯塔"既是岭南古代学术高地的代表，也是岭南学术体系的标志。为弘扬珠江学术文明的成就和传统，确立和发掘"南学"学术文化体系，继续发挥"灯塔"作用，建议在南海西樵山设立定期性的"珠江—南海文化论坛"并编辑出版其系列书丛，对"八代灯塔"以及岭南历代学派进行研讨和定位，以其在理论实践和影响上的相承相通特色，论证"南学"体系的成立和优势，并促进当今新"南学"学派的成立和发展。

二是"南拳"高地，即岭南武术。南海是"南拳王"黄飞鸿的故乡，迄今其故居犹在。在"黄飞鸿纪念馆"展出了从清末至现代先后出版的10多部关于他的传记书籍，有近百部描写他的戏剧或影视片，在海外影响很大，开南方武术文化之风。建议每年举办"世界武术大赛"和武术文化研讨会，促进武术文化的国际交流，并出版"南拳武术丛书"，以确立南拳武术理论体系。

三是"南纱"高地，即以香云纱为代表的岭南丝绸及其文化。桑基鱼塘和陈启沅创办的机器缫丝厂继昌隆，已分别列为珠江文明的两座"灯塔"。建议在西樵山农科院基地和陈启沅故居，分别创办世界性的蚕基鱼塘博览园和香云纱博览园，开拓21世纪海上丝绸之路新通道，并以桑基鱼塘经验深化生态文明研究。

四是"南狮"高地，即岭南龙狮文化。有史料称，狮崇拜最早由非洲传入中国，千百年来已成为中国的一种传统文化。龙是民族之灵，狮是民族之魂；前者是偶像崇拜，后者是精神体现。在岭南，往往龙与狮是崇奉一体的，故既有舞狮，又有舞龙，龙狮并舞。南海有划龙舟传统，近年又被称为"南狮之乡"，舞狮已被列入国家级非物质文化遗产代表性项目名录。建议成立岭南龙狮文化研究交流中心，扩大国际交流，以龙狮文化促进"一带一路"建设，并提高龙狮文化技术，完善程式，提高理论档次。

五是"南道"高地，即岭南道家文化。早在东晋时代，南海西樵山已是著名道教领袖和理论家葛洪修道炼丹的名山之一，也是一座珠江文明灯塔。道家重于并擅长养生文化。建议举办葛洪道教与养生文化国际学术研讨会，促进科学养生文明研究和国际交流。

六是"南佛"高地，即具有岭南色彩的佛教。印度僧人多从海上丝绸之路，从印度洋渡南海而进入岭南。所以，佛教在岭南的传播历史特久、传播特广，而且特有南海色彩，称普度众生的观世音菩萨为"南海观音"就是典型例证。迄今在南海西樵峰顶屹立的巨型观音塑像，就是"南佛"文化的形象凝现。建议设立佛学与观音文化研究中心，将佛教中的禅学、观音文化中的民俗学研究，与宗教性的信仰与崇拜，有联系而又有区别地科学划分开来，并将其作为本土的岭南（珠江）文化和海洋文化的有机元素进行研究，使研究科学化、地域化、海洋化。

七是"南文"高地，即独具岭南（珠江）特色的文化与文学。南海西樵的文才辈出，文章盖世，明清时代曾登此山的大名人陈白沙、湛若水、戚继光、袁枚、李调元、丘逢甲，以及南海乡贤方献夫、霍韬、屈大均、朱次琦、康有为等，都是流传千古的文章大家；现当代的文化名人郭沫若、董必武、赵朴初、何香凝、贺敬之等，也都在西樵山留下足迹和诗文，欧阳山、陈残云、秦牧、华嘉、冯乃超、冼玉清、曾昭璇、陈芦荻、易巩、黄施民、何求等著名广东作家，或者在此地出生，或者在此地留下作品（如欧阳山 20 世纪 50 年代写的中篇小说《前途似锦》，就是在南海体验生活之作，写的也是南海的故事）。简直可以说，南海西樵是岭南（珠江）文化和文学的重要产生地与活动中心之一，是岭南（珠江）文学之海、文学之山。建议在此举办珠江（岭南）文派论坛，编辑出版珠江文派书链，以确立并发展代表现代中国南方的珠江文派。

八是"南艺"高地，即独有岭南特色的曲艺文化，包括粤剧、粤曲（含南音、粤讴、龙舟、木鱼书）等地方文化艺术，以粤剧最为辉煌。早在明代，岭南民间已有粤剧活动，戏班常乘红船穿梭水乡农村演出，所以亦是一种水乡文化。数百年来，粤剧已发展为南方一大剧种，被誉为"南国红豆"，在海内外影响很大，堪称岭南文化一宝。粤剧在珠江三角洲城乡很普及，戏迷极广，进入千家万户，具有"万家灯火万家弦"的盛况。粤曲的普及面也是如此，"私伙局"无处不在，几乎人人都会唱龙舟歌。建议成立岭南（珠江）传统民间艺术研究交流中心，重点进行传承和普及工作，并开拓多种渠道进行海外交流，扩展"一带一路"的传统民间艺术交流之路。

建造"八宝"文化新高地，是为了弘扬南海西樵以至岭南（珠江）文化，是为了树立并弘扬"珠江文明八代灯塔"及其海洋文化和海上丝绸之路光辉，诚望能够得到省领导和有关部门的重视和支持，使南海西樵山也能够像标志北国自然人文风光的山东泰山那样，建设成为标志南国自然文化风光的"灯塔"之山。

（本文是 2016 年 10 月 21 日在论坛上的主题报告，编入"珠江文明灯塔书链"之一《珠江文明的八代灯塔》，由广东旅游出版社 2017 年出版。）

弘扬科学的养生生态文明传统，跨学科建设现代养生生态文明

——在南海西樵举行的"养生文明与生态文明"论坛主题报告

一、南海西樵是养生文明与生态文明的科学发祥圣地和自然圣地

南海西樵山与博罗罗浮山，自古是广东名山，并称为西东"两樵"。主要是由于东晋著名道教理论家、中国最早的医药科学家葛洪，在这两山写出《抱朴子·内篇》而创建了中国道教神仙的系统理论，同时以采药和"炼丹"的科学实验进行了许多开创性的养生医药科学研究，成果斐然，至今两地仍分别有"丹灶"和"洗药池"的遗迹，从而可谓"两樵"是中国古代养生文明科学的发祥地之一。

另外，南海西樵早在明代首创了世界著名的"桑基鱼塘"生产方式。这是一种以围海造田和循环使用土地而发展农渔业与缫丝等加工工业的生产方式，在实质上则是利用和改造自然生态的一种科学方式。所以，可以说这是自觉创造生态文明的发端，从而也可以说南海西樵山是生态文明的科学发祥地之一。由此可见，南海西樵在中国古代养生文明与生态文明的科学发展史上，都是科学发祥地，是珠江流域的养生文明和生态文明的发祥圣地，分别具有标志晋代和明代的珠江文明"灯塔"之意义。

西樵山具有如此光辉的圣地历史，与其本身具有得天独厚的养生和生态自然条件优势分不开的。它位于广东省佛山市南海区的西南部，突兀于珠江三角洲西部平原之上，东临北江下游干道，西濒西江下游干道，属南亚热带季风气候区，冬暖夏凉，四季温和，水热充足，降雨充沛。年平均气温21.8℃，最冷月平均气温13℃，最热月平均气温28.8℃；年平均降雨量1600多毫米，降雨主要集中在4—9月，约占全年降雨量的80%。春夏多雨，秋冬干爽，气候有利于亚热带常绿阔叶林的形成和生长。西樵山海拔346米，是一座古火山，山体外陡内平，状如莲花簇瓣，直径4公里，周长约13公里，面积14平方公里。西樵山有72座峰峦，以大科峰（海拔

344 米）为最高，群峰罗列、参差有序，九龙岩、冬菇石、石燕岩等峰峦形态万千。西樵山最大的特点是"山里有湖湖里有山，水在山中山在水里"。全山有 16 个岩洞、232 个泉眼、28 处瀑布（其中飞流千尺、云岩飞瀑最为壮观），山顶有 3 个天湖。西樵山动植物种类繁多，气候宜人，风景秀丽，所以本身就是优秀的养生和生态的自然圣地。

为了进一步发挥南海西樵山的自然和文化圣地优势，发掘并发挥其地理和文化资源，深入探讨珠江文化与养生文明、生态文明的关系，传承和弘扬中国科学的养生文明与生态文明传统，跨学科建设和发展现代的养生文明与生态文明，我们特地举办这次"南海西樵养生文明与生态文明"论坛。

二、建设养生文明与生态文明是当今中国和世界的迫切命题

2012 年 11 月，党的十八大从新的历史起点出发，做出"大力推进生态文明建设"的战略决策，从 10 个方面描绘出生态文明建设的宏伟蓝图。大会报告指出："建设生态文明，是关系人民福祉、关乎民族未来的长远大计。面对资源约束趋紧、环境污染严重、生态系统退化的严峻形势，必须树立尊重自然、顺应自然、保护自然的生态文明理念，把生态文明建设放在突出地位，融入经济建设、政治建设、文化建设、社会建设各方面和全过程，努力建设美丽中国，实现中华民族永续发展。"

2015 年 4 月 25 日，《中共中央国务院关于加快推进生态文明建设的意见》发布；2015 年 10 月，在十八届五中全会召开之际，首度将增强生态文明建设写入国家五年规划。

2016 年 2 月 2 日，中共中央、国务院在浙江省湖州市召开全国生态文明建设工作推进会议。会议提出，在以习近平同志为核心的党中央坚强领导下，我国生态文明建设取得了重大进展和积极成效。但总体上看，我国生态文明建设水平仍滞后于经济社会发展，生态环境恶化趋势尚未得到根本扭转。要切实贯彻新发展理念，坚持绿水青山就是金山银山，把党中央、国务院关于生态文明建设的决策部署落到实处，开创社会主义生态文明新时代。

2016 年 10 月，中共中央、国务院印发《"健康中国 2030"规划纲要》。该纲要指出，"共建共享、全民健康"是建设健康中国的战略主题，推进健康中国建设是

全面建成小康社会、基本实现社会主义现代化的重要基础，是全面提升中华民族健康素质、实现人民健康与经济社会协调发展的国家战略。当前我国正在加快建立生态文明制度，推动形成人与自然和谐发展的现代化建设新格局，同时也以普及健康生活、优化健康服务、完善健康保障、建设健康环境、发展健康产业为重点，加快推进健康中国建设。这也即是养生文明与生态文明的号召。

从上可见，弘扬和建设养生文明与生态文明已是党和国家的重大命题，是迫在眉睫而又是功在当代、利在千秋的重大使命。

从世界发展视野上看，人类社会发展史可分为原始文明、农业文明、工业文明等历史时期，现正进入生态文明时期。1972年，联合国发表《人类环境宣言》；90年代以后，《里约环境与发展宣言》《21世纪议程》《关于森林问题的原则声明》《联合国气候变化框架公约》和《生物多样性公约》等一系列有关环境问题的国际公约和国际文件相继问世，标志着实现人与自然和谐发展的养生文明与生态文明已成为全球共识。尤其是2015年12月12日，在巴黎举行的第21届联合国气候变化大会通过了《巴黎协定》，被称为人类应对气候变化的"历史性一步"。《巴黎协定》共29条，包括目标、减缓、资金、技术、能力建设、透明度等内容，虽然没有规定量化减排目标和减排任务，但已起到将养生文明与生态文明提高到当今世界共识的重大话题和使命的作用。

三、养生文明与生态文明是个体与整体、主体与客体（人与环境）的关系，必须结合互动

养生对个人而言是个体的，对社会而言是普遍的、群体的；生态对社会而言是普遍的、群体的，对个人而言是环境的、养生的。个人的养生和社会环境的生态，是不可分割的关系：个人的养生离不开良好的生态环境，良好的生态环境必然适宜于养生，两者是个体与整体、主体与客体（即人与环境，包括自然环境和社会环境）的辩证互动关系，所以应当联系研究探讨，应当以养生文明促进生态文明，以生态文明发展养生文明，两者结合进行，互促互进。

从上述当今中国和世界制定的相关法规或协议可见，养生文明与生态文明是贯穿和体现于国家和社会整体中一切领域的理念和举措，同时对于每一个体（个人、单位、地方）要进行养生文明与生态文明研究和建设而言，也必须结合相关领域跨

学科进行；也即是说，对整体而言是普遍的、一般的，对个体而言是具体的、综合的。换句话说就是：整个国家、社会都需要养生文明与生态文明，一切领域都要贯穿养生文明与生态文明；每个人或单位、地方，都应跨学科结合进行养生文明与生态文明建设，但建设的具体方式和内容则当因人而异、因地制宜。

四、葛洪的道教理论与养生生态文明和科学试验的当代价值

我们在南海西樵举办这次论坛，除这里是科学养生文明与生态文明发祥地的意义之外，还在于葛洪的研究方式也是具有开创性和典范性的。也即是说，他有意识地将养生文明与生态文明相结合，并以跨学科方式进行科学实验的做法，尤其是因人而异、因地制宜的做法，也是最早而至今仍有当代价值的。

葛洪是江苏句容（今镇江）人，原是立有军功的大官，因自幼钟情于道家和炼丹，知晓岭南有适宜炼丹之石，特地南下考察多年，到广州、广西、交趾（今越南）等地，均有发现，便决心留下炼丹。为此，他婉拒南海太守鲍玄的做官邀请，但拜鲍玄为炼丹之师，并做了鲍玄的女婿。葛洪的妻子鲍姑也是一位著名的民间道家"仙姑"。因此，葛洪可说是正式入籍落户的南海人。但在人们的印象中，葛洪只是在被称为"东樵"的罗浮山炼丹制药，似未见有他曾到过西樵山的记载。"广东名山数二樵"，即是东樵和西樵。博罗的罗浮山，传说是从海外飘浮过来的石山；南海的西樵山则是海中喷出的火山，可能石质相似，按理葛洪不可能只到东樵不到西樵。由此，笔者专程前往南海，在西樵山附近的"丹灶仙岗"村，发现村中有纪念葛洪的"葛仙祠"、葛洪炼丹的丹灶遗址，以及炼丹所用泉水的"蟹眠仙井"。此外，还在清代出版的《西樵山志》中发现几首写葛洪在西樵山"丹灶"遗址的诗，包括清代南海令胡云客的《游西樵》诗："底须方外访蓬莱，三岛谁移此地来。青嶂霞骞疑紫阙，碧桃花发拥琼台。泉漱石肺诸岩静，猿哺峰头万壑哀。若伴葛洪登绝顶，丹砂好向药炉裁。"宋代大臣李昴英的《游西樵山》诗："巨石崚嶒削碧天，西樵奇胜岂虚传。水帘不卷四时雨，丹灶长凝万古烟。印石徘徊鸟利迹，名峰缥缈紫姑仙。兴来策杖登云谷，更借山僧半榻眠。"明代大臣欧大任的《铁泉精舍》诗："岩前旧是子云家，门掩飞泉一道斜。石室竟藏高士传，山园犹种故侯瓜。虎看丹灶多年火，树挂诗瓢几度花。小草尚惭曾出洞，至今猿鸟怨烟霞。"这

些名人名诗都证实葛洪确曾在西樵山留有遗址。而无论东樵或西樵，都是葛洪根据炼丹所需要的自然环境和材料（丹石矿）资源等条件而选择的炼丹基地，都是其最早以跨学科方式并因地制宜地进行养生科学实验的地方。

葛洪是一位有多方面卓越贡献的道教理论家和实践家，继承并改造了早期道教的神仙理论。在《抱朴子·内篇》中，他不仅全面总结了晋以前的神仙理论，并系统地总结了晋以前的神仙方术，同时又将神仙方术与儒家的纲常名教相结合，强调"欲求仙者，要当以忠孝、和顺、仁信为本"。葛洪在坚信炼制和服食金丹可得长生的思想指导下，长期从事炼丹实验，在其炼丹实践中积累了丰富的经验，认识了物质的某些特征及其化学反应，提供了原始实验化学的珍贵资料，对隋唐炼丹术的发展具有重大影响，成为炼丹史上一位承前启后的著名炼丹家。葛洪精晓医学和药物学。他的医学著作《肘后备急方》，书名的意思是可以常常备在肘后（带在身边）的应急书，是应当随身常备的实用书籍。葛洪是我国最早观察和记载结核病的科学家，是免疫学的先驱。欧洲的免疫学是从法国的巴斯德开始的。他用人工的方法使兔子染上狂犬病，把病兔的脑髓取出来制成针剂，用来预防和治疗狂犬病，原理与葛洪的基本上相似。巴斯德的工作方法当然比较科学，但是比葛洪晚了1000多年。在世界医学历史上，葛洪还第一次记载了两种传染病，一种是天花，一种叫恙虫病。西方的医学家认为最早记载天花的是阿拉伯的医生雷撒斯，而葛洪生活的时代比雷撒斯要早500多年。葛洪把恙虫病叫作"沙虱毒"。葛洪不但发现了沙虱，还知道它是传染疾病的媒介。他的记载比美国医生帕姆在1878年的记载要早1500多年。葛洪还是早期的化学家，他在炼丹的过程中，发现了一些物质变化的规律，这就成了现代化学的先声。他还提出了不少治疗疾病的简单药物和方剂，其中有些已被证实是特效药。如松节油治疗关节炎，铜青（碳酸铜）治疗皮肤病，雄黄、艾叶可以消毒，密陀僧可以防腐，等等。葛洪早在1500多年前就发现了这些药物的效用，在世界上都是领先的。从上可见，葛洪不仅是作出多方面贡献的医学和化学科学家，又是儒、道、释三家兼融并包的思想家，是最早并典型体现珠江文化领先包容特质的大家，无论在科学上或思想上都堪称古代珠江文化泰斗。他的科学成就和文化精神堪称珠江文化在东晋时代的顶峰，是领航一代的珠江文明灯塔。同时，这也标志着中国传统养生文化开始了真正自觉科学试验的阶段，意味着科学养生文明由此发祥，并且作出了以跨学科方式进行科学实验的表率，至今仍有现实意义。

五、桑基鱼塘对水利事业和养生文明与生态文明的贡献

桑基鱼塘是西樵山及珠江三角洲从明代开始首创的一种生产方式。所谓桑基鱼塘，简单地解释是：塘基种桑，塘中养鱼；桑叶养蚕，蚕屎养鱼。也即是蚕沙（蚕粪）喂鱼，塘泥肥桑，栽桑、养蚕、养鱼三者结合，形成桑、蚕、鱼、泥互相依存、互相促进的良性循环，避免了水涝，营造了十分理想的生态环境，收到了理想的经济效益，同时减少了环境污染。

桑基鱼塘的产生和发展，与西樵山及珠江三角洲的地理、水利、经济、科技、生态的条件和发展密切相关。据史料称，西樵山一带自唐宋有村落居住后，西江与北江出海淤泥增多，使山与海之距离越来越大，形成了沙田台地。于是人们在山与山之间建造堤围，从高到低而建，形成了从高到低的桑园围。明代洪武年间，海水倒灌成灾。有位南海九江人，名叫陈博文，上书皇帝朱元璋，要求在九江等地加建堤段，获得批准。洪武二十二年，陈博文采取将装有巨石的船沉于江底的方法，将倒流港堵塞，使桑园围从开口围向闭口围转变，不仅止住了水倒流，还起到加固堤围的作用。这次工程可谓桑基鱼塘建设开创性的基础工程，是历史性的创举。桑基鱼塘自17世纪明末清初兴起，到20世纪初，300多年来，一直在发展。特别在第一次世界大战后，由于欧洲各国忙于战后恢复工作，我国生丝在国际市场获得畅销，促使本地蚕桑业的畸形发展，珠江三角洲到处是桑基鱼塘，其面积估计有120万亩，达到历史最高水平。这是珠江三角洲桑基鱼塘发展的最高峰。桑基鱼塘这一创举及其在长达300余年中的不断发展和巨大反响，在珠江文明和海上丝绸之路史上，都具有一代灯塔的领航和聚焦的作用和意义。同时，这种根据本有自然条件，因地制宜地利用和改造自然环境而又不破环自然环境的创造工程，不仅有利于发展生产，而且有利于利用、改造、保护自然环境，尤其是在对自然资源的循环利用上，更显出生态文明的自觉意识和科学智慧，从而可谓具有生态文明科学发祥之意义。这具体表现在：

首先，这项堵口工程应该是围海造田工程的创始，也是桑基鱼塘生产方式的发端。因为塞住围海的堤口，围内有内涝时，排涝只能靠从围内以挖塘蓄水方法解决。以挖塘出来的泥筑塘基，挖塘越深，蓄水越多，塘基越高，即塘可养鱼，基可种树。开始是种果树，称果基鱼塘；后发展为种桑树，称桑基鱼塘。这种围海造田

的水利和土地使用方式是南海西樵的首创，对于珠江三角洲以至所有滨海地域，都有普遍意义，标志着珠江文明由此进入自觉的科学农耕时代。

其次，是自耕农业向商品性农业的转型。明清之交，珠江三角洲的桑围模式已逐步以果、稻、鱼三利并发，改为果、桑、鱼并同生产。这种转型是由丝绸旺销的驱使。屈大均在《广东新语》称："广之线纱与牛郎绸、五丝、八丝、云缎、光缎，皆为岭外京华、东西二洋所贵。予《广州竹枝词》云：洋船争出是官商，十字门开向二洋。五丝八丝广缎好，银钱堆满十三行。"另，《珠江三角洲农业志》载："公元一七三六年至一八四零年（鸦片战争前）是珠江三角洲地区内掀起第一次'弃田筑塘，废稻树桑'高潮，是以自给自足的自然经济为主的农村经济结构开始被冲破的时期。至十七世纪的清初广东生丝开始输出后，外销量日增，更由于一七五九年（清乾隆二十四年），清王朝封闭了漳州（福建）、定海（浙江）和云台山（江苏）等对外贸易商港后，广州便成了全国唯一的对外贸易港口，外国商人便集中来广州采购生丝及其他的丝织品。"这些资料说明，明清时期从果基鱼塘到桑基鱼塘的转型，而且形成高潮，是由于丝绸旺销全国和海外所促使。这种现象，正是明清时期南海西樵商品经济发达尤其是丝绸产业发达所致，同时也表明南海西樵既在桑基鱼塘的转型上又在丝绸产销上起到一代领航作用的体现。这种体现，也在更深的层面上，展现了珠江文化重商性的特点和海上丝绸之路的光辉，同时也显示了桑基鱼塘的经济价值，显示了其跨学科的性质和方式。

最后，具有开创综合性科学生态文明的重大意义。桑基鱼塘方式是明代围垦低地、防治水患过程中创造的。首先，这种基塘结合的作物利用方式，包括桑基、蔗基和果基等作物组合方式。其中桑基鱼塘能把栽桑、养蚕、养鱼三者有机地结合起来，充分利用它们之间的物质和能量循环，构成一个特殊的人工生态系统，在三角洲地理条件下取得最佳的经济效益、社会效益和生态效益。故它一旦形成，不仅取得三角洲土地利用的主导地位，而且蚕桑业的一些难题也得以化解。中国第一家机器缫丝厂创始人陈启沅在《蚕桑谱·蚕桑总论》中指出："且蚕桑之物，略无弃材。蚕食余剩之桑，可以养鱼。蚕疴之屎，可以作粪土。固可以培桑，并可以培禾蔬菜杂粮，无不适用。更可以作风药。已结之茧，退去蚕壳，化成无足之虫，曰蚕梦。若不留种，煨而食之，味香而美，可作上品之菜。偶有变坏之虫，亦可饲鱼、养畜。更有劣等者，曰僵蚕，可作驱风药。即缫丝之水，均可作粪土以耕植。"这种无废料的生态生产方式，为桑基鱼塘注入无限生机和活力。其次，基高塘低，围基设窦闸控制围内水量蓄泄，既不怕涝也不受旱，雨水多时流进塘，干旱时从塘汲水，桑基也不受旱。广东虽多暴雨，但塘基上常年生长作物，也可以防止水土流失；在基上搭起瓜棚，保持水面清凉，即使盛夏季节水温也不高，适宜鱼类生长；基塘使用有机肥，即使在现代也可少施化肥和农药，保持环境，维持生态平衡。最后，基塘终年可以生产，时间安排合理，农活有轻有重，老弱妇孺都有合适的事干，故劳动力资源得到充分利用，没有一寸荒废土地，没有一段闲置季节，以有限土地养活更多的人口。屈大均《广东新语·虫语》指出："计一妇之力，岁可得丝四十余斤。""计地一亩，月可得叶五百斤，蚕食之得丝四斤。家有十亩之地，以桑以蚕，亦可充八口之食矣。"道光《龙江乡志》总结："顺德地方足食有方，……皆仰于人家之种桑、养蚕、养猪和养鱼。……鱼、猪、蚕、桑四者齐养，十口之家，少壮者可胜任也。"又由于蚕丝加工需要大批劳动力，可充分吸收当地人工作。据悉，仅缫丝一项，顺德每年可供10万女工就业。所以在桑基鱼塘地区，绝少失业现象，男耕女织，家庭和睦，社会和谐，人们安居乐业，各得其所，一派太平富足景象。这样，桑基鱼塘这种资源利用组合方式，既有丰厚的经济收入、维持良好生态平衡，也保持社会相对稳定，是一项世界罕有的土地利用方式，是珠江三角洲人民对人类文明的一项重大贡献。桑基鱼塘生产系统被公认为是一种资源利用率极高的生态农业系统，也是一种自然资源循环利用的生态环境保护系统，是一种跨学科、综合性的科学生态文明的开创。

六、弘扬科学的养生文明与生态文明传统

从中国传统文化上看，养生文明与生态文明始终是从古至今的永恒话题，有悠久历史和优良传统。虽然真正自觉地以科学的理念和方式建设养生文明与生态文明的历史，分别是晋代和明代开始，但是，早在春秋时期已有相关的理念了。《周易》云："见龙在田，天下文明。"唐代孔颖达注疏《尚书》时将"文明"解释为："经天纬地曰文，照临四方曰明。""经天纬地"意为改造自然，属物质文明；"照临四方"意为驱走愚昧，属精神文明。

自古以来历代的思想学术，莫不关切养生文明与生态文明所内蕴的文化要旨，儒家崇尚"知天命"，道家主张"天人合一"，佛家旨在"普度众生"。至于帝王将

相、文人骚客、芸芸众生，更是对此孜孜以求。众所周知，秦始皇派500童男童女远涉东瀛找长生不老药，汉武帝也为此派黄门译长出海而开拓了海上丝绸之路，曹操东临碣石发生"对酒当歌，人生几何"的诘问，李白与一班诗友在桃李园的春夜中聚唱"浮生若梦，为欢几何"之高歌，苏轼在赤壁大战遗址抒发"人生如梦，一樽还酹江月"的感慨……中国正迎来当今繁荣富强之盛世，同时又面临着环境污染严重、生态系统退化等严峻问题，以及人口日趋老龄化的趋向，都是对养生文明与生态文明的严峻挑战，都是关系每个人的生存和生命的切身大事。可见这是刻不容缓而又永不休止的千年话题。

所以，我们这次论坛，除了着重对从南海西樵发祥的葛洪与桑基鱼塘所开创的养生文明与生态文明的历史经验进行探讨，还邀请一些有造诣的专家学者，分别从国学、儒学、道学、佛学、堪舆（风水）学、文学（古典诗词）、民俗学等方面进行养生文化与生态文化的探寻，旨在弘扬优秀的传统的养生文化与生态文化。

七、跨学科研究和建设养生文明与生态文明

党的十八大报告指出：生态文明是人类为保护和建设美好生态环境而取得的物质成果、精神成果和制度成果的总和，是贯穿于经济建设、政治建设、文化建设、社会建设全过程和各方面的系统工程，反映了一个社会的文明进步状态。要将生态文明建设与经济建设、政治建设、文化建设、社会建设高度融合，形成建设中国特色社会主义"五位一体"的总布局。这就要求生态文明建设要以跨学科的发展方式进行。

其实，晋代葛洪在西樵山进行的生态科学试验、明代西樵的桑基鱼塘建设，都是我国以跨学科方式建设养生文明与生态文明的先行者。在中国传统文化中，历来有关养生文化与生态文化的研究理论和实践，都是注重跨学科的全方位研究。前些年，北京大学哲学系教授楼宇烈在《文明之旅》杂志上提出"三理养生法"，即生理养生、心理养生、哲理养生。生理是生物学、人体学，心理是心理学、社会学，哲理是哲学、人文科学。可见它实际是跨学科养生法。最近还有学者提出：生态文明是生态哲学、生态伦理学、生态经济学、生态现代化理论等生态思想的升华与发展，是人类文化发展的重要成果，从而将其跨学科范围扩得更大了。可见，必须以跨学科方式进行养生文明与生态文明的研究和建设。

由此，我们这次论坛也是以跨学科方式进行的。所以，除了邀请文科专家学者之外，还请了理科学者，分别从生物学、医学、中医学、养生学、生态学、环境保护学、营养学、现代科技等学科，对养生文明和生态文明进行多学科全方位的探讨，力求为养生文明与生态文明建设作出力所能及的贡献。

2017 年 7 月 17 日完稿于广州康乐园

（"养生文明与生态文明"论坛于 2017 年 9 月 22 日在南海西樵举行，论坛文集《养生文明与生态文明》由广东旅游出版社 2018 年出版。）

汲取"理学名山"和宋明理学心学的学术文明智慧
——"理学心学与珠江学派"论坛学术报告

明代中叶,合称"西樵三大家"的湛若水、方献夫、霍韬,在南海西樵山创办了四大书院,达十余年之久,弘扬宋明理学心学与书院文化,营造了"乃照四方"(屈大均语)的学术文明,使西樵山成为蜚声天下的"理学圣地""理学名山",发挥了有明一代珠江文明灯塔作用,为倡导学术文明、确立学说学派和发现珠江学派——千年南学的辉煌,提供了许多有益的启示和依据,其学术文明智慧尤其值得认真汲取。

一、"理学名山"之由来

(一)西樵山之"四名"

南海西樵山在明代中叶被誉为"理学圣地""理学名山",是由于当时是由"四名"汇聚之"山"。所谓"四名",即"名学""名人""名院""名风"。"名学"是指当时崇尚的理学,是"官学",兴办官学之中心地自然是"理学圣地";"名人"是指湛若水、方献夫、霍韬等三位著名理学大师,在出任朝廷高级官员前后,曾在西樵山寓居、著述、办书院、讲理学,成就卓著,声望鹊起;同时明代理学大儒陈白沙、王阳明,与"西樵三大家"分别有师徒或"粉丝"关系,密切交流,切磋争鸣,佳话频传,更使西樵山声威遐迩,名噪天下;"名院"是指明朝正德至嘉靖年间,"三大家"在西樵山办的云谷、大科、石泉、四峰等四大书院,生员踊跃,名士云集;"名风"是指这些"名学""名人""名院"在西樵山造就的崇学尚术、尊师重教、承学创派、兼融开明之学术风气,令人钦羡、追求向往。这种兴旺景象,正如唐代诗人刘禹锡诗云:"山不在高,有仙则名;水不在深,有龙则灵。"西樵山之"四名",正就是使其成为"圣地""名山"之"仙"和"龙"。

（二）"西樵三大家"

湛若水（1466—1560），号甘泉，广东增城人，曾先后任吏部、礼部、兵部尚书，是明代显要大官。著有《湛甘泉集》《心性图说》《真心图说》《新泉问辩录》《非老子》《圣学格物通》《二礼经传测》《春秋正传》等书。嘉靖年间，他在西樵山曾办广谷、大科两个书院，并亲自讲学。年轻时，他拜江门陈献章（号白沙）为师，很受赏识，被视为陈献章开创的"江门学派"（又称"白沙学派"）的衣钵承传人。后来随着学识增长，造诣益深，创立"甘泉学派"。这是他对陈献章"白沙学派"的学说承传，又是自有创新而立的学派。具体表现在：他提出了"随处体认天理"的学问宗旨，对陈白沙"静坐"的主张作了修正，克服了白沙学派主"静"而忽视"动"的弊病，又解决了开创心学的宋代理学大师陆九渊主"心"而忽视"事"的偏颇，作出了"则动静心事，皆尽之矣"之论断。他认为：天理"即吾心本体之自然者也"，"体认天理"就是在应对事物，心应感而发为中正意识，从而体认到自己内心中正的本体——天理。他还认为："格物"的"格"是"至"（造诣）的意思，"物"指的是"天理"，"格物"就是"至其理"，就是"造道"，"格物"的目的就是"体认天理"。他还在《心性图说》中对"心"和"性"作出了自己的解释："性"包含天地万物的整体；宇宙浑然一体，都以同一个"气"为基础；所谓"心"，是能体察天地而没有遗漏的存在。所谓"性"，是"心"的本能，"心"和"性"是统一的、不可分割的，万物不是在心外，格万物就是格心。他在《真心图说》中还解释了心、人、元气的关系，认为元气就是太极，心在人中，人在元气中，强调"天地同是一气"，而心在居于中正的位置，所以能使"万物皆备于我"。湛若水的这些心学理论，是对程朱理学和陆陈心学的调和而合一，即将心与物、理与气、心与理、心与性、知与行、理与欲、虚与实都"合一"，说明"观天地间只是一气，只是一理"。可见湛若水之心学，正是他对陆九渊、陈白沙之学在承传中创新的成果。另外，他与同代的著名理学大家王守仁（号阳明），本是同事，曾多次一同到各地讲学，互相交流，切磋激励。后来在学术思想上更加成熟，也开始逐步分歧，各立宗旨，各立门户。王守仁以致良知为宗，湛若水则以随处体验大理为旨。对此，湛若水说："阳明与吾言心不同。阳明所谓心，指方寸而言；吾之所谓心者，体万物而不遗者也，故以吾之说为外"，阳明说"为内"。虽然两人同是崇尚理学心学，而"外""内"有别，于是理学心学遂分王、湛两学、两派。时人将他创立的理学"广派"与王守仁创建的"浙学"并称为"王湛之学"，分执明代中叶理学的牛耳。

方献夫（1485—1544），初名献科，字叔贤，号西樵，广东南海丹灶孔边村人，于明朝弘治、正德、嘉靖三代为臣，历任光禄大夫、柱国少保、太子太保、吏部尚书、武英殿大学士，因此被尊称为"方阁老"。著有《周易传义约说》《大学中庸二原》《西樵遗稿》《西樵山石泉书院记》等。他崇尚理学，在朝中任职时知自己部下王阳明是当时著名的理学大师，便拜王阳明为师，传为佳话。由此，方献夫成为王阳明首位广东弟子。方献夫返乡归隐后，在西樵山建石泉书院，亲自讲学十年，一直传授王阳明理学心学，使西樵石泉书院成为阳明学派的首席学地，名声大振。

霍韬（1487—1540），字渭先，始号兀桂，后改渭厓，南海石头乡人，明朝嘉靖年间，官至礼部尚书，曾与方献夫在朝廷共事，因合计支持明世宗立母封祀而受宠，并名噪一时。崇尚理学心学，著述甚丰，以《程朱训释》《霍渭厓家训》为代表作，深受陈白沙影响，属白沙学派。辞官后在西樵山开设四峰书院并亲自讲学。他的书院是为宗族子弟办学，除讲授白沙之学外，主要讲授他的代表作《霍渭厓家训》，这在当时是具有开创性、普遍性意义的，对于宗族文化建设更起到历史性的作用。尤其值得注意的是，霍韬在西樵山不仅办书院讲学，同时也经营铁器、木炭和食盐，是佛山一带著名士人与商人，是一位很实在的学者。他倡导的"家训"之说，不仅以传统的伦理作为"保家"的核心，还以"货殖"作为保家要素，提出"居家生理，食贸货为急"的重商理念。这些学术思想和学风反映了商品经济在岭南萌起的现实，体现了重实之风进入理学心学领域。

二、理学发展各阶段的代表人物

既然宋明理学使西樵山成为"圣地""名山"，那么，我们也当由此深入探讨宋明理学何以成为"显学""名学"之奥秘。众所周知，新中国成立以来，宋明理学一直是批判对象，主要认为其思想理论是唯心的、保守的、陈旧的，在历史上是起到维护封建制度之消极作用的。但是，应该看到宋明理学是中华传统文化的一部分，其中有糟粕，也有精华，无论其学术思想理论本身，或者是其治学方法和作风，都是有可以汲取的精华和借鉴的价值意义的。所以，应当从新的认识高度对其重新认识，科学评价它的文化内涵和历史作用，以古为今用的方针汲取其精华，借鉴其历史经验，为当今现实服务。

大致说来，宋明理学先后数百年的发展历程，是顺利而曲折的历史。具体地说，在北宋兴起的时候，由于官方重视和学术上的发展，是顺利的。到北宋末期，由于异族入侵，战乱频仍，遭受曲折；到南宋初期，局势稳定后，则再度繁荣；至宋末及元代，则因改朝换代和学术上的僵化，再次遭受曲折；直至明代中叶，也由于官方的重视和学术上的发展，又重新兴旺。这具体表现在其发展历程每个历史阶段代表人物创立的学说及其影响中。

（一）理学开创者——周敦颐

周敦颐（1017—1073），又名周元皓，原名周敦实，字茂叔，谥号元公，北宋道州营道楼田堡（今湖南省道县）人，世称濂溪先生。曾任江南东道南康军刑狱，是理学开山鼻祖，开创濂学，著有《周元公集》《爱莲说》《太极图说》《通书》等。《爱莲说》是千古传诵的著名散文。《太极图说》是他开创理学的纲领性著作，是为《太极图》写的一篇说明，全文249字，对后世影响很大。该文认为，"无极"是宇宙的本原，人和万物都是由于阴阳二气和金木水火土五行相互作用构成的。五行统一于阴阳，阴阳统一于太极。文中突出人的价值和作用，该文主张："惟人也，得其秀而最灵。"在人群中，又特别突出圣人的价值和作用，认为"圣人定之以中正仁义而主静，立人极焉"。不足三千字的《通书》，是周敦颐读《易经》的心得，全书四十章，融通了儒释道的根本精神，把儒释道的智慧通过《易经》的读书心得凝于一体。

周敦颐提出了许多新问题，并作出新的论断，主要是无极、太极、阴阳、五行、动静、主静、至诚、无欲、顺化等理学基本概念，为后世的理学家反复讨论和发挥，构成理学范畴体系中的基本理论，使其成为宋明理学的开山祖师。周敦颐还是宋明道学的开创者，是推动儒、佛、道合流的发端者。他对《老子》的"无极"、《易传》的"太极"、《中庸》的"诚"以及五行阴阳学说等思想进行熔铸改造，并为宋以后的道学家提供"无极""太极"等宇宙本体论的范畴和模式，为他的弟子程颢程颐在之后的"扩大"、朱熹的"集大成"提供了基本思想基础。

周敦颐以儒家学说为基础，融合道学，间杂佛学，提出"太极而无极"的宇宙生成论。他认为，无极（无）生太极（有）。太极能动能静，动则生阳，静则生阴。动之极则走向静，静之极又回复为动，一动一静"互为其根"。阴阳生两仪（天地）。再阴变阳合：生水、火、木、金、土五行。五行之气流动，推动春、夏、秋、冬四季运转。故五行统一于阴阳，阴阳统一于太极，太极本原于无极，无极是宇宙生成的根本。阴阳二气与五行之"精"巧妙凝合，又形成男女。变化无穷的万物中，人得天地之"秀"而为万物之灵。五行之性触感外物而动，则呈现恶与善，形成错综复杂的万物。这可以说是其理学的基本理论。

从上可见，周敦颐为宋明理学提出的开创理论，本身就是对儒学、道学、佛学的承传，同时也为他的学术后辈打下了坚实的思想和理论基础，开拓了广阔的学术空间，铺开了道路。

（二）理学奠基者——程颢、程颐

程颢（1032—1085）字伯淳，世称明道先生，洛阳伊川（今河南洛阳伊川县）人，曾任太子中允、监察御史里行。程颐（1033—1107），字正叔，世称伊川先生，是程颢胞弟，曾任汝州团练推官、西京国子监教授、秘书省校书郎，授崇政殿说书。程颢、程颐年轻时代受父命同拜理学开山鼻祖周敦颐为师，承传其学术之道，又有创新发展。周敦颐开创理学思想理论基础，但尚未明确提出理学概念并理论化，程颢、程颐在其基础上使理学具有了完整的形态，确立了理学的概念和理论，因而是宋明理学的实际创立者，故被誉为理学奠基人，并由此而共创了"洛学"（因其是洛阳人并主要在洛阳治学讲学），世称"二程"。程颢著作有《定性书》《识仁篇》《遗书》《文集》，程颐著作有《周易程氏传》《遗书》《周易传》《经说》《文集》；合编二程著作的有：明代后期出的《二程全书》，还有后人编的《二程集》《河南程氏遗书》《河南程氏外书》《明道先生文集》《伊川先生文集》《二程粹言》《经说》等。

二程之间的学说虽在有些方面不很一致，但基本内容并无二致，皆以"理"或"道"作为全部学说的基础，认为"理"是先于万物的"天理"，"万物皆只是一个天理"，"万事皆出于理"，"有理则有气"。现行社会秩序为天理所定，遵循它便合天理，否则是逆天理。提出了事物"有对"的朴素辩证法思想。强调人性本善，

"性即理也",由于气禀不同,因而人性有善有恶。所以浊气和恶性其实都是人欲。人欲蒙蔽了本心,便会损害天理。"无人欲即皆天理"。因此教人"存天理、灭人欲"。要存天理,必须先明天理。而要明天理,便要即物穷理,逐日认识事物之理,积累多了,就能豁然贯通。主张"涵养须用敬,进学在致知"的修养方法。二程宣扬封建伦理道德,提倡在家庭内形成像君臣之间的关系,流毒颇深。究其内涵:其一,"理"是宇宙的终极本原和主宰世界的唯一存在。"万物皆只是一个天理"。其二,"天理"又是封建道德原则及封建等级制度的总称。"上下之分,尊卑之义,理之当也,礼之本也"。"君臣父子,天下之定理,无所逃乎天地之间"。其三,"天理"也具有自然特性及发展变化规律的意义。"天下物皆可以照理,有物必有则,一物须有一理"。

这些理论表明,二程在哲学上发挥了孟子至周敦颐的心性命理之学,建立了以"天理"为核心的唯心主义理学体系。二程的人性论祖述思孟学派的性善论,但在性善论的基础上又进一步深化了,回答了性为什么至善、为什么会产生恶的因素等一系列问题。二程认为人性有"天命之性"和"气质之性"的区别。前者是天理在人性中的体现,未受任何损害和扭曲,因而是至善无疵的;后者则是气化而生的,不可避免地受到"气"的侵蚀,产生弊端,因而具有恶的因素。二程认为,性的本然状态,由于是"天理"在人身上的折射,因而是至善的,人性中的善自然是其"天理"的本质特征;恶则表现为人的不合节度的欲望、情感,二程称之为"人欲"或"私欲"。"人欲"是"天理"的对立面,二者具有不相容性,"天理"盛则"人欲"灭,"人欲"盛则"天理"衰。这是二程所提出的"存天理,灭人欲"这一命题之要害,其千秋功过有待深入评说。

(三)理学关学创始者——张载

张载(1020—1077),字子厚,其名出自《周易·坤卦》:"厚德载物",是凤翔郿县(今陕西眉县)横渠镇人,故世称横渠先生。青年时喜论兵法,后求之于儒家"六经",曾任著作佐郎、崇文院校书等职。后辞归,讲学关中,故其学派称为"关学"。宋神宗熙宁十年,返家途中病逝于临潼。张载与周敦颐、邵雍、程颐、程颢合称"北宋五子",有《正蒙》《横渠易说》等著述留世。尊称张子,封先贤,南宋赐谥"明公",封"郿伯",奉祀孔庙西庑第38位。当代哲学家冯友兰归纳其成就，称作"横渠四句"："为天地立心，为生民立命，为往圣继绝学，为万世开太平"，因其言简意宏，四海传颂。

关学是由张载创立，以其弟子及南宋、元、明、清诸代传承者为主体，教学及学术传播以关中为基地而形成的儒学重要学派，与宋代二程的洛学、周敦颐的濂学、王安石的新学、朱熹的闽学齐名，共同构成了宋代儒学的主流。关、洛、濂、新、闽诸学派皆根源于《易经》和孔孟，在发展过程中互相吸收、融合又互有批评、创新，包括对佛学的批评和吸收。张载在本体论、认识论、辩证法、和谐论等方面有独到见解，自成体系，包括：①气本论——太虚即气与气化万物；②辩证法——一物两体，动必有机；③认识论——闻见之知与德性之知；④人性论——天地之性与气质之性；⑤太极学说——穷究《易》理，辩证之探；⑥教育思想——学贵有用，道济天下。反对空知不行，学而不用，坐而论道。张载在自然科学研究上也成绩斐然，包括突破地心说、天体运行说、天体左旋右旋说、以气化论解释天文历算地理现象等，都是他的科学发现。

张载在中国哲学史上首建了比较完整的气一元论哲学体系，开辟了朴素唯物主义哲学的新阶段，对后代产生深远影响，从北宋时到清代，历代都有学习传承者。如宋代的吕大钧、吕大临、苏昞、范育、李复，明末冯从吾、王廷相、王夫之，现当代的北京大学哲学系教授张岱年等。在国际领域，德国汉学家将张载《正蒙》一书译成德文出版，新加坡出版了《吕大临易学发微》等关学著作。日本、韩国等重点大学都把张载关学与朱熹、王阳明的学说作为重点学科专门进行研究。

（四）理学集大成者——朱熹

朱熹（1130—1200），字元晦，又字仲晦，号晦庵，晚称晦翁，谥号"文"，世称朱文公。祖籍江南东路徽州府婺源县（今江西省婺源），出生于南剑州尤溪（今属福建省尤溪县）。宋朝闽学派的代表人物，儒学集大成者，世尊称为朱子。朱熹是唯一非孔子亲传弟子而享祀孔庙的，位列大成殿十二哲者中。朱熹是程颢、程颐的三传弟子李侗的学生，历任知南康军兼管内劝农事、漳州知府、浙东巡抚，官拜焕章阁侍制兼侍讲，为宋宁宗讲学。朱熹著述甚多，有《四书章句集注》《太极图说解》《通书解说》《周易读本》《楚辞集注》，后人辑有《朱子大全》《朱子集语象》等。其中《四书章句集注》成为钦定的教科书和科举考试的标准。

在宋朝，陆续涌现的理学家甚多，但学术上造诣最深、影响最大的是朱熹。他集儒学大成，吸道学佛学精华，总结了以往的成果，尤其是宋代理学成果，建立了庞大的理学体系，其功绩为后世所称道，其学说被尊奉为官学，其名望则被与孔子并提，尊为"朱子"。朱熹撰《周易本义》，列河洛、先天图于卷首，又与弟子蔡氏父子（蔡元定、蔡沉）编撰《易学启蒙》，诠释河洛、先天之学。后世皆以此立言，阐发朱子的河洛先天思想。朱熹的理学在元、明、清三代均被定为官学。元朝皇庆二年（1313）复科举，诏定以朱熹《四书章句集注》为标准取士，朱学定为科场程式。明洪武二年（1369），科举以朱熹等"传注为宗"。

朱熹的理学体系的核心是理气论。这个理论直接以二程的理本论为基础，吸取周敦颐的太极说、张载的气本论，以及佛教、道教的思想而形成。其范畴是"理"，或称"道""太极"。朱熹所谓的理，内含之义是：先于自然现象和社会现象之形而上规律。他认为理比气更根本，理先于气；气有变化的能动性，理不能离开气。万物各有其理，而万物之理终归一，即"太极"。"太极只是一个理字"。太极既包括万物之理，万物便可分别体现整个太极。这便是人人有一太极，物物有一太极。每一个人和物都以抽象的理作为它存在的根据，每一个人和物都具有完整的理，即理一分殊。理是伦理道德的基本准则。理在人身上就是人性。理是天地万物之理的总体；气是形而下者，是有情、有状、有迹的，它具有凝聚、造作等特性，是铸成万物的质料。天下万物都是理和质料相统一的产物。理和气的关系有主有次。理生气并寓于气中，理为主，为先，是第一性的；气为客，为后，是第二性的。由此理论核心，他还衍发了一分为二、动静不息的生物运动的辩证动静观、格物致知的认识论、"天命之性"和"气质之性"的人性二元论等基本理论，一直为后世理学家认真诠释与承传。

朱熹不仅是理学集大成者，是集多学科大成之大儒，还是办学培育千万子弟的教育家、负有盛名的诗词文章大家，还是文理皆通的科学家，对后世和海外都有重大影响。可以说，明清两代的理学家无不受到他的直接影响。明代王阳明的知行合一论明显是朱熹格物致知认识论的承传创新。清代学者全祖望在《宋元学案·晦翁学案》中称赞朱熹之学"致广大，尽精微，综罗百代矣"。在海外，英国科技史家、现代生物学家李约瑟在《李约瑟文集》中，称朱熹是一位深入观察各种自然现象的自然学家，并且说：当我们进一步考察这一精心表达的自然体系时，我们不能不承认宋代哲学家所研究的概念和近代科学上所用的某些概念并无不同。至少理学的世界观和自然科学的观点极其一致,这一点是不可能有疑问的。宋代理学本质上是科学性的,伴随而来的是纯粹科学和应用科学本身的各种活动的史无前例的繁盛。这些话,是对朱熹和宋代理学的高度肯定和评价。

朱熹学说是宋代理学的总结和最高峰。自他以后,理学即分出心学学派,或者说发展为以心学为重的理学。这个分界,始于比朱熹小几岁的同辈著名理学家陆九渊,明显的分野是从鹅湖的论争开始。

三、心学发展各阶段的代表人物

(一) 心学开创者——陆九渊

陆九渊(1139—1193),字子静,书斋名"存",世人称存斋先生。号象山,是因其曾在贵溪龙虎山建茅舍聚徒讲学,其山形如象,故自号象山翁,世称象山先生、陆象山。江西省金溪陆坊青田村人。在"金溪三陆"(兄陆九韶、陆九龄)中最负盛名,与当时著名的理学家朱熹齐名,史称"朱陆"。陆九渊是宋明两代心学的开山祖,被称为"陆子"。官至荆门军,创修军城,稳固边防,甚有政绩。卒年五十四,谥号"文安"。陆九渊一生不注重著书立说,其语录和少量诗文由其子陆持之汇编成《象山先生集》,共计36卷,嘉定五年(1212)刊行。1980年中华书局整理为《陆九渊集》出版发行。

陆九渊融合孟子"万物皆备于我"和"良知""良能"的观点以及佛教禅宗"心生""心灭"等论点,提出"心即理"的哲学命题,形成一个新的学派——"心学"。他断言天理、人理、物理只在吾心中,心是唯一实在:"宇宙便是吾心,吾心即是宇宙"。他认为心即理是永恒不变的:"千万世之前,有圣人出焉,同此心同此理也;千万世之后,有圣人出焉,同此心同此理也。"人同此心,心同此理。往古来今,概莫能外。他认为治学的方法,主要是"发明本心",不必多读书外求,"学苟知本,六经皆我注脚"。他把封建伦理纲常和一般知识技能技巧归纳为道、艺两大部分,主张以道为主,以艺为辅,认为只有通过对道的深入体会,才能达到做一个堂堂正正的人的目的。因此,他要求人们在"心"上做功夫,以发现人心中的良知良能,以艺而体认其道。

陆九渊曾自称所创心学,是"因读《孟子》而自得之"。他受孟子思想的启发,用孟子"先立乎其大""心之官则思",以及"求放心"等命题,来阐发二程理学中的"心性",使理学的本体论更偏于主观,而与道德践履的思想趋于逻辑上的统一。这是他重要的理论贡献。

淳熙二年(1175),应吕祖谦之邀,陆九渊在铅山鹅湖寺与朱熹展开了有关"心"与"理"的大辩论,进一步阐发了他"尊德性"和"发明本心"的"心即理"的理论。朱熹主张通过博览群书和对外物的观察来启发内心的知识;陆九渊认为应"先发明人之本心,然后使之博览",所谓"心即是理",毋须在读书穷理方面过多地费功夫。双方赋诗论辩。陆指责朱"支离",朱讥讽陆"禅学",两派学术见解争持不下。这就是史学家所说的"鹅湖之会""鹅湖大辩论"。但他们友谊极厚,书信往来,论辩不已。

陆九渊的学说,元明均有弟子承传发挥,元代赵偕、祝蕃、李存,明代陈献章、湛若水、王守仁,并发展成为宋明理学的一个重要派别,影响极大。明代王阳明发展其学说,成为中国哲学史上著名的"陆王学派",对近代中国理学产生深远影响。陆九渊的思想经后人充实、发挥,成为明清以来的主要哲学思潮,一直影响到近现代中国的思想界。著名学者郭沫若、马一浮都认为自己深受陆九渊思想影响。

(二)心学承前启后者——陈献章

陈献章(1428—1500),字公甫,号石斋,别号碧玉老人、玉台居士、江门渔父、南海樵夫、黄云老人等。出生于新会都会村,10岁起随祖父迁居白沙村居住,故人称白沙先生,世称陈白沙。他的一生坎坷曲折,几次科举不中,经人推荐,才有机会入京至国子监,授翰林检讨,不久即请辞回乡办学至终老。生前著作被后人汇编为《白沙子全集》。他的学说被誉为"独开门户,超然不凡","道传孔孟三千载,学绍程朱第一支"。陈献章也因此被人们尊称为大儒、圣人,辞世后被追谥为文恭公,成为中国古代广东唯一从祀孔庙的学者,故有"岭南一人"之誉。同时,他凭借独创的"茅龙"书法,在中国书法史上率先奠定了岭南书法家的位置。

陈献章生活的年代,正是明朝初期转向中叶,商品经济有所发展,为封建社会注入了新的生机,但是学术气氛沉闷。陈献章以"宗自然""贵自得""贵知疑"的基本思想,逐渐形成一个有自己独特学术体系的心学学派,史称江门学派,亦称白沙学派。陈献章所说的"自然",即万事万物朴素的、本然的、无任何负累的、绝对自由自在的存在状态。他要求人们善于在这种自然状态中无拘无束地去体认本心。他所说的"贵自得",是极倡导"天地我立,万化我出,而宇宙在我"的心学世界观。他所说的"贵知疑",是说"前辈谓'学贵知疑',小疑则小进,大疑则大进。疑者,觉悟之机也。一番觉悟,一番长进"。他主张读书要敢于提出疑问,求之于心,进行独立思考;不要迷信古人经传,徒然背诵书中一些章句。他说:"抑吾闻之:《六经》,夫子之书也;学者徒诵其言而忘味,《六经》一糟粕耳,犹未免于玩物丧志。"他告诫学生,在治学和求知的道路上,"我否子亦否,我然子亦然。然否苟由我,于子何有焉?"他认为如此不用"心"求学,对自己是不会有任何收益的。

他承传而又突破宋代程朱理学的局限,对陆九渊心学有承传又有创造。他开启明代心学先河,是宋明理学史上承前启后、转变风气的关键人物。他的学说高扬"宇宙在我"的主体自我价值,突出个人在天地万物中的存在意义,是明代学术界的一股清新空气,同时,为后起的王阳明心学和"湛王学派"铺平了道路。正如明末著名学者黄宗羲评论,"有明之学,至白沙始入精微,其吃紧工夫,全在涵养。喜怒未发而非空,万感交集而不动,至阳明(王守仁)而后大",赞誉白沙学说为"独开门户,超然不凡"!他概括陈白沙的理学思想面貌时说:"先生之学,以虚为基本,以静为门户,以四方上下、往古来今穿纽凑合为匡郭。以日用、常行、分殊为功用,以勿忘、勿助之间为体认之则,以未尝致力而应用不遗为实得。"现代国学大师章太炎认为:"明代学者和宋儒厘然独立,自成体系,则自陈白沙始。"这是对陈献章承传创新精神及其成果的中肯评价。

(三)心学集大成者——王阳明

王阳明即王守仁(1472—1529),幼名云,字伯安,别号阳明。浙江绍兴府余姚县(今属宁波余姚)人,因曾筑室于会稽山阳明洞,自号阳明子,学者称之为阳明先生。历任刑部主事、贵州龙场驿丞、庐陵知县、右佥都御史、南赣巡抚、两广总督等职,晚年官至南京兵部尚书、都察院左都御史。因平定宸濠之乱军功而被封为新建伯,隆庆年间追赠新建侯。谥文成,故后人又称王文成公。王阳明因被尊为心学集大成者,而与孔子(儒学创始人)、孟子(儒学集大成者)、朱熹(理学集大成者）并称为孔、孟、朱、王。他的著作有《大学问》《王阳明全集》《传习录》。

王阳明学说，又称王学、心学、阳明学，核心是"良知说""知行合一论"。这是承传陆九渊强调"心即是理"之思想，反对程颐、朱熹通过事事物物追求"至理"的"格物致知"方法的创造。他认为事理无穷无尽，格之则未免烦累，故提倡"致良知"，从自己内心中去寻找"理"，"理"全在人"心"，"理"化生宇宙天地万物，人秉其秀气，故人心自秉其精要，即所谓"良知说"。在知与行的关系上，他强调要知，更要行，知中有行，行中有知，二者互为表里，不可分离。知必然要表现为行，不行则不能算真知。这是他最著名的"知行合一论"。王阳明54岁时，在绍兴、余姚一带建书院宣讲"王学"。他在天泉桥讲学时，曾留下"心学四句教法"："无善无恶心之体，有善有恶意之动。知善知恶是良知，为善去恶是格物。"精炼而通俗地揭示其精髓。他的心学，正如现代著名国学家钱穆所说："阳明思想的价值在于他以一种全新的方式解决了宋儒留下的'万物一体'和'变化气质'的问题……良知既是人心又是天理，能把心与物、知与行统一起来，泯合朱子偏于外、陆子偏于内的片面性，解决宋儒遗留下来的问题。"这是王阳明被尊为心学集大成者的一个重要原因。

王阳明是中国文化史上少有的能文能武的政治家、军事家、哲学家、文学家，是集立德、立言、立功的集大成之大儒，又是在传统文化上集文化承传创新精神"大成"的杰出范例。他的心学，既是对孟子儒家学说的承传，又有明显的道学和佛学的影响，直接承传陆九渊、陈白沙等前辈和同辈湛若水之心学精华，创造了自己的心学体系，对明代及其后代影响很大，日本、朝鲜、东南亚等海外学术界对其评价也很高。曾国藩说："王阳明矫正旧风气，开出新风气，功不在禹下。"梁启超说：王阳明是一位豪杰之士，极具伟大，军事上、政治上，多有很大的勋业。他的学术像打药针一般令人兴奋，所以能吐很大光芒。孙中山说：日本的旧文明皆由中国传入，五十年前维新诸豪杰，沉醉于中国哲学大家王阳明的"知行合一"说。日本学者冈田武彦说：阳明学最有东方文化的特点，它简易朴实，不仅便于学习掌握，而且易于实践执行。在人类这个大家庭里，不分种族，不分老幼，都能理解和实践阳明的良知之学。当代学者、美国哈佛大学教授杜维明说：王阳明继承和发扬光大了中国儒学特有的人文精神。他提出"仁者要以天地万物为一体"，就是要创造人与自然的和谐；他提出"知行合一"，就是要创造人与社会的和谐；他提出致良知，就是要创造人与自身的和谐。杜维明断言，21世纪是王阳明的世纪。

四、西樵山书院与宋明理学书院

（一）西樵山的书院文化

西樵山因湛若水、方献夫、霍韬三位大家在此创办云谷、大科、石泉、四峰四大书院（霍韬还同时在南海石头乡办的石头书院，可说是五书院），承传创新理学心学，而成为"理学圣地"、书院名山，并且引领了广东与珠江流域大办书院之风。西樵四大书院兴办有先后，主要是在明正德至嘉靖年间，时间相距不远，前后十余年。其间，正是广东以至全国名家自办书院成风的时候。据王元林教授在研讨会上提供的资料，与西樵四书院同时出现的，还有其他人在广州及广东其他地方办的许多书院，全省兴起了创办书院的高潮。据《广东书院制度沿革》统计，明代广东兴建书院共168所，其中嘉靖年间78所，万历年间43所，合占70%以上。可见在兴办书院之风上，南海西樵也是在明代起到领航和聚焦的作用的。

西樵书院的最大特点（也可能是明代广东书院的最大特点），多是私家办学、名家办学，而且是一家多处办学、同时资学、游学、讲学。最突出的是湛若水，他在担任朝廷官职期间，已致力于在南京、扬州、番禺、增城、南海等地开设书院并讲授理学，影响几及全国各地，其门徒达4000多人。由于向他求学的人太多，以致在授学时往往要用弟子间代为传授的方式进行。在他退仕前后，除在西樵山办两间书院外，还先后在广州创办天关、小禺、白云、上塘、蒲涧等书院，在他家乡增城还办有明诚、莲洞、新塘等书院，并常亲往讲学。此外，他还热心捐款赞助书院，得其"馆谷"（资助）的书院达28所，遍布他的家乡增城和广州、南海、扬州、池州、徽州、武夷等地。他不仅出力出钱办书院，还亲自制定书院的教育体制，如他在西樵为大科书院亲自修订《大科训规》，就是在教育管理的体制上进行承传创新的代表作。方献夫、霍韬在西樵山办的书院，也是私家书院，他俩分别写的《西樵山石泉书院记》和《家训》，都体现了在教学内容和管理制度上有自己的承传创新。

(二) 宋明理学的书院文化

宋明理学的开创和发展，从始至终都离不开书院文化，靠书院文化承传，靠书院文化创新。其实，中国传统学术大都是如此流传至今的。早在春秋战国时代，孔子门徒三千、七十二弟子，诸子百家也大都是这样。开始时大都是在私人书斋授徒，后来叫私塾、家学，再后才叫学堂、学馆、书院，这些名称变化，在一定程度上体现了书院文化的承传创新历程。

宋明时期理学盛行，每个地方都有官办书院，从县学、府学到京城的国子监，都要讲授理学，因此宋明书院文化特别发达。著名的理学家大都办书院或到书院讲学，特别是乐意到官办书院既办学、讲学，又治学、立学，并由此而成为创立学说学派的著名大家。最有代表性的是南宋初期学者张栻（1133—1180）。张栻字钦夫、乐斋，号南轩，世称南轩先生，又称张宣公。四川绵竹人。父张浚曾任右相，后被贬连州，时年张栻14岁，随父居连州从学。张栻34岁时，应命到长沙重修不久的岳麓书院任主教，兼城南书院教职，同时在两书院讲学授徒，传道授业。在《潭州重修岳麓书院记》中，他申明办学宗旨是宣传理学，主治理学，并邀外地名师讲学，开展学术交流，承传前人学术成果，创立了具有自己学术特点的湖湘学派。

五、"理学名山"与理学心学的学术文明智慧

"西樵三大家"以弘扬宋明理学而将西樵山打造为"理学圣地"，以宋明理学书院文化而将西樵山建造为"书院名山"，同时，也以宋明理学学术文明的历史经验和学术智慧，营造了明代西樵山的学术文明。这些历史经验学术智慧虽有历史时代的局限性，但对于我们今天建设现代科学的学术文明，仍是有借鉴价值和意义的。

(一) 崇学尚术

崇学，就是倡显学，定官学，立学术、学科、学系、学派，树治学、办学、讲学、授学之风；尚术，就是探索规律、遵循法则、寻求途径、讲究方法。宋明崇尚

理学就是如此。理学，又称道学，是以研究儒家经典的义理为宗旨的学说，即所谓义理之学。宋明以此学为显学、官学，规定治学、办学、讲学、授学，都要以此学为导向；理学所称之"道""义""理"，即其所认为的规律、法则、途径、方法，以此立学术、学科、学系、学派。周放颐的太极说、二程的洛学、张栻的湖湘之学、朱熹的闽学、陆九渊的心学、陈献章的白沙之学、湛若水的甘泉之学、王阳明的王学"，都是由此确立的科学、体系、学派，宋明时代也由此形成了崇学尚术的学术风气，创造了时代的学术文明。当然，不同的时代有不同的学术文明，也就有不同时代要求的学术。因此，每个时代要创造自己时代的学术文明，必须要崇尚自己时代的学与术。这是宋明时代创造的历史经验，我们现在建设现代科学学术文明也当吸取借鉴。

（二）尊师重教

"尊师重教"这句千古名言，是传统教育法则，也是学术文明的标志和规范之一。历代宋明理学代表性大家之间，都有程度不同的师承或师徒关系，而且，不管关系亲密程度如何，后学对先学都是极其尊重的，先学对后学也是倾心传授的。如：周敦颐与二程之间是师徒，二程对师教不仅全力承传，而且以此奠基理学体系；湛若水是陈献章的得意门生，湛若水每每讲学必传"白沙之学"，同时又自创"甘泉之学"。还特别值得注意的是：宋明理学大家，不少同时是朝廷重臣或地方要吏。这些大官兼学者，大都倾心治政、治学，同时热心办学、助学。特别突出的是朱熹。他开始做县官的时候，即在同安整顿县学，"教思堂"；不久到龙溪复县学，作《重修尤溪庙学记》，并亲书"明伦堂"制匾悬挂于尤溪县学宫正堂；随后逐步升官，他的助学也逐步升级。影响最大的是他在南康军任上，修复白鹿洞书院，曾自兼洞主，延请名师，充实图书，请皇帝敕额，赐御书。还置办学田，供养贫穷学子，并亲自订立学规，即著名的《白鹿洞书院教规》。《白鹿洞书院教规》是世界教育史上最早的教育规章制度之一，对教育目的、训练纲目、学习程序及修己治人道理，都一一作了明确的阐述和详细的规定，它不仅成为全国后续书院办学的模式，而且受到世界教育界瞩目，成为国内外研究教育制度的重要文献。朱熹尊师重教的业绩和经验，仍值得当今现代科学教育文明和学术文明建设借鉴。

（三）承学创派

宋明理学从周敦颐到王阳明的数百年历史，可以说是在学术上承传学说和创立学派的历史。具体表现在其发展史上各个历史阶段的代表人物，都是在承传前辈学术成果基础上而创立自己学说或学派，同时也将理学推向新阶段的。周敦颐开山之后，二程将其学说完整化、系统化，创立了洛学，同时为理学作了奠基，也即是理学发展的第二阶段；第三阶段是朱熹集理学之大成创立了朱学或闽学。陆九渊承传孟子的养心学说，创立了心学，从理学另开门户，既是理学发展第四阶段，又是心学开始的第一阶段；陈献章承传陆学而创立了白沙学派，是心学第二阶段或理学第五阶段；王阳明集心学大成，创立了王学或阳明学，将理学心学推向了最高峰。这样的承传并创立学说学派的传统和营建学术文明的历史经验，是很有借鉴价值的。

（四）兼融开明

从总体看，宋明理学心学，都是以儒学为主体，吸取道学、佛学而成的学术体系，是一个兼融性的学科领域。从属其中的学说或学派，也大都是兼融性的学术理论或体系，如二程的"合一论"、王阳明的"知行合一论"，朱熹之理学"集大成"和王阳明心学"集大成"都是这样。另外，在其学说与学派之间的分歧中，也是以兼融思想的开明精神协调的。例如，著名的朱熹与陆九渊"鹅湖之争"，实际是理学与心学分野之争，主持者本想利用这机会调和朱陆分歧，未达目的；但未影响两人友谊，两人仍然书信来往不断。时隔数年，陆九渊应朱熹之邀，讲学于白鹿洞书院。稍后是张栻与朱熹在岳麓、城南两书院之争。当时朱熹从福建崇安来，与张栻"会友讲学"，并展开学术辩论。两人在一起讨论了《中庸》的已发、未发和察识、涵养之序以及太极、仁等理学的重大理论问题，同时又同在书院讲学，相互切磋，达两月之久，影响很大。再就是王阳明与湛若水之间之离合。开始两人经常一道到各地讲学，合称"王湛学派"；后来因学术观点有异，加上职务变化原因，遂分道扬镳，各立新学，但其友谊长存。

宋明理学的崇学尚术、尊师重教、承学创派、兼融开明的学术作风和传统，使宋明学坛形成了学说纷纭、学派林立、争鸣不止、和而不同、共处长存的热闹景象，营造了一代的学术文明。明代中叶的西樵山，可以说是这些学术作风和传统之凝汇，是这个时代学术文明之缩影。请看在这个小小的山上，同时办有四大书院，又分别是不同学派的讲坛和基地，云谷、大科是湛若水弘扬白沙学派和甘泉之学的讲坛，石泉书院是方献夫承传阳明学派的基地，四峰书院则是霍韬兴办宗族教育的学馆，各有不同的学制、不同的生源、不同的学风，平等竞争，互不干扰，和睦共处，无论在学说或学风上，都是凝现了宋明理学的学术文明之风。所以西樵山既是理学"圣地""名山"，也是学术文明之"圣地""名山"。

2017年8月18日脱稿于广州康乐园，2018年1月22日提交在南海西樵举行"理学心学与珠江学派"论坛

附注：本文写作，参照或参考了《"中华文明视野下的西樵文化"国际学术研讨会论文集》（温春来主编，广西师范大学出版社2012年出版。该研讨会由中山大学岭南文化研究院2011年7月举办）等资料，特此鸣谢！

珠江文派论

珠江文派者，写作气派相通之广东作家群是也
—— 跋《珠江文典》并从粤派批评论珠江文派

《珠江文典》（下称《文典》）于去年夏天编就，本是为倡导珠江文派而投石问路之举，因故未能付梓。今逢《羊城晚报》热议粤派批评之风正旺，承广东旅游出版社盛情卓见，趁热将其抛出，使多年有实无名的珠江文派，也能像粤派批评那样名正言顺地浮出水面，不亦悦乎？

文学创作与文学批评，是文学事业之两翼；前者是土壤，后者是庄稼，两者有似皮与毛的关系，"皮之不存，毛将焉附？"所以，探讨粤派批评，理当深入探讨珠江文派。

珠江文派是广东文艺领域与岭南画派、广东音乐并列的作家文派，曾有人称之"岭南文派"。这是就地域而言的文派称谓。笔者认为，这个作家文派，应当有个既标志地域又表明文化特质的派名，应称之"珠江文派"为宜。因为珠江水系流域覆盖广东乃至岭南地域（所以珠江文化包括广东及岭南文化）；当今泛珠江三角洲区域合作，即是以珠江水系流域及其文化为支撑；珠江水系文化即珠江文化。这是一种具有水系文化形态及系统的水域文化，是我国与黄河文化、长江文化并列于世界水系文化之林的一种大江大河文化。

从文派的特质上说，珠江文派者，写作气派相通之广东作家群是也。何谓之"气"？曹丕《典论·论文》云："文以气为主，气之清浊有体，不可力强而致。"浅白言之，"气"即精神、气质。何谓"气派"？即写作的作风和气度。毛泽东在延安号召文化界，要有革命的学风和文风，要有"中国作风"和"中国气派"；并且当读到从国统区到解放区的著名作家丁玲、欧阳山的新作后，在"天快亮了"的子夜，挥笔写信为他们的"新写作作风"庆祝。由此可见当时解放区的人民文艺，在黑暗中国，堪称代表光明的一种"新写作作风"文派，是最能体现"中国作风"

"中国气派"的文派。这种文派，随着解放战争的胜利步伐传遍全国，自新中国成立后，逐步泛化并衍化为许多各有自身民族、民系、水系、地域文化特质和写作气派的作家群，也即是文派。珠江文派是其中最有特色的中国文派中的一个。它在中国新文学史上的实际成就和影响，与早已知名的山西"山药蛋派"、河北"荷花淀派"、湖南"湘军"相比并不逊色，只不过其有实无名而已。

这部《文典》所选的26位作家及其代表作，是珠江文派存在并长期发展的一个实证，也是珠江文派作家群以其"写作气派"相通而凝聚为"群"、为"派"的实证。这批作家，是新中国成立前后至20世纪80年代活跃于中国文坛的广东作家，他们的活跃年代，与《文艺报》开辟《经典作家》专版所介绍的作家大致相同，所以我们也称他们为广东新文学经典作家。他们的活跃年代及其成就，是珠江文派走向成熟的标志。

本书着重对这批经典作家"记住乡愁"的作品进行选析，并以《文典》为名，既是以其为"记住乡愁"作品之典范，又有以其为珠江文派代表作之意。众所周知，"望得见山，看得见水，记得住乡愁"，是习近平总书记在中央城镇化工作会议上提出的号召。如果说这个号召，是要求在农村现代化进程保持原有山清水秀的自然环境和传统文化风情的话，那么，对于文学创作来说，则是要求作家创造出能够使人"记得住"山水乡情的艺术作品。所以，在当今全国农村城镇化和世界经济一体化高速发展的情况下，这个号召对于地域文化和文学创作而言，是尤其具有现实意义的。因为一体化排斥多样化，如果文化和文学失去多样化，就等于没有文学、没有文化。鼓励各地开展"记住乡愁"创作，正是实现全国地域文化与文学创作多样化的重要途径，也是鼓励或发现文学流派的重要途径。所以，我们着重从这一途径选析这批作家的代表作，并以此透析广东作家群以"写作气派"相通的"气"之所在。

一是"天气"，包括自然气候环境和时代精神之"气"。珠江文派作家的作品，大都很注重以独特的南方气候与自然山水风物的景象，再现所写时代的风云变幻和时代精神，往往天时之"气"与时代之"气"融汇于浑然一体的艺术形象之中，形成一种独特的粤派风韵。最突出的代表是欧阳山的《三家巷》《苦斗》，两书所写20世纪20年代的广州，大革命的时代风云和时代精神都投影于一幅幅浓郁的岭南风情画中，甚至一年四季的节气变化和社会斗争的风云变幻，都细致入微地融现于"乞巧""人日"之类时令节日活动的描写上;吴有恒的《山乡风云录》《北山记》《滨海传》,分别以"乡""山""海"的岭南地理风貌,展现了华南抗日战争和解放战争的时代画卷;萧殷的《桃子又熟了……》和杨奇的《风雨同舟》,以亲身经历为创作基础,分别实录了抗日战争胜利后和平谈判时期与新中国成立前夕护送民主人士北上等历史转折期的重大事件;黄秋耘的《雾失楼台》和岑桑的《如果雨下个不停》,将"文革"年代的社会心态和灾难寓于岭南多雾多雨的自然景象之中;杨应彬的《山颂》和《水的赞歌》,以岭南的山水风貌寓现了昂扬时代的凌云壮志;郁茹的《落雨大,水浸街》,以广东特有的天气民谣,特有粤味地体现了深圳特区创办时的改革开放精神。

二是"地气",即广东独特的风土习俗之"气"。"山水"即地方风土,"乡愁"即乡恋,主要体现于地方的风情习俗。广东作家个个都是写风土人情的高手,本土创作几乎篇篇都有习俗。中国当代散文三大家之一的秦牧,以长篇散文《土地》纵横捭阖地抒写了传统的土地崇拜习俗,并在著名散文《花城》中,以对传统花市习俗的精美描写,热烈地歌颂了广东人种花、爱花、赏花的崇高美德和奋力创造美好生活的时代精神,使千年古城广州增加了一个美好的名字——"花城";黄谷柳的长篇小说《虾球传》,以珠江河上的变幻水声,诉说了疍家人的水上风情和在黑暗年代中的秋风秋雨;于逢在《金沙洲》中通过龙舟节日习俗描写,体现了广东人"敢为天下先"的特质;黄庆云在《一个传统的理想》中,以阿婆崇拜的习俗赞颂了广东人传统的寻根问祖观念。

三是"人气",包括在千姿百态的作家风格、人物典型、乡里亲情之间相通之"人气"。入选《文典》作品的作者,都是各有艺术风格的作家:欧阳山的执着,陈残云的洒脱,秦牧的广博,杜埃的宽厚,吴有恒的豁达,黄谷柳的平真,黄秋耘的淡远,萧殷的求实,杨奇的精细……但他们又都共有相通之"人气",即珠江恋、岭南情、粤海风;他们笔下的人物,如周炳、区桃、许火照、许凤英、虾球、阿娣、刘琴……个个都是栩栩如生的典型,又都是一派别有"广式"风姿的俊男靓女;他们所写的乡土作品,如杜埃《乡情曲》、楼栖《周年祭》、易巩《杉寮村》、韦丘《沙田夜话》、陈芦荻《渔村潮汐》、紫风《阿螺姨母》、贺青《杜鹃的叫声》、曾敏之《鸟声》和陶萍《梅花村散记》,都分别在各有特色的客家、潮汕、广府、渔村、山区、城中小区的民系乡里描写中,贯串着"人气"相通的乡里亲情。

四是"珠气",即珠江文化气质、特质、内涵之相通。早在20世纪80年代,笔者提出珠江文化概念并开创珠江文化领域,就是从陈残云的《香飘四季》《珠江岸边》等作品中发现并开始以多学科交叉系统工作进行研究的,故称陈残云是"珠江文化的典型代表"。总体上可以说,广东作家群的作品都不约而同地写到珠江水、珠江史、珠江情,都以不同年代的题材、故事、文体展现珠江文化的特质和内涵,所以说是"珠气"相通。除陈残云外,《文典》所选秦牧《愤怒的海》中的《珠江水长》、易巩《珠江河上》、杜埃《花尾渡》、华嘉《荔枝湾夜》、曾炜《海珠桥抒怀》、林遐《撑渡阿婷》、关振东《夜游珠江》等珠江题材作品,既在总体上系列地反映了珠江在各个历史时代的文化风貌和发展,又分别在个体上展现了珠江文化开放性、包容性、领潮性、重商性、实效性的特质;由此亦可看到,珠江文化特质正是广东作家群相通之"珠气"。

五是"海气",即海洋文化及宽宏如海纳百川之大"气"。中国三大江河文化各有独特风格:黄河文化如李白诗:"黄河之水天上来,奔流到海不复回";长江文化如苏轼词:"大江东去,浪淘尽,千古风流人物";珠江文化如张九龄诗:"海上生明月,天涯共此时"。可见珠江文化与黄河文化、长江文化的最大区别,是海洋性特强。因为珠江流域海岸线最长,江海一体,海上丝绸之路最早从此启航,分布世界的华人华侨最多,海洋和华侨题材作品也最多。20世纪80年代,秦牧的《愤怒的海》、杜埃的《风雨太平洋》、陈残云的《热带惊涛录》等华侨题材长篇小说接连问世,轰动一时。由此,吴有恒提出"应该有个岭南文派"。显然,这是从这批作品看到广东作家群具有相通并特强之"海气"而提出的主张。堪称珠江文派泰斗的欧阳山有言:"古今中外法,东南西北调",前句指创作方法,后者指文学语言。这是他数十年创作实践总结出的理论,也是珠江文派作家群相通的宽宏"海气"在创作风格上的精辟概括,可谓画龙点睛之语。还值得注意的是,这批经典作家成员,部分是走南闯北的岭南人,部分是多年前来自五湖四海的"老广",这也当是珠江文派特有"海气"的一个重要标志。

以上五"气",是广东作家相通为"派"的血脉,是珠江文派的风骨和特质。欧阳山、陈残云、秦牧等经典作家,以"记住乡愁"的经典作品,留下以广东本土为主的山水乡愁记忆,又从中创造并留下以"五气"相通而聚为文派的历史经验,是很有现实意义的。因为当今广东作家队伍，大多从外省入粤不久，对广东本土生活体验尚不深，写作气派的相通和凝聚力有待加强，如能像这批前辈作家那样，以"记住乡愁"而坚持深入广东本土生活与创作，以"五气"相通而承传并发展珠江文派，广东文学的更大并持久繁荣指日可待。

2016 年 9 月 22 日脱稿

（《珠江文典》由广东旅游出版社 2017 年出版。）

百年珠江文流的三段历史波澜

——《珠江文流》概论

前些时候，广东省珠江文化研究会在"珠江—南海文化书系"的"珠江文派与记住乡愁书链"中，首先出版了《珠江文典》，旨在以新中国成立前后（20世纪50年代前后）广东新文学经典作家"记住乡愁"的优秀创作成果，证实和体现珠江文派的存在与成熟，并展现其特质与风采；也在于以记住乡愁而凝现珠江文派，并以珠江文派探求记住乡愁的经验和途径。现在出版的《珠江文流》，则是以鸦片战争后19世纪40年代至20世纪40年代的百年珠江文流，探讨珠江文派从萌起到成熟的全过程；同时，也在于从文学上探索记住乡愁的历史经验。

鸟瞰百年珠江文化之源流（简称"珠江文流"），虽然不似"黄河之水天上来，奔流到海不复回"那样神圣，也不似"大江东去，浪淘尽，千古风流人物"的长江文流那样气派，但却以"海上生明月，天涯共此时"的海洋性、共时性特质，在百年历史长河中，以开创或掀起三大叱咤时代风云的历史波澜，推动了历史和文化的进程，同时为珠江文派的萌起与形成起到领潮争先、推波助澜的作用，也为从文学上记住乡愁提供了历史的依据与源泉。

一、第一段历史波澜

第一段历史波澜，由梁启超在维新运动前后开创的"新民说""文界革命"和"学术新论"掀起。

鸦片战争后的维新变法运动，是由广东人康有为、梁启超发起的，虽然只有百余天的寿命，而且后期陷入保皇党的失误和倒退，但却起到揭开中国近代史首页的重大作用。尤其是梁启超在这场运动前后创立的新学，不仅是当时的旗帜和号角，而且对于接踵而至的五四运动具有直接的重大影响，甚至可以说是先期提出了五四运动的方向和口号。五四运动的风云人物胡适、陈独秀、鲁迅、郭沫若都曾说受过梁启超的重大影响。胡适说："梁任公（即梁启超）为吾国革命第一大功臣，其功在革新吾国思想界。十五年来，吾国人士所以稍知民族思想主义及世界大势者，皆梁氏之赐，此百喙不能诬也。"郭沫若在《少年时代》中回忆："平心而论，梁任公地位在当时确实不失为一个革命家的代表。他是生在中国的封建制度被资本主义冲破了的时候，他负载着时代的使命，标榜自由思想而与封建的残垒作战。在他那些新兴气锐的言论之前，差不多所有的旧思想、旧风气都好像狂风中的败叶，完全失掉了它的精彩。二十年前的青少年——换句话说，就是当时有产阶级的子弟——无论是赞成或反对，可以说没有一个没有受过他的思想或文字的洗礼的。他是资产阶级革命时代的有力的代言者。"

梁启超（1873—1929），广东新会人，字卓如、任甫，号任公、饮冰室主人。他一生数十年，一直奔忙于维新运动，他主要以办报刊和写文章的方式进行活动，并同时进行广泛深入的文化学术研究，从而使其不仅是开创时代、叱咤风云的政治家、宣传家，而且是一位创新立说、博大精深的大学者、大作家。他留下著作千余万字，涉及政治、经济、军事、哲学、社会、历史、宗教、文化、文艺、语言、翻译等多学科领域，而且对每个领域都有创新之说，故统称其创立的新学说为新学。总体看来，他创立的新学繁花满眼，林林总总，其中对于文流尤其是对于珠江文流影响最大以至直接掀起历史波澜的是三个新学，即新民说、文界新说、学术新论。这三说新学，是既有创新理论又有创新实践成果的学说。新民说是他的主导思想与政治纲领，文界新说是他对改革文化领域的理论与实践，学术新论（也即是"说"）是他的学术思想与理论创造。梁启超主要是以这三个新说，掀起了举世知名的维新运动，铺垫了划时代的五四运动，发起了现代中国的文界革命和学术革命，同时也作为百年珠江文流的发端而为创立珠江文派和珠江学派掀起第一段历史波澜。

（一）新民说

梁启超1902年写有一首《自勉》诗："献身甘作万矢的，著论求为百世师。誓起民权移旧俗，更研哲理庸新知。十年以后当思我，举世犹狂欲语谁？世事无穷愿无尽，海天寥廓立多时。"全诗抒发了他的献身精神和远大抱负，体现了他的人生目标和事业走向，充满着坚定的自信，敞开着宽大的胸怀。诗中所称的"誓起民权移旧俗"，就是他创立新民说的目标和学说。他为倡导新民说，专门于1922年2月创办了《新民丛报》，称其宗旨是："取《大学》新民之义，以为维新吾国，当先维新吾民。中国之所以不振，由于国民公德缺乏，智慧不开；故本报专对此病而药治之，采合中西道德为德育之方针，广罗政学理论，以为智育之本。"由此，他撰写了长达11万字的系列长篇论文《新民说》在该报连载，并从此署名"中国之新民"发表文章，影响甚大。毛泽东在1936年对斯诺谈话中说，青年时十分佩服梁启超，对他主编的《新民丛报》爱不释手，对他的文章读了又读，读到常常可以背出来，甚至在1918年组织的学生社团也取名"新民学会"。胡适在《四十自述》中说："《新民说》诸篇给我开辟了一个新世界，使我彻底相信中国之外还有很高等的民族，很高等的文化。"鲁迅说他写小说是为了"拯救国民的灵魂""改造国民劣根性"的思想，实则与梁启超的新民说相通。新民说的思想观点与辛亥革命的"三民主义"和五四运动的民主科学（德先生、赛先生）口号是一致的。所以，可以说梁启超不仅发起和领导了维新运动，而且具有铺垫辛亥革命和五四运动的贡献。

（二）以文界新说发起的文界革命

尽管梁启超与领导辛亥革命的孙中山有过分歧，并曾随康有为陷入保皇党的失误（但他在袁世凯称帝时坚决不同流合污，而是亲自策动了讨袁战争，支持孙中山第二次革命，这即是他改正错误的最大行动），而且在这两场运动发生时，他都在海外，但他均以其创立的新学说和革命行动影响着运动的进程，尤其是他以创立的"文界新说"而发起的"文界革命"。

1. 以"新史学"发起的史学界革命

梁启超是新史学最早的倡导者。他创办的《新民丛报》创刊号，开卷即发表他的史学革命代表作《新史学》。该文指出：史学是"国民之明镜"，"爱国心之源泉"，是学问中最博大、最切要者，与国家民族发达密切相关。但以往史学是"帝王中心论"，"皆为朝廷上之君臣而作，曾无有一书为国民而作"，将数千年历史写成帝王"二十四姓之家谱"，无休止地进行所谓"正统"与"国统"之争；所谓"春秋笔法"，同样是谄媚王霸者而无关于人群之进化。他提倡的新史学，是以"叙述人群进化之现象，而求其公理公例"（即法则、规律）为宗旨，"使后人循其理、率其例,以增幸福于无疆"。这种史学观几乎与毛泽东完全一致。他还很重视历史研究方向和方法的改进,写有《中国历史研究法》等多篇论文,提出"工欲善其事,必先利其器";无方法整理之史料如"一堆瓦砾",有方法整理则"如在矿之金,采之不竭"。梁启超不仅提出新史学的理论,而且身体力行新史学之实践,亲笔撰写了多种专题史著和人物传记,如《先秦政治思想史》《中国近三百年学术史》《中国专制政治进化史论》《中国法理学发达史论》《中国国债史》,以及《郑和传》《管子传》等。直到他重病期间,仍在编写《辛稼轩年谱》至辞世。梁启超还尽力于外国史编写,出版有《雅典小史》《斯巴达小志》《波兰灭亡记》《朝鲜亡国史略》《越南亡国史略》,使国人大开眼界,都是很有现实意义的史著。

2. 以"新文体"发起的文学界革命

梁启超是办报行家,又是文章圣手。他从23岁开始办报,直到41岁,近20年之久,被誉为"舆论界之骄子"。他最早提出报刊文字要"言文合一"的主张,他发表的文章都写得挥洒自如,感情充沛,雄辩充实,通俗流畅,自成一体,被公认为开创了一种"新文体"(又被称为报章体、新民体)。他主张文章要"适用于今,通行于俗"。与他同代的著名诗人黄遵宪,称梁启超的文章使人"惊心动魄,一字千金,人人笔下所无,却为人人意中所有,虽铁石人亦应感动。从古至今,文字之力之大,无有过之此者矣。"另外,从文章的语言上说,梁启超的"新文体"可以说是白话文与文言文结合的文体,是从文言文向白话文过渡时代的文体。他曾说:"我不敢说白话永远不能应用最精良的技术,但恐怕要等国语经几番改良蜕变以后。若专从现行通俗语底下讨生活,其实有点不够",可见他不是反对白话文,而是有提倡全用白话文的时机尚未成熟之虞,所以他倡导的新文体似有"白话不够文言补"之意。这在当时是不得已的过渡性的开创行为。被称为白话文开创人的胡适曾说:严复用文言译书,"当时自然不能用白话,若用白话,便没有人读了。八股的文章更不适用。所以严复译书的文体,是当时不得已的办法。"梁启超的"半文半白"文体正是由此。比较而言,梁启超的新文体不是比严复前进了一步,从而是向白话文的转折性过渡么?

3. 以"新派诗"发起的诗歌界革命

最早提出并创作"我手写我口"之"新派诗"的是诗人黄遵宪(号公度,广东梅县人)。梁启超则是最早支持"新派诗"并使其形成理论的诗论家。他积极支持黄遵宪的实践,称其为"诗界革命霸主";同时通过在《新民丛报》连载他的著名诗论著作《饮冰室诗话》,从理论上予新派诗大力支持,并使其完善。他在诗话中指出:"欲为诗界之哥伦布、玛赛郎,不可不具备三长:第一要新意境,第二要新语句,而又须以古人之风格入之,然后成其为诗。"他认为:"近世诗人,能熔铸新理想以入旧风格者,当推黄公度(即黄遵宪)"。可见他是树黄遵宪为新派诗典范的。他还极力倡导军歌,特在《新民丛报》辟专栏发表黄遵宪的《军歌二十四章》,并指出:"吾中国向无军歌,其有一二,若杜工部之前后《出塞》,盖不多见,然于发扬蹈厉之气尤缺。此非徒祖国文学之缺点,抑亦国运升沉所关也。"他还对黄遵宪试作的军歌拍案叫绝,称其创作的《出军歌》《幼儿园上学歌》《学校歌》为"中国文学复兴之先河"。现在普遍流行之校歌皆缘自此。可见梁启超和黄遵宪不仅是倡导新派诗,而且发起了一场"诗界革命"。朱自清在《现代诗歌导论》中说:"那回革命虽然失败了,但对于新诗运动,在观念上(不在方法上),却给予很大的影响。"

4. 以"新小说"发起的小说界革命

在中国旧文坛,尽管有《红楼梦》等"四大名著",但历来小说的地位是低下的。梁启超是新小说的最早倡导者。1902年,他在《论小说与群治之关系》一文中指出:"欲新一国之民,不可不新一国之小说。故欲新道德,必新小说;欲新宗教,必新小说;欲新政治,必新小说;欲新风俗,必新小说;欲新学艺,必新小说;乃至欲新人心,欲新人格,必新小说。何以故?小说有不可思议之力支配人道故。"他认为小说有四种"力",即"薰、浸、刺、提"之力,"文家能得其一,即为文豪;能兼其四,则为文圣。有此四力而用之于善,则可以福亿兆人;有此四力而用之于恶,则可以毒万千载。"他还指出:"美、德、英、法、奥、意、日本各国政界之日进,则政治小说为功最高","日本之变法,赖俚歌与小说之力"。正因为如此,1902年,他在刚创办的《新民丛报》第2号特辟《小说》专栏,长年连载新小说作品;同年又创办了中国第一家《新小说》杂志,连篇推出大量小说作品。由于梁启超在理论上的大力鼓吹,实践上又大力扶持小说创作和翻译小说,使得当时文坛形成了写小说、译小说、读小说、办小说报刊的热潮,涌现了一大批小说作品和小说作家,形成了一代小说之风。

5. 以"新曲艺"发起的民间文艺革命

梁启超在《小说丛话》中指出:"文学之进化有一大关键,即由古语之文学变为通俗之文学是也。各国文学史之开展,靡不循此轨道。"由此,他批驳了宋元以来通俗文学流行是中国文学倒退的说法,反认为这"实为祖国文学之大进化"。通俗文学除小说外,还包括地方戏曲、杂剧、传奇、话本、演唱等民间艺术,故称曲艺。梁启超以新观点评价和倡导新曲艺,认为曲本有"四长":"唱歌与科白相间,甲所不能尽者以乙补之,乙所不能传者以甲描之,可以淋漓尽致,此长一也。寻常之诗,只能写一人之意境,曲本内容主伴可多至十数人或数十人,各尽其情,其长二也。每诗自数折至数十折,……为作者所欲,极自由之乐,其长三也。……曲本则稍解音律者可任意缀合诸调,别为新调,……其长四也。"他亲自撰写曲本多部,如《班定远传奇》《木兰从军传奇》等。可见他以"新曲艺"发起的民间文艺和俗文学革命也是身体力行的。他还在《新小说》特辟专栏推介用广东民间艺术粤讴的形式填写新词的作品,作者是署名"外江佬"的珠海人梦余生,由此,梁启超称其"实文界革命一骁将也"。

(三) 学术新论

梁启超写《自勉》诗的时间是1902年,五四运动是1919年,相距时间10余年;梁启超称"十年以后当思我",正如他之预见。这场运动在很大程度上承传了他创立的"新民说"和"文界新说",尤其是文学革命。茅盾曾在《读〈倪焕之〉》一文中说,"新文学的提倡差不多成为五四的主要口号"。可见梁启超发起并进行的"文界革命"对五四运动的重要影响。同时还应当注意到,梁启超对学术革命还起到更为重大而深远的影响。这就是他以"更研哲理牖新知"而创立的系列"学术新论"。这些新论,也正如他所说是"著论求为百世师"而创立的,不仅在当时产生了极其重大的影响,是应时而超前的新论,而且是持续百年至今仍有师法价值之学说。

1. 学术大势论

梁启超1902年写的长达8万字的论文《论中国学术思想变迁之大势》,是他创立的学术新说的代表作。文中最引人注目的是创立了"学术大势"之名称和概念，实则是现在通行的社会文化形态和主导思想的意思，实则是现在引为时尚的社会文化学之开端说法。这篇文章开篇，他概述中国学术思想在世界史上的地位后指出："凡一国之立于天地，必有其所以立之特质。欲自善其国者，不可不于此特质焉，淬厉之而增长之。"可见他所言之大势，即一国之特质，也即是一国社会文化形态之特质。接着他将中国数千年的学术思想变迁分为七个时代："一胚胎时代，春秋以前是也；二全盛时代，春秋末及战国是也；三儒学统一时代，两汉是也；四老学时代，魏晋是也；五佛学时代，南北朝、唐是也；六儒佛混合时代，宋、元、明是也；七衰落时代，近二百五十年是也。八复兴时代，今日是也。"在对胚胎时代的论述中，他还特别指出："综观此时代之学术思想，实为我民族一切道德、法律、制度、学艺之源泉"；另外，他又指出：这些划分不完全是以朝代时限而言，也不"非特学术思想有然，即政治史亦莫不然也"。可见其"学术大势"之概念不仅指学术思想，而是一个时代的社会文化形态概念。特别值得注意的是，他在文中指出：中国与其他国最大不同之处是"无宗教"，对此他说，"浅识者或以是为国之耻，而不知是荣也"。因为"宗教者于人群幼稚时代虽颇有效，及其既成长之后，则害多而利少焉。何也？以其阻学术思想之自由也"。他在划分如前七个时代的"学术大势"中，只称佛学而不称佛教，对孔子、老子思想也只称儒学、老学，而不称孔教、道教。这意味着梁启超对宗教是学、教有别的，也即是说，无论佛学或道学，都是与佛教或道教有联系而有区别的概念，是文化的学术的思想概念，因为每种宗教都是一种意识形态。可见梁启超最早作出这种区别，并且以"学术大势"说开创社会和时代文化形态及其发展变迁的理论，是很有历史和现实意义的。

2. 学术势力论

他在1902年发表的《论学术之势力左右世界》，提出了"学术势力"概念。这个概念，与现在我国倡导的"科技是第一生产力"的口号是实质相通的。梁启超在该文中说："亘万古，袤九垓，自天地初辟以迄今日，凡我人类所栖息之世界，于其中而求一势力之最广而最经久者，何物乎？……曰智慧而已，学术而已。"他认为近代史文明之进化开始，在于十字军东征和希腊古学复兴，使欧人与他种民族得以相接近，传习其学艺，增长其智识，盖数学、天文学、理化学、动物学、医学、地理学等，皆至是而始立。同时又由于希腊语言文字之学相通，不受宗教迷信束缚,思想大开,全欧精神为之一变。由此,他列举了哥伯尼的天文学、培根和笛卡尔的哲学、孟德斯鸠的《万法精理》、卢梭的天赋人权、富兰克林的电学、亚当·斯密的理财学等各种学科的创造所形成的学术势力,是今日"所衣所食、所用所乘、所闻所见的根本创造力",是推进世界文明之最大势力所在。这一说法,与最新倡导的文化软实力理论也有精神上的一致。

3. 地理文明论

梁启超1902年发表《地理与文明之关系》一文,堪称中国地理文化学尤其是今日风行的地域文化学之发端著作。他在文中指出:"世界文明之原因,其所由来甚复杂,固非可仅以一学科之理论而证明之者也。虽然,以地理学者之眼观之,亦有可以见其一斑者。"由此,他以世界五大洲文明程度不同之实例,论证地理条件的差异与文明程度不同的关系:一是气候不同,二是地理环境不同,三是地理条件特点不同,四是地理环境造成精神生活的不同,五是社会制度的不同。这些不同的根本,在于任何事物有因果关系,地理条件与文明程度也是如此。梁启超认为探讨地理与文明的因果关系,就是"知其果之所从来,则常能造善因以补助之",意思就是发挥地理条件的优势(善),以弥补地理条件之弱势,以促进文明的发展。此后,梁启超还接连发表了《亚洲地理大势论》《欧洲地理大势论》等同类论文,1922年发表的《地理特点对中国历史的影响》一文,对全国20个省或地方的文化特点和学术成就都作了论述,可见他开创地域文化学的广阔视野。

4. 江河文化与学派差异论

与地理文明论相联系,梁启超还在《论中国学术思想变迁之大势》一文中,首创了当今世界学界风行的江河文化与学派差异论,尤其是中国南北学派及其差异论。他指出:"欲知先秦学派之真相,则南、北分两潮,最当注意者也。凡人群第一期之进化,必依河流而起,此万国之所同也。我中国有黄河、扬子江(长江)两大流,其位置、性质各殊。故各自有其本来之文明,为独立发达之观。虽屡相调和混合,而其差别相自有不可掩者。凡百皆然,而学术思想其一端也。"他从黄河、长江两大流域的地理和生存条件的差异,分析了其民风与学风的差异。他认为"北学"之精神是因为"北地苦寒硗瘠,谋生不易……无余裕以驰骛于玄妙之哲理,故其学术思想,常务实际,切人事,贵力行,重经验,而修身齐家治国利群之道术"

最发达。由此,"重家族""尊先祖""崇古之念重,保守之情深,排外之力强""守法律,畏天命"。而"南学"之精神,则由于南地"气候和""土地饶""谋生易""故常达观于世界以外",故"不重礼法""不拘于经验""不崇先王";"探玄理,出世界;齐物我,平阶级;轻私爱,厌繁文;明自然,顺本性"。梁启超还指出:在学术思想全盛的春秋时代,"实以南、北两派中分天下。北派之魁,厥惟孔子;南派之魁,厥惟老子。孔学之见排于南,犹老学之见排于北也"。这些理论,不仅直接光照百年珠江文流,对于当今探求珠江学派和珠江文派的来龙去脉,都具有指引意义。

5. 水文化与海洋文化论

这是现在世界最崇尚的一种文化学理论。梁启超早在1902年发表的《地理与文明之关系》中已提出:"土地高低,亦与文明之发达有比例。区而分之,有三种文明:一是高原,二是平原,三是海滨。"他认为以平原、海滨最发达。进而他发挥江河尤其是海洋文化理论。他说:"人类交通往来之便,全恃河海。……'水性使人通,山性使人塞;水势使人合,山势使人离。'""有河流则土地丰饶。中国之有黄河、扬子江,……在数千年以前庞然成一大国,文明灿然。""海也者,能发人进取之雄心者也。陆居者以怀土之故,而种种之系累生焉。试一观海,忽觉超然万类之表,而行为思想,皆得无限自由。……久于海上者,能使其精神日以勇猛,日以高尚。此古来濒海之民,所以比于陆居者活气较胜,进取较锐。"这些关于水文化、江河文化尤其是海洋文化的论述,是极其精辟、光照日月的。

6. 中西海陆孔道论

梁启超以海洋文化论指引,早在百多年前,就发现和提出了海陆丝绸之路论。早在1905年,梁启超就在《世界史上广东之位置》一文中提出:"古代的东西交通之孔道有二:其一曰北方陆路,由小亚西亚经帕米尔高原下塔木里河从新疆甘肃诸地入中国者;其二曰南方海路,由波斯湾亚刺伯海经印度洋从广东以入中国者。此两道迭为盛衰,而汉唐以还,海道日占优势。"他指出:"北方陆路,其起原当甚古。盖我族迁徙,本自西徂东。炎黄以前,其往还或极盛未可知。自有成文史以后(春秋以前,吾假名之为不文史,以后则成文史也),即西汉张博望(即张骞)通西域一役,实为东亚两文明接触之导线。博望之迹,虽未越地中海,然中亚诸国,间接以为之媒介，其影响所被盖甚广。如葡萄、苜蓿、胡桃、安石榴等诸植物，皆由希腊传来，其名称皆译希腊音，班班可征。当时我国输出品之大宗曰丝绢，其销场广及于罗马。罗马国中，至金绢同重同价。"而南路海道之初开通，首次是后汉桓帝延熹九年，大奉（罗马）王安敏遣史自日南征外献象牙、犀角、玳瑁。公元226 年（吴黄武五年），有罗马商人秦论来到交趾，太守派人送他到吴国都城拜见孙权，为第二次。其时东吴交趾太守治署在番禺，领地包括两广安南，这个罗马人是到越南还是到广州不可而知。当时广州已有商船遗址无疑。可见东西交通开始从陆路移至海道。梁启超发现的这些史料，陆路孔道的发端时间与当今学界所见相同，海道发端时间则被后人推前了［广东省珠江文化研究会学者于 2000 年 6 月在《汉书·地理志》发现公元前 111 年即西汉元鼎六年汉武帝派黄门译长从徐闻、合浦经日南（今越南）出海的记载，并到徐闻、合浦实地考察证实］。虽然如此，梁启超在百多年前即有这些发现，提出东西交通海陆二孔道的理论，而且这些发现和理论的首创性持续"百世"之久，其学术造诣之高超怎能不令人折服呢？

7. 文化杂交论

无须讳言，梁启超创立的学说和新论，好些是从外国引入的，但却不是外来的"原装货"，而是经改造过的、结合中国实际的中国说、中国论。最典型的实例是《世界史上广东之位置》一文，开篇他即说明："其参考书类，除中国古籍外，取资最多者"有德国、美国、日本等国著名学者的史著和论文，特"谨弁数言，以表谢意"。在《论中国学术思想变迁之大势》中，他理正词严地正告青年同胞："自今以往二十年中，吾不患外国学术思想之不输入，吾唯患本国学术思想之不发明。"可是他的输入是为了发明创造。他甚至引用"生理学之公例（法则、规律），凡两异性相结合者，其所得结果必加良"。生物如此，文化学术也如此。值得注意的是，梁启超对古代学派的发展变化，也发现有这种杂交现象。他指出："诸派之初起，皆各树一帜，不相杂厕；及其末流，则互相辩论，互相熏染，往往与其初祖之说相出入，而穷采他派之所长以修补之"，以及"往往兼学他派之言，以光大本宗"等现象。他还认为"学派之为物，与国家不同。国家分争而遂亡，学派分争而益盛"，这就是因为学派之间是在分争中熏染、穷采、兼学、杂交他派之所长。可见梁启超的"文化杂交论"，与现在"在对撞中交融，在交融中对撞"的文化交融论同宗同理。这个新论，正是珠江文化有"海上生明月，天涯共此时"之开放性、包容性的典型体现，这也是梁启超开创珠江文流的一个重要佐证。

（四）萌起珠江文派"五气"特质

梁启超以新民说、文界新说、学术新论于维新运动前后，在全国掀起了新民说、文界革命、学术革命的浪潮，同时，他也以这些新说作为百年珠江文流的发端，在19世纪中叶至20世纪初叶的清末民初，掀起了珠江文流首段的巨大历史波澜，为珠江文流和珠江学派的创立作出了理论和实践的奠基，尤其是他身体力行的大块文章，对于珠江文派的"五气"特质起到萌起作用，同时也在无意中为文学的记住乡愁提供了先驱性的范例。

笔者在本书系的《珠江文典》跋中，从广东新文学经典作家的记住乡愁代表作品的相通"气派"，概括出珠江文派有"五气"特质。其实，这些特质，都是从梁启超的理论与实践萌起的。

1. 天时之气，即自然与时代之气

梁启超说：文化学术思想有三个发端："天道""人伦""天人相与"（和谐）。又说："天然者，盖其地理之现象，空界之状态……而生出种种之观念也。"可见，梁启超很重视自然天气对于文化和文学的影响。但他更重于时代之气，包括时代精神、时代风云、时代气息等。他的人生历程，可谓与时俱进的历程；他的每篇文章都是合时而著、针砭时弊、为时所需尤其是发时代强音之作。例如，他写于1900年的著名政论散文《少年中国说》，开头即针锋相对地指出："日本人之称我中国也，一则曰老大帝国，再则曰老大帝国。是语也，盖袭译欧西之言也。呜呼！我中国果老大矣乎？梁启超曰：恶！是何言！是何言！吾心中有少年中国在。"文章既是驳斥日本和西方帝国主义对中国的歧视与爪分野心，又是对国内悲观、消沉、顽固、保守、享乐、颓废等"老大"现象的批评，同时将中国在历史上的优势如数家珍地数出，以增强国人奋发图强的信心，认为中国仍是少年，并认为"今日之责任，不在他人，而全在我少年。少年智则国智，少年富则国富，少年强则国强"。仅此例可见，梁启超之文，都是反映时代之作、是时代强音之作。这正是天时之气的强烈体现，也可谓文学上以写出时代之气而得以永远记住乡愁的作品范例。

2. 地水之气，即地方水土和人文环境之气

"地理文明论"是梁启超创立的重要学术新论之一，也是他创立的重要文论之一。《中国地理大势论》一文中，梁启超论述了南北文风的差异："燕赵多慷慨悲歌之士，吴楚多放诞纤丽之文，自古然矣。自唐以前，于诗于文于赋，皆南北各为家数。长城饮马，河梁携手，北人之气概也。江南草长，洞庭始波，南人之情怀也。散文之长江大河，一泻千里者，北人为优。骈文之镂云刻月，善移我情者，南人为优。盖文根于性灵，其受四围社会之影响特甚焉。"这段文字，既提出了"四围社会之影响"之理论，又在文风上体现了珠江文派萌起时所洋溢的"江南草长，洞庭始波"的"南人之情怀"，以及"骈骈文之镂云刻月，善移我情者"之优势。梁启超的大块文章，大都是既有这种情怀和这种优势之文。这种文气，也是珠江文派萌起时的文章态势。

3. 世情风格之气，即对人生世态的爱憎与抒发风格之气

梁启超的文章，无论散文、游记、书信，还是政论、学术著作，除在文化学术上均具有创论立说之特点外，还在文体上具有情热如火、气势如风的风格。其情热和气势，都是对国家、民族、人民、事业、故乡、亲人、师友之高度热爱。正如他自己所说那样："我中华者，屹然独立，继继绳绳，增长光大，以迄今日；此后且将汇万流而剂之，合一炉而治之。於戏，美哉我国！於戏，伟大哉我国民！吾当草此论之始，吾不得不三薰三沐，仰天百拜，谢其生我于此至美之国，而为此伟大国民之一分子也。"这是他在长篇学术论文《论中国学术思想变迁之大势》总论中的一段话。仅以此为例，可见他的文章所洋溢着炽热深情和如海如风之大气风格，是多么感人肺腑，是多么发人奋进！他往往在翔实论述中，以"梁启超曰"的方式发表洋洋大论，直抒胸臆地抒发强烈的爱与憎。如当袁世凯企图称帝时，他气愤地一夜写出万字文：《异哉！所谓国体问题者》，强烈声言："就令全国四万万人中三万九千九百九十九万九千九百九十九人赞成，而梁某一人断不能赞成也"，真是"嬉笑怒骂皆成文章"，强烈的爱憎跃于气势如风的个人风格之中，无愧是萌起的珠江文派之大气之作。

4. 珠江文化之气，即记住乡愁之气

梁启超创立水文化和江河文化论，多次谈到代表中国南北之长江、黄河，为何在他的著作中却找不到中国第三大水系——珠江一词？笔者认为，并非他忽视或忘本，而是在他的年代尚未发现珠江是个几乎覆盖整个南中国的庞大水系，当时珠江只是广州一个河段的名称。其实，梁启超对故乡、亲人、师友的深情和信念，也突出地体现在他的学术著作和散文作品中。最典型的是他久负盛名之后，在京城写的回忆散文《三十自述》，将他念念不忘的游历、征程、乡情、亲情等写得扣人心弦、余味无穷，依依感恩情、拳拳报国心，跃然纸上；同时也从一个侧面反映了中国30年的重大历史事件、时代风云、学风文风之迭变，树立了记住乡愁与国情文情融于一体的文章范例。尤其是《我之为童子时》，短短千余言，将童稚时偶犯说谎话之错而受母惩罚之往事，铭记"人若明知罪过而故犯，且欺人而以为得计，则与窃盗之性质何异？天下万恶，皆起于是矣"之母训，将传统诚信文化之根寓于母爱姐情之中，更是记住乡愁之精品。可见梁启超为珠江文派萌起之作，都是高度凝现文化本根与乡情亲情之气的。

5. 海洋文化之气，即海天寥廓之气

梁启超出生于海边，思想意识和观世眼光都源自海洋文化。他的《自勉诗》末句："世事无穷愿无尽，海天寥廓立多时"，充分体现了他所说的"海也者，能发人进取之雄心也"，观海则使人"超然万类之表，而行为思想，皆得无限自由"之大海气魄，同时也体现了他身上的珠江文化"海上生明月，天涯共此时"之特质。他的长篇论文《世界史上广东之位置》，从题目即可见其视野是以"海天寥廓"的世界眼光看广东的位置，并从世界交通的视野在百年前开创了"中西海陆通道论"。这篇文章，是学术界首篇以世界眼光看广东之作，也是最能体现梁启超寓记住乡愁之深情于海洋文化大气之中的光辉作品。文章开篇即指出："就国史上观察广东，则鸡肋而已"，但从世界史和交通史上看，广东则是十个"全地球最重要之地点"之一，认为"广东之在中国，其地恰如欧洲古代之腓尼基，中世纪之意大利市府也"，"实为传播思想之一枢要"，并认为"今日之广东，依然为世界交通第一等孔道"。可见他对故乡之见之情，是从海洋文化出发的，是从广东在世界海洋文化和交通的实际位置和发展前景出发的，视野之大如海，胸襟之大如海，文章之气也如

海，可谓珠江文派萌起时期记住乡愁作品体现"海天寥廓"之气的范例。

　　梁启超不仅在学术上文化上为开创百年珠江文流作出重大贡献，而且在扶持人才和影响群体上也发挥重大作用。他创立的文界新说及其开创的文界革命，不仅在全国，也同时在广东掀起了巨大的文化波澜，今天所称之为"粉丝"的梁启超的崇拜者和响应者，如雨后春笋、风起云涌。正如现代著名作家兼学者郑振铎说：梁启超"在文艺上，鼓荡了一支像生力军似的散文作家，将所谓恹恹无生气的桐城派文坛打得个粉碎。他在政治上，也造就了一种风气，引导了一大群的人同走。他在学问上，也有了很大的劳迹；他的劳迹未必由于深湛的研究，却是因为他的把学问通俗化了，普遍化了。"也正如与梁启超同代的广东佛山人、著名小说《二十年目睹的怪现状》作者吴趼人（笔名我佛山人），当时在《月月小说发刊词》中所言："吾感于饮冰子（即梁启超）《小说与群治之关系》之说出，提倡改良小说，不数年而吾国之新著新译之小说，几于汗万牛、充万栋，犹复日出不已而未有穷期也。"可见梁启超培养人才之多、影响群体之众、掀起历史波澜之大。

　　从上可见，梁启超以他创立的新学和开创的维新运动、文界革命、学术革命，在近现代中华历史长河中全方位地发挥了领潮争先的重大作用；同时，他又以创立的理论和身体力行的实践，尤其是情热如火、气势如风的大块文章，为珠江文派的萌起起到了奠基和表率作用，为百年珠江文流掀起了首段历史波澜，并以他的光辉成就照耀着珠江文流之百年流向。所以，梁启超无愧是近百年中华文明史的揭幕者之一，同时，也是百年珠江文流和珠江文派的开创者和"百世师"。

　　从珠江文派的形成和发展史上看，梁启超所掀起的首段历史波澜，可以说是珠江文派领潮争先的萌动时期。因为这个时期，梁启超所开创的百年珠江文流，既在中国近代思潮中领潮争先，同时也在珠江文派的形成上起到开创性的萌动作用。梁启超的新学和文界革命理论与实践（含新史学、新文体、新小说、新派诗、新曲艺），既是中国近代思潮之思想导向，又是珠江文派的理论和实践的基础和雏形。与他同时代并同道开创珠江文流的康有为、黄遵宪、吴趼人、黄世仲等，虽未正式成派，但也有"人以群分"之趋势。这"群"人的创作也都程度不同、方式有别、风格各异地体现了珠江文派"五气"的端倪。

二、第二段历史波澜

第二段历史波澜，包括由朱执信、杨匏安、洪灵菲等革命者和作家分别在五四运动前后掀起的"土话文""美学"与"革命文学"波澜，以及梁宗岱、李金发、冯乃超以诗作诗论掀起的象征主义波澜。

1919年在北京爆发的五四运动，揭开了中国现代史的光辉首页，也将百年珠江文流推向新的历史阶段，并在这历史阶段中，特别明显、突出地显示了领潮争先、推波助澜的珠江文化特质。尤其明显的是，运动爆发的始点，是1919年5月4日北京学生在天安门举行大会。仅过7天时间，即5月11日，广州东堤举行几万人国民大会，呼出"反二十一条""收回青岛""严惩卖国贼"等口号，可谓及时而最早地响应这场伟大运动。特别值得注意的是，五四运动从反对卖国条约的爱国运动，发展为以欢迎"德先生""赛先生"为口号、以倡导民主科学为核心的思想解放运动，同时又发展为新文学运动。这对于珠江文流而言，是直接而有重要意义的。因为有三位广东代表人物在五四运动前后，以自己首创的理论与实践，既体现珠江文流在全国性的时代潮流中领潮争先，同时又独辟蹊径地将梁启超在维新运动中开创的珠江文流向前推进，掀起了第二个历史阶段的历史波澜。

（一）朱执信倡导的"本土白话文"及其创作的现代广东第一篇白话小说《超儿》

朱执信（1885—1920），原名朱大符，广东番禺（现广州）人。1904年留学日本，并结识了孙中山，从此参加革命活动，成为孙中山得力的政治和军事助手，从1908年至1911年辛亥革命爆发，几乎所有革命起义都有他的参与。他发表了许多阐述孙中山三民主义的重要文章，参加孙中山《建国方略》的制定，是国民党初期主办刊物的主笔和主要理论家，是民主革命杰出的代表人物与社会活动家。1920年9月21日在虎门战役中遇难逝世。

朱执信曾亲身参加北京天安广场开幕的1919年五四运动大会，运动后期多次参加文学改良和关于白话文的论争，显示出他既是时代的"弄潮儿"，又是很有独特性的理论家和开创性的作家。最突出的事例是：被称为倡导白话文先驱的胡适，在五四运动后期发表了《多研究问题，少谈些主义》一文，朱执信当即发表《新文化的危机》一文，直面批评胡适的观点错误，认为"谈主义，谈问题，是一样的"，如果只谈问题而不谈主义"危险最大"。同时，发表《广东土话文》一文，提出："白话是活的，文话是比不上的"，白话文表达上"自然"，应用上"明白"，对胡适倡导的白话文既表赞成又作了重要补充。更为重要的是，朱执信在这篇文章中，还提出："我想各省各县，除是没有土话，或是土话太不完全、不堪用的以外，都可各自用土语来做文章。广东人、琼州人、客人、潮州人、福建的漳泉人、福州人，浙江的温台人、宁波人，江苏的苏州人、上海人，都可以各用各地的话来做文章。"这是因为"做的也是嘴里的活土语，变做纸上的麻痹国语。看的也是把眼睛里的麻痹国语，翻做心里的活土语。而在做的人，总有许多达不出的意思；在看的人，也总有许多囫囵吞下去，解释不清的地方。"所以，他"主张广州人对广州人讲广州土话，并不主张广州人对中国人、对世界人，都讲广州话。更不能要求中国人、世界人，都对广州人讲广州话。而现在广州人，除自己谈话以外，还有对中国人讲话、听中国人讲话的必要。所以没有地方性质的出版，应该用国语"。这个观点，是从谈话与写作对象不同出发而分别使用国语或本土语，并以"自然""明白"为宗旨的，不是一概将国语与本土语对立起来，较能使人接受，对于广东文学来说尤有重要意义。因为历来广州人和外省人，都面临粤语和普通话的隔阂问题，尤其是对文学语言来说，适当使用方言土语是体现地方色彩的重要手段，是记住乡愁的文学途径之一。所以朱执信关于"土话文"的主张不仅对珠江文流有重大影响，对全国各地都有普遍意义。

值得特别注意的是：被称为中国新文学第一篇白话小说的鲁迅《狂人日记》，发表在1918年《新青年》杂志上，而朱执信则于1919年《新建设》杂志第1卷第2号上发表了被称为"广东新文学第一篇白话文小说"的《超儿》，时间差距不足一年，典型地体现了珠江文流领潮争先的特点。这篇小说全文五千多字，以两个青年女子柳意和小鬘的对话展开故事情节，从凤生追求小鬘到结婚生出超儿不断吵架的故事，探索人生谁支配谁的社会问题，旨在对"支配人"封建思想的批判，这是对五四热门的探讨人生的"问题小说"之回应，与当时同是广东人许地山的同类作品异曲同工。许地山（1894—1941），名赞堃，字地山，笔名落华生（古时"华"同"花"，所以也叫落花生），籍贯广东揭阳，生于台湾，是上世纪20年代问题小说的代表人物之一。其创作一开始就汇入了问题小说的热潮之中，出手不凡，显出了与其他问题小说名家如叶绍钧、冰心、王统照、庐隐等人不同的奇彩异趣,体现了珠江文流与全国文流同步。

(二) 杨匏安开辟中国美学领域及其创作的广东首篇《狂人日记》式小说《王呆子》

杨匏安(1896—1931),广东香山(今珠海)县南屏乡人。自幼受家庭古典文学熏陶,进读广州广雅书院。毕业后回乡任小学教师,因揭露校长贪污,反被诬陷"图谋不轨"罪名被捕入狱。保释出狱后赴日本,本拟留学,却因狱案被人误解,致失学失业,便自编油印刊物《如此》出售谋生,同时自学日文翻译作品,任小学代课教师。1916年回国返乡结婚后,到广州任中学教师,并为报刊投稿和翻译作品。1919年五四运动爆发,他带领学生参加广州的游行活动,同时在进步报纸《广东中华新报》发表大量宣传马克思主义和西方哲学、美学的作品。1921年春,广东正式成立共产党组织,他被吸收正式入党,投入革命青年工作,当选为广东社会主义青年团执委会文书部负责人;后任粤汉铁路局广州分局编辑主任,投身工人运动。1923年国共合作,被任命为共产党在国民党中的党团书记、组织部秘书。1924年任广东区委监察委员。1930年参加组织省港大罢工,被香港政府逮捕,关押50天后被驱逐出境。1925年被国民党广东省党部选为常委兼组织部长,后又被选为国民党中央9个常委之一。1927年在中国共产党第五次代表大会上被选为中央委员。广州起义失败后,被派到南洋各地活动,1929年回到上海,在党中央机关参与报刊编辑工作,编译出20余万字的《西洋史要》,并兼任中共农民部副部长。1931年7月25日被捕,宋庆龄等呼吁释放,周恩来设法营救,皆无果。不久即被秘密处决。

杨匏安是无产阶级革命家,他的一生始终站在时代洪流的风口浪尖上;他又是著名的革命理论家、翻译家、作家,他的著作更是领时代风骚的不朽名篇,鲜明地突出了珠江文流领潮争先、推波助澜的独特风采。例如,1919年11月《新青年》第6卷第5号发表李大钊的《我的马克思主义观》。同年11月11日至12月4日,杨匏安在《广东中华新报》副刊《通俗大学校》上,连载他的长篇论文《马克斯主义》,只有不到半年的时间差,而且,这是广东最早系统宣传马克思主义之文章,可谓最早与李大钊南北呼应之作。尤其是在1919年6月至8月,也即是五四运动方兴未艾的时候，杨匏安在《通俗大学校》专栏连载他以《美学拾零》为总标题的3万余字的美学文章，系统介绍西方美学大家柏拉图、康德、费希特、黑格尔、哈特曼等的美学理论。在此之前，我国学者仅王国维、蔡元培在文章中谈到过叔本华、康德的美学思想，系统的美学论著是个学术空白。所以杨匏安自谓"历时数载"写出的这篇长文，可谓开辟中国现代美学理论和领域的开山之作。已故的中山大学著名哲学家马采教授称：这篇文章在当时"有助于人们开拓眼界，了解西方各种美学思想的来龙去脉和基本内容，进而比较分析，作出选择。尤其是该文以将近三分之一的篇幅，着重介绍了近代美学大家哈特曼的美学思想，反映了当时国际学术界掀起的一股哈特曼热的美学动向，也填补了我国迄今为止的西方美学史研究中的空白。"（转引自中央文献出版社1996年出版的《杨匏安文集》第678页）可见杨匏安开创的中国现代美学的重要领潮意义。杨匏安后来发表的介绍西方哲学的《世界学说》《马克斯主义浅说》《西洋史要》等，也都是有同样意义的著作。令人惊讶的是，杨匏安还创作了小说作品。他写的短篇小说《王呆子》，写的是主人公王呆子以假装痴呆取得恶霸郑某信任，在翌年杀其全家，而为被其迫害死去的父母和姐姐复仇的故事，深刻地反映了社会的阶级矛盾，揭示了阶级斗争的重大课题。这篇小说与被誉为中国新文学首篇小说——鲁迅的《狂人日记》主题相近，文体相近（即有文言有白话的小说），而且发表时间也相近：鲁迅的《狂人日记》在1918年《新青年》发表，杨匏安的《王呆子》则于同年在《广东中华新报》3月14—22日连载，所以《王呆子》被称为广东新文学首篇《狂人日记》式小说。这也是杨匏安的理论与实践具有掀起珠江文流第二阶段历史波澜意义的典型事例。

（三）洪灵菲倡导的革命文学及其代表作《流亡》三部曲

洪灵菲（1902—1934），广东潮安人。1922年在金山中学毕业，考上中山大学前身广东高等师范学校，深受当时在该校任教的著名作家郁达夫的赏识和影响。在校期间，他积极投入革命洪流，参加过"五卅""六二三"、北伐、省港大罢工等的宣传工作，并参加了中国共产党，曾任国共合作时国民党中央海外部秘书。1927年广州"四一五"大屠杀后，他被迫流亡到香港、新加坡、曼谷等地，数月后回到上海，担任闸北区地下党某支部党小组长，并积极投入革命文学活动，组织文学社团，出版刊物，并进行革命文学创作，出版了大量小说作品，成为颇有影响的革命文艺理论家和作家。1930年春，中国左翼作家联盟（以下简称左联）在上海成立时，他被选为七常委之一；1932年夏，中国左翼文化总同盟成立时，他也被选为七常委之一。1933年7月26日，他在北京李大钊侄女家中被捕。当时宋庆龄和许多爱国人士均先后发表声明抗议，敌人仍将他秘密在南京雨花台处死。

　　从百年珠江文流的发展进程来看，洪灵菲可说是继朱执信、杨匏安之后，在20世纪30年代，既是作为珠江文流的代表而在中国现代文学革命洪流中发挥重大作用的领潮者，又是将珠江文流第二段历史波澜推向高峰的卓越代表人物。洪灵菲的最大特点是：将领潮全国革命文学潮流与领潮珠江文流结合得很密切，使珠江文流既在全国大潮中推波助澜，又使珠江文流别开蹊径地汹涌前进。例如，他在上海加入了蒋光慈、阿英、孟超等人创办的领军当时全国革命文学潮流的"太阳社"，同时，又与广东同乡人林伯修（杜国庠）、戴平万组成"我们社"，出版《我们》月刊，与"太阳社"异曲同工地倡导并创作大量的革命文学作品；他在左联工作期间，既在理论与组织上着力倡导革命文学，同时又在创作上写出了大量具有浓郁珠江文化色彩的革命文学小说。最典型的是他的长篇小说《流亡三部曲》。这是他以亲身经历的在上海、广州进行的地下斗争和1927年"四一五"事变，和失败后流亡海外，以及在家乡逃婚，并在革命进程中追求自由恋爱的过程，而写成的自传体小说。小说主人公沈之菲、黄曼曼，实际是他与妻子秦静（原名秦孟芳）的化身。这是一部正面描写20世纪大革命时代地下斗争尤其是"四一五"事变后地下革命斗争的史诗性作品，又是当时文坛的"革命加恋爱"的浪漫革命文学的领潮之作，与郁达夫的《沉沦》、蒋光慈的《少年飘泊者》和《短裤党》等著名小说是同类作品。正如著名评论家孟超（是洪灵菲同代人）在1951年《洪灵菲选集》初版序言中所说：这是洪灵菲"最初的作品，自然这里边所表现的，只是一般小资产阶级的思想感情，如果我们拿二十年后现在的尺度去衡量它，也许会感到不够完整，不够精炼，或者与今天的要求不能完全契合。然而追溯起来，从革命文学的发展阶段上看，那是正在开创的初期，这作品却已经能够表现那一时代，并且代表了当时的情调风格，等等，是值得我们重视的。正因为这个原因，贯串在整个《流亡》中的，一方面是以感情去接触革命，另一方面又不免是抽象地表现了革命的概念。他以浪漫主义的表现方法，在革命的故事中杂糅了不少的恋爱场面，我们也不能否认在风格上是受了郁达夫的影响（自然也没有郁达夫颓废的一面）。可是，我们更应该着重地指出：他不但是忠实地反映出在革命低潮中革命青年由各种苦闷而转到反抗的历史事实；同时也以愤慨的热情、恣肆的笔力，对黑暗的政治、黑暗的社会，以及屠夫刽子手的疯狂的压迫与屠杀，加以无情的暴露，进一步地指出革命才是唯一出路，这样鼓舞了广大青年，教育了广大青年。因此，他对青年起了一定的影响，对革命运动起了一定的积极作用。"（引自人民文学出版社1982年1月出版的《洪灵菲选集》27页）可见洪灵菲的创作在当时的领潮作用和意义。同时，还值得注意的是，洪灵菲在《流亡三部曲》中描写主人公在广东和海外的苦难历史，有不少海内外风土人情描写，人物的对话大都用粤语或潮汕话，在革命风云中表现了地方色彩。这也是洪灵菲的创作具有掀起珠江文流第二阶段历史波澜意义的一个重要原因。

其实，在五四运动前后，除朱执信、杨匏安、洪灵菲之外，对于掀起珠江文流第二阶段的历史波澜作出贡献的革命者和作家，还有孙中山、廖仲恺、何香凝、彭湃、谭平山、阮啸先、冯铿、冯宪章、戴平万等卓越人物，限于篇幅就不一一列论了。这种政治与文学合流、革命家与文学家合流的现象，是梁启超开创的百年珠江文流的一大传统，也是其第二段历史波澜的最大特色和优势。

（四）梁宗岱、李金发、冯乃超以其诗作诗论掀起的象征主义波澜

在这段历史波澜的后期，有一股从西方引进的现代主义文流加入了中国现代文流和珠江文流的浪潮，这就是梁宗岱、李金发、冯乃超以其诗作诗论掀起的象征主义波澜。

梁宗岱（1903—1983），广东新会人。主要著作有诗集《晚祷》、词集《芦笛风》、论文集《诗与真》等。16岁开始在广州各大报纸及《小说月报》等杂志上发表新诗，有"南国诗人"之称，20世纪30年代已名满文坛；1924年赴法国留学，游欧七年，曾直接与保尔·瓦雷里、罗曼·罗兰、纪德等世界级文学大师直接交流，与法国象征派诗歌大师瓦雷里尤其相知。梁宗岱曾法译《陶潜诗选》，由瓦雷里作序，后又将瓦雷里长诗《水仙辞》译为中文，是中法象征主义交流之文坛佳话。1925年3月出版的《晚祷》，是梁宗岱唯一的象征主义诗集，整体呈现出一种"静穆"的氛围和境界。梁宗岱对诗论的重要贡献是提出"纯诗"理论，他说："所谓纯诗，便是摈除一切客观的写景，叙事，说理以至感伤的情调，而纯粹凭借

那构成它底形体的原素——音乐和色彩——产生一种符咒似的暗示力,以唤起我们感官与想象底感应,而超度我们底灵魂到一种神游物表的光明极乐的境域。像音乐一样,它自己成为一个绝对独立,绝对自由,比现世更纯粹,更不朽的宇宙;它本身底音韵和色彩底密切混合便是它底固有的存在理由。"他针对新诗逐渐出现艺术性丧失的趋向,强调诗作要重"作者的匠心",指出:"如果拿花作比,第一种可以说是纸花;第二种是瓶花,是从作者心灵底树上折下来的;第三种却是一株元气浑全的生花,所谓'出水芙蓉',我们只看见它底枝叶在风中招展,它底颜色在太阳中辉耀,而看不出栽者底心机与手迹。"他的诗论多以象征喻诗,认为"借有形寓无形,借有限表无限,借刹那抓住永恒",才能达到诗歌的"丰富,复杂,深邃,真实的灵境"。在五四运动后的30年代前后,梁宗岱的诗作诗论可谓开了中国诗坛的象征主义先河,也开了珠江文流中的现代主义先河。自20世纪50年代中期,梁宗岱到中山大学筹办法语专业始,后半生都在广州度过。梁宗岱一生随性而行,坚持自我,晚年鲜少论著面世。其大部分时间都在采药制药。因为出身中草药世家,梁宗岱能辨识出中草药不同的特点和药性,他甚至配制出两种中成药"草精油"和"绿素酊",从诗人、教授成为中药学家。

李金发(1900—1976),原名李淑良,笔名金发,广东梅县人。早年就读于香港圣约瑟中学。1919年赴法,在巴黎学习雕塑。1925年回国,同年加入文学研究会,历任南京美术学校校长、国立中央大学副教授、国立艺术院教授,创办《美育》《文坛》等杂志。李金发于1925年至1927年出版诗集《微雨》《为幸福而歌》《食客与凶年》,是中国早期象征诗派的代表作。1938年10月广州沦陷,李金发加入难民行列,辗转流迁西南各地。1941年将当年的散文诗作及几篇小说编成《异国情调》出版。1942年赴伊拉克使馆工作,1951年后定居美国。李金发是中国新诗史上具有代表性的人物,他1919年到法国留学,学的是雕塑专业,业余却喜欢读诗,尤其偏好法国"象征派"诗歌。李金发自幼家教严格,曾是多愁多病的青年,再加上当时的留学生活颇为清苦,中国留学生又备受压迫,因此他一下就被象征主义诗歌的颓废风格所吸引。在波德莱尔、魏尔伦等法国象征派代表诗人的影响下,李金发尝试写诗,并把诗歌寄回国内发表,很快获得成功,周作人甚至给予这些诗歌"国内所无,别开生面"的高度评价。受到西方现代主义文化的影响,李金发在自己的作品中构建了一个"审丑"的世界,其中占据主要地位的全是关于腐朽、死亡、衰败、绝望等否定性的意象。李金发从不忌讳"死亡",在他眼中,死在某种程度上是对生的超脱。除此之外，李诗还高唱着诗人对生命虚无的体验和对灵魂漂泊的感悟，表达着诗人的孤独寂寞感和现实生活带给他的精神压力。总的来说，李金发诗歌折射的是他真实的人生体验。《微雨》时期"微雨溅湿帘幕，正是溅湿我的心"（见《琴的哀》），摹写的是他留学初期的见闻体验及不适应感；《食客与凶年》表达的是自身经历的现代与传统、中国与西方间的强烈冲突；《为幸福而歌》则吟唱着与德国妻子屐妲从相识到相爱的过程。与此相类似，李金发的小说散文也折射着作家对故土的思念与对家乡文化的热爱之情。

冯乃超（1901—1983），生于日本横滨华侨家庭，原籍广东南海，现代诗人、戏剧家、小说家、文艺评论家、革命活动家、教育家。冯乃超的祖父冯德明是当地有声望的侨领，是横滨大同学校校董，与孙中山等革命者有所来往。冯乃超幼年曾回国三年，在家乡南海念私塾，后因时局变化，重回日本横滨。他成年后写有诗歌《南海去》、小说《故乡》以及回忆录《三十七年前的今天在香港》来纪念这段日子。冯乃超从小学到大学基本上都在日本接受教育。家中藏书颇丰，像新式报刊《新民丛报》《新小说》等，中外小说《三国演义》《石头记》《迦茵小传》等，直接对幼年的冯乃超产生文学上的影响。高中到大学时期，冯乃超接触到中国的新文化运动，又将学习重心从采矿、冶金专业转向文学与哲学。大学时期受到高蹈派、象征派的影响，开始写诗，曾与李初梨、李亚侬等人编《涟漪》诗集，后结识郑伯奇、李铁声等人。冯乃超的诗歌带有较为浓郁的唯美主义与象征主义倾向。1925年他认识了穆木天，两人常在一起谈诗，过从甚密。在参加革命工作之前，冯乃超是"创造社最后送出的三位诗人"之一。他前期的代表性诗集是《红纱灯》，出版于1928年，诗集分为八辑，分别是哀唱集、幻窗、好像、死底摇篮曲、红纱灯、凋残的蔷薇、古瓶集、礼拜日，收入他1926年的诗歌43首。冯乃超在日本生活了20多年，曾读日译版的法国诗歌，喜欢北原白秋、三木露风等日本象征派诗人的作品，使得他在早期写作的诗歌，既受到日本"物哀"文化的影响，又带有强烈的象征主义色彩。受日本平安时代"物哀"文化的熏陶，日本人往往在作品中突出悲伤、悲哀、哀思，并将之视作美的一部分，作品的哀挽忧叹、情绪的漂泊虚移、对生活的多愁善感等，都成为他们生命感知的一部分。在冯乃超身上，除了日本的"物哀"文化传统、法国的象征主义理论，中国的古典美学进一步发挥着作用。中国古典诗词中的意象、情调，文言语词所具有的强烈的浓缩性和韵律感，都浸润着冯乃超的诗歌，因此他写作的象征主义诗歌又带有浓郁的东方情怀。诗集名作《红纱灯》，红纱灯本身是中国古老文化的作品，这一盏清晰而朦胧、甜蜜而悲哀的古老神灯，照出来的是冯乃超典雅精致、色彩斑斓，而愈加颓废幽深的艺术世界。由于《红纱灯》部分作品结集前发表在《创造月刊》《洪水》上，从此与创造社发生关系，后来他成为创造社出版部日本东京分部的联络人。1927年10月，冯乃超回到上海。1928年，他参与到革命文学的论争当中。同期发表诗两首《上海》《与街上人》，标志着诗人诗风由前期的象征、浪漫、唯美转向了现实、革命。1930年左联成立时，冯乃超负责起草左联的《理论纲领》，被选为七人常委之一，担任左联第一任党团书记兼宣传部部长。在担任行政工作的同时，冯乃超坚持文艺理论翻译，如翻译了《芥川龙之介集》。1938年，冯乃超参与筹组中华全国文艺界抗敌协会，任筹备委员，负责起草《中华全国文艺界抗敌协会简章》，后任《抗战文艺》编委。抗日战争胜利后，冯乃超任华南分局领导下的香港"文委"书记，1949年参加中华全国文艺工作者代表大会。新中国成立后曾长期在广州中山大学工作，晚年定居北京。冯乃超前期是中国诗坛早期象征主义代表之一，后期革命文学的重要干将，分别在五四运动前后和抗日战争与解放战争两段历史波澜中，为珠江文流和珠江文派的形成发展作出重要贡献。

此外，与冯乃超有点相似，在这个历史时期为珠江文流作出贡献的尚有：黄药眠（1903—1987，广东梅县人）在20世纪二三十年代，在《创造周刊》发表大量文艺大众化、诗歌民族化文章，40年代在香港报刊也发表不少评论文章，产生很大影响，著有论文集《战斗者的诗人》等，文艺理论批评建设成绩卓著；钟敬文（1903—2002，广东汕尾人）对文学批评和民俗文化及民间文学研究建树甚丰，被视为中国民俗文化与民间文学学科的创始人，当年论文《试谈小品文》《文学批评的科学性与艺术性》《方言文学运动的新阶段》都甚有影响。两位大家早年曾长期在粤港工作，分别是香港达德学院教授和中山大学教授，新中国成立后都是北京师范大学教授，他们都是这个时期珠江文流历史波澜的重要击浪者。

从上可见，在五四运动前后至30年代，珠江文流和珠江文派的历史波澜，是处于推波助澜之"弄潮"时期。所推的"波"，主要是民主革命和大革命及其"革命文艺"之"波"，所助之"澜"是西方现代美学与象征主义文学之"澜"。这个时期的珠江文坛不乏"到中流击水，浪遏飞舟"的弄潮勇士，使珠江文流仍如前段历史波澜那样，处于全国大潮的风口浪尖，使尚未成"派"而已成"群"的珠江文派之"群"也能领潮争先、推波助澜。

三、第三段历史波澜

第三段历史波澜,以欧阳山从"粤语文学""大众小说"到"新写作作风"之路,蒲风、温流与《中国诗坛》,以及黄谷柳的《虾球传》和粤港"方言文艺运动",在抗日战争和解放战争时期掀起。

在抗日战争和解放战争的历史背景下,在决定民族存亡和国家前途的重大关头,珠江文流更是汹涌澎湃、勇往直前。这段历史波澜的最大特点是:文艺家积极主动地投身到火热斗争中去,到工农群众中去,以文艺为武器参加战斗,以文艺为纽带与群众相结合,并在融入全国斗争洪流的同时,特别注重发挥地域特色和优势,倡导新的理论并大力进行新的创作,从而继续并更大地发挥领潮争先、推波助澜的传统,掀起了百年珠江文流第三段历史波澜。

(一)欧阳山从"粤语文学""大众小说"到"新写作作风"之路

1931年九一八事变爆发,开始了伟大的抗日战争。当时在上海成立不久的左联及其"文艺大众化"的号召下,欧阳山(1908—2000,笔名罗西)在广州创办"广州文艺社"和创立普罗作家同盟(后改为中国左翼作家联盟广州分盟)的同时,提出"粤语文学"口号,在《广州文艺》杂志发表大量粤语文学作品进行倡导。欧阳山在《生底困扰》序称:粤语文学运动的目的,一方面,是"企图使文艺在最可能的最短期间内和人民大众,尤其是工农大众结合起来,必须有着使他们了解和爱好的充分的作品";另一方面,在于中国语言比较复杂,"大众语存在于每一个地方的大众底口头里。它底顽强程度使得'一元国语'及其相类似的运动者们底笔尖成为腐朽的灰泥。我们所要做的事情就在于怎样把大众口头所说的话经过适当的记录而发挥它们底最精彩、最美妙的特长。在文学方面,我们要求建立中国的多元性的方言土语文学。""运用现有的白话文来从事创作是必要的,运用各地原有的土语方言来从事创作更是必要的。"欧阳山的这些观点与朱执信《广东土话文》的看法何其一致。欧阳山创作短篇小说《跛老鼠》《懒理》、粤语诗《唔算出奇》,以及中篇小说《单眼虎》等粤语文学作品,还将当时女作家草明用普通话创作的

《缫丝女失身记》改成粤语作品《苏妹点样杀死佢大佬》，在《广州文艺》连载，引起强烈反响，既有争议，也有不少人热心支持。同时，也由此形成了一个壮大的粤语文学左翼作家群。值得赞许的是：广州左联的作家们还积极支持工人运动，支持石井兵工厂工人和太古码头工人罢工，散发为工人鼓气的作品和传单，真正投身到火热斗争和工农群众中去。可惜不久因欧阳山受到通缉，广州左联被迫解散。

1941年，欧阳山到当时的"陪都"重庆，仍坚持文艺大众化方向，提出创作"大众小说"的口号，并身体力行，创作出不少反映抗日战争的大众小说作品。值得注意的是，此时他虽身在内地，但仍主要写广东题材的作品。代表作是中篇小流《流血纪念章》。小说序言的题目是《我写大众小说的经过》，详述了他从30年代倡导粤语文学以来坚持文艺大众化的历程，说明写大众小说也仍是继续走这条路。小说的副题是"一个农民口述的广东故事"。小说的主人公是名叫梁龙的打石匠，性格耿直而又有点古怪，被人称为傻子。他在哥哥开的刻石店里干活，做事认真，但有健忘的毛病，常常忘记顾客交代的交货日期，顾客责备他，他又常常与人争吵，甚至打架，弄得他哥哥也无可奈何。不久他参加了军队，到抗战前线打仗。在一次激烈战斗中，一位同班战士为救他而牺牲了，他也受了伤，获奖一枚纪念章，并获准长假回乡。乡亲们欢迎他回来，以为他有纪念章会有许多钱，一段时间后，知其底细是个穷光蛋，人们渐渐冷淡了他；后来又逐步知道他的纪念章不是纯金物，是别人牺牲换来的，更看不起他。于是他重返前线，勇敢战斗，取得了真正属于自己的纪念章。此外，欧阳山还发表了《三水两农夫》《好邻居》《扬旗手》《英烈传》《世代冤仇》《爸爸打仗去了》等作品，都是广东题材的抗战大众小说，又都是写社会下层群众的大众化作品，使内地读者感到新鲜，深受欢迎，推动了抗战，同时也在内地并向全国推进了珠江文流的文化波澜。

1942年，欧阳山在延安参加了延安文艺座谈会，积极响应毛泽东的号召，深入生活和工农群众，创作了《活在新社会里》等作品，尤其是长篇小说《高干大》。这是一部以描写农民高生亮创办合作社，为边区群众办实事、做好事，歌颂新社会、新人物、新事物的新小说。欧阳山写这个人物，虽然与他过去创作中主要描写的社会下层群众人物相同，但已不是旧社会受压迫、渴求解救的苦难者，而是新社会为群众办事的主人；虽然这篇小说也仍是大众化作品，但却是具有新风格的人民文艺创作。所以，毛泽东在"快要天亮"的时候，挥笔写信，"替中国人民"为他的"新写作作风庆祝！"，这是对欧阳山数十年来坚持从"粤语文学""大众小说"

到"新写作作风"之路的最高评价和肯定。欧阳山的这条创作道路,实际上也代表和标志着珠江文流投入全国人民解放文艺大潮的走向,并且由此而连续掀起了百年珠江文流第三段历史波澜。在这期间,丘东平(1910—1941,广东海丰人)以"抗战,叙事"小说走革命大众小说之路,张资平(1883—1959,广东梅县人)以"恋爱小说"走通俗文学之路,虽然道路不同,但目标都是为文艺大众化作出努力。这也是在这期间珠江文流历史波澜中值得一书之事。

(二) 蒲风、温流与《中国诗坛》

抗日战争时期的中国诗坛,涌现了两位著名诗人,就是被著名学者闻一多称为"火把诗人"的艾青和"擂鼓诗人"田间。如果说,艾青和田间这两位齐名诗人是北方诗坛先锋的话,那么,广东的蒲风、温流两位齐名诗人,则可称为南方诗坛新星。再就是,在同个历史时期,如果说胡风主办的《七月》杂志所团结的诗群是北方"七月诗派"的话,那么,蒲风、温流在广州主办的《中国诗坛》杂志所团结的诗群,则可以说是南方《中国诗坛》诗派。

蒲风(1911—1942),原名黄日华,广东梅县人,家境贫寒,在家乡读小学时即倾向革命,1927年大革命失败之后,因参加进步学生运动,被迫逃亡印尼。1930年回国就读于上海中国公学,专攻诗歌理论并进行诗歌创作。1934年留学日本。两年后回国,先后在青岛、福州、梅县、汕头、厦门开展诗歌创作活动。1938年投身新四军,奔赴抗战前线。1940年在苏皖边区不幸病逝。

蒲风在抗日战争中是赴汤蹈火的革命战士,又是革命的诗歌活动家和创作丰富的诗人。早在1931年九一八事变后,他即在上海与穆木天、任钧、杨骚等组织"中国诗歌会",提出新的诗歌主张:要有"歌唱新世纪的意识",用"俗言俚语"入诗,使诗歌"成为大众歌调","我们自己也成为大众的一个"。显然,他的人生道路、创作道路和诗歌创作,都是投入火热斗争、与群众相结合的。他的代表作《六月流火》,是1935年发表的长诗,是蒲风在家乡梅县采集到的素材写成的。长诗正面表现了在"围剿"红军时期,国民党逼迫王家庄的农民毁田筑路,农民奋起反抗,形成了一股势不可挡的铁流,最后在红军支援下取得胜利的过程。全诗以高昂的格调热烈歌颂了在革命低潮时的艰苦斗争,发出了革命的强音:"铁流哟,如今,翻过高山,流过大地的胸脯,铁的旋风卷起了塞北沙土!铁流哟,逆暑披风,无限的艰难，无限的险阻！咽下更多数量的苦楚里的愤怒，铁流的到处哟，建造起铁的基础！"这是较早歌颂红军长征的作品之一。他写抗战题材的作品更多，发出的时代强音更激烈，诗集《钢铁的歌唱》是其代表作，发出的都是愤怒的心声："怒吼吧，中国！我们要做炮手哟！""迎着敌人的炮弹，光速般地，我们杀上前！"蒲风的诗在抗战中影响很大，正如诗人江岳浪在当时所说：蒲风是"在中国诗坛上沉闷的氛围里投进一枝火箭，披着雪亮枭流的棱角，在动乱时代下燃起了巨大的火把"（转引自张振金《岭南现代文学史》152页）。据此，蒲风可被誉为"火箭诗人"。

温流（1912—1937），原名梁惜芳，广东梅县人，是蒲风同乡，也是齐名诗友。在广州读中学时开始诗歌创作，与当时在上海主持中国诗歌会活动的蒲风有直接联系。1933年夏成立中国诗歌会广州分会，并负责分会工作；1936年冬，发起组织广州艺术工作者协会，主编《今日诗歌》。1937年1月13日，因鱼骨鲠喉去世。温流先后出版了《我们的堡》与《最后的吼声》两部诗集。前者主要是描写农村生活、表现下层群众劳苦、反映现实斗争的抒情诗；后者主要是抗战题材的作品，其中《田地，咱们守护你》一诗使人印象尤深："田地，咱们守护你！你为我们长过大豆，你为我们长过高粱、小麦，你养活了咱们的牛羊，你养活了咱们自己，你给咱们快乐，你让咱们过好的日子。自从来了鬼子，咱们就活不下去；在你身上：咱们的房子给烧去了，咱们的高粱给斩下来，咱们的大豆给抢去，咱们的小麦给踏死了；战壕在麦田上爬了开去，里面全躲着鬼子，大豆田给填成平地，上面全停着鬼子的飞机。……咱们不能再呆下去，咱们握起枪来，咱们握起刀来，田地，用血，用肉，咱们培养你！田地，用血，用肉，咱们守护你！"蒲风说："温流的伟大贡献是：描写现实，表现现实，歌唱现实，而且尤其重要的是针对现实而愤怒，而诋毁，而诅咒，而鼓荡歌唱。温流是一个已有相当造就的新现实主义者。"郭沫若在温流逝世一周年《中国诗坛》出版纪念特刊的题词说："你的早逝，不仅是中国诗坛的损失，同时是中国抗敌战线上的损失。抗敌的军号，缺少了你这位俊秀的吹手，使我们几觉寂寞。"（转引自陈颂声、邓国伟编《南国诗潮》第393～394页）据此，温流可被誉为"俊秀诗人"。

蒲风、温流的贡献，还在于将原有的"广州诗坛"升格为全国性的"中国诗坛"。广州诗坛是1937年2月成立的，主要成员有黄宁婴、陈残云、陈芦荻等。同年11月，蒲风回到广州，提议要面向全国，壮大组织，易名中国诗坛社，并于7

月 1 日创办《中国诗坛》，由温流、雷石榆任主编，增加林林、童晴岚、林焕平、李育中、洁泯等 100 多位成员，还设立出版社，先后出版诗集余种。《中国诗坛》一直到 1949 年 5 月终刊，历时 12 年之久，共出版 25 期，贯串了抗日战争和解放战争全过程，是历时最长、出版期数较多的诗歌期刊，与茅盾主编的《文艺阵地》、胡风主编的《七月》等，是同时期全国性的重要刊物。该刊除主要发表新诗作外，还发表许多有影响的理论文章和诗作评论，尤其是郭沫若《开拓新诗歌之路》、茅盾《为诗人们打气》等指导全局文流的文章，好评如潮。该刊除发表臧克家、冯至、袁水拍、吕剑、王亚平等许多名家诗作外，还发表了大量青年诗人作品。由此，这个具有全国影响的诗歌期刊及其凝聚的诗群，被誉为《中国诗坛》诗派。其主要成员有蒲风、温流、雷石榆、黄宁婴、陈残云、黄药眠、欧外鸥、李育中、楼栖、任钧等。

所以，称蒲风、温流和《中国诗坛》是百年珠江文流在抗日战争和解放战争时期，在全国时代洪流中领潮争先，并在其第三发展阶段掀起历史波澜的领潮儿，并且可与同时著名的诗坛先锋艾青、田间和"七月诗派"相比肩，是有充分事实依据的。

（三）黄谷柳的《虾球传》和粤港"方言文艺运动"

在解放战争逐步取得节节胜利，人民解放力量日益强大的历史背景下，解放战争后期的珠江文流还有一个很大的特色，就是：粤港同体、南北相通、红白相连、国统区与解放区交叉共进的现象。这种独特现象典型地体现在两大事例中：一是以黄谷柳《虾球传》为代表的南方新的人民文艺创作的出现，二是粤港"方言文艺运动"的讨论。

黄谷柳（1908—1977），出生于越南海防，童年在云南昆明读书，师范学校毕业后，到香港谋生，白天做零工，晚上读新闻夜校，毕业后任《循环日报》校对并学习写作。1931 年在广州参加国民党军队，七七事变后随军上前线，是"南京大屠杀"的幸存者。1946 年 3 月至香港，1947 年创作出长篇小说《虾球传》。1949 年新中国成立后任《南方日报》记者，1953 年成为专业作家。1958 年被错划为右派，"文革"中受迫害。1977 年因脑溢血去世。他是在极其贫困的条件下写《虾球传》的。小说写一个名叫虾球的儿童，从粤港社会下层的流浪儿，经过种种苦难折磨，最后成为解放区游击队"小鬼"（小战士）的坎坷历程。小说通过对这一历程的描写，深刻精细地揭露了旧社会光怪离奇的千姿百态，同时又淋漓尽致地展现了粤港地区的风土人情，尤其是疍家民俗。1947年在香港《华商报》连载，一开始即受到热烈欢迎，不久出版单行本，很快销售一空。后来，日本人翻译为日文《虾球物语》，风行日本；由中国人分别翻译为英语的首部《秋风秋雨》和第二部《白云珠海》也畅销海外。中国文坛对《虾球传》评价很高。茅盾认为：这部小说"从城市市民生活的表现中激发了读者的不满、反抗与追求新的前途的情绪"，而在风格上"打破了五四传统形式的限制而力求向民族形式与大众化的方向发展"。夏衍赞扬"这是一部很有特色的作品，写广东下层市民生活，既有时代特征又有鲜明的地方色彩"。这些中肯评价表明：《虾球传》无愧是解放战争后期在南方最早出现的南方人民文艺之作。因为它在引人入胜的故事情节和浓郁地方色彩的画面中，既揭露了旧社会的罪恶和苦难，又通过对国统区中的游击区的描写，反映和歌颂了新社会的光明前景。在它的影响下，随后出现的长篇小说《马骝精》（郑江萍作）等许多作品，尤其是较多吸取方言土语使民俗风情特浓的作品，如在本书系《珠江文典》中已选评的《杉寮村》《珠江河上》（易巩作）等，形成了一道新的创作风景线。所以，黄谷柳《虾球传》对于珠江文流的发展，具有掀起第三阶段历史波澜的领潮儿和标志性意义，而且可以说是在南方开拓的与较早时在陕甘宁边区兴起的北方新的人民文艺同类相通、异曲同工的南方新的人民文艺的前奏曲，是珠江文流以自身特色而在全国文艺大潮中领潮争先、推波助澜的又一典型代表。

1949年春天，在粤港两地共同开展的"方言文艺运动"讨论，实质上是从这道风景线的创作实践基础上，开展的理论批评活动，也是一场很有时代和地域特色的文艺活动。当时正值人民解放战争即将取得全面胜利、筹备建立中华人民共和国的前夜，在尚是国统区的广东和相连的殖民地香港，进步的作家和理论家为贯彻毛泽东《在延安文艺座谈会上的讲话》精神，根据本地文化实际，从方言文艺角度讨论如何坚持工农兵方向、建设南方新的人民文艺的问题。郭沫若、茅盾、叶圣陶都撰文参加讨论，黄安思、林林、金帆、楼栖、符公望、黄宁婴、静闻、姚理、林洛、孺子牛等粤港文化人，在《华商报》《正报》《大众文艺》等报刊发表文章，热烈讨论。正如当时黄绳发表的总结性的报道所说：经过这场讨论，"在文艺工作者中再没人怀疑方言文艺的意义及其发展前途，在创作也已经有了坚实的开端，许多作家坚决地在运用人民口语和民间文艺形式上，表示了甘愿向人民俯首，今之珠江流域,将涌现出一个太阳,时代命令着南方的文艺工作者作进一步的战斗,方言文艺运动必须大力发展,必须集结起庞大的队伍,配合着人民的排山倒海的英勇进军的步伐,为中国历史上未有之局建立多少功劳"。他还认为这次讨论明确地"为了普及和提高""方言文艺与国语文艺""内容和形式""语言和技巧"等问题的论点"开辟了通向前方的一段路"。1949年5月香港出版的《方言文学》一书,汇编讨论文章,尚收集有黄谷柳、楼栖、华嘉、芦荻、李门、梁枫、黄雨、陈残云等写的多种方言文艺作品。由此可以说,这场讨论,是继黄谷柳《虾球传》问世而在创作实践上划出一道亮丽风景线之后,从理论上对以方言民俗为基础的南方新的人民文艺进行探讨的重大活动,同样具有体现珠江文流在全国领潮争先,并掀起其第三段历史波澜的作用和意义。

从上可见,在抗日战争和解放战争的历史背景下的珠江文流和珠江文派的历史波澜,可以说是处于抗争寻路的苦斗期。抗争,就是对日本帝国主义侵略与"三座大山"统治的抗争;寻路,就是寻求民族独立解放之路,文艺与革命斗争结合、与人民大众结合、与本土生活结合之路。欧阳山、《中国诗坛》诗派、黄谷柳等就是在这抗争寻路的苦斗中找到光明的代表,他们也由此标志着珠江文流这段历史波澜所造就的珠江文派走过了抗争寻路的苦斗期,同中国民主主义革命步伐同步,与中华人民共和国成立一道,迈入了百年珠江文派集群聚气的成熟阶段,正式屹立于中国文坛之学派之林。

纵观珠江文流第三阶段的突出事例,除前已列出的特点之外,尚有一个明显特点,就是作家群逐步形成并日趋壮大,从欧阳山的"粤语文学"和"广州文艺社",到蒲风、温流的《中国诗坛》诗派,到黄谷柳等的粤港风情文学风景线,就是这个特点的实证。由此,进而追溯珠江文流从梁启超开创的首段历史波澜,朱执信、杨匏安、洪灵菲,以及梁宗岱、李金发、冯乃超所代表的第二段历史波澜,至欧阳山、蒲风、黄谷柳所代表的第三段历史波澜,我们可以清晰地看到:百年珠江文流是全国文流大潮中领潮争先、推波助澜的一支主力军,在中国近现代文化文学史上作出了不可磨灭的贡献;同时有其光辉的发展历程和道路,在每个历史阶段都有领潮的理论和代表作家与代表作品,都有领潮的文艺活动和群体活动,都有新的创作现象和文艺浪潮,都有相应的作家群体和基本群众并步步发展壮大。这些现象说明,经过百年文流发展而孕育的珠江文派,在其第三发展阶段结束后,在20世纪五六十年代成熟,正式成为《珠江文典》所体现和标志的中国重要文派之一,是水到渠成、瓜熟蒂落的；由此而称珠江文派为"百年文派"，也是当之无愧、名正言顺的。

（2017年五一劳动节完稿于广州江南新苑病休中，同年教师节再改于广州康乐园。《珠江文流》由广东旅游出版社2018年出版。）

附注：本文是在参考或参照《梁启超全集》（张品行编）、《朱执信集》、《杨匏安文集》、《洪灵菲选集》、《岭南现代文学史》（张振金著）、《南国诗潮——中国诗坛诗选》（陈颂声、邓国伟编）等著作，并由中山大学中文系博士生包莹从中山大学图书馆借阅而提供资料的基础上写成的，并且引用了她在本书中关于象征主义的介述，特此鸣谢！

百年珠江文评的九次热潮
——《珠江文评》概论

本书名为《珠江文评》,顾名思义,是珠江文学评论选集,不包括戏剧、美术、音乐、电视、电影等艺术门类,故这些门类评论一概不选;又因本书着意于对本土新起文学现象和文学思潮的关注和论析,与对文艺理论、中国现当代文学、港澳和海外华人文学的学术研究有所不同,所以对后一类研究论著也割爱了;再就是当代以来从文艺领域开始的政治运动(如反右派运动和"文化大革命"等)甚多,已超出文学思潮范畴,故这类大批判文章也不选。以此编辑方针选出来的文章,按时代先后次序排列,惊奇地发现了过去未予重视的一种文化现象,这就是从鸦片战争后百余年来,确确实实有一条浩浩荡荡的珠江文化洪流在祖国大地上流淌着、奔腾着,生生不息,熠熠生辉。在这洪流中,有两道主干流,即珠江文派和珠江文评(或称"粤派评论",下同)。这两道主干流时而合流奔腾,时而分道共进,在中国百年思想文化洪流中起到领潮争先、推波助澜的重大作用,同时,也走出了相同而又各有风采的光辉历程。

纵观珠江文评之百年历程,有九次热潮是尤其光辉灿烂的。

第一次:20世纪初梁启超开创珠江文流而掀起的"新小说""新派诗"热潮

在鸦片战争后的维新运动中,梁启超以他创立的新民说、文界革命(含新文体、新小说、新派诗、新曲艺、新史学),及一系列学术新论构成的新学,掀起了举世知名的维新运动,铺垫了划时代的五四运动,发起了现代中国的文界革命和学术革命,同时也作为百年珠江文流的发端而为创立珠江文派和珠江学派,以及珠江文评,掀起了百年珠江文评的首次热潮。这次热潮,典型地体现于他倡导新小说的评论,以及为开创新小说而采取的支持行动及其影响中。1902年,他在《论小说与群治之关系》一文指出:"欲新一国之民,不可不新一国之小说;欲新道德,必新小说；欲新宗教，必新小说；欲新政治，必新小说；欲新风俗，必新小说；欲新学艺，必新小说；乃至欲新人心，欲新人格，必新小说。何以故？小说有不可思议之力支配人道故"。他认为小说有四种"力"，即"薰、浸、刺、提"之力，"文学家得其一，即为文豪；能兼其四，则为文圣。有此四力而用于善，则可以福亿兆人；有此四力而用于恶，则可以毒万千载。"他还指出："美德英法奥意日本各国政界之日进，则政治小说为功最高"，"日本之变法，赖俚歌与小说之力"。正因为如此，1902年，他在刚创办的《新民丛报》第2号特辟小说专栏，长年连载新小说作品；同年又创办了中国第一家《新小说》杂志，连篇推出大量小说作品。由于梁启超在理论上的大力鼓吹，实践上又大力扶持小说创作和翻译小说，使得当时文坛形成了写小说、译小说、读小说、办小说报刊的热潮，涌现了一大批小说作品和小说作家，形成了一代小说之风。与梁启超同代的广东佛山人、著名小说《二十年目睹的怪现状》作者吴趼人（笔名我佛山人），当时在《月月小说发刊词》中所言："吾感于饮冰子（即梁启超）《小说与群治之关系》之说出，提倡改良小说，不数年而吾国之新著新译之小说，几于汗万牛、充万栋，犹复日出不已而未有穷期也。"可见梁启超培养人才之多、影响群体之众、掀起热潮之大。

最早提出并创作"我手写我口"之"新派诗"的诗人是黄遵宪（号公度，广东梅县人）。梁启超则是最早支持并使"新派诗"形成理论的诗论家。他积极支持黄遵宪的实践，称其为"诗界革命霸主"；同时通过在《新民丛报》连载他的著名诗论著作《饮冰室诗话》，从理论上予新派诗大力支持，并使其完善。这也是梁启超首创百年珠江文派和珠江文评的重要体现。他在诗话中指出："欲为诗界的哥伦布、玛赛郎，不可不备三长：第一要新意境，第二要新语句，而又须以古人之风格入之，然后成其为诗。"他认为："近世诗人，能镕铸新思想以入旧风格者，当推黄公度（黄遵宪）。"可见他是树黄遵宪为新派诗典范的。他还极力倡导军歌，特在《新民丛报》辟专栏发表黄遵宪的《军歌二十四章》，并指出："吾中国向无军歌，其有一二，若杜工部之前后出塞，盖不多见，然于发扬蹈厉之气尤缺。此非祖国文学之缺点，抑亦国运升沉所关也"。他还对黄遵宪试作的军歌拍案叫绝，称其创作的《出军歌》《幼儿园上学歌》《学校歌》为"中国文学复兴之先河"。现在普遍流行之校歌皆缘自此。可见梁启超和黄遵宪所倡导的不仅是新派诗，而是一场"诗界革命"。朱自清在《现代诗歌导论》中说："这回革命虽然失败了，但对于新诗运动，在观念上，不在方法上，却给以后现代诗歌很大的影响。"

第二次：20世纪二三十年代吸取西方文化而分别掀起革命文学与象征主义热潮

自从被称为"第一个睁眼看世界的人"林则徐，出任管辖珠江流域大部地区的湖广总督以后，千年关闭的国门在广东开始开放，吸取西方文化逐步成了时代潮流，使本有的珠江文流增加了西方文化的色彩，在梁启超等人的努力下，开创了以中西文化结合为特质、与传统既有承传又有创新的文流，开创了百年珠江文流的光辉史页。作为开创百年珠江文评标志的"新小说""新派诗"即是中西文化结合创造的最早产物，其产生过程即是珠江文评开创的首次热潮。

自此以后，在20世纪二三十年代，广东更是吸取西方文化的桥头堡，在全国领思想文化思潮之先，也领文艺思潮之先。对此作出最突出而全面贡献的是杨匏安（1896—1931）。杨匏安是广东香山（今珠海）县南屏乡人，是无产阶级革命家，又是著名的革命理论家、翻译家、作家。1919年11月《新青年》第6卷第5号发表李大钊的《我的马克思主义观》。同年11月11日至12月4日，杨匏安在《广东中华新报》副刊《通俗大学校》上，连载他的长篇论文《马克斯主义》，只有不到半年的时间差，而且，这是广东最早的系统宣传马克思主义之文章，可谓最早与李大钊南北呼应之作。尤其是在1919年6月至8月，也即是五四运动方兴未艾的时候，杨匏安在《通俗大学校》专栏连载他以《美学拾零》为总标题的3万余字的美学文章，系统介绍西方美学大家柏拉图、康德、费希特、黑格尔、哈特曼等的美学理论。在此之前，我国学者仅王国维、蔡元培在文章中谈到过叔本华、康德的美学思想，系统的美学论著是个学术空白，所以杨匏安自谕是"历时数载"写出的这篇长文，可谓开辟中国现代美学理论和领域的开山之作。已故的中山大学著名哲学家马采教授称：这篇文章在当时"有助于人们开拓眼界，了解西方各种美学思想的来龙去脉和基本内容，进而比较分析，作出选择。尤其是该人以将近三分之一的篇幅，着重介绍了近代美学大家哈特曼的美学思想，反映了当时国际学术界掀起的一股哈特曼热的美学动向，也填补了我国迄今为止的西方美学史研究中的空白。"（转引自中央文献出版社1996年10月出版的《杨匏安文集》678页）可见杨匏安开创的中国现代《美学》的重要领潮意义。杨匏安后来发表的介绍西方哲学的《世界学说》《马克斯主义浅说》《西洋史要》等，也都是有同样意义的著作。令人惊讶的是，杨匏安还创作小说作品，他写的短篇小说《王呆子》，与被誉为中国新文学首篇小说——鲁迅的《狂人日记》，主题相近，文体相近（即有文言有白话的小说），而且发表时间也相近：鲁迅的《狂人日记》在1918年《新青年》发表，杨匏安的《王呆子》则于同年在《广东中华新报》3月14—22日连载，所以《王呆子》被称为广东新文学首篇《狂人日记》式小说，而且也是五四时期"问题小说"之前锋，与稍后同是广东人许地山的同类作品异曲同工。许地山（1894—1941），名赞堃，字地山，笔名落华生（古时"华"同"花"，所以也叫落花生），籍贯广东揭阳。生于台湾，是上世纪20年代问题小说的代表人物之一，其创作一开始就汇入了问题小说的热潮之中，出手不凡，显出了与其他问题小说名家如叶绍钧、冰心、王统照、庐隐等人不同的奇彩异趣。可见杨匏安和许地山的小说创作也是珠江文流与全国文流同步的体现。但杨匏安更大的贡献，是既在理论上又在实践上是吸取西方文化的急先锋，是结合中西文化开拓珠江文流先河的勇士，对在三四十年代几乎同时掀起的革命文学和象征主义热潮，具有奠基或揭幕意义。

掀起革命文学热潮的代表人物洪灵菲（1902—1934），是广东潮安人。他从1922年在金山中学毕业，考上中山大学前身广东高师，深受当时在该校任教的著名作家郁达夫的赏识和影响。在校期间，他积极投入革命洪流，参加过"五卅"、"六二三"、北伐、省港大罢工等的宣传工作，并参加了中国共产党，曾任国共合作时国民党中央海外部秘书。1927年广州"四一五"大屠杀后，他被迫逃亡香港、新加坡、曼谷等地，数月后回到上海，担任闸北区地下党某支部党小组长，并积极投入革命文学活动，组织文学社团，出版刊物，并进行革命文学创作，出版了大量小说作品，成为颇有影响的革命文学理论家和作家。1930年春，中国左翼作家联在上海成立时，他被选为七常委之一；1932年夏，中国左翼文化总同盟成立时，他也被选为七常委之一。他在上海加入了蒋光慈、阿英、孟超等人创办的领军当时全国革命文学潮流的"太阳社"，同时，又与广东同乡人林伯修（杜国庠）、戴平万组成"我们社"，出版《我们》月刊，与"太阳社"异曲同工地倡导并创作大量的"革命文学"作品；他在左联工作期间，既在理论与组织上着力倡导革命文学，同时又在创作上写出了大量具有浓郁珠江文化色彩的革命小说。最典型的是他的长篇小说《流亡》三部曲，这是"四一五"事变后地下革命斗争的史诗性作品，又是当时文坛的"革命加恋爱"的浪漫革命文学的领潮之作，与郁达夫的《沉沦》、蒋光慈的《少年飘泊者》和《短裤党》等著名小说是同类创作。

掀起象征主义热潮的代表人物，是梁宗岱、李金发、冯乃超。

梁宗岱（1903—1983），广东新会人。主要著作有诗集《晚祷》、词集《芦笛风》、论文集《诗与真》等。16岁开始在广州各大报纸及《小说月报》等杂志上发表新诗，有"南国诗人"之称，20世纪30年代已名满文坛；1924年赴法国留学，游欧七年，曾直接与保尔·瓦雷里、罗曼·罗兰、纪德等世界级文学大师直接交流，与法国象征派诗歌大师瓦雷里尤其相知。梁宗岱曾法译《陶潜诗选》，由瓦雷里作序，后又将瓦雷里长诗《水仙辞》译为中文，是中法象征主义交流之文坛佳话。1925年3月出版的《晚祷》，是梁宗岱唯一象征主义诗集，整体呈现出一种"静穆"的氛围和境界。梁宗岱在诗论的重要贡献是提出"纯诗"理论，他说："所谓纯诗，便是摈除一切客观的写景，叙事，说理以至感伤的情调，而纯粹凭借那构成它底形体的原素——音乐和色彩——产生一种符咒似的暗示力，以唤起我们感官与想象底感应，而超度我们底灵魂到一种神游物表的光明极乐的境域。像音乐一样，它自己成为一个绝对独立，绝对自由，比现世更纯粹，更不朽的宇宙；它本身底音韵和色彩底密切混合便是它底固有的存在理由。"他的诗论，多以象征喻诗，认为"借有形寓无形，借有限表无限，借刹那抓住永恒"，才能达到诗歌的"丰富，复杂，深邃，真实的灵境"。在五四运动后的30年代前后，梁宗岱的诗作诗论可谓开了中国诗坛的象征主义先河，也开了珠江文流中的现代主义先河。自20世纪50年代中期，梁宗岱到中山大学筹办法语专业始，后半生都在广州度过。梁宗岱一生随性而行，坚持自我，晚年鲜少论著面世，大部分时间都在采药制药。因为他出身中草药世家，能辨识出中草药不同的特点和药性，他甚至配制出两种中成药"草精油"和"绿素酊"，从诗人、教授成为中药学家。

李金发（1900—1976），原名李淑良，笔名金发，广东梅县人。早年就读于香港圣约瑟中学，1919年赴法，在巴黎学习雕塑。1925年回国，同年加入文学研究会，历任南京美术学校校长、国立中央大学副教授、国立艺术院教授，创办《美育》《文坛》等杂志。李金发于1925年至1927年出版诗集《微雨》《为幸福而歌》《食客与凶年》，是中国早期象征诗派的代表作。抗战爆发后亡命越南，后辗转到重庆。1941年将今年的散文诗作及几篇小说编成《异国情调》出版。1942年赴伊拉克使馆工作，1951年后定居美国。李金发是中国新诗史上具有代表性的人物，他1919年到法国留学，学的是雕塑专业，但业余却喜欢读诗，尤其偏好法国象征派诗歌。李金发自幼家教严格，曾是多愁多病的青年，再加上当时的留学生活颇为清苦，中国留学生又备受压迫，因此他一下被象征主义诗歌的颓废风格所吸引。在波德莱尔、魏尔伦等法国象征派代表诗人的浸淫下，李金发尝试写诗，并把诗歌寄回国内发表，很快获得成功，周作人甚至给予这些诗歌"国内所无，别开生面"的高度评价。受到西方现代主义文化的影响，李金发在自己的作品中建构了一个"审丑"的世界，其中占据主要地位的全是关于腐朽、死亡、衰败、绝望等否定性的意象。李金发从不忌讳"死亡"，在他眼中，死在某种程度上是对生的超脱。除此之外，李诗还高唱着诗人对生命虚无的体验和对灵魂漂泊的感悟，表达着诗人的孤独寂寞感和现实生活带给他的精神压力。总的来说，李金发诗歌折射的是他真实的人生体验，他的小说散文也折射着对故土的思念，与对家乡文化的热爱之情。

冯乃超（1901—1983），生于日本横滨，原籍广东南海，幼年曾回国三年，在家乡南海念私塾，后因时局变化，重回日本横滨，从小学到大学基本上都在日本接受教育。大学时期受到高蹈派、象征派的影响，开始写诗，1928 结集《红纱灯》出版，是他前期的代表作，明显受到日本"物哀"文化的影响，带有强烈的象征主义色彩，又有中国古典诗词中的意象、情调，带有浓郁的东方情怀。由于《红纱灯》部分作品结集前发表在《创造月刊》《洪水》半月刊上，从而与创造社发生关系，后来他成为创造社出版部日本东京分部的联络人。1927 年 10 月，冯乃超回到上海。1928 年，他参与到革命文学的论争中，同时发表诗两首《上海》《与街上人》，标志着诗人诗风由前期的象征、浪漫、唯美转向了现实、革命。从此，冯乃超一直投入革命文学工作，1930 年左联成立时，他负责起草左联的《理论纲领》，被选为七人常务委员之一，担任左联第一任党团书记兼宣传部部长。抗日战争期间，他参与筹组中华全国文艺界抗敌协会，任筹备委员，负责起草《中华全国文艺界抗敌协会简章》。抗战胜利后，任香港华南分局领导下的"文委"委员。1949 年参加中华全国文艺工作者代表大会。新中国成立后一直在广州中山大学工作，晚年定居北京。冯乃超前期是中国诗坛早期象征主义代表之一，后期革命文学的重要干将，他分别在五四运动前后和抗日战争与解放战争两段历史波澜中，都为珠江文派和珠江文评的发展作出重要贡献。冯乃超从象征主义到革命文学的转变，在一定程度上也意味或标志着中国文学思潮主旋律的转变。

此外，与冯乃超有点相似，在两个历史时期为珠江文评作出贡献的尚有：黄药眠（1903—1987，广东梅县人）在 20 世纪二三十年代，在《创造周刊》发表大量文艺大众化，诗歌民族化文章，40 年代在香港报刊也发表不少评论文章，产生很大影响，著有论文集《战斗者的诗人》等，为文艺理论批评建设成绩卓著；钟敬文（1903—2002，广东汕尾人）对文学批评和民俗文化及民间文学研究建树甚丰，被视为中国民俗文化与民间文学学科的创始人，当年论文《试谈小品文》《文学批评的科学性与艺术性》都甚有影响。两位大家早年曾长期在粤港工作，分别是香港达德学院教授和中山大学教授，新中国成立后都是北京师范大学教授。

第三次：20世纪三四十年代从方言文学切入的文艺大众化热潮

由于广州话（粤语）与普通话（国语）差别较大，广东作家写广东生活的文学作品，总存在语言的运用和隔阂问题，因而在文学创作和文学评论上，尤其是在文学大众化和普及提高上，始终不可回避这个实际问题。在某种程度上，粤语的运用方式和程度如何，是珠江文派和珠江文评的一个焦点。早在百年珠江文派开创的时候，梁启超即注意到这个焦点问题，并且亲自用粤语创作广东民间艺术"粤讴"《班定远传奇》等作品，开创民间艺术革命。到20世纪20年代初，民主革命领导人之一朱执信，发表《广东土话文》一文，提出："白话是活的，文话是比不上的"，白话文表达上"自然"，应用上"明白"，对胡适倡导的白话文既表赞成又作了重要补充。更为重要的是，朱执信在这篇文章中，还提出："我想各省各县，除是没有土语，或是土语太不完全、不堪用的以外，都可各自用土语来做文章。广东人、琼州人、客人、潮州人、福建的漳泉人、福州人、浙江温台人、宁波人、江苏的苏州人、上海人，都可以用各地的话来写文章。"这是因为"做的也是嘴里的活土语，变做纸上的麻痹国语。看的也是把眼睛里的麻痹国语，翻做心里的活土语。而在做的人，总有许多达不出的意思；在看的人，也总有许多囫囵吞下去，解释不清的地方。"所以，他"主张广州人对广州人讲广州土话，并不主张广州人对中国人、对世界人，都讲广州话。更不能要求中国人、世界人，都对广州人讲广州话。而现在广州人，除自己谈话以外，还有对中国人讲话、听中国人讲话的必要。所以没有地方性质的出版，应该用国语"。这个观点，是从谈话与写作对象不同出发而分别使用国语或本土语，并以"自然""明白"为宗旨的，不是一概将国语与本土语对立起来，较能使人接受，对于广东文学来说尤有重要意义。因为历来广州人和外省人，都存着粤语和普通话的隔阂问题，尤其是对文学语言来说，适当使用方言土语是体现地方色彩的重要手段,是记住乡愁的文学途径之一。所以朱执信关于"土话文"的主张不仅对珠江文流有重大影响,对全国各地都有普遍意义。

使粤语方言问题成为20世纪三四十年代珠江文评热潮的主要代表人物,是欧阳山(1908—2000),其原名杨凤岐,30年代笔名罗西。1931年九一八事变爆发,揭开了抗日战争的序幕。欧阳山当时在上海成立不久的中国左翼作家联盟及其关于文艺大众化的号召下,在广州办"广州文艺社"和创立普罗作家同盟(后改为中国左翼作家联盟广州分盟)的同时,提出"粤语文学"口号,在《广州文艺》杂志发表大量粤语文学作品进行倡导。欧阳山在《生底困扰》序称:粤语文学运动的目的,一方面,是"企图使文艺在最可能的最短期间内和人民大众,尤其是工农大众结合起来,必须有着使他们了解和爱好的充分的作品";另一方面,在于中国语言比较复杂,"大众语存在于每一个地方的大众底口头里。它底顽强程度使得'一元国语'及其相类似的运动者们底笔尖成为腐朽的灰泥。我们所要做的事情就在于怎样把大众口头所说的话经过适当的记录而发挥它们底最精彩、最美妙的特长。在文学方面,我们要求建立中国的多元性的方言土语文学。""运用现有的白话文来从事创作是必要的,运用各地原有的土语方言来从事创作更是必要的。"欧阳山的这些观点与朱执信《广东土话文》的看法何其一致。欧阳山亲自创作短篇小说《跛老鼠》《懒理》,粤语诗《唔算出奇》,以及中篇小说《单眼虎》等粤语文学作品,还将当时女作家草明用普通话创作的《缫丝女失身记》改成粤语作品《苏妹点样杀死佢大佬》,在《广州文艺》连载,引起强烈反响,既有争议,也有不少人热心支持。同时,也由此形成了一个壮大的粤语文学左翼作家群。1941年,欧阳山到当时的"陪都"重庆,仍坚持文艺大众化方向,提出创作"大众小说"的口号,并身体力行,创作出不少反映抗战的大众小说作品。值得注意的是,此时他虽身在内地,但仍主要写广东题材的作品。代表作是中篇小说《流血纪念章》。小说序言的题目是《我写大众小说的经过》,详述了他从30年代倡导粤语文学以来坚持文艺大众化的历程,说明写大众小说也仍是继续走这条路。此外,欧阳山还发表了《三水两农夫》《好邻居》《扬旗手》《英烈传》《世代冤仇》《爸爸打仗去了》等作品,都是广东题材的抗战大众小说,又都是写社会下层群众的大众化作品,使内地读者感到新鲜,深受欢迎,推动了抗战,同时也在内地并向全国推进了珠江文派的方言文学。1942年,欧阳山在延安参加了延安文艺座谈会,积极响应毛泽东的号召,深入生活和工农群众,创作了《活在新社会里》等作品,尤其是长篇小说《高干大》。这是一部以描写农民高生亮创办合作社,为边区群众办实事、做好事,歌颂新社会、新人物、新事物的新小说。欧阳山写这个人物,虽然与他过去创作中主要描写的社会下层群众人物相同,但已不是旧社会受压迫、渴求解救的苦难者,而是新社会为群众办事的主人;虽然这小说也仍是大众化作品,但却是具有新风格的人民文艺创作。所以,毛泽东在"快要天亮"的时候,挥笔写信,"替中国人民"为他的"新写作作风庆祝!",这是对欧阳山数十年来坚持从"粤语文学""大众小说"到"新写作作风"之路的最高评价和肯定,也是对欧阳山这条创作道路的肯定。由此,可以说欧阳山的创作道路,实际上也代表和标志着以方言粤语文学和大众小说而掀起的文艺大众化热潮,是持久而影响深广的。

在这期间,丘东平(1910—1941,广东海丰人)以"抗战,叙事"小说走革命大众小说之路,张资平(1883—1959,广东梅县人)以"恋爱小说"走通俗文学之路,虽然道路不同,但目标都是为文艺大众化作出努力。

抗日战争时期,以蒲风、温流为首的《中国诗坛》,是与胡风在北方主办的《七月》齐名的南方诗派。这诗派的诗,是抗战的火把、炮手,是珠江诗派的一代歌手,又是珠江诗评的高手。尤其是蒲风(1911—1942),原名黄日华,广东梅县人,家境贫寒,在家乡读小学时即倾向革命,1927年大革命失败之后,因参加进步学生运动,被迫流亡印尼。1930年回国就读于上海中国公学,专攻诗歌理论并进行诗歌创作。1934年留学日本。两年后回国,先后在青岛、福州、梅县、汕头、厦门开展诗歌创作活动。1938年投身新四军,奔赴抗日前线。1940年在苏皖边区不幸病逝,享年仅31岁。蒲风在抗日战争中是赴汤蹈火的革命战士,又是革命的诗歌活动家和创作丰富的诗人。早在1931年九一八事变后,他即在上海与穆木天、任钧、杨骚等组织"中国诗歌会",提出新的诗歌主张:要有"歌唱新世纪的意识",用"俗言俚语"入诗,使诗歌"成为大众歌调","我们自己也成为大众的一个"。显然,他的人生道路、创作道路和诗歌创作,都是投入火热斗争、与群众相结合的。他的代表作《六月流火》,是1935年发表的长诗,是蒲风在家乡梅县采集到的素材写成的。他写抗战题材的作品更多,发出的时代强音更激烈,正如诗人江岳浪在当时所说:蒲风是"在中国诗坛上沉闷的氛围里投进一枝火箭,披着雪亮枭流的棱角,在动乱时代下燃起了巨大的火把。"他倡导用"俗言俚语"入诗,使诗歌"成为大众歌调"的理论主张和创作实践,使《中国诗坛》的创作与话动也投入到当时珠江文评文艺大众化热潮之中。

饶有意味的是，1949年春天在粤港两地共同开展的"方言文艺运动"讨论，实质上也是这热潮的继续和扩展。这场珠江文评活动很有时代和地域特色。当时正值人民解放战争即将取得全面胜利，筹备建立中华人民共和国的前夜，在当时尚是国统区的广东和相连的殖民地香港，进步的作家和理论家为贯彻毛泽东《在延安文艺座谈会上的讲话》精神，根据本地文化实际，从方言文艺角度讨论如何坚持工农兵方向、建设南方新的人民文艺问题。郭沫若、茅盾、叶圣陶都撰文参加讨论，黄安思、林林、金帆、楼栖、符公望、黄宁婴、静闻、姚理、林洛、孺子牛等粤港文化人，都在《华商报》《正报》《大众文艺》等报刊发表文章，热烈讨论。正如当时黄绳发表的总结性的报道所说：经过这场讨论，"在文艺工作者中再没人怀疑方言文艺的意义及其发展前途，在创作已经有了坚实的开端，许多作家坚决地在运用人民口语和民间文艺形式上，表示了甘愿向人民俯首，今之珠江流域，将涌现出一个太阳，时代命令着南方的文艺工作者作进一步的战斗，方言文艺运动必须大力发展，必须集结起庞大的队伍，配合着人民的排山倒海的英勇进军的步伐，为中国历史上未有之局建立多少功劳"。他还认为这次讨论明确地"为了普及和提高""方言文艺与国语文艺""内容和形式""语言和技巧"等问题的论点"开辟了通向前方的一段路"。1949年5月香港出版的《方言文学》一书，汇编讨论文章，尚收集有黄谷柳、楼栖、华嘉、芦荻、李门、梁枫、黄雨、陈残云等写的多种方言文艺作品。尤其是著名的粤派风情的大众小说——黄谷柳《虾球传》，在这场讨论的前后问世，更说明这股热潮不仅有重要的理论批评建树，而且有坚实的创作基础和丰硕成果。

第四次：20世纪50年代末至60年代初关于典型多样化和反对批评简单化的讨论热潮

新中国成立之初的20世纪50年代，前期是百废待兴、恢复经济，后期开始五年计划建设，经济文化都开始繁荣，提出了"百花齐放、百家争鸣"方针。但又由于接连进行从文艺界切入的政治运动，如反胡风运动、反右派运动等，使正常文学批评活动难以进行。在这样的情况下，广东文学界还是接连进行了对欧阳山（时任广东省文联主席、中国作家协会广州分会主席）提出的文艺要"好看有益"的主张，以及他创作的儿童文学小说《慧眼》的讨论，还对短篇小说《老油条》开始了争论，后期在《羊城晚报》副刊《花地》上还展开了"谈现代悲剧"问题的讨论，可见还是颇有活跃景象的。但这些都是"小打小闹"，影响不大。所以这只能说是珠江文评第四次热潮的预备期或过渡期。

当代中国文学的首个繁荣期，在20世纪50年代末至60年代初。这个时期，同样是珠江文派的成熟期、高峰期，也是珠江文评（粤派评论）的自觉期、成熟期，具体表现在关于典型多样化和反对批评简单化的讨论热潮中。

在这期间，中国的文学创作和文艺理论批评都取得了全面的繁荣，尤其是长篇小说《青春之歌》《红旗谱》《红日》《红岩》《林海雪原》《创业史》《三家巷》等接连问世，好评如潮，影响很大；文学理论的活跃，也首先体现在对这些名著的评论和讨论中，以及后来在"文革"中被诬为"黑八论"、实则是出色的首创理论，即"写真实论""反题材决定论""写中间人物论""现实主义深化论""时代精神汇合论""无火药味论""无差别境界论""离经叛道论"等的创建中。当时这些名著的主人公，都是成功的艺术典型，又都是各有其典型意义和独特个性的多样化艺术形象。这些形象，因其别开生面、独具一格，受到广大群众热烈欢迎。但也有部分受"左"倾思想影响的读者不理解，受"阶级性即典型性"的理论影响，对有些人物形象提出非议，造成了文学批评简单化、庸俗化倾向，最突出表现在对《青春之歌》主人公林道静和《三家巷》主人公周炳的评价上（其实，之前对《慧眼》《老油条》的论争也是由于对其主人公是否无产阶级形象的看法有分歧），由此而引发了关于典型多样化和反对批评简单化的讨论热潮。在这热潮中，珠江文评的切入点，主要是对广东作家欧阳山创作的长篇小说《三家巷》和于逢创作的长篇小说《金沙洲》的讨论。

《三家巷》于1959年春开始在《羊城晚报》副刊《花地》连载前五章，全书于同年9月正式出版。《花地》于同年10月发表黄伟宗、黄树森合写的首篇评论，热情肯定其是"动人心魄的史诗，泥香喷喷的鲜花"之佳作。此后陆续发表不少有关评论，其中有文章认为，《三家巷》的主人公周炳是革命的"风流人物"，但又是有"小资产阶级情调"的形象，在典型塑造上有"性格分裂""双重人格"之嫌；另有文章对此说持异议，认为这是文学批评简单化看法，并肯定周炳是成功的符合典型创造规律的艺术形象，由此提出和讨论了典型塑造与评价问题，主要是怎样对待人物典型的复杂性、发展性和多样性问题。可惜自1964年后，受到政治因素和"左"倾思潮干扰，造成对《三家巷》的正常讨论夭折，转变为对宣扬"修正主义"思想的批判,到 1966 年更将其定性为"为错误路线树碑立传"之"反党反社会主义大毒草"。这场悲剧,直到 1976 年粉碎"四人帮"后才宣告结束,获得平反。虽然关于《三家巷》典型问题的讨论夭折了,但关于典型多样化的讨论在当时还是时续时断的。如 1961 年和 1962 年,陈则光在《羊城晚报》先后发表《论典型的社会性》《再论典型的社会性》两文及其引发的讨论,就典型的共性内涵展开争鸣,针对典型的共性等同于阶级性的流行看法,提出尚有社会性的新颖观点,表明关于典型多样化和反对批评简单化的正常讨论仍在继续,也表明了珠江文评在这次热潮中的坚定走向。

关于《金沙洲》的讨论,是 1961 年上半年在《羊城晚报》文艺评论版上开展的。据同年《文艺报》发表该报记者所作的《一次引人深思的讨论》报道,这次讨论在《羊城晚报》发表评论和读者来信 24 篇,讨论的问题主要是:一是怎样理解艺术形象的典型意义,也即是艺术典型如何表现一定社会力量的本质、反映一定时代的特征。争论中实际上接触到是否"一个阶级在一个历史时期只有一个典型"的问题。二是分析文艺作品时,是将固定的政治概念拿到复杂的文艺现象上去硬套,还是按生活的真实,尊重艺术反映生活的特殊规律,对具体作品进行具体分析。争论的中心问题是文艺作品究竟怎样反映时代的本质和主流。这是由萧殷(时任广东作家协会专职副主席、党组副书记)主持的一场讨论,最后以连续发表广东作协文艺理论组(包括易准、曾敏之、黄树森)写的《典型——熟悉的陌生人》《艺术构思和作品效果为什么会脱节》《文艺批评的歧路》等三篇文章结束。同年第 8 期《文艺报》转载了《典型——熟悉的陌生人》全文。这场讨论以深刻而系统的典型理论,批评了文艺批评简单化、庸俗化倾向,同时又对文艺规律(主要是形象创造规律)进行了深入探索,是以文艺规律解决当时具体问题的批评实践,事后被多部中国当代文学史评述其价值和意义,在全国影响甚大,可谓珠江文评这次热潮的高峰。如此有意识、有目的、有组织、有队伍、有计划、有水平、有成效地进行文学评论活动,意味着珠江文评进入了自觉、成熟的时期。

第五次:20 世纪 70 年代末至 80 年代初关于"伤痕文学"、现实主义、现代主义之论争热潮

20 世纪 60 年代中期至 70 年代中期,史无前例的"文化大革命"给中国人民

和中国文坛造成整整十年的灾难,也给百年珠江文派和珠江文评造成了史无前例的挫折。1976年10月粉碎"四人帮"后,对其罪行和推行的反动路线及其造成的余毒进行彻底的清算,对其造成的冤假错案进行了彻底平反,对其宣扬的反动理论(如"文艺路线专政论""根本任务论""三突出论"等)进行了彻底批判。在这场拨乱反正、正本清源的运动中,广东文学界在全国率先"三个活跃"(思想活跃、组织活跃、创作活跃),珠江文派复苏,珠江文评重振雄风,突出表现在关于"伤痕文学"、现实主义、现代主义的论争热潮。

(一) 关于"伤痕文学"之论争

"伤痕文学"是1977年末开始,《人民文学》等报刊先后发表短篇小说《班主任》《伤痕》《神圣的使命》等揭露"文化大革命"造成沉痛灾难的作品,一出现即引起广泛共鸣,相类作品益增,影响很大,形成了一股巨大的文学潮流。广东也同时发表了《我应该怎么办》《姻缘》等相类作品,与这股全国文学思潮同步。正当这股潮流风生水起的时候,《河北文学》发表了李剑的《"歌德"与"缺德"》一文,称"伤痕文学"是"缺德"作品,不应提倡;应当提倡歌颂社会主义之"歌德"文学。这在全国引起了激烈的反对。无独有偶,在广东也有类似文章发表,即黄安思的《向前看呵,文艺》。这篇文章将当时发表揭露"四人帮"罪行的作品分为三类,并统称之为"向后看的文艺";并说:其中第三类作品,由于诉说个人家散人亡、悲欢离合、爱情周折,会带来"感伤",甚至会令人感到"命运之难测,前途之渺茫"。所以文艺不应"向后看",应当"向前看"。这种说法实则是《"歌德"与"缺德"》的翻版,理所当然地同样受到激烈反对。当时广州的报刊先后发表了黄树森等人的文章,对这些说法进行了热烈争鸣。

(二) 关于现实主义的论争

值得注意的是,珠江文评并未停留在这种说法的是非争鸣上,而是由此进行对相关理论问题的深入探讨。《广州文艺》率先对"谈社会主义时期的悲剧"问题进行了讨论,接着又以现实主义问题讨论为中心,在1980年4月号发表了黄伟宗的长篇论文《提倡社会主义创作方法多样化》。这篇文章提出:社会主义文艺有三种创作方法，除众所周知的以歌颂为主的革命现实主义和革命浪漫或理想主义外，尚有未受重视的社会主义批判现实主义（或称革命批判现实主义）。文章以"伤痕文学"的实践论证了这种创作方法的特点是：在揭露中表彰、在批判中思考、在思考中前进。作者还以《论社会主义的批判现实主义》为题，另文在《湘江文艺》上发表。同年7月号《新华月报·文摘版》（《新华文摘》原名）即转载了前者全文，中国社会科学院文研所的《文学研究动态》发表了后者全文摘要。接着，《美国之音》作为新闻，播报了这一理论观点提要；当时在苏联文艺报刊所发表的关于中国文坛的报道中，称这个理论观点是中国现实主义"新学派代表之一"。翌年，这一理论观点被列入1981年的《中国文艺年鉴》和《中国文学研究年鉴》的大事记中，意味着珠江文评这次热潮波及海内外。

（三）关于现代主义的论争

70年代末和80年代初，中国诗坛出现了以舒婷、顾城、北岛为代表的青年诗人创作的"朦胧诗"潮，因其诗风与传统现实主义诗歌不同，又颇有象征主义的现代派意味，一经问世即引起热烈争论。1979年，刚复刊的《星星》发表老诗人公刘的论文《诗的课题——从顾城同志的几首诗谈起》。1980年《诗刊》发表广州部队评论家章明的论文《令人气闷的"朦胧"》，由此而开始有"朦胧诗"之名，同时也揭开了对接连出现的以现代主义创作方法试验创作和理论争鸣的序幕，被统称为现代派的意识流、性文学、荒诞派、表现主义、黑色幽默、后现代主义、新写实主义等作品和论著，接连涌现，层出不穷，大有排山倒海、席卷狂澜之势。耐人寻味的是，广东作家对这些狂澜虽有波及，但全身投入者少，有影响的同类作品不多，积极的支持之论也寥寥，呈现一种自主自立而开放开明的势态。这种势态，投影于黄伟宗所著《创作方法史》和《创作方法论》两部"互成经纬"（黄树森著：《手记·叩问》，花城出版社2001年版，第368页）之作中，正面体现于这期间先后问世的广东文学批评家的论著中，包括《心影——饶芃子文学评论选集》、《当代中国文艺思潮论》与《新时期文艺论辨》（黄伟宗）、《新时期文学思潮》（陈剑晖）、《落潮之后是涨潮》（谢望新）等。

第六次：20 世纪 80 年代中期至末期关于"经济文化时代"和广东文学特质及走向的讨论热潮

广东是改革开放的前沿地，是经济特区的开创地，是社会主义市场经济的试验地，也由此使广东的文化与文学，在气势磅礴的时代大潮、日新月异的时代大势中，提出了许多重大而尖锐的现实问题，必须回答和讨论。珠江文评队伍持续发挥领潮争先的传统和前个热潮所重振的雄风，敏锐地提出和探讨了迫切的重大现实问题。

（一）"经济文化时代"应有怎样的文化与文学

1984 年 11 月，《当代文坛报》和《特区文学》联合召开"文学的改革与改革的文学"座谈会，在全国率先探讨了商品经济运动中文学的地位与价值，以及由商品经济运动所引起的人生、人际、人伦关系的变化，调整与转型的关系的缔造，最早发现并解决了文学与商品经济的理论误区。此前，黄树森在 1984 年《当代文坛报》一连多期、长达十余万字的"主编手记"，发表系列《评"经济文化时代"》，从一评直至四评，列出了"经济'蛊惑'文化""世俗'暴动'精英""时尚'非礼'高尚""科学'调戏'艺术"等命题。1988 年《当代》杂志连载广东作家钱石昌、欧伟雄合作的中国第一部正面反映市场经济的长篇小说《商界》，接着又有广东作家彭名燕创作的中国首部反映经济特区改革风云的长篇小说《世纪贵族》问世，影响广泛，造成了领潮全国的"经济文化时代"的文学潮流。1993 年 4 月 1—2 日《羊城晚报》连载黄树森与金岱合写的论"经济文化时代"的长篇评论。接着金岱又以《经济文化与人本文学》为题，在《当代文坛报》上连续发表了三篇论文，从人本学的高度论证经济文化时代对文化与文学本质的维护，提出了在经济大潮中如何坚持和建设精神绿化等重大而实际的文化课题。

（二）如何认识改革开放前沿地的广东文学特质及其走向

1986 年，著名作家吴有恒在《羊城晚报》发文《应有个岭南文派》，在广东文坛即掀起了广东文学特质及走向的讨论热潮，多家报刊组织座谈会或发表文章讨论，其中较有影响的是：黄树森《应有个岭南文派》，黄伟宗《已经有个岭南文派》《岭南文学的形成条件》《萧殷与当今的广东文艺批评》，饶芃子《文学的探索与追寻》，郭小东《南方精神的再度崛起》，张奥列《广州作家群的崛起》，谢望新《走出五岭山脉》《"广派"文学批评的历史与基本特征速写》《强化南方文化意识》，文能《踏着太平洋文明浪潮走来的珠江文学》，韦丘《粤军在行动》，等等。这些文章均对广东文学特质及其优势与劣势、南北文化的差异进行了深入探索，对近年取得的成就充分肯定，对诸如广东文坛"沙漠化""静悄悄"之议论予以匡正，更坚定了前进的信心和方向。1986年，《当代文坛报》与《文艺报》、《文学评论》、《上海文学》、天津《文学自由谈》、福建《当代文艺探索》等刊物负责人和评论家六十余人在深圳举行座谈会，研讨如何反映现代文明生活、如何揭示现代文明美等问题，其中也提出了广东文学如何反映现代文明问题，这是全国首见的关于现代文明的理论主张。1988年，该刊又以《粤军的最佳视点：大都市文明之美感》为题，报道了广东作家协会理事会年会的讨论成果，可谓这次讨论热潮的不是结语之结语；刘斯奋的长篇小说《白门柳》在这期间荣获茅盾文学奖，又发表了关于"朝阳文化"的长篇论文，从实践和理论上，给这次讨论热潮之斑斓风景添上了浓重的一笔。

第七次：20世纪80年代中期兴起的"文化热"及其引发的地域文化和珠江文化热潮

随着改革开放的深入和现代西方文化学的传入，中国文坛在80年代中期兴起了以"寻根文学"为起点的"文化热"。这类作品，以陆文井的《井》、郑义的《老井》、莫言的《红高粱》、韩少功的《爸爸爸》等小说为代表。这类作品，大都是以古老的农村传统文化与现代文化对撞的故事，反映和寻觅阻碍改革开放的民族文化之"根"为题材，由于别开生面地触及现实和历史的实质，影响很大；又由于所谓审视民族文化劣根面的某热播电视片和余秋雨散文《文化苦旅》的广泛影响，便"文化热"成为80年代和90年代的一个重大文坛热点。这个热点的发端"寻根文学"，虽然只是昙花一现，一哄而起，很快潮退，但其所掀起的"文化热"却日益蔓延深化，扩展至整个文艺创作、文艺批评、文艺研究领域。各种创作方法和流派都不约而同地向这一热点深化,各种地域性的文学(如"西部文学""乡土文学""岭南文学""特区文学")、领域性文学(如军旅文学、经济企业文学)也都朝这一热点深化;文学批评方法热,有西方文学批评方法传入之原因,实际上也是这种文化热在文学研究领域中的具体表现;在文学研究上,以对新时期文学是否危机四起到如何对待民族传统文化的论争,以至对五四文学、近代文学、古代文学的史料或个体文学的研究,都进入文化层次的研究,或者说是以文化为研究的着眼点和归宿。这种"文化热"现象,实际上也是一种逆反性发展。过去长期以来一直强调的是文学的社会性、政治性,从创作到批评、到文学研究,都重于或偏于社会学的眼光或政治上的功利要求。"文化热"是对这种传统的反叛或反拨。寻根文学热、文学批评方法热、否定民族传统文化热等的匆匆来去,因为它们本身都具有走向极端的因素(如寻根文学过分强调民族传统文化之落后面,文学批评方法热则过分将方法抽象化并脱离文学而批评文学,否定民族传统文化的虚无主义和崇洋主义),也有这些"热"脱离现实实际、脱离群众需求的原因。但是,"文化热"引发的地域文化热尤其是对岭南文化、南方文化和珠江文化热潮的引发作用,是无可否认的。

(一)岭南文化和"珠江大文化圈"

从1997年秋至1999年冬,黄树森以广东作家协会《当代文坛报》主编的身份,以"主编手记"的方式,发表以"走笔岭南"为总题的系列评论,倡导岭南文化。分列题目是:一、走向岭南文化新时代;二、不甘边缘的岭南文化;三、岭南文化:崛起于近代;四、现代文化史上的岭南;五、岭南文化:走向现代;六、岭南文化:从冲突走向对话;七、岭南流行文化的勃兴;八、严肃文化:岭南文化的又一旗帜;九、当代岭南文学热点透视。黄树森又于1999年至2000年,以《当代文坛报》每期都发表"编后偶记"的方式,连续发表《"珠江大文化圈"锣鼓》之评论,分列题目是:之一:东西南北之"文化神秘地带";之二:草·摹·树木·森林;之三:向两个极致挺进:大都市现代文明之状写与大众流行文化之确认;之四:以长篇小说为载体写中国商界运动的"第一人";之五:以长篇小说为载体逼进中国改革史诗品格的优秀之作;之六:拿破仑从另一高度征服世界;之七:论"文化杂交"。(见黄树森著《手记·叩问》)黄树森还主持编著《叩问岭南》系列丛书，以及彰显岭南各地古今"九章"文化系列书系的出版，如《广州九章》《东莞九章》等。

（二）新南方文学

郭小东于 2004 年 4 月 3 日《羊城晚报》发表《广东新文化运动：呼唤新南方文学》一文提出，新南方主义文学构成有两个因素。一是广东已不再是原来的广东，泛珠江三角洲地域边界模糊，异烁涌动。中国的改革开放始于广东，26 年间广东涌入大量外省移民。本土文化在移民带来的文化氛围中渐次消解，从而形成一种新的人文形态。二是广东文坛满目是来自外省的文学青年。他们在外省完成学业，带着一种异地的文化情结和乡土的童年记忆进入广东，他们构成广东文学的新南方主义板块，在最近几届的"新人新作"评奖中，已难见到广东本土作者。这是一种必须面对、无法回避的情势。南腔北调的作家构成是新南方主义文学的题中之义。而乡土与童年记忆始终是作家的创作之母。以多年形成的南方文学风格和书写形式标准，是无法衡量这一板块的文学创作的。新南方主义文学标准于是应运而生。新南方主义背景下的广东文学，已不是旧派现实主义创作，而是现实对心灵的呼唤，是对日常性的异度颠覆，是对经验的另类想象。近年所认为的广东文学新秀都是新移民，所写的几乎都是他们过往的事，其创作都烙印着非广东的文学记忆。这也许不是我们当下期望的广东特色，但相信终将演化成所谓新南方主义的内容，催生一种新的广东文学。新南方主义文学背景下的作家们，尽管移民心态各异，创作各有千秋，但是，他们小说中的情感纠葛，都与都市的新生活状态有关。他们都偏执地努力于一种破碎、颓废、焦虑、困惑的精神结构。所谓先锋，所谓后现代，都无关紧要，要紧的是，是否应该实现这样的过程：建立在爱之上的文学批判，道德与伦理的文化意识，物欲与清洁精神的理性沟通。这三点也许正是新南方主义物质形态下生活模式的文学记号。在这个精神记号下的文学集结，正是广东文学姿态的全新彰显。

（三）南方文化

谢望新于 1992 年春，以答《当代文坛报》记者问的方式，提出《南方文化论纲》。其要点是：其一，南方文化区别于其他地域类型的文化的主体精神与基本特征；其二，南方文化代表作家、代表作品的被忽略及其歧见，恰好证明这种文化生存形态的现实存在；其三，为南方文化的发展与强壮，提供优良的外部环境；其四，南方文化正从创作群体、创作实践与理论批评各个方面体现出来；其五，南方文化是一面耀眼的旗帜，但不是唯一一面旗帜。文中首先指出：南方文化首先是但又不仅仅是一个地域地理概念，更是一个历史概念和人文概念。它鲜明地区别于其他地域地理类型的文化。以广东为典型代表的南方文化，既区别于地域地理意义上的大南方文化，也区别于大南方文化中的"海派"文化，区别于以"京派"文化为典型代表的内陆文化、中原文化，区别于港台文化，区别于海外华文文化。南方文化就其本质而言，是开放式的，既对整个世界开放，也对中国内陆开放；不太追踪和迎合非正常非历史契合性的虚拟的潮流、思潮，勇于和擅于求真求实求新。一方面，它既保留了民族文化血缘、亲情的历史联系与渊源，具备民族文化吸纳、同化与扬弃的能力；另一方面，更具有个性的差异，形成了自身独立的文化精神品格与文化人格力量。地域性与超越性、时空性与超前性、个性与时代趋向性相结合是其基本特征。

（四）珠江文化和海上丝绸之路

黄伟宗自1991年发表《论珠江文化的典型代表陈残云》之后，一直倡导珠江文化，建设多学科交叉的立体文化工程。他于1992年被聘任为广东省人民政府参事至今，连任五届，达25年之久，一直负责组织多学科专家进行珠江文化工程建设，坚持走"五个结合"（即：参事文史工作与学术研究结合、理论与实践结合、田野考察与文案研究结合、历史文化与现代文化结合、文化研究与多学科交叉研究结合）之路，以"走万里路，写千字文，著百种书"为方针，在"走万里路"考察研究的同时，提交"千字文"参事建议，编著了百余种"珠江文化丛书"，包括300万字的大型史著《中国珠江文化史》；填补了中国江河文化史空白，确立了与黄河文化、长江文化并列的珠江文化体系，受到广东省委领导致信表扬。在"走万里路"的考察中，持续不断地有新的学术发现和新成果。如：1995年，他们在南雄发现并提出珠玑巷及其寻根后裔文化，为后来成立珠玑巷后裔联谊会和世界广府人联谊会开路，同时出版了一系列关于珠玑巷文化的论著；1996年在封开发现广信文化、广府文化和粤语发祥地,为岭南文化找到源流,2005 年在粤西四市考察发现"南江文化",2009 年在东莞凤岗提出客侨文化概念,在江门发现"后珠玑巷"、在台山提出广侨文化概念等,均被称为"填补学术空白"的新发现;他们提交的《省政府参事建议》("写千字文"),以及到各地考察时为当地所作的文化定位、提供的建设策划方案,深受欢迎;尤其是以珠江文化理论撰写的参事建议,起到更大的决策咨询作用,如 2004 年关于泛珠江三角洲("9+2")区域合作的建议,受到广东省委领导的高度重视并予以批示;2011 年,提交的关于建设文化大省、建设珠江三角洲经济圈和海洋文化的建议,也都受到广东省委领导的重视并予以批示。

　　黄伟宗还于 2000 年被任命为广东海上丝绸之路研究开发项目组组长,负责研究开发系列项目。2000 年 6 月,他率领考察团在徐闻发现中国最早的海上丝绸之路始发港,将中国海上丝绸之路史推前了 1300 多年,接着在湛江举办了全国性的学术研讨会予以确认;2002 年,在南华禅寺 1500 周年庆典上提出举办并参与主持"六祖禅宗文化"国际论坛,开拓了禅学海上丝绸之路;2007 年在粤北梅关珠玑巷等地发现并提出海上与陆上丝绸之路对接通道;2003 年在阳江为"南海Ⅰ号"宋代沉船定位为"海上敦煌",受到联合国教科文组织和国际著名海洋学家的赞许;2013 年,关于海上丝绸之路的参事建议,受到广东省委领导的高度重视。广东省委领导于 2014 年春出访东盟三国(越南、马来西亚、新加坡)时,将黄伟宗任总主编的"海上丝绸之路研究书系"的"开拓篇"作为礼品用书。此后还接连出版了该书系的"星座篇""概要篇"和《梅州:"一带一路"世界客都》等专著 20 余部,为我省和国家"一带一路"倡议和建设作出了贡献。这些发现和著作,通过多种海上丝绸之路途径传至海外,既扩大了与海外的经济文化文流,又促进了珠江文化和珠江文评走向世界。

第八次:20 世纪末至 21 世纪初新兴文化
文学现象的新文化批评热潮

　　随着改革开放的迅速推进和全国城镇化地域的扩大,在 20 世纪末至 21 世纪初,大批农民工拥入城市,尤其是在经济特区和珠江三角洲地区,改变了城乡的社会成分结构,改变了经济文化形态,改变了都市的生活方式和思维方式,使社会生活与社会心态都发生巨大变化,也促成许多新兴文化文学现象的产生和发展,对其相应的新文化批评也应运而生。之所以统冠之新文化批评，是由于其批评对象都是新兴的文化或文学现象，即使是对传统文化文学的评论，也是以新文化为视角的分析、以新文化内涵为重心的探寻、以新文化为参照系的评价，故谓之新文化批评。黄伟宗在专著《当代中国文艺思潮论》（广东旅游出版社 1998 年出版）中，汇编了他从 20 世纪 80 年代至 90 年代对于新兴的文化文学现象进行新文化批评的对话或文章，包括对谭庭浩、钟晓毅在《叩问岭南》书链中出版专著的评论，关于文学中宗教意识、新的文学精神和方式、打工文学和打工散文、特区军旅文学、新都市文学、检察文学等的对话中，以及对长篇小说《白门柳》和微型小说等新作的评论中，都有意识地运用并倡导新文化批评。可喜的是，在这个时期的广东文学批评界，都不约而同地运用这种批评方式，以至形成珠江文评的第八次热潮。

（一）新都市文学的批评

新都市文学，以张欣、张梅、刘西鸿等女作家的作品为代表，其作品尤受注目和欢迎。由于分别多次举行专题研讨会，所以许多评论家都参加过评论。较有影响的是英年早逝的中山大学教授程文超，他在《欲海里的诗情守望——我读张欣的城市故事》（《文学评论》1996 年第 3 期）一文中指出："今天的中国都市既是文明的消费中心，又是文明的消解基地——那里活跃着人生的各种欲望。都市，那是欲望的百宝箱、欲望的燃烧炉、欲望的驱动器。在这被驱动着、燃烧着的欲望里，一些属于文化的东西被烧毁了，一些属于文化的东西在火中生成着。很容易使人想起那句名言：一切都被颠了一个个儿，一切又都刚刚开始。这是太具诱惑的一块宝地，文学探寻的诱惑，文化思考的诱惑。张欣无疑抓住了这块宝地。近年来张欣的都市故事吸引着众多读者，成为都市文学风景线上的重要景点。张欣对当下都市的独特书写，昭示着都市文学创作的一种新走向。正是对这一'走向'的发现，使我产生解读张欣的冲动。一个敢于直面当下都市人生的作者，其都市叙事一定透露出时代文化精神变化的某些信息。"所以，他激动地说："张欣不写都市，张欣便不是现在的张欣。都市而无张欣的小说，都市便会失去一片五彩的精神天空。"所以，如果说张欣是新都市文学最具代表性作家的话，那么，则可称程文超为新文化批评的典型代表之一。张柠的《睡眼惺忪的张梅和一座忧郁的城市》、梁凤莲的《拓展地域文学的创作资源》、郭冰茹的《关于"城市文学"的一种解读》等文，对城市文学的历史缘脉和概念的发展进行了翔实的论析,都有助于新都市文学的兴旺发展。

(二)特区文学的批评

80年代初在广东开办的经济持区,深圳本是宝安县一个只有5万人口的农村小镇,珠海也本是中山县的一个渔村小区,开办为经济特区后,短短时间内即变成了新的城市,是名符其实的新都市,有独特的经济文化、独特的社会结构、独特的生活方式、独特的文化形态,也必有富有"特味"的特区文学。当时青年评论家张奥列在《一种新的文学形态——特区文学初论》一文指出:特区文学的"特味",不只是特定的题材、特定的生活内容,也不是特定的表现形式,而是特区人特有的社会文化意识。特区文学的取材角度可以是多向的,表现手法也可以是多样的,但都离不开从特区的特定文化形态上把握精神与物质的复杂关系,揭示特区生活的内在节奏,探究特区人的生存能力。特区的文化形态有别于内地。特区,是东方文化与西方文化的交汇点、传统文化与现代文化的结合部。特区文化,是以民族传统文化为根,以世界现代文化为体。它的某种观念形态和政治形态,如伦理道德、人际关系、社会规范、政治体制、管理体制等,是民族的,体现中国国情;生活的某种行为方式,如娱乐方式、消费方式、交际方式、就业方式、商品经济活动方式、信息传播方式等,则是现代的、新潮的,适应国际惯例和世界潮流。所以,特区有特殊的文化形态、特殊的文化意识、特殊的心理结构、特殊的行为价值,构成特区与内地有别的人文景观,为特区文学提供了深层"特味"的表现依据。此外,于爱成关于特区文学的专著《深圳:以小说的之名》,尤其是在其《我们在什么意义上谈新城市文学——以深圳文学为例》一文中,从世界城市文学的高度,纵横捭阖而又从点到面地探讨特区文学深化课题;评论家李钟声在《沉淀·思索·起飞》中对特区文学的现状与发展提出相关建议,切合实际而富有远见。

(三)打工文学的批评

改革开放后,随着城市化建设的发展,大批内地人特别是农村青年涌入城市,"东南西北中,发财到广东"成为流行口头禅,使改革开放前沿阵地的广东,成为数以百万计的农民工的主要目的地,形成了举世瞩目的打工潮,震动文坛的打工文学应运而生。早在 80 年代，宝安《大鹏湾》、深圳《特区文学》开始发表一些反映打工生活的文学作品。随后，在其他打工者聚集密度较大的佛山、江门、东莞、中山等地的文学刊物，如《佛山文艺》《江门文艺》等杂志，都大量发表打工文学作品，推出打工文学作家，推进了打工文学的发展，逐步形成一种"打工者写打工"的文学现象，形成一种独特的文学形态和作家群，从而也引发了对打工文学的新文化批评。2013 年，打工文学首倡者杨宏海在《"打工文学"的历史记忆》一文中，说他是在 1991 年发表的《打工世界与打工文学》一文中提出"打工文学"这一名称的。杨宏海在这篇文章中还谈到：2007 年，深圳邀请莫言前来参加讲座，莫言在这次讲座中说："我感觉打工文学已经成为一种不可忽视的文学现象，而且已经达到了较高的文学水准。这里边已经有了新人的形象，有人的尊严，人的价值。" 2011 年，第九次全国文代会期间，莫言接受《深圳特区报》记者采访时又说：打工文学"笔下的文字是有温度的，通过对最柔软与最坚硬、最温暖与最无情的对比，触摸到人性最容易受到震颤的部分。"莫言的评价将打工文学提到人性关怀的高度。从杨宏海的叙述可见，打工文学从开始发现到莫言的评价，都是着意于新文化批评的。此外，论评打工文学的文章还很多，近 30 年来几乎年年都有论评问世，论评的方式也多种多样，有报刊述评，有小说论、诗歌论、散文论等，本书选有几篇代表性论评：谢有顺的《分享生活的苦——郑小琼的写作及其"铁"的分析》、柳冬妩的《"打工散文"：来自底层内部的身体书写》、胡传吉的《未知肉身的痛，焉知精神的苦——王十月小说论》、谭运长的《期待更加广阔的视野——关于"广东打工文学作家群"》，都程度不同地具有新文化批评风采。

（四）女性文学的批评

评论家江冰教授在《论广东女性写作的文学史意义》一文中提出：1990 年后，广东女性写作崛起，一方面是张欣、张梅等人小说渐成全国影响，另一方面是"小女人散文"受到普遍关注并在命名上引发争议，二者互为映衬，相得益彰。20 多年过去，除了张欣、张梅依然在小说创作的道路上前行，"小女人散文"倒是偃旗息鼓，成为文学史中令人怀念的"不长的片段"。细想下去，小说、散文两路人马的出现，也是应时回响，可谓一个时代的产物。1990 年后，是一个什么样的年代呢？80 年代思想解放运动盛极而衰，社会一下到了一个拐点，市场经济全面铺开，人的欲望迅疾打开，传统价值观溃败伊始，知识精英全面边缘化，一些原本坚固的东西仿佛一夜间烟销灰灭。于是，在人才一拨一拨"雁南飞"——广大内陆区域还处于一种风气转型的调整之时，广东，尤其是广州、深圳却仿佛迎来了属于自己的黄金时代。一如广东气候，鸟语花香，没有冬天，岭南文化的地气对接天时，广东原本的市场经济、商品经济的观念显现活力，与内地的犹豫彷徨比照，广东如鱼得水、如沐春风地欢天喜地。于是，至少以下几点促成了女性文学的异军崛起：都市、女性、日常，还与地域文化息息相关，地域文化使然。简而概之，历史传统、地缘优势、时代形势，构成的天时地利人和，使得广东人的价值观与生活方式，恰逢其时地成为时尚，成为标榜，成为万众瞩目的时代先锋，成为重新构建的新的文化语境。在20世纪90年代，广东女性文学的这种表现不但先行一步，而且几乎是唯一的。江冰之说，无愧是对20世纪90年代广东女性文学的新文化批评之高论。此外，英年早逝的女评论家陈志红，以发表《他人的酒杯——中国当代女性主义文学批评阅读札记》一文，倡导女性主义批评，并以论著《中国现当代小说中的知识女性》《自由的缪斯》，全面地显示了她的女性批评实践，其新文化批评印痕也极其明显。

（五）"后现代"文化现象的批评

女评论家钟晓毅在《挺住意味着一切——夹缝中的广东文化与文学刍论》中指出："后现代主义"在文化上所表现出来的一个主要特征是：自15世纪印刷术诞生之后一直处于无可代替经典位置的文字，已开始面临危机，一场由影像取代文字的科技革命正在许多人的不知不觉中有声有色地进行着。文字不再独统天下，影像变为新文字、新语言，是生活必需品，如交谈可用电话，消闲看电视电影，唱卡拉OK，通讯用FAX，联络留CALL机，提款按提款机（甚至连签名也免了），写文章用电脑，音乐也从"听"变为"看"——看MTV，看演唱会，运输用DHL，回忆童年往事只需翻看录像带，梦系青春也可用新科技展示……媒介就是信息，形式就是内容，语言就是现实。甚至，已没有不经形式承载的内容，没有未经语言建构的现实。在广东，社会上、生活上的后现代状况的出现早已是不容争辩之事实了。这有许多例证，人们既在大街小巷播送着流行歌曲，也在新春佳节之际神情庄重、衣履整齐地去大剧院聆听高尚典雅的新年音乐会；既是重彩头、迷"8"字的始作俑者，也是干脆利落地与烟花爆竹戒绝关系的首开风气者；许多从俗的东西在广东发起，却也有不少新的现代精神在广东得到张扬，充分体现了一种兼容并蓄却又独树一帜的鲜明特性。这些现象都说明了：当代的文化由于时代的变迁，势必要能够包容多元，这是一种新折中主义，而这正是后现代的一大特色。由此也可以印证，后现代主义的表现形式是多种多样、极其丰富的。它既有商品性的大众文化，又有颇具实践性、先锋性甚至与大众相隔膜的成分，是多元而广泛的一个能指系统。它始终体现着一种民间社会价值，处在边缘的位置，既不是怪物也不是神话，但它对当代人精神的冲击是全方位的。因此，面对后现代主义文化的非中心化、无聊感和零散性，我们首先要做的是：重新进行价值选择和精神定位，并在走出平面模式的路途中，重建价值的维度。通俗一点表述，就是要重新高扬起社会主义现代化旗帜，建立一种普遍的、社会共同追求与认同的、大众自觉的主体理性，并且在其中迅速培植起以现代化为核心的价值意识，推进广东文化坚定地走向社会主义的现代化历程。

（六）城市文化与通俗文艺现象的批评

评论家谭庭浩在《都市文化与通俗文艺》一文中指出：都市文化与通俗文艺曾有历史因缘。在当代现代化进程中，都市化导致个性与自由的受压抑和个体对自由的追求，这种追求有时表现为"梦"。通俗文艺就是给都市里的大众制造的这样一个多彩的梦，更多地作用于受众的感官，使受众获得一种层次比较低的快感，使受众的本能得到满足、宣泄、转移和某种程度的升华。武侠小说、惊险影片，某种舞蹈姿势，球类竞技，其引发人们兴趣，成为群众娱乐之事者，缘由莫不在此。时至今日，通俗文艺中最受欢迎的，也还是言情、武侠两类。琼瑶的几十本"言情小说"，曾令多少芳心初动的姑娘如痴似醉，梁羽生、金庸的新派武侠小说，又使多少血气方刚的少年郎挑灯夜读、废寝忘食。那里是一个清纯、浪漫的世界，是一片非现实的自由天空，是一个本能于此获得满足和滋润的"梦"。通俗文艺是为了满足受众的需求而出现和存在着的。所以，它带有一定的被动性，是由受众的特性决定的，在作者、作品与受众之间存在着一种供求关系，有为市场经营的意味，有商品性。但它又是一种特殊的商品，是受众为了满足自己消遣娱乐需要的精神物品，是一种沉入其中当下获得宣泄和瞬间快感的精神剂。所以，它具有商业性、消遣娱乐的一次性、流行转换性和非个性化、非作者化倾向。在中国，它还渗透着浓厚的道德训谕因素，要认识到通俗文艺在文化整体格局中的价值和意义。这些见解，可谓从文化上抓住通俗文艺要领的新文化批评。

（七）网络文艺现象的批评

刘卫国教授的《寻找精品——谈谈当下的网络通俗小说》和《网络官场小说的叙事定律》两篇论文，是较早发现和研究这种新兴文化现象的评论。前者概括了刚兴起不久的网络通俗小说的概况、规律、特征和前景，后者概括了网络官场小说的叙事定律，有较强的文化敏感力和理论概括力。青年评论家张德明在《审美日常化：新世纪网络诗歌侧论》一文中指出：从上世纪90年代末期以来至今，随着新诗与互联网的携手并肩，网络日益成为当代中国新诗最主要的创作平台、发表领地与传播空间。据不完全统计，每天在国内400多家大小诗歌论坛与网站上发表出来的新诗，总数达到4000首以上（不包括在多家诗歌网站与论坛重复张贴的诗歌作品）。以此推算，每个月出现在网络上的诗歌新作数量要超过10万首。而今，随着资讯技术的进一步发展，许多诗人又纷纷在互联网上开设了自己的个人博客，博客也因此成了当下多数诗人张贴自己新作的最重要场域。毫不夸张地说，每天借助博客而面世的诗歌都是成千上万的。如此可观的诗作数量似乎向我们表明：网络就是新世纪诗歌的一个催生婆，它将无数诗歌爱好者、创作者的创造激情与发表欲望煽动起来，让那些诗歌的"婴儿"纷纷降临到互联网的界面之中，降生到无限敞开的赛伯空间里。互联网正在创造着中国新诗的当代神话。异常活跃和繁盛的新世纪网络诗歌，在一定程度上实现了日常生活审美化与审美日常生活化的高度统一，从而带来中国新诗的某种美学革命。可见这是一种很现代、很先进的文化现象，虽然在早些年已有网络小说出现，如奇幻小说、穿越小说、耽美小说、架空小说、修真小说等，但总不如网络诗歌那样易于呼应、易于成潮，所以这种文化现象值得格外关注。

（八）网络文艺批评

青年评论家苏桂宁在《网络文艺批评的领域拓展》一文中指出：20世纪末以

后,迅速发展起来的互联网,给中国社会的公共领域带来了革命性的拓展。网络技术在不断改变着中国社会的基本结构,也改变着中国的文化结构。互联网成为现代中国社会文化重要的集聚平台。网络文艺批评由此而生,并已经在当代文学批评中广泛运用,成为当代文学活动的主要组成部分。面对新的文艺形势,网络批评的研究意在广泛深入地发掘新的文艺元素,理清新的文艺关系,发现和协调新的文化关系,以便对当代文艺发展有新的认识。特别值得注意的是:网络技术的出现给文化传播带来了革命性的变化,它在诸多领域以及各个环节上都给文化传播提供了非常强大的技术支持,尤其是对批评话语权的重新配置起到了关键性的作用,另一种文艺批评格局也由此出现。以网络媒体重新组织文学批评和文化批评在大众文化网络时代是非常突出的。众多的批评者和接受者聚集在一起,在网络平台上讨论文艺问题,这是一种前所未有的文艺批评状态。这种状态所显示出来的就是网络批评权力的重新配置。传统批评由于受到纸质媒体的门槛制约,也因此形成了垄断化的格局,批评的权力只集中在少数人手中。在大众文化的背景下,众多的批评者加入了批评的队伍,使人员结构发生了变化。网络批评的出现导致了批评话语权的转变:精英批评的话语权受到影响,精英批评不再是唯一的声音,大众批评的声音可能会形成合力整体地影响到批评的走向。不过,大众文化的去中心化未必一定会使精英的批评话语受到削弱;相反,因为更多的人关注文艺、关注批评,网络传播媒介强大的传播功能可能会使精英批评拥有更为广大的空间。这是非常贴近时代脉搏的见解,是非常有见地的新文化批评。

(九) 文体分类文学的批评

1. 小说文体批评

文体分类文学的批评是传统批评方式之一。但在新时期以来的珠江文评中,尤其是自20世纪末以后,以新文化批评进行文体分类文学批评的现象越来越多了,无论是小说、散文、诗歌、评论的批评,或者是对某时某地文学现象的概论或成就的总评,或者是对个体作品或作家的评论,大都以文化为视角或透现新文化的色彩。例如,时任广东省文艺评论家协会主席的蒋述卓教授,发表对广东近年来中短篇小说创作的总评文章,题目就是《异质文化交流与碰撞的结晶》,开笔即申明是:从改革开放使广东成为"中国最为庞大的移民地区之一",移民作家成了"广东文学创作的核心力量"的实际出发，从"作家的成长与地域文化之间存在着永难厘清的复杂关系"上，探寻广东地域文化为这些移民作家提供了怎样的精神资源，为他们的创作提供了怎样的审美契机，探究广东新移民作家群崛起的现象中，隐含了怎样的文化信息和审美追求。可见这篇总评论文，首先立足的是文化视点。十多年前，尚是青年的评论家张奥列，在《岭南文学的流行意趣——广东小说创作态势》一文中指出：广东作家喜欢捕捉时代的足音，但不大注重对文化意蕴的开掘，因此作品也难以深化。最近有些青年作家开始意识到这点，创作逐渐流露出一种文化意向。但广东小说创作总体格调的明快、轻灵、风趣，与五光十色、新奇变幻的南国生活所吻合，这是长处，或许同时也是某种局限，影响某些作品进入哲学、美学的高层次。不过，作家可能根本无意作此追求。广东文学显示的是一种平民化倾向，基本上属于大众文化。时下文坛花样翻新，这未尝不是一种创造。这是以文化参照系评析广东小说创作与北方作家的差异及其文化特点之高论，可见广东兴起的新文批评已有较早时日。老评论家张绰《从文化视角论黄谷柳》可谓这类批评之作家论代表作（值得特别介绍的是：张绰是张奥列的父亲，两父子都是评论家，两代人同为珠江文评作出了贡献），现任广东省文艺评论家协会主席林岗教授的《论丘东平》，以及粤籍著名评论家杨义教授的《华南文化勃兴和本土作家特色》等文，都是这类文体的新文化批评佳作。

2. 散文文体批评

新时期以来，随着散文观念的更新突破，当代散文的文体获得了空前的解放。面对着这种"破体"甚至"失范"的创作态势，广东散文学会会长陈剑晖教授发表《散文观念的突破与当代散文的前途》一文，面对当今"破体"与"失范"的当下散文，从"大"与"小"、"优雅"与"粗野"、"真实"与"虚构"、"在场"与"出场"四个方面，对20世纪90年代以来的散文创作进行反思。他认为，只有多一些现实意识和文化意识，并立足于传统，立足于现代的大视野和当代散文创作的实际，才能脉准当代散文的症结所在，才能找到突破方向。他还在《岭南散文风格初探》（与郭小东合作）一文中指出：岭南散文已形成一个具有独特风格的流派。这个流派，是因其有独特的历史条件和传统文化的因素形成的，除了受到时代精神和政治气候的制约外，尤其受到地理环境和气候习俗的影响。从自然环境来看，岭南是"清绝之地，秀丽之乡"。这里有水碧沙明的自然景物，有秀丽的丛林、徐徐的溪流、青翠的山野，有清新的空气、明净蔚蓝的天空、四季如春的气候。而这一切丰富多彩的大自然的形象，不仅能够引起岭南散文作家的想象和柔情，而且陶冶着他们的文笔情趣，为他们创造共同的文学风格提供了环境基础。是的！岭南散文正是明丽的景物、温和的气候与南方人民那种明朗乐观、秀丽多情的情操结合起来的产物。再从人情习俗方面来看，岭南地区自古以来便有清谈的风尚，而分布散落于城镇乡村的茶楼酒馆、榕荫葵棚，则又是夏天或饭后谈天说地的好场所。这种风气日复一日，滋生蔓延，自然也就影响到岭南的文风。正由于环境风气的造化，所以，虽然受到同一时代精神影响的岭南散文却不同于北方散文。这也许就是杜甫所谓的"造化钟神秀"吧。这些以散文笔法写的评论文字，不愧是情文并茂的新文化批评文章。

3. 诗歌文体批评

青年评论家向卫国在《世纪之交广东诗歌崛起的文化生态考察》一文中指出：20世纪90年代后期开始，广东诗歌渐趋繁荣，一系列重大的诗歌活动都与广东有关。这一现象既反映了诗歌的多元化走势，也是广东的良好诗歌生态环境作用的结果。广东诗歌的文化生态特征主要表现在：海洋文化与亚热带地理气候的人文影响，改革开放带来的经济强势与政治宽松环境，外来诗人及其与广东本土诗人的融合带来的诗歌生长新因子，世纪之交广东诗歌的崛起。这段短短的文字，精炼地概括了广东诗歌崛起的新貌，同时也显现了诗歌文化批评的风采。还值得注意的是诗人黄礼孩《风中的诗歌事业》一文，叙述了他自己如何"坚信做一些他人想不到的东西，会让诗人看到诗歌不一样的生存状态"之文化理念，创办纯粹民办的《诗歌与人》并一直坚持20多年的切身体会。由于这个杂志每一期都有明确的主题，是专题性诗刊，又由于它对中国当下实力诗人的广泛掌握和团结，几乎每期都出彩，目前已成为我省在海内外最具影响力的民间诗刊。尤其是它先后打造出"70后""中间代"概念，是首创的诗歌断代史概念，也是断代的文化概念，具有为中国诗学和史学作出分代的重要意义。可见黄礼孩《诗歌与人》的实践，不仅以文化理念开拓了民办诗刊的生存空间，开拓了诗歌文体的新天地和新文化现象，也开拓了诗歌的新文化批评。2003年9月，诗评家朱子庆的长篇评论《广东：一个诗歌大省的新的崛起》证实了这个评价，也揭示了珠江诗派和珠江文评走进新时代的欣欣向荣。

第九次：21世纪一二十年代关于粤派评论和珠江文派的讨论和出版书系热潮

2016年夏天，中国文艺理论学会和广东省文艺批评家协会在暨南大学举行了理论研讨会，来自全国的近百名文艺理论批评家与会。粤籍评论家古远清教授、广东文学评论家陈剑晖教授在会上提出：应当有粤派批评。随后，《羊城晚报》于2016年6月5日推出整版的"粤派批评"讨论版，发表了陈剑晖的《"粤派批评"已是一个客观存在》；2016年6月27日《文艺报》"理论与争鸣"版，发表了古远清《"粤派批评"批评实践已嵌入历史》；接着《羊城晚报》又先后发表了洪子诚、杨匡汉、蒋述卓、刘斯奋、黄树森等著名评论家就"粤派批评"的文章或访谈。讨论一直延续至2017年秋天，受到广东省有关领导重视，决定由广东人民出版社出版"粤派评论丛书"50本左右。其中，文选35本，精选35位最有代表性的粤籍批评家，每人出一本代表性文论集，分四个版块出版，分别为：①"大家文存"：黄遵宪集、康有为集、梁启超集。②"名家文丛"：第一辑——黄药眠集、钟敬文集、萧殷集、黄秋耘集、梁宗岱集；第二辑——刘斯奋集、黄树森集、饶芃子集、黄伟宗集、黄修己集、谢望新集、李钟声集；第三辑——蒋述卓集、程文超集、林岗集、陈剑晖集、郭小东集、宋剑华集、陈志红集、徐肖楠集；③"新锐批评"（谢有顺、温远辉、申霞艳、胡传吉、李凤亮、世宾、柳冬妩）；④"新世纪粤派评论"（李德南、陈培浩、杨汤琛）。还有专题著作15本（书目略）。同时组织有关会议专题讨论，定于2016年12月，在北京举办"粤派评论丛书"座谈会，全国文学评论大家云集首都，共议粤派评论的历史与现状，共商今后发展大计，使百年珠江文评又掀起更大热潮。

2016年夏天，广东省珠江文化研究会在佛山南海区委区政府鼎力支持下，与广东旅游出版社合作，联合进行"珠江—南海文化书系"工程，被列入广东省原创精品出版项目。这个工程项目计划编著三个书链22部论著，倡导珠江文明、珠江文派、珠江学派。具体是：一是"珠江文明灯塔书链"，包括《珠江文明的八代灯塔》《珠江文派与记住乡愁》《养生文明与生态文明》《珠江学派与理学心学》《珠派南学与珠江文明》；二是"珠江文派与记住乡愁书链"，包括《珠江文典》《珠江文流》《珠江文粹》《珠江文潮》《珠江诗派》《珠江文评》《珠江文港》《珠江文海》《珠江民俗》《珠江民歌》《珠江民艺》；三是"珠江历代学说学派——千年南学书链"，包括《珠江上古学说学派》《珠江中古学说学派》《珠江近古学说学派》《珠江近代学说学派》《珠江现代学说学派》《珠江当代学说学派》。这项工程，是在一边研究著述、一边举办论坛中进行的。所以，它是与粤派评论讨论著述同步的热潮。这两套书系的完成，标志着粤派评论和珠江文派、珠江学派的理论建设告一段落，百年珠江文评的第九次热潮落幕，又迈步走向新的征程，走向新的胜利。

最后应当说明的是：本书是百年珠江文评（也即是粤派评论）文选，主要选编体现每个时代文学思潮或文学现象的代表性文章，旨在从鸦片战争至今的历史长河中，选取珠江文流之文学思潮活动的九次热潮，大致梳理百年珠江文评的发展进程及其脉络，巡礼各个时代的主要成就与风貌，探究并揭示百年珠江文评领潮争先、推波助澜的特质和风采。本书是从鸦片战争至今的百年文选，编目序列以中华人民共和国成立的时间为界，之前（即近现代时期）为上编，之后（即当代时期）为下编；上篇选文由包莹选编，下篇选文由于爱成选编。本概论是在上下篇选文的基础上写成的，特此说明并鸣谢！由于本书着重以百年珠江文评的九次热潮相关评论为选文范围，以及篇幅限制，所以许多著名评论家因欠缺或一时未能找到其相关选文或者因相同命题论文过多或重复而未能入选；入选的评论家也只能选其一篇论文，因而入选之文可能不是其最有影响或代表性之作；有的超万字长文也只能作适当删略选用。这实在是万不得已的遗憾。虽然我们都尽了最大努力进行这项工作，毕竟时间有限、篇幅有限、水平有限、视野有限，所以，无论是在选人或选文上，都会存在挂一漏万或代表性不够之缺陷，欢迎方家读者批评指正，以待日后弥补。谢谢！

（2017年10月1—18日写于广州康乐园，《珠江文评》由广东旅游出版社2018年出版。）

粤派评论·珠江文派·文化批评
——《粤派批评丛书·名家文丛·黄伟宗集》代前言

2017年春天,当我正在筹划"珠江文派"书系的编写与出版工作时,《羊城晚报》也在发表倡导"粤派评论"的系列文章,并向我约稿。我当即将正在付印的《〈珠江文典〉跋》寄去,以表支持和赞许。因为我始终认为:文学创作与文学评论是文学事业之两翼;前者是土壤,后者是庄稼,"皮之不存,毛将焉附"?两者共存共荣,相互促进。所以,我感到倡导粤派评论和珠江文派是双簧一曲、异曲同工之事。同时,最近接到通知说:按照"粤派评论丛书"出版计划,要我编出个人评论选集(下称《选集》),列入其中"名家文丛"第二辑。在进行编选时,又使得我从自己文学生涯即届60周年的文学批评活动回顾中,对个人追求的文化批评风格有所感悟,进而对当今广东的文化批评之"粤海风"颇为认同和赞赏。于是便利用为《选集》写前言的机会,将粤派评论、珠江文派、文化批评等三个相关而又各有不同的命题,分别以"群""气""风"三字切入,简述自己的想法和看法,向读者请教。

一、"群"——以粤派评论凝聚批评群体,以批评群体领潮创作批评

顾名思义,粤派评论姓"粤",理当是粤地粤人粤风的文学评论。既然称之为"派",则应当有"结群"和"可群"之能量,也即是当有群众、群体、成群结队之"群",又应有古语所云:"诗三百"(即《诗经》)"可以群"之群众、群知、群情、群潮之"群"。粤派评论就是这样一个早已具有并充分发挥出这两方面"群"之功能的文派。

广东文学在新中国成立后有两度辉煌:一是20世纪五六十年代,以《三家巷》《香飘四季》《花城》为代表的老一代作家新作的涌现;二是20世纪70年代末至80年代初,以《我应当怎么办》《海风轻轻吹》《雅马哈鱼档》为代表的第二代中

年作家的"伤痕文学"和改革文学的兴起。与此同时,广东文学批评界也创造了自己的辉煌:一方面表现在最早而及时地为这些作品及其代表的文学新潮鼓与呼;另一方面是从同时期创作现象升发深度的理论批评,如60年代初从《金沙洲》升发关于典型问题的讨论,70年代末从"伤痕文学"升发关于"社会主义悲剧"和"社会主义批判现实主义"的理论争鸣。这些批评活动的群体性及其反响的群潮性,说明当时的广东文学评论界与广东文学创作界一样,在创造两度辉煌的同时,已自觉地形成一个成熟的文派,只不过是与珠江文派那样,"有实无名"而已。

其实,粤派评论在这两度辉煌中成熟和崛起,不是偶然的,而是有其来龙去脉的。《选集》中有篇两万字长文:《百年珠江文流的三段历史波澜》,详析了珠江文派和粤派评论在正式成熟和崛起之前的百年文流长河中,掀起三段历史波澜的辉煌,具体是:一是由梁启超在维新运动前后开创的"新民说""文界革命"和"学术新论"掀起的历史波澜;二是由朱执信、杨匏安、洪灵菲等革命者和作家,分别在五四运动前后掀起的"土话文""美学"与"革命文学"波澜;三是以欧阳山从"粤语文学""大众小说"到"新写作作风"之路,蒲风、温流与《中国诗坛》,以及黄谷柳的《虾球传》和粤港"方言文艺运动",在抗日战争和解放战争时期掀起的第三段历史波澜。从这三段历史波澜的辉煌可见:珠江文派的文脉是源远流长、光辉灿烂的;同时,也可看到粤派评论的文脉不仅同样如此,而且尤其鲜明突出地在这三段历史时期,对当时的文学创作以至整个时代的历史文化洪流,都持续地发挥着领潮争先、推波助澜,以及文学评论的"群体""群知""群潮"作用。

二、"气"——以"五气"聚现珠江文派,
以珠江文派记住乡愁

要种好粤派评论的"庄稼",必须培育好珠江文派之"土壤";要培育好珠江文派,就应当响应习近平总书记发出的"记住乡愁"号召,从强化本土写作入手,挖掘出本土文化之"底气",聚现(也即是"结群"和"可群")珠江文派,并以珠江文派之创作永远记住乡愁。

"气"者,即精神之气,包括有形或无形的气派、气势之"气"。三国时代,曹丕以点化"文章以气为主"(《典论·论文》)之"气",由曹操父子创造了流传千古的"建安文学";明清时期,方苞、刘大櫆先后以"义法""神气"造就了

"桐城派"三百年的承传历史;珠江文派也是以"气"为主,但却是"五气"相通之气派而聚现的广东作家群体。"五气"包括:一是"天气",即时代之气和本土独特自然之气;二是"地气",即本地水土自然环境之气;三是"人气",即本土社会环境和风俗人情之气;四是"珠气",即珠江文化之气;五是"海气",即海洋文化之气。

这"五气"也是粤派评论凝聚之气。因为粤派评论是珠江文派之羽翼,是其重要组成部分和理论支撑。粤地粤人粤风之文学评论与珠江文派一样,要有立足之地,这就是本地的生活与创作,尤其是对本地的深情厚谊,也即是习近平总书记号召的:要"望得见山,看得见水,记得住乡愁"。这对于粤地之新旧粤人作家、评论家而言,是尤有指导意义的。因为粤地自古是移民繁殖之地,出生本土者固然有其深厚乡愁,非本土出生者,也皆因"年深外境犹吾境,日久他乡即故乡"而具有粤地之乡愁,从而可以立足粤地而群为文学创作和评论之文派,又由此而使其创作和评论或浓或淡地具有记住乡愁的粤地印记。所以,聚现珠江文派与记住乡愁是互为因果、相辅相成的。

广东省珠江文化研究会组编"珠江—南海文化书系",是为实现这个双向性目标铺垫或铺路之作为。从《选集》录其总序分列之"珠江文派与记住乡愁书链"序中的书目及其结构可见:首部《珠江文典》是轴心,即以"五气"聚现珠江文派和记住乡愁之坐标;接连的书目是:梳理百年历史波澜的《珠江文流》,评析新时期精英作家作品之《珠江文粹》,以及评析跨世纪崛起作家作品之《珠江文潮》,则是从纵向梳理其源流和承传发展之碑记;《珠江诗派》《珠江文评》,是从领域横向而丰其羽翼之论著;《珠江文港》《珠江文海》,则是从地域横向展示其对港澳地区和海外的凝聚力和辐射力之实录;《珠江民俗》《珠江民歌》《珠江民艺》等三部民俗风情录,则是从文化根向寻其基因与血脉之本根之作。从这些书目展示的内容和整体结构可以窥见:这个书链的完成是可以达到以"五气"聚现珠江文派,以珠江文派记住乡愁之预期目标的。

三、"风"——以文化铸就风格,以风格增强粤海风

所谓粤人粤地粤风之文学评论之"粤风",包括两个方面:一是指个人风格,二是指文派群体相通并聚射之文风。列入"粤派评论丛书"出版计划中"名家文

丛"出版专集的人，都是有影响、有个人风格的前辈和同代文学评论家。我认为这是很幸运的文坛盛事，这意味着当今可以倡导文派、学派，并重视作家、评论家的个人风格了，而过去一直是忌谈文派、学派和个人风格的。

其实，文派或学派并不可怕，而是可喜。正如开创百年珠江文流的大学者、大作家梁启超所说："学派之为物，与国家不同。国家分争而遂亡，学术分争而益盛。"至于个人风格，也不是有些人说的那么高不可攀。照我看来，个人风格，不过是作家、评论家个人的经历、学识、专业、职业、事业等因素之渐进与融合，逐步形成一定的写作范围和写作习惯的特点而已，尤其是专业或职业的需要和事业的追求起重要作用，起码在我来说是如此。

现在这部《选集》，是从我已经出版的 20 多部个人专著（基本汇集于最近出齐的《黄伟宗文存》4 部）中选出来的，可以说是我将近 60 年文学生涯的缩影；又由于是侧重选辑评论文章，所以也是我个人批评风格的缩影。概括而言，这些篇什都可以说是以文化观照文学、从文学透视文化的评论，几乎每篇都有文化或文学，"双文"融于一体，均可称之为文化批评或文学的文化批评。如果这可以说是我的批评风格的话，那正好说明这是由于我的专业、职业和事业的因素造成的。从 1959 年我从中山大学中文专业毕业，到《羊城晚报》文艺副刊《花地》任"文艺评论"版责任编辑开始（当时我还是《三家巷》首篇评论的作者）到现在（除"文革"十年外），我从事的专业、职业和事业，都主要是文化和文学领域的工作，并都是按专业、职业和事业的需要，写文章、出专著。所以，《选集》中"宏观论评""珠江文评"等栏目中所选篇什，都是我在中山大学中文系任教时，按讲授中国当代文学和文艺理论批评的需要，而写的专著或文章中选出来的；"决策咨询""珠江文化""文化发现""珠江文派与珠江学派"等栏目中的文章，是自 1992 年开始，我受聘为省政府参事并任省参事室广东文化组组长和珠江文化研究会会长的职务要求，而写的参事建议或调研报告；"海洋文化与一带一路"栏目中的文章，则是 2000 年 6 月我率考察团到雷州半岛发现徐闻是中国海上丝绸之路最早始发港，而被任命为广东省海上丝绸之路研究开发项目组组长（2013 年后又任"海上丝绸之路研究书系"学术委员会主任兼总主编），所编写的专著或报告。总之，这些篇什，是文化中的文学，文学中的文化，是以文化为主体的"多学科交叉立体文化工程"，是既有理论，又有实践，既有决策参考价值，又有实际操作成效的学术成果。所以，尽管有人认为我这些作为，是文学界的"个别"，又有社科界的人视为"另类"(参见"文海感言"中的《珠江文痕》后记),我也不以为悔,反以为荣。因为被多个学科人士均视为不能入其"类"、其"格"的"边缘人物",不就是本身"自成一格"么?这不就是个人风格么?怎能不引以为荣呢!?

我的学术道路和学术风貌实际如此。如果这样的文化批评也能算是有个人风格的话,那么"粤派评论丛书"及其"名家文丛",也会同我主持的"珠江文派与记住乡愁书链"及其《珠江文典》所印证的珠江文派存在那样,印证出粤派评论也是实际存在的。因为两套书系所列举的代表人物,都是既有共性又有个性,也即是既有文派共有之气派文风,又都各有自己独特风格之作家批评家群体。因为拥有相当数量各有个人风格而又有相通气派文风的作家、评论家的群体,才能称得上是成熟的文派或学派。

那么,当今粤派评论相通之气派文风是什么呢?我认为与珠江文派一样,是"五气"相通相聚而迸发出来的"粤海风"。这是因为"五气"中的"珠气"和"海气"是凝现"天""地""人"三气之轴心,其根是海洋性特强、江海一体的珠江文化特质,其文化风格和气派文风,正如唐代南粤"第一诗人"张九龄所写:"海上生明月,天涯共此时",故名之"粤海风"。我本人一直追求以文化铸就批评风格,也旨在以文化批评风格为增强粤海风而尽个人力所能及的绵薄力量。

本书在编选过程中承蒙中山大学中文系博士生包莹大力协助,特此鸣谢!

2017年端午节完稿于广州康乐园

(《粤派批评丛书·名家文丛·黄伟宗集》由广东人民出版社2018年出版。)

珠江学派（千年南学）论

以珠江学派坚挺中国学派，以千年南学辉煌学术中国
——珠江学派（千年南学）论纲并"珠江历代学说学派
——千年南学书链"代序

2016年8月，广东省珠江文化研究会与佛山市南海区委区政府、广东旅游出版社达成共识，共同进行"珠江—南海文化书系"工程。这是为响应习近平总书记前些年在中央城镇化工作会议上发出的"望得见山，看得见水，记得住乡愁"号召，并贯彻习近平总书记在2016年5月17日哲学社会科学工作座谈会讲话中，作出"一个没有发达的自然科学的国家不可能走在世界前列，一个没有繁荣的哲学社会科学的国家也不可能走在世界前列"，"坚持和发展中国特色社会主义必须高度重视哲学社会科学"的重要指示而确立的文化工程。这项工程包括举办南海西樵系列论坛和编著出版三个书链，即"珠江文明灯塔书链""珠江文派与记住乡愁书链""珠江历代学说学派——千年南学书链"。经过将近两年的努力，迄今已完成了三次论坛（即"珠江文明的八代灯塔""珠江文派与记住乡愁""养生文明与生态文明"）及其论文集的出版，完成了"珠江文派与记住乡愁书链"首部《珠江文典》，其余10部均已基本完稿，正在出版进程中。现在举办的这次论坛，则是我们在"珠江历代学派——千年南学书链"的编著进程中的一个重要学术活动。

值得高兴的是，我们在筹备这次活动过程中，今年9月24日《人民日报》发表了"构建中国学派恰逢其时"专版，提出了建设"学术中国""理论中国"主张。我认为这个主张，对我们国家来说是"恰逢其时"的，对我们广东学术界来说也是"恰逢其时"的，同时也说明我们珠江文化学术团队早在2016年8月正式开始的构建珠江文明、珠江文派、珠江学派的"珠江—南海文化学术工程"，包括现在举办的这次"理学心学与珠江学派"论坛，也是"恰逢其时"的。如果说，《人民日报》专版是从理论上首次提出了构建中国学派和学术中国的主张，那么，广东省珠江文化研究会于2016年开始构建的珠江文明、珠江文派和珠江学派工程，则

是从实践上率先以珠江学派和学术广东的构建，进行构建中国学派与学术中国的实际行动。所以，我们这次论坛的总主题是：以珠江学派坚挺中国学派，以千年南学辉煌学术中国。这也就是我们今后持续进行这项文化学术工程的总主题。

我们之所以敢于以"坚挺""辉煌"这样的字眼提出这个主题（也可说是口号），是在于珠江文派（千年南学）已有两千多年历史，有自身的学派结构，有自成一家的学说和学术体系，有自身的特点和文化特质，有自身的发展历史和态势，有自身的学术基础或基因，有自身的学术地域和特性，有自身的传统精神和光辉成果，以及在海内外的广泛影响和辉煌历史，而且，这些都在中华民族千年文化学术史上添加了浓重的一笔，成为中华民族文化学术辉煌不可或缺的组成部分。下面分别扼要论述。

一、从"理学名山"看珠江学派（千年南学）的地域特点与结构

我们这次论坛在南海西樵山举行，固然是因为它属于这项工程的"南海西樵"系列论坛举办地之一，但更主要的是这座被誉为"理学圣地"之名山在明代中叶的学术辉煌，典型地体现了珠江学派的地域性结构。

当年汇聚在南海西樵的湛若水、方献夫、霍韬"三大家"，都是珠江流域中心地——广东本地人，其治学办学的地点西樵，即在珠江三角洲中心地。湛若水是广东增城县甘泉都人，故又称甘泉先生。方献夫是南海丹灶人，在朝中任职时拜当时自己的部下、心学大师王阳明为师，是王阳明首位广东弟子，归隐后在西樵山建石泉书院，讲学十年，弘扬阳明心学。霍韬是南海石头乡人，曾任礼部尚书，辞官后在西樵山开设四峰书院。他的书院是为宗族子弟办学，主要讲授他的代表作《家训》，这在当时具有开创和普遍意义，尤其对于宗族文化建设起到历史性作用。三位都是曾任朝廷大官，又各有所立学说的大学者，湛若水创"甘泉之学"，并立"甘泉学派"，方献夫承王守仁之"阳明学"，霍韬立"家族理学"。三位先后在西樵山创办了四大书院，可谓其学术活动中心或基地，都有大量来自各地的学子，还有分布各地的仰慕学众（即当今所说的"粉丝"），从而形成了名副其实的学群、学派。由此，使得西樵山的书院与当时著名的湖南岳麓书院、江西白鹿洞书院齐名，西樵山也因之成为"理学圣地""理学名山"。

这些情况表明：珠江学派是珠江人以珠江文化为底蕴而创立的学说，并在珠江水系地域滋生发展的学群；它有自身的学术体系、学术基地、学术队伍、学术影响；它是地域文化的一种，有明显的承传性，又有鲜明的时代性，从本地土壤而生，又随时代气候而变，但万变不离其宗，始终有相通或共同的特点。

二、从珠江学派的"六重"特点看千年南学的文化特质

以西汉开始的珠江学派总体状况看来，历代学派相通或共同的特点是：①"重实"，即真实、实际、实践、实用、实效、实惠之"实"；②"重心"，即思想、意识、观念、情感、情境、心理之"心"；③"重新"，即纳新、创新、新潮、清新之"新"；④"重民"，即百姓、人民、民众、民心、民事、民俗、民艺、民族、民系、民权、民生之"民"；⑤"重海"，即南海、海洋性、海洋地理、海洋文化、海洋意识和海纳百川之"海"，包括从海上丝绸之路开拓的海洋经济和商贸意识；⑥"重粤"，即广东、南越、南粤、岭南、岭表、南海、珠江、岭南、粤海之"粤"。

以上"六重"的特点，是历代珠江学派大都具有的。就拿明代的南海西樵学派来说。湛若水晚年，与方献夫、霍韬在西樵山各办书院（共有四家），各自弘扬理学心学，又办实事。霍韬不仅办书院讲学，还同时经营铁器、木炭和食盐，是佛山一带著名士人兼商人；他倡导的《家训》学，不仅以传统的伦理作为"保家"的核心，还以"货殖"作为保家要素，提出"居家生理，食货为急"务实的重商理念。这些理论和实践，反映了商品经济在岭南萌起的现实，同时也体现了珠江学派的重新、重心、重实、重民、重海、重粤的特点总是一脉相承、并轨同行的。

这"六重"的特点，在总体上体现出珠江文化江海一体、海洋性特强之特质，正如张九龄诗曰"海上生明月，天涯共此时"，具有鲜明的海洋性、共时性、开放性、包容性、重实性。

三、从珠江学派的六个历史时期看千年南学的发展态势

从西汉至今两千余年，珠江学派有六个历史时期，即：上古（秦汉至南北朝）、中古（隋唐至元代）、近古（明初至清末）、近代（鸦片战争至辛亥革命）、现代

(中华民国成立至新中国成立)、当代（新中国成立至今）；在总体发展上，每个时期都有其发展态势，即：上古是发轫期，中古是兴旺期，近古是灿烂期，近代是涅槃期，现代是新生期，当代是开放期。这也可以说是千年南学的六个发展阶段。

（一）上古：珠江学派（千年南学）发轫期

屈大均在《广东新语·文语》中称：广东人文"始然于汉，炽于唐于宋，至有明乃照于四方焉"。所以称上古是发轫期、中古是兴旺期、近古是灿烂期。屈大均还称西汉的陈钦是"粤人文之大宗"，是第一个正式被称为学派的"古文经学派"始祖，因而也可以称其为珠江学派（千年南学）之始祖。陈钦是西汉广信人，曾向王莽传授《左氏春秋》，自著《陈氏春秋》。在西汉哀帝年间，他认为当时规范的官学是沿用孔子七十子弟"信口说而背传记"之作《公羊》《穀梁》，不是孔子原本，有"失圣意"，应用新发现的古籍《左传》为官学。理由是作者左丘明与孔子同道，曾亲见孔子，《左传》才是正本的古文经，才是真实的孔子学说。故其学派被称为古文经学派。其子陈元发展之，其孙坚卿承传之。

东汉交趾太守士燮，在任40多年，在三国动乱年代保住岭南避过战祸，自身是著名经学家，著有《春秋经注》；其弟士壹、士䵋、士武，分别曾任合浦太守、九真太守、南海太守，又都是经学家，故有"一门四太守""一门四士"之称；他们又都在任内招贤纳士，传注真经，使中原动乱南下之士有避难并施展才华之所，使岭南成为全国战乱中的一方学术圣地。故士燮既可说是陈钦学派的延续，又可说是自创一门学派。这在当时战乱频仍的年代来说，应是东汉三国时代的唯一学派。

东汉的牟子，以诘问的方式写《理惑论》37篇，是印度佛教传入中国之初最早由中国人写的宣传佛教的著作，是最早从海上丝绸之路引入佛教的纳新者。牟子是广信人，原是儒家学者，又通道家学说，在广信研究自海外新传入的佛教，又成了精通佛教的学者。他以"佛"字翻译佛教"般若"之音义，首创佛教之名，纳新佛教理论，又是"三教合流"的首创者。

东汉的杨孚，番禺漱珠岗下渡头村（今广州海珠区下渡村）人，代表作《异物志》，是第一部记述岭南动植物、矿物等的学术著作，为多家史书列入，故又被称为粤人入志之始；且全书以四言诗体（其实是用"赞"的文体）行文，故又被称为粤诗之始。该书内容主要是赞美评述"南裔异物"，即岭南各种珍奇之物的形态与功用，被称为"有多识之美，博物之能"。如《鹩鸪》："鸟象雌鸡，自名鹩鸪。其志怀南，不思北徂。"这不仅是粤诗之开创，而且意味着岭南风物及文化也登上了全国文坛，既与汉乐府诗同步，又有自身的独特风采。杨孚为官时向皇上提出贤良对策，主张以孝治天下，朝廷采纳之而定出父母病故均要守丧三年的制度，可谓开孝治文化之先。他为官清廉，辞官回广州时，河南洛阳百姓特送他两株松柏。回广州种下后，即引来广州从未有过的一场大雪，人们称他因清廉将河南的大雪也引来了，故将他的住地取名河南（今广州市海珠区），称他为"南雪先生"。

晋代葛洪是一位有多方面卓越贡献的道教理论家和实践家。在代表作《抱朴子》中，他融汇了儒道释三教理论，全面总结了晋以前的神仙理论，并长期亲自进行炼丹实践。他在炼丹过程中，发现了一些物质变化的规律，这就成了现代化学的前驱。他还提出了不少治疗疾病的简单药物和方剂，其中有些已被证实是特效药，如松节油治疗关节炎，铜青（碳酸铜）治疗皮肤病，雄黄、艾叶可以清毒，密陀僧可以防腐，等等。葛洪早在1500多年前就发现了这些药物的效用，在世界上都是领先的。所以，葛洪不仅是做出多方面重要贡献的医学和化学科学家，而且是珠江学派在人文科学和自然科都作出开创性贡献的始祖。

（二）中古：珠江学派（千年南学）兴旺期

屈大均说广东人文"炽于唐于宋"。"炽"即兴旺之意。唐代被称为"盛唐"，珠江学派也盛；宋代被称为中国学术成熟期，也是千年南学的兴旺期。唐代六祖惠能和张九龄，以及宋代名儒余靖是杰出代表。

唐代著名的佛教禅宗六祖惠能，著有《六祖坛经》，这是唯一一部中国人著的佛经。他以著名的"菩提本无树，明镜亦非台。本来无一物，何处惹尘埃"的偈语，而承受佛教衣钵，成为禅宗领袖。毛泽东称赞他为佛教中国化、平民化作出了杰出贡献，是中国禅宗的"真正创始人"。惠能既是佛教禅宗领袖，又是作为一种思想哲学——禅学的首创哲圣。惠能禅学思想的核心是"顿悟"，即一切全在于人的心灵感悟和领悟；他在广州法性寺发表的"风幡论"（即：非风动，亦非幡动，实乃君之"心动"说），画龙点睛地体现了他的禅学，不仅是禅宗教派的教旨，而且是一种有其思想体系的彻底的唯心主义哲学。惠能禅学影响很大，文学上的感悟说、心灵说、境界说，哲学上的心学，尤其是宋元理学，皆出自六祖惠能禅学。值得注意的是，惠能虽是中国心学的始祖，但却是个很重实际、实践、实效、实惠的实践家。他主张修佛要"农禅并重"，"农禅合一"，修禅"在家亦得，不由在寺"，要"于一切时中行住坐卧，常行直心"，"但行直心，于一切法，无有执着"。这些说法，说明他不拘形式、反对做作，而是重真心、重实践、重实效、重实惠。正因为如此，南方禅宗在唐武宗灭佛的会昌之难时得以幸存，并日益发展，向北方和海外传播。这就是他将外来的佛教中国化、平民化的思想根由。正因为如此，他被尊为珠江文化古代哲圣。

唐代大儒张九龄，字子寿，韶州（今韶关）曲江人，是唐代著名贤相，著有《曲江集》。他一生的行为和政绩，都完整地体现了儒家的思想和风范。他早在"安史之乱"前，已发现安禄山手握重兵，心怀异志，即向唐玄宗呈上《请诛安禄山疏》，指出对安"稍纵不诛，终生大乱"。可惜唐玄宗未能接受，以至日后果真发生祸乱。这件事，既显示了他作为政治家的敏锐洞察力，又体现了他的忠君思想和品德；他在父亲去世时，辞官回乡尽守孝道，表现了儒家风范；他在回乡期间，上书皇上提出要修凿大庾岭通道，既为乡亲父老造福，又为贯通南北交通立下不朽功勋，而且在修路期间，传说他的夫人又以性命作出贡献。张九龄又是岭南第一诗人，他的诗作在唐代甚有影响，在中国诗史上也有一席地位，被称为在初唐诗坛"首创清淡之派"的诗人，开启了后辈孟浩然、王维、储光羲、常建、韦应物等清雅诗风之先河。他的名诗《望月怀远》："海上生明月，天涯共此时"，既是他清淡诗派之诗风的体现，又是珠江文化风格的典型体现，可谓一语凝现了珠江文化海洋性、宽宏性、共时性的特质与风格，故称之为珠江文化的古代诗圣。张九龄的清淡诗风，不仅开创了唐代孟浩然、王维等代表的清雅诗派，还开拓了岭南诗史上历代以清雅诗风为特色的珠江诗派，如宋代以创"骨格清苍"诗风的余靖为首的山水诗群，故他又被称为岭南诗祖。

宋代著名学者余靖，字安道，广东曲江人，官至工部尚书，是集政治家、外交家、海洋学家、诗人于一身的大家。他任谏官时，以敢直言著称，与欧阳修、王素、蔡襄合称"四谏"；庆历四年（1044），契丹国发兵犯境，他请缨出使契丹，说服辽主罢兵，取得外交胜利；后任广南西路经略史，平定南方叛乱。他曾亲赴沿海（东至上海的海门，南至广东的虎门），考察潮汐变化现象，著《海潮图序》，是我国首篇海洋学论著。他晚年返乡赋闲，游山玩水，吟诗作文。著《武溪集》二十卷，创"骨格清苍"新风，被誉为"南粤宋诗之首"，继张九龄后又创一诗派。

（三）近古：珠江学派（千年南学）灿烂期

屈大均说广东人文"有明乃照于四方焉"，热烈称赞明代广东的学术灿烂，主要是指明代理学心学的辉煌，同时也包括以屈大均为代表的粤派学术的辉煌。

明代以"江门之学"开创"白沙学派"的陈献章，号白沙先生，著《陈献章集》。近代学者称他"上承宋儒理学的影响，下开明儒心学的先河，在中国哲学思想的发展史上，具有承先启后的地位和作用"。陈献章认为世界万物的"本体"是"道"，"天得之为天，地得之为地，人得之为人"。若求"道"，"求之吾心可也"。可见其"道"是其想象的超越宇宙的某种冥冥灵念，而他主张从自己的"心"去求这种灵念，其实也即是自身的灵念，所以，才会得之，"则天地我立，万化我出，而宇宙在我矣"。他还主张"学贵乎自得"，要静中求"自得"，要"以自然为宗"而又要"万化自然"，并强调"自得"就是要使自己的心灵"不累于外，不累于耳目，不累于一切，鸢飞鱼跃在我"。可见他的"道"已不同于程朱理学的道，而是心学之道。这才是陈献章哲学思想的核心。而这心学之道，显然有着承传惠能禅学和陆九渊心学的迹印，又是对程朱理学将心学传统教条化偏向的回归。传承其学说的有他的学生湛若水为代表的"甘泉之学"，以及王阳明的心学。

开创"甘泉学派"的湛若水，字民泽，广东增城县甘泉都人，故又称甘泉先生。湛若水与王阳明在政坛上合作，在学坛上互敬互磋，共同倡导心学，各有不同立论、不同从学之群，但也相互应和，故实际上是一个大学派，是继陈献章江门学派之后，南方又一影响全国的学术流派。

湛若水在晚年，与方献夫、霍韬两位理学大师在西樵山办开四家书院，各自弘扬理学心学。方献夫归隐后在西樵山建石泉书院，讲学十年，弘扬阳明理学。霍韬辞官后在西樵山开设四峰书院。他的书院是为宗族子弟办学，主要讲授他的代表作《家训》，这在当时具有开创和普遍意义，尤其对于宗族文化建设起到历史性作用。

明末清初的屈大均，是最早最系统做"重粤"学问的大学者。他是广东番禺思贤乡人。16岁补南海县学生员。18岁时参加抗清斗争。清定广州后，仍以出家当和尚作掩护，结交顾炎武等抗清志士，继续斗争。晚年回乡隐居著述，直至卒年。他的著作甚丰。他的代表作《广东新语》是一部广东地方百科全书。他在自序中说："是书则广东之外志也，不出乎广东之内，而有以见乎广东之外；虽广东之外志，而广大精微，可以范围天下而不过。知言之君子，必不徒以为可补《交广春秋》与《南裔异物志》之阙也。"可见他是旨在"范围天下"而写广东之"广大精微"的，也即是说以天下之眼光写广东，同时也是为补正过去写广东著作之阙而写的。这就清楚其写作意图是在于：向天下推介广东，写新语，立粤学。其效果也正是如此，自《广东新语》问世后直至当今，数百年研读广东者，莫不以此著为经典，也由此而掀起粤学之风。

（四）近代：珠江学派（千年南学）涅槃期

1840年爆发的鸦片战争，使延续两千年的封建制度受到致命冲击，清王朝处于垂死境地；长年封闭的国门被逐渐冲开，西方现代思想文化源源进入，与中国传统思想文化交汇对撞，在对撞中吸取，在对撞中交融，从而在学术上产生了种种脱旧求新、非旧非新、中体西用、中西合璧的学说学派，在总体上形成了有似凤凰涅槃般的学术态势，故称近代为珠江学派涅槃期。

在这时期先后产生的著名学者和学说有：太平天国末期理论家洪仁玕及其《资政新篇》；郑观应及其《盛世危言》；"中国第一个开眼看世界的人"——湖广总督林则徐，在虎门销毁鸦片，揭开了近代史反帝斗争第一页的同时，招募外语人才翻译西方书报，编辑成《澳门月报》，编纂《四洲志》等书吸取西方文化；任湖广总督18年的张之洞，在广东提出"中学为体，西学为用"理论，以及他实践这一理论而在任内极力推行洋务运动；著述《西学东渐记》的容闳，亲率首批30名幼童赴美留学；随后，晚清大儒朱次琦提出"经世致用""实学致用"主张；领导"百日维新"运动的康有为，以及他以孔子大同思想并与西方民约论、人性论、空想社会主义糅合一体的理论著述《大同书》；清末民初的肇庆人陈焕章，既是中国科举末代进士，又是美国政治经济学博士，他在哥伦比亚大学期间，将孔子学术与西方理财学结合，创造了《孔门理财学》，并且创造了"孔教"和"孔教学院"；等等。

最典型体现这种态势的是梁启超，号任公、饮冰室主人，广东新会县人。他既是政坛风云人物，又是学术大师、文坛泰斗。他以"新民说"倡导国民性革命，认为改造中国要从改造中国人的奴性、奸俗、为我、怯弱、无动等国民性做起，提倡新道德、新理想、新观念。他说这是"采合中西道德""广罗政学理论"而提出来的。他还先后提出并发动"学术界革命""史学界革命""舆论界革命""文学界革命""小说界革命""诗歌界革命"等,在各个领域开创新文化先河,成效卓著,影响深远,堪称中国近代国学的一代宗师、近代珠江文化文圣。再就是黄遵宪,号公度,广东梅县人,是"新派诗"的开创者,提出以"我手写我口"的理论主张,开创了百年珠江诗派先河。

(五)现代:珠江学派(千年南学)新生期

1911年10月10日爆发的辛亥革命,推翻了两千多年的封建王朝和封建制度,中国社会开始了民主革命时代,珠江学派也由此进入了现代时期的新生期。

最能代表这时期的学界领袖,是领导这场伟大革命的孙中山。孙中山名文,字逸仙,广东香山(今中山市)人。青年时代即开始进行革命活动,提出"驱除鞑虏,恢复中华,建立民国,平均地权"口号,创造以民族、民权、民生为主旨的三民主义学说。1911年10月辛亥革命成功,孙中山被推举为中华民国临时大总统,次年让位给袁世凯,并将同盟会改组为国民党,当选为理事长。1913年护法起兵讨袁,建立中华革命党;1917年在广州组织护法军政府,当选为大元帅,誓师北伐。1919年,在上海将中华革命党改为中国国民党,次年就任非常大总统。1923年,粉碎陈炯明兵变,在广州重建大元帅府。1924年在广州召开国民党第一次全国代表大会,确定联俄、联共、扶助农工三大政策,提出"新三民主义"。1925年3月12日,在北京与北洋政府会谈期间病逝,弥留之际仍发出"和平,奋斗,救中国"的呼喊,留下"必须唤起民众及联合世界上以平等待我之民族"的遗嘱。三民主义是他的政治纲领,也是他首创的学说。这学说是吸收西方资产阶级自由、平等、博爱的人权思想,为中国推翻数千年封建制度、建立民主共和国的需要而确立的,是以西方现代文化用于中国实际的产物,辛亥革命的成功体现了这一学说的成功,也是近现代珠江文化最大高峰的标志。

此外,尚有朱执信、廖仲恺、何香凝、谭平山等民主革命先驱的民主革命学说,杨匏安开创的美学,高剑父、陈树人的岭南画派,李铁夫的现代油画,洪灵菲的革命小说,冯乃超的创造社理论,欧阳山的粤语文学和大众小说,梁宗岱、李金发的象征诗派,蒲风、温流等的《中国诗坛》诗派,黄药眠的文艺理论,钟敬文的民俗学,黄新波的现代版画,吕文成的广东音乐,等等,都是堪称成家立说、各立学派或流派的佼佼者,都代表和体现了珠江学说学派在现代时期的新生态势。

（六）当代：珠江学派（千年南学）开放期

当代"南学"的蓬勃发展，是在20世纪80年代初至今，在改革开放的大背景下，广东在全国率先掀起了社会主义市场经济、改革开放理论、民主与法制、特区经济与文化、现代新文化学术等研究高潮；同时引进大量西方文化学术著作，并吸取西方先进学说开拓新的文化学术领域，如现代文化学研究、南海及海洋文化学术研究、海上丝绸之路研究、珠江及江河文化研究、地域文化学和旅游学研究、港澳及海外华人文学研究等；还以新的视野对广东民系和史地展开研究，如广府学、客家学、潮汕学、雷州学、岭南学、珠江学、南海学等。这两方面（或两类）学科著作，每种都可称为一种学说，每类学科的学术队伍都可称为一种学派，或者内有多个学派。所以，在改革开放中"先走一步"的广东文化学术领域，也是最先兴起并具有"众说纷纭"、学派林立的景象和格局。

这些别开生面、朝气勃勃的景象和格局，概而言之，就是在两个方面的扩大和开放：一方面是学术领域上的前沿性、开拓性、创新性；另一方面是学术队伍对传统学派的突破，多是以同类学科形成梯队或团队的"学者群"，或者以开拓新领域的项目或课题为中心的多学科跨学科的"学者群"。这是珠江历代学说学派前所未有的新景象，所以称之为千年南学的开放期。

四、惠能禅学是珠江学派和宋明心学的理论基础或基因之一

惠能不仅是佛教禅宗派的六祖，是佛教的一位大师和领袖，而且是中国禅学文化的创始人，是中国和世界思想史、哲学史上有重要地位的思想家、哲学家。特别是，他创始的禅学文化，典型地体现了珠江文化的传统特质，尤其是在中古兴旺时期的思想文化意识，体现了珠江文化在古代的思维方式和行为方式，标志着珠江文化与黄河文化、长江文化的明显区别，创造了与孔子的儒学、老子的道学并驾齐驱、广传天下的一套完整哲学——禅学。与孔子是黄河文化哲圣、老子是长江文化哲圣一样，惠能是珠江文化哲圣。惠能禅学是珠江文化的思想基础，也是从宋明理学中分流出的宋明心学学派的思想基础或基因之一。

早在 20 世纪 90 年代，笔者在《珠江文化古代哲圣——惠能》《六祖惠能的"五说""五创""五地"》等论文中，将惠能禅学的理论体系概括为"五说"理论。其"五说"是：①以"人人心中有佛"说确立禅学的本性论；②以"心动"说确立禅学的反映论；③以"顿悟"说确立禅学的认识论；④以"三无"说（先立无念为宗，无相为体，无住为本）确立禅学的方法论；⑤以"农禅合一"说确立禅学的实践论。这"五说"的核心是"心动"说和"顿悟"说。这套哲学体系对宋明心学的影响，可以从下列宋明心学代表人物的理论主张中找到依据。

首先，从宋明心学开山祖陆九渊的理论看，他以提倡"心即理"的哲学命题而创立心学，主要出自佛教禅宗"心生""心灭"之说。他断言天理、人理、物理只在吾心中，心是唯一实在："宇宙便是吾心，吾心即是宇宙"，认为心即理是永恒不变的："千万世之前，有圣人出焉，同此心同此理也；千万世之后，有圣人出焉，同此心同此理也。"人同此心，心同此理。往古来今，概莫能外。他认为治学的方法主要是"发明本心"，不必多读书外求，"学苟知本，六经皆我注脚"。他把封建伦理纲常和一般知识技能技巧，归纳为道、艺两大部分，主张以道为主，以艺为辅，认为只有通过对道的深入体会，才能达到做一个堂堂正正的人的目的。因此，要求人们在"心"上做功夫，以发现人心中的良知良能，以艺而体认其道。这些说法，与惠能的禅学理论何其一致。更有意思的是，淳熙二年（1175），陆九渊与"集理学之大成者"朱熹，同在铅山鹅湖寺讲学，两位心学与理学之魁展开了有关"心"与"理"的大辩论。陆九渊进一步阐发了他"尊德性"和"发明本心"的"心即理"的理论。朱熹倡导通过博览群书和对外物的观察来启发内心的知识；陆九渊认为应"先发明人之本心，然后使之博览"，所谓"心即是理"，毋须在读书穷理方面过多地费功夫。双方赋诗论辩。陆指责朱"支离"，朱讥讽陆"禅学"，两派学术见解争持不下。这段被称为"鹅湖之会""鹅湖大辩论"之佳话，明显地表明心学与理学的分歧和分野，也从侧面反映了陆九渊的心学理论源自惠能禅学。

再看看被誉为在心学发展史上具有承前启后作用的关键人物陈献章，他创立以心学为宗旨的白沙学派。他的学说高扬"宇宙在我"的主体自我价值，突出个人在天地万物中的存在意义，提出"宗自然""贵自得""贵知疑"的基本思想。他所说的"自然"，即万事万物朴素的、本然的、无任何负累的、绝对自由自在的存在状态。他要求人们善于在这种"自然"状态中无拘无束地去体认"本心"。他所说的"贵自得"，是极倡导"天地我立，万化我出，而宇宙在我"的心学世界观。他所说的"贵知疑",是说:"前辈谓'学贵知疑',小疑则小进,大疑则大进。疑者,觉悟之机也。一番觉悟,一番长进。"即读书要敢于提出疑问,求之于心,进行独立思考;不要迷信古人经传,徒然背诵书中一些章句。陈献章以心学为核心,建立真情至性、"主静无欲"、"以自然为宗"、"学贵自得"的思想体系,打破了程朱理学的框框,开创了明代"心学"之先河。康有为称赞曰:"白沙之学能自悟",是继广东的六祖之后的第二人。(见康有为《万木草堂讲义》)这个评价更直截了当地肯定惠能禅学对理学心学的重大影响。

承传白沙学派而又自创甘泉学派的湛若水,既是心学的承传者又是独创者。他认为:天理"即吾心本体之自然者也","体认天理"就是在应对事物,心应感而发为中正意识,从而体认到自己内心中正的本体——天理。他还认为:"格物"的"格"是"至"(造诣)的意思,"物"指的是"天理","格物"就是"至其理"、就是"造道","格物"的目的就是"体认天理"。他还对"心"和"性"作出了自己的解释,认为"性"包含天地万物的整体,宇宙浑然一体,都以同一个"气"为基础。所谓"心",是能体察天地而没有遗漏的存在;所谓"性",是"心"的本能。"心"和"性"是统一、不可分割的,万物不是在心外,格万物就是格心。他还认为元气就是太极,心在人中,人在元气中,强调"天地同是一气",而心居于中正的位置,所以能使"万物皆备于我"。湛若水的这些心学理论,与惠能禅学也是异曲同工的。

被誉为"集心学大成者"的王守仁,即王阳明,他的心学理论更与惠能禅学相近。他所创立的阳明学(又称王学),核心是"良知"说、"知行合一"说。他认为事理无穷无尽,格之则未免烦累,故提倡"致良知",从自己内心中去寻找"理","理"全在人"心","理"化生宇宙天地万物,人秉其秀气,故人心自秉其精要,即所谓"良知"说。在知与行的关系上,他强调要知,更要行,知中有行,行中有知,二者互为表里,不可分离。知必然要表现为行,不行则不能算真知。这是他最著名的"知行合一"说。这些理论,与惠能的"心动"说和"农禅合一"说不是如出一辙么?

从以上几位宋明心学主干人物的核心理论可见,他们虽然都有各自独创的学说和学派,有自己的理论体系,但在总体上是大同小异的,是在理学心学的大体系下"同中有异、异中有同"的,又都是在总体上或多或少与惠能禅学的"五说"理论相通或相近的。可见,惠能禅学对宋明心学有直接而重大的影响,是不可否认的历史事实。所以，称惠能禅学是宋明心学的思想基础或基因之一，是符合实际的。应该说，这是一个应予肯定之新论，也是一个值得深入探究的课题和有待开拓的学术天地。

五、宋明心学当是珠江学派（千年南学）的组成部分

我们说惠能是珠江文化哲圣，惠能禅学是宋明心学的理论基础或基因之一，那么，宋明心学是否属于珠江学派（千年南学）的组成部分（或者说是其中一个学派）呢？回答是肯定的。康有为早已指出："唐宋两代皆六祖派"。这说法虽然主要指诗坛，也具有指学坛之意。因为"心动"说是禅学诗风之诗源，也是禅学之哲学之源，同样是心学之源。从上述惠能禅学对宋明心学的影响事例已充分证实这个论断。所以，从思想体系上说，宋明心学是完全可以列入以惠能禅学为思想基础的珠江学派（千年南学）体系的，当是组成部分之一或支派。

从珠江学派（千年南学）的学术特点和特性上看，前述的"六重"（尤其是"重心""重新"）特点和海洋性特重的江海一体特质，与宋明理学心学是有相通相近渊源的，而且都是属于梁启超在20世纪初提出的"南学"的学术地域范畴，也是具有其所说的"南学"特性的。梁启超在《论中国学术思想变迁之大势》一文中指出："欲知先秦学派之真相，则南、北分两潮，最当注意者也。凡人群第一期之进化，必依河流而起，此万国之所同也。我中国有黄河、扬子江（长江）两大流，其位置、性质各殊。故各自有其本来之文明，为独立发达之观。虽屡相调和混合，而其差别相自有不可掩者。凡百皆然，而学术思想其一端也。"他从黄河、长江两大流域的地理和生存条件的差异，分析了其民风与学风的差异。认为"北学"之精神是因为"北地苦寒硗瘠，谋生不易，……无余裕以驰骛于玄妙之哲理，故其学术思想，常务实际，切人事，贵力行，重经验，而修身齐家治国利群之道术"最发达，由此，"重家族"，"尊先祖"，"崇古之念重，保守之情深，排外之力强"，"守法律，畏天命"。而"南学"之精神，则由于南地"气候和"，"土地饶"，"谋生易"，"故常达观于世界以外"，故"不重礼法"，"不拘于经验"，"不崇先王"，"探玄理，出世界：齐物我，平阶级；轻私爱，厌繁文；明自然，顺本性"。梁启超还指出：在学术思想全盛的春秋时代，"实以南、北两派中分天下。北派之魁，厥惟孔子；南派之魁，厥惟老子。孔学之见排于南，犹老学之见排于北也"。从这些

论述可见,梁启超所称"南学"之"南"是指长江流域及其以南之南中国范围(由于珠江水系概念是1944年才确立的,当时尚未有,故未提及),指出文化"必依河流而起",也由此而分不同地域之文化,而且还清楚地指出了南方(长江)与北方(黄河)文化之"魁"(孔子、老子)及其文化差异,明确了"南学"文化学术具有"探玄理,出世界;齐物我,平阶级;轻私爱,厌繁文;明自然,顺本性"的特性。这些特性不正是宋明心学的特性吗?

再从宋明理学心学历代代表人物的籍贯和主要学术活动基地之地域上看,绝大多数都属珠江水系地域,即珠江文化覆盖或辐射的南中国地域,或当今所称之泛珠江三角洲(9+2)合作区域,也当是珠江学派(千年南学)的学术区域。如宋明理学的开创者周敦颐,是湖南道县人,其父曾任广西贺州桂岭(有周敦颐在此出生之说)知县,理当是南学或珠学人;理学集大成者朱熹,祖籍江西,出生于福建,是闽学的代表人物;与朱熹在湖南办岳麓书院的同时,在江西办白鹿洞书院并创立"湖湘学派"的张栻,自幼在广东连州师从父亲张浚(时被贬为连州刺史);著名的心学开创者陆九渊,是江西金溪人;心学集大成者王阳明,是浙江绍兴人,曾在珠江流域任贵州龙场驿丞(同时于龙场"悟道"),并任两广总督多年,还曾被贬广东和平县,病逝于江西大余,也当是南学学人了。至于在心学发展史上具有承前启后作用、开创白沙学派(江门学派)的陈献章,创立甘泉学派的湛若水,以及同在西樵山办学的"阁老"方献夫、霍韬,都是地地道道的广东人;尤其是弘扬宋明理学最得力的三大书院(湖南岳麓书院、江西白鹿洞书院、广东西樵山大科书院)都位于泛珠江三角洲地域。如此强大的南人学者队伍,如此壮观的南方学术圣地,所开创和发展的宋明理学心学及其分别创立的学说学派,怎能不列入千年南学或珠江学派之列呢?

六、珠江学派(千年南学)的坚挺精神、辉煌成果及其影响

珠江学派的千年史,是千年的坚挺史和辉煌史。作为珠江第一学派——西汉陈钦的古文经学派,提出后几经反复,经三代人坚挺奋斗才得以确立"国学"的地位,显示出千年南学发端的辉煌。此后,珠江学说学派(千年南学)在各历史时代,都是经过坚挺的奋斗,才具有领潮争先作用和辉煌地位的:"一门四士"的士

燮经学派,是在战乱的三国时代在南方独树一帜的学派;东汉写《理惑论》的牟子,在世俗皆惑中,是集三教大成而传入佛教之第一人;东汉写《异物志》的杨孚,是史无前例的岭南植物志和以诗写志的开创者;东晋的葛洪数十年修道"东西两樵",写出首部道教理论专著《抱朴子·内篇》,又以足迹遍岭南采药炼丹,成为科学养生文明的开创者;唐宋时期的六祖惠能、张九龄、余靖,宋明理学心学的领军人物陆九渊、陈白沙、湛若水、王阳明,近代现代的洪秀全、林则徐、康有为、梁启超、孙中山等代表或开创时代的人物,无不是以坚韧而勇于担当的坚挺精神、以拼搏而争攀高峰的辉煌精神,创造出光芒四射业绩和影响的学界大家。所以,坚挺辉煌精神,是千年南学的传统精神;他们的业绩和影响,也是珠江学派对中华民族以至世界文化学术作出贡献的坚挺辉煌业绩和成果。

最突出而典型地体现这种精神及其重大贡献的事例,是六祖惠能禅学和王阳明的心学。

毛泽东在20世纪60年代初,称六祖惠能与孙中山是广东两"圣人"。据曾在毛泽东身边工作过的林克在《潇洒莫如毛泽东》(《湖南党史》1995年第4期)一文记载,毛泽东曾说:惠能"主张佛性人人皆有,创顿悟成佛说,一方面使繁琐的佛教简易化,一方面使印度传入的佛教中国化。"因此他被视为禅宗的真正创始人,亦是真正的中国佛教始祖。在他的影响下,印度佛教在中国至高无上的地位动摇了,人们甚至可以"呵佛骂祖"。他否定传统偶像和陈规,勇于创新,并把外来宗教中国化,使之符合中国国情。西方文化学术界对惠能的评价也是很高的。前些年西方的一些学术机构和媒体评选惠能是"世界十大思想家"之一,中国只有孔子、老子、惠能入选,同时又将这三位哲圣尊称为"东方文化三大圣人"。这些评价,一方面说明了这三位哲圣在中国和世界思想文化界的影响和地位受到举世公认;另一方面,在这公认中,也包含着对这三位哲圣所分别代表的学术体系和文化系统并列尊重的因素,从而也在中国和世界的文化学术层面上,印证出这三位哲圣分别创立的儒学、道学、禅学,及其所代表或内蕴的黄河文化、长江文化、珠江文化是并列的,都是中国文化学术之重要组成部分,标志着中国学术的辉煌、理论的辉煌。

王阳明是中国文化史上少有的能文能武的政治家、军事家、哲学家、文学家,是集立德、立言、立功的"集大成"之大儒,又是在传统文化上集文化承传创新精神大成的杰出范例。他的心学,既有受孟子儒家和道家学说的影响,更有明显的六祖惠能禅学的基因和元素,直接承传陆九渊、陈白沙等前辈和同辈湛若水之心学精华，创造了自己的心学体系，对明代及其后世影响很大，日本、朝鲜、东南亚等海外学术界也对其评价很高。曾国藩说：王阳明矫正旧风气，开出新风气，功不在禹下。"梁启超说：王阳明是一位豪杰之士，极具伟大，军事上、政治上，多有很大的勋业。他的学术像打药针一般令人兴奋，所以能吐很大光芒。孙中山说：日本的旧文明皆由中国传入，五十年前维新诸豪杰，沉醉于中国哲学大家王阳明的"知行合一"说。日本学者冈田武彦说：阳明学最有东方文化的特点，它简易朴实，不仅便于学习掌握，而且易于实践执行。在人类这个大家庭里，不分种族，不分老幼，都能理解和实践阳明的良知之学。当代学者、美国哈佛大学教授杜维明说：王阳明继承和发扬光大了中国儒学特有的人文精神。他提出"仁者要以天地万物为一体"，就是要创造人与自然的和谐；他提出"知行合一"，就是要创造人与社会的和谐；他提出致良知，就是要创造人与自身的和谐。杜维明断言，21世纪是王阳明的世纪。

从上可见，珠江学派（千年南学）为坚挺中华民族千年文化学术作出了辉煌的贡献，今后也当继续努力，以珠江学派坚挺中国学派、以千年南学辉煌学术中国、理论中国。

2017年12月25日完稿于广州康乐园

（本文是作者2018年1月22日在南海西樵举行的"理学心学与珠江学派"论坛上的主题报告。论坛文集《珠江学派与理学心学》由广东旅游出版社2018年出版。）

焕发珠派南学新辉煌，建造珠江文明新高地

——"珠派南学与珠江文明"论坛主题报告并总结
"珠江—南海文化书系"

从 2016 年 8 月开始，我们广东省珠江文化研究会在佛山市南海区委区政府的鼎力支持下，与广东旅游出版社合作的"珠江—南海文化书系"工程，经过两年多的努力，现在基本完成了。

这套书系，包括 3 个书链共 22 部著作，具体是：

第一，"珠江文明灯塔书链"。这个书链以举办五次"南海西樵论坛"而编辑出版论文集的方式完成，包括：①《珠江文明的八代灯塔》；②《珠江文派与记住乡愁》；③《养生文明与生态文明》；④《珠江学派与理学心学》；⑤《珠派南学与珠江文明》。

第二，"珠江文派与记住乡愁书链。包括：①《珠江文典》（黄伟宗、李俏梅编著）；②《珠江文流》（黄伟宗、李俏梅、包莹编著）；③《珠江文粹》（王文捷、司马晓雯、施永秀编著）；④《珠江文潮》（梁少峰、易文翔编著）；⑤《珠江诗派》（温远辉、何光顺、林馥娜编著）；⑥《珠江文评》（黄伟宗、于爱成、包莹编著）；⑦《珠江文港》（卢建红编著）；⑧《珠江文海》（龙扬志编著）；⑨《珠江民俗》（张菽晖、练海虹、王维娜编著）；⑩《珠江民歌》（肖伟承编著）；⑪《珠江民艺》（陈周起编著）。

第三，"珠江历代学说学派——千年南学书链"。包括：①《珠江上古学说学派》（司徒尚纪、许桂灵编著）；②《珠江中古学说学派》（孙廷林、王元林编著）；③《珠江近古学说学派》（衷海燕、徐旅尊编著）；④《珠江近代学说学派》（周永卫、王德春编著）；⑤《珠江现代学说学派》（谭元亨编著）；⑥《珠江当代学说学派》（陈剑晖主编）。

这项书系工程是在众多专家学者积极参与和大力支持下完成的，是一项多学科交叉的立体文化工程。现在我们也是以同样的指导思想，邀请在座诸位多学科专家一道，共同总结这项书系工程的战略与成果，探讨如何进一步焕发珠派（百年珠江

文派）南学（千年珠江学派）新辉煌，建造珠江文明新高地。我们初步认为主要的战略和成果如下。

一、以"记住乡愁"擦亮百年珠江文派品牌

（一）领悟凝现地域文派的新亮点

2016年初，我们在习近平总书记关于城镇化建设中要"望得见山，看得见水，记得住乡愁"号召的启示下，领悟到"记住乡愁"是文艺创作中的一个永恒主题，是每个地域的文学都必然体现的文化理念和感情内蕴，从而也即是每个地域的文学流派最鲜亮的凝聚点和形象标志，以"记住乡愁"而发现和倡导地域文学流派，具有普遍的现实意义。如果全国每个省市以至每种行业，都有其"记住乡愁"的成熟文派，岂不是真正"百花齐放"的繁荣局面吗？同时，从文学作品的功能和效果上看，真正成功的艺术作品必然是能够永远"记住乡愁"之作。因为寓现深厚文化和乡愁情结之艺术形象，其影响力和生命力是持久的、永恒的。

由此，我们发现了"记住乡愁"正是我们希求发现和倡导珠江文派的重大亮点。这个亮点，既是地域人文山水文化建设与文艺创作的契合点，又是地域文艺创作中体现本土特色和群体共性的凝现点，是凝现地域文派的新亮点。所以，我们便从此切入凝现珠江文派，同时又以倡导珠江文派永远"记住乡愁"。

（二）以《珠江文典》证实并确立珠江文派

首部《珠江文典》，选析了欧阳山、陈残云、秦牧等28位新文学代表作家，从新中国成立到20世纪70年代的记住乡愁作品，就是为珠江文派之"五气"提供实际依据和范例，为珠江文派的存在和影响作出实证和历史定位。所以，《珠江文典》实际上是整个书链的"中轴"，是珠江文派之"定位篇"。

（三）发现并理出珠江文派相通之"五气"

这一点主要是确立和证实珠江文派的存在、特质和百年的发展进程，弘扬其内

蕴之"五气",并使其滋养为整个社会之文化风气和文明空气。

具体的"五气"是:"天气",包括自然气候环境和时代精神之"气";"地气",即广东独特的风土习俗之"气";"人气",包括在千姿百态的作家风格、人物典型、乡里亲情之间相通之"人气";"珠气",即珠江文化气质、特质、内涵相通之"气";"海气",即海洋文化及宽宏如海纳百川之大"气"。这"五气"是珠江文派之作家群在创作中都有写作气派相通之"五气",是这批广东作家群通为"派"的血脉,是珠江文派的风骨和特质。故曰:珠江文派者,写作气派相通之广东作家群是也。

(四) 以"记住乡愁"为圆心建立珠江文派体系

"珠江文派与记住乡愁书链"11部著作的构成,实际上是一个以"记住乡愁"为圆心的珠江文派体系和书系。这个书系,以首部《珠江文典》为中轴,向四面纵横伸展和旋转:第二部《珠江文流》是追溯珠江文派的历史源流,是纵向的上溯伸展;第三部《珠江文粹》和第四部《珠江文潮》,分别体现珠江文派在新时期和跨世纪至今的发展,是纵向的下溯伸展;第五部《珠江诗派》和第六部《珠江诗派》,分别展现了百年诗派和百年文评与珠江文派同步发展的进程,是作为珠江文派羽翼的领域横向伸展;第七部《珠江文港》和第八部《珠江文海》,分别体现了珠江文派在港澳和海外的辐射和影响,是地域上的横向伸展。值得注意的是,这些著作中的纵向或横向伸展,都是以"记住乡愁"为圆心而展开的,因为珠江文派向纵横伸展的起点和归宿,都是乡土文化之根。所以,第九、十、十一部之《珠江民俗》《珠江民歌》《珠江民艺》等三部民间文化著作,则是珠江文派的根向伸展,是寻根向土、落叶归根之著。从上可见,珠江文派这套体系或书系,前三部有似竹子的主干,节节高;中四部,有似两对翅膀之横枝,摇曳飞翔;后三部则似竹子的三条根须,深伸于肥沃的岭南土壤中,使珠江文派之竹林根深叶茂、繁殖遍野。可见,"珠江文派与记住乡愁书链"既是一座竹林般的书系,又是一个"朋友圈"遍天下的"记住乡愁"的"互联网"。

（五）以书链之各部展现了珠江文派的首创者和百年发展进程

第二部《珠江文流》，是追溯和梳理珠江文派定位前"来龙"之"源流篇"。在"概论"中我首次提出：梁启超是百年珠江文流的开创者和"百世师"，是百年珠江文派的开山鼻祖。全书选析20世纪初至40年代的近现代广东前锋作家的代表作品，呈现出从鸦片战争、维新运动至新中国成立的百余年间之珠江文化源流（简称"珠江文流"），从中概括出三段历史波澜，实际上是珠江文派定位前的三段形成时期。

1. 鸦片战争、维新运动至辛亥革命的领潮争先萌动期

这一时期，是由梁启超在维新运动前后开创的"新民说""文界革命"和"学术新论"掀起的历史波澜，可以说是珠江文派领潮争先的萌动时期。因为这个时期，梁启超所开创的百年珠江文流，既在中国近代思潮中领潮争先，同时也在珠江文派的形成上起到开创性的萌动作用。梁启超的新学和文界革命理论与实践（含新史学、新文体、新小说、新派诗、新曲艺），既是中国近代思潮之思想导向，又是珠江文派的理论和实践的基础和雏形。与他同时代并同道开创珠江文流的康有为、黄遵宪、吴趼人、黄世仲等，虽未正式成派，但也有"人以群分"之趋势，这"群"人的创作也都程度不同、方式有别、风格各异地体现了珠江文派"五气"的端倪。

2. 五四运动前后至20世纪30年代大革命的推波助澜弄潮期

在五四运动前后至20世纪30年代，珠江文流和珠江文派的历史波澜，是由朱执信、杨匏安、洪灵菲等革命者和作家，分别在五四运动前后掀起的"土话文""美学"与"革命文学"波澜，以及梁宗岱、李金发、冯乃超以诗作诗论掀起的象征主义波澜，可以说是推波助澜之弄潮时期。所推的"波"，主要是民主革命和大革命及其"革命文艺"之"波"，所助之"澜"是西方现代美学与象征主义文学之"澜"。这个时期的珠江文坛不乏"到中流击水，浪遏飞舟"的弄潮勇士，使珠江文流仍如前段历史波澜那样，处于全国大潮的风口浪尖，使尚未成"派"而已成

"群"的珠江文派之"群",也能领潮争先、推波助澜。

3. 抗日战争至解放战争的抗争寻路苦斗期

第三段,在抗日战争和解放战争时期,以欧阳山从"粤语文学""大众小说"到"新写作作风"之路,蒲风、温流与《中国诗坛》,以及黄谷柳的《虾球传》和粤港"方言文艺运动",在抗日战争和解放战争的历史背景下掀起的珠江文流和珠江文派的历史波澜,可说是抗争寻路的苦斗期。抗争,就是对日本帝国主义侵略和"三座大山"统治的抗争;寻路,就是寻民族独立解放之路,寻文艺与革命斗争结合、与人民大众结合、与本土生活结合之路。欧阳山、《中国诗坛》诗派、黄谷柳等就是在这抗争寻路的苦斗中寻到光明之路的代表,他们的成就也由此标志着珠江文流这段历史波澜所造就的珠江文派,走过了抗争寻路的苦斗期,同中国民主主义革命步伐同步,与新中国成立一道,作为百年珠江文派正式成熟确立,并迈入了集群聚气的历史时期,从此正式屹立于中国文坛众多文派之林。

为什么这么说呢?从《珠江文流》可以看到,在形成的三个阶段中,每段历史波澜都有领潮之文流和作家群,但却是尚处于自发涣散状态的。第一阶段,梁启超首倡"文界革命",有理论、有作品、有影响、有群众,但未成派;黄遵宪创"新派诗",虽称"派"而实只有其本人。第二阶段,朱执信、杨匏安、洪灵菲先后倡导的虽是"革命文学",但性质各不相同,且无承传或应和关系;梁宗岱、李金发、冯乃超虽同倡象征主义,但彼此无任何关联。第三阶段,欧阳山倡导"粤语文学"和"大众小说",有"广州文艺社"旗号,蒲风、温流的《中国诗坛》也有"诗派"之称,以及黄谷柳等的粤港"方言文艺运动",都可说是文派之雏形或小派,尚未成为成熟的文派,但却是珠江文派正式成熟之前奏曲。

4. 新中国成立后至"文革"前的集群聚气成熟期

《珠江文流》展现百年珠江文流是全国文流大潮中领潮争先、推波助澜的一支主力军,在中国近现代文化文学史上作出了不可磨灭的贡献;同时有其光辉的发展历程和道路,在每个历史阶段都有领潮的理论和代表作家与代表作品,都有领潮的文艺活动和群体活动,都有新的创作现象和文艺浪潮,都有相应的作家群体和基本群众并步步发展壮大。这些现象说明,经过百年文流发展而孕育的珠江文派,在其第三发展阶段结束后,在20世纪五六十年代成熟,正式成为《珠江文典》所体现和标志的中国重要文派之一,是水到渠成、瓜熟蒂落的;由此而称珠江文派为"百年文派",也是当之无愧、名正言顺的。

首部《珠江文典》的"定位"作用,在于它在《珠江文流》所梳理和展现的百年文派发展历程基础上,以广东新文学代表作家的经典作品,证实和展现了珠江文派的成熟和风貌,揭示了珠江文派进入集群聚气成熟期之内蕴与风姿。"集群",即以正式组织(作家协会或学会)方式团结来自"东南西北"的作家群;"聚气",就是聚天、地、人、珠江、海洋等"五气"。它的"中轴"作用,有纵向、横向、寻根三个走向。纵向,就是上承《珠江文流》之百年文派文流,下开《珠江文粹》和《珠江文潮》之先河,也即是从成熟期,持续向纵深发展,探析和展现珠江文派的发展轨迹之"去脉",同时也揭示"记住乡愁"文化的心灵世界"互联网"的上下纵深开拓之走向。

5. 新时期改革开放的承传转折期

珠江文派主流的下承走向展现,从第三部《珠江文粹》始。这部书,选析 20 世纪 70—90 年代陈国凯、杨干华、吕雷等新时期广东精英作家的代表作品,展现珠江文派在社会大转折年代新老合唱、承传转折时期的文流。

6. 跨世纪前后的风起云涌大潮期

紧接的第四部《珠江文潮》,则选析 20 世纪 90 年代至 21 世纪 20 年代跨世纪崛起的广东作家代表作品,展现改革开放时代背景下,珠江文派开放跨越时期风起云涌的大潮势态。

从领域的横向展现而言,一方面是以《珠江诗派》选析展现当代广东著名诗人"记住乡愁"代表作品,展现珠江百年诗派的发展进程和实力,同时以《珠江文评》选析现当代珠江文流之名论名文,展现珠江百年文评领潮争先、推波助澜的光辉业绩,为百年珠江文派插翅添翼;另一方面,在地域的横向展现上,以《珠江文港》选析香港、澳门两特区作家"记住乡愁"的代表作品,包括在两特区的粤籍作家作品,同时以《珠江文海》选析海外粤籍华人华侨作家"记住乡愁"的代表作品,从而探索和展现珠江文派在地域上的扩展和影响,也显示出"记住乡愁"是遍布港澳和海外华人华侨心灵世界的凝聚点、"互联网"。

从对珠江文派之寻根走向上,即寻找珠江文派和"记住乡愁"文化之根的走向上,根据19世纪法国著名理论家丹纳在《艺术哲学》提出的理论——"要了解艺术家的趣味与才能,要了解他为什么在绘画或戏剧中选择某个部门,为什么特别喜爱某种典型某种色彩,表现某种感情,就应当到群众的思想感情和风俗习惯中去探求。由此我们可以定下一条规则:要了解一件艺术品、一个艺术家、一群艺术家,必须正确的设想他们所属的时代的精神和风俗概况。这是艺术品最后的解释,也是决定一切的基本原因。"——本书系特地在本书链系列中编入《珠江民俗》《珠江民歌》《珠江民艺》三部著作,从"三民"文化中探求决定珠江文化和"记住乡愁"之"所属的时代的精神和风俗概况""群众中的思想感情和风俗习惯",找出珠江文派和"记住乡愁"文化在时代精神、群众思想感情和风俗习惯中之"文根"。

综上可见,百年珠江文派主流有六个阶段或时期,即:鸦片战争、维新运动至辛亥革命的领潮争先萌动期,五四运动至20世纪30年代大革命的推波助澜弄潮期,抗日战争至解放战争的抗争寻路苦斗期,新中国成立后至"文革"前的集群聚气成熟期,新时期改革开放的承传转折期,跨世纪前后的风起云涌大潮期。

二、以"粤海风"助力千年南学续新篇

"珠江历代学说学派——千年南学书链"包含的六部著作,按上古、中古、近古、近代、现代、当代六个时期,梳理从汉至今历代珠江学说学派之源脉、特质和优势,展现千年南学从发韧、兴旺、灿烂、涅槃、新生、开放的发展进程,承传千载南学——珠江历代学派之"六重"之风,并将其以"六重"为内涵之学风——粤海风传扬为整个社会的学习风气、学术风气和学术文明风气。

所谓"六重",即重实、重心、重新、重民、重海、重粤。细化而言:其一"重实",即真实、实际、实践、实用、实效、实惠之"实";其二"重心",即思想、意识、观念、情感、情绪、情境、心理之"心";其三"重新",即纳新、创新、新潮、清新之"新";其四"重民",即百姓、人民、民众、民心、民事、民俗、民艺、民族、民系、民权、民生之"民";其五"重海",即南海、海洋性、海洋地理、海洋文化、海洋意识和海纳百川之"海";其六"重粤",即广东、南越、南粤、岭南、岭表、南海、珠江、粤海之"粤"。这"六重",是南学在千年发展中形成的特质,是历代珠江学派承传的千载南学之风。这"六重"特点,是历

代每个珠江学派都程度不同地具有的，但就具体学派而言，有些是某个特点突出，有些是两三个特点兼有；有些在纵向上有承传渊源，有些在横向上有相互影响关系；这些关系，使在每个学派的个体和某个时代的总体上，往往是这些特点的交叉，而又有某个特点尤其突出之状况。这种状况，既显示了每个学派和每代学派的特色，也显示了每个学派和每代学派在千年南学发展中具有不同的历史时期和地位。

（1）书链首部《珠江上古学说学派》，全面梳理和展现了从西汉至两晋数百年间珠江学说学派接连破土而出、欣欣向荣的局面，拉开了珠江学派从无到有的历史序幕，揭开了千年南学发轫期的光辉史页。

由此开始证实了屈大均在《广东新语·文语》中称广东文化"始然于汉"的论断，并初露了"六重"学风之风源和锋芒，尤其显露出"重新"的特点。被尊为"粤人文之大宗"的陈钦开创了古文经学派。他是西汉广信人，曾向王莽传授《左氏春秋》，自著《陈氏春秋》。在西汉哀帝年间，他认为当时规范的官学是沿用孔子七十二子弟"信口说而背传记"之作《公羊》《穀梁》，不是孔子原本，有"失圣意"，应用新发现的古籍《左传》为官学。理由是作者左丘明与孔子同道，曾亲见孔子，《左传》才是正本的古文经，才是真实的孔子学说。故其学派被称为古文经学派。其子陈元发展，其孙坚卿承传。这是最早的珠江学派，也是开"重实"重本之源的学派，更是"重新"（新的发现）的学派。随后的东汉交趾太守士燮，在任40多年，在三国动乱年代保住岭南避过战祸，自身是著名经学家，著有《春秋经注》；其弟士壹、士䵋、士武，分别曾任合浦太守、九真太守、南海太守，又都是经学家，故有"一门四太守""一门四士"之称；他们又都在任内招贤纳士，传注真经，使中原动乱南下之士有避难并施展才华之所，使岭南成为全国战乱中的一方学术圣地，获得了承传并捍卫学术的实效。珠江学派最早的"重新"人物是东汉的牟子。牟子以诘问的方式写《理惑论》37篇，是印度佛教传入中国初期最早的中国人写的宣传佛教著作，是最早从海上丝绸之路引入佛教的纳新者。牟子是广信人，原是儒家学者，又通道家学说，在广信研究自海外新传入的佛教，又成了精通佛教的学者。他以"佛"字翻译佛教"般若"之音义，首创佛教之名，纳新佛教理论，又是"三教合流"的首创者。牟子及其论著证实了佛教最早由海上传入岭南（另一路为从陆上传入长安），同时也显示了珠江学派以融合多元文化而创新的特点，开创了"重新"源脉的先河。最早的"重粤"学者是东汉的杨孚，番禺潋珠岗下渡头村（今广州海珠区下渡村）人，代表作《异物志》，是第一部记述岭南动植物、矿物等的学术著作，为多家史书列入，故又被称为粤人入志之始；全书以四言诗体（其实是用"赞"的文体）行文，故又被称为粤诗之始。该书内容主要是赞美评述"南裔异物"，即岭南各种珍奇之物的形态与功用，被称为"有多识之美，博物之能"。如《鹧鸪》："鸟象雌鸡，自名鹧鸪。其志怀南，不思北徂。"这不仅是粤诗之开创，而且意味着岭南风物及文化也登上了全国文坛，既与汉诗乐府同步，又有自身的独特风采。杨孚为官时向皇上提出贤良对策，主张以孝治天下，朝廷采纳之而定出父母病故均要守丧三年的制度，可谓开孝治文化之先。他为官清廉，辞官回广州（时称番禺）时，河南洛阳百姓特送他两株松柏。回到广州种下后，即引来广州从未有过的一场大雪，人们称他因清廉将河南的大雪也引来了，故将他的住地取名河南（今广州市海珠区），称他为"南雪先生"。

（2）书链第二部《珠江中古学说学派》，梳理和展现了隋唐至两宋数百年间珠江学说学派层出不穷的发展局面，以历史的实际证实和展现了屈大均称广东人文"炽于唐于宋"的论断和辉煌，体现了千年南学兴旺时期的英姿，展现了"六重"学风所推开的学术新境界。

最有代表性的"重心"学术特点的开创者和杰出代表，是唐代著名的佛教禅宗六祖惠能，著有《六祖坛经》，这是唯一一部中国人著的佛经。他以著名的"菩提本无树，明镜亦非台。本来无一物，何处惹尘埃"的偈语，而承受佛教衣钵，成为禅宗领袖。毛泽东称赞他为佛教中国化、平民化作出了杰出贡献，是中国禅宗的"真正创始人"。在20世纪中期西方媒体评选世界千年思想家活动中，中国仅孔子、老子、惠能入选，而且他们同时被誉为"东方三圣人"。原因是：孔子首创了儒学，老子首创了道学，惠能则首创了禅学。所以，惠能既是佛教禅宗领袖，又是作为一种思想哲学——禅学的首创哲圣。惠能禅学思想的核心是"顿悟"，即一切全在于人的心灵感悟和领悟；他在广州法性寺发表的"风幡论"（即：非风动，亦非幡动，实乃君之"心动"说），画龙点睛地体现了他的禅学，不仅是禅宗教派的教旨，而且是一种有其思想体系的彻底唯心主义哲学。惠能禅学影响很大，著名大学者梁启超曾言："唐宋后皆六祖派"。文学上的感悟说、心灵说、境界说，皆出于此；哲学上的心学，尤其是宋元理学，在南方兴起的陆（九渊）王（阳明）学派、陈白沙江门学派、湛若水甘泉学派等崇尚的"心学"，皆出自六祖惠能禅学。值得注意的是，惠能虽是中国心学的始祖，但却是个很重实际、实践、实效、实惠的实践家。他主张修佛要"农禅并重""农禅合一",修禅"在家亦得,不由在寺",要"于一切时中行住坐卧,常行直心""但行直心,于一切法上,无有执着"。这些说法,说明他不拘形式、反对做作,而是重真心、重实践、重实效、重实惠。正因为如此,南方禅宗在唐武宗灭佛的会昌之难时得以幸存,日益发展,并向北方和海外传播。这就是他将外来的佛教中国化、平民化的思想根由。正因为如此,他被尊为珠江文化古代哲圣,是珠江学派"重实"之源和脉的承传和发展之里程碑式人物。

如果说东汉牟子以纳新外来佛教文化,并融合儒道文化而开创珠江文派的新理论和"重新"源脉,那么,唐代大儒张九龄,则是岭南儒家全面"重新"的杰出代表。张九龄字子寿,韶州(今韶关)曲江人,是唐代著名贤相,著有《曲江集》。他一生的作为和政绩,都完整地体现了儒家的思想和风范。他早在"安史之乱"前,已发现安禄山手握重兵,心怀异志,即向唐玄宗呈上《请诛安禄山疏》,指出对安"稍纵不诛,终生大乱"。可惜唐玄宗未能接受,以至日后果真发生祸乱。这件事,既显示了他作为政治家的敏锐洞察力,又体现了他的忠君思想和品德;他在父亲去世时,辞官回乡尽守孝道,表现了儒家风范;他在回乡期间,上书皇上提出要修凿大庾岭通道,既为乡亲父老造福,又为贯通南北交通立下不朽功勋,而且在修路期间,传说他的夫人又以性命作出贡献。这些政绩既显出这位大儒的高风亮节,又表明他具有珠江学派"重新""重民""重海"的特质和气度。张九龄又是岭南第一诗人,他的诗作在唐代甚有影响,在中国诗史上也有一席地位,被称为在初唐诗坛"首创清淡之派"的诗人,开启了后辈孟浩然、王维、储光羲、常建、韦应物等清雅诗风之先河。他的名诗《望月怀远》:"海上生明月,天涯共此时",既是他清淡诗派之诗风的体现,又是珠江文化风格的典型体现,可谓一语凝现了珠江文化海洋性、宽宏性、共时性的特质与风格,故称之为珠江文化的古代诗圣。

其实,张九龄的清淡诗风,不仅开创了唐代孟浩然、王维等代表的清雅诗派,还开拓了岭南诗史上历代以清雅诗风为特色的珠江诗派,如宋代以创"骨格清苍"诗风的余靖为首的山水诗群、明末清初在丹霞山发祥的海云诗派等,直至清末的珠江文化近代诗圣黄遵宪,虽不是以清雅为风格,但却是以"我手写我口"的"新派诗"而承传发展了珠江学派"重新"学风之源脉。

(3)书链第三部《珠江近古学说学派》,梳理和展现了从元代至清代中叶数百年间珠江学说学派从一度萎靡转向高度辉煌的曲折历程,实证和展现了屈大均所称的广东人文至"有明乃照于四方"的盛况,体现了千年南学灿烂时期的"灯塔"

景象。

明代以"江门之学"开创白沙学派的陈献章,号白沙先生,著《陈献章集》。近代学者称他"上承宋儒理学的影响,下开明儒心学的先河,在中国哲学思想的发展史上,具有承先启后的地位和作用"。陈献章认为世界万物的"本体"是"道","天得之为天,地得之为地,人得之为人"。若求"道","求之吾心可也"。可见其"道"是其想象的超越宇宙的某种冥冥灵念,而他主张从自己的"心"去求这种灵念,其实也即是自身的灵念,所以,才会得之,"则天地我立,万化我出,而宇宙在我矣"。他还主张"学贵乎自得",要静中求"自得",要"以自然为宗"而又要"万化自然",并强调"自得"就是要使自己的心灵"不累于外,不累于耳目,不累于一切,鸢飞鱼跃在我"。可见他的"道"已不同于宋儒理学,显然有着承传惠能禅学和陆九渊心学的迹印,又是对程朱理学将心学传统教条化偏向的回归。传承其学说的有他的学生湛若水为代表的"甘泉之学",以及王阳明的心学。

开创"甘泉学派"的湛若水,字民泽,广东增城县甘泉都人,故又称甘泉先生。湛若水与王阳明在政坛上合作,在学坛上互敬互磋,共同倡导心学,各有不同立论、不同从学之群,但也相互应和,故实际上是一个大学派,是继陈献章江门学派之后,南方又一影响全国的学术流派。

湛若水在晚年,曾与方献夫、霍韬两位理学大师在西樵山开办四家书院,各自弘扬理学。方献夫是南海丹灶人,在朝中任职时拜当时自己的部下理学大师王阳明为师,是王阳明首位广东弟子,归隐后在西樵山建石泉书院,讲学十年,弘扬阳明理学。霍韬是南海石头乡人,曾任礼部尚书,辞官后在西樵山开设四峰书院。他的书院是为宗族子弟办学,主要讲授他的代表作《家训》,这在当时具有开创和普遍意义,尤其对于宗族文化建设起到历史性作用。霍韬不仅办书院讲学,还同时经营铁器、木炭和食盐,是佛山一带著名的士人兼商人,他倡导的家训学,不仅以传统的伦理作为"保家"的核心,还以"货殖"作为保家要素,提出"居家生理,食货为急"务实的重商理念。这些理论和实践反映了商品经济在岭南萌起的现实,同时也体现了珠江学派的"重心"与"重实"的特点总是一脉相承并双轨同行的。

明末清初的屈大均,是最早最系统做"重粤"学问的大学者。他是广东番禺思贤乡人。16岁补南海县学生员。18岁时参加抗清斗争。清平定广州后,仍以出家当和尚作掩护,结交顾炎武等抗清志士,继续斗争。晚年回乡隐居著述,直至卒年。他的著作甚丰。他的代表作《广东新语》是一部广东地方百科全书。他在自序中说:"是书则广东之外志也,不出乎广东之内,而有以见乎广东之外;虽广东之外志,而广大精微,可以范围天下而不过。知言之君子,必不徒以为可补《交广春秋》与《南裔异物志》之阙也。"可见他是旨在"范围天下"而写广东之"广大精微"的,也即是说以天下之眼光写广东,同时也是为补正过去写广东著作之阙而写的。这就清楚其写作意图是在于:向天下推介广东,写新语,立粤学。其效果也正是如此,自《广东新语》问世后直至当今,数百年研读广东者,莫不以此著为经典,也由此而掀起粤学之风。

(4) 书链第四部《珠江近代学说学派》,梳理和展现了从清末鸦片战争至辛亥革命近70年间,珠江学说学派从腐朽中谋求新生的探索进程,体现了千年南学涅槃时期的彷徨困境和脱旧创新的孕育。

到明清时代,珠江文派也是由于具有"重海"的特点和优势,更是达到屈大均所说的"乃照于四方焉"的辉煌时代。被誉为古代海上丝绸之路最高峰的郑和下西洋,七次都经南海水域,其中第二次于广东海港出发;利玛窦从西江首次传入西方海洋文明和科学技术;珠江学派由于"重海"而引进和创立的具有鲜明海洋文化特点的学说,更是多得不胜枚举,如:洪仁玕写出了《资政新篇》;郑观应写出了《盛世危言》;"中国第一个开眼看世界的人"——湖广总督林则徐,在虎门销毁鸦片,揭开了近代史反帝斗争第一页的同时,招募外语人才翻译西方书报,编辑成《澳门月报》,编纂《四洲志》等书吸取西方文化;任湖广总督18年的张之洞,在广东提出"中学为体,西学为用"理论,以及他实践这一理论而在任内极力推行洋务运动;著述《西学东渐记》的容闳,亲率首批30名幼童赴美留学;康有为以孔子大同思想并与西方民约论、人性论、空想社会主义糅合一体的理论著述《大同书》,以及领导"百日维新"运动的创举;清末民初的肇庆人陈焕章,既是中国科举末代进士,又是美国政治经济学博士,他在哥伦比亚大学期间,将孔子学术与西方理财学结合,创造了《孔门理财学》,并且创造了"孔教"和"孔教学院";等等。这些都是海洋文化的学术理论和实践,都是珠江学派"重海"源脉的承传发展。

历代珠江学派大都有"重民"的特点,但大多不挂重民之名,而是重为民之实。如葛洪在炼丹时发现和发明了许多治病良药,虽不言为民,却很实用于民;六祖惠能称"人人心中有佛,直指人心","顿悟"成佛,可谓以弘佛而为民。如此等等,既是历代珠江学派"重实"特点的承传,又是特有"重民"之风的体现。

打出"重民"旗号之珠江学派,最杰出的是梁启超的"新民说"和孙中山的三民主义。

梁启超号任公、饮冰室主人,广东新会县人。他既是政坛风云人物,又是学术大师、文坛泰斗。他以"新民说"倡导国民性革命,认为改造中国要从改造中国人的奴性、奸俗、为我、怯弱、无动等国民性做起,提倡新道德、新理想、新观念。他说这是"采合中西道德""广罗政学理论"而提出来的。他还先后提出并发动"学术界革命""史学界革命""舆论界革命""文学界革命""小说界革命""诗歌界革命"等,在各个领域开创新文化先河,成效卓著,影响深远,堪称中国近代国学的一代宗师、近代珠江文化文圣。

(5) 书链第五部《珠江现代学说学派》,梳理和展现了从辛亥革命至新中国成立近40年间珠江学说学派从涅槃到新生的转化进程,体现了千年南学新生时期的新风貌。

孙中山是中国民主革命的首创者和杰出领袖,名文,字逸仙,广东香山(今中山市)人。青年时代即开始进行革命活动,提出"驱除鞑虏,恢复中华,建立民国,平均地权"口号,创造以民族、民权、民生为主旨的"三民主义"学说。1911年10月辛亥革命成功,他被推举为中华民国临时大总统,次年让位给袁世凯,并将同盟会改组为国民党,当选为理事长。1913年护法起兵讨袁,建立中华革命党;1917年在广州组织护法军政府,当选为大元帅,誓师北伐。1919年,在上海将中华革命党改为中国国民党,次年就任非常大总统。1923年,粉碎陈炯明兵变,在广州重建大元帅府。1924年在广州召开国民党第一次全国代表大会,确定联俄、联共、扶助农工三大政策,提出"新三民主义"。1925年3月12日,在北京与北洋政府会谈期间病逝,弥留之际仍发出"和平,奋斗,救中国"的呼喊,留下"必须唤起民众及联合世界上以平等待我之民族"的遗嘱,可见他的"重民"心切。三民主义是他的政治纲领,也是他首创的学说。这一学说是吸收西方资产阶级自由、平等、博爱的人权思想,为中国推翻数千年封建制度、建立民主共和国的需要而确立的,是以西方现代文化用于中国实际的产物。辛亥革命的成功体现了这一学说的成功,也是近现代珠江文化最大高峰的标志。

广东濒临南海,海岸线长,江海一体,受海洋影响很大,文化的海洋性特强。海上丝绸之路和文化学术都是"始然于汉",历代珠江学派都有"重海"之特点与源脉。据《汉书·地理志》记载,汉武帝于元鼎六年(前111)平定岭南后,派黄门译长从徐闻、合浦出海至海外多国,这是海上丝绸之路的发端;东汉牟子以《理惑论》传入佛教文化,最早引入海洋文化学术;南北朝时印度和尚达摩在广州西来初地登岸,最早传入佛教禅宗;唐代六祖惠能创造了禅学,改造海外传入的佛教学术,又传扬海外;唐代张九龄的《开凿大庾岭路序》,是我国最早的对接海陆丝绸之路论文,所修的梅关古道是我国最早人工修凿的海陆丝绸之路对接通道;宋代曲江人余靖,是我国亲身调查研究海潮的首位学者,他的《海潮图序》是我国首篇海洋学论著。这些"第一"的成果,无不证实屈大均所说的广东文化学术"始然于汉,炽于唐于宋"的论断。这些"始"和"炽"的高速发展,与珠江文派的"重海"特点和源脉有着决定性的影响和关系。

自屈大均之后,南学蒸蒸日上,长足发展。据司徒尚纪《泛珠三角与珠江文化》一书介绍,晚清先后任湖广总督的文化人阮元和张之洞大力提倡办学,设学海堂等机构,培养了一批饱学之士,学风始盛,声名鹊起。20世纪初,日本学者内藤虎次郎有"文化中心流动论",认为明以后中国文化中心在浙江海通以后将移到广东,与陈寅恪"南学"之见完全一致。此见虽有偏颇之嫌,但对"南学"概念和发展的肯定则是言之成理、持之有据的。

(6)书链第六部《珠江当代学说学派》,梳理和展现了从20世纪80年代初至今近40年来珠江学说学派的飞跃发展历程,体现了千年南学开放时代的盛世景象。

南学的真正蓬勃发展是在20世纪80年代初至今。在改革开放的大背景下,一方面,广东在全国率先掀起了现代新文化学术高潮,率先掀起了社会主义市场经济、改革开放理论、民主与法制、特区经济与文化、现代新文化学术等研究高潮;同时引进大量西方文化学术著作,并吸取西方先进学说,开拓新的文化学术领域,如现代文化学研究、南海及海洋文化学术研究、海上丝绸之路研究、珠江及江河文化研究、地域文化学和旅游学研究、港澳及海外华人文学研究等;另一方面,是以新的视野对广东民系和史地展开研究,如广府学、客家学、潮汕学、雷州学、岭南学、珠江学、南海学等。这两方面(或两类)学科著作,每种都可称为一种学说,每类学科的学术队伍都可称为一种学派,或者内有多个学派。所以,在改革开放中"先走一步"的广东文化学术领域,也是最先兴起并具有"众说纷纭"、学派林立的景象和格局的,这正是"重粤"风盛、"粤海风"劲所致。这些别开生面、朝气勃勃的景象和格局,概而言之,就是在两个方面的扩大和开放:一方面是学术领域上的前沿性、开拓性、创新性;另一方面是学术队伍对传统学派的突破,多是以同类学科形成梯队或团队的"学者群",或者以开拓新领域的项目或课题为中心的多学科跨学科的"学者群"。这是珠江历代学说学派前所未有的新景象,所以称之为千年南学的开放期。

以上"六重"之学风源脉,共汇为源远流长的"粤海风",贯穿广东历代学派两千年。我们编写"历代珠江学说学派——千年南学书链",旨在沿着"粤海风"之风路,梳理南学文化学术体系和源脉,为建设南学文化新高地铺路。本书链将按时代先后为序,分上古、中古、近古、近代、现代、当代等六个分册编写出版。

三、以"一带一路"建造珠江文明新高地

"珠江文明灯塔书链"的五个文化论坛论文集,以至整个《珠江—南海文化书系》工程,都是旨在发扬珠江文明的"灯塔"传统和优势,建设珠江文明新高地。

(一)擦亮千年"八代灯塔",纳入"一带一路"倡议新高地(略)

(二)建造岭南民间文化"六宝"新高地(略)

(三)建设"两生"文明新高地(略)

(四)建设学术文明新高地(略)

(五)建设粤人心灵世界的"互联网"和珠江文派新高地

"珠江文派与记住乡愁书链"何以要冠上"记住乡愁"之语?众所周知,"望得见山,看得见水,记得住乡愁",是习近平总书记在中央城镇化工作会议上提出

的号召。如果说这个号召，是要求在农村现代化进程中保持原有山清水秀的自然环境和传统文化风情的话，那么，对于文学创作来说，则是要求作家创造出能够使人"记得住"山水乡情的艺术作品。鼓励各地开展"记住乡愁"创作，正是实现全国地域文化与文学创作多样化的重要途径，也是鼓励或发现文学流派的重要途径。所以，从"记住乡愁"创作入手，正是发现和倡导珠江文派的重要途径。乡愁，即乡情、乡恋。每个人都有生长或久居的故乡，都有思恋或憧憬的心灵故乡。正如中央电视台曾播出的专题片《记住乡愁》主题歌词所言：乡愁是"记得土地芳香"之故乡儿女"追寻"的"一生情"，又是"年深外境犹吾境，日久他乡即故乡"之游子，多少次"叩问"的"一朵云"。乡愁是一种中国传统文化，是中国人普遍具有的民族情、故土恋。乡愁所念之故乡，既是哺育乡人生长之母亲河的"一碗水"，又是乡人心灵世界中共饮共醉的"一杯酒"；既是分布世界各地华人华侨心灵世界的凝聚点、"互联网"，又是聚居各地异乡人之间心灵世界的交叉点、相通语。乡愁，尤其对于"文章本是有情物"的文学作品而言，简直是不可欠缺的文化与情感元素；对于每个地域的文化和文学，更是对其进行挖掘或体现本土特质的文化艺术要津，是造成和体现地域之间在文化与文学上差异和特色之重要所在，也即是发现和造就地域性文学流派的重要途径。这对于广东文学创作来说，是具有特重特强指导意义的。因为广东有史以来一直是移民大省，本土先民是从南海海岛移居上岸的百越（南越）族，现有广府、客家、福佬（潮汕）三大民系，都是秦汉以后逐步从中原南下入粤的移民，港澳同胞大多数的祖籍是广东，遍布世界的华人华侨70%是广东人，现居广东的近亿人口也有近30%来自全国各地。无论是历代祖居、移外定居、新入定居的广东人，都有各自"记住乡愁"之情；这种乡情尽管千差万别、人人有异，但都凝聚在"珠江情"的基本点上。因为珠江是广东的母亲河，是广东古今山水风情与"记住乡愁"的凝现点，是东南西北中先后入粤民系的生活交叉点、相通语，是历代迁入或移外的粤人心灵世界之凝聚点、"互联网"。所以，这是探究广东地域文化特质的关键，是造就广东文学创作特色以至文学流派的凝现点。因此，我们以珠江文派"记住乡愁"书链，既展现和证实珠江文派的存在及其来龙去脉，又进而探求和展现珠江文化在广东文学中的内蕴、根基及其向海外的扩散和影响，也即是以"珠江情"凝现珠江文派，以及境内或境外所有新老粤人心灵世界的"互联网"和发展珠江文派的新高地。

（六）建设"珠江学派—南学"文化学术体系新高地

广东自古以来,虽无"南学"之名,却一直有"南学"之实。明末清初著名学者屈大均,在《广东新语·文语》中云:"广东居天下之南,……天下之文明至斯而极。极故其发之也迟,始然于汉,炽于唐于宋,至有明乃照于四方焉"。"始然"即开创之意。从汉代至今每代都有著名的学派,"珠江文明八代灯塔"就是明证。"珠江历代学说学派——千年南学书链"包含的 6 部著作,分别以上古、中古、近古、近代、现代、当代六个时期,梳理从汉至今历代珠江学说学派之源脉、特质和优势,展现千年南学从发轫、炽旺、灯塔、涅槃、新生、开放的发展进程,更证实和体现千年南学文化学术体系的存在和光辉。应当承传发展其体系和传统,弘扬其内含"六重"(即重实、重心、重新、重民、重海、重粤)之风之"粤海风",并将其传扬为整个社会的学习风气、学术风气和学术文明风气,建设"珠江学派—南学"文化学术体系新高地,为构建中国学派,建设学术中国、理论中国作出贡献。

（本文是 2018 年 8 月 10 日在南海西樵论坛的报告,论坛文集《珠派南学与珠江文明》由广东旅游出版社 2019 年出版。）

文化形象论（文化散文）

珠 江 文 珠

在宛若金鸡报晓的中国地图上，有许多标志江河的绿线，密密麻麻地纵横交叉着，遍布整幅地图，像是雄鸡的血脉，网贯全身。在这些绿线中，又有好些标志大江大河的特大绿线，从西到东或者从北至南穿连海边，突现了毛泽东诗词所写"茫茫九派流中国"的生动形象。

在这些特大绿线中，首先映入我眼帘的是标志黄河的绿线。这也许是由于从童年时代起，即知道黄河是中华民族文化的摇篮，又是在《黄河大合唱》的歌声中度过青年和中年的缘故，对它格外注目，联想甚多：我似乎飞到华夏民族开始形成的年代，随着黄河文化的始祖轩辕黄帝在北京周口店漫游，辨认刚从结绳变为刻在甲骨片的雏形文字；我又似乎飞到了春秋战国年代，跟随黄河文化的哲圣孔子，从山东曲阜走至渤海之滨，旁听他在给弟子们讲学之余，着重讲出人类最早的文化学原理："近山则诚，近水则灵"。我又似乎跟着秦始皇统一中国的大军，从西北黄土高原起步，一直沿着黄河东进，浩浩荡荡，所向披靡。呵，这条进军路线与地图中的黄河何等一致，这不就是一条巨龙的形象么？也许，传说黄河是条龙，黄河的儿女是龙的传人，是由此而来的吧？

我的视线自然转移到地图的中部，发现标志万里长江的粗大绿线，从青海巴颜喀拉山发源，即向东南延伸，中段呈弧形状，末段翘高，有似凤头，汇入东海，整条长江宛如凤鸟形象。龙和凤均是中华民族的传统图腾，黄河似龙与长江似凤正是这两种图腾的自然寓现，即是两种文化的标志，也即是黄河文化与长江文化的标志性区别所在。其原因在于各有不同的特性与风格，李白诗所写"黄河之水天上来，奔流到海不复回"的神圣、庄严，正是龙的风格；苏轼词所写"大江东去，浪淘尽，千古风流人物"的气派、风流，正如凤之神韵。二者显然迥然有异，各有千秋。俗称"龙凤吉祥"，其文化内涵是对黄河与长江两系发祥文化结合的歌颂与祝福,如同以炎黄子孙统称中华儿女。所以,我们也不应忽略与黄帝几乎同时创造长江文化的始祖炎帝。也许是这种心情驱使,在眼前的地图上,正是如凤展翅的地方,我似乎看到这位又被尊称为神农氏的老翁,艰苦地行走在苍茫的神农架原始森林中,一步一口地遍尝百草,为人类寻找农耕用的五谷和治病用的草药;接着,我又似乎看到与孔子齐名的老子,也漫步在长江之滨,抱着他的精心之作《道德经》,踽踽沉吟他的名句:"道可道,非常道;名可名,非常名","有所为,有所不为"!这位长江文化哲圣同后的庄子共创的老庄哲学,使中华民族文化不仅有历代尊崇的儒学,还有道学等多家文化,以多元多样的态势显出灿烂辉煌!

我的视线自然地移到地图的下端,即祖国的南方,顿然发现作为中国第三大河的珠江水系,与黄河、长江迥然不同:它好像是蜘蛛网,覆盖了整个南中国;它在祖国西南部发源的主干流西江,从云南、贵州、广西直下广东,分别从湖南、江西发源的主干流北江,自北向南贯串粤中南;发源于江西的东江,与发源于福建的韩江并行,流遍粤东大地;最近才发现的南江及其相邻水系,多自南向北贯流,从粤西南涌向广东的心脏——珠江三角洲(含广州)。如果说,这些分别来自西、北、东、南的珠江主干流像是四条巨龙,那么,珠江三角洲则似多龙争拥的龙珠(正如粤曲曲牌"赛龙夺锦"之形态);如果说,珠江三角洲像是光芒四射的宝珠,那么,珠江的东、南、西、北江,则是宝珠向四方喷射的巨大光芒。这些从水系态势而产生的联想,使我感到珠江文化的特质,也正如其态势所寓现的那样,是多元性、竞争性、辐射性的,同时又是平等性、包容性、开放性的,并且是有自身系统和发展历史的。我发现:珠江文化的始祖是在黄帝、炎帝之后的舜帝,因为在开创华夏民族的"三皇五帝"中,唯舜帝巡狩南方,将南方纳入中国版图并开启"中国"之称谓,死后又"葬于苍梧之野"(见司马迁《史记》);并且,珠江文化也有自己的哲圣,即创造禅学的佛释六祖惠能。这位被西方思想界称为与孔子、老子并列的"东方三圣人"之一,不仅因为他是珠江水哺育成长的"中国佛教领袖"(毛泽东语),更主要的是他在《坛经》中创立的"下下人有上上智"的思想,道出了珠江文化之精髓和特质。珠江文化的发端时间,也由于原始人类马坝人、柳江人、封开人化石的先后发现而不断提前,与北京猿人开创黄河文化的历史时期步步接近。

我从地图上发现:珠江不仅是多条江河总汇于珠江三角洲,而且有许多出海口

（粤语通称之为"门"），仅珠江三角洲即有八门，其余沿海河口更是多得难计其数。这是珠江与黄河、长江最大的地理区别之处。这个特点，使得珠江三角洲之自然环境及其所代表的文化，是江海一体的。"岭南第一诗人"张九龄诗云："海上生明月，天涯共此时"，可谓将这一特点写透，将其海洋性、宽容性、共时性等特性及其风韵，写得象外有象，意境无穷。

也许是品味张九龄诗受到启发，我发现地图上有两种蓝线在广东沿海边境特长、特密：一是海岸线，一是海外交通线。这说明广东海港多，与外国的交往多，海上贸易多，而且交往的活动面广、历史长。参照历史地图，我果真发现早在汉武帝平定南方的时候，即派他的黄门译长从当时岭南首府广信（今封开和梧州）出发，由雷州半岛的徐闻出海，经北部湾的合浦至越南（当时称日南）到印度洋，首开了海上丝绸之路，与张骞通西域开始的陆上丝绸之路的时间相距不远，匡正了联合国教科文组织将中国海上丝绸之路定为始于南宋之误；我还发现在南海沿岸，从东到西都遍布自汉至清各个朝代先后开始的海上丝绸之路始发港，证实了我国的海上贸易不仅时间早，而且从未间断，历代不衰，不过是各个港口各有不同的枯荣期而已。海上丝绸之路的历史也佐证了珠江文化的海洋性、宽容性、共时性特质的源远流长。

珠江水系的地理态势及其自身的和海洋的历史，决定并佐证了珠江文化的形态和特质，也是多龙争珠或珠光四射型的。无论是多龙所争之珠，或者是光芒四射之珠，都是珠江文化精华的结晶集萃，是珠江文化之珠，即珠江文珠。珠江文珠的光芒，我既在眼前中国地图显示的珠江水网纵横的地理态势和贯通世界的交通网络看到了，又从珠江文化的代表人物在历代发出的巨大影响看到了：西汉陈钦、陈元，东汉牟子，晋代葛洪，唐代张九龄、惠能，宋代余靖，明代陈献章，清末民初林则徐、洪秀全、康有为、梁启超、黄遵宪、容闳、孙中山等光芒四射的文珠，数不胜数，开创中国近现代文化"第一"者特多，正是珠江文化的海洋性、现代性特强，在近现代中国文化史上影响特大的体现。

由此又使我看到：改革开放在广东"先行一步"，在深圳、珠海、汕头等沿海城市办经济特区的文化根由，正在于珠江文化具有海洋性、现代性；同时，我更看到：改革开放之"天时、地利、人和"，使珠江文化更增添新的生命力，经济特区以至广东取得了前所未有的繁荣发展，当上了全国的排头兵，取得了举足轻重的地位,具有世界性的影响;特别是,最近从被称为"珠江之珠"的珠江三角洲合作,扩展为粤港澳携手的大珠江三角洲合作,又扩大为泛珠江三角洲("9+2")区域合作,更清晰地显现了多龙争珠或珠光四射的珠江文化神态,使珠江文珠的光芒更灿烂,更辉煌!

2005年2月9日乙酉鸡年春节

情恋瑞云

在我的家乡,有座俊美的大山,名叫瑞云山,亦称峻山(古名甄山)。它是"逶迤腾细浪"的五岭的一条支脉,雄踞于古时南北通道要塞之一——鹰扬关西南,环抱着广西贺州贺街这睦邻湘粤的桂东重镇,使这自古著名的贺州风光,与"甲天下"的桂林山水竞妍春色,别有一派南粤风韵。

瑞云山的形状,很似一位仰卧着的美女。主峰叫二峻,有两个峰顶:前者稍平,宛若人的额头,扣接着一串连绵起伏的山峦,像曲长的头发在顺风婆娑;后峰斜上直下,猪胆型,酷肖美女之鼻子。次峰名头峻,峰尖凸于丰满的半圆山峦之上,活似美女的胸脯;次峰前后相连的高矮起伏的山峦格局,比例适当、曲线协调地分别显出头型、身段,以至舒展自如的腿部、脚部。锦绣的贺江(亦称临江或临贺江)蜿蜒于瑞云山麓,像是轻披飘带的美女玉臂;在下游江心浮起一个绿荫覆盖的石岛,即著名风景点浮山,像是一顶碧玉花冠在美女的掌心托着,欲戴未戴;濒临贺江而又贴于瑞云山腹的贺州中学,这座已有70年历史的贺州教育中心,像是美女正跳动着的心脏。

也许是因为瑞云山形状酷似美女的缘故吧,我自童年直至现在年过半百的中年,无论是在家乡时的生活或是离乡后的回忆,自己所有关于父母、亲人、母校、故乡、祖国的思念和民族文化意识,都与瑞云山联系着,化合为一个意念中的瑞云母亲的形象。这个形象,随着岁月增长和经历增多,日渐明朗,迭增内涵,尤其是在与我的母校贺中联系的几次离回家乡过程中,更深沉、更深化了。

童年所见的天地,只是家乡的山山水水,每得一点新鲜知识和每受一次心灵震动,总是赋予所见天地去理解和想象的。姐姐讲神话故事"女娲补天"的时候,我将瑞云山看作这位为人类造福的女神躺下休息的化身;哥哥讲人类原始是母系社会的知识,我也似懂非懂地将瑞云山看作这社会遗迹,似乎家乡的人们都是这母性繁衍的后代。最直接地使我的感情与瑞云山联系起来的,是贯通贺街的河东与河西之隔的贺江浮桥,它以几十条小艇串连并铺上木板构成,从桥上走过,轻轻摇荡,有似在轻柔的摇篮中,像是瑞云山的手臂在挽着轻摇。从会走路时开始,我经常从桥上走过，每次都感到自己是在放大了的摇篮里。逢年过节，我母亲都带着我兄弟姐妹过桥到河西探望外婆，慈祥的外婆总是轮流着一个个抚抱我们。每当我在外婆温暖的怀里背受她的细手抚摸的时候，我都想到过桥的情景，似乎同时受着瑞云母亲的抚抱。初上贺中的那一天，我受过喜泪盈眶的母亲抚抱走过浮桥，瑞云山在笑脸相迎，传来的贺中读书声像是她的心在欣喜跳动。我激动地跑在桥上，像刚受母亲的抚抱那样，被瑞云母亲的手臂揽着，扑向她的胸怀。在我童年和少年的时代的意识里，瑞云母亲的形象是伟大而亲切的，是蕴藏着深厚情感和无穷知识智慧的。

我告别家乡，是在50年代初的一个冬末早晨。当时我们一批同学在贺中集体报名参军，共和国刚成立的兴奋和青年的热情，激励着我们徒步走向征途。初升太阳的暖照和对锦绣前程的向往，使我们在金黄色的公路上，每走一步都充满激情。当快跨出镇境的时候，我恋恋回首望着瑞云山，艳丽的阳光给她披上了金色的彩衣，主峰呈现的脸庞在欢笑，一线起伏山峦所现的曲长秀发，似正冉冉飘起，贺中的庭院隐隐若现，刚才在那里的欢送歌声仍回荡在我的耳沿。这时，两年多在贺中生活的片片情景，在我眼帘浮现：初进学校时，学校尚无电灯，晚自修都是靠盏小煤油灯置于课桌上攻读，语文课本首篇是巴金的散文《繁星》，每当晚自修后，见同学们各持小灯散开于瑞云山腹的校园的时候，我都想起这散文中"我爱月夜，但我也爱星天。……望着星天，我就会忘记一切，仿佛回到了母亲的怀里似的"的语句；学校有电灯后，当我首次听到收音机传出音乐声，新奇惊讶之余，也天真想象这是瑞云母亲的声息；在学校举行灯火晚会欢庆解放的那一夜，与翩翩起舞的秧歌队、龙灯队同时出现的一队解放军，竟多是熟悉的老师和高班同学，这情景使我依稀感到瑞云母亲在鼓励着儿女们与时代同步……我正咀嚼着这些往事，不知谁领唱起贺中校歌："瑞云巍巍，临贺泱泱；莘莘学子，国之栋梁……"往事和歌声，使我无远勿届地看到瑞云山，正是一个知识的、革命的、时代的母亲的敦厚形象，我们走着的公路，像是她伸出手臂，开怀地送她抚养的莘莘学子踏向宽广征途。

这段情景，一直萦绕着我的心怀，在离乡后的漫漫征途上，无论是顺利或是遭受挫折的时候，都会不时浮现心中，或以此自责不足，或以此自勉奋起，像是瑞云母亲督促、鼓励着我，或是在抚慰、保护着我。也许是由于这种意念驱使吧，70年代初春节前夕，我偕同从未到过贺州的妻子儿女，回到我阔别20年的家乡。那时正是十年浩劫时期，国难、家难、己难交织，在凄风冷雨中我投入了瑞云山的怀抱，满山雾雨茫茫，昔日俊美的山峦看不见了，我似乎感到瑞云母亲掩面啜泣，不忍见落难归来的游子。在冷雨中我遍寻寄寓着种种深情的旧地：我视若瑞云母亲心脏的贺中，破旧不堪，冷冷清清，似在奄奄一息；被称为美女的碧玉花冠的浮山，不久前被大火烧过，一片枯槁焦黄；我看作瑞云母亲手挽摇篮的贺江浮桥拆毁了，已被一座钢筋水泥支架的公路桥代替，这点进化刚稍慰我的心，却又被不久前在这桥上发生的惨案震惊了——有几位德高望重的贺中教师，于此被"红卫兵"推下河中活活淹死！我心酸地感到这座桥像是锁着瑞云母亲的铁铐！但是，当我知道好些早年参加革命的亲人学友，蒙冤被迫返乡劳动，就靠上瑞云山砍柴维持生计的事情时，我感到了瑞云母亲不仅是在为国难、乡难、校难痛哭，而且在默默地抚慰和保护着她的儿女们。这使我想起抗日战争时，许多著名文化人（如何香凝、张澜、沈钧儒、梁漱溟、许涤新等）和来自广州、桂林、长沙等地的大量同胞，都因避难贺州而得安宁；日本帝国主义的铁蹄践踏四面邻县，唯独未踏入贺县县境。这历史的奇迹和眼前的事情，使我进而感到瑞云山又是一位与祖国和祖国人民（包括她的子女们）共呼吸同患难，像母鸡在面临威胁时以双翅保护着小鸡那样的坚毅母亲的形象。这信念使我在乘车离乡而再经这公路桥上，感到它不再是锁在瑞云母亲手上的铁铐，而像是她挥起巨手，推着我们向前冲去。

我最近一次返乡，是在前年初夏，为我85岁高龄辞世的父亲治丧。我母亲已于早年去世，两位老人家都安息于瑞云山腹的茶叶界。这使我对父母的感念之情也融铸于瑞云山中。父亲为人正直刚毅，母亲贤惠慈祥，两老的秉性风范，与我意念中的瑞云母亲形象又是何等一致，浑然一体。父亲是贺中开办时期的学生，生前曾迈着八十老躯为在"文革"中被改了校名的贺中复名到处奔走呼号。我兄弟姐妹都曾就读贺县中学，于是我们怀着念父思校之情重访母校。时值午后，太阳西斜，正对着瑞云主峰下移，使这座美女山像仰卧观音似的迸发万道灵光；朵朵浮云穿过山腰，慢慢飘逸，像是美女沐后整妆，冉冉若起。她的心脏——贺中，已一改浩劫时的凄凉景象，课室虽旧但整洁井然，而不少学生正在埋头攻读，这是放学时候，更多学生在操场运动、游戏；室内的读书声和室外的打球声、歌声，合奏着动人的交响乐，呈现一派生机。这劫后复苏的景象与此时瑞云山的美姿相辉映，我感到了改革开放的春风不仅使瑞云母亲的心脏恢复了跳动，而且使她的形象更扩大容量，增添新的内涵。这就是既要以时代的先进潮流之动而动，又要有自己的本根意识和气节。这是我为母校一派生机而兴奋时，偶见壁上一副旧楹联而顿悟的："养天地之正气，法古今之贤人"。这楹联使我想起幼年时和在贺中读书时，我父亲和老师讲过的自古以来许多出自贺州的贤人轶事,而且从中看到一条圣洁与刚毅交融的正气血脉,贯通古今;写出千古绝唱《爱莲说》的宋代理学家周敦颐,出生和成长于贺州,他以莲喻人,是在于赞颂"出淤泥而不染"的高风亮节;同是宋代的著名理学家林勋,以洋洒的政论誉世,这位贺州先哲曾上《本政书》13篇,名垂青史;清末民初的贺州人士于式枚、于武棱兄弟和林世焘,都是对埋葬封建王朝、开创新时代和新教育作出卓越贡献的政治家、法学家、教育家;被郭沫若爱称为贺州"靓女"的于立群,《洪波曲》记下她与郭沫若在长沙的抗战史迹;还有许许多多的大革命时代、抗日战争、解放战争和新中国成立后各种斗争中,浴血奋战、坚贞不屈的先烈们,以及在各个领域、各个岗位上,艰苦奋斗、坚韧拼搏的前辈、同辈和后辈们的动人事迹,不就是这条正气血脉贯通的体现么?从眼前所见母校和家乡的蓬勃生机里,我感到这血脉在继续并会永远畅流,而这,不就是抚育了千万世代儿女成长,而今又在整妆若起的瑞云母亲的血脉么?

前些日子,为庆祝贺中创办70周年,在广州的校友聚会。几位曾任贺中校长的白发长者,由孙女扶着出席了,一些革命前辈仍是领导干部的校友徒步来到了,一些我早知名而从不知是自己校友的科学家、医学家、工程师、编辑家、作家到会了,有的全家或两三代人都是贺中校友的也一齐到会了;与会者少数是贺县人,多是广东或其他省人,只是曾到贺中工作或抗战时避难贺县而曾就读贺中的。校友们的聚谈中,各自深情地讲述着当年在母校的生活情景,交流阔别多年的校友近况、信息,通报全国各地及香港、台湾乃至国外校友的念校思国之情,有的还讲到由于读过几间学校,最近连续参加几个校友会,都有一种难以言状的异同交织的念根情感。这些校友聚谈,一方面使我感到瑞云母亲似有一条无形的情线,将分散在天下的贺中校友或贺县乡人,以及与贺县有过缘分的人们联结着,另一方面又感到瑞云母亲不仅是贺中或贺县之象征或所属,而是中华民族文化意识的一种体现和凝聚,是每个炎黄子孙都具有的情感和意识。亲爱的读者,当你思亲、思乡、思校、思往、思友、思国的时候,在你的意念中不是也有一个称谓不同、形状有异的瑞云母亲形象么?

瑞云山是我家乡实在的大山,然而她的形象和她的名字,却是无限地寓现和象征着种种锦绣的情感、意识,并示兆着吉祥……

1990 年 10 月 15 日

澳门之"门"

像蜘蛛网似的珠江水系,在南海边有许多出海口。这些出海口,大都依其地势形貌,取名为各种各样的门,如虎门、崖门、磨刀门等等。即将回归祖国怀抱的澳门,也是珠江的一个出海口。为何称此门为"澳"?其中甚有奥秘,颇有文章。自1980年至今,我曾三临澳门之境,对其奥妙有个逐步了解过程,但充其量只能是知其皮毛。

第一次是在改革开放开始的80年代第一春。当时中央决定开办深圳、珠海、汕头、厦门四个经济特区。我随一班文艺评论家到深圳、珠海观光。在珠海的日程中,特别为我们安排了一项节目:乘海军快艇环岛看澳门(现在已是平常的旅游项目),虽未能上岸,仅经其水域,也算是临境了。这真可谓可望而不可即,是门外看澳门,若即若离,朦朦胧胧,颇有神秘感,但也略有所得。这就是从海上看澳门半岛,很像个山凹。凹与澳同音。想来澳门之名,首先由此。当快艇穿过连接半岛与凼仔岛之间的亚洲第一长桥桥底时,我即有穿越一座巨型拱门的感觉,恐怕这是世界第一大拱门吧(澳门由半岛、凼仔岛和路环岛三地构成,凼仔岛与路环两岛间今已有公路相连,从总体风貌而言,也是拱门之状)。我们上岸之后,又参观了珠海拱北边境检查站,"拱北"当明是指这座拱门以北之意。由此思及澳门在16世纪50年代被葡萄牙人入侵、清政府被迫允其居留和通商的历史,也即是开始了中国被帝国主义凌辱的历史,从而感到:澳门之门,除地形风貌似门之外,尚有国门、族门的意味。

第二次是1993年,应澳门大学和澳门写作学会邀请赴澳讲学。这一次,算是正式进入澳门探其奥妙了。甚有意思的是,主人安排我住在葡京大厦。这座大厦是当时澳门最高最辉煌的建筑,是最高级的宾馆,也是澳门主要的标志性建筑之一。这座大厦下部几层,是各种各样的赌场,是澳门最大的赌博场所。澳门是世界著名的远东最大赌埠。在这里,赌是受保护的,赌的收入是合法的。所以,赌场多,赌风盛,是澳门最大的奇观。除了赌钱,还有赛马、赛车、赛狗之类的赌。世界各地到此旅游的人,似乎都要去赌两下才过瘾。人们的生活除做生意外,也似乎以赌为多，博彩业是澳门的主要行业；赌，成了谋生手段，成了人生享受和消遣。这也就是说，赌，是通向富贵荣华之门，也是通向破产贫困之门；是通向欢乐享受之门，也是通向痛苦死亡之门。由此，我对澳门之门又增多了解一层含义。当我认真端详葡京大厦时，发现这是一座鸟笼式建筑：嵌在大厦顶端的瓶盖式圆厅，好像鸟笼的提把；整座大厦的楼柱，凸现又粗又白的线条，垂直均匀地排列着，像是放大的鸟笼竹枝网；层层楼窗，皆金黄色，均成条状，井然有序地间隔于条条银白楼柱之中，正如鸟笼的纵横网面。整座大厦，一派金碧辉煌之势，却又似人们手中的玩物；其乐有似飞鸟，却又被困在笼中。不知大厦的设计者和建造者是有心还是无意，我看这正是澳门之门这层含义及其博彩文化意识的活灵活现。

澳门尤为著名的标志性建筑，是大三巴牌坊。这里原是澳门最早最大的教堂和神学院——保禄大教堂，17世纪初建成，于1835年被大火焚毁。仅剩教堂的前壁，故称牌坊，其实是门，其形状也似门。它的总体是拱门形状，上下四层各有正门，每层左右也都各有其门，是个多门牌坊，可以说是澳门多元文化的一种寓现，是澳门之门的又一奥秘。澳门的宗教文化，以耶稣教为盛，弹丸之地，就有教堂数十间；其他宗教祭祀的庙宇也不少，其中尤多是祭奉观音、妈祖（天后、天妃），可见澳门特重女神。如果说，大三巴是西方和宗教文化在澳门的主要标志，那么，在其附近的旧炮台和澳门博物馆则可以说是中国的传统文化在澳门的凝现，是澳门地方文化的缩影。这里的几尊旧炮记下了澳门人民抵抗帝国主义侵略的历史；馆内的展品和文物，证实了澳门自古就是中国领土不可分割的部分；馆内的图像和影视及电子显示，以生动的形象和现代化的科技再现了古老的艺术（粤剧、舞狮、舞龙、划龙舟）和地方风情（船家生活、打鱼小景、沿街叫卖、节日喜庆、婚嫁习俗等），可谓缩影中外古今文化于一屋。使我尤感兴趣的是：中山先生纪念馆留下了这位伟人当年在澳门以行医为业而从事革命活动的光辉历史，以及意大利传教士利玛窦从澳门进入中国，既将天主教带进中国，又将第一张世界地图和现代数学及技术引进古老的封闭的中国的故事，使我从中感悟：澳门不仅是多种文化交汇之门，更重要的是中外文化交流之门。我这次应邀讲学，不就是为文化交流而来的么？

第三次是最近暑假期间，有意识地在澳门回归前旧地重游，所见不仅同首次所见大异，与第二次所见也大不相同。总体上说，美观多了，繁荣多了，有格局、有气派了。也许是花了甚大功夫填海的关系，有了飞机场，海滨高楼大厦增多，成林成片，款式各别，蔚然壮观。葡京大厦已不是最高最大建筑，昔日威风已被其他大厦取代。特别引人注目的是新增加了两座大桥，一是友谊大桥，一是隔邻珠海的莲花大桥。两桥都比旧桥长得多，大得多，壮观得多。两桥的中央均是拱门形，桥墩、桥边和桥面上的灯柱均是乳白色，整座桥活似一条白龙跨过蓝色的海面，又像是艺术化的神圣龙门，横跨"天池"供千万"鲤鱼"跳跃。这三座大桥，将澳门半岛打扮成三龙腾飞的美丽城市，体现了澳门以新的繁荣面貌回归祖国怀抱的精神；同时又给澳门增添了新的文化内涵和风貌，这就是：通向无限锦绣前程的龙门象征。澳门中国银行新版的澳门元硬币以大桥为图案，可见这是澳门又一新增的标志。

这次旅游，我还发现澳门好些新建的庆回归建筑，都以门的造型为多。如在文化中心旁边兴建的庆回归盛典会场主席台，造型宛若皇冠上盖，斜盖于高低台柱之上，似龙口般的圣门；矗立于大街中心的东方拱门，两只铁铸巨臂紧握的造型，也是呈拱门之状；屹立于岛边的融和门，其造型是两块巨型黑石对称地自海面挺拔崛起，两石上方是一柱相连，是抽象的门的造型。据说，建这两门的本意是纪念和象征中葡人民友谊，表现同样主题的塑像和建筑还有许多。这对于有葡占数百年历史的澳门来说，这是一种必然的文化现象。但我又感到这些门的内涵，不仅是对中葡人民而言，而且是对中国与世界各国各族人民的友谊而言，因为它意味着：按"一国两制"回归祖国的澳门，始终是中国通向世界和世界通向中国的一个重要门户，是最宽敞、最畅通、最美丽的门户之一。

1999年8月6日

香港之"风"

屈指算来,我到香港有五次;四次是在香港回归前,一次是在回归后;从开头一次到最后一次,时间跨度达20年之久。的确,每次到香港都印象不同,不仅是一次比一次了解熟悉,而且是一次比一次接近而熟络了,这主要表现在对香港之"风"的步步感受上。

第一次是在1980年秋,深圳刚创办经济特区的时候。我随著名文艺理论家萧殷率领的广东文艺理论批评家参观团到深圳。当时的深圳不过是几万人口的小镇,遍地黄土高坡,不见高楼,不见工厂,不见绿荫,唯见开山机在四处开路,用铁皮盖的简易工棚随处可见,满城沙尘滚滚,荒凉中透露出正在发展的生气。在这样的背景下,我们被破例获准去沙头角中英街参观。应该说这是我首次到香港地域。当我经过边防检查站,越过分界的"界碑"的时候,即似乎有一股"风"向我吹来,一时又分辨不出是什么样的气味的"风",只觉得有一种前所未有的陌生感和警戒心。这也许是因为长期受到"兴无灭资"和警惕"香风臭气"侵蚀的教育造成的吧。但我很快想到这不也是中国的土地么?在这个地方生活的大多数人不也是中国人么?由此戒心消除了,陌生感为新鲜感所取代,开始接受和感受到了香港的现代文明:款式多种多样的电子表和名贵钟表,华丽的金银首饰,鲜艳夺目的各种时装和西装,各种从未见过的外国水果,各种知名甚久的中成药,各种久违的中外古今名著的精美版本,尤其是各式各样的电视机、收录机、高级音响,正在播放着各式各样的现代音乐,播放着各种生动活泼的广告和电视节目,整条小街都在播放着《何日君再来》等著名乐曲……真是琳琅满目,五光十色,目不暇接,初次感受到所谓"香风臭气",应当是"商风热气",具有不可抗拒的震撼力量。当时我内心一直嘀咕着:为什么同是一条街,同饮一江水,生活却如此悬殊?难道别人的繁华就是"腐朽",而自己的贫困却是"先进"吗?我是多么期望这种阿Q式的颠倒尽快颠倒过来,乃至改变这种悬殊差距。

第二次是20世纪90年代初,作为广东作家参观团的成员到香港。这一次可真是进入了香港的腹地,主要的旅游景点都到过了,有香港特点的饮食和娱乐场所都去领略了，如到海洋公园看海豚表演，到清水湾看海滨泳场，在维多利亚港的海船上边尝海鲜边欣赏海港风光，乘缆车至山顶公园俯瞰香港的"百万灯火"夜景，在幽雅的音乐厅欣赏由外国人演奏的爵士音乐，游览在山上高等别墅区的贵族风光，还特地去乘了现代化的地铁，乘专车游览香港岛与九龙之间的海底隧道，在中环的高楼大厦云集商场漫步购物，在西贡海边看海船返港……虽然是短短的十天时间，却使我看到大量从未见过的东西，有胜读十年书、走万里路之感受。而这些所见事物，使我感到其总体特征是海洋文化的产物和体现，构成了一股海洋之风向我扑来之势，使我在深感大开眼界之余，也有些少并非过去所想象的那样"神秘莫测"或"高不可攀"。这种想法，恐怕是由于开始熟悉或初步了解的原因，由此而与香港的距离缩短了，从而对香港之风的接受和感受似乎顺畅多了。

第三次到香港是1993年春。香港作家联会会长曾敏之先生邀请北京的著名作家邓友梅、上海著名作家王安忆、广州的我前往香港交流和讲学，邓友梅因参加全国政协会议未到，唯王安忆和我去了。这次去主要是作为学者开展交流，是高层次的文化活动。我们同香港文学界、新闻界、学术界、高教界有了较多的接触交流，结识了香港的著名学者饶宗颐、罗忼烈，著名作家曾敏之、犁青、彦火、陶然、李碧华、夏捷、罗琅、梅子、周蜜蜜，台湾诗人郑愁予等，参观了香港大学、香港中文大学、香港科技大学等。这些讲学、交流和参观活动，使我领受了香港的现代文化和精神文明，受益甚丰，赞叹不已！正在庆幸之余，有一位在香港工作的老朋友建议我去看看一些民间百姓文化活动的地方。我先是去到了著名的"黄大仙"庙。刚下公共汽车，离庙尚有百余米距离，即有一股烟香之气扑鼻。进庙之时，人流如潮。庙中烟火弥漫，几乎每寸土地都有人设供，比每年一度的广州除夕花市还拥挤，满庙人都似乎浮动在云雾之中，真可谓"人间仙境"。据说是黄大仙之"签"特灵，故信男信女特多。这是我没想到的。更令我吃惊的是，在巩俐演出的电影《大红灯笼高高挂》中才看到和知道的"打咒"神法（将诅咒的对象做成布娃娃的模型，写上其生辰八字，用针插人心窝，然后每日用木槌边敲打、边诅咒。），却在现代化的香港街头（是一个马路天桥底）看到了，这实在是令人难以相信、难以理解的。但这却是活生生的现实。这说明了任何事物都有正面和负面，每个地方的文化也是如此。这次赴港感受现代文化之风的同时，见识一点"阴风"，也未尝不是一种开眼界、懂人世的事。也由此而对香港更熟悉了。

第四次是在1997年初夏，香港回归前夕，主要是参加香港著名作家梁凤仪的小说《远航》和同名电影的首发式。《远航》是反映香港回归的长篇小说，同类题材的长篇小说同时出版了两部，一部是广东作家朱崇山的《风中灯》，一部是北京作家霍达的《补天裂》。梁凤仪的《远航》是香港唯一的一部大型作品，出版小说又拍电影，特别隆重，在具有重大历史意义的时间出版，真可谓有历史意义，香港文坛也为此高兴。小说写出了香港百年的历史沧桑，也写出了梁凤仪的特点和风度。她是学历史和哲学的博士，热爱文学，以写财经小说著名。由此曾在香港刮起一股"梁凤仪小说"旋风，可见其影响之大。她的小说所写的主人公，多是靠自身奋斗而获得成功的女强人。照我看来，这同梁凤仪自身的历史和性格很相似。我同梁凤仪女士早些年已熟悉了，当时她的财经小说刚传入内地，陆续出版，引起文艺理论批评界的注意，开了多次会讨论她的作品，我是由此结识她的。这次见她虽然身体不错，精神爽利，但明显稍减了前些年的风采。我询问她何故，她说同时写作和做生意实在忙得不可开交。我问她如此高产是否用计算机写作，她说本来用计算机，因为出现几次故障使刚写的小说稿毁掉的伤心事，不敢再用了，现全用手写，写得手指都起茧了。说到这里，她伸出手指给我看，果真是这样。她这个动作，使我顿然想到香港的武侠小说大师金庸，他的武侠小说在中国内地刮起了一股"武侠风"，同梁凤仪一样，也是个"旋风人物"。香港《大公报》文艺副刊主编马文通先生告诉我，金庸是他的前任，是一位极其勤奋的作家，他除了每天完成副刊编稿之外，还要负责为本刊和其他几份报刊的专栏撰稿，每天写作万字以上，可见他的出名同他的勤奋是分不开的。我想梁凤仪也是这样。我所接触和熟悉的香港作家，也大都是这样。由此，使我在亲身感受香港回归之风的同时，又从梁凤仪的财经小说和金庸的武侠小说感受到香港文坛特有的文风，并且从他们的事业追求和写作态度上，感受到他们的勤奋之风。这样的感受，使我对香港之风不仅由陌生转为熟悉，而且从对香港物质生活的羡慕进而对香港的文化和精神产生认同和崇敬了。

第五次赴港是在1998年12月。这时香港回归已一年有余了。我是应香港中山大学校友会的邀请，去香港为参加内地高等院校自学考试的学员讲学的。学员来自社会各阶层，有香港的公务员、企业的文员、中学教师，甚至有企业的经理、老板。讲课的地点在香港闹市区旺角的一所中学内。每天我从湾仔乘地铁到旺角，无论在地铁内或在街道上，我都从人们的谈话声中分辨出比回归前有明显变化，即不像过去那样到处都是讲粤语的声音了，讲普通话的多了许多；从服装和长相上看，也有不少来自内地的人，几乎同我在深圳街道之所见所闻没有太大的区别。同时，尽管只有个别学员是来自内地的北方人，绝大多数是香港本地人，但学员们不是要我讲粤语，而是主动要求我用普通话讲课。个别学员在讲课时因此听得不全，他们宁可下课后询问，也不要求我改用粤语。这种学普通话的热情，是我过去多次到港都未遇到过的。自然，香港人主动要求读内地大学举办的学习班，进修内地大学的课程，也是过去从所未有的。使我印象尤深的是有一位学员，50多岁，是个企业的董事长，曾留学英国，取得工商硕士学位，身体非常肥大，几乎等于我的两倍分量，是一个不愁前途、没有任何负担牵挂的人。他说来学习的目的是因为香港回归了，要增多中国传统文化知识，他不参加考试，不要文凭，旨在学习中国文学。他每晚都同其他学员一样，认真听课，从不迟到早退。下课后我多次与他交谈，发现他甚有文学修养，唐诗宋词背诵如流，连毛泽东诗词也背得一字不漏，实在使我惊讶不已。由此使我直接感受到香港人在经济富裕后的文化需求和生活方式，感受到香港人在回归后从语言之风、学习之风，到文化之风的明显变化。这些变化不是说明了香港在回归后，不仅主权回归，而且连人文之风也回归了么？

这五次赴港对香港之"风"的感受过程，既是我对香港的认识过程，恐怕也是香港在近20年的变化过程。从中我感悟我的意识与香港的文化距离正在逐步缩小，同时看到香港与内地（或者内地与香港）的距离也正在逐步缩小。香港之"风"，还在继续发展着、变化着，不是么？

2000年10月6日

深圳之"鹏"

广东的深圳市,现已名闻遐迩;深圳有个雅名——鹏城,恐怕知者不多;它又为何称为鹏城?想来更鲜为人知。自1980年深圳成为经济特区以来,迄今20年,我到深圳不下20次,平均每年一次,对深圳算是熟悉的了。然而近日在该市南山区考察之后,才真正弄清其"鹏"的寓意的。

过去我只听说鹏城的来历是因为深圳濒临大鹏湾。这次到南山,我才知道大鹏湾只是深圳这个滨海城市之东面,而其西面则是深圳湾,是珠江出口汇于南海的大港湾。庄子《逍遥游》云:"有鸟焉,其名为鹏,背若泰山,翼若垂天之云,抟扶摇羊角而上者九万里,绝云气,负青天,然后图南,且适南溟也。""南溟"即南海之滨。可见威武的大鹏自古已降临南海。

从南中国地图上看,从深圳市区连同伸出海面的九龙半岛的形状,像是一只大鹏鸟的身部和头部,嘴部连接着香港岛,而紧连的大鹏湾和深圳湾也活似大鹏的两翼,整个深圳市的形状就像是大鹏鸟展开双翼。可见深圳与香港地区,从地理形势上说,本是一只完整的大鹏鸟的形象。如果说,香港岛像是一颗宝珠的话,那么,深圳与九龙及大鹏湾、深圳湾,就像是一只正腾飞着的大鹏鸟含着宝珠在太空遨游,正似庄子所描绘的大鹏形象。其实,深圳与香港在历史上是一体的,同属于宝安县,英帝国主义割去了香港、九龙,也就是割去了这只大鹏鸟的头部和嘴含的宝珠,被支解的大鹏鸟也就失去了生命。是改革开放才将两地的血管接通,又由于香港的回归而使被支解的机体复原,恢复了原有的完整形象,从而鹏城之谓,才说得上是实至名归了。

在这次南山之行中,我还发现深圳人民自古以来都是为大鹏鸟的整体和生命,而尽力发挥大鹏两翼的优势和威力,进行着不屈不挠的斗争的。为防御和抵抗外来的侵略,深圳的东部设有军事要塞——大鹏所城,是明代的建筑;设在南山的要塞更古老,是始建于东晋的南头古城和附近的屯门军寨,构成深圳边防之两翼;深圳从形象到性能都宛若祖国南疆的南大门。在这里的海潮声中,我似乎仍听到南宋民族英雄文天祥过零丁洋时留下的千古绝唱:"辛苦遭逢起一经,干戈寥落四周星。

山河破碎风飘絮,身世浮沉雨打萍。惶恐滩头说惶恐,零丁洋里叹零丁。人生自古谁无死,留取丹心照汗青。"在这里的屯门港湾,我似乎看到了中国历史上第一位倡导"师夷制夷"的明代军事家汪鋐,利用仿敌军的蜈蚣船和铳战胜葡萄牙(当时称佛朗机)侵略军的辉煌情景;在赤湾左炮台的林则徐塑像前,我似乎听到当年鸦片战争的炮声隆隆,听到当时守驻大鹏所城的赖恩爵将军从东翼呼应的巨炮声。这些古战场的英雄历史和遗址,也像是大鹏展翅冲向死敌的英姿那样,令人敬仰而世代相传,昭示着这里的人文内涵永远是大鹏展翅似的英雄形象。

在这里的赤湾天后宫庙和许多宗祠,我又找到了深圳之所以称为"鹏"的又一文化渊源。这就是有似大鹏遨游四方的漂泊移民文化。天后即妈祖,是我国沿海人民崇拜的女神。每逢渔民出外打鱼、商人出外做生意以、苦力出外打工,凡出海者均要祭拜天后。据史家和航海家论证,自古以来,凡是有天后宫或妈祖庙的地方,即是海上丝绸之路经过的地方。赤湾的天后庙,据说是是全国最大的天后寺庙。该寺寺门开阔,面向大海,两条黑黝黝的龙蟠石柱屹然挺立;寺内金碧辉煌,巨大的天后像端坐堂中,端庄肃穆,威严中带慈祥之气,使人敬仰而有信任感,不愧是保漂泊者平安之神,体现了深圳自古即是海洋文化之所在。而在南头的许多姓氏宗祠,如黄氏宗祠、叶氏宗祠、陈公祠,以及广府、福佬、客家和多种民族聚居,留下了自古从中原到深圳移民的历史。20世纪80年代因办经济特区,北方大量移民进入深圳,这次大移民与之前的移民性质完全不同。由此可见深圳的移民传统由来已久,是名副其实的移民城市,也即是海洋文化与中原文化、土著文化汇合的移民文化城市。漂泊的移民的文化,同大鹏展翅遨游的形象是一致的,可见这也是鹏城的一种文化内涵。

改革开放初期,这里的蛇口提出了一个响亮的口号:"时间就是金钱,效率就是生命"。这两句话像是给经济特区插上了双翼,像刚放出的大鹏鸟直冲云霄,使深圳的经济迅速腾飞:从20世纪80年代到现在,南山区又为深圳这只正在高飞的大鹏鸟新添了两只翅膀,一是公园文化,一是高科技工业园。公园文化也有双翼:一是主题公园,如"锦绣中华""世界之窗""青青世界"等;一是纪念和休闲公园,如中山公园、荔香公园等。这些公园不仅作为第三产业而给深圳创造了巨大的财富,更为重要的是改善了城市的环境和丰富了人们的文化生活,使深圳成为现代化的城市,同时也是花园城市、绿色的海滨城市。生产与环境,也是使一个城市腾飞的双翼。南山的高新技术工业园也是包含着双层的双翼的:一层的双翼是同时获得两个国家级的称号,即"全国科普工作示范城区"和"全国首批科普示范区";另一层的双翼,一是包含一批国内外明星企业的科技工业园,其中有中国的华为、长城、方大等,外国的朗讯、爱普生、康柏等公司或集团,二是深圳大学城,包括清华大学、北京大学、南京大学、浙江大学、中国科技大学、复旦大学等名牌大学落户于此。南山区的这些层层双翼,连同罗湖、福田、盐田、宝安、龙岗等区的诸多双翼,使整个深圳市这只大鹏鸟,真似插上千万只翅膀,在改革开放的春风劲吹的天地中,尽情地啸傲高翔!

由此,我才真正地领悟"鹏城"的寓意。

2000 年 11 月 1 日

珠海之"珠"

自从珠海成为特区以来，在 20 年时间里，我起码到过 10 次珠海。开始的时候，打听过珠海名称的来历，回答的人都讲不清楚，久而久之，就不以为意了。直到最近同一班教授、作家去珠海考察，观看了一些从未看过的地方，才对珠海之名的自然地理和人文内涵若有所悟，顿然有找到珠海之"珠"之感。

想来过去对珠海之名的来历一直未予深究的原因，除了几乎每次前往都是因开会或办事匆匆而过之外，主要还是在于对矗立于珠海香炉湾海水中的"珠海渔女"塑像的内涵理解不深，以为这座作为珠海标志的形象只是昭示着珠海过去一直是渔民栖生之地的历史，象征着渔民的圣洁心灵和美好追求。不是么？每位初到珠海的人，当乘车进入珠海花园似的市区时，都会在一片银波闪闪的海湾里，见到这座渔女塑像向你走来，身材窈窕，姿态婀娜，双手高举，捧着一颗硕大的明珠：像是刚从她身后的大海采撷所得，脸上挂着胜利的微笑；又像是她托着象征渔民理想生活与幸福爱情的珍珠，正在轻歌曼舞；又像是她作为珠海的主人，捧着最高尚的祝福和最大的热情，在欢迎或欢送到珠海作客的每位贵宾……这些解读，我想都是对的，有诗意的，但却是表面的，浅层次的。正因为如此，它将我对珠海的认识停滞了。

在这次考察中我才发现，原来珠海连同斗门，同澳门半岛是一个紧密连在一起的一个大港湾，从总体形态上看，同珠海香洲区中小小的香炉湾形态相似，像一个巨人伸开双臂，敞开胸膛，迎向大海；而在其身后，又有珠江出海的四个门（即西江出海的磨刀门、虎跳门、鸡啼门，以及濠江出口处的十字门）所源源流出的滔滔江水，像四条巨龙欢跃出海，又像是几条南海进流内地的通道，使海外文化源源而入；堪称天下奇观的是：在这宏大海域，遍布着无数岛屿，统称为万山群岛，是全国拥有海岛最多的海滨城市。这些岛屿像一颗颗海上的珍珠那样，大小不等，多姿多彩地星罗棋布于珠海周围的海域上，熠熠生辉。想来珠海正是因这样的千万颗珍珠簇拥的壮丽自然景观而得名的吧！

其实，说珠海的环海诸岛是珠海之"珠"，是有道理但不够恰切，因为它是形象表现，尚不是性质体现。珠，即珍珠，是一种在海陆交界处，也即是在咸淡水交界处的海边生存的珠贝中，才能孕育而成的晶体物质，因其养育的时间长，是精华的结晶，既可作为药用，又是高贵的装饰品，所以极其珍贵，故称其为珍珠。显然，珠海之"珠"，同"珠"的这种性质有密切关系。但珠海与合浦、湛江、海南的自然条件不同，并不生产真正的珍珠，但珠海之"珠"究竟是什么呢？我还是依据其特有的自然地理条件和人文历史的景点找到了。

首先就是在位于香洲区中心的"甄贤学校"旧址中找到的。这座类似庙堂的清代建筑，是青砖瓦的平房，并不显眼，面积也不大，但其意义和影响极其重大、深远。这是中国第一位留美学生、第一位取得美国博士学位的著名教育家容闳，学成归国时首先在他的家乡所办的学校，这也是中国第一所为出国留学生而办的预备学校，创办于1871年。虽然这间旧屋已被划为"文物保护单位"，看得出是修葺过。但我仍从简朴的旧屋里看到了百年的时代风雨沧桑，看到了这位写出著名的《西学东渐记》的大学者，开创中国留学生历史，并为中国历代留学生作出杰出贡献和榜样的先行者的光辉，从一列列一行行的青砖上，看到了代代留学生的前进队伍，从原有的上课钟声里，听到了中国历代留学生为祖国的繁荣富强的呐喊声和拼搏声。我想，容闳这位中国首位洋博士诞生于珠海，中国的留学生学校首办于珠海，不是偶然的，同珠海面临海洋，毗邻澳门，较早接触西方海洋文化有密切关系。由此说珠海是中国最早的养育留学生"珍珠"的珠场，想是可以的吧？

如果说容闳是珠海近百年第一颗珍珠，那么，唐绍仪则是第二颗珍珠。他是中国第二代官费留美学生，回国后历任清政府高官；1905年为挫败英政府企图将西藏从中国分裂出去的阴谋起到了重要作用；辛亥革命时作为袁世凯的特命全权代表参加南北议和，为推翻封建王朝、开创共和历史作出重大贡献；之后出任中华民国的首任国务总理；后来返归故里，任中山县（原珠海属中山县）县长，毛泽东曾称赞他是"能上能下、能官能民"的榜样。现在珠海市中心区的"共乐园"，是他当时返乡归里的住所。园内绿树成荫，奇花异草，亭台楼阁，均是中西合璧，传统与现代共具，艺术与科学（内有科学馆、观象台）结合，处处显出主人的学识修养和园林格局都具有中西文化兼融之风，也显示了这位在中国政界开创共和的首要人物之一的转折性历史光辉，这就是：将西方的共和政体引进并实践于中国，实现了从封建王朝到共和政体的转变，并且最早实践了能官能民的转变。这些转变的思想与行动，典型地体现了西方的政治文化在中国的最早输入和传播。显然，由珠海人唐绍仪进行这历史使命,也是同珠海是海洋文化与内陆文化最早交汇地的"风水"不可分割的。

位于香洲梅溪的陈芳旧居,也是珠海特有的一颗"明珠"。陈芳是清代旅居夏威夷的华侨,经营糖庄致富,是当地第一位华人百万富翁、商界巨子,与夏威夷国公主结婚,又担任该国枢密院顾问,后又担任中国驻夏威夷外交官。晚年回乡定居。对乡人乐善好施,急公好义,获朝廷钦赐"乐善好施"牌坊。陈芳如此的光辉经历,典型地体现了华侨的奋斗史,有极其深广的代表性。他体现了西方文化对华侨的熏陶,体现了华侨身上的民族传统文化的根深蒂固,也体现了海洋文化与大陆文化的结合兼融。这些精神文化特点也典型地体现在陈芳故居的环境和格局上:届近即见两座古典的石砌牌坊,巍然屹立,庄重肃穆;故居的外观一路白墙,上有绿瓷成列装饰,整洁美观,一派洋气,同牌坊的传统风格产生鲜明对比,显出中西文化并蓄格局;院内屋宇厅堂,从格局到室内装饰,从风格到装饰材料,都是有中有西,均有中西兼融之韵致。我想陈芳这样的"明珠",也只有在珠海这样的"温床"中才能养育出来吧。

在中国第一条铁路——唐胥铁路的创办者唐廷枢的遗照前,在中华全国总工会第一任委员长林伟民和中共早期领导人之一苏兆征的故居前,在华南第一位马克思主义传播者杨匏安的塑像前,在叶剑英于广州起义前平息"香洲兵变"的烈士陵园前,我看到了随着西方的现代工业在中国的发端,从海外传来的马克思主义工人运动和革命斗争的,也是以珠海为跳板而在中国传播的历史脚步,更见出珠海既是育"珠"之海,又是传"珠"之海。这种"育""传"作用,特别鲜明地体现在中国首位获得世界乒乓球冠军的容国团的成长和重大历史作用上。这位冠军是珠海人,在香港求学,后来先后进入广东省乒乓球队、国家乒乓球队,1959年荣获第一个世界冠军,从此开创了中国乒乓球称雄世界的历史,也开始了中国体育运动连年荣获世界冠军的历史,并同时开始了乒乓球和体育运动在全中国大普及的历史。容国团的格言"人生能有几回搏,此时不搏更待何时?"典型地体现了珠海人的人文精神,这就是海洋文化与大陆文化结合的拼搏精神。容国团是珠海的文化"珠场"养育出来,并体现着珠海人文精神的一颗耀眼明珠。这颗明珠又在全国带出了千千万万的体育明珠,使整个中国体育界都成为明珠之海!由此,我想到容闳、唐绍仪、陈芳、唐廷枢、苏兆征、林伟民、杨匏安等荣冠为各种各样"第一"的珠海人,他们不也是同容国团一样,是珠海明珠,又是在各种行业或领域中带出了千千万万各种各样的明珠,使整个中国都成为各种各样的明珠之海的人物么?

当我在近年兴办的科技园和先后建成的北京师范大学、哈尔滨工业大学、暨南大学等名牌大学的珠海分校参观时,尤其是进到刚刚落成的中山大学珠海校区时,我看到了珠海这个风景优美、经济繁荣的经济特区和滨海城市,正在插上现代科技的翅膀,展翅腾飞;看到了古老的渔家水乡已脱胎换骨,成为代表先进文化教育的科技城、大学城。我还特别看到,这里原是诞生中国最早的高等学府——清华大学创办人、首任校长唐国安的地方,诞生了在中国现代文学史和美术史上都占有史页的诗人苏曼殊和画家古元的地方,正是在这些开创性的珠海明珠的引领下,千千万万的未来的明珠正在成长起来,珠海已不仅是在历史上培育出千万明珠的圣地,而且是正在培育更多更亮的未来明珠的更大"珠场"。

显然,近百年来这么多的"第一个"人物都诞生在珠海,不是偶然的。这些人物的"第一",都带有传入海洋文化的意味,带有开创中西文化交融的意味。由此我对"珠海渔女"塑像的内涵,对珠海之名的内涵,有了更新的解读:珠海者,既是历史上,尤其是近百年历史上中国的育珠之海、传珠之海,又是当今中国现代的造就遍地珍珠之海!

2000 年 10 月 3 日

清远飞霞

我爱清远，是因为它有飞霞；我爱飞霞，是因为它在清远之中。

清远飞霞，是一个整体，是一个理想的境界，又是一个现实的境界。

也许是少年时读王勃的《滕王阁序》，受其中名句"落霞与孤鹜齐飞，秋水共长天一色"影响的缘故，在数十年人生历程中，我是始终追求着这两句诗所创造的清远中的飞霞、飞霞在清远之中的境界的。这个追求，我的确在现实中找到了，这就是在粤北清远市的飞霞山。

清远古名中宿，顾名思义，是中间歇宿的意思。古时从中原进入岭南，从北江乘船至广州，清远正好是中途投宿之所，中宿由此得名。而中宿何时又为何易名清远？有待查考。看来这也是从中宿而来的。因为古时离乡背井、远游行旅的人，大都是商贾和谋生者，或者是失意的文人骚客，坎坷曲折的旅程和人生历程，使他们大都有世态沧桑、人生沉浮的游子心态，与李白的"夫天地者，万物之逆旅（即旅舍）"感慨共鸣，从而在中宿之所忙中偷闲，苦中寻乐，动中求静，闹中得雅，此地的良辰美景、山水风光正合精神需求，真可谓陶渊明所写的"结庐在人境，而无车马喧。问君何能尔？心远地自偏"的地境和心境，真是又清又远，从而谓之清远。

这些说法，虽是主观推测，但也不是全无依据，起码在整体的自然风光和世态风情上，说清远的特点是清新淡远的，确是名副其实。这可谓著名的有悠久历史的风景区——飞霞的大环境，是"清远中的飞霞，飞霞在清远之中"的境界画屏。

飞霞风景区包括三个景点：飞来寺、藏霞洞、飞霞山。三个点既各有独立性，又相互有机联结，相映成趣，交相辉映，共同处于清远的画屏中。

历史最悠久的是飞来寺。寺在与飞霞山遥遥相对的飞来山上。山腰树林中有一巨石，呈狮子形，被称为狮子石，又被称为飞来石，因为它的底部小，石面大，像是一块飞来的石头叠上去的样子。相传古时有位云游和尚路过此地，用线从大石与底石交叠的石缝中横过，竟可畅通无阻，叹称这是罕见的天外来之石（即今所称陨石），由此顿悟"佛意"，便在此定居下来，建立寺庙，取名飞来寺，数百年香火不衰。飞来寺红墙绿瓦，周围绿树成荫，同飞来石一样在林海中冒出，上下对应地连成双鹰飞临青山的态势。更妙的是飞来石和飞来寺所在的飞来山，滔滔的北江绕过山脚，江面从宽转窄，流过山后即又江开水阔，形成了一道长峡，名为飞来峡，使得整座飞来山连同其上的飞来石、飞来寺，像构成一条方舟那样，在茫茫的水面上浮动。这道风景，在秋日晴空万里的时候，更是奇妙：灰石、红寺、绿林、青山所构成的方舟，浮沉于连接天际的江面上，宛若一派"秋水共长天一色"的境界，一片彩霞在飘荡游弋，形成了既是自然美景，又是其味无穷的人生意境，它昭示着：自然美景与人生世态，都似乎同境同理，都是"飞来"，都在浮动；美在"飞来"中，也在浮动中；"飞来"是寄寓，浮动是变迁，但两者都是生命，是永恒。这种带哲理性的文化意蕴，不知是否当年发现飞来石，在飞来峡和飞来山上始建飞来寺的云游和尚所顿悟的"佛意"？

如果说，飞来寺的胜景有佛家的气韵，那么，藏霞洞则可说是具有道家风采的一方天地。从登上北江码头开始，行人所走的登山路都是曲折的、断断续续的石阶路，全是一番"远上寒山石径斜，白云生处有人家"的景致；尤其是沿路树木密集，浓荫覆盖，清新阴凉，漫步而上，时平时陡，时转时折，真乃曲径通幽；更妙的是沿路有条小溪，时有流水潺潺，蜿蜒而下；沿路的翠竹绿林，时密时疏，时静时动；有时阳光穿过林隙叶缝，像舞厅射灯的射光似的，闪闪耀耀；有时阵风吹过竹枝树叶，像乐池奏出的音乐旋律，切切沙沙；伴之莺莺鸟语，阵传缕缕花香，沁人心肺，心旷神怡。此诚天下之第一幽径也！正是在这样一条幽径中，人们会像发现一个又一个"新大陆"似的，观赏到躲藏在绿林或白云深处的胜景！禹峡山亭、观海亭、达观亭、一洞天、梅亭、盥漱亭、知水仁山亭、桃源村、锦霞禅院、藏霞牌坊等景点，真是名副其实的"藏霞善径"！仅从这条步道和景点的名称，人们即可品出其中的道家文化意味，但它又不仅如此，而且具有更深更广的哲理：人在霞中心境清，霞在人中意更远；藏中有露景更露，露在藏中藏更深。

穿过飞霞通津坊，即进入飞霞风景区第三个景区——飞霞山。个个景点，沿山列上，经登极桥、登峰桥，穿飞霞古洞，进轩辕黄帝祠，再经宝镜亭、凤凰楼，纪公亭，进入修行精舍，直至山顶摩天的长天亭，真可谓九重风景九重天！从这些景点的名称和自下而上的游历层次，也似乎在昭引着人们努力攀登，"步步高"地登上一个比一个高的境界，登上一重又一重的天。这个景区的中心是飞霞古洞，这洞实际是座寺庙。这寺庙的建筑自成一格，是沿山而上的层层结构，每层既可独立，又是互相连接贯通的。每层有不同用途，祭奉不同的神佛，特别是所祭奉的神佛，是儒、道、佛三教之至尊。中国之寺庙，多是以教而立，这里是三教共祭于一祠，实是罕见。从上列飞霞山上的景点名称看来，也可见这种三教融合的意蕴。飞霞山以这种罕有的祭祀方式，显示了中国传统文化中兼容的文化意识，是很值得注意和深入寻味的。但在我看来，其中儒家意味稍重，因为兼容就是一种儒家意识，同时从飞霞山的景点布局，到飞霞古洞的结构态势，都呈现出一种力求上进的观念和意向，正好似《红楼梦》中薛宝钗诗句所云："好风凭借力，送我上青云"。试问：飞霞山之飞霞在何处？在山上的每个景点每重天，又在每个游人的心中和人生旅程中。因为每个人的一生都不过似一朵飞霞那样来去匆匆，每个人的一生都会有飞霞似的追求和际遇，然而，要真正无愧人生，就要以不断的飞霞似的追求去争取更多更大的飞霞似的际遇；有更多更大的飞霞似的人生，就不是过眼烟云的人生，而是永恒的人生。我想，这才是真正的理想的清远飞霞的境界。

尤其可喜的是，现实的清远飞霞境界，比过去的更优美更壮阔了。在前些年因为山洪暴发的缘故，一夜之间冲毁了飞来寺，破坏了原有的飞来景区。但是，这景区不仅正在恢复中，而且在这里最近完成了广东最大的水利工程——飞来峡工程，像一条巨龙横跨北江，又像是一条彩虹连接着飞霞景区，这不仅使现实的飞霞境界增添一道现代风景，而且使清雅的、典型体现中国传统美景和文化意识的飞霞，增添了现代的色彩，竟成了插上现代翅膀腾飞的艳丽飞霞。

1999 年 10 月 28 日

仁化丹霞

丹霞在仁化，仁化有丹霞——可以说是既有地理知识，又有人文意味的两句话。

仁化是广东北部的一个县，著名的丹霞山风景区就在仁化境内。而仁化这个县名，又是甚有历史和人文意义的。古语云：仁者，人也。这意味着人与人之间要以人性感化、教化、同化。据说，由于历史上仁化曾有民族动乱，事件平息后，特以此冠县名，即是用此之意。但我感到仁化还有另一层意思，即马克思所说的"自然人性化"，就是以人性去认识和改造自然界，包括对自然的发现、改造和美化。丹霞山的美丽风光固然是自然界之天生，也可以说是这层"仁化"的产物，同时又有人性感化之意。

20世纪70年代末初夏的一天，我初次到丹霞山，就从这里独特的人文景观和自然景观中，领悟到这两层仁化的含义。山上的丹霞古寺同一般常见的寺庙不同，既敬佛教，又敬道教；既有和尚，又有尼姑；既有道观，又有尼姑庵。这是全国各地少见的。丹霞山的自然景观主要是山顶观日出，特设有观日亭，每当旭日初升，霞光万道，艳丽无比。据说丹霞山之名，正是由此而来。丹霞山名闻遐迩，自古至今游客不绝，主要是这两大景观所吸引。我也是由此而特地在半山腰的古寺中住了一晚，一是切身体验一下晨钟暮鼓的生活，二是能就近赶在天亮前登上山顶，以观赏丹霞日出的圣景。

由于同行的诗友与古寺的长老熟悉，特许我们参加晚上举行的"坐禅"课。当我们赶到大雄宝殿时，已经天黑，仪式开始，奏起经乐，钟鼓齐鸣，木鱼声声，在寂静的山夜中特别响亮。和尚们从四面八方走来，一下就齐集了一大群，都穿黑色衣袍，像军队似的迅速动作，排列成行（这时我才发现有两个女青年，均留长发，事后才知道她们是刚来几天，尚未剃度）。接着他们即按经乐的节拍，整齐地做着边摆手边迈步的动作，在坐禅间里走了几个圈，然后各就各位，坐在床上盘腿坐禅。我们也参坐其中。从开始到结束，整整一个小时，大家合手盘腿坐着，个个都是一动不动，不吭一声，偃乐息鼓，唯听山风阵阵，山虫低鸣，似处无人之境。真是有生以来首次尝到"静夜思"的情景。我想，和尚们都在默念经文吧？两个未剃度的女青年可能还在想着红尘的事吧？……也可能他们在这时什么也不想，是在心归丹田，做着静功。这难忘的做了一个小时"和尚"的经历，使我切身感受到静化是洗涤心灵的好方式，认识到感化、教化、同化恐怕是诸教各家学说所共通的，佛家的"坐禅"，同道教的"静心修道"，同儒家的"吾日三省吾身"的"修身"，不是异曲同工的么？由此使我领悟：自古人们在丹霞山设庙，诸教都在丹霞山诲人"出家""修道""修身"，也都是为了使人的心灵静化、美化，化成像丹霞那样圣洁、那样美。由此可见，丹霞不正是为了仁化、体现仁化而创造出来的么？

观赏丹霞日出的圣景，则使我品味到仁化丹霞的另一层文化底蕴。当我们登上山顶的观日亭时，东方只有一线鱼肚白，像是在尚黑的大地之间画上一条白线；这条白线，慢慢地越拉越长，渐渐扩宽，从扩成一洞，到白了半边天的一瞬间，同时出现了几朵云霞，从浅黄、金黄，过渡到浅红、艳红，接着是霞光万道，射遍晴空，一轮红日从地平线冉冉升起，从半轮到全轮，从深红、艳红、淡红，而又转化为金黄、浅黄、淡黄。从红彤彤的红日渐变为微笑的金太阳，从染红天地又转为染黄天地，真是白在动中，黄在动中，红在动中，显出动白、动黄、动红的瞬变进程，一派清新境界，朝气勃勃，生意盎然，美不胜收。在这样的神妙时刻，我才跟着太阳以各种颜色渐染天地的视线，看清了丹霞山风景区的全貌：主峰居群山之中，整座山都是红色的石岩构成，在红日照耀下分外红艳（我想这也是丹霞名称来源的自然因素之一吧）；山峰脚下，有碧绿的锦江环绕，绿水映照红山，水更绿，山更红；周围的奇峰峻岭，都似座座欲动未动的、活灵活现的塑像，如香炉峰、茶壶峰、童子峰、观音峰，都名副其实，惟妙惟肖。尤其是长老峰，其顶呈长方形，两面三边自上斜下，宛若和尚长老的帽子；帽子所盖的山峦轮廓，额头、鼻子、下巴的侧影依稀可见；山身黑，酷似和尚所披的僧袍；而当红霞覆盖的时候，却又似长老所披的锦绣袈裟。这些山峰的形态和命名都有着宗教的色彩，它们是丹霞风光的组成部分，同丹霞日出的圣景一样，是大自然的景象，又是具有人所赋予的人性色彩的，是"自然人性化"的一种体现，也是仁化的一种体现方式。

我第二次到丹霞山，是在 20 世纪 80 年代末的一个初春上午，十年阔别，变化甚大。山门已不是过去所见的古典牌坊，而是一座红石岩砌成的巨型山门，巍然挺拔，上书"中国红石公园"几个大字，苍劲潇洒，甚有气派；门前有白亮亮的不锈钢门闸，门内有宾馆；登山有高空缆车，游锦江有小汽艇；座座现代化的高级别墅依山傍水，鳞次栉比……这一切新的变化，使古老的典朴的丹霞山，变成了现代化的丹霞山，从宗教圣地、自然圣景，发展为现代的游乐场所和度假屯了。我想，这变化也是一种仁化丹霞的体现吧？是现代之风吹进了古老的自然的丹霞，是现代化的人去按现代文化意识和生活方式去仁化了丹霞，这是时代的进化，是时代对人对自然（丹霞山）的仁化。

当我知道丹霞山被命名为"中国红石公园"的原因后，似乎又发现了另一层意义的进化和仁化。据说在当今世界上，只是美国有大片的红石岩；在中国则只有丹霞山这一片山地是这种土质。地理学家称这种红石岩是地球最早地壳变动的标本，记录着尚未有人类前的地球历史，十分罕有而珍贵。过去人们不知道其价值，只是以其岩石呈红色而称其为丹霞山，是不够的，为与美国的红石岩和"红石公园"对称，为与国际"接轨"，并昭示其珍贵的科学价值，故予易名。这种说法和易名，反映了人们对丹霞山的认识深化，从感性认识到理性化、科学化了，并且是现代化、国际化了，这不是一种进化和仁化么？然而，我认为命名为"红石公园"，固然有理，但不一定为群众所接受，因为有红石岩知识者不多。我当即向有关负责人建议：易名为"生态公园"为好。因为红石岩举世罕有，是一种原始的地质生态；同时，也在于在丹霞山陆续发现有许多原始植物，前些年就有报刊披露在丹霞山发现有原始红树林的报道；又曾有过一位香港同胞从农民手上用10元人民币购得一株丹霞兰花，过香港则值百万港元的轶事；更为重要的是，丹霞山风景区中许多奇峰峻岭，千姿百态，活似种种生物或实物，具有种种美学价值和美化潜质，以"自然人性化"的法则去发现和美化，有无限广阔的天地。

万没想到这种想法和看法，会在我第三次到丹霞游览时得到证实。那是1998年夏天，我参加"北江诗歌节"，同一班诗人到丹霞山时，才知道这里增加了一个新景点——阳元山。阳元者，即男性之阳具也，直白说即阴茎。据说，近年许多人游丹霞都是因慕此名而专程到此一游，无论男女老少，都无所顾忌地去尽情欣赏，既无"女性勿近"的告示，也无"儿童不宜"的禁忌。同行一班来自全国各地的男女诗人，见到活似阳具的大山，威风凛凛，直刺云霄，莫不感叹不已！实在难以想象自然界竟有如此酷似人的器官的存在，巧夺天工到天衣无缝的地步，自然，这是放大了千万倍的形象，是经人的想象和美化才臻完善的。但其酷肖的程度已足使我思索：在"自然人性化"的同时，是否也有"人性自然化"的可能？最近报刊披露：丹霞山又新发现有阴元山，即活似女性生殖器的山，并已向游客开放。这些景点的不断发现和开放,不仅证实了丹霞山展现种种原始生态的自然与科学的潜质,具有生态公园的条件,而且说明近年对丹霞山的认识和开发,已进入较高较深的科学和文化层次。因为对生态和性的尊重和公开化,拨开神秘的面纱,就是科学的普及和深化,就是甚有文化底蕴和现代文明的认识与行为。据说,丹霞山附近的百姓称阳元山为"祖石",即生命祖源之意,可见人们早有生命和文化意识,仁化的老百姓早就将这座山人性化了;同时,也即是将丹霞山以丹霞的美丽形象美化了。

这三次游丹霞山的经历和感想,使我不仅看到丹霞山的步步发展轨迹,而且层层深入地认识到仁化与丹霞的丰富内涵,逐步解读其科学潜质和文化底蕴,逐步认识到:仁化的象征是丹霞,丹霞的文化是仁化。

2000 年五一节

基本理念及策略与深化走向论

人类文明之道
——从珠江文化与泛珠江三角洲谈江河文化的传承与创新

水是人的生命起源，江河是人类文明的摇篮，海洋是人类文明的航空母舰，现代科技是人类文明的宇宙飞船，也即是说，人类文明之道包括生命起源、江河文明、海洋文明、宇宙文明等四个历史航道（简称"史道"）。从生命起源到进入江河摇篮、从江河摇篮到海洋文明的时间，都是很漫长的，迄今人类可以说是刚刚走完了这两个史道的历史，正处在驾驭海洋"航空母舰"的史道中，开始酝酿着向第四个史道——乘坐现代科技的宇宙飞船进入宇宙文明的时代。本文以此为出发点，以珠江文化与泛珠江三角洲到"一带一路"为个案，对江河文化的传承与创新课题提出一己之见。

一、从珠江文化看江河文明摇篮史道

顾名思义，珠江文化是珠江水系流域的区域文化，其覆盖地域包括广东、广西、四川、贵州、云南、湖南、江西、福建、海南，以及香港、澳门，相当于泛珠江三角洲经济合作区域，所以，珠江文化是泛珠江三角洲区域合作的文化基础和纽带。珠江水系是网布南中国区域最广的主干河流，珠江是南中国最大的母亲河。珠江水系的西江、北江、东江三大主干流汇合于广东、流出南海，其他相邻较小江河也同样流出南海。所以，珠江文化是中国南方纵横江河与南海贯通构成的多元一体文化。

珠江是中国第三大河流，是"茫茫九派流中国"的主干大河流之一。珠江文化与黄河文化、长江文化等大江河水系文化共同构成多元一体的中华民族文化体；每条水系文化都是不可分割的有机组成部分。

从人类的聚居生活开始，即有人类的文化。因为人在聚居中必有共同性的物质和精神需求，必须相互依靠与交流，由此即诞生人类的经济与文化。人类必须在有水源地带聚居，水决定人的生命、生存、生产、生活，并深刻影响人的观念、思维方式和行为方式。"一方水土养一方人"，江河是人类文明的摇篮。每条水源地带抚育一方人的经济与文化，并因其自然环境和人文环境的不同及其历史发展的差异，也就形成每个水源地带与其他水域有别的经济与文化的特质。正因为如此，珠江文化与黄河文化、长江文化等大江大河文化一样，都是有自身的体系、形态、特质、传统和独特的发展道路。

从江河水系文化而言，珠江文化是一个较新的概念，主要原因是学术界对珠江的名称及其水系的认识和确定较迟。据司徒尚纪《珠江传》称：珠江之名始于宋代，原来只是指流溪河流经白鹅潭到虎门出海口之间河段之名。1914年，直属中央政府的广东治河事宜处勘察河道，逐渐发现西江、东江、北江和珠江三角洲河网是一个整体，开始形成珠江水系概念。1937年，珠江水利局成立，正式统管全水系，人们才正式认同珠江水系的称谓。1926年，郭沫若南来广东，任广东大学（中山大学前身）文科学长，在当时的《革命生活》旬刊上发表《我来广东的志望》一文，其中说："我们要改造中国的局面，非国民革命策源地的广东不能担当；我们要革新中国的文化，也非有国民革命的空气中所酝酿的珠江文化不能为力。"这是从中山大学史料中发现的最早使用"珠江文化"一词的记载，可惜郭沫若在该文及以后的著作中未对该词作出概念的阐释，也没有再使用过这个概念。直到1989年，笔者在《论珠江文化及其典型代表陈残云》一文中，明确提出和论述了珠江文化的概念和特征，随后组织了一班多学科专家学者，组成了珠江文化研究会，对珠江文化进行了系统的考察研究，陆续出版了"珠江文化丛书"50余部、300万字的大型史著《中国珠江文化史》，从学术上确立了与黄河文化、长江文化相并列的珠江文化体系、形态与风格。具体是：黄河文化的始祖是黄帝，哲圣是孔子，形态似龙，风格是"黄河之水天上来，奔流到海不复回"（李白诗）；长江文化的始祖是炎帝，哲圣是老子，形态似凤，风格是"大江东去，浪淘尽，千古风流人物"（苏轼词）；珠江文化的始祖是舜帝，哲圣是惠能，形态是多龙争珠，风格是"海上生明月，天涯共此时"（张九龄诗）。

屹立于世界东方的中华民族，历史文化源远流长。珠江水系族群的文明历史和文化史，也似一条浩荡漫流、波澜壮阔的历史长河。它与黄河文化和长江文化的发展进程大致是同步的，也同样走过三大文明时代。但在这一进程中，每条江河在其发端和标志性上，则有先后差异。从世界人类文明进程上看，中国三大江河似乎分别标志着中华文明史上三大文明的先后进程，即：黄河文化标志着率先进入农业文明时代，长江文化标志着率先进入工业文明时代，珠江文化则标志着率先进入现代科技文明时代。这些差异的产生，与每条江河的地域环境和人文传统的不同密切相关的，又是受不同的时代机遇所决定的，江河文化的传承与创新正是在这个基点上。起码在珠江文化的传承性和标志性上就是如此。

珠江文化这些现象说明：江河文化是有共通性和差异性的，共通性提供相互合作交流的基础与平台，差异性提供文化的多样性和丰富性；从江河文化在文明发展史上的贡献而言，总体上都是起到摇篮作用，但每条江河所作贡献的不同，在于对不同时代文明的"率先"作用各异；江河即为母亲河的意义和作用是世界共通的，如美国称其文化为密西西比河文化，英国为泰晤士河文化，埃及为尼罗河文化，中国为黄河文化、长江文化，所以，江河文化是世界共通性的文化。由此可以认为：江河文化的传承与创新是一个具有世界意义的、共通性的课题，而对其研究开发，又必须因时因地而异，因为每条江河都有自身的文化体系、形态、风格与特质，而且，对其传承与创新又往往取决于因时所需的机遇。

二、从创办经济特区到泛珠江三角洲合作看江河文化与海洋文化的交汇与过渡

由于地域临海和江海一体的客观条件，珠江文化有特强的海洋文化特质，有悠久的海洋文化传统，尤其是有自秦汉时开始的两千余年海上丝绸之路历史，并在近现代时期有辉煌的首倡西方海洋文明的历史。但在相当一段时间闭关锁国政策及世界政治形势的制约下，使得本有海洋文化优势的珠江文化也难以发挥而遭萎缩，从而与世界海洋文明的发展拉开了距离。1978年开始的改革开放，总设计师邓小平决定在临海四个城市（深圳、珠海、汕头、厦门）创办经济特区，接着又开放十六个沿海城市和海南岛，并要海岸线最长的广东省"先走一步"。这些重大举措，其目的主要是以沿海的地理和历史条件，使内陆与海洋相通，使内陆经济文化与现代海洋经济文化对接。由此，使本有海洋特性的珠江文化得以恢复生机，与西方现代海洋文化对接，迈开了新步伐。深圳、珠海均为珠江出海口（包括虎门、鸡啼门、磨刀门等八个"门"），正是江河与海洋的交汇。所以，经济特区的开创正是珠江文

化的江海一体特质的顺性弘扬,也即是珠江文化海洋性的传承与创新。

20世纪90年代初期,从经济特区"吞"入的现代海洋文化,在"先走一步"的广东迅速发展,尤其在珠江三角洲更是如火如荼,迅猛发展,经济发展赶上亚洲"四小龙"(香港、台湾、韩国、新加坡)。在中央决策大力发展三个三角洲经济区,即黄河三角洲(今易名为环渤海湾经济区)、长江三角洲、珠江三角洲的推动下,珠江三角洲更跃为全国三大经济中心之一。在这样的大背景下,珠江文化发生了新的飞跃,文化的内涵与外延都发生了新的扩大和延伸。

21世纪初,广东省委首先提出发展珠江三角洲城市群的建设方案;不久,又提出构建广东、香港、澳门三地的大珠江三角洲合作机制;随后在2003年,在中央的支持下,进而提出泛珠江三角洲(即"9+2")区域合作,包括广东、广西、贵州、云南、湖南、江西、福建、海南、四川和香港、澳门。这些省区,绝大部分都属珠江文化覆盖区域,或外延辐射地带。珠江文化是珠江流域及相邻地域的共通文化,是泛珠江三角洲合作的文化基础和支撑,是"9+2"区域合作的平台和纽带,也是泛珠江三角洲与长江三角洲、环渤海湾等经济圈,以至东盟、欧盟等经济圈的合作纽带。因为文化是地域的共通话语,又是地域之间的历史与现实交往的媒介。泛珠江三角洲区域合作及其与国内外经济圈的竞争与合作的发展,使珠江文化的功能也呈现出不断扩大的态势。泛珠江三角洲地区覆盖了中国1/5的国土面积和1/3的人口。创办的翌年(2004年),泛珠江三角洲地区GDP达到6353.6亿美元,可见收效显著。

2014年,泛珠江三角洲区域合作走过了10年历程,围绕"合作发展,共创未来"的主题,坚持优势互补、互利共赢的原则,凝聚共识、建立机制、搭建平台、落实项目,推动泛珠江三角洲区域合作取得了显著成效:一是基础设施互联互通成效显著,二是经济联系更加紧密,三是社会文化交流不断加强,四是生态环保合作成效突出,五是推动与港澳紧密合作和区域对外开放迈出新步伐,六是合作机制日臻完善。尤其值得注意的是,去年内地九省区与港澳贸易总额突破3000亿美元,比2004年增加两倍以上,港珠澳大桥、广深港高铁等跨境基础设施加快建设。在扩大区域对外开放上,泛珠江三角洲各省区着力加强与东南亚和南亚国家的经贸往来,积极参与推进中国—东盟自由贸易区升级版建设。去年九省区外贸进出口总额接近1.5万亿美元,实际利用外商直接投资超过600亿美元。

创办泛珠江三角洲区域合作仅10年时间即取得如此辉煌的成就,说明这是以江河流域为经济共同体的成功范例。这个范例表明：江河文化的传承与创新，是在充分发挥本身地域和传统优势的基础上，按时代发展需要，以文化的共通性与特性为纽带，以区域合作为共同体，扩大海内外经济交流是成功的关键。其传统优势就是江河与海洋文化的结合并一体化，也即是说，这意味着江河文化与海洋文化的交汇与结合，既是泛珠江三角洲开创的基础，又是其成功的根由；并且意味着珠江文化从江河的摇篮文明，开始过渡到海洋文明时代，其主干珠江—西江经济带已列入国家战略，并与东盟十国经济关系及建设21世纪海上丝绸之路对接，就是最重要的标志。这个可喜现象，同最近中央宣布长江经济带与丝绸之路经济带对接的情况一样。

三、"一带一路"是中国自觉全面进入海洋文明时代的重大步骤

2013年，习近平主席在出访中亚、东南亚期间，先后提出建设"丝绸之路经济带"和"21世纪海上丝绸之路"的重大倡议，两者统称为"一带一路"建设，也即是建设新丝绸之路。这是很有文化内涵和意义的号召。这个号召，既指明了丝绸之路是最有中国传统文化内涵的一种世界性文化，又指明了建设"一带一路"是最有中国特色的世界和平发展之路。"一带一路"建设实际是中国加强国际合作，自觉全面进入海洋文明时代的重大步骤。

泛珠江三角洲和珠江—西江经济带与长江经济带一道对接"一带一路"，说明我国的江河文化全面地进入了与海洋文化结合一体的时期，也即是在人类文明之道上，从江河摇篮史道全面进入海洋文明史道时期。

海洋是各国经贸文化交流的天然纽带，共建21世纪海上丝绸之路，是全球政治、贸易格局不断变化的形势下，中国连接世界的新型贸易之路，其核心价值是通道价值和战略安全。尤其在中国成为世界上第二大经济体，全球政治经济格局合纵连横的背景下，21世纪海上丝绸之路的开辟和拓展无疑将大大增强中国的战略安全。21世纪海上丝绸之路和丝绸之路经济带、上海自贸区、发展高铁等都是基于这个大背景提出的。

21世纪海上丝绸之路的合作伙伴并不仅限于东盟，而是以点带线，以线带面，增进同沿边国家和地区的交往，将串起连通东盟、南亚、西亚、北非、欧洲等各大

经济板块的市场链，发展面向南海、太平洋和印度洋的战略合作经济带，以亚欧非经济贸易一体化为发展的长期目标。由于东盟地处海上丝绸之路的十字路口和必经之地，将是新海上丝绸之路建设的首要发展目标，而中国和东盟有着广泛的政治基础和坚实的经济基础，21世纪海上丝绸之路建设符合双方共同利益和共同要求。

最近，2014年亚太经合组织工商领导人峰会11月9日在北京国家会议中心举行，习近平主席在题为《谋求持久发展　共筑亚太梦想》[①]的主旨演讲中指出："我们要共同致力于构建覆盖太平洋两岸的亚太互联互通格局，通过硬件的互联互通，拉近各经济体的距离，为联接亚太、通达世界铺设道路；通过软件的互联互通，加强政策、法律、规制的衔接和融合，携手打造便利、高效的亚太供应链；通过人员往来的互联互通，促进人民友好往来，让信任和友谊生根发芽。"最后他还郑重表示："中国愿意同各国一道推进'一带一路'建设，更加深入参与区域合作进程，为亚太互联互通、发展繁荣作出新贡献。"习近平主席在这样重大国际会议上发表重要主旨演讲，如此强调"一带一路"建设，构建覆盖太平洋两岸的亚太互联互通格局，不就意味着"一带一路"建设是中国加强国际合作，自觉全面进入海洋文明时代的重大步骤么？

2014年12月12日

（本文为2014年12月《中国水利报》于杭州举办的"江河文化的传承与创新"研讨会上的主旨演讲。）

---

① 《人民日报》2014年11月10日第2版。

增强珠江水系文化力，提高江海水运"动脉"功能
——在中国航海日珠江水运（中山）发展大讲堂的主旨报告

今天我讲的题目，是以世界现代文化学的眼光，看我们珠江水系的水运建设和整个江海水运的建设。

一、以世界水文化理论看江海水运的"动脉"功能

先解释一下什么是世界水文化理论。20世纪80年代初开始改革开放的时候，邓小平同志推荐大家看一本书，叫《第三次浪潮》。这本书实际是世界新兴的未来学、文化学的著作。该书作者预计世界在20世纪80—90年代，将是一个高科技和文化的时代。所以邓小平同志就提出来："娃娃都要学电脑。"该书作者后来又进一步提出21世纪是高科技的世纪，是文化、旅游的时代。这些预见全都成为现实了，但看得清楚的人不多，真正理解的人更少。改革开放好多年，大家都在做事情，但我们所做的事情内在的理论内核是什么，知道或理解的人并不多。所以，我认为应当好好研究现代未来学和文化学。

20世纪80年代，世界现代文化学有100多种学派，理论众多。其中最重要的、对我们中国有重要参考价值的理论，就是水文化理论。水文化理论就是说水决定人的生命，决定人的生存，决定人的生产，决定人的生活，决定人的经济和文化。水怎么会决定人的生命呢？因为水文化理论有一个非常重要的科学发现，即认为人是海上动物变的。这个发现，颠覆了千百年来一直公认的人的祖先是猿的传统论断。该新发现的说法是：地球原来全是海洋，只有海水，没有生物，年久月深，海水里慢慢生出了微生细胞，然后逐步汇合成了鱼卵似的晶体，又经过长期孕育，逐渐产生了原始的动物、植物乃至人类。这个说法，实际上为争论了几百年的"蛋鸡孰先论"的老问题作了结论。这就是说：众所周知，鸡生蛋，蛋又生鸡，到底是先有鸡，还是先有蛋？去年西方媒体宣布，是先有蛋，鱼卵似的原始生命晶体，就是

"蛋"。人的生命是从海洋来的，是从水里来的，每个人在娘胎里面泡十个月就是泡在水中。人的生命是从水来的，人的生存也得靠水，所有人群居住的地方肯定要有水，全国省市的地名 50% 以上都是带水的，县镇村带水的地名的比例就更高了。大家都知道的"一方水土养一方人""饮水思源"等谚语，就是中国传统的水文化理论，与现代世界水文化理论是一致的。

与水文化理论相关的，还有一个海洋文化的理论，创造者是 19 世纪很著名的大学者黑格尔，马克思就是从他那里学辩证法的。黑格尔说，世界上最早进入现代文明时代的国家，必是海洋文化的国家。他举例，英国就是在海洋中的，德国、法国都是连着海洋的；没有海洋文化的国家必定是落后的，他说中国、印度就是。显然，他对中国的结论是错的。我们珠江文化学者十多年来以充分的考察研究成果，证实黑格尔对中国结论的失误。但是他的海洋文化理论是对的。一个国家或民族，了解海洋的程度、驾驭海洋的能力，决定其经济发展和现代文明的高度。由此，最早掌握海洋交通能力和主动权的便是强者。西方兴起工业革命的国家，由于蒸汽机的发明，并用于海上交通，便成了这样的强者，资本主义、帝国主义就是这样开始的。所以海洋文化理论也是非常重要的。

我向大家讲水文化理论和海洋文化理论，是希望你们能以世界的眼光，从这些理论去看待你们从事的本职工作，增强现代文化意识，提高自觉性和光荣感，从而增强珠江水系文化力，提高江海水运"动脉"功能。为什么说水运是"动脉"呢？我看江和海本身的水道，珠江水系、长江水系的水道，好似人的血管。血管、水道，是自然存在的。一个人的血管，要有动脉流动才能通畅、有活力。水道的通畅、活力，则靠江海水运的"动脉"的作用，这就是靠江运，靠海运，靠江海水运。现在我觉得中国对江海水运和水文化重视不够，显得淡化了，原因是高速的交通发达，飞机、高铁、地铁、高速公路等现代交通覆盖面日益扩大，显然水运是落后了。我认为这看法是短视的。不可忘记水是根本，如果水不够，水域小，水不清，水不流，人怎么生活、怎么生产，经济也不可能发达，社会也不能发展。所以，我们的江海运输工作是带根本性的，是很重要、很光荣的。

二、运用现代文化学的新成果,发挥珠江水系的水运生产力和文化力,尤其是发挥珠江水系文化风格和水利条件优势

当今学界流传的文化力、文化软实力、文化引领力概念,是一个美国教授提出来的现代文化学理论,其中最重要的就是文化引领力和文化软实力。这个理论的意思是说,世界上任何国家、民族的发展,任何地区的发展,不仅看它的生产力,不仅看它的经济数字,而且要看它的科技、教育、文化、宣传、媒体等所产生的综合力,即综合竞争力、影响力,即是文化软实力。文化软实力是一个国家、一个民族、一个地区真正繁荣的标志。2007年,党的十七大报告中,提出要提高国家文化软实力。我们广东也最早提出了"建设文化强省"的号召。

文化力有两个方面的作用:一方面就是文化的纽带作用,联系内部的是凝聚力,联系外部的是联系力,通常说的相互交往合作的"平台",即联系力;另一方面就是竞争力,文化软实力就是综合竞争力。前些年,外国学者曾提出一个论断:"未来城市的竞争以文化论输赢。"深层次地说,其意思就是未来学、文化学的理论,即认为世界未来就是文化的世界,国家、民族、地区之间的差异是文化差异,相互的矛盾冲突根本是文化冲突,互相的竞争根本是文化竞争,文化指引政府的一切决策,包括经济的决策、军事的决策、外交的决策等。

前些年我根据这个理论,分析珠江文化这两个方面的文化力,以充分发挥其纽带和竞争作用,使其可作为长江、黄河文化的联系纽带,又可与其作文化上的比赛竞争。广东省委提出建立泛珠江三角洲("9+2")区域合作的重大决策,其地域范围主要是珠江流域及相邻的省市。当时"9+2峰会"请我作报告,我跟他们说珠江文化就是"9+2"的文化纽带和文化基础,并提出应充分发挥珠江文化的风格与作用。每条大江大河的文化都有其风格,黄河文化风格正如李白的诗——"黄河之水天上来,奔流到海不复回",神圣、庄严;长江文化的风格则如苏轼的词——"大江东去,浪淘尽,千古风流人物",也似《三国演义》开卷诗——"滚滚长江东逝水,浪花淘尽英雄",潇洒、气派;珠江文化的风格正似岭南第一诗人张九龄的诗——"海上生明月,天涯共此时",宽容、共时,具有海洋性、包容性、开放性,是江与海一体的地理,是江海一体的文化。珠江流域有我国最长的海岸线,出

海口有 8 个门，其中中山、珠海就有 5 个。而长江口是一个门，黄河口也是一个门。所以，珠江是江海一体、海洋性特强的。

前些年，霍英东先生开发广州南沙，特地请我去，因为他看到我倡导珠江文化的文章，他赞同我认为珠江是江海一体的观点，他开发南沙就是根据这个观点考虑的。他说当时中央提出开发三个三角洲，一个是黄河三角洲（现在叫环渤海经济圈），一个是长江三角洲，一个就是珠江三角洲。他认为这三个三角洲，条件最优越的就是珠江三角洲。如果以南沙为圆心，以 50 公里为半径画一个圈，整个珠江三角洲的主要城市都包含在里面。由此可见，很多重要的决策是从江河水系及其不同的风格、不同的文化、不同的地理条件去考虑的。泛珠江三角洲的提出，显然与珠江水系及珠江文化密切相关。2008 年《珠江三角洲地区发展改革规划纲要（2008—2020 年）》发布。我看这个文件有两个最重要的观点：一个是珠江三角洲 9 个城市的同城化，一个是以珠江三角洲为中心向左右翼及珠江流域辐射，同城化就是核心，辐射就是放射，珠江文化的特点就是包容性、放射性、开放性。

黄河的地理形态像条龙，长江形态像只凤。所以中华民族自古有崇拜龙凤习俗的文化意识。珠江是由东江、西江、北江等多条江河汇合而成的，交汇中心在珠江三角洲，即是珠心。这就构成多龙争珠的格局，也形成珠光四射的形象，这是包容性、开放性的地理形态，也是其文化形态和风格。所以，珠江流域及其文化特质既是江海一体的，又是包容性、凝聚性、放射性的。改革开放从珠江口开始，就是因为这样的地理和文化形态与风格。

三、要密切珠江水系的水运海运和珠江文化的联系与合作

我们珠江文化研究会，由部分广东省政府参事、文史馆员和中山大学等多间高校的专家组成，成员是各个学科的专家教授，是为政府提供文化咨询并进行珠江文化专项研究的学术团体。我们从 1997 年开始，就开始进行珠江文化工程建设。2000 年正式创办了珠江文化研究会。2010 年我们完成了 300 万字的大型史著《中国珠江文化史》，填补了中国文化史的空白，受到广东省委主要领导写信表扬，并支持我们进行中国南海文化研究。这即是从珠江文化研究向海洋文化研究作深入发展，也即珠江文化海洋性的深层次研究的必然走向。

你们珠江航务局和海事局的职责是把珠江水系的航运和海运搞通搞好，我们珠

江文化研究会则负责珠江水系的文化研究，职责有异，对象相同，应当密切合作。合作的方式很多，我看可以共同制作一个珠江水系的电视系列片，借以将整个珠江水系联系起来，将每个港口、码头、船泊的航务及其地方文化都串连起来，同时又可以作为形象名片，向全国并对外宣传珠江水系的交通、环境、经济与文化。

中央电视台在20世纪80年代播出电视系列片《话说长江》，对长江水运和长江文化起了很大促进作用；90年代又播出了一部《再说长江》，影响更大。珠江作为中国第三大母亲河，是仅次于长江的一个水运系统，到现在"一说"也没有！太不相称了。所以，共管珠江水系的水运与文化的两家，应携起手来，密切合作，创造出类似《话说长江》那样的珠江水系电视系列片。这部片可考虑取名《顺风顺水航珠江》，既以水运使珠江顺风顺水，又以文化使珠江顺风顺水，建设顺风顺水的珠江航运，建设顺风顺水的珠江文化。你们提出的"通上游、畅中游、优下游、连支流"的口号很好，但怎么通，怎么畅，怎么优，怎么连呢？你们当然会有高明措施和高超技术，但我认为还得同时用文化、用珠江文化来通、来畅、来优、来连。

（2011年7月3日新华网广东版发表）

以自身特性和共通性文化为纽带，促进区域及对外经济合作，促使文化与经济相互转化
——从建设文化大省和泛珠江三角洲经济合作提出的战略性建议

前年冬天，广东省委发出建设泛珠江三角洲（"9+2"）区域合作的号召，我即先后在媒体发表了题为《"泛珠三角"经济圈需珠江文化支撑》（《人民日报》2003年11月20日）、《泛珠三角：不仅是经济概念，也是一个文化概念》（《南方日报》2004年4月12日）的谈话，表示热烈拥护和支持，因为我认为这是一项很有战略与理论实践意义的决策和举措。为此，我特地提出一项战略性建议，即：以自身特性和共通性文化为纽带，促进区域及对外经济合作，促使文化与经济相互转化。

一、这项战略性建议的理论和实践依据

这项建议，其实是从我对省委先后提出建设文化大省和泛珠江三角洲（"9+2"）区域合作号召的理解而提出来的。我发现这两个号召是密切关联的两个步骤：如果说建设文化大省是以我省自身特性或优势文化的发掘、弘扬、建设推动全省经济的发展，那么泛珠江三角洲合作则是进一步找到"9+2"省区共有或共通性文化，并以此为纽带或平台，进行区域和对外经济文化合作，同时又以此发挥出区域的经济、文化的特性和优势；特别是，由此找到了本来经济、文化都差异甚大的省区之间的连接链条，甚至连不同社会制度的香港、澳门，也找到了从文化的特性与共通性进入经济合作的途径，使泛珠江三角洲成为全国地域最大的、经济文化成分最丰富多样的合作区。我想这是两项号召之精髓，是战略上的创举。

我之所以特别关注并认真领悟这两项号召的战略思想，从而郑重提出这项建议，是由于我近15年来一直研究珠江文化（含岭南文化），并且取得一些与该战略思想一致的成果和体会。这些成果，是由广东省珠江文化研究会具体组织的珠江文化和海上丝绸之路研究，经十多年努力而取得的。我们在研究中发现：在

"9+2"各省区,都有其自身特性的文化,在各省区之间又有两种共有或相通的文化,可以作为相互协作以至对内凝聚、对外合作的纽带和交流的平台,如能再加以深化研究和利用,必会更大程度上促进文化转化为经济、经济转化为文化,收到良好效果。

珠江文化就是泛珠江三角洲区域共有或相通的一种主要文化,是既可对内凝聚,又可作为对外交往平台的一种文化。首先,珠江文化的覆盖地域,是珠江水系及沿海江河流域和辐射地带,即:云南、贵州、广西是其第一主干流西江的发源地和流经地,湖南、江西是其第二主干流北江的发源地,江西又是其第三主干流东江的发源地,福建是其毗邻江河韩江的发源地,广东是珠江水系的总汇地,海南自古属广东,香港地处东江下游,澳门属珠江三角洲,四川是珠江文化的辐射地带(从古至今与广东关系密切。清康熙年间实行"湖广填四川"政策,使广东大量移民进川,至今四川全省百多个县大都有"广东会馆",而且馆内大都供奉六祖惠能佛像),可见珠江文化是"9+2"省区共有的相通的文化,是泛珠江三角洲区域的文化基础和支撑。自古以来,泛珠江三角洲区域以水路交通为重,珠江水系似蜘蛛网,河汊纵横,交往特别密切,改革开放后更是往来频繁,入粤人口剧增,珠江文化更被人们认同接受,从而使其成为具有全区凝聚力的文化,也是对外(包括外区、外国)交流的平台。

珠江文化是一个科学的概念,又是有其自身特性和优势的,是可与黄河文化、长江文化等并列的大江河文化之一,是"茫茫九派流中国"的江河文化网中的有机组成部分。它有自身的发展系统(黄河文化的始祖是黄帝,长江文化的始祖是炎帝,珠江文化的始祖则是舜帝;黄河文化的哲圣是孔子,长江文化的哲圣是老子,珠江文化的哲圣则是六祖惠能),有自己的性格和风格(黄河文化正如李白诗"黄河之水天上来,奔流到海不复回"所体现的神圣、庄严,长江文化正如苏轼词"大江东去,浪淘尽,千古风流人物"所体现的开阔、气派,珠江文化则如"岭南第一诗人"张九龄诗"海上生明月,天涯共此时"所体现的海洋性、宽容性、共时性),有自身的悠久历史(经我们研究发现,岭南文化发祥地在封开,解开两广之"广"之谜,封开原始人牙化石距今12.8万年,比距今10万年的马坝人早,这即意味着将岭南文化推前2.8万年),还有自身的独特形象(黄河似龙,长江似凤,珠江则似多龙会珠)。而且,珠江文化的称谓和概念还深受港、澳、台和外国学者及华人的认同和欢迎。例如,前些年我先后到西欧五国和美国讲学或进行文化交流,大谈珠江文化,外国学者甚感兴趣,我因此受到华人华侨作家和文化人的特别欢迎;2000年我在台湾高雄"中山大学"以《珠江文化的创新特质的源流及其发展》为题讲学,受到该校师生及学术界的赞许;2002年年初,台湾海洋学会会长刘达材从香港《中国评论》杂志上知道我们研究珠江文化,特地从台湾到广州与我们珠江文化研究会作学术交流;2004年年初,我们与香港《中国评论》杂志联合举办了"粤港澳文化的回顾与前瞻"论坛,三地学者一致公认珠江文化(含岭南文化)自古以来都是三地文化的主流,是相互经济交流的基础,"敢为天下先"是三地的共通特性和文化优势。这些研究成果和效果说明:珠江文化是自成体系的,其成为泛珠江三角洲区域一种共有和共通的文化,成为区内的一种连心力、凝聚力,成为对外交流的一个平台,是有科学依据的,是受到认同的。

海上丝绸之路文化既是珠江文化海洋性的佐证之一,是珠江文化的有机组成部分,又是具有广泛共通性的一种文化。丝绸之路,即中国从汉武帝派张骞通西域开始的对外通商之路。陆路从当时首都长安出发;海路从当时岭南首府广信(今封开和梧州)出发,从徐闻、合浦出海,其古代港口遍布世界50多个国家,其中有好些点已被定为世界文化遗产。联合国教科文组织总干事去年宣称:打算将世界上所有海上和陆上丝绸之路遗址(估计有50多个点)合定为一项世界文化遗产,现在世界各国都在纷纷争取将其遗址列入。所以,海陆丝绸之路是更为广泛的共通性文化,是受到较多运用的对外交往平台。

我们进行文化大省建设和泛珠江三角洲合作,也应当发掘和运用这种文化。2000年6月,我们发现并论证出雷州半岛的徐闻,是西汉时,也即是中国最早的海上丝绸之路始发港之一。这一发现,将联合国教科文组织确定南宋时才开始的福建泉州港为中国最早始发港的海上丝绸之路史,推前了1300多年,也即是将珠江文化的海洋史大大提前;随后我们发现在广东沿海,从东到西都有不少分别于不同年代开始的海上丝绸之路始发港;同时我们发现在泛珠江三角洲其他省区,特别是福建、广西、海南、香港、澳门,都有许多著名的海上丝绸之路始发港。由此证实海上丝绸之路文化是珠江文化的有机组成部分,是泛珠江三角洲各省区共有共通的一种文化;其体现的海洋性,也正是珠江文化区别于其他江河文化的重要特质之一,同时也即是中华民族文化的有机成分之一。这就有力地驳斥了德国大学者黑格尔在《历史哲学》一书中所说:中国"并没有分享到海洋所赋予的文明",海洋"没有影响他们的文化"的西方观点;我们还发现在海上与陆上丝绸之路之间,有许多交汇点或通道，填补了学术空白，而且在广东和整个泛珠江三角洲区域，包括云南、贵州、四川、湖南、江西、福建，都有许多这样的交汇点或通道。显然，这也是泛珠江三角洲共有的而又是区别于其他地域的文化特点之一。由此可见，海上丝绸之路是我们广东和泛珠江三角洲的一项资源十分丰富、共通性特大特强的遗产文化，也是其自身的一种文化特性和优势。

我从媒体的报道看到：近年来，我省一些市县，在省委发出建设文化大省和泛珠江三角洲合作号召的感召下，运用了我们研究珠江文化和海上丝绸之路的学术成果，进行对外交往和招商，取得了很好的成绩。例如，前些年，湛江市以海上丝绸之路最早始发港之一为品牌，使徐闻县增多5亿元投资；韶关市以珠玑巷是中原与岭南文化交汇地和文化寻根地的定位，在南洋和欧美开展后裔联谊活动，使南雄增加近亿元投资；去年，云浮市以惠能出生地定名为六祖镇和举办六祖节，使新兴县仅去年即增加数亿元投资；肇庆市先后在封开举办岭南文化发祥地研讨会和招商会、在端州举办包公文化研讨会和端砚文化节、在德庆举办儒学研讨会和龙母文化节、在怀集举办金燕文化研讨会和攀岩比赛活动，都取得了可观的经济效益和文化效益。尤有意思的是：2003年9月我应阳江市领导的邀请，带一班专家去考察"南海Ⅰ号"沉船，作出了"海上敦煌"的文化定位，经媒体报道，引起国际著名海洋学家吴京教授（美国国家工程院院士、台湾成功大学原校长）的注意，他要求我邀请他到阳江考察。他在考察时大为惊讶，评价极高，认为"世界海洋史要由此改写"；去年元旦，联合国教科文组织几位官员和专家在中山大学开会，也要求我陪同考察阳江，他们在考察时也赞赏不已，认为"南海Ⅰ号"是价值特高的文化遗产，并认同我提出的"海上敦煌"的文化定位；去年在国家文物局等单位举办论证会后，中央和省领导高度重视这项文化遗产，批予1.5亿元建设资金。这些情况表明：各级领导已经开始注意以本地文化特性、优势资源和共通性文化为纽带进行经济文化合作，并都取得了文化与经济相互转化的良好效果。

从上可见，我根据省委的战略思想而提出的以自身特性和共通性文化为纽带，促进区域及对外经济合作，促使文化与经济相互转化的战略，是有充分的学术研究和理论依据的，是有大量的成功实践依据的。

二、请准予珠江文化和海上丝绸之路研究正式立项

从上述情况又可看到，我们这班多学科专家所从事的珠江文化和海上丝绸之路研究，为现实服务的方向是对头的，理论与实践结合的路子是正确的，研究的成果是有学术价值和实践价值的，是对省和各地领导起到咨询作用、有助于科学决策和操作的。同时，我们也自知尚有许多不足，尚有许多学术空间要填补和开拓，尚有许多工作要做。我们已经清楚看到，这是一个很有潜质、很有空间、很有作为、很有前景的学术领域，诚望省政府能支持我们将研究深入下去、坚持下去，为我们提供必要的研究经费和应有的研究条件。为此，特请省领导批准在文化大省建设规划中，增加以"珠江文化与海上丝绸之路研究"为题的重点项目。我们拟在这总项目中，分设下列具体项目：

（1）泛珠江三角洲和珠江文化论坛。主要是对泛珠江三角洲和珠江文化的历史与现实中有重大意义的课题进行研讨，如：古今海陆丝绸之路在泛珠江三角洲的交汇，世界海上丝绸之路与泛珠江三角洲，"9+2"省区文化的共性与个性，海洋文化与深港澳特区文化，等等。每年举办一次，轮流在各省区举办。每次出版论文集或专著，以求逐步建立珠江文化理论体系。

（2）海陆丝绸之路考察系列。包括：①对广东沿海海上丝绸之路进行全面考察，制定出"广东海上丝绸之路网图"，完成后即进一步扩大对泛珠江三角洲区域之考察及制定全区之网图；②对广东及整个泛珠江三角洲区域的海陆丝绸之路对接点或通道进行全面考察，也制定出其网图；③每个海上丝绸之路港口，或海陆丝绸之路对接点及通道，都编写出论证或介绍性著作，构成系列。这些网图及著作，既可作为宣传、旅游、开发之用，又是为申请世界文化遗产之学术资料做准备。

（3）编辑出版"珠江文化学术丛书"。这套丛书是以泛珠江三角洲（首先是广东）的重要江河为单位，为其人文和自然环境所形成的特质文化作出全面反映和定位的专著系列，每条江河一册，如西江、东江、北江、南江、绥江、贺江等，以珠江水系为基础，建立珠江文化的学术体系。

（4）创办《珠江文化》杂志。其宗旨主要是：及时反映、交流珠江文化研究动态，发表最新研究成果，展开学术争鸣；同时开辟知识专栏或系列讲座，普及珠江文化和全国及世界各国文化。

（5）打造泛珠江三角洲与珠江文化工程。借鉴《南方日报》"广东历史文化行"的成功经验，对泛珠江三角洲各省区主要文化景观（包括名人、名城、名水、名山、特产、古迹、建筑、园林等）进行检视整合，以多种方式（新闻、摄影、美术、音乐、报告文学、诗歌、电影、电视）进行系列创作和宣传，并与环保、旅游开发等结合起来，从而构成珠江文化画廊工程体系。

（2005年1月23日提交的省政府参事建议，当即受到省委领导的重视和批示，详见后文《二十六载履职广东省政府参事轶事选录》。）

以文化实体化的战略和举措，提升广东文化整体形象和实力

——广州亚运会对"十二五"文化发展战略的启示

2010年广州亚运会开幕式轰动世界，明显地提升了广州和广东文化的整体形象和实力，为建设文化强省献出了大礼，同时也为"亚运后"如何进一步提升我省文化整体形象和实力，提供了很多很好的启示。其中我认为最重要的是：以文化引领的指导思想贯彻文化实体化的战略和举措。

所谓文化实体化，就是广东流行俗语所称的"虚功实做"。其意思是：将理念性转化为实体性的操作，实实在在地做，做得实实在在；将理念转化为实体，以实体体现理念。文化属理念范畴，文化实体化就是将文化领域的每一件，以至每个整体上的观念，全都作为件件、个个的实体操作，使其转化为件件、个个的实体或形象。

广州亚运会开幕式的最大成功，就是将广东江海一体的文化特质，化为一系列亲切生动、变幻神奇的水性形象，使人备感新鲜，从实在具体的形象中，接受其体现的文化理念，并与每位观众自身的文化理念相呼应，从而产生共鸣并获得文化享受。其实，亚运会的成功及其文化实体化的做法，不仅开幕式，整个亚运会的活动，以至由其引领或带动的一切市政建设，都是文化实体化的举措和成果。广东省委、广州市委领导同志称赞亚运会的运作"敢想，会干，为人民"，"使广州发展提速10年"，可谓高度评价广州亚运会成功实践"虚功实做"的点睛之笔。

"亚运后"要持续这一成功实践，就是要将其扩大为全省战略性的指导思想和举措，并将其作为制定"十二五"规划中文化战略和举措的指导方针。具体建议如下。

一、将海洋文化和珠江（含岭南）文化的理念转化为"书系"和影视系列的实体

2010年11月19日《光明日报》发表题为《广州亚运：向世界展示中国海洋

文明》的长篇报道，从标题到内文都从亚运会活动中透视了广东的海洋文化特色，其他国内外媒体的亚运会报道也都不约而同地突出这个特色，并将其作为珠江（岭南）文化的基调而突现出来，同时又与当今世界通行的水文化理念对接，从而使亚运会的报道既切合新闻的真实，又抓住文化的真实，起到既弘扬亚运精神，又弘扬中国海洋文化和珠江（岭南）文化的作用。

由此可见，国内外媒体都注意到广东的文化特色主要是海洋文化和江海一体的珠江（岭南）文化，并以媒体的文化实体化将其充分展现。可是，我省的理论界和文化界对此的认识明显滞后，表现在至今仍未对海洋文化和珠江文化有体系性的理论和高深的系统专著，在影视片创作上也是如此。中央电视台的专题系列片《话说长江》，从20世纪80年代到21世纪10年代，已经"一说""再说"（即制作和播出两个系列片），而珠江连"一说"也没有，实在与"经济强省"的称号不符，与正要建设的"文化强省""海洋强省"的目标也很不相应。所以，应当以战略高度、以大力扶植的举措改变这种现状。这就是：以组织出版海洋文化和珠江（岭南）文化大型书系的举措，促进深入研究，以系统的学术成果确立中国海洋文化和珠江文化的理论体系；并组织出版系列的普及文化读物，将优秀文化普及，提高全民文化素质；同时，组织进行大型电影电视系列片、动漫片、故事片的创作和制作，如《领潮珠江》《南珠娃娃》《粤商传奇》等。

二、将人才和古今文化品牌板块转化为"星座"的实体

2010年7月13日，以"建设文化强省"为主题的广东省委十届七次全会报告中指出："要加大对我省名家新秀和优秀文化成果的宣传推介力度，让'岭南文化星座'散发出更加璀璨的光辉。"这是将人才和古今文化板块转化为"星座"实体的战略和举措，是提升广东文化形象工程的最佳途径，也是我省"十二五"文化发展战略的指针。

广东省珠江文化研究会在2010年6月28日举行的创会十年庆典上，评选出在珠江文化发展史上有里程碑或开拓创新意义的文化板块（主要地域、领域或标志），授予"珠江文化星座"称号，并为首批25个"星座"颁发了牌匾，经各大媒体报道，尤其是《深圳特区报》以"文化强省之'寻访珠江文化星座'大型系列报道"专版的方式，将这些"星座"一一推出，在海内外产生强烈反响。最近，南方电视

台与广东省珠江文化研究会合作,正在将这些"星座"的文化史绩和光辉制作成系列电视片,即将系列播出,受到被评为"星座"的地方或单位的热烈支持和赞许。

由此,应当且可以将"星座"工程作为广东文化形象提升工程的重要举措之一,可在"珠江文化星座"基础上,升格为省办的"珠江(岭南)文化星座"或"广东文化星座"。具体可按省委领导提出的"名家新秀和优秀文化成果"的范围,分为古代和现代的名家与优秀成果进行评选推介。即可分为古代名家、古代优秀成果、现代名家、现代优秀成果等四种"星座"进行评选。每两年评一次,在网上进行。对现代名家与现代优秀成果授予"人才之星"或"文化之星"称号,对古代名家和古代优秀成果的发现者和卓越研究者则授予"发现之星"或"研究之星"称号,均授以重奖。

三、在广东具有重要历史地理文化价值的地点建设地标性的文化建筑

这次亚运会成功的要素之一,是广州市近几年狠抓了市政建设,除地铁、高铁、高速公路、街道、绿道等交通设施外,还进行了整体的"穿衣戴帽"工程,尤其是建成了好些巨型的地标性建筑,如广州塔、广州歌剧院、琶洲中国进出口商品交易会展馆、亚运体育中心、科学城、大学城等。这是文化引领的硕果,也是实践文化实体化战略举措的成功经验,应当在"亚运后"继续并扩大为全省战略。

在"十二五"规划期间,可优先考虑建设"岭南""珠江"与"南海"的地标建筑。

岭南即五岭以南,包括大庾岭、萌渚岭、骑田岭、都庞岭、越城岭,统称"南岭",均可在其要隘关口(如梅关、鹰扬关等)树立地标。还可考虑以毛泽东诗词"五岭逶迤腾细浪""战士指看南粤,更加郁郁葱葱",陈毅的《梅岭三章》等的意境为地标题材。

珠江出海口八大门(虎门、蕉门、洪奇门、横门、磨刀门、虎跳门、鸡鸣门、崖门)均可分别恢复或新建地标。

南海的地标,可以在沿海岸或海岛(如徐闻的琼州海峡与北部湾分界处,以及伶仃岛或上下川岛等),分别以张九龄的"海上生明月,天涯共此时"、文天祥的"惶恐滩头说惶恐,零丁洋里叹零丁"等诗的意境为地标题材。

此外，也应在每个乡、镇、县、区、市的分界或标志性地方，建设富有本地历史文化内涵和色彩的地标建筑，既彰显本地特色文化，又有效地增加旅游点、丰富旅游文化。

四、大力发现和建设富有地域或某种文化特色的自然景观和文化景观

大力发现和建设富有地域特色的自然景观和文化景观，也是广州亚运会成功的举措之一。广州荔枝湾旧景恢复、陈家祠广场扩建、城隍庙重修、大元帅府重修等，以至现在进行的"广州新八景"评选，都是文化实体化之举，受到热烈欢迎，产生深远影响。

"亚运后"也当将此举扩展至全省，在"十二五"规划中大力建设富有地域或某种文化特色的自然景观。如各地的"八景"，名山、名湖、名水、名地、名桥、名道，都可建成文化化的自然景观。尤其是如果将各地的水库、防洪堤、水利工程，在保证绝对稳固安全的前提下，进行文化加工，建成新的文化景观，使水利工程文化化，更会促使文化景观在全省普遍开花，因为全省几乎处处都有水利工程。

人文景观可以进行多项系列策划，如：

民族民系系列景观，包括百越族、瑶族、广府、客家、潮汕、雷州、疍家等的文化园。

江河文化系列景观，包括珠江三角洲、西江、东江、北江、南江等的文化园，凝聚展现各江水域的古今特色文化。

广东特有风情的经典文化系列景观，包括依据杨孚的《异物志》、屈大均的《广东新语》、巴金的《小鸟天堂》、欧阳山的《三家巷》、陈残云的《香飘四季》、秦牧的《花城》、黄谷柳的《虾球传》等名著建设的景观。

生活文化系列景观，即依托最有代表性的地方或单位，建设衣、食、住、行、玩一体的文化博览园，如：东莞虎门建"衣"文化园，顺德建"食"文化园，国土房管局建"住"文化园，交通厅建"行"文化园，文化厅和旅游局建"玩"文化园，均集古今文化于一体，同时具有游览与展销功能。

生命文化系列景观，即依托相关单位建设生、老、病、性、死等生命要素文化园，既展示传统的生命文化，又普及生命文化知识，体现社会的人性关怀，促进健

康和谐社会的建设发展。如：计生委和人口办建设"生"文化园，民政厅建"老"与"死"文化园，卫生厅建"病"与"性"文化园。其实，每项业务都是对社会的人性关怀，都反映社会文化、生命文化。

（本文是2010年12月26日在省政府参事决策咨询会上的发言）

二十六载履职广东省政府参事轶事选录

1992年夏天,我受聘为广东省人民政府参事,历任四届之后,又任特聘参事一届,直至2019年春届满,总共履职省政府参事达26年之久。在这不算长也不算短的岁月中,值得记忆的轶事是很多的,现选出自己亲历的几件较大的轶事实录如下。

一、广东省倡导建设泛珠江三角洲("9+2")经济区和文化大省

2003年,广东省倡导建设泛珠江三角洲("9+2")经济区。这是以珠江流域及其相邻的九省区,加上香港、澳门两特区,共同建设经济区,是一个经济建设区域概念,又是一个重大的经济建设战略。我当即以广东省政府参事、广东省珠江文化研究会会长的身份,在媒体发表谈话予以积极支持,先在《人民日报》发表《"泛珠三角"经济圈需珠江文化支撑》(2003年11月20日)谈话,又在《南方日报》发表《泛珠三角:不仅是经济概念,也是一个文化概念》(2004年4月12日)的谈话,从珠江水域的历史地理文化实际以及文化与经济关系理论,阐释这个战略概念,并提出建设策略建议(这两份谈话后来均被选入广东人民出版社2004年出版的《泛珠三角区域合作研究》一书中),并多次在有关的学术研讨会上宣传这些理论观点。尤其是在2004年省政府参事咨询会上,我作了题为《以自身特性和共通性文化为纽带,促进区域及对外经济合作,促使文化与经济相互转化》的发言,并作为省政府参事建议呈交,很快受到省委领导的高度重视,及时地发挥了参事决策咨询作用。

2002年12月,广东省委九届二次全会提出关于加快建设文化大省的战略目标,并采取了一系列重大措施进行建设。我作为主要研究文化的学者并着重于文化决策咨询的参事,很早即提交了参事建议《充分发挥珠江文化优势,建设文化大省》,也很快受到省委领导的高度重视,即批转省委宣传部办理,并委托省发改委负责同

志倾听我详述建议。在省委领导的关心下,我们这个以参事馆员为主体的学术团队——广东省珠江文化研究会,正式升格为挂靠省政府参事室(文史馆)的省一级学会,并由此迈开了"走万里路(田野考察),写千字文(提交参事建议),著百种书("珠江文化丛书",迄今已出版百余部,达千万字)"的参事文史工作与学术研究结合的道路,持续不断地有新的发现和成果。例如,在南雄梅关古道,发现海陆丝绸之路对接通道和名扬世界的珠玑巷文化;在两广交界的封开和梧州,先后发现广信文化、广府文化,以及开创珠江文化的始祖舜帝及其舜韶文化;在南华禅寺发现珠江文化哲圣六祖惠能及其禅学文化;在徐闻发现西汉古港,将中国海上丝绸之路史推前1300年;在阳江为"南海Ⅰ号"作出世界海上丝绸之路文物之冠——"海上敦煌"的文化定位,受到联合国教科文组织和世界海洋学家的赞赏;还有南江文化、古道文化、侨圩文化等被称为"填补学术空白"的发现层出不穷,为广东文化大省建设作出贡献,并使珠江文化构成了一套完整而丰富的文化学术体系。

二、广东高度重视珠江文化和海洋文化建设

2010年6月,是我们广东省珠江文化研究会成立10周年的日子。正好在这个时候,我们学术团队完成了300万字的大型史著《中国珠江文化史》工程,同时出版了《黄伟宗文存》(上、中、下三卷)。我当即通过省参事室向省委领导呈上这些学术成果,并以我个人名义写信给他,请他赐教指示。万没料到,很快收到他于2010年7月8日的复信,全文是:"伟宗同志:你好!来信及两次惠赠大作均已收悉。非常感谢你对我省文化建设事业所作的积极贡献!文化建设是中国特色社会主义事业的重要组成部分,只有加强文化建设、实现文化的大发展大繁荣,才能为改革开放和社会主义现代化建设提供强有力的思想保证、精神动力和智力支持。当前,加强广东文化强省建设,是广东努力当好推动科学发展、促进社会和谐排头兵的题中之义,是广东加快转变经济发展方式、切实增强文化软实力的客观需要,也是满足人民基本文化权益、提升广东文化形象的重要举措。这项事业需要全省人民特别是文化、教育领域广大专家学者的积极参与,希望你对我省推进文化强省建设提出更多的意见建议。祝工作顺利,身体健康!"这封具有重大意义的复信,不仅是对我个人和我代表的学术团队的,而且是对"全省人民特别是文化、教育领域广大专家学者"的,是省委领导高度重视文化强省建设和参事文史工作,并高度重视

珠江文化和海洋文化的文化意识的鲜明体现。

省委领导高度重视文化和江海文化的意识，还体现在对我呈交的多件调研报告或参事建议的审批和督办中。2010年1月我提交题为《铸造文化板块，打造广东文化经典50强》的参事建议，省委领导批示广东省委宣传部，提出"筹备全省文化工作会议时，这样的思路引之借鉴"。对于我申请编著"中国南海文化研究丛书"项目，他也亲转相关领导批办，使我们能够在完成《中国珠江文化史》这项被称为在《黄河文化史》《长江文化史》之后"填补了中国文化史空白"的工程，持续进行南海文化研究，完成了"中国南海文化研究丛书"（6部300万字，荣获第五届中华优秀出版物奖），开拓了中国南海文化研究的学术领域。此外，2008年，省委领导还对我提交的参事建议《广东海洋文化的"前世今生"及如何创造新辉煌》中，关于"争取举办世界海洋博览会"的建议作出批示，要求有关部门了解具体情况。省海洋局派人与我联系之后，因这个项目已早已确定，没法安排，随后只能由我省在湛江自办展览。2009年，省委领导对云浮市作出了"建设广东大西关"要求，并对我提交的参事建议《转变发展方式，建设"广东大西关"——创议在广州市荔湾区（老西关）与云浮市郁南县（新西关）之间试行错位跨越合作的建议》作出批示，促成广州与云浮两市领导会谈全面合作，开创了错位跨越合作的先例。

省委领导高度重视文化和江海文化的意识，尤其鲜明地体现在广东举办的重大活动的决策上。2009年，为欢庆新中国成立60周年，全国各省市区都要制造一部彩车到北京天安门广场参加游行，要求每部彩车从形象到冠名，都要体现本身传统文化和改革开放的时代特点。我应邀参加了广东彩车以划龙船为主体的形象设计，并提供了"领潮争先"的车名，具有广东珠江文化和海洋文化内涵和色彩，很快获得省委领导批准，彩车通过天安门游行时受到热烈赞许。2010年在广州举办亚运会，省委领导提出开幕式要打破历来在体育场馆举办的传统，要"以羊城为背景、以珠江为舞台"设计，效果很好，称这一前所未有的体育盛会开幕式，"使广州一夜成为世界名城"。《光明日报》在专版报道中，称这场盛会设计是珠江文化和海洋文化理念的高度而成功的体现。

三、广东高度重视开拓"一带一路"

2013年，习近平主席发出了"一带一路"的重大倡议。2013年11月底，我接到了省参事室转来省委办公厅关于"推进海上丝绸之路建设的探索与思考"的约稿信（同时收到中山大学党委办公室打来相同内容的电话），我即写出《持续发掘海上丝绸之路文化，全方位发挥海洋文化软实力——关于研究开发广东海上丝绸之路文化的调研报告》一文呈交。省参事室于2013年12月4日在《广东参事馆员建议》第57期上印发上报了这个建议。文中我简要汇报从2000年6月在徐闻发现并论证出中国古代海上丝绸之路"第一港"、将中国海上丝绸之路史推前1300多年，并由此成立的广东省海上丝绸之路项目组持续研究开发的过程、成果和体会。这份建议很快受到省委领导的高度重视，即于同年12月16日作出批示："建设21世纪海上丝绸之路，广东要承担自己的责任。……对广东在海上丝绸之路历史上的意义，近代以来广东闯南洋并由其形成的紧密联系，在建设海上丝绸之路中广东的地位作用等，进行研究和适当的宣传。"

当时省委分工负责"一带一路"工作的领导，随即批准了我们关于"海上丝绸之路研究书系"的立项报告。由此，我们在很短时间内将十余年来研究开发海上丝绸之路的学术成果，组编为"海上丝绸之路研究书系"首篇"开拓篇"（四部共200万字）出版。2014年春天，省委领导率团赴越南、马来西亚、新加坡三国访问，开拓"一带一路"，特地将我们这套书作为礼品赠送给到访诸国，使项目组的学术成果在国际性的"一带一路"建设中发挥了交流作用。此后十余年，我们一直持续不懈地进行这套书系项目编著工作，迄今已逐步完成。全书系包括"开拓篇""星座篇""概要篇""史料篇""港口篇"，共5篇30部800万字，初步确立了广东海上丝绸之路学术体系，为一带一路建设提供了战略决策学术依据和基础。

2019年6月11日写于广州康乐园

（本文是广东省政府参事室指定约稿，并经其审正后发国务院参事室。2019年8月15日国务院参事室电复广东省政府参事室：确定采用此文入编《全国参事履职轶事实录》。经征询广东省政府参事室，同意我将本文收入本书，略有修改。）

从江海一体的珠江文化到中国特色的山水文化
——在广东省珠江文化研究会第五届会员大会暨换届大会上的讲话

时间过得真快，第四届的五年眨眼就过去了。这五年是年年丰收的五年，在王元林会长的领导下，我们举办或合作举办了30多次学术论坛，尤其是完成"海上丝绸之路研究书系"（5篇30部800万字）和"珠江—南海文化书系"（3书链22部600万字），为广东文化大省建设、"一带一路"建设，以及确立珠江文派、珠江学派（千年南学）和建设珠江文明作出了贡献，在海内外产生了积极影响。在这换届的时候，应当认真地总结经验，找出继续前进的方向和目标是很重要的。我想借这个机会提些个人意见供大家参考。

我们广东省珠江文化研究会从2000年6月创立至今，整整20年了。在这不算长也不算短的日子里，我们是有意识但不是很自觉地走着一条弘扬中国特色文化之路。现在进入建设中国特色社会主义新时代，应当进一步提出：从江海一体的珠江文化到中国特色的山水文化之前进方向和目标。为什么呢？因为我们为之奋斗20年的珠江文化，最根本的内蕴和特质，是中国特色的山水文化，所以，我们应当在取得现阶段成果的基础上，继续努力，向这个目标和方向迈进。

一、珠江文化与海洋文化探索过程中的逐步发现和认识

其实，这个目标和方向，也是我们在20多年探索珠江文化与海洋文化过程中逐步发现和认识到的。

记得我们这个学术团队，正式开始研究珠江文化是在20世纪90年代之初，正是改革开放方兴未艾、蓬勃开展的时候。当时有一部电视片在全国放映，影响很大，因为它将19世纪以来，西方世界流行的水文化和海洋文化先进论传入了中国，可谓给刚打开国门的中国下了一场及时雨，吹进了一阵新鲜而强劲的风，极大地刺激了历来"闭关自守""坐山自大"之传统文化观念。但是，该片中引用了这个理论的首创者黑格尔的话，说"海洋文化对中国没有影响"，"中国没有海洋文化"。

并且进一步推论道：中国数千年文化是由黄河文化发祥，是黄河流域的黄土文化主宰中国文化，只有一个出海口，黄土只"奔流到海不回头"，不汲取海洋文化，是封闭的，所以是注定落后的。我对这个说法持怀疑态度。因为当时以我有限的知识已经知道，黄河是中华民族发祥地，但中国不只有这条大河，还有许多大江大河。黄河在中国北方，中原有万里长江，中国南部有蜘蛛网似的珠江；而且，珠江有八个出海口，珠江流域的海岸线占中国大陆海岸线一半以上，如此江海一体的地理格局，怎能说中国没有海洋文化呢？所以，黑格尔的说法显然是不符中国实际的，该片的推论也显然是片面的。于是，我们就在这种认识的驱使下，有意识地倡导珠江文化，通过300万字的大型史著《中国珠江文化史》的编写和出版，通过百余部"珠江文化丛书"的陆续出版，确立了珠江文化体系和学术体系，将珠江在中国大江大河文化中与黄河、长江并列的第三大河地位凸现出来，并将中国多江河文化的格局和特点展现出来。同时又进行系统的海洋文化研究，以发现并论证出雷州半岛的徐闻是西汉古港，将中国海上丝绸之路史推前1300多年，又以在两广海岸发现和论证出从秦汉至明清历代海上丝绸之路始发港系列及其不断兴衰的历史，编写出5篇30部800万字的"海上丝绸之路研究书系"，以及6部300万字的"中国南海文化研究丛书"，以确凿的史实和系统的理论，否定了中国"没有海洋文化"的错误说法，对于中国投入世界水文化和海洋文化大潮，以及我国的改革开放和走向世界，起到一定的促进作用。

显然，我们在这20多年取得珠江文化和海洋文化这两方面研究的主要成果及其过程，都是在改革开放的大背景下，有意识地投入世界水文化和海洋文化潮流而取得的；其中也有从中国江河文化实际，尤其是从江海一体的珠江文化实际出发的因素，可以说是一种朴素的中国特色文化意识，促使我们以这两方面的努力和成果，匡正了西方世界对中国文化的片面认识和误解，更顺当地投入水文化和海洋文化潮流，走向世界。

二、从考察珠江水系及其他大江大河源流中获得的启示

现在回想起来，在进行这两方面努力的过程中，这种朴素的中国特色文化意识虽然很粗浅，但却是坚定的并逐步提高的。我们为发现和研究珠江文化而进行田野考察的第一站，是两广交界的广东封开县和广西梧州市，这里西汉时叫广信县，后

来以此界分广东和广西,这即是"两广"省名之由来。这里又是珠江水系最大的主干流正式冠名西江之始,而其发源地是云贵高原乌蒙山脉中的云南省曲靖市马雄山。这使我马上联想到,黄河、长江两大江河,分别发源于青海省巴颜格拉山的北麓和南麓,都是出自高山的水,果真是高山出流水,无水不依山,山水相依,天下皆然。后来我们先后考察了珠江另两条主干流——北江和东江,也都如此。北江由分别发源于湖南永州和江西定南的武江、浈江在粤北韶关汇流而成,东江是江西寻乌水和定南水入粤汇合后的称谓。本世纪初我们在粤西发现南江水网,更是山中有水、水中有山,跨越两广。由此我们体会到山和水的文化是密切相依、不可分离的,中国大江大河的水皆出自高山、皆流连高山,中国地理的主要特色是有山有水、山水相连,所以中国文化的主要特色就是山水共体文化。珠江文化是中国江河文化的一部分,也当是中国特色的山水文化的一种体现,其更深更广的特质正在这里,要使其发展必须走山水共进之路的道理也在这里。这是我们在珠江水系流域的系列考察中逐步认识到的,也是我们在历时 20 多年"走万里路,写千字文,著百部书"进行珠江文化工程建设,陆续编撰出近千万字的"珠江文化丛书"尤其是大型史著《中国珠江文化史》的过程中逐步体会到的。

三、为泛珠江三角洲经济区域合作提供文化基础

回顾多年来以珠江文化理念所作的重大决策和文化领域概念,其文化内蕴和实质都是中国特色和水域特色的山水文化,都是走着中国特色的山水共进之路。例如,21 世纪初期,广东省委发出了建设文化大省的号召,我们提出以大文化和珠江文化为理念,并以此理念建设共性文化区域、进行经济文化合作的建议,受到省委领导的高度重视。随后在上海、江苏、浙江提出共建"长江经济带"的背景下,广东省委作出以珠江水系流域及其相邻省区(包括广东、广西、海南、贵州、云南、湖南、江西、福建、四川,以及香港、澳门两特区)建设泛珠江三角洲经济合作区域的决策。值得注意的是,在这个相当于整个中国南部的区域中,既以江海一体的珠江流域汇合地——珠江三角洲为中心,又有以海洋文化为主的香港、澳门,尤其是在入列的每个省区中,都有或大都是高山峻岭密布的区域,都是以珠江水系为纽带、以南岭山脉为主要根基的山地水域和文化。可见这个决策和概念的文化基础,既有江海一体的珠江文化,又有中国特色的山水文化内蕴,甚至主要是从山水共进

的文化理念而提出的。可见我们倡导的珠江文化概念和理论，本身就具有这种理念和元素，发挥了重要的作用。

四、海陆丝绸之路对接通道与"一带一路"的文化实质

2000年6月，我们在广东发现并论证出雷州半岛的徐闻西汉古港，是中国海上丝绸之路中国最早始发港之后，随即到广西贺州考察，发现并首创性地提出潇贺古道是海上与陆上丝绸之路对接通道。随后陆续发现南雄的梅关古道、乳源的西京古道、罗定郁南的南江古道、连州的南天门古道等，都是穿山越水的古驿道，都具有同等的历史和文化价值。发现和提出这些对接通道，在丝绸之路研究史上具有填补学术空白的意义（因为历来都是对海上丝绸之路与陆上丝绸之路分别孤立研究），同时也发现这种对接通道本身就具有中国特色尤其是岭南特色的山水文化实质。

2013年，习近平主席发出建设"一带一路"倡仪。所谓"一带"，是指从新疆经俄罗斯至欧洲的陆上经济带，实际是山区文化地带；"一路"是指21世纪海上丝绸之路，即海洋文化之路。可见这项伟大的倡仪本身的文化实质，就是山水文化的典型体现。近十多年来，我们响应这伟大号召，从所进行的广东省重大项目"海上丝绸之路研究书系"的全过程和取得的成果中，都深切地认识到其内涵和实质，既是海洋文化，又是中国特色的山水文化。其中"星座篇"和"港口篇"的体现特别明显。

五、从广东三大民系的迁移途径看山水文化渊源

广东的广府、客家、潮汕（福佬）三大民系，都是外来的移民，移居海外的华人华侨的人数最多。他们分别从外省迁移广东，都是从陆上或海上的古道进入；他们移居海外，也都必须经过山路、河道至港口出海。所以，无论是进入或是走出广东，都必须走跋山涉水之路，也就必然具有山水文化的渊源或元素。

20世纪90年代初期，我们在粤北山区珠玑巷，发现这是中原人入粤第一站，并由此南下珠江三角洲，发展为广府民系；后代广府人又在台山广海湾出海开发，成为海外华人华侨。广府民系这条发展之路即是山水文化之路。客家人进出广东之路也大致如此，先祖进入粤北或兴梅山区扎根，后代也走向海洋，梅县之松口就是

客家人出洋第一站,是山海相通之路,渊源同样是山水文化。潮汕民系是从福建移民广东,有从闽粤边界山区小道进入,有从海上进入,也是经山历水在潮汕平原定居,后代移民海外也是走从山通海之路,也必然具有山水文化的渊源或元素。

六、从南江文化"五最"看山水文化的核心作用和意义

自从 2004 年我们在郁南南江口发现罗定江即历史上的南江,并提出南江文化带概念以后,持续多年对其进行了多次提高文化内涵的研究开发。直到最近,我们应云浮市委和郁南县委的请求,为其从磨刀山古人类遗址的发现策划"岭南祖地"论坛,以及"南江文化小镇"建设的需要,总结出南江文化带五个"最"的优势和特点。这五个"最"的内涵,其实都是我们连年研究开发而逐步发现和论证的,只不过由于郁南"磨刀山古人类遗址与南江旧石器地点群"的发现,并被列为 2014 年中国十大考古发现之首,具有将南方人类发祥史推前 80 万年以至"改写广东远古史"的重大意义,从而使这些本有的文化内涵都具有"最"的档次和价值。同时,又由于当我们在发现云浮地域为代表的南江文化带是"最美的绿水青山生态宜居环境"的时候,习近平总书记提出树立和践行"绿水青山就是金山银山"的理念,极大地提高了自然生态环境的价值和意义,从而使其内涵的山水文化元素更凸现出五"最"的核心作用和意义。

因为山水文化首先就在优美的生态环境,"绿水青山"之所以就是"金山银山",就在于它是人类生存和发展的根基,具有决定性的意义。由于南江文化带是"最美的绿水青山生态宜居环境",岭南古人类才会在磨刀山上发祥,其遗址才能保存下来,使南江文化带成为"最新发现的古人类遗址";正因为如此,它才能在千万年前,吸引了长期在南海岛屿生存的百越族,在沿海登陆后,溯珠江而进入山区,到此栖息安居,使南江文化带成为"最老的岭南土著百越祖地";也因为如此,使南江文化带作为百越族文化的地域载体,而成为"最古的珠江主干流文化带",与体现广府民系文化的西江、体现客家民系文化的东江、体现广府与客家文化结合的北江平列,并填补了珠江水系独缺南江的"四缺一"空白,也弥补了广东民系结构只提广府、客家、潮汕三大移民族群,而忽略本地土著百越族的"四缺一"之遗憾;同时,也因此而更充分地证实我们早已发现的南江文化带是"最早的对接海上与陆上丝绸之路的古驿道"。从上可见生态环境在五个"最"中的关键性作用,更

可见其中内涵山水文化的核心作用和意义。

七、在珠江文明、珠江文派、珠江学派发展史上的哺育亮点作用

从 2016 年到 2018 年整三年时间,我们珠江文化学术团队,在佛山南海区委、区政府的大力支持下,完成了"珠江—南海文化书系"工程,以三个书链 22 册书 600 万字的著作,确立并梳理出珠江文明、珠江文派、珠江学派三大文脉的发展史。在编撰过程中,我们逐步从西樵山与南海(包括原称"南海郡"的广东全省与中国南海)的山地与江海相连一体的环境与人文历史,发现这三大文脉的逐步形成和发展的事实与进程,并且从中领悟到山水文化在其形成与发展中所起到的哺育与亮点作用。

在第一书链"珠江文明灯塔书链"中,我们从西樵山及南海在珠江文明发展史上产生重大影响的八个遗址或史迹,概括为"珠江文明的八代灯塔",是依据每个遗址或史迹内涵的历史文化,都是其所在山水人文环境的哺育而滋生和发展的,都在其产生的时代和此后的历史具有重大影响,都具有灯塔般的亮点作用。西樵山出土的新石器时代石器及其遗址,真实的存在年代距今 8000 年以上,是珠江三角洲以至华南地区年代最早的一个,所以称之为"珠江流域从野蛮到文明航程中的灯塔",是新石器时代初期的人类智人与江海文明标志的第一代;第二代是秦汉时期南海郡制开始的封建文明;第三代是东晋时期的道教、佛教与养生文明;第四代是唐宋时期的村落、移民与农耕文明;第五代是明代的理学、书院与学术文明;第六代是明清时期的桑基鱼塘与生态文明;第七代是清代的丝绸机器与工业文明;第八代是晚清时期的"经世""维新"文明,即南海的朱次琦和康有为两师徒,先后倡导的"经世""维新"文明。以上是清及清以前的八代珠江文明史,辛亥革命以后,珠江文明的亮点则转移并扩散了,大有群星灿烂之势。在我们梳理出的以西樵山及南海为轴心的八代文明中,山水文化所起到的哺育与亮点作用是很明显的。

在第二书链"珠江文派与记住乡愁书链"中,我们从纵横两方面以代表性的作家作品,确立并体现珠江文派发展史上各个时代的特点和进程。如在《珠江文流》中以梁启超等人作品体现近现代时期状况;在《珠江文典》中以欧阳山等人作品体

现当代新中国成立时期状况，在《珠江文粹》中以陈国凯等人作品体现当代改革开放初期状况，在《珠江文潮》中以张欣等人作品体现当代改革开放近期状况，分别以三代人作品体现新中国三个时代及其发展进程。同时以《珠江诗派》和《珠江文评》分别展现诗歌创作与文学批评的百年史，又以《珠江文港》《珠江文海》从横向上展现珠江文化在港澳和海外辐射状况。此外，还以《珠江民俗》《珠江民歌》《珠江民艺》从根向上揭示珠江文化生长的民间文化土壤。整条书链都是以珠江山水的记住乡愁理念为主线串接的。

在第三书链"珠江历代学说学派——千年南学书链"中，我们梳理出历代珠江学派（千年南学）重实、重心、重新、重民、重海、重粤等"六重"特点，分别于《珠江上古学说学派》《珠江中古学说学派》《珠江近古学说学派》《珠江近代学说学派》《珠江现代学说学派》《珠江当代学说学派》等分册中，论述各个时代的代表人物、著名学说、学派或学者群，既在横向上展现了各个时代的学术风采，又在总体上以"六重"特点概括体现了千年南学的发展历程，以及其中起到主线作用的以"粤海风"为特色的山水文化主脉，与珠江文明、珠江文派发展史一样，内蕴着哺育与亮点的重大作用。

八、从珠江文化三祖圣的贡献看中国特色山水文化的意义

21世纪初，在我们开创珠江文化研究领域不久，即陆续进行为珠江文化作出开创性贡献的三位祖圣的研究，向学界郑重推出了珠江文化始祖舜帝、古代珠江文化哲圣惠能、珠江文化诗圣张九龄。当时我们作出这三大发现的依据，现在回味起来，原来都与山水文化密切相关，因此，他们作出的贡献简直就是山水文化的活灵活现。

据《尚书》《史记》载，中华民族五大先祖之一的舜帝，在他接尧帝位后，做了两件直接关系珠江流域的大事：第一件是确定"中国"的名称和版图，并"南抚交趾"，即将交趾纳入中国版图。当时"交趾"既是从海上登陆南中国大陆百越族的总称，又是其栖居的珠江流域地带的称谓，司马迁称其为"苍梧之野"，舜帝就是在岭南巡狩时"崩于苍梧之野"的。舜帝将来自海上并栖居沿海的百越族（南越）及其地带（珠江流域），纳入以山地为主的中原版图，不就是山水一体的文化理念的体现么？第二件是采取系列行政措施管理国家，其中重要一项是提倡以

音乐育人。他所用的音乐，是他在粤北山区韶石山上创造的"韶乐"。韶石山现属韶关市丹霞景区，迄今舜帝创乐遗址仍在，真是高山流水之景，诞生高山流水之乐，不就是山水文化之音么？从这两件大事可见，舜帝是珠江文化始祖实至名归，其贡献就是最早的珠江文化和山水文化的体现。

禅宗六祖惠能的佛教禅宗教派，原来是海外宗教和教派之一，经海上丝绸之路传入中国，本身即有浓重的海洋文化的特质和色彩；进入中国之后，都进入山区地带建寺传教，隐居于山清水秀的静雅环境之中，是山海文化、山川文化结合的典型体现。兴许这也是佛教中国化的一个标志吧。但更能体现惠能将佛教中国化的贡献的是他创造的禅学。禅学的理论核心是"五说"，具体是：①以"人人心中有佛"说确立禅学的本性论；②以"心动"说确立禅学的反映论；③以"顿悟"说确立禅学的认识论；④以"三无"说（先立无念为宗，无相为体，无住为本）确立禅学的方法论；⑤以"农禅合一"说确立禅学的实践论。这套哲学体系所体现的主观能动性、平民性、实用性，尤其是倡导农禅并修的"农禅合一"说，既与珠江文化江海一体特质一致，也与中国特色的山水文化相通，所以，他既是"珠江文化哲圣"，又无愧于与创造儒学的孔子、创造道学的老子并列为"东方三圣人"。

张九龄是岭南第一贤相，又是岭南第一诗人。由于这两重身份，他为珠江文化以至在中国文化史上，做了两件体现中国特色山水文化的大事。第一件事，在粤北大庾岭开凿梅关古道，对接了长江流域与珠江流域的南北交通，为中原与岭南和海外的贸易往来开通了历史上第一条"高速公路"，造福子孙万代，堪称山水文化之杰作。第二件事，他被称为"岭南第一诗人"，被尊为"珠江文化诗圣"，不仅是因为他之前岭南没有著名诗人，而且主要是他的诗开创了初唐的清新淡雅的"一代诗风"，直接影响了唐代著名的以王维为首的"山水诗派"；还在于他的诗，尤其是名句"海上生明月，天涯共此时"，典型地体色现了珠江文化的海洋性、包容性、共时性的特性与风格，还高度地体现了中国特色山水文化的特质和风韵。

从上可见，我们这个团队研究开发珠江文化的漫长历程和主要成果，可以说是"纵论珠水数千年，畅游南溟九万里"，既达到了确立江海一体的珠江文化体系之目的，又实现了以史实匡正西方学界对中国文化误解之初衷，并取得了对中国特色的山水文化有了逐步的认识和领悟的良好效果，是很值得的。现在正值建设中国特色

社会主义新时代,我们应当一如既往,持续不懈,为研究开发中国特色的山水文化和中国特色的社会主义文化作出新贡献。

谢谢大家!

2020 年 12 月 20 日补写,2021 年中秋节后再补写

中国特色山水文化的概念、底色、源流和发展

党的十八大以来，以习近平同志为核心的党中央，高度重视生态文明和山水文化，尤其是习近平总书记近年连续发出的"绿水青山就是金山银山""江山就是人民，人民就是江山"等一系列醒世金言，极大地提高了生态文明和山水文化的价值和意义，使具有数千年传统的中国特色山水文化更加凸现其历史和现代价值，在习近平建设中国特色社会主义新时代的各项建设（包括提高"文化自信"）中，焕发新的时代光辉，更进一步形成了中国特色山水文化和生态文明的源流和体系，成为中国特色社会主义建设中的有机组成部分，亟须深入学习贯彻，向海内外大力宣传推广。

一、中国特色山水文化的概念与底色

笔者现在提出的山水文化的概念，不是当今流行的游山玩水的旅游文化概念，而是将其包含其中但又比其宽深万倍的概念，并且主要是探讨山水文化的中国特色，或者说是探讨中国特色山水文化的概念。之所以提出中国特色山水文化这个概念，是因为这个概念本身的依据及其内涵，都有深广而全面的中国特色。

总体而言，中国特色山水文化，就是中国人对以山水为代表的自然界的认知、适应、利用、保护、发展的观念与行为。为什么说以山水为代表呢？首先是中国的广袤国土都有山有水，自古以来，人们都生活在依山傍水、万物同生的生态环境之中，自古即有崇拜山水的观念与风俗。在中国最古的神话"盘古开天地"中，说天上的日（太阳）和月（月亮）是盘古的两只眼睛，山脉是他的骨架，水系是他的血脉。这个传说，既表明在中国人最早的观念中，天地是人神之体所变，山与水是人神之体，也是天地之体。所以山水也即是天地和人体的总称和代称。后来的神话、宗教、民间信仰，都有山可登天或修炼成仙升天，水贯天地又可入地，都称山水是万物生长之源，是人类生命生活生产之源，是自然生态的源泉和核心，是天地万象的偶像和代表，这就是中国人对山水的基本信念。可见中国山水文化概念本来

是包括自然界天地万物、人体思维的观念与行为,是浩瀚无垠、博大精深的,这是中国山水文化最大的、基本的特色,也是世界上最有中国特色、最有代表性的中国文化。

山水文化之所以是中国文化最大的基本特色,是因为整个中国的地理环境,都是以山水为主体的生态环境;国人的观念也都以山水为依托,无论是人的生命、生存、生活、生产,或者是国家民族的思想观念、治理方略、各行各业,都与山水文化息息相关,包括当今通行的生态文明、生态文化等词汇及其含义,都在中国特色山水文化概念之中。

中国特色的山水文化概念,有自然性和社会性两方面的内涵或属性。

自然性方面,是指包括气候、水土、地理在内的生态环境。因为中国大多数地方都以山水为主要的地理条件或元素,所以一般都称各个地方的生态环境为山水。俗称"风水"一词,本是堪舆学(风水学)中用词,其"风"所指是"山风",也即是山与水的自然生态概念。俗话说"一方水土养一方人"即是此意。

社会性方面的山水文化概念,是指人文生态环境,包括每个地域的政治、经济、文化等各方面的社会条件和元素。所指的地域环境,可以是一个国家、民族或是其他有一定社会性之地域,故有江山、河山、山河等称谓,实则都是人文性的山水文化概念。

具有这两方面内涵或属性,便产生了自然山水文化和人文山水文化两种文化。这两种文化的词语,在不同场合下分别使用,因所用场合不同而词义有异;但往往是将两方面内涵或属性同时寓于一词之中,小至每个家庭住宅、家园、小区、新村,如现在通行的"绿水青山宜居小镇",就是两方面兼具的山水生态环境。大到国家民族的领土、版图、疆界,如杜甫诗"国破山河在",苏东坡的"江山如画",岳飞的"还我河山""待从头收拾旧山河",文天祥的"山河破碎风飘絮"等,都是自然山水文化和人文山水文化两种文化融于一体,又是以国家民族的人文内涵为主体的名言名句。

从国家民族的人文内涵为主体的山水文化概念而言,又有实体性寓意和虚拟象征性寓意两方面或两种文化内涵性能。实体性寓意是人受自然山水的形态与性能所促使而赋予其文化特性,古语云:"近山则诚,近水则灵",是依据山的庄重而称其"诚",因水流动变幻而称其"灵";刘禹锡说"山不在高,有仙则名;水不在深,有龙则灵",是依据神仙修炼山中得道升天,赋予山有神仙的仙性;水的动态似龙,故赋予水有灵性寓意。

虚拟象征性寓意的山水文化概念，主要是人受山和水的形态与性能的启发，升华出既与其相似而又远远超出其形态与性能的意识形态寓意，如山文化、水文化、江河文化、湖泊文化、海洋文化、山河文化、山海文化、山水文化等概念。

这两种山水文化概念，因性质相同，通常是混用或通用的。但前者主要通行于对事物的灵性比喻，后者则主要用于地域或领域文化范畴和理念，包括国家民族以至各行各业各地方的文化性质、定位、理念、传统、战略等。

根据以上对中国特色山水文化概念的理解，本文进一步提出，丰富多彩的中国特色山水文化的底色是："山水一体的生态，天人合一的理念"；两者互生互长，相互体现，即生态生长理念，理念寓于生态之中，水乳交融，相得益彰。因为山水是自然界之主干，是万物生长之依托；有万物的生长，山水才有生气；山水与万物相生的环境，才是自然生态环境。所以要山水与万物，尤其是与人的相互和谐生长，才是"山水一体"的生态环境。这是人的生命、生存、生活、生产的自然基础，也是人的思维、意识、思想、观念的精神基因；人务必与生态环境和谐相处，自然界的生态环境的基础和代表是自然界的天地，所以，人对自然界的观念简称"天人合一"。

作为"天地"的自然世界有其自然规律，对于人的生存都有正面和负面，无论山水、气候、陆地、海洋、生物、树林，都既有有益于人的生存的一面，又有灾害的一面；人对于自然，同样是既有促进又有破坏的正负面；而这些正负面的本身或在其前后，又有种种相反的正负面。即使如此，中国自古以来的自然观，始终都是"道法自然"。"道"即法则、规律。"道法自然"即尊重、遵循自然之道，按自然之法则、规律办事，按自然之道去利用、享受、爱护、保护、发展自然，使自然适应人的需要，而人的需要又适应自然的法则和发展。这就是中国特色的生态正负面和天人合一的传统文化源流。

中国最老的宗教——道教，是这条天人合一的自然文化源流的开创者。奠基人老子说："上善若水"，"人法地，地法天，天法道，道法自然"。这明确地把自然法则作为宇宙万物和人类世界的最高法则，指出自然法则不可违，人道必须顺应天道，人只能"效天法地"，将天之法则转化为人之准则。在中国古代占统治地位的儒家思想中，人与自然的关系被表述为"天人关系"。其代表人物董仲舒说："天人之际，合而为一。"宋代理学大家程颐说："人之在天地，如鱼在水，不知有水，只待出水,方知动不得。"这些名言都是说明"天人合一"的道理,也表明这是中国的传统山水文化的一个基本理念,是丰富多彩、千姿百态、变幻无穷的中国特色山水文化的基本底色。

二、以山水一体生态实体体现天人合一山水文化现象源流

自然山水文化即自然生态文化。在中国传统文化中,山水是自然界及其生态的总称,也是"天"或"天地"观念的代名词。所以,自古以来,自然山水文化或自然生态文化,也即"天"或"天地"的概念,自然生态与人的关系即"天"或"天地"与人的关系。这种关系同鱼与水的关系一样,鱼离开水不能生存,人离开具体的生态环境也不能生存,所以天地人是永不可分的,这就使得两者形成一种文化关系,并且成为一道始终不断的文化源流,这就是山水一体生态实体体现之天人合一山水文化现象的源流。其具体表现在下列文化现象中。

(一)考古发现的人类遗址文物以及城乡环境的文化现象

自从仰韶文化的发现而开创中国现代考古学百年以来,持续不断发现的许多旧、中、新石器时代古人类遗址及出土文物,将中国远古时代的生态环境和人文观念都展现出来了。从其地点上看,都是在山洞近水(或曾近水)之处,出土的石器工具也有水的波纹,可见从原始人开始已有山水一体的环境和观念。在进入部落时代的遗址和文物中,如南方的百越族人住的"干栏屋",多在山林溪边之地,所用陶器更多山水波纹;尤其是在青铜时代,出土的铜器多用于祭祀。珠海宝镜湾的岩画,是祭海的仪式图,更表明在这时代的人类,既有"山水一体"的生态环境,又有"天人合一"的理念。从自古以来形成的城镇乡村的环境上看,多是山水相依的地方,尤其多在江河、山海、江湖交汇之地,即使无山也不缺水,即使无水也要挖井开塘弄出水来;这不仅是生命生活之必需,而且是顺天宜人的理念。这种生态与理念融于一体、和谐相宜的城镇乡村,几乎全国皆然,可见这是一种贯通古今的文化现象,是最有普遍性的中国特色山水文化的源流。

（二）自然景区景观的文化现象

如自古"山水甲天下"的桂林，"山水甲桂林"的阳朔，纳入世界自然遗产名录的丹霞山、泰山、黄山、庐山、华山、峨眉山、九寨沟、张家界、西双版纳等，都是很有中国特色的山水名区，这些名区的优势也就是中国山水文化的重要特色之一。而且，类似的名山大川景区或景观，如"羊城八景""贺州八景"等，全国都有，比比皆是，是普遍现象，这也是一种中国特色。此外，中国宗教的寺庙多在山清水秀的自然景区中，故旅游界有"西方看教堂，中国看寺庙"的流行话，可见寺庙景区也是中国山水文化特色之一。还值得注意的是，佛教是外来数千年的宗教，已中国化了，其寺庙也大都在山水景区之中，如嵩山少林寺、五台山文殊道场、曲江南华寺、普陀山普陀寺、丹霞山别传寺等都如此。唐代诗人杜牧有句名诗"南朝四百八十寺，多少楼台烟雨中"，写的是南朝时佛教寺庙多在美景之中的盛况，可见这是古已有之的现象了，说明这既是佛教中国化的标志之一，更是中国山水文化的特色之一。

（三）水利枢纽景区文化现象

这是在充分保护自然生态环境的前提下，按人的需要和客观条件的可能，对其进行改造而成的工程性景观，是一种既能保持原有自然面貌和自然性质，又有使用价值和文化价值的山水文化现象。如李冰父子修的都江堰，秦始皇时代修的灵渠，明清时代珠江三角洲的桑基鱼塘等。新中国成立后全国大力兴修水利工程，如淮河、黄河、长江、珠江水系的灌溉工程，以及著名的十三陵水库等遍布全国的水库工程，都是普遍性的水利景观或景点，也是一种从古至今、遍及各地的中国特色山水文化现象。

（四）园林庭院文化现象

这种现象在全国尤其普遍，并有中国传统特色。这种景观包含公用与私家两种，公用的包括地方公用园林、公园和城乡景观；私家园林传统更早并影响更大，尤其是皇家贵族园林,如秦始皇的阿房宫,唐明皇的华清池,清朝帝王的颐和园和承德山庄,北京的圆明园和恭王府,《红楼梦》中的大观园,苏州的忠王府,广东的"四大名园(番禺余荫山房、东莞可园、佛山梁园、顺德清晖园),以及珠海陈芳、唐绍仪故居庭院等,都是驰名古今中外的园林庭院景观,都是中国特色山水文化的园林代表作。这种传统山水文化特色及其源流,在当今更加普及并有更大更高的发展,具体表现在全国乡镇的住宅小区都有园林或藏在山清水秀的园林中,能与上述名园比肩甚至有过之无不及的现代园林庭院也层出不穷了!这种现象,使得山水园林文化的中国特色更突出地显现出来!

(五) 陵园墓地文化现象

这也是一种很有中国特色的山水园林文化现象。如果说前述是"阳宅"山水园林文化现象,那么这种陵园墓地景观或景点则是"阴宅"建设工程。过去的皇帝往往从登基时即开始建造死后埋葬自己的坟墓,生时是住天上人间的宫院,死后埋在地下则是阴间的住宅。阳间的住宅讲"风水",死后的墓地也是能使自己继续享福并使人至尊的陵园。秦始皇是开创中国封建王朝的皇帝,也是开创这种"阴宅"山水文化源流的鼻祖,西安的兵马俑是他的陪葬品,早被公认为"世界第八大奇迹";最近发现其"阴宅"陵墓占地达数十平方公里,与他的"阳宅"和"阿房宫三百里"(《红楼梦》语)不相上下。女皇武则天陵地达数座山头,清王朝的皇陵遍布北京郊外的风水宝地。这些封建统治者生前统治人民,死后仍企图保持自己的统治地位,显然是荒唐而卑鄙的;但其陵墓的文物和文化是人民创造的,是极其珍贵的文化和财富。至于自古民间留传下来的殡葬习俗和墓地及其遗物,则是一种很有人性和文化意义的精神与物质遗产,是山水一体的生态环境、天人合一传统山水文化源流的体现。现在党和政府推行殡葬改革,提倡火葬、水葬,这是时代需要的现代化举措,是山水文化现代化的一种体现。革命烈士和革命先驱,尤其是革命领袖的陵园墓地,则是革命的纪念圣地,更是革命山水文化的光辉标志。

三、以山水一体生态形象再现天人合一山水文化境界的源流

这道文化源流,其实是以天人合一的理念,对山水一体的生态进行文化形象创造,再现山水文化艺术境界的文化传统。这种传统与源流贯穿古今各种文学艺术领域,尤其鲜明突出地体现在各种体裁、各个时代经典作品所再现的山水文化艺术境界,具体表现如下。

(一) 神话传说中的艺术境界

从中国古代文学作品的文化形象发展史上看,古典文学的文化理念始终是以天地人一体为主线的。如最早的神话故事都是天地人一体的,都是在出现问题的时候相互纠缠的故事。如《女娲补天》是天崩了一角,女娲在地上炼山石来补天;《夸父追日》《羿射十日》是因为天太热,人才要追太阳、射太阳;《嫦娥奔月》是嫦娥偷吃了仙药逃到月亮上避难。问题解决了,天地人就和谐一体了,这就是天人合一的艺术境界。这些神话传说的文化境界就是天人合一理念的体现,是这种山水一体生态形象再现天人合一艺术境界的中国特色山水文化源流的启端。

(二) 古典诗词中的艺术境界

历代古典诗词承传这条山水一体生态形象再现天人合一艺术境界的文化源流,更是有增无减:屈原的《天问》是人与天在山水一体生态形象直接对话,也是一个天人合一的境界;王勃在滕王阁同"落霞与孤鹜齐飞",化入"秋水共长天一色"的山水一体生态形象和天人合一的艺术境界中,完美至极;李白"举杯邀明月,对影成三人",在月下共饮,是山水一体之生态美景,又是天人共醉之境;王维在竹里馆"独坐幽篁里,弹琴复长啸。深林人不知",连"明月来相照"也不知晓,既是闲情独我之处,又是极致的"无我之境";刘禹锡在陋室中发现"山不在高,有仙则名;水不在深,有龙则灵",苏轼"把酒问青天",并"欲乘风归去"而"起舞弄清影",感到"何似在人间",还以为是到了天上;等等。这些都是在山水一

体中写出了天人一体的超脱境界。

(三) 散文游记中的艺术境界

流传千古的散文游记名篇,无不是创造出山水一体并天人合一的艺术境界而名垂千古:庄子的《逍遥游》,写出了"鹏……抟扶摇而上者九万里"之境;陶渊明的《桃花源记》,创造了"世外桃源"之境;至于韩愈《祭鳄鱼文》、柳宗元《小石潭记》、范仲淹《岳阳楼记》、王羲之《兰亭集序》、姚鼐《登泰山记》等,莫不是因为写透了山水一体的美景和天人一体的哲理,使景点和文章都名扬天下。可见自古都有一条以创造山水一体并天人合一艺术境界为主体的散文游记源源不断,遍及神州。

(四) 长篇小说中的艺术境界

明清是中国长篇小说兴盛繁荣时代,人们都将小说只作为故事来读。其实,著名的长篇小说都不仅写有天人一体的环境和故事情节,而且大都着墨描写山水一体的美景,创造出天人合一的艺术境界。《西游记》写唐僧到西天取经,孙悟空从花果山大闹天宫,一路与妖魔鬼怪从地下打到天上,飞上飞下,潇洒自如,可谓天地人浑然一体,又都在如来佛祖的五指掌心之中。《聊斋志异》写的是人和鬼的故事,恶鬼爱上了人,从善报恩,上天入地,胜似亲人。《水浒传》写宋江等108条好汉,原是天罡星地煞星下凡,聚义山清水秀的梁山泊造反,大旗写的是"替天行道",真是天地一家。《三国演义》的主题是"滚滚长江东逝水,浪花淘尽英雄,是非成败转头空,青山依旧在,几度夕阳红",虽然主要是写历史的真实故事,但也写有不少上天入地、山水一体的情节情景,如诸葛亮借东风大破曹军,关羽被砍掉头还在天上大叫"还我头来!"。《红楼梦》写的是天上太虚幻境《金陵十二钗册》中的仙人,下凡美景如林的大观园,享受荣华富贵,谈情说爱,寻欢作乐,仍是有"遮不住的青山隐隐,流不断的绿水悠悠"般的"新愁与旧愁";薛宝钗要"好风凭借力,送我上青云"排解,林黛玉则"愿奴胁下生双翼,随花飞到天尽头",都往天上飞。可见整部小说都是写金陵十二钗,从天上到地下人间折腾一番后,又回到天上的一场"红楼梦",堪称描写山水一体、天人一体境界的最高杰作。

（五）民俗民艺与戏曲中的艺术境界

在自古流传的民俗和传说中，山水一体、天人合一的传说故事和节日习俗，年年皆过、童叟皆知；而且一个个故事和佳节，都是一个个山水一体的形象中再现的精彩迷人之艺术境界。如清明上山祭祖，已入地下又升天上的先人，在"雨纷纷"的天气和心灵中，与"路上行人欲断魂"相遇的情景和境界；七巧节七仙女下凡与凡人相配，牛郎织女在天上走过喜鹊连成的天桥相会的情景和境界，梁山伯与祝英台生前不能成婚，死后也要在坟中化为蝴蝶双双飞……还有更深文化底蕴的是，每年有上元、中元、下元三个"元节"，都是山水文化的民俗。上元节是农历正月十五日，与元宵节同时，是拜"天官"赐福；中元节是农历七月十五日，是求"地官"驱邪保平安；下元节是农历十月十五日，是祀"水官"治水消灾。更有意思的是广州市有个"三元宫"，对这三个"元节"习俗作了更深远的阐释。宫中祭拜的是开创中华民族的三位鼻祖尧、舜、禹，"上元大帝"尧的生日是农历正月十五，"中元大帝"舜的生日是农历七月十五，"下元大帝"禹的生日是农历十月十五，使这三个"元节"的习俗分别具有祭拜"开天"（尧）、"辟地"（舜）、"治水"（禹）三祖并拜天、地、水的寓意，使这三个"元节"的习俗及宫中的神像，具有更深厚的传统山水文化内涵和文化形象。这些千古流传的习俗和故事，无不是山水一体生态形象再现天人一体艺术境界，以这些传说改编的著名戏曲《天仙配》《牛郎织女》《白蛇传》《梁山伯与祝英台》等同样如此。这不就是中国特色山水文化的活灵活现么？

从上可见，山水一体生态形象再现之天人合一山水文化境界的源流和传统是普遍而源远流长的。

四、以对称统一的生态规律凝现天人合一山水文化的科学源流

自然界的生态现象，无论是天象、地象，或是人象、物象，都有独自的生命和生存空间，其本身构成因素，以及与其他事物之间，都有或在一定条件下，产生既保持自身独特性，又与相关元素或事物的联结关系，或者组成相对固定的整体，这

就是对称（对立）统一关系或整体。如天象，有日与月、昼与夜、晴与阴、阳与阴、寒与暑等；地象，有山与水、江与海、陆地与海洋、平原与盆地等；人象，有男与女、老与少、高与矮、胖与瘦、美与丑、好与坏、生与死等；物象，有动物与植物、生物与死物、雄性与雌性、飞禽与走兽等：都是自然生态的对称（对立）统一关系。这些本来都是自然界自发的生态现象，人逐渐地认识、适应和利用它们的过程中，逐步总结出这种对称统一生态规律；同时又逐步由此而产生一定的理念，去持续发现和运用这一规律，并且形成掌握这条规律的科学和传统文化源流。这个过程本身也即是自然现象与人的理念对称（对立）统一过程。中国人很早已发现并运用这种自然现象和规律，并且早已形成并发展对称统一的生态规律凝现之天人合一山水文化科学源流。

（一）节气与农历体现的中国式对称统一的农学传统

中国最有代表性的农学，是农历所划分的二十四节气，即：立春、雨水、惊蛰、春分、清明、谷雨、立夏、小满、芒种、夏至、小暑、大暑、立秋、处暑、白露、秋分、寒露、霜降、立冬、小雪、大雪、冬至、小寒、大寒。节气起源于春秋时代黄河流域，开始是农人定出仲春、仲夏、仲秋和仲冬四个节气，以后不断地改进与完善。到秦汉年间，二十四节气已完全确立。公元前104年，由邓平等制定的《太初历》正式把二十四节气定于历法，明确了二十四节气的天文位置。二十四节气是指中国农历中表示季节变迁的24个特定节令，是根据地球在黄道（即地球绕太阳公转的轨道）上的位置制定的，每一个节气对应于地球在黄道上每运动15°所到达的一定位置。二十四节气，始于立春，终于大寒，周而复始，既是历代官府颁布的时间准绳，也是指导农业生产的指南针、日常生活中人们预知冷暖风雨的寒暑表，是中华民族劳动人民长期经验的积累和智慧的结晶。这些节气本身都是有对称统一生态规律的，如立春立秋、立夏立冬、小暑大暑、小寒大寒、春分秋分、白露寒露、处暑霜降等对称统一关系。这些节气的划分和以此制定的农历，是华夏祖先历经千百年的实践创造出来的宝贵科学遗产，是反映季节气候和物候变化、掌握农事季节的生态规律，是最有中国特色的农学和气象学传统。

（二）儒学、道学、禅学凝现的中国式对称统一的哲学传统

中国最有代表性的哲学，是孔子的儒学，其核心是"仁"，意即人与人之间和谐一致；崇尚的是"中庸之道"，即万事皆对称（对立）统一。孔子说"智者乐水，仁者乐山"即是此道。早已名扬四海的老庄哲学的核心是对称统一的辩证思想。《老子》第一章云："天下皆知美之为美，斯恶矣，皆知善之为善，斯不善已，故有无相生，难易相成，长短相形，高下相倾，音声相和，前后相随。"《老子》第十四章云："复归于无物，是谓无状之状，无物之象，是谓惚恍。"庄子《齐物》篇云："彼出于是，是亦因彼。""是亦彼也，彼一是也；彼亦一是非，此亦一是非，是亦一无穷，非亦一无穷。"这些论述都是对称统一辩证法思想。

将外来佛教中国化、被毛泽东称为中国佛教创始人的六祖惠能所创造的禅学也是如此。在《六祖坛经》中记有他创造的"三十六对法门"："外境无情五对，天与地对，日与月对，明与暗对，阴与阳对，水与火对。此是五对也。法相语言十二对，语与法对，有与无对，有色与无色对，有相与无相对，有漏与无漏对，色与空对，动与静对，清与浊对，凡与圣对，僧与俗对，老与少对，大与小对。此是十二对也。自性起用十九对：长与短对，邪与正对，痴与慧对，愚与智对，乱与定对，慈与毒对，戒与非对，直与曲对，实与虚对，险与平对，烦恼与菩提对，常与无常对，悲与害对，喜与嗔对，舍与悭对，进与退对，生与灭对，法身与色身对，化身与报身对。此是十九对也。"并且指出："此三十六法，若解用，即贯通一切经法。"这段精辟理论是充满辩证法的，它不仅是贯通禅学的辩证法，也是认识宇宙和人生万象的辩证法。

从上可见，儒学、道学、禅学凝现中国式对称统一的哲学传统。

（三）古式庭院与桥梁建筑呈现的中国式对称统一的科学传统

中国的古典建筑，无论是亭台楼阁或是寺庙庭院，无论是北方或南方，都极其讲究在对称中统一、在统一中对称的结构和布局的科学。如北京的四合院、广州的西关大屋，都是由东南西北、前后左右的屋宇或房间构成，既各有独立性，又相互

有对称性；既相互分离，又统一为整体。每座院落如此，每个独立屋宇（包括亭台楼阁寺庙）的内部结构也必须对称统一；室内厅堂的陈设也都如此：厅堂中央摆有祖先遗像或福匾，两旁必挂对联或对称性画屏，中设主桌，两侧设椅对称；屋门或厅门的左右门扇有"文丞""武卫"（或其他图像）对称，门外两侧挂上对联，上有横批。每座庭院的里里外外、前前后后、左左右右、大大小小都无不是对称统一。更值得注意的是遍布全国城乡的石拱桥建筑，包括北京颐和园的十七孔桥，尤其是著名唐诗《枫桥夜泊》所写的"夜半钟声到客船"的苏州寒山寺的枫桥，都是不用桥墩而只用对称的石块砌成的拱形石桥，真是集艺术与科学大成的杰作，更是中国式的对称统一科学传统的代表作和标志。中国自古有如此光辉的建筑科学传统，可见当今中国高铁和桥梁建筑具有世界第一之荣誉，不是偶然的了。

（四）对联与律诗体现的中国式对称统一的文学传统

对联，又称楹联，是中国特有的一种传统文学形式，是一种广泛而经常使用的艺术，逢年过节、红白之事、庭院景区、迎来送往，都要创作和使用它，简直无处不可用，也几乎无人不可写之。确实，浅易之作不难，但真正符其格律要求和达到较高水平则不易。所谓对联，名称本身即有规范对称和统一（即"联"）之意。其规范是要求词义、文字、音节等之对称统一，更高的要求还有内涵的词字属性与境界对称统一。据说，乾隆皇下江南时，杭州知府请他出对联考两个秀才谁的才高，乾隆出的上联是"烟锁池塘柳"，要两秀才接对下联。第一位上来的应试者听题后，沉思苦想良久，答不上来，即被撵退。第二位上来的应试者听题后，当即跪地答曰："禀告皇上，此乃绝对。"乾隆即定这位应试者才居第一。知府询问乾隆，为何仍是未作下联而定其才高？乾隆说，"绝对"是不能应对之意，因为上联五字之字义属性是"火金水土木"，"烟"字属"火"，但在上联所用"烟"的字义代指迷雾，是水的属性，可见上联字表的属性符合"金木水火土"五行，但实际字义却不符。这位应试者很快看出这个奥妙，所以他比前者才高一等。这个事例说明了对联艺术的深度。

再就是境界的对称统一，现以著名的岳阳楼楹联为例：

一楼何奇，杜少陵五言绝唱，范希文两字关情，滕子京百废俱兴，吕纯阳三过必醉。诗耶？儒耶？吏耶？仙耶？前不见古人，使我怆然涕下。

诸君试看，洞庭湖南极潇湘，扬子江北通巫峡，巴陵山西来爽气，岳州城东道岩疆。渚者，流者，峙者，镇者，此中有真意，问谁领会得来？

这副长联，上联是写岳阳楼的名史，下联对的是岳阳楼所处中枢地理位置，均在分别写出史与地的特点之后，以对人文和地理超脱的方法，进入高一层境界。上联是以四个"耶"的提问，将杜甫、范仲淹、滕子京、吕洞宾的史迹，上升到诗、儒、史、仙的思想境界；下联是以四个"者"的感慨，将岳阳楼南、北、西、东的相邻和走向，上升为具有渚、流、峙、镇等多种综合功能。最后又分别以末句的感慨和提问，再升华至更高的理想境界：上联是以"前不见古人，使我怆然涕下"之感叹，创造出目空千古的超脱境界；下联是以"此中有真意，问谁领会得来"之诘问，创造出意味无穷的超脱境界。这样，就既源于岳阳楼山水对称的景色，又以其本有的历史与地理对称的史迹赋予其文化内蕴；既以四个"者"的盛誉与四个"耶"的对称，提高其史地内涵与功能，又以前后古今对称的哲理诘问对称耐人寻味的感慨，将整座岳阳楼的景色、史地、文化、哲理内涵层层展现而又层层升华。可见这是以层层的对称超脱而创造出的具有层层超脱艺术的超脱境界，堪称中国对联中，既是山水一体和对称整体文化之典范，又是天人合一的对立统一境界的代表佳作。

格律诗也是中国特有的诗歌创作形式，古代多是五言和七言格律诗两种，还包含绝句，都具有相同的语言格律，包括文字、词义、语音（平仄）等多方面的对仗（即对称）。著名语言学大师王力教授有部《汉语诗律学》巨著，著名教授、理论家闻一多、何其芳都是倡导现代格律诗的诗人，可见从古代到现代都有格律诗传统，但其格律各不相同。古代格律的主要特点是对称（对仗）统一。如杜甫的《登岳阳楼》："昔闻洞庭水，今上岳阳楼。吴楚东南坼，乾坤日夜浮。亲朋无一字，老病有孤舟。戎马关山北，凭轩涕泗流。"全诗八句，每两句都是对称句；四对对称句，都有前后的次序，既写出从登楼到凭轩的历程，写出岳阳楼的气势，又写出当时战乱的形势；写出岳阳楼在洞庭湖中"日夜浮"的情景，又写出自己登楼有如老病乘"孤舟"的感慨，体现出自己与岳阳楼的命运，同战乱的时势一样，孤独悲凉。可见这是一种连续式的对称统一艺术，也是一种中国式对称统一文学传统的体现。

（五）书法与绘画体现的中国式对称统一的美学传统

中国通用的汉字是方块的字形，其结构即对称统一规律的体现。所以，在中国书法艺术中，无论甲骨文、钟鼎文、竹简文，或者是篆书、隶书、楷书、行书，都讲究对称统一，即使草书不太注重每字的形体规范，也必须在每幅字的整体上遵循对立统一的艺术布局。而且，无论何种文字或书体，无论怎样变幻莫测，都是在对称中的变幻，在变幻中的统一。这是中国书法艺术的规律，也是中国特有的书法美学传统和境界。

中国山水画被称为中国画的代表。此说法当是中国特色山水文化的依据之一。但中国画的美学特征，不仅只是表现在以山水为主要题材的山水画中，而是在于以中国式对称统一的美学传统和特点上。应当说，这个特点在山水画中尤其鲜明突出，这种画在画面上所绘的山水形象，尽管变化多端，千差万别，各显神通，但无不遵循着大与小、远与近、浓与淡、粗与细、疏与密、轻与重、明与暗、曲与直等之间的对立统一规律，甚至在画面上写的书法、加盖印章，都必须有机地融入这些规律之中。所以，有书法与绘画艺术统称书画之词。还有"师法自然""意在笔先""以形写神""似与不似之间""诗中有画，画中有诗"等画论，也都是中国式对称统一传统美学观的体现；即使从西洋传入的油画、版画，在中国画家的创作中，也以不同方式不同程度地体现出这种中国式美学的风格或风采，如林风眠的油画、黄新波的版画就是杰出的代表。至于每年都贴挂的年画、剪纸之类民间美术，更是这个对立统一美学传统大众化的活灵活现，年年如此，家喻户晓，万古流芳。

五、虚实相生的生态寓意升华之天人合一山水文化形态的源流

影响更深广的是第四条源流，即山与水在寓意上对立统一的传统山水文化源流。这条源流分两种类型，即前面讲述中国传统山水文化概念中所说的：实体寓意性和象征寓意性两方面或两种文化内涵与性能。前者是实体性的实寓意，后者是抽象性的虚寓意。这两种寓意性，都是分别以山和水的内涵性能及其相互关系，分别升华为两种对立统一的山水文化概念和源流。同前面所说那样，这两种山水文化概

念，因方式、性质相同，通常是分分合合、混用或分用的。但前者主要通行于对事物的灵性比喻，后者则主要用于地域或领域的文化范畴和理念。

其实，前者所说的实体寓意性山水文化概念和源流，与前面所说的山水一体和对称整体的山水文化源流也是相通一致的，只不过其寓意性有程度区别而已。

象征寓意性文化内涵性能，主要用于地域或领域的文化范畴，是一种观念性的形态和理念。以"山"与"水"两种不同的形态与性能，分别升华为两种文化观念及其相互对立统一关系的代表和体现，用于地域或领域文化范畴和理念。具体是：因山的形态峻拔庄重，往往被作为高尚威严意识的象征；由于水的性能灵活畅通，大都使人寓以灵巧通达之意念。由此，使得山与水所含的理念是对立的；但它们又是常常不可分离，或者在一定时候或条件下又是一致或相通的。这就是山与水寓意上的对立统一关系。

（一）从地域的寓意而言

例如，华南地域文化，亦称岭南文化，这是以南岭（五岭）以南之地域而得名，又有山文化的寓意；近年我们又称之珠江文化，是以珠江水系流域而取名，又有水文化之寓意。显然两种寓意是对立的。但就两者所包括的地域而言，都是华南地域，是一致的；更进而从整体都有山有水的地形条件而言，又是一致的；再进而从整个中国都是以山水文化为特色的高度而言，作为中国一部分的华南地域，最根本的还是山水文化，从而在根本点上，这两种不同寓意的文化也是一致的。所以，这就是在地域上山与水文化的对立统一关系。

（二）从行业领域而言

山，往往是农林牧业的代表，即所谓"靠山吃山"；水，则是经济商贸的象征，"以水为财""下海经商""财源茂盛达三江"等俗话即此意。在以自然经济为主体的封建社会，"万业农为本""好男不经商"，自然是重山轻水。这就是山与水的对立。在封建社会，重农轻商的文化观念长期如此。

从民间传说习俗而言，自古以来都有"穷山恶水""欺山莫欺水"等褒贬俗语。这些俗语，意味着山是善良的、可欺的，水是凶恶的、不可欺的。《愚公移山》

与《精卫填海》，正面是歌颂恒心坚毅精神，其实是讽刺不可能的痴心妄想，称移山的是"愚公"，称填海的是微不足道的小鸟。故事是称"移山"，不言"翻山"，只是"填海"，不是"倒海"，说明对山水还是有所忌讳的。总的说虽嫌"山穷"，还是重山敬山的故事为多。对水的故事也不少。著名的如大禹治水、封水神北帝、江神龙母、海神妈祖等，表面上是祭水拜水，是对水和水神的崇拜。其实这些传说习俗的内涵，是以神或以人化神而"治水"，要使其服从人的管制，实则仍是重山轻水的理念。广州越秀山上有座明代建的五层楼，取名"镇海楼"，当时越秀山下即见海，倚山镇海，正是重山轻水（治水）理念的典型体现。

（三）从思想精神领域而言

由于山的神态大有盘踞一方的气势，与帝王的统治权势与观念吻合，所以历代统治者或欲当统治者的造反者，都特别尊重山、崇拜山。据《尚书》记载，舜帝即位后每年都东祀泰山，北祀恒山，中祀嵩山，西祀华山，南祀衡山。此后历代帝王大都承传这项拜山礼仪，并对这"五岳"都各有封号，尤其对"五岳之尊"泰山的封号更多更高。这种礼仪，明显是企求永葆自己封建统治的观念的体现，是象征性山文化理念。历代农民起义领袖，从陈胜、吴广到李自成、张献忠，也大多是揭竿起义即占山为王，从山区起步打天下。所以，他们也是对山的崇拜者，是重山封山文化理念的践行者。自然，统治者与造反者不同，这正是山文化本身就有两种意识的对立统一。对山重于对水的崇拜，应该说是封建社会意识的一种体现。因为山的形态与性能具有挺拔、庄重、威严之势，具有"登泰山而小天下"之威，所以具有象征帝王的统治稳固持久之寓意；同时，这种形态和气势也包含着"坐山自大""固步自封"的负面。应该说，这也是中国长期封建社会所造成和体现的一个重要文化源流和影响。

另外，我国自古也有崇拜和尊重水的理念，如老子《道德经》说"上善若水"，即有水利万物、水通万通、灵活应变、与世无争的理念；许多流行至今的说水谚语，如"五湖四海""海纳百川"等，都有宽宏大度、有容乃大的寓意，可见水寓意也有正能量。

以上四条文化源流和传统，也可以说是中国传统山水文化的特点和方式。自古以来，在各个历史时代，随着社会的发展，在其内涵、性质、方式和寓意性等方面都会既有传承又有新的发展变化。现今建设中国特色社会主义新时代更是这样。

六、中国特色山水文化在新时代，以新的理念和新的底色，焕发了新的时代光辉，并以新的姿态和新的方式走向世界的新发展

2012 年 11 月，党的十八大从新的历史起点出发，做出大力推进生态文明建设的战略决策，从 10 个方面描绘了生态文明建设的宏伟蓝图。大会报告指出："建设生态文明，是关系人民福祉、关乎民族未来的长远大计。面对资源约束趋紧、环境污染严重、生态系统退化的严峻形势，必须树立尊重自然、顺应自然、保护自然的生态文明理念，把生态文明建设放在突出地位，融入经济建设、政治建设、文化建设、社会建设各方面和全过程，努力建设美丽中国，实现中华民族永续发展。"

从这一决定可见，以习近平同志为核心的党中央早就高度重视这项长远大计，将其作为新时代中国特色社会主义建设的有机组成部分，在各项建设中都将这长远大计纳入其内，又以这项使命融入各项建设，发挥相互促进的作用。尤其是在习近平总书记亲自提出和领导的这个时期的治国理政国家大计中，既在每项大计中突出其中心任务，又将这项长远大计纳入其中，置于重要位置；既作为每项国家大计的有机组成部分，起到促进中心任务的作用，又使这项长远大计获得更大的发展；同时，又使这项长远大计在理论和实践上，既承传了中国特色山水文化数千年的优良传统与源流，并以建设中国特色社会主义思想和需要进行新的发展，输入新的血脉，以新的理念和新的底色焕发了新的时代光辉，以新的姿态和新的方式走向世界。

（一）以新时代高度弘扬"山水一体，天人合一"山水文化传统

2013 年，中央首次召开城镇化工作会议，习近平总书记即发出号召，要求城镇化建设必须让居民"望得见山，看得见水，记得住乡愁"。这个号召，是在明确保证全国现代化建设与中心任务的前提下提出的，同时明确地将这项长远大计纳入其中。这个号召所称的"望得见山，看得见水"，即是以"山水"代称的自然环境，

要求"望得见"和"看得见"山水，即保护自然环境之意；"记得住乡愁"中的"乡愁"，是指乡情或乡恋，这是中国人特有的对故乡的情感和民族本根文化意识，是与对故乡山水和乡亲的思念和民族感情联系在一起的，包括自然环境和人文环境，要使人"记得住"，即必须加以保护之意。值得注意的是，这是党的十八大以来，习近平总书记关于生态文明和山水文化的首次号召，而且首次以"山水"代称自然生态，并注重自然环境与人文环境的融合，显然与山水一体的中国特色山水文化的生态基础传统完全一致，但又以新时代高度融入了现代化的观念与时代光彩。

  2018年5月18—19日，全国生态环境保护大会在北京召开，习近平总书记在会上发表重要讲话，指出："中华民族向来尊重自然、热爱自然，绵延5000多年的中华文明孕育着丰富的生态文化。""中华文明历来强调天人合一、尊重自然。""天人合一"是视天地万物人为一体的思想。在中国古代文化中，人与自然的关系被表述为"天人关系"。董仲舒说："天人之际，合而为一。"季羡林先生对此解释道：天，就是大自然；人，就是人类；合，就是互相理解，结成友谊。在儒家看来，"人在天地之间，与万物同流"，"天人无间断"。也就是说，人与万物一起生灭不已，协同进化。人不是游离于自然之外的，更不是凌驾于自然之上的，人就生活在自然之中。程颐说："人之在天地，如鱼在水，不知有水，只待出水，方知动不得。"即根本不能设想人游离于自然之外，或超越于自然之上。"天人合一"追求的是人与人之间、人与自然之间共同生存，和谐统一。"道法自然"是自然之道。《老子》第二十五章说："人法地，地法天，天法道，道法自然。"把自然法则看成宇宙万物和人类世界的最高法则。老子认为，自然法则不可违，人道必须顺应天道，人只能"效天法地"，将天之法则转化为人之准则。王弼注曰："法谓法则也。人不违地，乃得安全，法地也。地不违天，乃得全载，法天也。天不违道，乃得全覆，法道也。道不违自然，乃得其性，法自然也。法自然者，在方而法方，在圆而法圆，于自然无违也。"他告诫人们不妄为、不强为、不乱为，顺其自然，因势利导地处理好人与自然的关系。这些讲话，深刻地阐述并弘扬了中华民族传统的道法自然、天人合一的思想，这正是我们提出中国特色山水文化丰富多彩的底色，是"山水一体的生态，天人合一的理念"之源流和根蒂。

（二）以"山水共进，环山抱海"战略发挥山水文化底蕴

党的十八大结束不久，2012年12月底，习近平总书记到河北省阜平县考察扶贫开发工作，向全国发出了扶贫攻坚战的伟大号召，指出"消除贫困、改善民生、实现共同富裕，是社会主义的本质要求"。在这伟大的战略中，具有深刻的山水文化内蕴。因为中国自古以来都是山区贫困，沿海较富。这种山与水的差异对立现象也是中国古代经济和山水文化的传统之一。习近平总书记在10年前提出以沿海地区扶持贫困山区的伟大战略号召，并且在全国实施了两种地区之间互相挂钩政策，制定具体措施，切实执行；并要求全国各地各级政府机关和事业单位都要有具体的扶贫点，将扶贫任务及其成果作为本身职责和业绩考核要求之一。由此，在举国上下的努力下，2021年中央正式宣布全国打胜了这场伟大的扶贫攻坚战，从此全国进入小康社会，举世瞩目，被称为世界的伟大奇迹。这项伟大战略的文化内蕴是"山水共进"的思想，打破了旧的传统，是山与水之间以对立到统一并取得巨大发展的体现，也正是中国特色山水文化在习近平新时代取得的重大进展，并是具有习近平总书记所说的"社会主义的本质要求"的中国特色山水文化之重大标志。

2013年9月，习近平主席出访中亚，提出共建"丝绸之路经济带"；同年10月，习近平主席出访东南亚国家，又提出共建"21世纪海上丝绸之路"。两者共同构成"一带一路"重大倡议。这是汉武帝时先后开辟的中国对外贸易和相互交往的交通线，因中国对外贸易商品主要是丝绸，故称其为丝绸之路。习近平总书记将这项千年文化遗产古为今用，发展为新时代的对外经济、外交、文化与世界和平友好的倡议和纽带，输入了新的血脉，具有了新的性质，取得了巨大的成功。目前，参与"一带一路"倡议的沿线国家已达100多个，占了世界国家之大半。这项重大倡议的成功，意味着我国以经济为代表的各业走向世界，也包括中国特色山水文化同时走向世界。因为陆上丝绸之路经济带的路径主要是山区，其与21世纪海上丝绸之路结合，自然也是山水一体的中国特色文化的体现，而且具有"山水共进"的新血脉，同时还具有"环山抱海"的文化底蕴，因为"一带一路"倡议的核心就是通山出海，山海共进。

最典型体现"环山抱海"文化底蕴的战略，是习近平总书记提出并亲自策划建设粤港澳大湾区，即广东与香港、澳门经济合作区。"大湾"是指这三地的地理形

势是个南海的大海湾,构成"环山抱海"之格局和气势。特有意思的是2018年在这大湾的海面上建成了沟通三地的港珠澳大桥,好似勾连弓箭两头之弓线。更使整个大湾区好似一副随时蓄势可发的强势弩箭,在环山抱海中,通山出海,又山海互通。习近平总书记在大桥通车当天专程前来参加开通仪式,表明这正是以"山水共进,环山抱海"战略发挥中国特色山水文化底蕴的里程碑性的标志。

在此应进一步说明的是:位于中国南海香炉湾的珠海市,是享誉世界的生态旅游城市,是唯一入选世界十大宜居城市的中国城市,是粤港澳大湾枢纽之一、粤港澳大桥的桥头堡之一、中国南大门出海口岸之一,又是首届"山水文化与生态珠海"研讨会的创办地,所以,称其为"中国特色山水文化走向世界第一湾",名正言顺。

(三)以"绿水青山就是金山银山"金句创新山水文化的理念与形象

2013年4月,习近平总书记在海南考察时又指出,"良好生态环境是最公平的公共产品,是最普惠的民生福祉。"良好生态环境的建设绝不是一日之功,这项长远之计需要我们不断转变思想、创新理念,并持之以恒付诸行动。2013年7月18日,生态文明贵阳国际论坛2013年年会开幕式上,习近平主席提出,要"为子孙后代留下天蓝、地绿、水清的生产生活环境";2016年1月5日,习近平总书记在重庆主持召开推动长江经济带发展座谈会,作出"共抓大保护、不搞大开发"的指示。

2013年9月7日,习近平总书记在哈萨克斯坦纳扎尔巴耶夫大学回答学生问题时对"两座山"论作出进一步阐述,"建设生态文明是关系人民福祉、关系民族未来的大计。我们既要绿水青山,也要金山银山。宁要绿水青山,不要金山银山,而且绿水青山就是金山银山。"这段金句经媒体报道出来之后,高速传播海内外,家喻户晓,振奋人心。它将中国特色山水文化高度形象化,使新时代的中国特色山水文化更有中国特色和时代光辉。

2021年3月,全国两会期间,习近平总书记到内蒙古代表团参加审议,谈到要保护好内蒙古生态环境时,也特别强调在"统筹山水林田湖草系统治理"基础上,把治沙问题纳入其中,要求贯彻落实新发展理念,加快形成节约资源和保护环境的空间格局、产业结构、生产方式、生活方式,这是一个系统工程,也需要久久为功。

习近平总书记这一系列指示和金句,一再运用"天蓝、地绿、水清""山水"和"绿水青山"等美称山水的词汇,作为自然生态的同义词或代名词,而且强调要"不断转变思想、创新理念,并持之以恒付诸行动",更证实了前文所论述的以新时代高度弘扬"山水一体,天人合一"山水文化传统的特色,而且再次印证了"中国特色山水文化"就是最有中国特色的代称自然生态文化的概念。

习近平总书记的金句"绿水青山就是金山银山"具有深厚的文化内涵、辩证的哲理,并且是鲜明生动的文化形象。前文已论述过,"山水一体生态形象再现之天人合一山水文化境界源流",是中国特色山水文化的四大传统和特色之一。这一金句承传了这一源流,又具有新的思想和理念,因为体现了"绿水青山",新的现代化时代才具有"金山银山"的价值;同时又体现了在切实保护的前提下,以科学的制度和方法进行适当利用开发,"绿水青山"也可变成"金山银山"。这也是中国特色山水文化的四大源流的弘扬,但其内涵则是新的思想和理念。

(四) 以新的理念和举措使标志性文化实体焕发山水文化的时代光辉

前文论述中国特色山水文化的四大源流之首,是"山水一体生态实体源流",包括两类:一是自然景区,二是人工景区。当然,两类都有"山水一体"的生态环境,又都体现"天人合一"的理念,都是人与自然融合,都要人与自然和谐相处,相辅相成,可谓自然人性化,人性自然化。这两类传统文化实体,前者当以"甲天下"的桂林山水为首,后者当以承德避暑山庄为前茅,两者无愧是"山水一体生态实体源流"的标志性文化实体。2021年春夏,习近平总书记先后到这两地视察,以新的理念和举措使标志性文化实体焕发山水文化的时代光辉。

2021年4月25日,习近平总书记再次到广西漓江,他说:"这次来,我最关注的就是你们甲天下的山水。什么能比得上这里的生态好?保护好桂林山水,是你们的首要责任。"在漓江阳朔段,他实地了解漓江流域综合治理、生态保护等情况时强调,千万不要破坏生态环境。从青少年时期与同学结伴游漓江,到数十年后犹记湛蓝江面金鲤鱼,习近平总书记在不同场合反复叮嘱,一定要呵护漓江,科学保护好漓江，"全中国、全世界就这么个宝贝，千万不要破坏"。他还指出："漓江是属于广西人民的，也属于全国人民，也属于全世界人民，是人类共同拥有的自然遗产。我们要很好地去呵护它。"总面积达1.2万余平方公里的漓江流域内有桂林喀斯特世界自然遗产地等14处自然保护地，流域内生活着近350万人，一江清水牵动无数人心，甚至有外国元首在漓江上产生创作灵感，提笔写下优美歌词。在听取漓江流域综合治理、生态保护等情况汇报后，习近平总书记强调"再滥采乱挖不仅要问责，还要依法追究刑事责任"。从这一系列指示可见，习近平总书记以新时代和世界的高度，评价桂林山水的"金山银山"价值，要求以科学的严厉的举措保护治理这片举世无双的"绿水青山"桂林山水，恢复并永远保持"江作青罗带，山如碧玉簪"的美景面貌，从而使"桂林山水甲天下"的"甲"不仅是"山水一体的生态，天人合一的理念"为底色的中国特色山水文化自然实体源流之冠，又是中国山水和中国特色山水文化享誉世界，并使世界聚焦中国山水及中国特色山水文化之首要标志。

  2021年8月25日，习近平总书记来到河北省承德市的承德避暑山庄。这个山庄始建于清康熙四十二年（1703），营建历时89年。山庄大体可分为宫殿区和苑景区两部分。利用避暑山庄内丰富的自然景观和复杂多变的地形特点，将山庄建成了一个缩略的中国版图。山庄集中国古代造园艺术和建筑艺术之大成，是具有创造力的杰作。它撷取中国南北名园名寺的精华，仿中有创，其中以"康乾七十二景"最为著名。自然天成地就势，不待人力假虚设。作为世界文化遗产，避暑山庄是人与自然的完美融合，是中国统一多民族国家形成的重要历史见证。过去是为封建王朝至高无上的皇帝避暑而建，但实际是人民所建，是人民创造的财富，是人民智慧和劳动的结晶，现在已是人民的文化遗产。这片自然与人工浑然一体的景区，既是山水一体天人合一的中国特色山水文化实体源流的标志，又是对称统一文化形象创造源流的经典性代表作。习近平总书记专门到此围绕文化遗产保护传承课题进行实地调研，要求以新的理念和举措对其进行保护和利用，说明这个景区和这个课题也与桂林山水一样，是要使这标志性文化实体焕发中国特色山水文化的时代光辉。

（五）在民族母亲河的"人与自然共存的现代化建设"中使山水文化全面开花

万里长江是中华民族最大的母亲河，很早就受到习近平总书记的高度重视。他时时心系长江，先后多次赴长江沿线考察，看化工企业搬迁、非法码头整治、污染治理，了解航道治理、湿地修复、水文站水文监测工作等。5 年间，总书记先后 3 次就推动长江经济带发展召开座谈会，推动沿江省市共抓大保护、不搞大开发。2020 年 11 月，在南京全面推动长江经济带发展座谈会上，习近平总书记强调，"要把长江文化保护好，传承好、弘扬好，延续历史文脉，坚定文化自信"。

黄河是中华民族发祥的母亲河。从 2019 年 8 月到 2020 年 6 月，不到 1 年时间，从甘肃到河南，从山西到宁夏，习近平总书记先后 4 次考察黄河。2019 年 9 月，习近平总书记主持召开黄河流域生态保护和高质量发展座谈会，将黄河流域生态保护和高质量发展上升为重大国家战略。他还在安徽考察淮河治理情况，在吉林考察查干湖南湖生态保护情况，在云南昆明看高原明珠滇池保护治理和水质改善情况……总书记看的是水，更是生活、生产、生态"三位一体"高质量发展的活水源头。

习近平总书记还特别关心南水北调工程。2020 年 11 月，总书记前往位于江苏扬州的南水北调东线工程源头——江都水利枢纽考察，叮嘱调水和节水这两手要同时抓。2021 年 5 月 13 日下午，他专程来到河南省南阳市淅川县，考察了陶岔渠首枢纽工程、丹江口水库等，听取南水北调中线工程建设管理运行和水源地生态保护等情况介绍，了解南水北调移民安置等情况。中国版图上，南北调配、东西互济的水网格局，是扭转东西南北发展不平衡的关键一招，可以说是"万里水网、千秋大业"。必须坚持"先节水后调水"。我们要坚持以水定城、以水定地、以水定人、以水定产，把水资源作为最大的刚性约束，合理规划人口、城市和产业发展。还值得一提的是，在南海以沙填岛工程，也是中国现代山水文化的伟大创造，具有重大而深远的时代和历史意义。

千百年来，一方面，人们总是逐水而居。在传统文化中，讲遇水则发、以水为财。另一方面，中华民族千百年来一直在和水旱灾害作斗争。一些大江大河水患多发。治海、治淮、治黄……只有在新中国成立后才变为现实。而随着经济高速发展，治污、抗旱又成为治水的新课题。用清水、排污水、抗洪水……人和水的关系，就是人与自然关系的一面镜子，映射出人类发展水平、认识水平的不断提高。古代埃及、古代巴比伦、古代印度、古代中国四大文明古国均发源于森林茂密、水量丰沛、田野肥沃的地区。而生态环境衰退特别是严重的土地荒漠化则导致古代埃及、古代巴比伦衰落。在我国古代曾经一度辉煌的楼兰文明已被埋藏在万顷流沙之下，那里当年曾经是一块水草丰美之地。

2021年4月30日，在中共中央政治局第二十九次集体学习时，习近平总书记说："我国建设社会主义现代化具有许多重要特征，其中之一就是我国现代化是人与自然和谐共生的现代化，注重同步推进物质文明建设和生态文明建设。""万物各得其和以生，各得其养以成。"尊重自然，追求人与自然的和谐是中华传统文化的重要价值取向。重塑人水关系，就是重塑人与自然的关系，事关中华民族伟大复兴和永续发展。

还值得特别注意的是，2021年10月，习近平总书记到山东省东营市的黄河入海口考察，随即又在济南主持召开深入推动黄河流域生态保护和高质量发展座谈会，可见他对中华民族母亲河文化及其所代表的中国特色山水文化的高度重视。

习近平总书记这一系列考视察和指示，必将极大地推进全国江河文化的人与自然共生的现代化建设，同时也促使"山水一体，天人合一"的中国特色山水文化全面开花。

（六）以"江山就是人民，人民就是江山"的寓意作为新时代山水文化的定性

前文说过，"江山"（包括"河山"）一词，实际与"山水"一词同义，因为前者均属山水；从词义本身而言后者更广泛，因为"水"除包含江河外，还包括海湖溪泊等，所以两词可以混用。但"山水"可以包括"江山"；也即是说山水文化包括江山文化，同时也属于作为国家代号或标志的"江山"。中国特色的山水文化概念，有自然性和社会性（或人文性）两方面内涵或属性。在习惯上，历来山水文化概念多指其自然性内涵和属性，"江山"多用于社会性（或人文性）的国家及其疆土、版图之代称，其内涵也仍具有国土、风光等自然内涵和属性，这也正是中国文化山水文化概念的基本特色，所以我们以此称谓中国特色山水文化。

2021年7月1日，在北京天安门广场举行的庆祝中国共产党成立100周年大会

上,习近平总书记在发表的重要讲话中,发出了振奋国人、振动世界的名言:"江山就是人民、人民就是江山,打江山、守江山,守的是人民的心。"这句名言所称的"江山",即"山水"一词中作为国家及其疆土版图代称之"江山"词义,并具有执掌国家政权性质之内涵,也意味着中国共产党经过百年奋斗而取得的国家政权的性质就是人民的政权。

习近平总书记这句将江山与人民融为一体的名言,既是中国特色山水文化的四大源流之一——虚实相生的生态寓意升华之天人合一山水文化形态源流的体现与弘扬,又具有极其重大的划时代意义。过去所称的"江山",是"朕即天下"的封建皇帝的江山,"普天之下莫非王土"。杜甫所说"国破山河在"之"国"是唐朝天子之"国";李后主哀叹"不堪回首月明中"的"故国",是他"雕栏玉砌应犹在"的南唐小朝廷;苏轼在赤壁称赞的如画的"江山",也只是周瑜、诸葛亮使曹操百万大军"灰飞烟灭"的英雄豪杰之"故国",而且是他"欲乘风归去"神游,其"宫阙"却是"高处不胜寒"的"故国";岳飞忠心耿耿,立志"还我河山",要"待从头收拾旧山河,朝天阙(皇帝)",结果是山河主子下十二道金牌将他处死;文天祥在南宋王朝即将崩溃的情况下,哀叹"山河破碎风飘絮",临死前仍然高唱千古流芳的《正气歌》!但是他为之付出一生和生命的"山河",主人却是个乳臭未干的"皇上"!俱往矣!人民的江山终于在今天归还人民,将封建大地主大资本家和帝国主义主宰的江山,转化为人民当家作主的江山,才能将人民与江山画上等号,这就是我们国家政权今天的本质。习近平总书记以这句名言揭示了这个本质,既指出了中国共产党和中国人民的光辉本质和取得的伟大成就,同时也为新时代的中国特色山水文化作出了以人民为中心的定性!这也即是中国特色山水文化在新时代的新特质和新底色,并且具有新姿态、焕发新光辉的根本所在。

(七)首创"共建人与自然共生存的地球家园"目标,以新的理念和新的底色,焕发新的时代光辉,并以新的姿态和新的方式走向世界的新发展

在未有"中国特色山水文化"这个名称和概念以前,其本有的内涵和底色早已走向世界,其代表性的经典早已是世界文化中的重要组成部分,如孔子的儒学、老子的道学,以及将佛教中国化的六祖惠能所开创的禅学,孔子、老子、惠能被并称

为"东方三圣人"。当今孔子学院遍天下，老子的《道德经》走进西方高等学府，六祖惠能禅学不仅再传回祖地印度，还在南洋诸国有20多个分庭，还有王阳明的"心学"被日本学界尊称为"21世纪的世界哲学"等，其内涵和影响都体现或代表着中国特色山水文化早已走向世界。

改革开放以来，中国特色山水文化更是高速地走向世界，尤其是在新时代，更以新的理念、新的方式和更宽广的途径走出国门，除"一带一路"与外交外贸和对外文化交流等之外，更多的是以国际交流和世界性会议的新方式进行并取得全球性的辉煌成果。这都是与习近平总书记高度重视、亲自领导并亲力亲为分不开的。

生态问题不仅仅是一个地区、一个国家的问题，它更是一个全球性问题。在多个国际场合，习近平主席就绿色发展发出过呼吁。2015年11月，在巴黎举行的气候变化大会上，习近平主席提出，通过科技创新和体制机制创新，实施优化产业结构、构建低碳能源体系、发展绿色建筑和低碳交通、建立全国碳排放交易市场等一系列政策措施，形成人和自然和谐发展的现代化建设新格局。生态的变化发展遵循着大自然的客观规律，"应之以治则吉，应之以乱则凶"（《荀子·天论》）。尊重自然、顺应自然、保护自然，习近平对待生态问题和谐平衡的思想正是根植于生生不息的中华文明中。

党的十八大以来，习近平总书记多次考察少数民族地区，强调全面建成小康社会，一个民族都不能少。2014年5月，在中央第二次新疆工作座谈会上，习近平总书记提出要"牢固树立中华民族共同体意识"，党的十九大又提出要"铸牢中华民族共同体意识"。

2012年党的十八大已明确提出要"合作共赢，就是要倡导人类命运共同体意识"。2013年3月23日，习近平主席在莫斯科国际关系学院发表重要演讲，首次在国际场合向世界提出"命运共同体"理念。党的十九大报告中又呼吁，各国人民同心协力，构建人类命运共同体。尤其是在2021年10月11日《生物多样性公约》第十五次缔约方大会领导人峰会上，习近平主席提出"构建人与自然和谐共生的地球家园"的伟大目标。在2021年10月底举行的二十国集团领导人第十六次峰会上，习近平主席又提出建议："团结合作，携手抗疫"，"普惠包容，共同发展"，"努力不让任何一个国家掉队"。这一系列关于国际合作的呼吁，尤其是关于"构建人与自然和谐共生的地球家园"的伟大目标，也是中国特色山水文化在建设中国特色社会主义新时代的极好机遇和伟大目标。这个首创的目标，标志着中国特色山水文化以新的理念和新的底色，焕发了新的时代光辉，并以新的姿态和新的方式走向世界的新发展，更使中国特色山水文化走向世界。

2021 年 11 月 8 日完稿于广州康乐园寓居

毛泽东诗词中的山水文化与超脱境界

毛泽东诗词是中国革命的光辉史诗,亦是他伟大一生的光辉史诗;同时,也是他作为一位卓越的伟大诗人,以中国特色山水文化和杰出的超脱境界艺术,谱写的中国革命和他伟大一生的光辉篇章。

在拙文《中国特色山水文化的概念、底色、源流和发展》中,笔者论述了丰富多彩的中国特色山水文化的底色,是"山水一体"的生态,"天人合一"的理念,其特点及其发展源流是:山水一体生态实体之体现天人合一山水文化现象源流,山水一体生态形象再现之天人合一山水文化境界源流,对称统一的生态规律凝现之天人合一山水文化科学源流,虚实相生的生态寓意升华之天人合一山水文化形态源流。这四大源流也即是中国特色山水文化的主要艺术方法和特点,在毛泽东诗词创作中都有充分地体现,并且作者进行了许多非常高明的运用和创造。

总体而言,毛泽东诗词创作始终是以"山水一体"的生态、"天人合一"的理念为底色,热烈地赞颂祖国的大好河山和人民,同时又以"移山倒海""天翻地覆"的革命精神,创造了新的山水文化形象和超脱境界。但在具体表现上,其新中国成立前后的作品有所不同:新中国成立前主要是以"山水一体"与"天人合一"的艺术体现革命斗争的进程和襟怀;新中国成立后的创作则多是以对称(对立、对比)统一与虚实相生寓意的艺术,创造体现时代发展和襟怀的"山水一体"与"天人合一"的景象和境界。

一、新中国成立前诗词中的"山水一体"与"天人合一"的艺术和境界

从1926年的《沁园春·长沙》开始,公开发表的毛泽东诗词总数62首,直接写到山水的诗词有46首,占近3/4;其他未正面写及山水的诗词,也大都有山水文化理念或底蕴。尤其是他在诗作中往往写山必写水,又往往以水写山,大都是山水寓于一体,可见其主导是山水一体的文化理念。这种理念既体现于他的诗词创作,

并且通过诗词鲜明深刻地体现了他在领导中国革命和建设进程中的"移山倒海""天翻地覆"的革命襟怀和战略。同时,他的诗词创造的都是立足当下现实的革命境界,又都是超脱当下山水的理想境界,因而在诗词的超脱境界创造上,也作出了光辉的典范。这种山水文化与超脱境界并列突出而又浑然一体之所长,也是毛泽东诗词独步青云之所在。

(一)以山水天人一体的活动生态景象,展现理想襟怀和时代风云的层层境界

这个特点,尤为出色地表现在他首篇面世的词作《沁园春·长沙》中。这首词,通篇都是以活动着的山水一体生态实体景象,展现革命情怀和时代风云的层层境界。首先表现在词的上片(亦称"段"或"阕",下同)的创作中。开篇以"独立寒秋,湘江北去,橘子洲头"作为诗的时令和视点,描写大自然活动着的山水一体生态景象。在这景象中,他主要写有色彩的活动着的山、水、鹰、鱼等"山水一体"的生态形象,这就是诗中所写的"看万山红遍,层林尽染;漫江碧透,百舸争流。鹰击长空,鱼翔浅底,万类霜天竞自由"的生机勃勃实体景象,这是他从自然景象中,以活动着的山水一体的艺术和境界,创造出的自然景象和境界。在这景象和境界中,体现了作者对祖国大好河山和大革命时代的热爱与热情。接着从这境界进一步以"天人合一"的理念超脱出第二层境界,即以"怅寥廓,问苍茫大地,谁主沉浮?"的感慨,其内涵是指前面所写的"万类霜天竞自由"景象,不仅是长沙的"橘子洲头",而是指天下(即"寥廓")、"苍茫大地"是谁主宰?也即是诘问如此红遍碧透的美丽"山水"天下,究竟是谁的"江山"?这样的景象升华和诘问,又将其艺术形象超脱出第三层境界。接着,在下片的描写中,同样也是以山水一体与天人合一的艺术和境界创造艺术形象,既是呼应又是升华地创造出层层超脱境界。这就是下片点出的"峥嵘岁月稠"境界。具体表现在:片首既以"携来百侣曾游"呼应并回到词首所写的"万类霜天竞自由"的山水一体景象,又以"恰同学少年,风华正茂;书生意气,挥斥方遒。指点江山,激扬文字,粪土当年万户侯"的景象,展现了风华正茂的书生在峥嵘岁月中"指点江山"的境界,这即是第四层境界。词的末句"曾记否,到中流击水,浪遏飞舟?"是呼应并结束词首所写山水景象的描写,又是以此将其山水景象升华为第五层,也即是全词的总体境

界,即在"峥嵘岁月"(大革命时代)所进行的如同"中流击水,浪遏飞舟"的革命活动与抱负襟怀的超脱境界。可见全词都是以山水与天人而首尾呼应并创造的层层超脱境界。

《沁园春·长沙》这首词是以"激扬文字"写出了在长沙橘子洲头的"激扬"山水与天人的生态、大革命时代和革命斗争的"激扬"生态,同时显现了作者的"激扬"的心态和全诗的"激扬"世态的境界。翌年在大革命低潮的时候,所写的《菩萨蛮·黄鹤楼》一词,则是以迷茫沉重的文字,写出了在武汉黄鹤楼的"烟雨莽苍苍,龟蛇锁大江"活动着、但却是迷茫沉重的山水与天人的生态实体景象,展现了"茫茫九派流中国,沉沉一线穿南北"的迷茫沉重时代和革命斗争的迷茫沉重世态,体现了"黄鹤知何去?剩有游人处。把酒酹滔滔,心潮逐浪高"的迷茫沉重的心态和境界。虽然两词写作的时间、实景、生态、世态、心态、境界都不同,但以山水与天人一体的活动生态手法与形象,首尾呼应描写实景、体现世态、心态的艺术技巧,以及层层超脱境界的艺术形象,都是一致的,都是中国特色山水文化传统的运用和创造。

(二) 以系列山水天人的活动生态实景,展现革命斗争的步步进程和层层境界

特有意思的是,在井冈山革命斗争时期,毛泽东先后写了11首词,既是在整个井冈山斗争全过程中的创作,又是对整个斗争过程的形象体现,是以系列的活动着的山水生态实景,对每场斗争的实况与时代形势的反映,又是以步步展现"星火"的进程而层层展现"燎原"的境界,完全可以称之为"井冈山斗争组诗"。这组诗,也主要是以山水与天人一体的艺术和境界写的革命史诗,又是运用这种传统的手法与形象创造的层层超脱境界。从毛泽东的革命史上说,是领导秋收起义后才上井冈山;从诗作史上说,他写的《西江月·秋收起义》当是"井冈山组词"的前奏曲,全词精彩地描写"军叫工农革命,旗号镰刀斧头。匡庐一带不停留,要向潇湘直进。 地主重重压迫,农民个个同仇。秋收时节暮云愁,霹雳一声暴动"的声威,为井冈山斗争揭开了序幕,同时为"井冈山组诗"写出了序诗。

"井冈山组词"第一首《西江月·井冈山》,首先描写"山下旌旗在望,山头鼓角相闻"的井冈山革命根据地正在活动着的山中实景,进而展现了"敌军围困万

千重,我自岿然不动。早已森严壁垒,更加众志成城"的山中形势和斗争形势,再进而展现"黄洋界上炮声隆,报道敌军宵遁"的斗争景况和胜利境界。第二首《清平乐·蒋桂战争》,既以"风云突变,军阀重开战。洒向人间都是怨,一枕黄粱再现",描写了军阀混战的黑暗世态,又描写了红军在这局势下,取得了"红旗跃过汀江,直下龙岩上杭。收拾金瓯一片,分田分地真忙"的辉煌景象;同时,又以红军"越过汀江"与忙于分田分地的土改运动造成的"金瓯一片"的大好形势,与"人间都是怨"的黑暗国统区形成鲜明对比,也即是以山水文化的艺术与实体形象,体现革命步步进程与层层超脱境界的创造。第三首《采桑子·重阳》,虽然写的是传统的老人节、登山节,抒发的是"人生易老天难老,岁岁重阳"的感慨。但在井冈山上过的登山节,却是不同寻常,而是"今又重阳,战地黄花分外香",是以山水文化将井冈山"战地"的实景,升华为"黄花分外香"的境界;进而更以"一年一度秋风劲"超脱出来,升华为"不似春光。胜似春光,寥廓江天万里霜"的景象和境界。第四首《如梦令·元旦》写的是新年第一天,又是节假日,但着意描写的则是红军在这一天,在"宁化、清流、归化,路隘林深苔滑"的崎岖山路上进军的艰苦实景。迈开新的一年征程,开拓"今日向何方,直指武夷山下"的新局面,进入了"山下山下,风展红旗如画"的新天地。这也是以山水文化理念和艺术创造的层层超脱境界。第五首《减字木兰花·广昌路上》异曲同工,描写红军在广昌路上进军时的山水实景,是"漫天皆白,雪里行军情更迫。头上高山,风卷红旗过大关"的进程和境界;接着再进一层战果和境界,则是"此行何去?赣江风雪迷漫处。命令昨颁,十万工农下吉安。"全过程都是山水文化的体现和境界。

  值得注意的是,在这组词中,从第六首《蝶恋花·从汀州向长沙》开始,增添了以天人合一的理念和艺术,融于山水一体的描写之中,抒写红军进军的实景,同时又是层层地从胜利到胜利的战果的境界。开篇即将红军从汀州向长沙进军誉为"六月天兵征腐恶,万丈长缨要把鲲鹏缚"的天兵擒拿反动派,进而取得"赣水那边红一角,偏师借重黄公略"的胜利,更进而达到"百万工农齐踊跃,席卷江西直捣湘和鄂。国际悲歌歌一曲,狂飙为我从天落"的宏大天人合一境界。第七首《渔家傲·反第一次大"围剿"》,也是以天人合一的艺术手法,写红军在反第一次大"围剿"中的战斗实景:"万木霜天红烂漫,天兵怒气冲霄汉。雾满龙冈千嶂暗,齐声唤,前头捉住了张辉瓒。"取得"二十万军重入赣,风烟滚滚来天半。唤起工农千百万,同心干"的伟大胜利,进入好似古代传说共工撞倒撑天的不周山,造成天崩地陷的天下形势那样"不周山下红旗乱"之天翻地覆的境界。第八首《渔家傲·反第二次大"围剿"》,"白云山头云欲立,白云山下呼声急。枯木朽株齐努力。枪林逼,飞将军自重霄入。   七百里驱十五日,赣水苍茫闽山碧,横扫千军如卷席。有人泣,为营步步嗟何及!"全词写红军在整个反围剿的战斗过程,都好似"飞将军"从山上打到山下,从天上打到地下,"横扫千军如卷席"的山水天地大战的盛况和境界。第九首《菩萨蛮·大柏地》,描写的大柏地的天地山水实景是多么美丽,雨后的彩虹"赤橙黄绿青蓝紫,谁持彩练当空舞?雨后复斜阳,关山阵阵苍。"以这样的景色体现红军在此"当年鏖战急,弹洞前村壁,装点此关山"的辉煌战绩,使得这片山水天地共一色的境界"今朝更好看"。第十首《清平乐·会昌》,描写红军每每子夜行军于深山野林中,好似行走在"东方欲晓,莫道君行早。踏遍青山人未老,风景这边独好"的境界,使得走在"会昌城外高峰"远眺,似乎群山"颠连直接东溟"的海洋。而且眼前所见,则是"战士指看南粤,更加郁郁葱葱"的前景,全词展现的是层层山水天地的远近境界。第十一首《忆秦娥·娄山关》,全词描写红军取得五次反围剿胜利后,撤离井冈山根据地进行战略转移而经娄山关时的情景和感慨,以"西风烈,长空雁叫霜晨月。霜晨月,马蹄声碎,喇叭声咽"的描写,体现了红军进军的声威;以"雄关漫道真如铁,而今迈步从头越。从头越"的过关英雄气势,更创造了"苍山如海,残阳如血"的革命山水天地境界。第十二首《十六字令三首》,可以说是对井冈山斗争的全面形象总结,其一所写"山,快马加鞭未下鞍。惊回首,离天三尺三",既是井冈山威武的山水与天人一体的地理形势实景,又是一场雄伟斗争的总体形象和境界。其二展现的"山,倒海翻江卷巨澜。奔腾急,万马战犹酣"景象,既是一场激烈战斗的缩影,又是运用以水写山的山水文化艺术创造出的"倒海翻江卷巨澜"的革命境界。其三以"山,刺破青天锷未残。天欲堕,赖以拄其间"描写井冈山的气势,既有"刺破青天锷未残"之威武,又有当"天欲堕"的时刻,"赖以拄其间"的顶天立地的气概。如此的气势和境界,堪称将整个井冈山斗争及其十一首组诗推上了史诗的高峰,也标志着将山水与天人一体的艺术达到了极致的境界。

（三）以自然山水的动态化景象，展现艰苦处境中的乐观襟怀与境界

举世皆知，红军的二万五千里长征壮举，是在敌军前截后追的情况下，在跨越赣粤云贵高原的崎岖山区、雪山草地的恶劣处境中进行的，但是，在毛泽东的《七律·长征》中，所写的极其艰难困苦的征程，却是"红军不怕远征难，万水千山只等闲"的心态和世态，将静卧不动、曲折起伏、横跨南粤的南岭山脉，描绘成"五岭逶迤腾细浪"的动态景象；接着又将盘踞云贵高原的乌蒙山脉，写出了"乌蒙磅礴走泥丸"的气势；又将流过云南山崖的"金沙江"，活化为"水拍云崖暖"的情景；进而在著名的横跨大渡河战役及其铁索桥，点化成有感世道冷漠（"寒"）的铁索桥；最后将穿越"岷山千里雪"的艰苦行军，称为使人"更喜"的乐趣，将整个千辛万苦的征程，称为"三军过后尽开颜"的境界，又是整个征程的"万水千山""尽开颜"的动态境界。这不就是以自然山水的动态化景象，展现艰苦处境中的乐观襟怀与境界么？

这首家喻户晓的《七律·长征》，其实与《念奴娇·昆仑》《清平乐·六盘山》等两首词是一组诗词，这三首诗词同于1935年10月所作，而且同是描写长征胜利后继续北上的进军征程之作，尤其是在运用山水一体之艺术与境界上的持续和升华，将自然山水的动态化景象更超脱为天人合一、改天换地的壮丽境界。在《念奴娇·昆仑》一诗中，开篇描写"横空出世，莽昆仑，阅尽人间春色"，下笔即活现了穿破天空的昆仑山高大的形象；接着又写其"飞起玉龙三百万，搅得周天寒彻。夏日消溶，江河横溢，人或为鱼鳖"，所造成的"千秋功罪，谁人曾与评说"的重大自然灾害景象，进而展示"而今我谓昆仑：不要这高，不要这多雪。安得倚天抽宝剑，把汝裁为三截？一截遗欧，一截赠美，一截还东国"的决心，实现"太平世界，环球同此凉热"的天人和谐的壮丽境界和愿望。真可谓与过去称的"大同世界"和今天要建设的"人类与自然共生存的地球家园"目标，都是异曲同工的愿望。毛泽东要将昆仑山分为三截、天下共享凉热的梦想实现的可能性很小，但其山水天人一体的文化境界是很壮丽的。同个时间写的《清平乐·六盘山》，描写红军北上抗日的神威："天高云淡，望断南飞雁。不到长城非好汉，屈指行程二万。六盘山上高峰，红旗漫卷西风。今日长缨在手，何时缚住苍龙？"也是一派"气

冲霄汉"的自然山水的动态化景象,活灵活现地表现了壮丽征程中的乐观襟怀与境界。

从史诗和诗史的角度而言,毛泽东在解放战争时期的诗作是不可缺失的。《人民文学》杂志社在前些年费尽九牛二虎之力找出的毛泽东诗词中,有两首是这个时期写的诗作。第一首是1947年写的《五律·张冠道中》:"朝雾弥琼宇,征马嘶北风。露湿尘难染,霜笼鸦不惊。戎衣犹铁甲,须眉等银冰。踟蹰张冠道,恍若塞上行。"全诗是写解放战争中陕北遭到敌军包围时段,毛泽东以迂回战术艰难行军中"须眉等银冰"的严寒情景。第二首同是1947年写的《五律·喜闻捷报》:"秋风度河上,大野入苍穹。佳令随人至,明月傍云生。故里鸿音绝,妻儿信未通。满宇频翘望,凯歌奏边城。"这是毛泽东中秋夜在河岸边散步时,喜闻西北野战军收复陕北蟠龙而作的诗,写的是在"大野入苍穹"的凄凉景况下获胜的欢欣。两首诗都是写这个时期战争处境的艰苦曲折情景。从史实上说,这场战争既是《长征》诗的延续,从诗史上来说,也是《长征》诗的续编,同样是以自然山水的动态化景象,展现艰苦处境中的乐观襟怀与境界的佳作。

(四)从"江山如此多娇"的动态风景画,到"天翻地覆慨而慷"的境界

毛泽东的名作《沁园春·雪》是1936年2月写作,1946年在国共"重庆谈判"前夕,经柳亚子先生在国统区报刊上首次公开发表的。从写作到发表相隔十年时间,分别是第二次国内革命战争胜利和抗日战争胜利后两个时期,这就意味着这首词具有同时总结两个时期斗争的重大意义,并具有体现这两个时期胜利后的时代精神和作者襟怀抱负的重大内涵的价值与作用。从更长的历史眼光上看,尤其是从山水文化艺术和境界上看,这首词又与作者在第一次国内革命战争时期(大革命时代)所写的首篇词作《沁园春·长沙》,具有前后呼应的重要作用。因为这两首词不仅使用相同词牌,创造的艺术和境界相似,更重要的是在内涵和境界上既有呼应又有重大的发展,并且将山水一体生态实景与天人合一理念的艺术和境界都推上了新的高峰。

前文已述,《沁园春·长沙》主要是以"鹰击长空,鱼翔浅底"之山水天人一体的活动生态景象,展现作者投身革命的理想襟怀和大革命时代的"指点江山,激

扬文字，粪土当年万户侯"和"到中流击水，浪遏飞舟"的英姿焕发境界。而《沁园春·雪》写的是经过第一、第二次国内革命和抗日战争洗礼后，祖国大地的壮丽风光和历史时代的风貌与前景。词题是写"雪"，上片描写的是大自然的雪景，开篇即展现"北国风光，千里冰封，万里雪飘"的动态"天象"；接着写的是"望长城内外，惟余莽莽；大河上下，顿失滔滔。山舞银蛇，原驰蜡象，欲与天公试比高"的动态"地象"；再加上"须晴日，看红装素裹，分外妖娆"的鲜艳色彩：不就是一幅"江山如此多娇"的动态壮丽风景画么？这幅风景画，与《沁园春·长沙》上片所写当年长沙橘子洲头的"万类霜天竞自由"山水天人生机勃勃的活动景象相比，不正是既有相承又更有庞大壮丽气势的"江山如此多娇"境界么？更高妙的是，在《沁园春·雪》的下片中，热烈赞颂"江山如此多娇，引无数英雄竞折腰"的同时，指出历代主宰江山的帝王，都有种种不足，"惜秦皇汉武，略输文采；唐宗宋祖，稍逊风骚。一代天骄，成吉思汗，只识弯弓射大雕"，各自都有其未能治理好江山的缺陷。进而指出："俱往矣，数风流人物，还看今朝。"这即是说，只有今天的人民大众才是真正能把江山治理好的"风流人物"。显然，这也是对《沁园春·长沙》所写的"指点江山，激扬文字，粪土当年万户侯"的呼应，以数千年中国历史和当今天时代的高度，作出了只有人民才是治理好祖国江山的真正主人的响亮应答，而且深刻揭示出必须为人民夺取江山的真谛！这样就显示出既承继前诗的"指点江山"境界，又升华为"为人民夺取江山"的超脱境界。所以可以说，《沁园春·雪》这首词，在中国革命史和毛泽东诗词创作史上，或者是在山水文化艺术和境界的发展上，都既有承前又有启后的真正的里程碑意义。

这也是在1949年解放战争取得决定胜利时，毛泽东挥笔写出的《七律·人民解放军占领南京》一诗所体现的境界。因为南京是当时国民党政权首府，是当时主宰中国"江山"的标志，人民解放军将其占领，即标志着夺取了其政权，实现了为人民夺取江山的历史使命，从而创造了"钟山风雨起苍黄，百万雄师过大江。虎踞龙盘今胜昔，天翻地覆慨而慷"，实现夺取江山的山水一体之境界，并进而以"宜将剩勇追穷寇，不可沽名学霸王。天若有情天亦老，人间正道是沧桑"的雄心和感慨，更升华为天人合一的伟大前景和境界。可见这首意味着结束解放战争的划时代史诗，同之前的《沁园春·长沙》《沁园春·雪》两首词一道，是一组反映中国新民主主义革命进程的里程碑史诗，又是一幅从"指点江山"到"为人民夺取江山"，进而实现"人民江山"之山水天人一体的境界层层递进之壮丽历史画卷。

二、新中国成立后诗词中以对称统一与虚实寓意艺术，创造的山水天人一体境界

中华人民共和国于1949年10月1月成立后，中国进入了社会主义革命建设时期。毛泽东的诗词创作，在山水文化和超脱境界的创造上也进入了新的时期，有了重大变化，其总体特点是：以对称统一与虚实寓意艺术，创造山水天人一体境界，也即是将中国特色山水文化四大传统源流融于一体，并对新中国成立前的创作有新的发展和创造。

（一）以新旧对比的寓意景象，创造"换了人间"的层层境界

新中国成立前后，毛泽东曾与革命元老柳亚子先生唱和。其中特别明显体现新时代新景象的，是在《浣溪沙·和柳亚子先生》这首词中所描写的景象和创造的境界。这是1950年国庆观剧，柳亚子先生即席赋《浣溪沙》，毛泽东步其韵而作的。这首诗，开篇即深刻地描述了旧社会"长夜难明赤县天，百年魔怪舞翩跹，人民五亿不团圆"的黑暗局面，进而以"一唱雄鸡天下白，万方乐奏有于阗，诗人兴会更无前"的光明欢庆景象，作出鲜明的新旧对比，尤其是运用"一唱雄鸡天下白"的寓意，创造了中国由此从黑暗走向光明的伟大境界。第二首是《七律·和柳亚子先生》，运用另一种意义上的新旧对比的寓意，创造新景象和境界。这就是以过去在大革命时期，与柳亚子先生在广州"饮茶粤海未能忘，索句渝州叶正黄。三十一年还旧国，落花时节读华章"，针对他当今遇到的某些烦恼，劝慰他"牢骚太盛防肠断，风物长宜放眼量"，希望他换个环境解闷，借"莫道昆明池水浅，观鱼胜过富春江"的山水环境消除烦恼。这些描写，既是深厚诚挚革命友谊的生动体现，又是一番"风物长宜放眼量"的境界。第三首是写于1950年11月的《浣溪沙·和柳亚子先生》，开篇即以"颜斶齐王各命前，多年矛盾廓无边"之句，赞颂柳亚子不听命蒋介石、与其长期分道扬镳之往事；接着以"而今一扫纪今元。　最喜诗人高唱至，正和前线捷音联，妙香山上战旗妍"，写柳亚子在新社会热烈歌颂新政权，同中国人民志愿军在朝鲜战场捷报频传那样，体现出"战旗妍"的境界，既是对柳

亚子在新旧社会的为人品格的新旧对比，也是对新旧政权的鲜明褒贬之形象对比。

毛泽东 1954 年夏天写的《浪淘沙·北戴河》，是一首以今景与史迹对比的山水景象，进而创造新境界的诗篇。词中写的今景是："大雨落幽燕，白浪滔天，秦皇岛外打鱼船。一片汪洋都不见，知向谁边？"显示的是打鱼的劳动人民，在狂风暴雨、惊涛骇浪中奋勇前进的景象。而正是在这个地方，三国时代的曹操曾进军至此，这是秦始皇和汉武帝先后到此观海、求长寿的海中小岛——碣石，是曹操在此写过《观沧海》予以非议之地，即诗中所写"往事越千年，魏武挥鞭，东临碣石有遗篇"所写的史迹。作者将这史迹与今景进行对比，指出今景与史迹的时间虽然都是"萧瑟秋风今又是"的时候，但却是"换了人间"的境界，因为此地史迹只是帝王求仙长寿的天下，而今景却是劳动人民在风浪中奋进的江山。

1958 年 7 月 1 日写的《七律二首·送瘟神》，是毛泽东"读六月三十日《人民日报》，余江县消灭了血吸虫。浮想联翩，夜不能寐。微风拂煦，旭日临窗。遥望南天，欣然命笔"而作。其一开篇所写"绿水青山枉自多，华佗无奈小虫何。千村薜荔人遗矢，万户萧疏鬼唱歌。"是旧社会时血吸虫毒害造成的悲惨景象，接着所写"坐地日行八万里，巡天遥看一千河。牛郎欲问瘟神事，一样悲欢逐逝波"的诗句，则是写血吸虫毒害之令人焦心且流传甚广，连天上银河的牛郎也受到惊动，为人间这种灾难忧心，更显得这种灾难的严重性。其二是写新中国成立后的新社会"春风杨柳万千条，六亿神州尽舜尧"，是人民当家作主的天下，具有"红雨随心翻作浪，青山着意化为桥。天连五岭银锄落，地动三河铁臂摇"的能耐，也完全可以彻底消灭血吸虫，势必达到"借问瘟君欲何往，纸船明烛照天烧"的目的。显然，这是运用前后两首对比的寓意形象，体现了新旧社会的不同景象和境界。

（二）以故地重游的山水景象对比，创造"当惊世界殊"的境界

在前文论述毛泽东新中国成立前的诗词中，已讲过《菩萨蛮·黄鹤楼》，这首词所写武汉黄鹤楼的"烟雨莽苍苍，龟蛇锁大江"的山水景象，阐述了在大革命失败后的"心潮逐浪高"的迷茫沉重的心态和世态。新中国成立后，1956 年 6 月，毛泽东故地重游，并亲到长江游泳，又写出了同一地点山水景象的诗《水调歌头·游泳》，开篇所写"才饮长沙水，又食武昌鱼"句，既是作者前往故地重游的行

程，又有将前后两词勾联对比的效果。"万里长江横渡，极目楚天舒。不管风吹浪打，胜似闲庭信步，今日得宽馀"，是展现在长江游泳中的景象和感受，又具有与前诗"到中流击水"呼应和对比的作用；进而以"子在川上曰：逝者如斯夫"的诘问，提出了这故地仍让其保持原状下去吗？下片则以"风樯动，龟蛇静，起宏图。一桥飞架南北，天堑变通途"的诗句，提出在龟山与蛇山之间创建长江大桥的宏伟计划。甚至作出"更立西江石壁，截断巫山云雨，高峡出平湖（在高山上建水库）"的设想，如果这计划和设想实现，古代传说中巫山上的"神女应无恙"的话，也必会发出"当惊世界殊"的惊讶感慨。所以，这是以故地重游的山水景象对比，创造"当惊世界殊"境界之作。

1959年6月，毛泽东重返他出生的故乡，写了著名的《七律·到韶山》，诗的开篇，即以"别梦依稀咒逝川，故园三十二年前。红旗卷起农奴戟，黑手高悬霸主鞭"的描写，回顾过去的黑暗岁月，热烈歌颂"为有牺牲多壮志，敢教日月换新天"的革命精神，创造了"喜看稻菽千重浪，遍地英雄下夕烟"的境界。全诗既是以故地重游的山水景象对比而创造境界之作，也是对故乡和故园亲人深厚感情的体现和赞颂。值得在这里特别交代的一件相关的往事是：在毛泽东这次返乡之行中，还专程到了他父母坟前鞠躬致礼，① 可见毛泽东对父母的尊敬和深情。1910年，毛泽东写了《七绝·改诗赠父亲》："孩儿立志出乡关，学不成名誓不还。埋骨何须桑梓地，人生无处不青山。"1917年10月8日，毛泽东写有祭母文，即《四言诗·祭母文》："呜呼吾母，遽然而死。寿五十三，生有七子。七子余三，即东民覃。其他不育，二女二男。育吾兄弟，艰辛备历。摧折作磨，因此遘疾。中间万万，皆伤心史。不忍卒书，待徐温吐。今则欲言，只有两端：一则盛德，一则恨偏。吾母高风，首推博爱。远近亲疏，一皆覆载。恺恻慈祥，感动庶汇。爱力所及，原本真诚。不作诳言，不存欺心。整饬成性，一丝不诡。手泽所经，皆有条理。头脑精密，劈理分情。事无遗算，物无遁形。……"从两诗可见毛泽东对父母和故乡的深情厚意，从中也可见故地重游的山水景象对比的深厚文化内涵和心灵境界。

1965年5月，毛泽东重上井冈山。前文已讲述了毛泽东在新中国成立前写井冈

---

① 据1966年4月23日《羊城晚报·花地》发表的著名作家周立波写的《韶山的节日》一文，毛泽东还在父母坟前说了"前人辛苦，后人幸福"的话。

山斗争过程的组词,达 11 首之多,可见这场斗争和写这场斗争的诗词,在他的革命生涯和诗作生涯中具有极其重要的地位。新中国成立后他重返井冈山,又同时写了两首词,更显得他的"重上"之行和诗作的不同凡响。从山水文化和超脱境界艺术上而言,他新中国成立前写的 11 首词与新中国成立后写的这两首词之间进行对比,当是以故地重游的山水景象而创造新境界艺术的第一层对比;第二层对比,则是在新作的两首词中及其相互之间的形象对比,显现出新的境界。首先在第一首《念奴娇·井冈山》中,开篇即写井冈山的原貌是"参天万木,千百里,飞上南天奇岳"。接着才写"故地重来何所见,多了楼台亭阁。五井碑前,黄洋界上,车子飞如跃。江山如画,古代曾云海绿"的新景象,这是词中首层对比;进而又写"弹指三十八年,人间变了,似天渊翻覆。犹记当时烽火里,九死一生如昨。独有豪情,天际悬明月,风雷磅礴",意思是故里虽然变了,但当年在此的遇险记忆和斗争豪情则永远不变的,这是词中第二层对比;进而创造"一声鸡唱,万怪烟消云落"的新境界。第二首词是《水调歌头·重上井冈山》,与前首既是山水景象对比,又是境界升华。开篇写"久有凌云志,重上井冈山。千里来寻故地,旧貌变新颜"。因前词已写"旧貌",故这词只写"新颜"与前词对比,以"到处莺歌燕舞,更有潺潺流水,高路入云端。过了黄洋界,险处不须看"的山水景象对应;进而又以过去闹革命时"风雷动,旌旗奋,是人寰。三十八年过去,弹指一挥间"的回忆景象,既与前句写的新景象对比,更进而创造出"可上九天揽月,可下五洋捉鳖,谈笑凯歌还"的境界,并升华为"世上无难事,只要肯登攀"的哲理。这境界和哲理,也即是对前词的升华,从而使这两首词体现了"重上井冈山"之行的重重超脱境界,体现了以故地重游的山水景象对比创造新境界的高度思想艺术功力。

(三) 以对称统一的山水天人合一境界体现人物高风亮节和崇高心灵形象

　　这个特点,最典型体现在《蝶恋花·答李淑一》这首词中。全词展现的是一个深情广阔的山水天人合一境界,又是以层层对称统一艺术,而体现人物高风亮节和崇高的心灵形象。首句"我失骄杨君失柳"中,有"我"与"君"、"骄杨"(杨开慧)与"柳"(柳直荀)的对称,又有两者都"失"(逝世)的统一;第二句"杨柳轻飏直上重霄九",则将两人统一化为"杨柳",又是"忠魂"的形象,并以

"直上重霄九"而到了天上,化成了天人合一的境界。接着描写到了天上的情形,受到了月宫仙人的欢迎,"问讯吴刚何所有",是"杨柳"对月仙的亲切问话,体现了"魂"与仙的亲密关系;"吴刚捧出桂花酒。寂寞嫦娥舒广袖,万里长空且为忠魂舞"的盛况,更体现了"魂"之"忠"也感动月仙而受崇敬与热烈的欢迎;当忠魂在天上因"忽报人间曾伏虎",知道革命胜利的消息,欢喜得"泪飞顿作倾盆雨",更显其对革命之"忠"。这段描写,既是天与人、魂与仙的对称和统一的境界,又是作者与所写人物高风亮节和崇高心灵形象的展现。从中可见毛泽东对妻子杨开慧称"骄杨"并与同是受难的革命者的"柳"(直荀)融于一体的"忠魂"的崇敬和思念,表明他对妻子与其他革命者的敬意和感情是融于一体的,但又以"骄杨"的"骄"而显示有所区别并付诸特有的深情。

这可以从近年才公开发表的两首他在杨开慧生前写的词得到印证。有意思的是,这两首词不仅体现了两人在新婚时期的夫妻深情和对革命的忘我热情,而且也是运用了对称统一的山水天人合一艺术手法和境界的体现。第一首是《虞美人·枕上》,写于1921年,与杨开慧结婚的翌年,是一首因革命需要暂时分别而写思念杨开慧情景的词。全词是:"堆来枕上愁何状,江海翻波浪。夜长天色总难明,寂寞披衣起坐数寒星。 晓来百念都灰尽,剩有离人影。一钩残月向西流,对此不抛眼泪也无由"。显然,上片是写夜间,首句所写为夜间枕上堆愁难眠的"愁",包含着对革命之愁和对新婚妻子思念之愁;称其愁状似"江海翻波浪",与下片所"晓来百念都灰尽"对称,上片"夜长天色总难明"句与下片写"一钩残月向西流"对称,而且都是山水天人形象的对称;接下来,上片写"寂寞披衣起坐数寒星",与下片所写"剩有离人影"对称,但"寒星"和"离人影"都是指杨开慧,这又是对称统一。结尾句"对此不抛眼泪也无由"更是将"夜长天色总难明"的"堆愁"推向了思念与夫妻深情的最高境界,同时,还将人物品格和心灵世界的展示推向了高峰。1923年写的《贺新郎·别友》也如此。词写的是毛泽东到广州开会与杨开慧在长沙火车站分别的情景。全词写作者自己的离情和所见杨开慧的表情,就是相互对称的过程描写。上片是写离别前夕,开篇首句"挥手从兹去。更那堪凄然相向,苦情重诉",与杨开慧的"眼角眉梢都似恨,热泪欲零还住"的表情对称;第二层是作者"知误会前番书语"造成的误解,与杨开慧"过眼滔滔云共雾"而消解,是从对称到统一;第三层是作者感叹"算人间知己吾和汝。人有病,天知否?",是进一步显示能如此消解的因由,是因为相互是人间的最知己，而且是有天也不知道的人间黑暗弊病。这又是更高一层的对称统一。下片是与上片对称的离别的场景描写，首句"今朝霜重东门路，照横塘半天残月，凄清如许。"是写分离的时间地点，与"汽笛一声肠已断，从此天涯孤旅。凭割断愁丝恨缕"所写的恋恋不舍的感慨，既是对称又是升华。进而抒发"要似昆仑崩绝壁，又恰像台风扫寰宇。重比翼，和云翥"的雄心和志向，更将全词对称统一的山水天人合一的境界，及其体现人物高风亮节和崇高心灵的形象，描写和显示得淋漓尽致，感人肺腑！

从这两首毛泽东最早创作的诗词，与他在新中国成立后所写的《蝶恋花·答李淑一》联系起来并进行对比可见，他对杨开慧不仅始终情投意合，一往情深，而且在高风亮节的人品形象和崇高的心灵境界上也是高度一致的。还值得注意的是，这三首词分别创作于20世纪20年代和50年代，相隔30余年，但在对称统一的山水天人合一艺术和境界的运用上，仍如此一致并各有创新。这种现象，既说明毛泽东诗词创作的一贯性和独特风格，也说明这是中国山水文化在文艺创作上的规律性特点的体现。同时，也可以看到这个特点在用于体现人物形象的品格和崇高心灵形象时，还具有同时创造了山水天人合一境界的艺术效果。这个效果本身，也是一种对称统一的艺术和境界。

更有意思的是，笔者从写杨开慧这三首词提出的这些发现，进一步研究毛泽东写其他人物的诗词，发现也大都具有这个特点和意义，可见其一贯性和普遍性。由近及远，先从新中国成立后的诗词说起。写于1961年2月的《七绝·为女民兵题照》，正是毛泽东倡导男女民兵化的时候，被谱成歌曲传唱，影响很大。首句"飒爽英姿五尺枪，曙光初照演兵场"，是写女民兵练兵的形象和景象；下句"中华儿女多奇志，不爱红装爱武装"，是女民兵的独特雄心和壮志，与前句对称，又是以"奇志"统一；下句写"红装"与"武装"是对称，又是以"爱"统一，从而既创造了女民兵早晨"曙光初照演兵场"的境界，又创造了女民兵"不爱红装爱武装"的人物形象。

1961年毛泽东写《七绝·纪念鲁迅八十寿辰》两首诗，前后两首之间有对称统一关系，在两首诗中也有这种关系。其一："博大胆识铁石坚，刀光剑影任翔旋。龙华喋血不眠夜，犹制小诗赋管弦。"其二："鉴湖越台名士乡，忧忡为国痛断肠。剑南歌接秋风吟，一例氤氲入诗囊。"前诗首二句，是写鲁迅的硬骨头精神，后二句是写鲁迅在1931年龙华惨案时"怒向刀丛觅小诗"的斗争精神，是诗内的对称和统一。后诗首二句是写鲁迅的故乡是越王勾践和陆游、秋瑾等忧国名士之乡，后二句是写陆游的《剑南诗稿》、秋瑾的《秋风曲》及其被害前所说的"秋风秋雨愁煞人"名言所体现的一贯忧国的诗作传统，前后句是绍兴的忧国名士与忧国诗作的对称统一。总观两诗，前诗是写鲁迅本人的骨气与名作，后诗是写鲁迅家乡的名士与名作，既是鲁迅本人与家乡的对称，又是鲁迅的精神与家乡传统的关系，这是两诗的对称统一。分别两首而言，则又可说是前诗写了鲁迅的硬骨头形象和境界，后诗则既写了鲁迅家乡的忧国精神和诗作传统的形象和境界，也更深层次地持续刻画了鲁迅的形象和境界，是更深层次的对称统一艺术和境界。

新中国成立后，毛泽东写有一首悼亡诗，即1963年12月的《七律·吊罗荣桓同志》："记得当年草上飞，红军队里每相违。长征不是难堪日，战锦方为大问题。斥鷃每闻欺大鸟，昆鸡长笑老鹰非。君今不幸离人世，国有疑难可问谁？"记述过去革命年代同心同德、同甘共苦、共克时艰的岁月，而今全国胜利的时代，战友却"不幸离人世"，情不自禁地抒发出"国有疑难可问谁？"的感叹！诗内形成前后对称。

毛泽东还很重视咏赞古代的杰出人物。新中国成立后先后写有咏屈原诗一首、咏贾谊诗二首。咏屈原诗一首，全诗是："屈子当年赋楚骚，手中握有杀人刀。艾萧太盛椒兰少，一跃冲向万里涛。"咏贾谊诗二首，一是"贾生才调世无伦，哭泣情怀吊屈文。梁王堕马寻常事，何用哀伤付一生。"二是"少年倜傥廊庙才，壮志未酬事堪哀。胸罗文章兵百万，胆照华国树千台。雄英无计倾圣主，高节终竟受疑猜。千古同惜长沙傅，空白汨罗步尘埃。"屈原和贾谊是两位命运很相似的著名历史人物，屈原忠贞有才却被楚怀王猜忌而投江而死，贾谊是德才盖世的汉代大臣，也因怀王堕马死去深感歉疚，抑郁而亡。毛泽东分别诗咏两个相似的历史人物，本身就内涵着对称统一的深意和境界。

新中国成立前毛泽东写的人物诗甚多，无论写现代人或写古代人，无论在诗中或诗与诗之间，都具有山水天人合一的对称统一特点。

这个特点，首先表现于现存他最早面世的两首写"同学少年"的诗中。第一首是写于1915年5月的《五古·挽易昌陶》，悼念他因病死去的湖南省立第一师范学校同班同学。全诗是："去去思君深，思君君不来。愁杀芳年友，悲叹有余哀。衡阳雁声彻，湘滨春溜回。感物念所欢，踯躅南城隈。城隈草萋萋，涔泪侵双题。采采余孤景，日落衡云西。方期沅澧游，零落匪所思。永诀从今始，午夜惊鸣鸡。鸣鸡一声唱，汗漫东皋上。冉冉望君来，握手珠眶涨。关山塞骥足，飞飙拂灵帐，我怀郁如焚，放歌依列嶂。列嶂青且茜，愿言试长剑。东海有岛夷，北山尽仇怨。荡涤谁氏子，安得辞浮贱。子期竟早亡，牙琴从此绝。……"第二首是写于1918年的《七古·送纵宇一郎东行》，是为罗章龙赴日本留学践行而作。全诗是："云开衡岳积阴止，天马凤凰春树里。年少峥嵘屈贾才，山川奇气曾钟此。君行吾为发浩歌，鲲鹏击浪从兹始。洞庭湘水涨连天，艨艟巨舰直东指。无端散出一天愁，幸被东风吹万里。丈夫何事足萦怀，要将宇宙看秭米。沧海横流安足虑，世事纷纭从足理。管却自家身与心，胸中日月常新美。名世于今五百年，诸公碌碌皆馀子。平浪宫前友谊多，崇明对马衣带水。东瀛濯剑有书还，我返自崖君去矣。"这两首诗，有多层的对称统一艺术和境界。首先，在两诗内的前段与后段，都是以长沙湘江的山水形象描写作者与同学之间的深厚情谊、同学的革命志向与才华，同两位同学分别离世或分离的痛苦深情或未来期望，作出前后的对称统一。在两诗之间又有多层的对称统一。第一层，易昌陶是同班同学。罗章龙是应求之友，但都是至交；第二层，两友都是在湘江和洞庭湖的游泳中建立友谊，都有大鹏展翅的抱负，都有屈原、贾谊之才；第三层，易不幸早逝，罗去日本虽不远，但不知前景如何，都是留下了难忘的思念。所以，这也是相互刻画的层层对称统一的层层形象和境界。

此外，还可以在新中国成立前的战争时期，毛泽东写两位将军的诗中看到这个特点。第一首是1935年10月写的《六言诗·给彭德怀同志》："山高路远坑深，大军纵横驰奔。谁敢横刀立马？唯我彭大将军。"第二首是1943年5月写的《五律·挽戴安澜将军》："外侮需人御，将军赋采薇。师称机械化，勇夺虎罴威。浴血东瓜守，驱倭棠吉归。沙场竟殒命，壮志也无违。"两诗的前半段分别写两位将军的战绩，后半段写其功成名就，分别是诗中的对称统一。两诗都是写将军，但前者是共产党，后者是国民党，故有同与不同；前者是在红军斗争时期立功，后者在国共合作的抗日战争中为国阵亡，都有正义进步意义，故不同中又有同。所以，这又是一层的对称统一。

顺便在此一并说说的是，毛泽东1936年在延安写的《临江仙·给丁玲同志》："壁上红旗飘落照，西风漫卷孤城。安人物一时新。洞中开宴会，招待出牢人。　纤笔一枝谁与似？三千毛瑟精兵。阵图开向陇山东。昨天文小姐，今日武将军。"上片是写著名作家丁玲从国统区出来到延安受欢迎的盛况，下片是写丁玲到解放区后参加前线战斗写出报道的功劳，是诗中的对称统一，尤其是"昨天文小姐，今日武将军"的评价，更是高层次的对称统一的形象和境界。

从以上所述可见，毛泽东在新中国成立前后，注重以对称统一的山水天人合一境界，体现人物高风亮节和崇高心灵形象，是有一贯性的。同时，说明这也是中国特色山水文化和超脱境界的一条亘古规律，即中国特色山水文化四大源流之一：以对称统一的生态规律凝现之天人合一山水文化科学源流。

（四）以虚实寓意的山水天人合一形象，创造体现时代风云的深厚哲理境界

这个特点，也是中国特色山水文化四大源流之一。虚实相生的生态寓意升华之天人合一山水文化形态源流，在毛泽东诗词中也有很好的体现。毛泽东在新中国成立后的诗词，特别多地运用了这种特点创造艺术境界，这与他处在党和国家最高领导人和国际共产主义运动领袖的地位，又是知识渊博、思想深邃的政治家、军事家、思想家、哲学家、史学家和诗人，并具有伟大的襟怀、顽强的斗争精神和性格有密切关系；他所写的诗词也莫不以不同方式体现时代风云和斗争精神的哲理境界。所以，他写的这种诗词都是具有深广寓意的。大致而言，可分为两大类。

第一类，是以实体性的山水一体寓意形象，创造时代风云和哲理境界。这类诗词可分为三组。

毛泽东1955年到浙江杭州写的三首山水诗，可说是第一组诗，是这类诗的先锋之作，既以生动的诗意写出每个景区山水一体的独特风景，又充分体现作者的心态和时代风云，并含有深厚的哲理。1955年是新中国成立后全面完成各方面社会主义改造并实施第一个五年计划建设之胜利年，全国形势大好，毛泽东的心情也很好，所以在这组诗中写的景态、世态、心态都很好。如第一首《七绝·莫干山》，作者不是正面描写莫干山如何壮丽的景象，而是写离开时从上车到达钱塘的过程和感受。全诗是："翻身复进七人房，回首峰峦入莽苍。四十八盘才走过，风驰又已到钱塘。"首句写回程乘坐的七人车，接下三句写在车上所见莫干山的"峰峦入莽苍。四十八盘"的过程和快速走过而达目的地的感受。这个过程，既描写了莫干山的巍峨曲折山势，又寓现了当时国家经过崎岖曲折而取得高速发展的世态，同时又寓意只有经过艰难曲折才能快速发展的哲理，并隐现出作者正在筹措国家快速发展的心态。第二首《七绝·五云山》，是毛泽东同年在杭州登五云山所作，全诗是：

"五云山上五云飞，远接群峰近拂堤。若问杭州何处好，此中听得野莺啼。"前两句是正面描写五云山的五彩云飞和群峰连着钱塘江堤的特色，后两句是写山中安静，野莺的啼声特别好听，既活现了山势的壮丽景象，又寓现杭州和时代的大好形势；更显出作者的舒畅心情，以及莺啼山更幽的境界和哲理。第三首也是同年在杭州写的《五律·看山》："三上北高峰，杭州一望空。飞凤亭边树，桃花岭上风。热来寻扇子，冷去对佳人。一片飘飘下，欢迎有晚鹰。"全诗写的是登上西湖北高峰所见的附近山水景色，以拟人化的手法，将邻近的飞凤寺、桃花岭、扇子崆、美人岭等名胜，寓于互有生活关联的空静画面之中，并以一只晚鹰像一片彩云似的飘飘而下的神态描写，有似点睛之笔，顿然将其空静画面点化为生机盎然的山水画图。显然，这是西湖景色的精笔写照，并都与前两首登山诗异曲同工，都寓有丰富的世态、心态和哲理的内涵和境界。

  第二组诗，是毛泽东先后和答老朋友周世钊同志的两首诗。第一首是 1955 年 10 月《七律·和周世钊同志》："春江浩荡暂徘徊，又踏层峰望眼开。风起绿洲吹浪去，雨从青野上山来。尊前谈笑人依旧，域外鸡虫事可哀。莫叹韶华容易逝，卅年仍到赫曦台。"第二首是 1961 年《七律·答友人》："九嶷山上白云飞，帝子乘风下翠微。斑竹一枝千滴泪，红霞万朵百重衣。洞庭波涌连天雪，长岛人歌动地诗。我欲因之梦寥廓，芙蓉国里尽朝晖。"两首诗都是以湖南标志性山水景象的描写，寓以当时的时代世态和作者心态的实体寓意之作，但因时代和场景不同，所写的具体形象及内涵都有异。第一首，诗的前半段写作者与老友同游长沙著名的岳麓山的情景和感受，开篇四句对美丽山水和欢快畅游的生动描写，既是对山景和游兴景象的体现，又是当年全国大好形势和作者欢心的影照；后半段是写老友的深厚情谊与身体不减当年，应对前景有信心，不要怕干扰。"域外鸡虫事可哀"句，是当时指美西方围堵中国的情况。所以这首诗也具有国际形势的寓意。第二首，是写在国家经济困难的时候，毛泽东以"答友人"的方式写这首诗，旨在以湖南标志性的山水中所内蕴的悠久历史传统和光辉前景，回答友人的疑难，要对克服困难充满信心。诗开篇写的九嶷山，是湖南有悠久历史意义的名山，是开创中华民族的"三皇五帝"之一舜帝的陵地。"帝子乘风下翠微"，即是指舜帝和他的两位妃子投江殉情的故事。因为舜帝开始才有"中国"之名，两妃精神可悲（"斑竹一枝千滴泪"），又可敬（"红霞万朵百重衣"）。此外，在洞庭湖、长沙橘子洲（长岛）都有许多光荣历史和故事，整个江山（"寥廓"）和湖南的前景都是芙蓉盛开（"尽朝晖")的。所以,这也是一首与前诗对应并意味时代形势转折,而又有寓今寓古、寓时寓地、寓人寓心的山水实体寓意诗,是具有深厚文化内涵的形象和超脱境界。

第三组诗,包括五首1957—1966年写的山水诗。这组诗的共同特点,是以时代斗争的形势寓以山水一体景象之中,时景合一、情景交融,景象之外有境界、境界之中有哲理的山水诗。第一首,1957年9月《七绝·观潮》:"千里波涛滚滚来,雪花飞向钓鱼台。人山纷赞阵容阔,铁马从容杀敌回。"全诗所写著名的钱塘江潮和作者心潮景象气势磅礴,显然,当年全国轰轰烈烈开展的反右运动声势寓现其中,又寓有"浪淘尽,千古风流人物"的境界和哲理。第二首,1959年7月1日《七律·登庐山》:"一山飞峙大江边,跃上葱茏四百旋。冷眼向洋看世界,热风吹雨洒江天。云横九派浮黄鹤,浪下三吴起白烟。陶令不知何处去,桃花源里可耕田?"第三首,1961年《七绝·为李进同志题所摄庐山仙人洞照》:"暮色苍茫看劲松,乱云飞渡仍从容。天生一个仙人洞,无限风光在险峰。"两诗将著名的风景圣地又是著名的政治圣地庐山的巍峨自然态势和险峻的人文态势写得惟妙惟肖,既体现了这圣地的自然人文气势和作者心态,又寓现了当年在这圣地上发生的举世轰动的重大政治斗争的激烈态势,又升华了"无限风光在险峰"的境界和哲理。第四首和第五首,据历史记载的时间,是写于"文化大革命"时期的前夜或前夕,分别体现了时代世态和作者在这期间的心态。其中写于1965年的《七律·洪都》:"到得洪都又一年,祖生击楫至今传。闻鸡久听南天雨,立马曾挥北地鞭。鬓雪飞来成废料,彩云长在有新天。年年后浪推前浪,江草江花处处鲜。"诗的前半段,是写南昌至今仍传诵东晋名将祖逖立誓要收复北地的故事;后半段,是写要后代继承祖逖和其他志士的爱国忠心和精神,体现了南昌的光荣的历史和革命传统,体现了当时的世态和心态,又寓现了"年年后浪推前浪"的境界和哲理。写于1966年6月的《七律·有所思》,开篇即以"正是神都有事时,又来南国踏芳枝。青松怒向苍天发,败叶纷随碧水驰。一阵风雷惊世界,满街红绿走旌旗。凭阑静听潇潇雨"的景象,体现了"故国人民有所思"的世态和心态,并寓现了"凭阑静听潇潇雨"的哲理和境界。

第二类,是以虚(抽象)实相生的天人合一象征寓意形象,创造时代风云与斗争精神的哲理境界。这类诗词也可分为三组。

第一组,是新中国成立初期,20世纪五六十年代写的读史诗词。最有代表性的是1964年春写的《贺新郎·读史》,这是毛泽东长期喜爱研读历史、以古论今并有独特历史观的诗词代表作。全词是:"人猿相揖别。只几个石头磨过,小儿时节。铜铁炉中翻火焰,为问何时猜得,不过几千寒热。人世难逢开口笑,上疆场彼此弯弓月。流遍了,郊原血。   一篇读罢头飞雪,但记得斑斑点点,几行陈迹。五帝三皇神圣事,骗了无涯过客。有多少风流人物?盗跖庄蹻流誉后,更陈王奋起挥黄钺。歌未竟,东方白。"词的上片,是对人类不同发展阶段的形象概括;下片是对历代农民起义领军人物的歌颂,称这些都是"风流人物",并以诗意的形象,寓现了他在《中国革命与中国共产党》中提出的历史哲理,即:从陈胜吴广到太平天国的历代农民起义才是中国社会的"发展动力"的观点。诗末"东方白"之句,既是指今日的全国解放是这些无数的风流人物的斗争精神延续的结果,也是与他在《沁园春·雪》中所称的"数风流人物,还看今朝"相呼应的哲理和境界。如果说,这是以群体性的历史人物形象赞颂历代反压迫的斗争精神和英雄人物的话,那么,他于1956年写的《七绝·刘蕡》,则是以历史杰出人物的光辉形象赞颂历史上敢与黑暗势力斗争的精神和人物之代表作。全诗四句:"千载长天起大云,中唐俊伟有刘蕡。孤鸿铩羽悲鸣镝,万马齐喑叫一声。"诗中所写的刘蕡,是中唐贤臣,面对当朝宦官当道,众不敢言,唯他敢于进谏除害,结果反被宦官所害致死。后唐日渐衰落,众皆赞其预见敢言。这是《旧唐书》所载之事,是作者读史所得,故以诗称其为"千载长天起大云",赞其壮举是"万马齐喑叫一声"。显然,这是刘蕡形象的生动写照,并寓有"孤鸿铩羽悲鸣镝"的深意。这两首有代表性的诗词,都是以天人合一的生动形象,赞颂历史上反压迫反黑暗的英雄人物之咏史诗,并在形象中寓有古为今用的哲理和境界,是以抽象(虚)的哲理和精神寓以实体形象的佳作。

第二组,包括20世纪60年代初期写的两首诗词,一是1961年12月写的《卜算子·咏梅》:"风雨送春归,飞雪迎春到。已是悬崖百丈冰,犹有花枝俏。 俏也不争春,只把春来报。待到山花烂漫时,她在丛中笑。"二是1962年12月写的《七律·冬云》:"雪压冬云白絮飞,万花纷谢一时稀。高天滚滚寒流急,大地微微暖气吹。独有英雄驱虎豹,更无豪杰怕熊罴。梅花欢喜漫天雪,冻死苍蝇未足奇。"两诗的时代背景,是中苏关系破裂,美苏两个超级大国都在围堵中国,使我国陷入极其艰难困苦的时期,以毛泽东为首的中国共产党领导中国人民满怀信心进行英勇的斗争。前词《咏梅》,就是以梅花在冰天雪地中不惧寒冷灿烂盛开的景象,寓现当时的国际形势和中国人民的顽强斗争精神,并且寓现"俏也不争春,只把春来报"的崇高品格，创造了"待到山花烂漫时，她在丛中笑"的哲理境界。后诗《冬云》，开篇是以寒流滚滚、百花凋零的险恶天气中，唯有"微微暖气吹"的景象，寓现当时冷酷的世界只有中国吹出轻微暖风的世态；接句则是寓现中国人民的英勇斗争精神和力量，诗末则是将这种世态和斗争精神寓现于所创造出的"梅花欢喜漫天雪，冻死苍蝇未足奇"的哲理境界中。所以，两诗都是以山水天人合一的自然景象，寓现时代风云和斗争精神的哲理境界。

第三组，包括三首诗词，都是以虚实相生的天人合一象征寓意形象，寓现时代风云和国际斗争世态与心态的作品。第一首，是1961年11月写的《七律·和郭沫若同志》，通篇以《西游记》中孙悟空三打白骨精的神话故事形象，寓现当时某强国兴风作浪，并受到英雄人民有力反击的胜利形势。上片，是指从爆发革命开始，就会有像白骨精那样的妖魔鬼怪捣乱；唐僧愚昧受欺，应汲取教训，但妖怪是本性不改的，如让其猖狂下去，必然造成严重灾害。下片，是以孙悟空"奋起千钧棒，玉宇澄清万里埃"的神通威力，寓现人民降魔除灾的战斗精神和情景，并以"今日欢呼孙大圣，只缘妖雾又重来"的形象，寓现了当时国际斗争的形势。第二首，是1963年1月写的《满江红·和郭沫若同志》，上片所写"小小寰球，有几个苍蝇碰壁。嗡嗡叫，几声凄厉，几声抽泣。蚂蚁缘槐夸大国，蚍蜉撼树谈何易。正西风落叶下长安，飞鸣镝。"是以虚构的"几个苍蝇"在地球上到处碰壁凄叫，还像蚂蚁那样自夸大国，并作"蚍蜉撼树"的美梦，很快遭到像西风扫落叶那样的惨败景象，寓现了兴风作浪者的下场；下片则是以"多少事，从来急；天地转，光阴迫。一万年太久，只争朝夕。四海翻腾云水怒，五洲震荡风雷激。要扫除一切害人虫，全无敌"的描写和感慨，则是人民和作者决心扫除"一切害人虫"的无敌威力和坚定意志的寓现，从而以虚寓实地创造了"四海翻腾云水怒，五洲震荡风雷激"的辉煌境界。第三首，是1965年秋写的《念奴娇·鸟儿问答》，更是以虚构的天人合一之象征寓意形象映现世态心态之诗作，上片借用了庄子《逍遥游》的意境，"鲲鹏展翅，九万里，翻动扶摇羊角。背负青天朝下看，都是人间城郭。炮火连天，弹痕遍地，吓倒蓬间雀"，而听到"鸟儿问答"的对话："怎么得了，哎呀我要飞跃。借问君去何方，雀儿答道：有仙山琼阁。不见前年秋月朗，订了三家条约。还有吃的，土豆烧熟了，再加牛肉。"这段对话，用词犀利，极具讽刺意味，作者还特在词末以古今诗词从未有见之名句"不须放屁"斥之，进而又以"试看天地翻覆"寓现了胜利的前景和境界。

三、毛泽东有关山水文化与超脱境界的诗论与实践

（一）关于"江山如此多娇"的山水文化形象和理论

毛泽东的一生，是他以伟大的思想和光辉的实践，领导中国共产党推翻"三座大山"，建立和建设"江山如此多娇"的人民江山的一生，也是他以跋山涉水的切身经历和诗词，创造"江山如此多娇"的山水文化形象和理论的一生。他从湖南韶山冲走出来，在长沙岳麓山上"看万山红遍"，到湘江"中流击水"，以"激扬文字""指点江山"；发动秋收起义，打上"离天三尺三"的井冈山，以"倒海翻江卷巨澜"的气势，粉碎敌人五次"围剿"；带领红军踏遍雪天草地的"万水千山"，取得了万里长征胜利；在延安宝塔山下、延河岸边，建立了陕甘宁边区，领导并取得了十四年抗日战争和三年解放战争的伟大胜利，写出了"使无数英雄尽折腰"并"欲与天公试比高"的"江山如此多娇"的宏伟山水诗章；随即马不停蹄，从西柏坡到北京香山，指挥"百万雄师过大江"，在南京"钟山风雨"中，推翻了代表"三座大山"的旧政权，使中国进入了"一唱雄鸡天下白"的新时代；随即大步进入社会主义革命和建设时期，他老人家继续日夜操劳，为守住人民江山、建设美好江山而殚精竭虑，从派志愿军"雄赳赳，气昂昂，跨过鸭绿江"去抗美援朝，到以"四海翻腾云水怒，五洲震荡风雷激"的气势，粉碎敌对势力围堵阴谋而取得辉煌胜利；从"万里长江横渡，极目楚天舒"，"起宏图"，到"红雨随心翻作浪，青山着意化为桥，天连五岭银锄落，地动山河铁臂摇"，再到"无限风光在险峰"，使得偌大中国"换了人间"。这些从"指点江山"到推倒"三座大山"，再到保卫江山和建设江山的光辉历程，是一曲"狂飙为我从天落"的革命山水交响乐，又是一幅壮丽的"芙蓉国里尽朝晖"之山水诗画长卷，构成了一个伟大的"江山如此多娇"的山水文化形象，并且在形象中涵盖中国特色山水文化的人民特质（即"数风流人物，还看今朝"），并染有鲜红的革命色彩（即"须晴日，看红妆素裹，分外妖娆"）。所以，从迄今读到的他的六十多首诗词中的艺术形象和境界，既是他以亲身经历和他的诗才创造的山水文化形象，又是他以切身的实践倡导的山水文化理论。尤其值得注意的是，在毛泽东的山水诗词中，大多都是正面描写祖国山水的壮丽诗篇，又是寓山

水文化理论于山水诗画中的艺术形象。所以,可以称毛泽东诗词为"江山如此多娇"的山水文化形象和理论,这是毛泽东诗词的首创,也是其最大特色。

(二)关于"形象思维"与超脱境界及其理论

在 2021 年中华书局出版、周振甫著的《毛泽东诗词欣赏》中,除收辑毛泽东全部诗词之外,还收辑有一些毛泽东关于论诗的信件。其中有些信件的观点是很有见地和指导意义的,虽然零碎,但却是毛泽东思想及其系统的文化文艺理论在诗词创作和欣赏上的体现,也是他在诗词创作和欣赏上,吸取和运用中国特色山水文化传统与艺术源流的经验体现。

首先是关于"形象思维"与超脱境界及其理论。

毛泽东在 1965 年 7 月 21 日《致陈毅》信中指出:"诗要用形象思维,不能如散文那样直说。"并认为"宋人多数不懂诗是要用形象思维的,一反唐人规律,所以味同嚼蜡"。还在《读范仲淹两首词的批语》中,指出"婉约派中有许多意境苍凉而又优美的词"。这些都是很精辟的观点。在一般文艺理论中,形象思维是人们以形象认识和反映客观事物的一种方式,与逻辑思维(也称抽象或理论思维)相对称;文艺家以艺术形象认识和反映生活,理论家以抽象性、逻辑性的方式认识和分析世界。意境即境界,是指文艺家在作品中创造的艺术形象,在其所写事物的本体形象之外或在其内涵中,还有更深更多的意象或内涵,即弦外有音,象外有象,言有尽而意无穷,是超越原本事物形象、意象或内涵的形象,故称超脱境界。形象思维与超脱境界是密切关联又有先后层次的两个概念,即以形象思维创造出艺术形象,才能进而创造出超脱的艺术境界。这又与文艺上的创作方法(即艺术方法)理论相关。其实,创作方法即是以形象思维认识和反映世界的艺术方法,大体而言,可分为现实主义和浪漫主义两大类,现实主义是以客观现实的方式反映现实,浪漫主义是以主观理想的方式反映现实。毛泽东早在抗日战争时期就提出"抗日现实主义与革命浪漫主义"结合的主张,新中国成立后改称"革命现实主义与革命浪漫主义"相结合(即"两结合")。这个理论同形象思维与超脱境界理论是一致的,也是与中国特色山水文化的源流与特点相通的。毛泽东说他的诗,是战争年代"在马背上哼成的。文采不佳,却反映了那个时期革命人民群众和革命战士的心情舒快状态"。(见 1962 年 4 月《〈词六首〉引言》）这是指在井冈山斗争时期写的六首诗，是在最艰苦年代斗争中在"马背上哼"出的"心情舒快状态"的诗，这不就是超脱境界的浪漫主义诗么？1958年，毛泽东在成都会议上说，"写诗要有浪漫主义，太现实就写不成诗了"。所以，他的诗词绝大多数都是在艰苦的困境中或针对艰险进行的斗争中，以革命精神和革命乐观主义创作出来的山水诗，都是以革命现实主义与革命浪漫主义相结合的创作方法，创造出的层层超脱境界。

（三）关于"赋、比、兴"与对立统一规律和理论

毛泽东在《致陈毅》信中还指出：对于传统写诗的"赋、比、兴"方法，"比、兴两法是不能不用的。赋也可以用，如杜甫之《北征》，可谓'敷陈其事而直言之也'，然其中亦有比兴。"他在《读范仲淹两首词的批语》中又说："人的心情是复杂的，有所偏袒仍是复杂的。所谓复杂，就是对立统一。人的心情，经常有对立的成分，不是单一的，是可以分析的。词的婉约、豪放两派，在一个人读起来，有时喜欢前者，有时喜欢后者，就是一例。"这里先后论述了关于"赋、比、兴"方法与对立统一规律两个概念。这是两个互有关联而范畴不同的概念。毛泽东已在信中将"赋、比、兴"方法解释得很清楚，应当补充说明的是，这是古人从《诗经》开始总结出来的写诗论诗的方法，用现代文艺的创作方法理论对其解释，可以说"赋"与写实同义，即以实写实，与现实主义相通；"比"即比喻，但也不完全如此，尚包括对称、对比、对照、对立等方法和内涵，属对立统一规律的一种体现方式，也与西方的象征主义有一些相似，与中国特色山水文化四大源流之一的以对称统一规律创造山水一体形象的特色相承相成；"兴"之方法和内涵，既似浪漫主义的"境界"说，又与西方现代派象征主义有点近似，尤其与中国特色山水文化四大源流之一的以虚实相生的山水天人合一境界的特点一脉相承。毛泽东的话是从宋词豪放、婉约两派在风格上对立统一现象而言，其实也是他在《矛盾论》中提出的对立统一是辩证唯物主义哲学核心规律理论在文艺上的运用，既包括艺术风格和欣赏的规律，也包含诗词创作的方法和规律。所以，他所指的对立统一规律，也包括在他的诗词创作中，运用并发挥以虚实相生山水天人合一境界的方法和经验，并以此升华为关于"赋、比、兴"与对立统一规律的理论。本文第二部分尤其着重对毛泽东在新中国成立后所写诗

词中以对称统一与虚实寓意艺术,创造的山水天人一体境界的论述,就是对这个理论的实践之详细论析和例证。

(四) 关于旧体诗与新体诗的理论与实践

毛泽东1957年1月12月在《致臧克家等》信中说:"这些东西(指刚创办的《诗刊》呈交拟发表的毛泽东诗词),我历来不愿意正式发表,因为是旧体,怕谬种流传,贻误青年;……诗当然应以新诗为主体,旧诗可以写一些,但是不宜在青年中提倡,因为这种体裁束缚思想,又不易学。"此后,又在前面已引用的《致陈毅》信中指出:"古典绝不能要。但用白话写诗,几十年来,迄无成功。民歌中倒是有一些好的。将来趋势,很可能从民歌中吸引养料和形式,发展成为一套吸引广大读者的新体诗歌。"这两段话,是关于旧体诗与新体诗的理论。显然,毛泽东是不赞成旧体诗的,但他写的却都是旧体诗,而且都力求遵循旧体诗的格律,这是他对旧体诗的实践;对于新诗,虽然承认是"主体",但却认为"几十年来,迄无成功",主张"从民歌中吸引养料和形式",创作出既不是旧格律的旧体诗,又不是无格律的自由体新诗,而是"从民歌中吸引养料和形式"的新体诗。

他是否有这种新体诗的实践呢?从迄今所见他的诗词中,只有一首题为《杂言诗·八连颂》与其他旧体诗作不同,全诗是:"好八连,天下传。为什么?意志坚。为人民,几十年。拒腐蚀,永不沾。因此叫,好八连。解放军,要学习。全军民,要自立。不怕压,不怕迫。不怕刀,不怕戟。不怕鬼,不怕魅。不怕帝,不怕贼。奇儿女,如松柏。上参天,傲霜雪。纪律好,如坚壁。军事好,如霹雳。政治好,称第一。思想好,能分析。分析好,大有益。益在哪?团结力。军民团结如一人,试看天下谁能敌。"这首诗,从"杂言诗"之取名到全诗的形式,既不是旧体格律诗,有似民歌又非民歌。此外,尚有一首作于1939年的《四言诗·题〈中国妇女〉之出版》:全诗是:"妇女解决,突起异军。两万万众,奋发为雄。男女并驾,如日方东。以此制敌,何敌不倾。到之之法,艰苦斗争。世无难事,有志竟成。有妇人焉,如旱望云。此编之作,伫看风行。"虽似《诗经》古体,但也有民歌风味,可能这些就是毛泽东倡导新体诗的实践试验品,对其诗味和诗体的评价如何,有待后人评说,但其词语对仗和音韵对称的格律还是明显而和谐的。可见他的创作实践,既尊重格律又突破格律,并有试验新格律的趋向。这两篇带有试验性的诗作,是毛泽东诗词创作中的破例,但其体现的遵循格律和探求新格律的精神和实践,却是一致的,其试验和创造的走向,与中国特色山水文化源流中的对称统一规律和传统,也是一脉相承并有新创造的。所以,这也是对中国特色山水文化的一种体现和贡献。

2021 年 12 月 12 日完稿于广州康乐园寓居

第三届广东省文艺终身成就奖颁奖会上的答谢辞

尊敬的各位领导，各位同行们、同志们、朋友们：

今天，在新冠肺炎疫情极其严峻的情况下，广东省委省政府在千年文化古都广州，举行第三届广东省文艺终身成就奖颁奖典礼。这个隆重典礼本身，就表明了省委省政府对文学艺术事业高度重视，对文学艺术家高度尊重和爱护。能够作为获奖者之一，参加这个盛会，接过红光闪闪的奖状，实是人生具有里程碑意义的盛事，我感到无比光荣自豪！我谨代表本届获奖的文学家，向广东省委省政府，向省委宣传部、省文联、省作协等主办单位，致以崇高的敬意和谢意！

这个以"文艺终身成就奖"命名的奖项，具有党和政府对获奖者的人生道路和文艺生涯的肯定和鼓励之重大意义，是对文学艺术家的一种终身荣誉！就我个人来说，深为获此荣誉而光荣自豪，但又诚惶诚恐，因为我只是做了一些力所能及的工作就获此荣誉，实在受之有愧。这份荣誉，主要是由于党的领导和培养，祖国和人民的哺育。首先应感谢党和人民的恩情，还得感谢在我的人生道路和文学生涯历程中，许许多多抚育、关怀、支持、影响、帮助过我的亲人、师长、同事、朋友、学生和单位，包括生我养我并最早给我文学教育的父母，家族的文化传承和兄弟姐妹的影响，妻子、儿女等家人的亲情关怀和支持，以及在具有百年历史的广西贺州中学与中山大学中文系所受的人生和文学教育，先后在《羊城晚报》《韶关文艺》《广东文艺》《作品》等报刊单位所受的文学熏陶和磨炼，尤其是我现所在单位中山大学与广东省作家协会、省文联及省文艺评论家协会等的支持和帮助，特别是在我受聘为省政府参事而履职5届26年的省政府参事室（文史馆），及其领属的广东省珠江文化研究会与海上丝绸之路项目组学术团队，一道"走万里路、献千言策、著百种书"的艰苦历程，持续不断地共同取得新的发现和成果……都是使我荣获这份荣誉的渊源和依据之所在。所以，我实际上是代表他们领取这份"终身成就奖"的。这份荣誉，应当属于他们，属于"文学粤军"，属于"粤派批评"学者群，属于"珠江文化与海上丝绸之路"学术团队，属于党和人民！

在这个光辉的时刻，回顾自己迄今走过的87年人生道路及其中65年的文学文化生涯，我感到自己只是运用了写散文和写论文这两支笔，写了一些文学和文化的"双文"之作，做了三件文学文化实事：一是以超脱视野和超脱境界写学术论文与文化散文，二是以"从文化观照文学，从文学透视文化"的理念从事文化批评，三是以"江海一体"的特质和"领潮争先"的精髓，构建珠江文化与海上丝绸之路文化学术体系，填补了中国江海文化史上的一些空白，为建设文化强省、文化强国，为构建以人民为中心的中国特色社会主义文学文化大厦，添了两块砖，加了三片瓦。这正如我在本世纪初出版的文化散文集《浮生文旅》后记所写的人生和文学道路那样："既是从文之旅，又是以文照旅；双文化情写天涯，一心耕耘度浮生"。这是 22 年前的自我总结。现在看来，依然故我，仍走老路，不同的只是在这"双文""三事"中持续地有许多新的发现和成果，不断地增添了新的开拓和内容。由此说明这条老路是有不断创新生命力之路。在我由此荣获"终身成就奖"的时候和以后，还应当以"老骥伏枥"的精神，持续走这条"双文化情写天涯，一心耕耘度浮生"之路。我虽然年纪老了，眼耳残了，但"壮心不已"，尚未"身终"，应当继续"鞠躬尽瘁，死而后已"。

　　谢谢大家！

2022 年 3 月 16 日

黄伟宗：珠江文化学术体系的构建者

南方日报记者 郭 珊

在 60 余年文学创作和学术研究生涯中，黄伟宗的"高产"是有目共睹的：迄今发表《黄伟宗文存》《黄伟宗珠江文化散文报告集成》等个人专著 25 部，总主编《中国珠江文化史》及"海上丝绸之路研究书系""珠江文化丛书"等多种书系，共计 20 个系列、163 部之多……

他在文学创作、文艺评论和文化学术上都有广泛建树和影响，特别是作为广东省珠江文化研究会首任会长，他率先开拓并构建起珠江文化学术体系，为"一带一路"建设作出贡献。

无论是对珠江文化、海上丝绸之路的长期深耕，还是为地方文化建设出谋划策，黄伟宗的治学历程映射出改革开放以来，广东本土文化从自觉意识苏醒走向坚定文化自信的跋涉演进历程。这些成果不仅是广东地域文化研究不断活跃、深入的明证，其壮大过程也堪称浩瀚珠江"广纳众流成就自身"的生动写照。

人物名片

黄伟宗 男，汉族，1935 年 11 月出生。1958 年开始从事文学创作。他历任《羊城晚报》副刊《花地》编辑、广东省作家协会评论委员会委员兼《作品》杂志编辑、中山大学中文系教授等。他著有《黄伟宗文存》《珠江文化论》等作品。其总主编的《中国珠江文化史》填补了中国珠江流域文化史空白。他曾获第四届广东省鲁迅文学艺术奖、广东省优秀社会科学成果奖等。

介入现实，"打通"文学与社会边界

黄伟宗以 1992 年为界，将自己的事业分为两个阶段。1958 年至 1992 年为第一个阶段。在此期间，他曾先后在《羊城晚报》文艺副刊《花地》以及《广东文艺》

《作品》等文艺期刊担任编辑,兼做文艺评论工作。1979年后,他回到母校中山大学,从事中国现当代文学教学和研究。

他见证过20世纪五六十年代《三家巷》《香飘四季》等广东文学名作的一纸风行,大众对精神食粮的炽热渴求;也亲历过改革开放后,广东文坛冲破僵化观念枷锁、吐故纳新、百舸竞渡的高峰期:"创作方法多样化""岭南文化""朝阳文化""第三种批评""特区文学""新都市文学""打工文学""女性文学"……

身处这样一个充满豪情与争鸣的年代,黄伟宗因为工作上的便利,有机会得到欧阳山、陈残云、杜埃、萧殷、秦牧、黄秋耘等前辈大家的教导,同时接触到陈国凯等当时青年一代作家。其中,对他影响最大的,莫过于文学大师欧阳山。

"对于欧阳老和他的创作研究,开始我是出于一种新奇的热情,后来则是出于对其坎坷命运'不平则鸣'的呼喊。"回忆起和欧阳山长达40多年的交往,黄伟宗充满感叹,"欧阳老的一生,始终贯穿着一种韧性的战斗精神,不管经历了什么样的大风大浪、严峻考验,他都坚持自己的文艺主张和追求,从不因为'风向'的变幻左右摇摆。"

20世纪80年代,在欧阳山直接指导下,黄伟宗先后出版了《欧阳山创作论》和《欧阳山评传》两部专著,前者获得广东省鲁迅文艺奖。

通过对欧阳山、陈残云等前辈作品的研究,黄伟宗意识到,社会意义和文化文学造诣的并重,是《三家巷》《香飘四季》等经典之作的共同指向皈依。受此启发,他逐渐确立了"从文化观照文学,从文学透视文化"的文化批评理念,以跨学科的"打通"精神作为自己的治学目标——这意味着从象牙塔和书斋中突围,从文学研究进入到更加宏阔、当代性更为强烈的文化批评领域,与火热的现实产生密切共鸣。

追根溯源,为珠江文化底蕴"正名"

从1992年被聘为广东省人民政府参事开始,黄伟宗的人生掀开了新的一页。从这以后,百折不挠的战斗精神,"笔墨当随时代"的学术观念,在他身上体现得愈发鲜明。而他最看重的学术成果,莫过于持之以恒开展了三十余年的文化批评与珠江文化研究。

黄伟宗酝酿"珠江文化"这一概念,始于20世纪80年代后期。当时"文化热"的思潮正席卷全国,他注意到,大江大河往往被誉为"人类的母亲河",大河文明向来是人们研究历史社会发展变迁的重要课题。而珠江是中国境内第三长的河流、南方最大的水系，是内陆文化和海洋文明的连接点，具有海纳百川、通权达变、开拓先行的显著特征。此外，以"水"为名的区域文化研究方向，相对于"岭南文化"以"山"为界的传统格局而言，亦是一种重要创新和补充。

"从根本上来说，讲'珠江文化'，就是对外要跟世界对接，体现出海洋文明的风范；对内发挥好珠江的辐射作用，将泛珠江流域整合在一起。"黄伟宗总结道。

2000年，广东省珠江文化研究会正式成立，黄伟宗担任首任会长，之后又担任了广东省海上丝绸之路研究开发项目组组长。此时，国内海上丝绸之路研究热潮方兴未艾，"南海Ⅰ号"水下考古发现轰动全国，广东在阳江筹建海上丝绸之路博物馆，邻近省份对于海上丝绸之路"始发港"等文化遗产品牌的竞争也日益加剧。

当时年近七旬的黄伟宗，产生了一种"时不我待"的紧迫感。他多次率队考察南海沿海诸港，考察东江、北江、西江等珠江分支流域文化遗存。他们不畏山高路远，数度北上南下，探访潇贺古道、梅关古道、珠玑巷、徐闻三墩古港旧址等地，其足迹西至广西合浦，东达福建泉州，遍布荒僻山乡和海岛，取得了许多重大学术成果。

对于途中经历的种种"折腾"，包括学术上的论断分歧、笔墨官司，他概括成一句自嘲之语："自找苦吃"。他在《浮生文旅》后记中这样描述当时心境："山重水复路何方？走得一程是一程。"

2010年，集结该研究会10年之功、煌煌300万字的《中国珠江文化史》正式出版发行。黄伟宗认为，为"珠江文化"正名，充分认识其内涵、价值，扬其长处而正视其短，能为今日广东文化建设提供根源性的启迪和坚实的支撑。例如，光大珠江文化开放、兼容的气质，有助于磨平保守的地方观念，为外来移民文化和谐共生提供借鉴。

"领潮争先"，将个性转为发展后劲

近年来，广东加快推进文化强省建设，让黄伟宗倍感"欣喜若狂"，"因为这正是我多年来孜孜以求的目标，是我长期的心愿啊"！

他坚信，以"江海一体"为标志、以"领潮争先"为精髓的珠江文化研究，已经进入"开花结果"阶段，只要定位精准并加以正确引导，就能在文化强省实践中"大干一场"。

近 10 年来，黄伟宗以总主编身份推动"珠江—南海文化书系"、《珠江文化系论》、"海上丝绸之路研究书系"等规模浩大的学术出版工程，提出了"珠江文明八代灯塔"等概念。他指出，从古至今，无论是北学南拓，还是西风东渐，珠江流域屡屡成为风云汇聚之地，自成格局，更是奠定了广东在中国近现代史上革命与文化策源地的独特地位。

与此同时，黄伟宗继续抱着"用世"心态，为各地发展决策、弘扬地方文化建言献策，课题涉及地域文化、民系氏族、华人华侨与侨乡文化、"一带一路"建设、科技文化等，堪为广东学界"壮心不已""老骥伏枥"的典型。

他还陆续发表了《珠江文珠》等知名文化散文，并热衷参与"粤派评论"大讨论，鼓励各地开展"记住乡愁"创作活动；又从广东作家群相通之"海气"出发，提出"珠江文派"和"珠江学派"的系统和概念……

"做事过一生，不做事也过一生；不如做点事、多做事，做好事、做实事。"这是黄伟宗在超过 60 年的治学生涯中悟出来的一则信条。2020 年疫情来袭，他便在家读书写书，在"眼朦耳背"的情况下重读《红楼梦》，竟又写出了一部 30 余万字的《超脱寻味〈红楼梦〉》书稿；同时，他还根据切身经历和见闻，写成"独家"文坛记忆录《广东文坛六十秋》。

至于他那恰似长河澎湃不息的生命，又有"谁解其中味"呢？他笑笑说，别人怎么看不要紧，重要的是一如既往，"以超脱做事，以做事超脱"，"这就是我所理解的人生理想境界"。

（此为《第三届广东文艺终身成就奖颁奖特刊》报道，原载于《南方日报》2022 年 3 月 16 日。）

附录：黄伟宗撰编专著及总主编"珠江文化丛书"书目

一、黄伟宗撰编专著书目（28部）

1.《创作方法史》，花山文艺出版社1986年版；2.《创作方法论》，花山文艺出版社1989年版；3.《新时期文艺论辩》，中山大学出版社1988年版；4.《欧阳山创作论》，花城出版社1989年版；5.《欧阳山评传》，花山文艺出版社1993年版；6.《文化与文学》，花城出版社1995年版；7.《当代中国文艺思潮论》，广东旅游出版社1998年版；8.《文艺辩证学》，广东教育出版社2000年版；9.《当代中国文学》，广东旅游出版社2001年版；10. 散文集《浮生文旅》，广东旅游出版社2001年版；11.《珠江文化论》，汕头大学出版社2003年版；12.《珠江文化系论》，中国评论学术出版社2006年版；13.《珠江文踪》，中国评论学术出版社2008年版；14.《黄伟宗文存》（上、中、下册），广东教育出版社2010年版；15.《海上丝绸之路与海洋文化纵横论》，广东经济出版社2014年版；16.《珠江文珠》，广东旅游出版社2015年版；17.《珠江文行》，广东旅游出版社2015年版；18.《珠江文痕》（《黄伟宗文存》续补），广东教育出版社2017年版；19.《黄伟宗集》（粤派评论丛书·名家文丛），广东人民出版社2018年版；20.《中华新文学史》（下卷）（黄伟宗、王晋民编著），广东高等教育出版社1998年版；21.《英州夜话——知名文化人在英德"五七干校"的日子》（黄伟宗、江惠生主编），花城出版社1999年版；22.《当代中国文学名篇选读》（黄伟宗、朱慧玲主编），广东旅游出版社2001年版；23.《惠能禅学散论》，广东人民出版社2020年版；24.《珠江文事》，广东旅游出版社2020年版；25.《黄伟宗珠江文化散文报告集成》（含《珠江文珠》《珠江文行》《珠江文事》3部，共150万字），广东旅游出版社2020年版；26.《超脱寻味〈红楼梦〉》，中山大学出版社2022年版；27.《珠江文化综论》，中山大学出版社2022年版；28.《黄伟宗：我的文学文化生涯》，广东旅游出版社2022年版。

二、黄伟宗总主编"珠江文化丛书"书目
（共 20 系列 163 部）

（一）奠基专著：1.《珠江文化论》（黄伟宗著），汕头大学出版社 2003 年版；2.《珠江传》（司徒尚纪著），河北大学出版社 2001 年版。共 2 部。

（二）开山书系："海上丝绸之路研究书系"（黄伟宗、胡开祥主编），广东旅游出版社 2001 年 11 月出版，包括：1.《开海——海上丝绸之路 2000 年》（洪三泰、谭元亨、戴胜德著）；2.《千年国门——广州 3000 年不衰的古港》（谭元亨、洪三泰、戴胜德、刘慕白著）；3.《广府海韵——珠江文化与海上丝绸之路》（谭元亨著）；4.《中国古代海上丝绸之路诗选》（陈永正编注）；5.《交融与辉映——中国学者论海上丝绸之路》（黄鹤、秦柯编）；6.《东方的发现——外国学者谈海上丝路与中国》（徐肖南、施军、唐笑芝编译）。共 6 部。

（三）"珠江文化工程系列"，2002—2012 年陆续出版，包括：1.《海上丝路文化新里程——珠江文化工程十年巡礼》（执行主编黄伟宗、罗康宁）；2.《广东海上丝绸之路史》（黄启臣主编）；3.《珠江文化与史地研究》（司徒尚纪著）；4.《祝福珠江》（洪三泰、谭元亨著）；5.《通天之路》（洪三泰主编）；6. 长篇小说《女海盗》（洪三泰著）；7.《封开—广信岭南文化古都论》（谭元亨主编）；8.《岭南状元传及诗文选注》（仇江、曾燕闻、李福标编）；9.《客家圣典：一个大迁徙民系的文化史》（谭元亨著）；10.《千年圣火：客家文化之谜》（谭元亨著）；11.《岭南文化艺术》（谭元亨著）；12.《广府寻根》（谭元亨著）；13.《南方城市美学意象》（谭元亨著）；14.《海峡两岸客家文学论》（谭元亨著）；15.《古代中外交通史略》（陈伟明、王元林著）。共 15 部。

（四）"珠江文化'十家文谭'专辑"，中国评论学术出版社 2005—2006 年出版，包括：1.《珠江文化系论》（黄伟宗著）；2.《珠江文化的历史定位》（朱崇山编）；3.《海上丝路的研究开发》（周义主编）；4.《泛珠三角与珠江文化》（司徒尚纪著）；5.《海上丝路与广东古港》（黄启臣著）；6.《粤语与珠江文化》（罗康宁著）；7.《岭南文化珠江来》（张镇洪著）；8.《珠江诗雨》（洪三泰著）；9.《珠江远眺》（谭元亨著）；10.《珠江流韵》（戴胜德著）。"十家"，是以十位学者之所长从十个学科探析珠江文化之意。共 10 部。

（五）"珠江地域文化系列"，于 2004—2019 年由多家出版社陆续出版，包括：1.《良溪——"后珠玑巷"》（黄伟宗、周惠红主编）；2.《郁南：南江文化论坛》（黄伟宗、金繁丰主编）；3.《南江文化纵横》（张富文著）；4.《顺德人》（谭元亨著）；5.《顺德乡镇企业史话》（谭元亨、刘小妮著）；6.《百年宝安》（洪三泰、谭元亨、戴胜德著）；7.《珠江文化之旅》（谭元亨著）；8.《珠江文踪》（黄伟宗著）；9.《珠江文痕》（黄伟宗著）；10.《珠江文行》（黄伟宗著）；11.《珠江文珠》（黄伟宗著）；12.《珠江文事》（黄伟宗著）；13.《中国地域文化通览·广东卷》（司徒尚纪主编）。共 13 部。

（六）"珠江特色文化系列"，于 2004—2012 年由中国评论学术出版社等多家出版社陆续出版，包括：1.《海上丝路的辉煌》（黄伟宗、薛桂荣主编）；2.《海上敦煌在阳江》（黄伟宗、谭忠健主编）；3.《千年雄州 璀璨文化》（林楚欣、许志新主编）；4.《云浮：中国石都文粹》（黄伟宗主编）；5.《岭海名胜记校注》（王元林校注）；6.《雷区 1988：中国市场经济理论的超前探索者》（谭元亨著）；7.《内联外接的商贸经济：岭南港口与腹地、海外交通关系研究》（王元林著）；8.《断裂与重构——中西思维方式演进比较》（谭元亨著）；9.《城市建筑美学》（谭元亨著）。共 9 部。

（七）"珠江民系族群文化系列"，于 2008—2014 年间由多家出版社出版，包括：1.《封开：广府首府论坛》（黄伟宗、张浩主编）；2.《客家第一"珠玑巷"——凤岗：第二届客侨文化论坛》（黄伟宗、朱国和主编）；3.《凤岗：客侨文化论坛》（黄伟宗、朱国和主编）；4.《凤岗排屋楼》（张永雄主编）；5.《客家图志》（谭元亨著）；6.《客家与华文文学论》（谭元亨编著）；7.《华南两大族群的文化人类学建构》（谭元亨著）；8.《瑶乡乳源文化铭作选》（梁健、邓建华主编）；9.《雷州文化概论》（司徒尚纪著）；10.《雷州文化研究论集》（蔡平主编）。共 10 部。

（八）"珠江文化专史系列"，于 2009—2015 年间由广东教育出版社等多家出版社陆续出版，包括：1.《中国珠江文化史》（上、下卷，黄伟宗、司徒尚纪主编）；2.《创会十年——广东省珠江文化研究会成立十周年庆典文集》（黄伟宗主编）；3.《客家文化史》（上、下卷，谭元亨编著）；4.《广东客家史》（上、下卷，谭元亨主编）；5.《客家文化大典》（谭元亨、詹天庠主编）；6.《客家经典读本》（谭元亨主编）；7.《湛江海上丝绸之路史》（陈立新编著）；8.《西江历史文化之旅》（江门日报等主编);9.《中国珠江文化简史》(司徒尚纪著)。共9部。

(九)"珠江海商文化系列",于2006—2016年间由多家出版社出版,包括:1.《海国商道》(谭元亨著);2.《国门十三行》(谭元亨著);3.《十三行新论》(谭元亨著);4.《十三行习俗与商业禁忌研究》(谭元亨等著);5.《客商》(谭元亨著);6.《开洋》(谭元亨著);7.《城市晨韵》(谭元亨著);8.《国家祭祀与海上丝路遗迹——广州南海神庙研究》(王元林著)。共8部。

(十)"中国禅都文化丛书"(黄伟宗名誉主编,吴伟鹏主编),汕头大学出版社2013年出版,包括6分册:1.《出生圆寂地》(罗康宁著);2《顿悟开承地》(戴胜德著);3.《坛经形成地》(郑佩瑗著);4.《农禅丛林地》(谭元亨著);5.《报恩般若地》(洪三泰著);6.《禅意当下地》(冯家广著)。另有《惠能禅学散论》(黄伟宗著),广东人民出版社2020年版。共7部。

(十一)"中国南海文化研究丛书",广东经济出版社2013年出版,包括6分册:1.《中国南海海洋文化论》(谭元亨等著);2.《中国南海海洋文化史》(司徒尚纪著);3.《中国南海海洋文化传》(戴胜德著);4.《中国南海古人类文化考》(张镇洪、邱立诚著);5.《中国南海经贸文化志》(潘义勇著);6.《中国南海民俗风情文化辨》(蒋明智著)。另有《中国南海海洋文化》(司徒尚纪著),中山大学出版社2009年版。共7部。

(十二)"广府文化系列",于2013—2016年间由多家出版社出版,包括:1.《广府文化大典》(谭元亨主编);2.《广府人——首届世界广府人恳亲大会广府文化论坛论文集》(谭元亨等主编);3.《广府寻根 祖地珠玑——广东省广府学会成立暨首届学术研讨会文集》(黄伟宗等主编);4.《珠江粤语与文化探索》(郑佩瑗著);5.《广侨文化论——台山:中国首届广侨文化论坛文集》(黄伟宗、邝俊杰主编);6.《广府人史纲》(谭元亨著);7.《东莞历史名人》(王元林等主编);8.《袁崇焕评传》(王元林著);9.《肝胆相照——邓文钊与饶彰风合传》(谭元亨、敖叶湘琼著)。共9部。

(十三)"海上丝绸之路研究书系"第一辑"开拓篇"(黄伟宗总主编),广东经济出版社2014年版,包括4分册:1.《海上丝绸之路的研究开发》(周义主编);2.《海上丝绸之路与海洋文化纵横论》(黄伟宗著);3.《广东海上丝绸之路史》(黄启臣主编);4.《中国古代海上丝绸之路诗选》(陈永正编注)。另有《海上丝绸之路画集》(谢鼎铭著,花城出版社2014年版)和《南海丝路第一港——徐闻》(李堪珍主编，海洋出版社2013年版）。共6部。

（十四）"海上丝绸之路研究书系"第二辑"星座篇"（黄伟宗总主编），广东经济出版社2015年版，包括：1.《徐闻古港——海上丝绸之路第一港》（刘正刚著）；2.《南海港群——广东海上丝绸之路古港》（周鑫、王潞著）；3.《海陆古道——海陆丝绸之路对接通道》（王元林著）；4.《海上敦煌——南海Ⅰ号及其他海上文物》（崔勇、张永强、肖顺达著）；5.《沧海航灯——岭南宗教信仰文化传播之路》（郑佩瑗著）；6.《广州十三行——明清300年的曲折外贸之路》（谭元亨著）；7.《侨乡三楼——华人华侨之路的丰碑》（司徒尚纪著）；8.《古锦今丝——广东丝绸业的"前世今生"》（刘永连、谢汝校著）；9.《香茶陶珠——特产及其文化交流之路》（冯海波著）；10.《广交会——海上丝绸之路的新生和发展》（陈韩晖、吴哲、黄颖川著）。共10部。

（十五）"海上丝绸之路研究书系"第三辑"概要篇"及发现要港系列（黄伟宗总主编），2015—2017年间由广东经济出版社等陆续出版，包括：1.《"一带一路"广东要览》（王培楠主编）；2.《海丝映粤——广东与21世纪海上丝绸之路建设图志》（江海燕主编）；3.《梅州："一带一路"世界客都》（黄伟宗主编）；4.《梧州：岭南文化古都》（黄振饶等主编）；5.《佛山：海上丝绸之路丝绸陶瓷冶铁大港》（王元林主编）；6.《罗定：南江古道与"一带一路"文化论坛论文集》（王元林、刘炳权主编）。共6部。

（十六）"海上丝绸之路研究书系"第四辑"史料篇"（黄伟宗总主编，王元林执行主编），广东经济出版社2017年版；包括：1.《广东海上丝绸之路史料汇编·秦汉至五代卷》（周永卫、冯小莉、张立鹏编）；2.《广东海上丝绸之路史料汇编·宋元卷》（孙廷林、王元林编）；3.《广东海上丝绸之路史料汇编·明代卷》（衷海燕、唐元平编）；4.《广东海上丝绸之路史料汇编·清代卷》（刘正刚、钱源初编）。共4部。

（十七）"海上丝绸之路研究书系"第五辑"港口篇"（黄伟宗总主编，副总主编兼执行主编司徒尚纪、王元林），广东经济出版社2018—2019年版，包括：1.《汕尾港与海上丝绸之路》（汤苑芳编著）；2.《潮洲港与海上丝绸之路》（李坚诚编著）；3.《阳江港与海上丝绸之路》（许桂灵编著）；4.《珠海港与海上丝绸之路》（孟昭锋编著）；5.《深圳港与海上丝绸之路》（熊雪如编著）；6.《广州港与海上丝绸之路》（李燕编著）；7.《茂名港与海上丝绸之路》（李爱军编著）；8.《南澳港与海上丝绸之路》（黄迎涛编著）；9.《汕头港与海上丝绸之路》（刘强编著）；10.《湛江港与海上丝绸之路》（陈立新、张波扬、陈昶编著）。共10部。

（十八）"珠江—南海文化书系"（包括3个书链共22部著作，共约600万字）第一书链"珠江文明灯塔书链"（黄伟宗总主编），广东旅游出版社2017—2019年版，包括：1.《珠江文明的八代灯塔》（黄伟宗、王元林主编）；2.《珠江文派与记住乡愁》（黄伟宗、王元林主编）；3.《养生文明与生态文明》（黄伟宗、王元林主编）；4.《珠江学派与理学心学》（黄伟宗、王元林主编）；5.《珠派南学与珠江文明》（黄伟宗、王元林主编）。共5部。

（十九）"珠江—南海文化书系"第二书链"珠江文派与记住乡愁书链"（黄伟宗总主编），广东旅游出版社2017—2018年版，包括：1.《珠江文典》（黄伟宗、李俏梅编著）；2.《珠江文流》（黄伟宗、李俏梅、包莹编著）；3.《珠江文粹》（王文捷、司马晓雯、施永秀编著）；4.《珠江文潮》（梁少锋、易文翔编著）；5.《珠江诗派》（温远辉、何光顺、林馥娜编著）；6.《珠江文评》（黄伟宗、于爱成、包莹编著）；7.《珠江文港》（卢建红编著）；8.《珠江文海》（龙扬志主编）；9.《珠江民俗》（张菽晖、练海虹、王维娜编著）；10.《珠江民歌》（肖伟承编著）；11.《珠江民艺》（陈周起编著）。共11部。

（二十）"珠江—南海文化书系"第三书链"珠江历代学说学派——千年南学书链"（黄伟宗总主编），广东旅游出版社2018年版，包括：1.《珠江上古学说学派》（司徒尚纪、许桂灵编著）；2.《珠江中古学说学派》（孙廷林、王元林编著）；3.《珠江近古学说学派》（衷海燕、徐旅尊编著），4.《珠江近代学说学派》（周永卫、王德春编著）；5.《珠江现代学说学派》（谭元亨编著）；6.《珠江当代学说学派》（陈剑晖主编）。其中5、6两册由中国旅游出版社与广东旅游出版社2020年联合出版。共6部。

共20系列163部。

双文化情写天涯　一心耕耘度浮生
——原《浮生文旅》跋，再用为《珠江文化综论》代后记

（一）

既是从文之旅，又是以文照旅。
双文化情写天涯，一心耕耘度浮生。
注："双文"，既指文学、文化，又指论文、散文。

（二）

天生我材必有用，别人不用自己用。
山重水复路何方？走得一程是一程。

（三）

超前创启冒风雨，事后功成薄利名。
力以水文润业地，开花结果见识情。

（四）

生不逢时又逢时，路未走对又走对。
自感知足又不足，问心无愧又有愧。

2000年11月15日

说明：以上四首小诗，是上世纪90年代初我开始研究珠江文化初期断续写的，当广东旅游出版社2001年出版拙作《浮生文旅》时，便将其凑成此书之跋，以示

我开步走珠江文化之路前 10 年的初心。今当选录近 30 余年成果的《珠江文化综论》出版，再以这篇旧著之跋作为新著后记，虽是旧作，相距时间跨度大，经历体会更丰富复杂，成果也大不相同，但初心如旧，依然故我，以"前记"兼代"后记"，实乃 30 余年文学文化生涯一脉相承之意也。最后还应表明的是：本书承蒙中山大学出版社徐劲总编辑鼎力支持，经资深编辑李文和责任编辑李海东的切实努力，得以顺利出版面世，特此鸣谢！另，我的学生、著名书法家许鸿基先生为本书题写书名，包莹协助进行书稿校对，一并致谢！

　　黄伟宗于1992年夏被聘任为广东省人民政府参事，并任省政府参事室文教组组长，由此正式开始在文学生涯同时从事文化研究、文化咨询工作，开拓珠江文化、广府文化、海洋文化等研究领域的文化生涯。图为2000年1月黄伟宗代表参事在春节茶话会上讲话

　　黄伟宗被聘任为广东省人民政府参事不久，1993年即以参事身份考察南雄珠玑巷，首提寻根后裔文化，由此开始对珠玑巷文化、广府文化的持续研究开发

1996年8月,在封开举办"岭南文化古都"研讨会,黄伟宗在会上答记者问

2000年5月,珠江文化研究会专家在珠海考察海洋文化与水乡文化

2001年3月6日,在徐闻举办"海上丝绸之路最早始发港"专家论证会

2001年7月4日,珠江文化研究会专家在广西合浦古港考察

2002年11月5日,在纪念南华禅寺建寺1500周年而举办的禅学国际研讨会上,黄伟宗教授与日本、韩国学者共同主持会议,并提交长篇论文《珠江文化哲圣——惠能》

2002年11月5日夜,在南华禅寺建寺1500周年盛典之际,广东珠江文化研究会与香港中国评论杂志社联合举办"六祖禅宗的历史地位与中华文化"思想者论坛。图为黄伟宗会长在主持论坛时,与南华寺住持释传正(左一)、云门寺住持释佛源(右二)、别传寺住持释顿林(右一)合影

2003年11月，黄伟宗等考察潮汕明清海上丝绸之路古港樟林港

2003年12月，黄伟宗在广西贺州主持海陆丝绸之路贺州通道专家论证会

2004年元旦，黄伟宗在阳江向联合国教科文组织专家介绍"南海Ⅰ号"是"海上敦煌"，得到认同

2004年5月13日，黄伟宗等引领国际著名海洋学家吴京教授（美国国家工程院院士、成功大学原校长，左一）考察阳江"南海Ⅰ号"

2006年4月,珠江文化研究会专家在湛江港特呈岛红树林考察

2006年10月,黄伟宗等在江门考察,发现良溪是"后珠玑巷"

2008年7月，黄伟宗在海陆丝绸之路对接通道——南雄梅关古道接受广东电视台记者采访

2008年9月12日，黄伟宗在广东省社会科学院论坛演讲《广东海洋文化如何再创新辉煌》

2009年12月11日,在东莞凤岗举办中国首届客侨文化论坛,黄伟宗首创"客侨文化"概念

2009年,黄伟宗应邀为广东设计参加庆祝新中国成立60周年天安门游行彩车,并为其取名"领潮争先",受到好评

2010年7月8日,广东省主管文化的副省长雷于蓝(左一)登门拜访黄伟宗,商议建设文化大省大计

2011年1月,黄伟宗在佛山岭南文化研讨会上作报告

2011年4月,黄伟宗在江门五邑大学参加"良溪古村与珠玑移民"学术研讨会

2011年4月,黄伟宗在阳江参加"南海Ⅰ号"与海上丝路文化论坛并作了中心发言

2011年7月2日,黄伟宗在中国航海日珠江水运(中山)发展大讲堂作珠江文化与海洋文化的报告

2011年7月,在广东省中山图书馆举行"珠江文化丛书"捐赠仪式

2011年7月,黄伟宗等到台山进行广侨文化调研

2011年7月,黄伟宗在"中华文明视野下的西樵文化"国际学术研讨会上作大会发言

2011年8月,黄伟宗等在"封开:广府首府论坛"上发布倡导创建广府人海外联谊会和广府学会的《封开宣言》

2011年10月,黄伟宗应邀参加第二届广东(云浮)石文化节,并主编《云浮:中国石都文粹》

2011年11月17日,黄伟宗在罗定南江文化研讨会上作中心发言

2011年12月,黄伟宗在郁南区域文化与特产开发研讨会上作主题发言

2013年5月,黄伟宗在首届中国(清远)北江文化论道上发表主题演讲

2013年9月,黄伟宗参加韶关"韶文化"学术研讨会并作大会发言

2013年9月,黄伟宗参加广东禅宗六祖文化节并作发言

2013年9月,黄伟宗在韶关南华寺参加纪念六祖惠能大师圆寂1300周年大会并作发言

2013年11月，黄伟宗在广州参加他参与倡议并筹办的首届世界广府人恳亲大会

2013年12月，黄伟宗在台山首届广侨文化艺术节授旗

2014年1月,黄伟宗在广州参加21世纪海上丝路经济带暨"中国南海文化研究丛书"学术研讨会。该丛书由黄伟宗主编,后荣获第五届中华优秀出版物奖

2014年4月,广州市十三行文化促进会第一届第三次理事会举行,推举黄伟宗为名誉会长

2014年11月,黄伟宗在广西梧州市参加纪念牟子诞辰千年暨梧州作为岭南古代佛城地位学术研讨会并作发言

2015年3月,黄伟宗在广西"贺江论坛"上作发现潇贺古道的演讲

2015年6月,黄伟宗到故乡广西贺州参加"潇贺古道·浮山歌节历史文化研讨会"

2015年5月,黄伟宗等考察乳源西京古道和连州南天门古驿道

2015年8月,黄伟宗与毛里求斯文化与艺术部原部长曾繁兴(祖籍梅州)在梅州松口移民纪念碑留影。黄伟宗确定该纪念碑是客家人开拓"印度洋之路"标志,"印度洋之路"也是海上丝绸之路

2015年8月,黄伟宗在"世界客都"梅州市举办的第四届世界客商大会"世界客商与21世纪海上丝绸之路"研讨会上作主题报告

2015年10月30日，黄伟宗参加在东莞市举办的第二届广东21世纪海上丝绸之路国际博览会"民间海丝陶瓷文化"论坛（该论坛由黄伟宗首倡）

2015年11月，黄伟宗在他任总主编的"海上丝绸之路研究书系"之"开拓篇""星座篇"专家座谈会上作中心发言

2015年11月15日,广东省珠江文化研究会成立15周年学术成果汇报展开幕,广东省委常委、常务副省长徐少华(右二),广东文史学会会长江海燕(右一)等领导为展览揭幕

2015年11月15日,在珠江文化研究会成立15周年庆典上,黄伟宗发表《人生就是走路》的演讲

2015年11月15日，徐少华与黄伟宗夫妇在珠江文化研究会成立15周年学术成果汇报展的1993年考察封开时的合影前留影

2015年11月15日，广东省委常委、统战部部长林雄（左）在参观珠江文化研究会成立15周年学术成果汇报展时与黄伟宗亲切交谈

2015年12月,黄伟宗与广西梧州市领导一同为海陆丝绸之路最早对接点标志碑揭幕

2015年12月,黄伟宗在广西梧州岭南文化古都研讨会作主题发言

2016年3月,黄伟宗参加在佛山举办的"佛山:海上丝绸之路陶瓷冶炼大港"论坛并作主题报告

2016年3月,黄伟宗在广东省民间艺术家协会参加广东十大海上丝绸之路文化地理坐标评选活动启动仪式

2016年10月21日，"珠江—南海文化书系"工程启动，同时在南海西樵山举办首次论坛——珠江文明八代灯塔论坛，黄伟宗作主题报告

2016年11月，黄伟宗与夫人陈淑婉参加东莞香典节

2016年12月，黄伟宗在冼夫人与"一带一路"国际论坛上作大会发言

2016年12月，黄伟宗在"禅宗六祖文化与当代社会"研讨会上作大会发言

2017年3月,黄伟宗被聘为广东省文艺评论家协会顾问并与协会主席团合影

2017年6月28日,珠江文派与记住乡愁文化论坛在南海西樵山举行,黄伟宗作主题报告

2017年9月22日,养生文明与生态文明论坛在南海西樵山举行,黄伟宗作主题报告

2018年1月21日,理学心学与珠江学派论坛在南海西樵山举行,黄伟宗作主题报告

2018年1月,黄伟宗参加广府人联谊总会新旧常务理事座谈会

2018年8月10日,珠江文派·珠江学派与珠江文明论坛("珠江—南海文化书系"总结会)与会专家合影

2020年春节,黄伟宗作为《广东科技报》顾问参加院士茶话会

2020年12月,黄伟宗在珠江文化研究会第五届会员大会上作《从江海一体的珠江文化到中国特色山水文化》的讲话

2021年9月,黄伟宗等赴珠海市,向黄志豪市长(左二)等领导提出倡议中国特色山水文化与生态珠海文化工程课题

2022年3月,在第三届广东文艺终身成就奖颁奖大会上,广东省委常委兼宣传部部长陈建文(中),广东省作家协会党组书记张培忠(左一)、党组成员苏毅(右一),广东省文艺评论家协会主席林岗(右二)与获奖文学家代表黄伟宗合影

2022年3月16日,黄伟宗荣获第三届广东文艺终身成就奖,在颁奖大会上留影

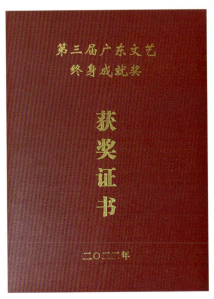

黄伟宗荣获的第三届广东文艺终身成就奖获奖证书